구약
읽기

INTRODUCTION TO THE BIBLE
by Christine Hayes

openyalecourses
http://oyc.yale.edu

오픈예일코스
openyalecourses

구약 읽기

역사와 문헌

크리스틴 헤이스

김성웅 옮김

introduction to the bible

문학동네

일러두기

1. 이 책은 Christine Hayes, *Introduction to the bible* (Yale University Press, 2012)을 옮긴 것이다.
2. 한국어판 성경에서는 외국어 표기가 일반적 표기와는 다른 경우가 많은데, 이 책에서는 대한성서공회에서 펴낸 개역개정 성경의 표기법을 따랐다. 그 밖의 외국어 표기는 원칙적으로 국립국어원의 표기법을 따르되, 일부는 널리 쓰이는 표기법을 따랐다.
3. 개역개정 성경에서 가져온 인용문은 편집 과정에서 더 읽기 편하도록 띄어쓰기를 조정했다.
4. 성경의 각 책 이름 역시 개역개정 성경을 따랐고, 본문 이해를 돕기 위해 짧게 줄여 사용했다. 이 책에서 성경의 각 책을 가리키는 원래의 이름과 짧은 이름은 다음과 같다.

    창세기: 창, 출애굽기: 출, 레위기: 레, 민수기: 민, 신명기: 신, 여호수아: 수, 사사기: 삿, 룻기: 룻, 사무엘 상/하: 삼상/삼하, 열왕기 상/하: 왕상/왕하, 역대 상/하: 대상/대하, 에스라: 스, 느헤미야: 느, 에스더: 에, 욥기: 욥, 시편: 시, 잠언: 잠, 전도서: 전, 아가: 아, 이사야: 사, 예레미야: 렘, 예레미야 애가: 애, 에스겔: 겔, 다니엘: 단, 호세아: 호, 요엘: 욜, 아모스: 암, 오바댜: 옵, 요나: 욘, 미가: 미, 나훔: 나, 하박국: 합, 스바냐: 습, 학개: 학, 스가랴: 슥, 말라기: 말

4. 본문에서 예컨대 '창 6:1~4'과 같이 표시된 것은 성경의 책 이름과 장, 절을 나타낸다.
5. 본문의 각주는 모두 옮긴이의 것이다. 원주는 원문과 마찬가지로 후주로 넣었다.

차례

들어가며

이 책은 유대교와 기독교의 모든 성경에 공통으로 들어 있는 24권의 책 묶음을 다룬다.[1] 거의 1000년의 시간에 걸쳐 기록된 이 책들에는 다방면의 저자들이 고대 이스라엘 민족의 역사적 여정과 인간적 경험을 두루 이해하고자 기울였던 다양한 노력이 그대로 보존되어 있다. 이 고대의 책 묶음은 여느 문집이 그렇듯이 여러 저자가 여러 상황에서, 여러 위기와 문제―정치적, 역사적, 사회경제적, 문화적, 철학적, 종교적, 도덕적―에 대응하기 위해 쓴 책들로, 조화를 이루지 않는 다양한 목소리를 제공한다는 점에서 세심하게, 또 심사숙고하며 읽을 필요가 있다.

구약성경은 무척 다양하고 복잡하기 때문에 그 내용을 이해하고 더 나아가 역사 내내 지속되어온 그 영향력을 파악하기란 쉽지 않다. 이 책은 서구 문명의 밑기둥이 된 스물네 권의 책에 기록된 복잡하고 다양한 목소리 사이로 독자들을 안내한다. 이 책은 성경 구절들의 원래 맥락과 의미에 관한 깊고 강력한 통찰을 가능케 한 현대의 성경 연구 방법론을 소개하고, 구약성경 안에 구체화된 이스라엘의 문화와 사상의 다양한 요소들을 고대 근동의 역사적 문화적 배경을 바탕으로 탐색한다. 나아가 이스라엘 민족의 역사적 경험과 그들이 자신들의 신과 맺은 언약적 관계를 이해하고 설명하고자 했던 구약성경 저자들의 열정과 치열한 노력을 살펴본다.

이 책을 구성하는 24개의 장은 내가 예일대 학부에서 가르치는 '구약성경 개론'[2]의 24개의 강의를 바탕으로 한다. 이 강의는 온라인의 오픈예일코스(http://oyc.ale.edu/)에서 쉽게 접근할 수 있다. 이 책은 수업 내용과 똑같지는 않고 문어적 형식에 맞게 편집했다. 내용의 전개 순서가 일부 다르고, 중복되거나 부적절한 부분은 삭제했다. 새롭게 추가한 내용도 있는데, 특히 예일대 학생들의 소규모 토론에서 나왔던 중요한 문헌과 성경에 대한 자세한 해석들이 포함되었다.

개론이라는 성격 때문에 해당 강의나 이 책은 나 자신의 독창적인 연구를 다루기보다는 고대 이스라엘에 관한 기존의 광범위한 연구 자료를 끌어와 종합한 것으로 볼 수 있다. 특히 마이클 쿠건, 모시 그린버그, 예헤즈켈 카우프만, 조너선 클로완스, 제이컵 밀그롬, 나훔 사르나의 저작, 그리고 아델 벌린과 마크 브레틀러가 편집한 『유대교 스터디 바이블』(뉴욕: 옥스퍼드대 출판부, 2004)에 수록된 여러 탁월한 논문을 참고했다. 또한 나의 전작 『유대교의 출현: 현대 관점에서 본 고전적 전승』(미니애폴리스, 포트리스 출판사, 2010)에서 이스라엘에 관해 요약한 두 장의 내용이 이 책에 포함되었다.

제1장은 고대 근동이라는 맥락에서 구약성경을 개괄한다. 제2장부터 제15장까지는 창세기에서 열왕기하까지 구약성경의 서술적 연대기를 따라가는데, 이 이야기 순서가 성경의 구성 순서와는 다르다는 점을 염두에 두어야 한다. 간단한 예를 들면, 창세기의 많은 부분이 출애굽기나 신명기, 이사야의 일부분들보다 한참 후에 쓰였다는 데 현재 대부분의 학자들이 동의한다. 구약성경의 많은 책들은 수세기에 걸쳐 다양한 자료가 병합된 결과물이다. 따라서 우리는 창세기부터 열왕기하까지를 살필 때 최종 편집자가 정해놓은 서술적 연대기를 따라가는 동시에, 최종 버전의 성경을 구성하는 다양한 구절들의 출처를 탐색하고 그 구절들이 왜 그리고 어떻게 우리가 현재 보고 있는 형태를 취하게 되었는지 고찰하면서 구약성경의 구성 역사에 주목할 것이다. 제16장부터 제19장까지는 정경의 순서가 아니라 역사적 순서에 따라 선지서들을 검토하고, 제20장부터 제24장까지는 구약성경의 '성문서'라고 알려진 책들을 주제 중심으로 접근을 한다.

독자들은 각 장에서 분석하는 성경 내용에 익숙할수록 이 책에서 더 많은 것을 얻을 수 있을 것이다. 그러니 각 장 맨 앞에 열거한 관련 구절을 읽어보기를 강력히 권한다. 물론 관련 구절을 전부 읽지 못하더라도 이 책의 설명과 논의에서 많은 것을 배우게 될 것이다.

이 책의 기초 자료로 사용한 구약성경 번역본은 유대교 출판 공회의 성경, 특히 『유대교 스터디 바이블』이다. 성경 구절 인용문은 주로 유대교 출판 공회의 『타나크: 성경』[3]에서 가져왔으며 때에 따라(시편 23편처럼 잘 알려진 구절과 같은 경우 특히) 『개정표준판』에서 가져왔다. 인용문에서 이스라엘 신을 가리키는 다양한 지칭은 정확성을 위해 수정했다. 구약성경에서는 이스라엘의 신을 직접 가리키는 것으로 네 가지 용어가 반복적으로 사용된다(일관되고 직접적으로 거명하는 용어가 그러하며, 그보다 간헐적으로 쓰이는 묘사적인 별칭은 제외했다). 엘, 엘로힘, 야훼, (사용 빈도는 적은) 아도나이가 그것이다. '엘EI'은 가나안 지방의 신들 중 최고신의 이름이다. '엘로힘Elohim'은 문법적으로는 복수형인 '신들'이지만, 이스라엘의 신을 가리킬 때는 단수형 동사가 오므로 이스라엘의 신을 가리키는 이름으로 이해될 수 있을 것이다. '야훼Yahweh'는 이스라엘 남부 지방에서 고고학적으로 발견되고, 구약성경에서 이스라엘의 신을 뜻하는 이름이다. 문자적으로 '나의 주'를 의미하는 '아도나이Adonai'는 구약성경의 몇몇 책에서 이스라엘의 신을 가리키는 용어로 나타난다. 구약성경의 많은 영어 번역본이 엘과 엘로힘을 '하나님God'으로, 야훼를 '주the LORD'로 번역하는 전통을 따르고 있다. 야훼를 주라고 번역하는 것은 구약성경이 쓰인 이후 삼가 야훼의 이름을 발음하지 않던 정신을 존중하는 경건한 시도라고 할 수 있다. 그러나 안타깝게도 이 모든 번역이 오해를 불러일으킨다. 일단 이스라엘의 신과 그 주변 민족들의 신들(특히 가나안 지방의 신 엘, 이스라엘 남부 지방의 신 야훼)의 역사적 연관관계가 모호해진다. 또한 '하나님'으로 번역하면 히브리 구약성경의 신과 훨씬 나중의 전통적인 서구 신학에서 '하나님'으로 부르는 신을 혼동하게 된다. 통찰력 있는 독자라면, 모세 오경의 기록자들은 엘, 엘로힘, 야훼가 후대 서구 신학의 하나님이 가진 신적 속성을 갖지 않은 것으로 기록했음을 금세 알아챌 것이다(예를 들어 많은 구절에서 엘이나 엘로힘, 야훼는 전지능력과 불변성이라는 속성이 없다). 성경의 원문을 제대로 이해하려면 구약성경의 신과 후대 서구 신학의 하나님이라는 두 가지 개념을 구분하는 것이 좋다. 이런 이유로 이 책에서는 대문자 G가 있는 God이라는 단어는 (이 용어를 사용하는 학자의 논문을 인용하는 경우를 제외하고) 쓰지 않는다.[4] 대신에 고대 이스라엘에 나타난 신 개념에 직접적으로 접근하기 위해 구약성경 원문에 있는 그대로 엘, 엘로힘, 야훼라는 이름을 사용할 것이다.[5]*

히브리, 이스라엘 사람, 유대 사람이라는 용어도 어느 정도 설명이 필요하겠다. '히브리'는 일부 성경 원전에서 이스라엘 민족의 고대 조상을 가리키는 말로, 가나안어의 방언인 히브리어를 사용하던 사람들을 말하는 인종적·언어적 용어이다. 히브리 사람들은 기원전 1200년 무렵 가나안 지방(대략 현대의 이스라엘)에 정착했던 것으로 여겨진다. '이스라엘'과 '이스라엘 민족'은 가나안 지방에 거주하다가 기원전 1000년 전후에 통일 왕국을 형성한 히브리 12지파의 구성원을 가리킨다. 이스라엘 왕국은 후에 북왕국 이스라엘과 남왕국 유다로 나뉘었다. 히브리 12지파에 속했던 사람은 누구나 이스라엘 민족의 일원이라고 할 수 있지만, 북부 이스라엘 왕국에 거주했던 사람들은 '이스라엘 사람'이었고 남부 유다 왕국에 거주했던 사람들은 (추가적으로) '유대

---

* 이 책에서 인용된 성경구절을 우리 말로 옮길 때는 야훼를 여호와로 표기하고 있는 대한성서공회 개역개정판의 표현을 그대로 사용했다. 또한 엘로힘을 번역할 때 하나님으로 번역하고 있는 개역개정판의 표현을 그대로 인용하고 괄호 안에 엘로힘을 넣었다.

사람'으로 불리게 되었다. 그러다 기원전 722년 북왕국이 멸망하면서 유대 사람들만이 이스라엘 사람들로 남게 되었고, 이에 따라 '이스라엘 사람'과 '유대 사람'이라는 용어가 어느 정도 구별없이 사용되기 시작했다(멸망한 옛 이스라엘 왕국의 거주민을 분명하게 가리키는 경우는 예외다). 기원전 6세기 말 페르시아의 지배를 받기 시작하면서 예루살렘 주변 지역을 '예후드'라고 불렀고, 예후드/유대에 거주하는 사람들을 예후디(영어로 종종 Jew로 번역되지만 Judean이 더 적절하다)라고 불렀다. 예후디라는 용어가 단순히 예후드/유대에 거주하는 사람Judean을 가리키기보다 유대교 전통을 따르는 사람a Jew을 가리키는 말이 된 것은 수백 년 후의 일이다.

이스라엘 왕국과 유다 왕국이 위치했던 땅을 많은 성경 기록자들이 '가나안 땅'으로 표현하고 있고 이 책에서도 그대로 표기한다. 마지막으로 이 책에서는 약자 C.E.(서기 Common Era)와 B.C.E.(기원전 Before Common Era)를 이에 상응하는 약자인 B.C.(Before Christ)와 A.D.(Anno Domino) 대신 사용하게 된다.[6]

고대 이스라엘 역사의 주요 사건 연표

기원전 2000~1900년	메소포타미아 지방 우르에 제3왕조. 이집트에 제12왕조.
기원전 1900~1800년	제1 바벨론 왕조.
기원전 1728~1686년	함무라비 시대. 아브라함부터 야곱의 아들들에 이르기까지 4대에 걸친 이스라엘 선조들 이야기의 역사적 배경.
기원전 1700~1600년	힉소스가 이집트를 침략하다. 바벨론이 쇠락하다. 히브리 사람들이 이집트로 이주했을 수 있다.
기원전 1290~1211년	이집트 제19왕조, 파라오 람세스 2세와 메르넵타. 유대인의 이집트 노예 생활과 모세 출현, 출애굽의 역사적 배경.
기원전 13세기 말	가나안에 이스라엘이라는 실체가 확인되다.
기원전 1200~1000년	블레셋 사람들이 가나안 해안가에 정착하다. 사사기 사건들의 역사적 배경(이스라엘 족속들이 가나안 전역에 거주하게 되고, 때에 따라 사사들의 지도하에 동맹을 결성하여 공동의 적에 대항하다).
기원전 1100~1000년	블레셋이 가나안에서 융성하다. 선지자 사무엘이 사울을 이스라엘의 초대 왕으로 기름 붓다.
기원전 1000~961년	다윗 왕이 이스라엘 족속들을 통일 왕국으로 통합하고 예루살렘을 왕국의 수도로 정하다.
기원전 961~922년	솔로몬 왕이 예루살렘에 성전을 건축하다.
기원전 922년	솔로몬이 죽자 북부의 10지파가 반란을 일으켜 이스라엘을 만들고 여로보암 1세가 통치하다. 남부의 유다는 르호보암이 통치하다.

기원전 876~842년	이스라엘: 오므리 왕조. 아합 왕과 이세벨 왕비의 시대에 엘리야 선지자(기원전 850년경)가 바알을 능멸하다. 유다: 여호사밧이 통치하고 뒤이어 여호람이 통치하다.
기원전 842년	이스라엘: 예후가 왕조를 수립하고 앗수르에 조공을 바치다. 유다: 아달랴가 통치하다.
기원전 786~746년	이스라엘: 여로보암 2세가 통치하다. 선지자 아모스와 호세아가 하나님의 계시를 선포하다.
기원전 750~730년	앗수르의 공격적 확장. 선지자 이사야가 유다에서 선지자의 일을 시작하다(기원전 742~700년경).
기원전 732년	수리아가 앗수르에 함락되다. 곧이어 선지자 미가가 유다에서 하나님의 계시를 선포하다.
기원전 722년	앗수르 왕 살만에셀 5세가 이스라엘의 수도 사마리아를 정복하다. 사르곤 2세가 사마리아를 앗수르의 한 지방으로 만들면서 북왕국이 종말을 고하다. 이스라엘 사람들의 대규모 강제 추방.
기원전 715년	히스기야 왕이 유다를 통치하고 신명기적 이념에 의거한 종교 개혁에 착수하다.
기원전 701년	앗수르 왕 산헤립이 예루살렘을 포위하다. 유다가 앗수르의 속국이 되어 조공을 바치다.
기원전 687~642년	므낫세가 유대를 통치하면서 이방 종교가 다시 유다에 들어오다.
기원전 640~609년	요시야가 유다를 통치하면서 종교 개혁에 착수하고 야훼의 제사를 예루살렘 성전에 중앙화하다. 이 시기에 유다가 잠시 독립.

기원전 628~622년	스바냐가 예언을 선포하다.
기원전 626~587년	예레미야가 예언을 선포하다.
기원전 612년	바벨론 사람들과 메대 사람들이 앗수르의 수도 니느웨를 파괴하다. 곧이어 바벨론 사람들이 고대 근동 지방을 지배하다.
기원전 609년	유다 왕 요시야가 므깃도 전투에서 죽다.
기원전 605년	하박국이 예언을 선포하다.
기원전 597년	바벨론 왕 느부갓네살이 유다를 공격하다. 유다 왕 여호야긴과 선지자 에스겔 등이 바벨론으로 1차 유배.
기원전 593년	에스겔이 바벨론에서 예언을 선포하기 시작하다.
기원전 587~586년	예루살렘이 바벨론에 함락되다. 유다 왕 시드기야 등의 2차 유배. 선지자 예레미야가 애굽으로 피난하다.
기원전 539년	바벨론이 페르시아(바사) 왕 고레스 2세에 의해 몰락하다. 이사야 후반부의 예언.
기원전 538년	고레스가 조서를 내려 유대인들을 유다로 돌려보내고 성전을 재건하게 하다. 유배되었던 사람들이 세스바살의 지휘하에 1차 귀환하다.
기원전 520~515년	예루살렘 성전이 재건되다. 선지자 학개와 스가랴가 활동하다. 유다(예후드)가 페르시아 왕국의 반자치 지역이 되다.
기원전 5세기	말라기가 예언을 선포하다. 에스라의 지휘하에 2차 귀환(정확한 시기는 알 수 없음).
기원전 445년	느헤미야가 유다에 도착하다. 예루살렘 성벽을 재건하다.

기원전 336~323년	알렉산더가 고대 근동 지방을 정복하다. 헬레니즘 시대가 열리다.
기원전 300~200년	팔레스타인(블레셋 지역)이 이집트의 프톨레미 왕조의 지배에 들어가다. 이집트 알렉산드리아에 유대인 공동체가 출현하다.
기원전 200년	팔레스타인이 시리아 셀레쿠스 왕조에 지배당하다.
기원전 175~163년	셀레쿠스 왕 안티오쿠스 4세가 예루살렘에서 파당 간 충돌을 부추기다. 유다 마카비와 그 아들들이 기원전 167년에 반란을 일으키다.
기원전 164년	마카비의 승리. 훼손되었던 성전이 야훼에게 다시 헌당되다. 하스몬 왕조 시대에 유대가 독립 왕국이 되다.

1
고대 이스라엘의 유산

19세기와 20세기의 고고학자들은 고대 근동 지방에서 위대한 문명들을 발굴했다. 고대 이집트, 메소포타미아, 그리고 가나안 지방을 포함한 '비옥한 초승달' 지역의 문명이다. 학자들은 그 놀라운 문화와 문명의 유물 및 기록에 놀라움을 금치 못했다. 거대하고 복잡한 왕국들이 거기 있었고, 그중 다수가 인류의 기억에서 완전히 사라졌던 것들이었다. 새롭게 발굴된 언어들은 오랫동안 잊혔던 것이었고, 문학과 법률을 다룬 풍부한 문서들은 해독이 불가능했다(이후 곧 해독이 가능해졌다). 이 시대의 발견 덕분에 학자들은 고대 문명의 엄청난 역사를 곧 제대로 인식할 수 있게 되었다.

이후 많은 학자들이 강조했듯이, 고대 근동에서 가장 유구한 유산을 남긴 민족이 사실 그 문명의 중심지에 살았던 민족이 아니었다는 것은 결코 사소한 역설이 아니다. 가장 유구한 유산을 남긴 고대 근동의 민족은 어떤 사상을 가진 민족이었다. 그것은 주변 민족들의 사상과 단절되었던 새로운 사상을 가진 민족, 이스라엘 민족이었다.

구약성경이 자처하는 바와 달리 이스라엘이 역사적으로 작은 규모의 집단이자 비교적 중요하지 않은 집단이었음을 학자들은 곧 깨달았다. 이스라엘은 기원전 1000년경 고대에 가나안이라고 알려졌던 땅에 왕국을 수립했다. 그들은 주변 민족들을 복속시켜 조공을 받았던 듯하나(이에 관해서는 논란이 있다) 기원전 922년경 두 개의 작은 왕국으로 분열하면서 그 중요성이 더 줄어들었다. 이스라엘의 열두 지파 중 열 지파로 구성되고 그 이름을 이스라엘이라고 했던 북부 왕국은 기원전 722년에 앗수르(아시리아) 왕국에 의해 멸망당했다. 열두 지파 중 두 지파로 구성되고 유대라고 불리던 남부 왕국은 기원전 586년까지 유지되다가 바벨론에 정복당했다. 수도인 예루살렘이 함락되었고 성전이 파괴되었으며 수많은 유대 사람들이 유배되었다.

고대에 정복과 유배는 한 국가를 이루는 인종 집단의 종말을 의미하는 것이 보통이었다. 정복당한 민족은 패배한 자기들의 신을 버리고 승리한 정복자들의 신을 받아들였다. 한때 구별되는 정체성을 가졌던 나라가 문화적·종교적 동화 과정을 거쳐 사라졌다. 기원전 722년 이후 이스라엘 북왕국에 그런 일이 일어났다. 그들은 역사에서 사라졌다. 그러나 남부 유다 왕국에 살던 이스라엘 사람들, 즉 유대인에겐 그런 일이 벌어지지 않았다.[1] 유대 민족은 기원전 586년에 민족적 정치 기반이 없어졌음에도 근동 역사에 존재했던 많은 민족—수메르 민족, 아카드 민족, 바벨론 민족, 히타이트 민족, 페니키아 민족, 후르리 민족, 가나안 민족—가운데 유일하게 국가가 멸망한 후에 다시 일어났고, 여러 변화와 우여곡절을 거치면서도 그 자취를 현대에도 찾을 수 있는 공동체와 문화를 만들어냈다. 또한 이들은 어떤 급진적이고 새로운 사상, 신의 말씀, 일단의 전승을 보유하고 있었으며 이것이 서구 세계의 주요 종교인 유대교, 기독교, 이슬람교의 토대를 놓았다. 그렇다면 하나의 문화를 형성했고 그 문화가 고대를 지나 현재까지 살아남을 수 있게 한 이 급진적이고 새로운 사상은 무엇일까?

이스라엘의 신 개념

학자들의 설명에 따르면, 고대 사람들 사이에 널리 퍼져 있던 우주 개념은 여러 자연의 힘 안에 신의 힘이 스며들어 있다거나 자연의 힘 자체가 신이라는 개념이었다.[2] 땅이 신이고 하늘이 신이고 물이 신이고, 아니면 그것들이 신의 힘을 가졌다. 다른 말로 하면 신은 자연의 힘과 동일하거나 자연의 힘에 내재하는 존재였다. 따라서 많은 신들이 있었고, 전지전능한 단 하나의 신은 없었다.

대부분의 고대 이스라엘 사람들도 이 우주관을 공유하고 있었음을 말해주는 증거가 아주 많다. 이스라엘 사람들의 초기 역사는 더 넓은 고대 근동 지방의 종교와 제사 문화의 일부분이었다. 그러나 시간이 지남에 따라, 갑자기 만장일치로 된 것은 아니지만, 일부 고대 이스라엘 사람들이 이 개념에서 벗어나 우주에 단 하나의 신성한 힘, 단 하나의 신이 있다는 독특한 개념을 확실하게 주장하게 되었다. 그런데 유일성보다 더 중요한 특징은 이 신이 자연 밖에, 자연 위에 존재한다는 것이었다. 이 신은 자연과 동일한 신이 아니라 자연을 초월하는 신이었다.

이 신은 자연이나 자연 현상을 통해 알 수 있는 신이 아니라 역사를 통해 알 수 있고 인간과의 특정한 관계를 통해 알 수 있는 신이었다.

이 개념, 언뜻 보면 간단하고 아주 급진적으로 보이지 않는 이 개념이 이스라엘 문화의 모든 방면에 영향을 끼쳤고, 고대 이스라엘 민족이 하나의 인종적·종교적 집단으로 살아남는 데 여러 방식으로 영향을 끼쳤다. 역사를 절대적으로 지배하는 완전히 초월적인 신의 개념은 이스라엘 사람들로 하여금 가장 비극적이고 참혹한 사건조차, 예를 들어 예루살렘의 파괴 사건이나 민족 전체가 유배당하는 사건까지도, 그들의 신이 패배했다거나 그들이 신으로부터 버림받은 것으로 이해하지 않고, 그들을 위한 신의 더 큰 목적 또는 계획의 필연적인 부분으로 해석하게 했다.

이 책의 목적

고대 이스라엘 사람들은 오늘날 '히브리 성경'으로 알려져 있는 글을 통해 그들의 문화적·종교적 혁명의 기록을 후대에 남겼다. 이 책은 고대 이스라엘의 종교적인 삶과 사상을 표현한 것으로서의 히브리 성경과 서구 문명의 토대가 되는 문서로서의 히브리 성경에 대한 개론이다. 이 책에는 몇 가지 중요한 목적이 있다. 가장 중요한 첫째 목적은 독자들에게 히브리 성경의 내용을 소개하는 것이다. 둘째는, 현대의 학자들이 발전시켜온 성경 연구의 여러 다양한 방법론적 접근을 소개하는 것이다. 이 책에서 채택하는 접근법은 어느 때는 역사학자의 것이기도 하고, 어느 때는 문학 비평가의 것이기도 하며, 또 어떤 때는 종교와 문화 비평가의 것이다. 셋째, 때때로 이 책은 성경 해석의 역사에 관한 통찰을 제공할 것이다. 구약성경에 나타난 새롭고 혁명적인 신 개념, 인간을 도덕의 행위자로 보는 혁명적인 관점, 그리고 눈을 뗄 수 없이 흥미로운 이스라엘의 역사는 여러 세대의 독자에게 그 의미와 메시지를 깊이 생각하게 했다. 그 결과 성경은 전통적 차원에서만이 아니라 학문적이고 세속적인 차원에서도 엄청난 규모의 해석과 주석과 논쟁의 장을 만들어냈다. 이 책에서 우리는 특정 성경 구절이 수세기에 걸쳐 어떤 식으로—때로 서로 상충하는 방식으로—해석되어왔는지를 자주 살필 것이다.

이 책의 넷째 목적은 고대 근동의 역사적 배경과 문화적 환경에 비추어 고대 이스라엘의 문화를 탐구하는 것이다. 앞에서 말한 고대 근동 지방에서의 고고학적 발견은 우리에게 이스라엘 사람들을 비롯하여 그 지방에 살았던 사람들이 남긴 정신적·문화적 유산을 보여주고 구약성경 속 내용의 배경과 기원에 관한 실마리를 제공한다. 구약성경의 이야기들이 어느 날 갑자기 하늘에서 떨어진 것이 아니라는 것은 이제 잘 알려져 있다. 창세기에 나오는 첫 몇 장들은 이런 생각에 대한 좋은 예가 된다. 가령 창세기 1~11장(소위 '원시 역사'라고도 하지만 이 내용을 일반적인 의미의 역사로 읽거나 이해하는 것은 타당하지 않기에 적절한 명칭이 아니다)은 고대 근동의 신화를 많이 빌려오고 있다. 창세기 1장의 천지창조 이야기에는 '에누마 엘리쉬'라는 이름으로 알려진 바벨론의 창조 서사시에 나타나는 주제와 소재가 똑같이 나타난다. 또 창세기 2~3장, 에덴동산에서 최초의 한 쌍의 사람이 등장하는 이야기는 주인공이 영생을 얻기 위해 고단한 여정에 나서는 내용인 고대 근동 지방의 길가메쉬 서사시와 아주 흡사하다. 창세기 6~9장에 나오는 노아와 홍수 이야기는 최근에 발견된 고대 근동 지방의 원형적 홍수 이야기—메소포타미아의 홍수 이야기인 아트라하시스의 서사시와 길가메쉬 서사시 속 홍수 이야기—의 그야말로 이스라엘 버전이다. 간단히 말해 전승되는 구약성경의 이야기들은 그 이전 시대 및 그 주변의 나라들과 전승들 속에 깊은 뿌리를 두고 있다. 구약성경의 이야기와 고대 근동 지방의 이야기 사이의 유사성은 치열한 연구의 대상이 되어왔으며, 이 책에서도 어느 정도 깊이 있게 다룰 것이다.

구약성경과 고대 근동 지방의 이야기 간의 유사성만이 놀라운 것이 아니다. 상이성 또한 중요한데, 이는 구약성경 저자들이 근동 지방의 공통 유산을 신, 창조된 우주, 인간의 본질에 관한 이스라엘의 새롭고 급진적인 개념에 맞게 바꾼 사실을 보여주기 때문이다. 예를 들어 기원전 2000년 이전으로 거슬러올라가는 수메르의 지우수드라 신화는 창세기에 나오는 노아의 홍수 이야기와 흡사하다. 두 이야기 모두 신의 의도적인 결정에 따라 홍수가 일어나고, 한 사람이 선택되어 구원을 받으며, 그 사람이 배를 어떻게 건조하고 어떤 것들을 배에 태울지에 관해 아주 자세한 지시를 받고, 그후 홍수가 나고 모든 생명체가 죽임을 당하며, 배가 산꼭대기에 멈추고, 그 사람이 땅을 정찰하기 위해 새를 내보내며, 그가 배 밖으로 나와 신에게 제사를 드린다. 이처럼 두 이야기에는 동일한 소재들이 등장하지만, 중요한 차이점은 구약성경의 저자가 고대 메소포타미아에서 널리 회자되었던 이야기를 단순하게 반복하지 않는다는 사실이다. 구약성경의 저자는 새로운 가치와 개념을 설명하기 위한 하나의 도구로 삼고자 이 이야기를 변형시킨다. 예를 들어 메소포타미아의 홍수 이야기들에서는 신들이 변덕스럽게 행동한다. 그중 한 이야기에서 신들은 시끄러운 인간들이 잠을 방해한다며 불평하고, 어떠한 도덕적 가책도 없이 모든 인간을 무차별하게 쓸어내기로 결정한다. 포악하고 정의롭지 못하고 무정한 신들의 지배 아래 신음하는 인간들, 힘은 없지만 참을성은 있는 인간들을 신들이 말살한다. 그러나 구약성경에서는 도덕적 목적을 반영하기 위해서 이야기의 내용이 변형된다. 즉, 신이 홍수를 일으켜 신적 정의를 행사했던 이유는 그의 단호한 도덕적 기준 때문이다. 그는 자신이 그토록 공들여 창조했지만 죄로 부패해버린 인간과 그들의 타락을 차마 볼 수 없기에 인간을 징벌한다. 이렇게 이스라엘 버전의 홍수 이야기는 아주 다른 메시지를 전하고 있다.

구약성경과 고대 근동 지방의 문서를 비교해보면 공통의 문화적·문학적 유산이 발견되는 동시에 엄청난 사상적 차이가 드러난다. 구약성경의 저자들은 그 이야기들을 도구로 사용하여 새롭고 급진적인 개념을 표현하고자 했다. 그들은 기존의 자료를 가져다가 특정한 방식으로 재구성했는데, 이것은 성경 내용에 근거해서 고대 이스라엘의 종교와 문화를 재구성하려고 하는 사람들에게 심각한 문제를 제공한다. 구약성경에 편입된 더 오래된 원자료와 구약성경 원문의 최종 편집자의 관점이 서로 상충하는 것이다. 구약성경 원문의 최종 편집자들은 단연코 기존의 원자료에 유일신적 관점을 집어넣었을 것이다. 이

시도는 대체로 성공했다. 그러나 때에 따라서는 매우 상충되고 매우 애매모호한 문장을 산출하여 많은 불협화음을 만들어냈다.

구약성경은 여러 면에서 그것이 만들어졌던 시대의 보편적인 문화적 흐름에 대해 근본적인 불만을 설명하거나 표현하고 있다. 그럼에도 현대의 많은 사람들이 구약성경을 시대에 뒤떨어진 생각을 담은 진부한 책으로, 보수주의의 상징으로 생각한다. 이 책의 도전 과제는 독자들로 하여금 구약성경을 새로운 눈으로 바라보며 그 진면목, 즉 혁명적 문화 비평서라는 특징을 발견하게 하는 것이다. 새롭고 안목 있는 눈으로 구약성경을 보기 위해서 독자들은 먼저 구약성경에 대해 가지고 있던 자신의 선입견을 인정하고 그것을 제쳐놓아야 할 것이다.

구약성경에 관한 오해들과 사실들

구약성경은 우리 문화에 밀착되어 있다는 점에서 그것에 대해 의견을 갖지 않기는 불가능하다. 심지어 구약성경을 펴본 적도, 읽어본 적도 없는 사람이라도 "눈에는 눈으로, 이에는 이로"라든지 "땅에는 언제든지 가난한 자가 그치지 아니할 것이다" 등 한두 개 구절은 비록 성경의 원래 맥락에서 그것이 정말 무엇을 의미하는지 모른다 할지라도 알고 있을 것이다. 사람들은 어떤 생각을 옹호하거나 인정하거나 풍자하거나 비판할 때 성경 구절들을 인용한다. 그리고 그런 인용이 사람들의 마음속에 그 성경 구절과 의미에 대한 전반적인 느낌을 만들어낸다. 그 결과 사람들은 자신이 구약성경의 내용과 개념을 대강은 안다고 믿게 되는데, 사실 그들이 아는 것은 구약성경이 사용(혹은 오용)되어온 방식에서 기인하는 흔한 오해들에 지나지 않는다. 우리가 성경에 관해 품고 있는 생각들 중 많은 부분은 다른 사람들이 성경의 이름으로 내세운 믿기 어려운 주장, 즉 성경 자체가 내세운 것이 아닌 주장을 토대로 하고 있다.

　구약성경에 관한 사람들의 흔한 오해를 검토하고 배제하는 일은 가치가 있을 것이다. 흔한 오해 첫째는 구약성경이 한 권의 책이라는 것이다. 그러나 구약성경은 책이라는 명칭이 암시하는 그런 특징들을 가진 책이 아니다. 예를 들어 구약성경은 우리가 책이라는 말로써 일반적으로 가리키는 특징인 어떤 일관된 형식이나 한 사람의 저자, 하나의 메시지를 가지고 있지 않다. 구약성경은 오랜 시간에 걸쳐 많은 사람들이 서로 아주 다른 상황에서, 매우 다양한 문제와 자극—정치적, 역사적, 철학적, 종교적, 도덕적 자극—에 대응하고자 기록하고 편집한 문집 또는 선집이다.[3] 또한 구약성경에는 여러 종류와 장르의 글들이 들어 있다. 서술하는 글이 있고, 법률 문서가 있다. 특정 예식을 어떻게 수행해야 하는지를 규정하는 제사와 의식에 관한 글이 있고, 예언자의 메시지에 대한 기록이 있다. 서정적인 시와 사랑의 시가 있다. 금언이 있고, 감사와 회한의 찬송가가 있다. 간단히 말해 이 문집에는 엄청나게 다양한 내용들이 들어 있다.

　구약성경이 한 권의 책이 아니라 다양한 작품들의 선집이라는 사실 다음으로 중요한 것은 구약성경이 사상적으로 단일한 구조체가 아니라는 점이다. 구약성경에 들어 있는 각각의 책, 또는 한 책 안에 있는 각각의 전승은 구약성경이라는 교향곡 안에서 그것만의 독특한 음색을 낸다. 만물의 기원을 설명하는 창세기는 선한 신이 창조한 세상에 존재하는 악, 우상 숭배, 고통에 대해 씨름한다. 레위기와 민수기에 있는 제사에 관한 글은 모든 생명의 숭고함, 거룩함의 개념, 윤리와 제사의 순결함 등을 강조한다. 잠언에는 인간의 이성과 배움에 대한 찬사가 들어 있다. 전도서는 지혜를 포함하여 모든 것들이 허망하다고 비웃고 있는데 동시에 일종의 낙관적 실존주의를 옹호한다. 시편은 경배자가 신을 향해 느끼는 온갖 감정을 표현한다. 욥기는 전통적인 종교적 신실함에 도전하고, 이 세상에 정의는 존재하지 않으며 의롭게 산다는 것이 보람 없고 궁극적으로 아무런 의미가 없을지라도 우리는 그렇게 살아야 한다는 괴롭고도 즐거운 결론에 다다른다.

역사에서 가장 경이롭고도 우연한 사실 중 하나는 후대의 유대인들이 이 다양한 자료들로 우리가 지금 구약성경이라고 부르는 선집을 만들기로 했다는 것이다. 그들은 이 모든 조화롭지 않은 목소리들을 한데 아우르기로 결정했고, 상충되는 것들을 애써 조정하지 않으려 했다. 이처럼 구약성경은 한 권의 책이 아니라 문집이므로, 현대의 독자들도 그렇게 해야 한다. 각각의 책, 각각의 저자, 각각의 목소리는 인간의 경험, 삶과 삶의 문제에 대한 인간의 대응, 영광과 타락에 관한 인간의 생각으로 짠 다채로운 융단에서 각각의 가닥을 이루고 있는 것이다.

우리가 제쳐놓아야 할 둘째 오해는 구약성경의 내용이 성인들에 관한 경건한 이야기라는 것이다. 구약성경의 내용은 순전하고 경건한 이야기가 아니다. 구약성경은 현실적인 사람들에 관한 심리적이고 현실적인 글이다. 이 사람들의 행동이 꼭 본이 되는 것은 아니며, 이들의 삶이 우리에게 언제나 교훈을 주는 것은 아니다. 성인들의 삶을 자세히 전하는 성인언행록이라는 문학 장르가 존재하는 것은 사실이나, 그것은 나중에 기독교 시대에 출현했다. 구약성경에는 그런 이야기가 없다. 구약성경은 초인이 아닌 인간들로 가득차 있고 그들의 행위는 수치스럽고 난폭하고 반항적이고 터무니없고 선정적이고 사악하다. 그러나 또 한편으로 구약성경의 등장인물들은 진짜 사람들과 마찬가지로 회심하여 충성스럽고 진실한 사람이 되고 맡은 의무를 다한다.

많은 사람들이 처음 구약성경을 열었다가 곧 충격과 역겨움에 책장을 덮는다. 야곱은 사기꾼이 아닌가! 요셉은 건방지고 버릇없는 아이가 아닌가! 유다는 며느리에 대한 의무를 어기고 매춘부와 잠자리를 갖는다! 대체 이 사람들은 누구인가? 왜 구약성경에 이런 사람들이 나오는가? 독자들이 느낄 수 있는 이런 충격은 구약성경의 주인공들이 완벽하게 독실한 사람들일 것이라는 기대에서 비롯된다. 그러나 그런 주장은 성경이 만들어낸 것이 아니다. 구약성경의 인물들은 현실적으로 묘사되어 있다. 그들은 현실적이고 강렬한 도덕적 갈등과 야망, 욕망을 가진 사람들이다. 근시안적으로 그리고 이기적으로 행동할 수도 있으나, 진짜 사람들처럼 깨닫고 성장하고 변화한다. 성경에 등장한다는 이유만으로 너무 성급하게 이들을 옹호한다면, 또는 후대의 종교적 전통에 따라 무턱대고 이들에게 깊은 신앙심과 경건함을 부여한다면, 우리는 이 이야기들을 무한히 흥미롭게 만드는 도덕적 복잡성과 깊은 심리적 통찰을 놓치게 될 것이다.

우리가 제쳐놓아야 할 셋째 오해는 구약성경이 어린이들에게 적합하다는 생각이다. 구약성경이 다루는 주제들은 매우 어른스러우며 특히 서술하는 글들이 그러하다. 반역과 근친상간과 강간에 관한 일화들이 있다. 구약성경은 순진한 낙천주의자를 위한 글도 아니다. 구약성경은 삶이 연민과 기쁨으로 채워져 있는 동시에 고통과 투쟁으로 가득 차 있음을 용감하게 인정하는 사람들에게 말을 건다.

구약성경이 어린이에게 적합하지 않은 또하나의 이유는, 다른 모든 문학의 걸작과 마찬가지로 구약성경이 성인 독자들조차도 종종 이해하지 못하는 구조 및 형식의 복잡성, 그리고 수준 높은 주제와 은유를 특징으로 하기 때문이다. 독자들은 구약성경을 공부해야 한다. 구약성경은 옳고 그름을 가르치지 않는다. 또는 거의 가르치지 않는다. 구약성경은 옳고 그름의 문제와 도덕적 상황을 탐색하고, 등장인물들을 도덕적 딜레마에 몰아넣는다. 그러나 대부분의 경우 결론을 끌어내는 것은 독자들의 몫이다. 또한 세심한 독자라면 구약성경에 담긴 역설과 미묘한 언어유희와 아이러니를 감상하는 법을 곧 배우게 될 것이다.

우리가 제쳐놓아야 할 넷째 오해는 구약성경은 신학에 관한 책이라는 생각이다. 한참 나중에 가서 성경 구절에 대한 특정한 해석으로부터 매우 복잡한 신학 체계가 만들어지긴 하지만, 구약성경은 교리문답서도, 체계적인 신학을 담은 서적도, 종교 지침서도 아니다. 구약성경에는 현대 서구에서 중요하게 여기는 종교적 관념들에 대응되는 내용이 전혀 없다. 성경의 언어인 히브리어에는 종교를 뜻하는 단어조차 없다. 기독교가 출현하면서 서구의 종교는 대체로 교리와 믿음에 따라 규정되기 시작했다. 신앙에 대한 고백이나 교리문답이라는 형태의 지적 동의가 필요한 것으로서의 종교 개념은 구약성경 시대에는 물론 고대 근동 지방 전체에 전혀 존재하지 않았다. 이스라엘 사람이 되기 위해서는 그저 이스라엘 사회에 합류하여 이스라엘인으로 살다가 이스라엘인으로 죽으면 되었다. 그 과정에서 이스라엘의 법과 관습을 지키고, 이스라엘의 전통을 존중하고, 이스라엘 공동의 운명을 받아들여 이스라엘의 역사 공동체에 들어가는 것이었다. 이 과정은 오늘날의 귀화와 가장 흡사하다고 할 수 있다.

간단히 말해 구약성경은 신학 교과서가 아니다. 신학이라는 단어가 신에 관한 설명을 뜻한다면 구약성경은 대체로 신학이 아니다. 구약성경에는 많은 이야기들이 나오는데, 그 이야기들은 이스라엘이라는 한 민족의 긴 여정을 설명한다. 물론 구약성경은 종교적인 믿음이나 체계적인 신학에 대한 공식적 표현은 없어도 훗날 신학이라는 학문의 중심이 될 도덕 문제를 다루고 때로는 존재의 문제도 다루지만, 그 방식은 아주 다르다. 구약성경이 이런 문제들을 다루는 방식은 간접적이고 함축적이다. 구약성경은 이야기와 노래, 시, 역설, 은유 등의 언어를 사용한다는 점에서 후대의 철학 및 추상적인 신학과는 언어적·형식적으로 큰 차이가 있다.

구약성경을 읽을 때는 후대의 철학적 신학이라는 학문이 만들어낸 신 개념을 가져오지 않는 것이 중요하다. 구약성경에 등장하는 야훼를 서구 신학에서 논하는 (대체로 '하나님'으로 칭하는) 신과 혼동해서는 안 된다. 후대 신학자들이 신에게 부여하는 속성—전지적 능력, 불변성 등—을 구약성경의 기록자들은 야훼에게 부여하지 않는다. 구약성경의 야훼는 종종 인간의 행동에 놀라고, 인간의 본성과 행위에 대해 알아가는 대로 자기 마음을 바꾸고 계획을 조정하는 것으로 알려져 있다. 따라서 구약성경을 읽는 현대 독자들에게 가장 큰 도전 중 하나는 원문의 의미를 있는 그대로 받아들이는 것, 특히 원문의 의미가 수세기에 걸쳐 신학적으로 구성된 '하나님' 개념과 어긋날 때도 그렇게 하는 것이다.

마지막 오해는 구약성경의 기원에 관한 것이다. 구약성경은 신이 구약성경을 썼다고 주장하지 않는다.[4] 구약성경을 신이 기록했다는 믿음은 한참 후대의 종교적 교리이며, 그것이 문자적으로 무엇을 의미하는지도 명확하지 않다. 마찬가지로 '모세 오경'으로 알려진 창세기, 출애굽기, 레위기, 민수기, 신명기 어디에도 모세가 그 전부를 기록했다는 주장이 없다. 이 다섯 책을 '모세의 토라(지침)'라고 부르는 관습이 나중에 생겼고 그러다 이 책들을 모세가 기록했다는 믿음까지 생긴 것인데, 이 견해는 중세에 이미 의문시되었고 현대의 학자들은 인정하지 않는다. 구약성경을 구성하고 정리하고 편집하고 수정하고 검열하고 (구전으로 먼저, 나중에 기록으로) 전달한 것은 인간이다. 오랜 시간에 걸쳐 많은 사람들이 참여했고, 그런 기록자들과 편집자들 각각의 형식과 관심사, 각자의 정치적·종교적 동기가 원래의 의도와 다르게 작용할 때가 많다.

구조와 내용

구약성경은 기원전 1000년경부터(이에 대해서는 여러 견해가 있다)

기원전 2세기까지 쓰인 책들과 글들을 집대성한 것이다. 가장 나중에 쓰인 책은 기원전 160년대에 기록되었다. 일부 책들은 기원전 1000년보다 더 오래전으로 거슬러올라갈 수 있는 단편적인 이야기, 법률 자료, 구전 전승을 포함하고 있다. 이런 자료들은 아마 입에서 입으로 전해지다가 결국 기록의 형태를 갖게 되었을 것이다. 구약성경은 대부분 히브리어로 쓰였고(그래서 '히브리 성경'이라고 부른다), 몇몇 구절들(주로 다니엘과 에스라에 있다)은 아람어로 쓰였다.

구약성경은 세계적 종교인 유대교, 기독교, 이슬람에 지속적으로 지대한 영향을 끼쳤다. 기독교 시대 이전에 이 글들을 처음 편집한 유대 사람들에게 구약성경은 무엇보다도 이스라엘의 신이 이스라엘 민족과 맺은 영원한 언약의 기록이었을 것이다. 유대 사람들은 구약성경을 타나크Tanakh라고 부르는데, 이는 구약성경을 크게 세 부분으로 나누고 각 부분의 머리글자(T, N, K)를 합친 것이다. 구약성경의 첫 부분인 토라Torah는 창세기부터 신명기까지로 구성되고, 천지창조부터 모세의 죽음까지의 이야기를 담고 있다.[5] 토라는 종종 '율법'으로 번역되지만, 이 맥락에서는 '지침' 또는 '가르침'이 단어의 의미를 더 잘 담아낸다. 둘째 부분인 네빔Nevi'im은 '선지서'를 의미한다. 네빔은 글의 성격에 따라 다시 두 부분으로 나뉜다. '전기 선지서'는 토라의 서술적인 산문체를 이어받아 모세의 죽음부터 기원전 586년 유다 왕국의 멸망에 이르는 이스라엘 역사를 전한다. 이 이야기들에서 중심은 선지자들과 왕들이다. '후기 선지서'는 시와 계시적인 글로 이루어져 있으며, 그것을 기록했다고 여겨지는 선지자의 이름이 붙어 있다. 세 명의 대선지자들—이사야, 예레미야, 에스겔—이 있고, 열두 명의 소선지자들이 있다(성경에서는 이들을 묶어서 한 권의 책으로 세는데, 이는 전통적으로 이 책들이 하나의 두루마리로 전해졌기 때문이다). 구약성경의 셋째이자 마지막 부분인 케투빔Ketuvim은 단순히 (성)문서라는 의미이다. 이 부분은 여러 종류의 글을 모아놓은 것으로, 역사 소설, 시, 시편과 예배에 관한 글, 잠언을 비롯해 인간 존재에 관한 근본 문제를 규명하려는 책 등이 여기에 들어 있다.

이 세 부분은 구약성경의 정경화 과정과 대강 맞아떨어진다.[6] 아마도 토라가 가장 먼저 안착되어 비교적 권위 있는 위상에 도달했을 것이다(기원전 5세기 초). 선지서들이 그다음으로(기원전 2세기), 성문서가 마지막으로(서기 2세기) 같은 과정을 거쳤을 것이다. 서기 2세기 말에 이르면 문집 전체가 비교적 안정적인 형태로 조직되었을 가능성이 크다.

구약성경을 자세히 들여다보려는 모든 노력은 들여다볼 대상을 규정하는 문제부터 봉착한다. 왜냐하면 지금까지 오랜 세월 동안 여러 다른 구약성경 정경들이 여러 다른 공동체에서 쓰였기 때문이다(표 1 참조). 구약성경의 가장 오래된 번역본 중 하나가 '70인역'으로 알려져 있는 그리스어 번역본이다. 70인역은 이집트 알렉산드리아에서 그리스어를 쓰며 사는 유대인들을 위해 기원전 3세기에 만들어졌다. 자구와 책의 순서가 우리가 현재 가지고 있는 전통적인 히브리어 성경에서 다소 벗어나 있다. 70인역의 책 배열 순서는 시간적이다. 첫 부분은 창세기부터 에스더까지, 과거의 일들에 관한 것이다. 둘째 부분은 욥기에서 아가까지, 현재 상황에 적용할 수 있는 지혜를 담고 있다. 셋째 부분은 이사야부터 말라기까지의 선지서로, 미래의 일에 관해 말하고 있다. 기독교 성경에서 선지서들 바로 다음에 신약성경이 오는 것은 역사적 맥락이 있는 특정 메시지를 전달하기 위해서가 아니라 구약성경의 선지서들이 신약성경의 사건들을 예언한다는 교리를 뒷받침하기 위해서이다. 70인역에 있는 몇몇 책들은 히브리 정경에 들어 있지 않지만 초기 기독교의 정경으로 인정되었다.

히브리 성경을 번역한 70인역은 기독교의 성경이 되었다(대부분의 초기 기독교인들이 그리스어를 구사했기 때문이다). 또는 더 정확하게 말하면, 기독교 교회가 존경받는 옛 전승과 연결되고자 히브리 성경을 헬라어 복음서의 '예고편'으로 채택하면서 70인역이 기독교 성경의 '구약성경'이 되었다. 기독교의 구약성경에는 히브리 성경에 없는 몇몇 책이 포함되었다. 그중 일부를 '외경'이라고 부른다(외경을 뜻하는 Apocrypha는 '감추어졌다'를 뜻하는 그리스어에서 왔으나 실제로 감추어졌다는 증거는 거의 없다). 외경들은 대략 기원전 200년부터 서기 100년 사이에 기록되었다. 이 시대 유대인들도 외경들을 널리 사용하였지만 히브리 성경을 이루는 24권의 책과 동등한 권위 있는 위상을 인정하지는 않았다. 가톨릭교의 정경에는 외경들이 포함되었다. 르네상스와 종교개혁 시대에 일부 기독교인들은 성경의 고대 그리스어 버전보다 히브리어 버전에 관심을 갖게 되었다. 16세기의 개신교 교회는 히브리어로 기록되지 않은 외경에 정경 위상을 부여하지 않았다. 외경은 중요하고 경건한 책으로 인정받긴 했지만 개신교의 권위 있는 정경에서 제외되었다. 그 결과 개신교의 구약성경과 유대교의 타나크는 배열 순서만 다를 뿐 같은 책들로 이루어져 있다. 16세기의 가톨릭 교회는 외경의 정경 지위를 공식화했다. 한편 외경과 거의 같은 시기에 쓰인 책들로 '위경'이 있는데(고대의 위인들이 썼다고 하나 실제로 그들이 쓴 것은 아니다) 이 책들은 유대교나 가톨릭교에서는 정경이 된 적이 없으나 일부 동방 기독교 집단들이 그들의 정경에 포함시켰다.

표 1. 히브리 성경/구약성경의 정경 목록(괄호는 약자)

유대교	개신교	로마가톨릭교
히브리 성경(타나크)	구약성경	구약성경
토라	[오경]	[오경]
창세기(창)	창세기	창세기
출애굽기(출)	출애굽기	출애굽기
레위기(레)	레위기	레위기
민수기(민)	민수기	민수기
신명기(신)	신명기	신명기
선지서	[역사서]	[역사서]
전기 선지서	여호수아	여호수아
여호수아(수)	사사기	사사기
사사기(삿)	룻기	룻기
사무엘 상하(삼상)	사무엘 상하	사무엘 상하
열왕기 상하(삼하)	열왕기 상하	열왕기 상하
후기 선지서	역대 상하	역대 상하
이사야(사)	에스라	에스라
예레미야(렘)	느헤미야	느헤미야

에스겔(겔)	에스더	토비트
소선지서		유딧
호세아(호)		에스더
요엘(욜)		마카비1서
아모스(암)		마카비2서
오바댜(옵)		
요나(욘)		
미가(미)	**[시가서]**	**[시가서]**
나훔(나)	욥기	욥기
하박국(합)	시편	시편
스바냐(습)	잠언	잠언
학개(학)	전도서	전도서
스가랴(슥)	아가	아가
말라기(말)		솔로몬 지혜서
		시락
성문서	**[선지서]**	**[선지서]**
시편(시)	이사야	이사야
잠언(잠)	예레미야	예레미야
욥기(욥)	예레미야 애가	예레미야 애가
다섯 두루마리		바룩
아가(아)	에스겔	에스겔
룻기(룻)	다니엘	다니엘
예레미야 애가(애)		다니엘 추가
전도서(전)	호세아	호세아
에스더(에)	요엘	요엘
	아모스	아모스
다니엘(단)	오바댜	오바댜
에 스 라 - 느 헤 미 야	요나	요나
(스-느)		
역대 상하(대상, 대하)	미가	미가

나훔	나훔
하박국	하박국
스바냐	스바냐
학개	학개
스가랴	스가랴
말라기	말라기

간단히 말해 지금까지 여러 다른 공동체에서 소중히 여긴 거룩한 책이 많았고 그 모두가 '성경'으로 명명된다. 이 책의 일차적인 관심은 고대 이스라엘 및 유대 사람들의 성경이다. 그것은 토라, 선지서, 성문서로 묶여 있는 24권의 책으로, 이것은 언제 어디서나 유대교와 기독교의 성경에 공통되는 책들이다. '구약성경'이라는 명칭은 신학적인 색채가 농후하므로(신약성경이 고대 이스라엘의 성경을 성취하거나 뛰어넘거나 옛것으로 만들었다는 믿음이 깔려 있다) 이 책에서 우리가 탐구하려는 24권의 책들을 가리킬 때는 더 중립적인 용어인 '히브리 성경' '타나크'를 사용한다. 이 명칭은 더 확장된 다른 정경들과도 구분된다. 다만 편의상 '성경'이라고 할 때는 유대교와 기독교 모두에 공통된 24권의 책을 가리키는 것으로 이해하면 된다.[7]

구약성경은 공동체에 따라 정경의 범위가 조금씩 달랐을 뿐만 아니라 성경의 원문 자체에도 어느 정도 가변성이 있었다. 물론 우리는 성경의 그 어떠한 부분도 '원본' 형태로 가지고 있지 않다. 나아가 이 책들이 고대에 다수의 버전으로 회람되었음을 생각하면 원본이라는 개념 자체가 시대착오적이다. 20세기 중반 이전에 가장 오래된 히브리 성경의 사본은 기록 연대가 서기 920년인 알레포 코덱스와 서기 1008년인 레닌그라드 코덱스였다. 이 사본들 및 기타 사본들은 그것들이 기록하고 있는 사건들로부터 시간적으로 너무나 멀리 떨어져 있기 때문에, 성경 원문의 전달과 보전에 관하여 오랫동안 온갖 의문이 제기되었다. 20세기 중반에 사해 문서가 발견된 흥미진진한 사건은 우리가 가진 히브리 성경 사본의 증거와 우리가 알고 있는 성경 지식에 극적인 변화를 가져왔다. 사해 근처 유대 사막의 쿰란 동굴에서 발견된 사해 문서는 소규모 종교 집단의 장서였던 것으로 짐작된다.[8] 이 문서에는 많은 히브리 성경 사본이 들어 있다. 유명한 이사야 두루마리를 제외하면 대부분 부분적인 사본이다. 에스더를 제외한 구약성경의 모든 책이 나타나 있고, 일부 사본은 그 연대가 기원전 3세기 또는 기원전 2세기까지 거슬러올라간다. 이 발견의 의미는 중세의 사본들보다 1000년 이상 오래된 성경의 증거를 보여준 데 있다. 쿰란 문서와 후대의 사본이 완전히 똑같은 것은 아니지만 그 일치하는 정도가 놀랍다. 덕분에 우리는 원문의 가변성이 존재한다손 치더라도 비교적 안정적으로 원문이 전승되었다는 증거를 갖게 되었다.

2
구약성경의 유일신 이해하기

1장에서 설명했듯이 이 책은 역사적, 문학적, 종교적, 문화적 접근법을 취하여 여러 다른 관점에서 구약성경을 검토할 것이다. 이 장에서는 종교적이고 문화적인 혁명의 결과물로서의 구약성경 첫 부분(토라 또는 오경)에 대한 평가를 시작한다.

구약성경은 같은 시대의 주변 여러 사상과 문화에 노출되었고 영향받았고 반응했던 사람들의 정신적 산물이다. 따라서 고대 근동 지방의 문서와 구약성경을 비교하여 연구하는 것은 둘 사이의 공통된 문화적·문학적 유산을 드러낼 뿐 아니라 커다란 차이도 드러낸다. 구약성경을 읽어보면 이스라엘 사회에서 일부 사람들―아마도 문화적, 종교적, 문학적 엘리트 집단―은 당시의 지배적 규범을 근본적으로 거부했다. 주로 기원전 6세기와 4세기 사이에 활동했던 구약성경 편집자들은 당시의 지배적 규범에 대한 비평을 썼다. 또 그들은 더 오래된 전승과 이야기를 구약성경에 편입시키면서 어떤 특별한 우주관을 집어넣었다. 급진적이고 새로운 우주관이었던 유일신 신앙이 그것이다.

여러 신 대신 하나의 신이라는 발상이 그토록 급진적인 이유는 무엇일까? 여러 신들과 그들을 지배하는 우월한 하나의 신 대신에 단 하나의 신이 존재한다고 주장하는 것이 왜 그렇게 다른가? 간단히 말해, 유일신 신앙은 무엇 때문에 그렇게 새롭고 혁명적일까?

어떤 학파는 유일신 신앙이 꼭 그렇게 혁명적인 것은 아니라고 말한다. 유일신 신앙의 출현에 대한 고전적인 설명은 다음과 같다. 모든 사회는 다신론(보통 자연의 힘을 의인화한 여러 신을 믿는 신앙)에서 단일신 신앙(많은 신들 위의 최고신을 믿는 신앙)으로, 마지막으로 유일신 신앙(유일한 신의 실체를 믿는 신앙)으로 자연스럽게 진행한다는 것이다. 18, 19세기 사람들은 이 진행 과정을 발전으로 보았는데, 이 이론을 옹호한 학자들이 다름아니라 서구의 유일신론자들이었으니 놀라운 일은 아니다. 이 학자들은 성경의 종교가 '순수한' 종교, 즉 가장 고결한 형태로 진화하여 더이상 가나안 종교의 이교도적이고 범신론적인 흔적에 '오염되지 않은' 종교의 요소를 가지고 있다고 주장했다. 종교에 진화적 모델을 적용하는 것은 분명한 가치 판단을 수반했다. 다신론은 열등하고 원시적인 형태의 종교로 이해되었다. 단일신 신앙은 진보였고, 유일신 신앙이 가장 훌륭하고 완벽한 형태의 종교로 판정되었다.

일단 19세기의 대단한 고고학적 발견으로 이스라엘의 유일신 신앙이 고대 근동 지방의 다신교에서 진화했다는 주장에 근거가 생겼다. 메소포타미아 문명의 위대한 문헌들이 새겨져 있는 쐐기문자 서판들이 해독되면서 성경의 종교에 놀라운 빛을 비추었다. 이 발견들은 일종의 '병행광'을 낳았다. 학자들이 구약성경의 이야기와 고대 근동 지방의 이야기 사이에 병행하는 주제, 언어, 줄거리, 구성 등을 열성적으로 파헤치기 시작한 것이다. 예를 들어 노아와 방주에 대한 이스라엘의 이야기보다 약 1000년 앞서 메소포타미아 사람들은 신의 지시에 따라 방주를 만들어 대홍수에서 살아남았던 지우수드라(또는 어떤 버전에서는 우트나피쉬팀)에 관한 이야기를 했다. 1장에서 설명했듯이 그것은 아주 자세한 내용까지 성경의 홍수 이야기와 아주 흡사하다. 학자들은 이러한 병행이 있다는 점에서 고대 이스라엘의 종교가 주변의 다신교와 별반 다르지 않았을 것으로 보는 것이 타당하다고 주장했다. 둘 다 천지창조의 이야기가 있다. 둘 다 홍수의 이야기가 있다. 둘 다 동물 희생 제사를 치른다. 둘 다 제사의 정결함을 금기로 지킨다. 이스라엘의 종교는 고대 근동 지방에 있던 여러 종교들 중 하나였고, 신앙의 대상이 되는 신의 숫자만이 달랐다. 일 대 다수. 본질적으로 이스라엘의 종교는 고대 근동 종교가 비교적 세련되고 고도로 진화한 버전이었다.

유일신교의 발전을 종교의 진화로 보는 관점에 도전한 사람이 1930년대의 예헤즈켈 카우프만Yehezkel Kaufmann(1889~1963)이다. 유일신교와 다신교는 근본적으로 다른 우주관과 실존에 관한 근본적으로 다른 직관에 기반을 두고 있기 때문에, 유일신교는 다신교에서 진화하지 않고 또 그럴 수도 없다는 것이 그의 주장이다. 카우프만은 그의 책 『이스라엘의 종교』(후에 모시 그린버그가 영어로 요약 번역했다)에서 이스라엘의 유일신교는 그 이전 시대의 다신교에서 자연스럽게 도출된 결과물이 아니고 그럴 수도 없다고 주장했다. 유일신 신앙은 문화적·종교적 단절, 다신교와 이교도적 우주관에 대한 반론이었다고 그는 주장했다. 카우프만에 따르면 이 반론은 구약성경 전체에 암시되어 있다. 카우프만은 유일신교의 출현에 대한 진화적 모델을 혁명적 모델로 바꾸어놓는다.

카우프만 모델의 장점 하나는 다신교를 유일신교에 비해 원시적인 형태의 종교로 보는 경멸적인 평가를 피할 수 있다는 것이다. 그의 모델에서 이 둘은 별개의 사고방식이고 서로 다른 우주관이다. 그렇다고 카우프만이 다신교를 평가하지 않았다는 뜻은 아니다. 분명히 그는 유일신 신앙이 더 나은 선택지라고 생각했다. 그러나 그의 모델 자체는 적어도 유일신교와 다신교를 각각 그것만의 독특한 장점과 설득력이 있고 또 각각의 약점과 부족함이 있는 단순한 선택 대상들로 제시할 수 있는 가능성을 가진다.

카우프만의 관점에서 보면 구약성경의 종교 및 문화와 고대 근동 지방의 종교 및 문화의 유사성은 결국 그 근본적인 의미나 기능보다는 형식과 외적 구조상의 유사성으로 이해하는 것이 옳다. 고대 근동 지방의 모든 문화는 동물 희생 제사를 치렀고 법으로 제사의 정결함 지켰다. 고대 근동 지방의 모든 문화는 천지창조의 이야기와 세계적인 홍수 이야기를 전하고 위인들에 전설을 전승했다. 그러나 구약성경은 이 문화적 형식들을 채택하여 유일신 신앙의 우주관을 전달하는 도구로 변형시켰다. 그래서 형식의 유사성이 의미와 기능의 유사성을 보장하지 못하는 것이다. 이런 관점에서 카우프만은 후대의 인류학자들이 이스라엘의 제사 의식은 그 주변 지역의 제사 의식과 유사하게 보이지만 그 목적과 기능은 주변 지역과 매우 달랐다고 주장하는 것을 앞서 예측했다고 할 수 있다. 이스라엘 사람들은 고대 근동 지방의 사람들처럼 왕을 세웠지만, 이스라엘의 왕들은 가나안의 왕들과 여러 면에서 크게 다르다. 이러한 차이점들은 이스라엘의 유일신 신앙에서 비롯된다. 이스라엘의 제사와 이스라엘의 왕, 이스라엘의 천지창조 이야기와 전설들의 의미와 기능은 그것이 이스라엘의 더 넓은 문화적 틀과 우주관 안에서 차지하는 위치에서 나온다.

'이교도' 종교에 대한 카우프만의 생각

카우프만은 다신교의 우주관과 이스라엘에 뿌리를 내린 혁명적인 유일신교 우주관의 근본적인 차이를 어떻게 설명할까? 카우프만에 따르면 '이교도' 종교(카우프만이 사용하는 용어이다)의 근본적인 생각은 "신들에 앞서 그리고 신들보다 위에 어떤 계界가 존재하고, 신들이 그 계에 의존하고 그 명령을 따라야 한다는 생각"이다.[1] 그는 이 계를 신들을 초월하는 계라고 부른다. 신들조차도 초월하는 지고한 궁극의 힘이 있는 계이다. 신들은 이 초월하는 계에서 출현하고, 그러므로 이 계의 법과 힘에 복종해야 한다. 이 계의 특성은 문화마다 다르게 해석된다. 그것은 물일 수 있고, 어둠일 수도 있다. 영일 수도 있고, 고대 그리스의 종교에서처럼 운명일 수도 있다.

카우프만에 따르면, 신들의 위나 옆에 있는 초월하는 원계原界를 상정하는 것은 여러 가지 중요한 결과로 이어진다. 먼저 신들은 이 계의 명령을 따라야 하기에 자동적으로 한계에 부딪힌다. 신들은 모든 것의 원천이 아니라 이 초월하는 계에 속박되어 있고 복종해야 하는 것이다. 따라서 지고한, 절대적인, 또는 주권적인 신의 뜻은 존재할 수 없다. 왜냐하면 어떤 한 신의 뜻은 다른 신의 뜻에 의해 반박될 수 있고, 모든 신들의 집단적인 뜻은 이 초월하는 원계의 명령에 의해 좌절될 수 있기 때문이다. 신들은 힘에 한계가 있을 뿐 아니라 지혜에도 한계가 있다. 어떤 신도 모든 것을 알거나 모든 것을 깨닫지 못한다. 왜냐하면 초월하는 계는 궁극적으로 신비롭고 예측 불가능하기 때문이다. 각각의 신은 치료 등 특정한 기술을 잘 다루거나 특정한 학문에 능통할 수 있다. 그러나 그 어떤 신도 완전무결하고 본질적인 속성으로서의 지혜를 가지지는 못한다.

카우프만은 신화를 이교도 종교의 근본으로 본다. 신화는 신들의 삶과 공적에 대해 이야기한다. 이교도의 신화에서 신들은 태어나고 인간의 삶과 아주 비슷한, 그러나 장대한 스케일의 삶을 산다. 신들은 죽고, 다시 태어날 수도 있다. 이교도 종교는 신들의 족보(신의 탄생에 관한 설명)는 물론 우주의 계보(우주의 탄생에 관한 설명)도 가지고 있다. 이러한 신의 족보와 우주의 계보를 보면 만물은 비인격적인 원계로부터 출현한다. 이 계가 모든 존재의 씨를 가지고 있기 때문이다. 창조의 과정은 통상 신들—성별이 있는 신성한 존재들—의 출현으로 시작된다. 그 뒤를 이어 자연 세계와 거기서 거주하는 인간과 동물이 원계로부터 만들어진다. 요컨대 이 초월하는 계는 평범한 것이든 신성한 것이든 만물—신, 인간, 자연 세계—이 탄생하는 태초의 자궁이 되는 것이다.

　이것이 의미하는 바는 이교도 종교에는 신과 인간과 자연 세계 사이에 가변적인 경계가 있다는 것이라고 카우프만은 주장한다. 모두가 같은 원계의 재료로부터 출현했기 때문에 경계가 느슨하다. 그래서 신들은 종종 자연의 강력한 힘이나 실체와 동일시된다. 하늘이 신이고, 불도 신이고, 다산이라는 자연의 작용도 신이며, 신을 숭배하는 것과 자연을 숭배하는 것 사이에 별 차이가 없다. 또 인간도 결국 이 원계에서 출현하기 때문에 신과 인간 사이의 경계에 '혼동'이 자주 생긴다. 그래서 이교도 종교에서는 신과 인간의 (성적) 결합이 특징적으로 나타나며, "신계와 인간계의 이 연속성이 신격화를 믿는 이교도의 믿음에 토대가 된다"(카우프만). 신격화란 인간이 신이 되는 과정으로, 예를 들면 사후에 영생을 얻음으로써, 또는 왕이 왕위에 오를 때 일어날 수 있는 일이다.

　카우프만에 따르면 이교도 종교는 힘을 물질적으로 파악한다. 신들이 가진 모든 힘은, 초월하는 원계가 모든 힘의 원천이기 때문에 파생물이다. 신들이 가진 힘을 구성하는 물질이야말로 궁극적인 힘인 것이다. 힘은 특정한 물질들, 특히 원계가 만든 물질과 그 유사한 물질에 내재하기 때문에 물질적이다. 만일 초월하는 계에서 물이나 피가 나왔다고 하면, 실제의 물이나 피에도 초월하는 계의 힘이 스며들어 있는 것으로 여겨질 것이다. 신들은 원계의 물질 또는 그것과 물리적으로 동일한 물질과 연결되어 있는 한에서만 힘을 가진다.

　힘을 물질로 보는 개념은 마술의 가능성을 낳는다. 마술이란 물질의 힘을 드러내거나 이용하고자 힘이 내재된 물질을 조작하는 일이다. 인간은 이런 물질을 조작함으로써 원계의 힘을 활용할 수 있다. 인간 마술사는 신들을 강제로 움직여 자신의 뜻을 실행하고자, 또 심지어는 초월하는 원계 그 자체의 '명령'에 영향을 주고자 원계의 강력한 힘에 접근해서 그 힘을 이용하는 일종의 기술자다. 카우프만에 따르면, 마술은 신들과 악마들의 변덕스러운 뜻을 바꾸거나 피해가기 위해, 또는 신들에게 특정한 방식으로 영향을 주기 위해, 또는 신들로부터 자신을 보호하기 위해 초월하는 원계의 힘에 접근한다. 마찬가지로 점치기도 모든 힘과 지식의 근원을 겨냥하여 미래를 알아보려는 시도이다. 점치기는 (초월하는 원계에 접근하는 데 신들이 매개자가 되는 경우가 아닌 이상) 신들이 아니라 원계 그 자체를 대상으로 삼는, 원계의 비밀을 밝히려는 노력이다. 신들의 뜻을 알아보는 것은 별 쓸모가 없다. 어느 신의 뜻도 다른 신이나 원계의 명령에 의해 좌절될 수 있기 때문이다.

힘을 물질로 보는 개념은 이교도의 제사에도 영향을 미친다. 카우프만에 따르면 이교도의 제사는 초월하는 원계의 물질과 연결되어 있어서 내재하는 힘을 가지고 있다고 믿는 물질(피, 동물의 몸, 인간의 몸, 귀금속 등)을 조작하는 의식 체계이다. 이교도의 제사가 본질적으로 마술인 것은 물질의 조작으로 신들을 강제하여 (그들을 달래거나 즐겁게 하여, 호의나 보호를 얻어내기 위해) 원계의 힘을 이용하려는 것이기 때문이다. 어떤 제사 행위는 신이 제사지내는 사람을 해치지 않게 하는 방어적인 성격을 띠고, 어떤 것은 악마가 신을 해치지 않게 하는 예방적인 성격을 띤다. 많은 제사 축제가 신들의 삶에 생긴 사건들, 이를테면 어떤 신이 죽임을 당했다가 되살아난 전쟁 같은 것을 재현한다. 겨울 축제는 봄에 생명이 돌아올 때 부활하는 신의 죽음을 재현하는 것일 수 있다. 이런 재현하는 축제는 자연의 순환을 보장하고 유지하는 마술의 힘을 활용하는 의식으로 여겨진다.

모든 힘과 삶을 원계로 귀속시키는 것의 또다른, 매우 중요한 함의는 원계가 선과 악 모두의 근원이라는 개념에 있다. 인간을 돕고 보호하는 선한 신들이 있는 것처럼 인간과 다른 신들을 죽이는 악한 신들도 존재한다. 죽음과 질병은 이 악한 악마나 더러운 영의 영역에 속하지만, 그럼에도 그들은 선한 신들의 형제자매이다. 카우프만에 따르면, 선한 신들과 악한 악마들 간의 계속되는 우주 전쟁에서 인간은 초월하는 원계의 힘들을 마술을 통해 이용하여 인간의 삶을 비참하게 만드는 신들을 피하지 않고서는 기본적으로 무력하다. 카우프만이 보기에 가장 중요한 것은, 이교도의 우주관에서 악은 악마의 독자적인 영역에서 기인한다는 것이다. 그것은 거룩하고 선한 신들의 영역만큼 본래적이고 실체적인 영역이다. 즉 악은 우주의 구조 속에 짜넣어진 형이상학적 실체다. 우주를 배태한 초월하는 원계는 끝없는 우주 전쟁에 갇힌 선한 세력과 악한 세력을 낳았다.

이 관점에서 구원은 인간의 관심사이지 신의 관심사가 아니라고 카우프만은 말한다. 신들은 스스로를 구원하느라 정신이 없기 때문에 이 세상에서 활동하고 있는 변덕스러운 세력들로부터 인간을 구원하는 데 아무런 관심이 없다. 선한 신들은 악한 신들의 공격을 받고, 그들이 원하는 것은 원계의 힘과 명령으로 좌절된다. 구원은 마술이나 영지(인간을 지배 세력으로부터 해방시킬 수 있는 비밀 지식)를 통하여 얻어진다. 땅 위의 삶을 고통스럽게 만드는 악마들과 변덕스러운 신들의 세력 범위에서 벗어나기 위해 원계의 힘이나 비밀스러운 지식을 활용하는 것, 이것이 다신교 체계에서 구원에 이르는 길이다.

카우프만에 따르면, 이교도의 우주관은 초超도덕적이다. 비도덕적인 것이 아니라, 도덕적으로 중립이거나 도덕이 없다. 어떤 신들은 법을 제정하고 사회 질서와 정의를 수호하지만, 그들의 법은 절대적이지 않고 악마들의 활동과 지고한 원계의 영향으로 무너질 수 있다. 각각의 신이 가진 지식과 지혜에는 한계가 있다. 특정 신이 자기가 좋아하거나 원하는 것으로 도덕을 규정하는 것이라면, 절대적 도덕률은 존재할 수 없다. 바로 이것이 성경 종교의 유일신 혁명이 도전하는 우주의 모습이라고 카우프만은 주장한다.

이스라엘의 유일신교에 대한 카우프만의 생각

카우프만에 따르면, 이스라엘의 근본 사상은 성경에서 체계적으로 정립되어 있지 않지만 성경 전체에 스며들어 있다. 그것은 초월하는 원계에 복종하지 않는 유일한 신과 그 자신이 모든 존재의 근원이라는 새롭고 급진적인 개념이다. 이 신은 그보다 앞서 존재하는 영역에서 출현하지 않으므로 신화와 마술의 모든 한계로부터 자유롭다. 다른 어떤 세력에게도 도전받지 않는 이 신의 뜻은 절대적이고 주권적이다. 이처럼 초월하는 원계를 제거할 때 어떤 결과가 뒤따를까? 일단 구약성경에는 신의 계보나 신화가 없다. 즉 신의 출생이나 생애에 관한 설명이 없다. 이스라엘의 신은 태초의 자궁에서 태어나지 않고 삶의 이야기도 가지지 않는다. 그 신에 앞서는 영역은 존재하지 않는다. 그의 힘과 지혜의 원천이 되는 영역은 존재하지 않는다. 창세기 도입부에서 그 신은 그냥 존재한다. 성장하지 않고, 나이 들지 않고, 철들지 않고, 여성 배우자가 없으며, 죽지 않는다. 카우프만에 따르면 우리는 히브리 성경에서 역사상 처음으로 시간과 세대를 초월하는 비물질적이고 영원하고 무한한 한 신을 마주한다.

성경의 신은 자연과 동등하지 않고 자연을 초월한다. 모든 자연의 주권자인 이 신은 자연의 힘으로 알아볼 수 있는 신이 아니다. 자연은 이 신이 자기의 뜻과 목적을 나타내는 무대가 되지만, 자연 그 자체는 신성하지 않다. 이 신은 어떠한 면에서도 인간과 동등하지 않다. 카우프만에 따르면 인간과 신 사이의 경계는 느슨하지 않고 엄격하다. 그래서 히브리 성경은 신격화와 사후 세계라는 개념을 거부한다. 사람이 신이 되는 경우도, 신이 사람이 되는 경우도 없다.

히브리 성경에는 마술이 없으며, 마술 행위는 쓸모없는 것으로 여겨진다. 힘의 원천이 되는 초월하는 원계가 없다는 것은, 힘이 물질적으로 이해되지 않으며 힘이 내재된 물질을 마술로 조작할 이유가 제거되었음을 의미한다. 이스라엘의 신은 마술 의식이나 비밀스러운 지식으로 강제되지 않는다. 나아가 마술은 신의 힘이 다른 힘들에 의해 제한된다는 잘못된 생각에 근거하기 때문에 죄이거나 신에 대한 반역이다. 물론 카우프만은 구약성경에 마술로 보이는 여러 행동이 있다고 분명히 인정한다. 그러나 이런 행위가 등장하는 이야기의 편집자들은 그 행위 자체에는 아무런 효험이 없음을 강조하고 있다고 그는 주장한다. 마술사가 재주를 부려도 어떤 일도 생기지 않고, 이스라엘 신의 뜻과 관계없이는 어떠한 일도 일어나지 않는다. 구약성경에서 마술은 그것의 독자적인 능력을 잃고, 이스라엘 신의 주권과 힘에 대한 증거로 역할이 바뀐다.

점을 치는 것 또한 유일신 신앙에 흡수될 수 없다고 카우프만은 말한다. 점치기 역시 지식과 힘을 가진 초월하는 계의 존재를 잘못 추정하기 때문이다. 신의 비밀을 알아내려는 시도인 점치기는 착각을 근거로 한다. 선지자를 통하여 이스라엘 신의 뜻을 알아보는 것은 허락되지만, 신은 오직 그가 뜻할 때만 정보를 전달한다. 이 신의 계시를 강제할 수 있는 의식이나, 주문, 물질은 없다고 카우프만은 말한다. 마술, 점치기, 신탁, 꿈의 계시, 예언 등은 이교도 사회와 고대 이스라엘에 공히 나타난다. 그러나 카우프만에 따르면 모든 유사성은 형식적 유사성에 지나지 않는다. 각각의 현상은 절대적이고 강제할 수 없는 뜻을 가진 초월하는 최고신이라는 이스라엘의 개념에 의해 근본적으로 변형된다. 별도의 학문, 지식 체계, 마술에 의지하여 이 신과 관계없고 이 신을 초월하는 세력들을 끌어들이는 방법은 존재하지 않는다.

마찬가지로 이스라엘의 제사는 독자적인 힘을 활용하지 않고, 그 자체로 자동적으로 효과가 생기지 않는다. 신을 보호하거나, 신의 물질적 필요를 채우지도 않는다. 이스라엘의 제사는 재현 의식을 통해 신의 생명이나 역동성에 영향을 주지 않는다. 신의 삶에 일어난 사건들을 기념하지도 않는다. 이스라엘 주변 민족의 제사 행위를 유발했던 신화적인 논리가 이스라엘에서는 민족의 역사에 일어난 사건을 기념하는 역사적인 논리로 대체되는 때가 많다. 이러한 축제와 제사 활동의 역사화는 8장에서 검토할 것이다.

유일신교 체계에는 신의 동등한 상대로서 신에게 대항하는 악의 행위자가 없다. 즉 악을 행하는 신적 행위자가 없는 것이다. 이스라엘의 신이 모든 존재의 근원이라면, 그와 싸우는 초자연적 존재의 영역과 하나의 최고신에 대항하는 신적인 적대자는 존재할 수 없다. 카우프만에 따르면 히브리 성경은 죄와 악을 신화화하지 않고 신격화하지 않는다. 악을 어떤 독자적인 악한 세력의 활동으로 생각하지 않고, 죄를 강압적인 마술 행위인 엑소시즘이 필요한 귀신 들림의 결과로 생각하지 않는다. 히브리 성경에서 악은 신의 뜻과 신에게 반항할 수 있는 자유와 죄 지을 능력을 가진 인간의 뜻이 충돌할 때 발생한다. 유일신교 체계에서는 죄가 근본적으로 초자연적이라고 생각하지 않는다. 이러한 성경적 우주관에서 악은 초자연적 영역에서 도덕적 영역으로 이동한다고 카우프만은 주장한다. 악은 우주의 구조 속에 짜넣어진 세력이나 힘이 아니며 구체적이고 독자적인 실체가 아니다. 그것은 도덕적 실체이지, 초자연적 실체가 아닌 것이다. 이는 이 세상에서 오로지 인간만이 악의 잠재적 근원임을 뜻한다. 악과 선을 다스릴 책임은 인간의 손에 있다.

구약성경의 신은 창조된 신이 아니라 우주에 질서를 부여할 수 있는 창조자 신이기에, 선의 세력과 악의 세력이 서로 경쟁하는 이교도의 초도덕적 우주관은 도덕적 우주관으로 대체된다. 여기서 최고의 법은 신의 뜻으로, 그는 우주에 질서를 가져올 뿐만 아니라 도덕도 가져온다. 이스라엘의 신은 단지 하나의 초월적인 힘이 아니라 도덕적으로 선한 힘이다. 구약성경의 체계에서는 정의와 도덕의 절대적 기준들이 존재할 수 있다. 이 신은 정의롭고 자비로우며, 선해지고자 하는 사람은 신의 뜻에 따라 행동해야 한다. 신에 대항하는 사람은 죄는 짓고 세상에 악을 가져오게 되는 것이다.

우리는 카우프만의 주장을 다음과 같이 정리할 수 있다. 구약성경의 종교는 신을 완전히 다른 방식으로 생각했다. 구약성경의 신은 근본적인 속성에서 이교도의 신들과 다르다. 이교도의 신들은 자연의 맹목적인 세력들과 연관되고 고유의 도덕적 특징이 없는 자연의 신들이었다. 구약성경의 신은 자연을 초월하는 존재로 여겨졌다. 그의 뜻은 절대적이었을 뿐만 아니라 (도덕적으로 중립적인 초월하는 원계와 달리) 절대적으로 선하고 도덕적이었다. 구약성경의 신은 신화화되지 않지만, 그렇다고 완전히 비인격적으로 제시되지도 않는다. 구약성경은 신과 인간의 소통을 표현하기 위해 신을 의인화된 용어로 나타낸다. 이 소통은 자연의 영역이 아니라 역사의 영역에서 이루어진다. 이 신은 자연의 힘과 현상을 통해서가 아니라, (신화상이 아닌) 역사적 시간 속의 그때그때의 행동으로 사람들의 삶에 영향을 미침으로써 알려진다.

유일신교와 다신교를 구별하는 개념의 혼선에 관하여 카우프만은 다음과 같이 적었다.

이스라엘의 종교와 이교도의 종교를 단순히 숫자의 차이로 생각하는 것은 잘못이다. 이교도의 개념이 신의 숫자가 줄어들면서 이스라엘의 유일신 신앙에 접근하는 것이 아니다. 이스라엘 신의 단일성에 관한 이스라엘 사람들의 개념은 모든 것을 초월하는 신의 주권을 의미한다. 그것은 신을 넘어서는, 신화와 마술의 근원이 되는 어떤 영역에 대한 개념을 거부한다. 하나님의 뜻은 지고하며 절대적으로 자유롭다는 확신은 새롭고 비이교도적인 범주의 사상이다.[2]

카우프만은 이 확신이 히브리 성경에 명시적으로 서술되어 있진 않지만, 이스라엘 사람들의 독창성과 구약성경에 널리 스며들어 있다고 말한다. 또한 이 개념은 어느 정도의 발전과 진화를 거쳤다고 주장한다. 이 생각의 잠재된 가능성은 시간이 지남에 따라 비로소 실현되었다.

진화, 혁명, 아니면 내전?
우리는 구약성경적 유일신 신앙의 출현을 이해하는 데 두 개의 모델이 있음을 살펴보았다. 첫째 모델에 따르면 이 유일신 신앙은 고대 근동 지방의 다신교로부터 진화하고 여러 측면에서 다신교와 근본적으로 연결되어 있으며, 단순히 숭배하는 신의 수를 하나로 제한할 뿐 신을 성전에 모시고 제사를 드리고 정결함의 관행으로 신을 달래는 것은 고대 근동 지방의 문화와 같다. 반면 카우프만의 모델에 따르면 구약성경의 종교와 문화, 사상과 관행은 고대 근동 문화의 그것들과 근본적으로 단절한 결과이다.

이론상 유일신교와 다신교가 서로 다른 직관에 근거해서 아주 다른 우주를 설명하고 있으며, 이스라엘의 신과 주변 민족들의 신들의 차이가 숫자적인 것이 아니라 본질적인 것이었음을 밝힌 것, 이것이 카우프만 연구의 가치이다. 그러나 그는 종종 근거를 억지로 갖다 붙이기도 하고, 그 정도가 꽤 심하다. 구약성경에는 그가 설명한 유일신 신앙에 딱 들어맞지 않고 때로는 상당히 다른 관행과 개념이 나타나는 것이 사실이다. 그렇다면 이스라엘과 그 주변 지방의 연속성을 주장하는 쪽이 결국 옳을까?

이스라엘과 유대에 실제로 거주했던 사람들의 실제적인 종교적 관행 및 믿음(이것을 '이스라엘-유대 종교'라고 불러도 되겠다)과 이들의 이야기를 전하는 후대 기록자들과 편집자들이 옹호하는 유일신 신앙(이것을 '성경의 종교'라고 부를 수 있겠다)에 차이가 있을 수 있음을 인정하면 이 문제를 해결할 수 있다. 이 차이는 스티븐 겔러가 잘 설명했다.[3] 기원전 1000년 이전의 히브리 사람들과 기원전 1000년 이후의 이스라엘 및 유대 사람들이 실제로 무엇을 믿고 무엇을 했는지 알아볼 수 있는 자료는 많지 않다. 하지만 대체로 족장 시대(기원전 1000년 이전)의 히브리 사람들뿐만 아니라 기원전 1000년 이후에 살았던 대부분의 이스라엘 및 유대 사람들은 다신교를 믿는 주변 사람들과 크게 다르지 않았다. 구약성경에 편입된 초기 자료와 고고학적 기록에는 (예를 들어, 가정의 우상이나 지역의 다산 신) 유일신적이 아닌 대중적 종교 관행의 증거가 있다. 대부분의 학자들은 고대 이스라엘-유대 종교(기원전 1000년 이후 이스라엘과 유대에 실제로 살았던 사람들의 관행과 믿음)가 오직 하나의 신의 존재를 주장하는 유일신 신앙이 아니라 다른 신들의 존재를 부정하지 않으면서 하나의 신 야훼를 숭배하는 일 신숭배였다고 추측한다.

나아가 야훼는 여러 측면에서 가나안 민족들의 신들, 특히 하늘 신 인 엘과 폭풍우 신인 바알과 비슷했다(구약성경의 일부 구절에서는 엘 과 바알의 이름이 이스라엘 신에게 직접적으로 적용되거나 연관된다. 이 책 8장을 참조). 구약성경에서 묘사되고 고고학적 발견으로도 입증된 고대 이스라엘 및 유대의 제사 관행과 제사 도구들에도 가나안 및 고 대 근동 지방의 연속성이 분명히 나타난다. 또한 구약성경에는 동시 대 다신교의 특징을 보여주는 다수의 구절이 있다. 가령 창세기 6장에 서 신과 같은 존재들(네피림)은 땅으로 내려와 인간 여자들과 결혼한 다(창 6:1~4). 야훼는 여러 구절에서 신들의 모임을 주재하는 것으로 나타나고(창 3:22, 시 82, 욥 1:6~12) 일부 시적인 구절들에서는 바벨 론의 신 마르두크가 그랬던 것처럼 자신의 통치권을 수립하기 위해 괴 물 세력과 싸우는 이스라엘 신의 신화적인 모습을 보여준다(시 74:12, 89:9~11, 사 51:9~10). 또 어떤 구절들은 다른 민족들이 숭배하는 다른 신들의 존재를 당연시하면서 초기 이스라엘의 단일신 신앙을 암시한 다(민 21:29, 신 4:19, 29:25, 삿 16:23~24).

그렇지만 구약성경에 있는 가장 강력한 유일신적인 내용들은 이스 라엘 주변 지방과 이스라엘-유대 종교의 신화에 있었던 신들과 본질 적으로 다른 하나의 신을 상정한다는 카우프만의 주장은 옳다. 토라의 특정 구절과 특히 선지서에서 발견되는, 구약성경의 종교라고 부를 내 용을 보면, 이스라엘의 신은 모든 존재의 유일한 근원이다. 그는 앞서 존재하는 영역에서 출현하지 않고 신적인 형제자매도 없기에 그의 뜻은 절대적이며 주권적이다. 나아가 구약성경의 유일신 신앙은 이 신이 본질적으로 선하고 의롭고 자비롭다고 보고, 인간의 도덕은 그의 뜻을 따르는 데 있다고 생각한다. 일부 구약성경의 구절은 인간에게 절대적인 도덕을 요구하는 절대적으로 선한 신을 상정하므로, 구약성경의 유일신 신앙을 흔히 도덕적 유일신 신앙이라고 부르기도 한다.

일찍이 기원전 8세기 초에 시작해서 그후 몇 세기에 걸쳐, 이스라엘 사회에서 학식 있고 확실히 유일신을 믿는 부류의 사람들은 이스라엘 고대의 이야기와 전승에 유일신적인 틀과 무늬를 넣었다. 이스라엘-유대 종교의 전승을 반영하던 옛 자료들이 변경되고 재구성되어 후대 편집자들의 유일신적 관점을 반영하게 되었다. 이런 식으로 이전의 자료들은 후에 이스라엘 및 유대 사람들의 자기 이해와 정체성에 심오한 영향을 미칠 토대 신화가 되었다. 유일신 신앙을 추구한 편집자들은 더 앞선 시대, 즉 이스라엘의 가장 오래된 선조들에게 유일신 신앙을 투영했는데, 물론 그것이 역사적 사실일 가능성은 거의 없어 보인다. 이스라엘의 유일신 신앙은 성경의 일부 구절에서 아브라함으로부터 시작되는 것으로 설명되지만, 역사적으로 보면 훨씬 나중에 소수 집단의 운동으로 시작되어 수세기에 걸쳐 그 중요성을 확대해나갔다고 할 수 있다. 구약성경의 최종 편집자들이 과거로 거슬러올라가 이스라엘의 긴 역사에 적용한 이 나중의 유일신 신앙이 바로 카우프만이 말하는 구약성경의 종교이고, 이것이 카우프만의 설명에 가장 가까운 유일신 신앙이다.

따라서 구약성경에는 두 종류의 상충되는 자료들이 존재한다. 한쪽에는 엄격하게 유일신적이지 않은 종교적 관행과 개념이 반영되어 있고, 다른 하나에는 유일신적인 종교적 관행과 개념이 반영되어 있다. '구약성경의 종교'가 택한 나중의 문헌들은 고대 근동 지방의 종교적 개념뿐만 아니라 이스라엘-유대 종교와도 상당히 단절된다. 따라서 카우프만이 설명하는 구약성경의 유일신 신앙은 단지 이스라엘이 다른 나라들에 대해 수행한 혁명이었을 뿐만 아니라 이스라엘이 이스라엘 스스로와 치른 내전이었다.

이 점은 이스라엘만이 그런 것이 아니다. 비슷한 문화적 투쟁이 고대 이집트에서도 나타난 것으로 보인다. 고왕국 시대(기원전 2575~2134년)로 거슬러올라가는 천지창조의 글은 헬리오폴리스에서 창조자이자 통치자로 숭배되던 태양신 라(후에는 아툼)를 묘사한다. 라의 창조 활동은 성적 생식이 연관되어 있다.

> 난 수많은 피조물을 계획했다,
>
> > 모두가 내 심장 안에 있었다, 그들의 자식들과 그들의 손자들도.
>
> 그때 난 내 주먹과 교접했다.
>
> > 난 내 손으로 자위했다.
>
> > 난 내 입속에 사정했다.
>
> 난 바람 슈를 내뿜었다.
>
> > 난 비 테프누트를 뱉어냈다.
>
> 늙은이 눈Nun 바다가 그들을 길렀고

감독자 눈[目]이 그들을 돌보았다.[4]

그러나 멤피스에서 나온 한 문서(고왕국에서 비롯되었을 가능성이 있지만 서기 8세기의 사본으로 보존되어 있다)에서는 아툼의 창조 방식이 조롱당한다. 프타에게 바치는 찬가로 알려진 이 문서는 헬리오폴리스의 아툼(라)을 멤피스의 신 프타와 비교한다. 아툼은 마치 육체노동자와 같이 물질적 재료를 다루고 하체의 (성적) 활동을 통해 창조한다. 이와 달리 프타는 상체 또는 지적 기능―생각과 말―을 통해서 아툼을 포함해 헬리오폴리스에서 숭배받는 에네아드의 아홉 신을 창조한다. 이 문서는 헬리오폴리스의 신들보다 프타가 우위에 있음을 주장하기 위해 새로운 수도 멤피스와 멤피스의 신 프타의 탁월함을 내세운다. 창조신 아툼 그 자신이 신 프타에 의해 창조되었고, 프타는 창조할 때 완전히 지적인 방법을 썼기 때문이다.

프타는 에네아드의 각 신에게 그리고 각 신의 혼(이집트어로 카)에 생명을 주었다. 각 신은 프타의 마음과 혀 위의 말을 통해 존재하게 되었다. 호루스가 나왔고, 프타의 마음속에 있는 생각과 프타의 혀의 말로부터 토트가 나왔다. 프타의 마음의 생각과 프타의 혀의 말은 에네아드의 모든 생각과 모든 말을, 인간의 모든 생각과 모든 말을, 그리고 모든 생물을 인도한다. 프타는 오직 이와 입술로 에네아드를 창조한다. 아툼은 손과 정액으로 창조해야 했다. 아툼은 에네아드를 낳기 위해 자위를 해야 했다. 프타는 오직 말했을 뿐이고 에네아드가 나왔다. 프타는 바람 슈와 비 테프누트의 이름을 불렀으며, 슈와 테프누트가 땅 게브과 하늘 누트를 낳았다. 보고 듣고 냄새 맡는 모든 감각이 모든 것을 마음으로 전달하고, 마음이 모든 지식의 근원이며 혀는 마음이 바라는 것을 말하므로, 에네아드의 모든 신들이 나왔다…… 프타의 마음의 생각과 프타의 혀의 말에 의해서.[5]

이는 더이상 노골적일 수 없는 내부적 문화 비평이었다. 고대 이집트와 고대 이스라엘은—그 이전과 이후의 모든 문화, 현재 우리 문화가 다 그렇듯—자기 자신과 투쟁하는 복잡하고 혼란스러운 문화였다.

구약성경의 신과 주변 메소포타미아 지방의 문헌 및 이스라엘-유대 문화에 나타나는 신의 차이는 창세기의 첫 장에서부터 분명히 나타난다. 여기에는 아마 기원전 6세기의 마지막 편집 과정에서 오경에 더해졌을 창조 이야기가 나온다. 창세기는 강력한 유일신적 내용으로 시작한 뒤 앞쪽 열한 개의 장에서 원시 신화의 이야기들을 전한다. 다음 장에서 우리는 이스라엘이 어떻게 근동 지방의 주제와 소재를 채택해서 신, 우주, 인간에 대한 새로운 개념을 표현하는지에 주목하면서 창세기 1~3장을 읽고 검토한다.

3
천지창조 이야기: 창세기 1~3장

읽기: 창세기 1~3장

이 장에서 우리는 창세기의 시작 부분인 창세기 1~3장을 검토한
다. 우리의 목적은 구약성경의 저자들(이 저자들이 누구였고 언제 살았
는지에 대해서는 뒤에서 더 구체적으로 알아볼 것이다)이 고대 근동 지
방의 문화적·종교적 유산(그 이야기, 이미지, 소재 등)을 어떻게 이용했
는지 확인하고, 그렇게 차용한 것을 새로운 비신화적 신의 개념으로
어떻게 변형시켰는지 살피는 것이다. 창세기의 저자들이 고대 근동 지
방의 자료를 채택한 것과 관련하여 광범위하고 설득력 있는 글을 쓴
학자는 나훔 사르나Nahum Sarna(1923~2005)이다. 이 장은 그의 연구에
서 많은 것을 가져온다.[1] 사르나를 비롯한 학자들은 구약성경의 이야
기와 고대 근동 지방의 이야기 사이에 공통의 특징들과 결정적인 단절
이 함께 존재한다고 말한다.

창세기 1~2장 연구에는 "에누마 엘리쉬Enuma Elish(그때 위에)"라는 구절로 시작하여 그 이름으로 알려진 바벨론의 서사시에 대한 이해가 필요하다. 이 서사시는 하늘과 땅이 만들어지기 이전, 두 종류의 물을 제외하고 아무것도 존재하지 않았던 때에서 시작한다. 태초의 단물 바다는 남자 신 '압수'와 관련되고, 소금물 바다는 여자 신 '티아마트'와 연결된다. 티아마트는 사나운 용처럼 생긴 괴물로도 나타난다.

> 그때 위에 하늘은 이름이 없었고,
>
> 아래 단단한 땅도 이름이 없었으며,
>
> 그들을 낳았던 태초의 압수 외 아무것도 없다가,
>
> (그리고) 뭄무-티아마트, 그 모든 것을 낳았고,
>
> 그들의 물은 한 몸으로 서로 섞여 있다.
>
> 갈대 숲도 없었고, 늪도 보이지 않았으며,
>
> 신들조차 하나도 창조되지 않았으며,
>
> 그들의 이름은 없었고, 운명도 정해지지 않았을 때—
>
> 신들이 그들 사이에 만들어졌다.
>
> (서판 I)[2]

압수와 티아마트의 성적 결합으로 먼저 악마와 괴물이, 이윽고 신들이 만들어지는 과정이 시작된다. 그러나 시간이 지나면서 티아마트와 압수는 젊은 신들의 소음과 소란에 방해받는다.

신의 형제들이 다 같이 모여들었다,

그들은 앞뒤로 몰려다니며 티아마트를 방해했다,

그들은 티아마트의 심기를 정말 거슬렀다.

하늘 거처에서 그들이 떠들었기 때문에.

(……)

압수가 입을 열어,

눈부신 티아마트에게 말했다:

"그들의 행동이 진정코 나에게 괴롭고

낮에 편안함이 없고, 밤에 쉼이 없으니

그들을 죽이고 그들의 행동을 끝내야

그 조용함을 다시 찾을 수 있다. 쉼을 갖도록 하자."

(……)

이에 뭄무가 대답하여, [뭄무-티아마트] 압수에게 충고를 주었다.

뭄무의 충고는 [악의적이고] 호의적이지 않았다.

"나의 아버지여, 그 반항하는 태도를 파괴하라.

그래야 낮에 편안함을 그리고 밤에 쉼을 얻게 되리라."

압수가 이것을 들었을 때, 그의 얼굴이 환해졌다.

그가 그의 아들들인 신들에 대해 악을 꾸몄기 때문에.

(서판 I)

압수는 신들을 죽이기로 결정하지만, 물의 신 에아가 압수를 죽인다. 티아마트는 복수를 결심하고 세력을 규합하여 모든 신들을 공격할 계획을 세운다. 신들은 지도자를 필요로 하여 마르두크에게 간다. 마르두크는 티아마트와 그녀의 장군 킨구에 대항하여 신들을 이끌고 전쟁에 나가기로 동의한다. 단, 전쟁이 끝나면 주권자가 되는 조건에서다.

> 그의 마음이 의기양양하여 아버지에게 말했다.
> "신들의 창조자, 위대한 신들의 운명,
> 복수하는 자로서 내가 만일 정말,
> 티아마트를 패배시키고 당신의 생명을 구한다면,
> 집회를 열어서 지고한 나의 운명을 선포하소서!
> ……당신이 아닌 내 말로 운명을 결정하게 하소서.
> 내가 창조하는 어떠한 것도 불변할지니,
> 나의 입술의 명령은 철회하지도 변하지도 않을 것이다."
> (서판 III)

합의가 이루어졌다. 마르두크는 격렬한 전투에서 승리하고, 인상적인 구절에서 티아마트를 쓰러뜨린다.

> 격분하여 티아마트는 크게 울부짖었고,
> 뿌리까지 그녀의 두 다리가 떨렸다.
> ……그리고 싸움이 시작되었다, 티아마트와 마르두크……,
> 단 둘의 싸움에서 겨루었다. 싸움이 붙었다.

주권자[마르두크]가 그물을 펴서 그녀를 포획했고,

뒤따르던 사악한 바람을 그가 그녀의 얼굴로 불어닥치게 했다.

티아마트가 입을 열어 그를 삼키려 할 때,

그는 사악한 바람을 몰아넣어 그녀가 입을 다물지 못하게 했다.

광풍이 그녀의 배를 가득 채우자,

그녀의 몸이 팽창해서 입이 크게 열렸다.

그가 활을 쏘았고, 그것이 그녀의 배를 터뜨렸다.

화살이 그녀의 안을 뚫고 들어가 심장을 갈랐다.

그녀를 굴복시킨 후 그는 그녀의 생명을 끊었다.

그는 그녀의 시체를 내려놓고 그 위를 밟고 섰다.

(서판 IV)

사나운 괴물의 시체로 무엇을 할 수 있을까? 우주를 만들 수 있다. 마르두크는 시체를 두 쪽으로 갈라 하나로 하늘을 창조하고 다른 하나로 땅을 창조한다.

그는 그녀를 조개처럼 둘로 갈라,

그녀의 반쪽을 세워 하늘인 천장을 만들고,

빗장을 걸고 지키는 자를 두었다.

그는 그녀의 물이 빠져나오지 않게 하라고 명했다.

(서판 IV)

3 천지창조 이야기: 창세기 1~3장

마르두크는 티아마트 몸의 위쪽 절반을 이용해서 위에 있는 그녀의 물을 떠받쳤다. 이 하늘 또는 궁창은 윗물을 가두는 물리적인 넓은 공간으로 여겨진다. 이 물리적 장벽에 구멍이 생기면 비가 내린다. 티아마트 몸의 아래쪽 반으로 땅을 만드는데, 이것은 그녀의 아랫물을 눌러서 가둔다. 이 물은 샘과 강, 바다와 호수의 형태로 나타난다.

마르두크는 땅을 창조하는 것으로 그치지 않는다. 그는 계속해서 여러 천체를 창조한다.

> 그가 위대한 신들이 머물 장소를 만들었다.
> 그들의 별의 형상으로 별자리로 고정하고,
> 구역을 지정하여 해[年]를 결정하였으며,
> 열두 달 각각에 별자리를 셋씩 두었다.
> ……달이 빛나게 하고 그에게 밤을 맡겼다.
> (서판 V)

곧바로 불만이 터져나온다. 우주를 유지하느라 자기들에게 주어진 책임이 신들은 마음에 들지 않는다. 예를 들어 달 신은 매일 밤 나타나 빛나야 하는데 이는 지루한 운명이다. 그들은 그들이 머무는 장소에서 하는 일로부터 벗어나길 원한다. 마르두크는 이 요구에 응한다. 그는 티아마트 군대의 지휘관이었던 죽은 장군 킨구의 피를 취해 인간을 만든다. 신들을 하찮은 노동에서 해방하겠다는 분명한 목적을 가지고.

피를 뭉쳐서 뼈가 되게 할 것이다.

야만인을 만들어 그 이름을 '인간'이라 할 것이다.

진실로 나는 야만인을 창조할 것이다.

그가 신들의 일을 맡을 것이다.

그리하여 신들은 쉬게 되리라.

(서판 VI)

(……)

"싸움을 획책한 것은 바로 킨구였고

티아마트를 반역하게 하고 싸우게 했다.

[그래서] 신들은 그를 포박하여 에아 앞에 세웠다.

……[그리고] [킨구의] 피로부터 인간을 만들었다.

[그리고] 에아는 일을 부과하고 신들을 자유롭게 했다.

(서판 VI)

고마움을 느낀 신들은 마르두크의 통치를 인정한다. 그들은 마르두크를 위해 바벨론('바브-엘'은 신의 관문을 뜻한다)에 웅장한 신전을 짓는다. 마르두크를 찬양하는 연회가 베풀어지고 그의 왕권이 공식화된다.

에누마 엘리쉬는 가장 중요한 신년 축제 기간에 전국에서 낭독되었던 바벨론의 위대한 서사시였다. 나훔 사르나는 이 서사시의 네 가지 중요한 역할을 지적한다. 첫째는 여러 세대에 걸쳐 신들이 어떻게 존재하게 되었는지 설명하는 신의 계보 역할이다. 둘째는 우주 현상의 기원을 설명하는 우주론의 역할이다. 셋째는 사회정치적인 역할로, 이 서사시에서 창조된 우주의 모습은 바벨론 사회의 구조적 형태와 일치하고 그것을 정당화시켰다. 이 창조의 체계에서 인간이 점하는 지위와 역할은 메소포타미아의 노예 신분과 매우 유사하고, 마르두크의 지위는 바벨론 통치자의 그것과 유사하다. 또한 이 서사시는 무명의 도시 신에서 바벨론 신전의 지배자로 올라선 마르두크의 출현과 그 지역에서 가장 위대한 도시로 부상한 바벨론을 반영하고 그들에게 정통성을 부여했다. 넷째는 종교적 역할이다. 사르나 등 학자들에 따르면 티아마트와 마르두크의 충돌은 혼돈의 세력과 질서의 세력 간의 충돌을 상징했다. 그것은 계절이 순환하는 가운데 매년 반복되는 멈추지 않는 충돌이었다. 이 서사시는 제사를 드리는 여러 장소에서 태초의 충돌을 재현하는 대본으로 기능했다. 혼돈의 세력을 상대로 질서의 세력이 거둔 승리를 재현하는 행위는 매년 봄 자연을 소생시키는 데 중요한 역할을 하는 것으로 여겨졌다.

여기에 카우프만의 관점을 적용한다면, 에누마 엘리쉬에 표현된 우주관은 다음과 같이 설명될 수 있을 것이다. 첫째, 신들은 초도덕적이고 유한하다. 그들은 모든 존재와 궁극의 힘의 근원이 되는 미분화된 최초의 영역(물)에서 출현한다. 신들은 나이 들고, 철들고, 서로 싸우며 해를 끼치고, 죽는다. 그들은 전적으로 선하지도, 전적으로 악하지도 않다. 그들의 뜻은 절대적이지 않다. 둘째, 인간은 중요하지 않은 하수인 같은 존재이다. 그들은 신들의 노예이고, 신들은 그들에 대해 호혜적인 관심이나 이해관계가 거의 없다. 신들은 우주를 운행하는 힘든 일을 시키려고 인간을 창조하고, 인간을 노예나 하인으로 얕본다. 셋째, 우주는 도덕적으로 중립적인데 이는 세상이 인간에게 힘겹고 적대적인 장소일 수 있다는 의미이다. 사람이 할 수 있는 최선의 선택은 그때그때의 신(우위에 있는 신)을 모시는 것이고 그렇게 해서 그 신에게 은혜를 받을 수 있지만, 그 신조차 제한된 힘과 능력을 가지고 있어 원한다면 자기를 숭배하는 사람에게 달려들 수도 있다.

이 세 가지 관점에서 창세기 1장 1절부터 2장 4절까지를 읽으면 사뭇 다른 그림이 떠오른다.[3]

신

성경의 첫번째 천지창조 이야기에 나오는 신은 지고하고 무한하다. 창세기 1장은 신화에 상응하는 것이 전혀 없다(혹은 나중에 살피겠지만, 신화를 억제한다). 신화는 특정 민족의 신, 반신, 전설적 영웅의 탄생과 삶의 사건들을 다루는 이야기를 말한다. 구약성경의 창조 이야기가 비신화적인 것은 신에 관한 이야기가 없기 때문이다. 그는 그냥 존재한다. 거기에는 신의 계보, 즉, 신의 탄생 내력이 없고 일대기가 없다. 신은 앞서 존재하고, 그를 넘어서는 힘의 영역은 없다. 메소포타미아의 이야기에서는 신들이 창조되고(신의 계보가 있다) 그것도 성관계에서 태어난다. 게다가 물의 결합에서 출현한 최초의 존재들은 악마들과 괴물들이었고, 신들은 몇 세대 후에 나타난다. 창조의 신(마르두크)은 이 과정의 나중에야 태어난다.

창세기에 신화가 없는 것을 신화적 이야기가 없는 것으로 이해해서는 안 된다. 신화와 신화적 이야기는 많이 다르다. 신들의 삶을 다루는 신화와 달리, 신화적 이야기는 역사적 시간 속에서 일어난 사건들과 연결된 전승되는 이야기―종종 환상적이고 상상에 의한―로 정의할 수 있으며, 보통 관습이나 제도, 자연 현상, 종교 의식, 믿음을 설명하는 목적을 가진다. 신화적 이야기는 진리를 간접적으로 설명하기 위해 만들어진 우화 또는 은유라고 할 수 있다. 구약성경은 신들의 탄생, 삶, 죽음의 이야기(신화)는 다루지 않지만 신화적 이야기―어떤 것이 왜 그리고 어떻게 지금과 같은 방식으로 존재하는지 설명하기 위해 전승되는 이야기들과 전설들―를 분명 포함하고 있다.

창세기 1장에 신의 계보와 신화가 없다는 것은 구약성경의 신이 초월하는 원계로부터 출현하지 않음을 의미한다. 또한 이 신이 자연이나 자연의 물질, 자연 현상에 내재한다는 개념이 없음을 의미한다. 따라서 구약성경의 신의 힘과 지식은 그 어떤 더 강력한 힘이나 물질의 존재에 제한받지 않는다. 자연은 신성하지 않다. 창조된 우주는 신성하지 않다. 그것은 여러 신들의 물리적 현신이 아니다. 신과 창조 사이에 본래적인 물질적 관계는 없다. 둘의 경계선은 명확하다.

요약하면, 사르나가 설명하듯, 창세기 1장은 우주의 창조자이자 주권자인 하나의 최고신이 존재한다는 개념을 반영한다. 그는 그저 존재한다. 그는 무형으로 나타나며, 자연의 영역이 그에게 복종한다. 그는 삶의 이야기(신화)가 없으며 그의 뜻은 절대적이다. 이 신은 그저 자신의 뜻을 말함으로써 창조한다. "하나님(엘로힘)이 이르시되 빛이 있으라 하시니 빛이 있었"다(창 1:3). 이 신은 그의 뜻을 말하면 그렇게 된다. 언제나 남자 신과 여자 신의 결합인 일종의 생식으로 창조가 이루어지는 고대 근동 지방의 우주 생성론과 아주 다르다.

인간

창세기 1장에는 인간이 신의 형상으로 창조되는 것으로 나온다(창 1:27). 신의 형상으로 창조된다는 것은 인간의 생명이 독특하고 신성하며 특별한 돌봄과 보호를 받을 자격이 있다는 뜻을 내포한다. 창세기 9장 6절은 이렇게 말한다. "다른 사람의 피를 흘리면 그 사람의 피도 흘릴 것이니 이는 하나님(엘로힘)이 자기 형상대로 사람을 지으셨음이니라."⁴ 이 구절은 인간의 생명은 신성하기 때문에 살인을 보상할 방법이 없음을 뜻한다. 살인은 살인자 자신의 생명의 박탈을 요구한다.

인간 안에 신의 형상이 있다는 개념은 인간에 대한 다른 고대 개념들과의 분명한 단절이다. 예를 들어 사르나가 지적하듯이 창세기 1장에서 인간은 신들의 하수인이 아니다. 사실 창세기는 그와 정반대되는 개념을 표현한다. 자기의 피조물을 돌보는 것은 바로 그 창조주인 것이다. 창조주의 첫 대화는 피조물의 육체적 필요에 대한 관심은 물론 그들의 계속되는 성장과 행복에 대한 관심을 드러낸다. "하나님(엘로힘)이 그들에게 복을 주시며 하나님(엘로힘)이 그들에게 이르시되 '생육하고 번성하여 땅에 충만하라, 땅을 정복하라, 바다의 물고기와 하늘의 새와 땅에 움직이는 모든 생물을 다스리라' 하시니라"(창 1:28~29). "여호와 하나님(엘로힘)이 그 사람에게 명하여 이르시되 동산 각종 나무의 열매는 네가 임의로 먹"어라(창 2:16). 창세기 속 인간은 자연의 맹목적인 힘에 당하는 무력한 피해자, 변덕스러운 신들의 놀 잇감으로 제시되지 않는다. 그와 반대로 인간은 위엄과 존엄을 가진, 그들을 창조한 신에게 근본적인 중요성과 가치가 있는 피조물이다.

창세기에는 인간이 신의 형상으로 창조된다는 단언과 함께, 또 이와 나란히, 인간은 실제로 신이거나 신의 동류인 것으로 나오지는 않는다. 구약성경에서 인간은 더 높은 힘에 의존하는 피조물에 머문다. 그래서 창세기 2장 4절의 두번째 창조 이야기에서 최초의 인간은 신이 땅의 흙이나 진흙으로 인간을 빚으면서 만들어진다. 신이 인간을 진흙으로 빚어내는 이야기는 고대 근동 지방에 여럿 있다(사르나의 『창세기』 14쪽, 쿠건의 『구약성경』 14쪽). 그런데 구약성경은 이 제재를 빌려오는 동시에 인간을 구별하고 드높이려고 고심한다. 먼저, 인간을 흙으로 빚는 것이 이 창조 이야기의 극적인 순간이다(비록 절정에 해당하는 마지막 창조 활동은 남자에서 여자를 분리함으로써 양성을 창조하는 것이지만). 둘째로, 또한 매우 중요하게도, 신이 아담의 코에 직접 생명의 숨을 불어넣는다(창 2:7). 따라서 첫번째 창조 이야기와 마찬가지로 두번째 창조 이야기에도 인간을 다른 피조물들과 구분하는 어떤 신성한 흔적이 있다. 흙으로 만들어졌지만 신의 호흡으로 생명을 얻은 존재라는 인간 개념은 땅의 특징과 신의 특징을—또 종속과 자유를—함께 갖는 역설적인 혼합체로서의 인간을 말하며, 이 점이 인간을 독특한 존재로 구별한다.

첫번째 창조 이야기에는 남자와 여자가 신 앞에 불평등한 관계에 있다는 암시는 없다. 남자에게 주어진 히브리어 이름 '아담'은 단순히 인간을 뜻하거나 더 문자적으로 '흙으로 된 사람earthling'을 통칭하는 용어다. 아담adam이라는 단어가 흙을 뜻하는 아다마adamah에서 비롯되어 흙으로 만들어진 것을 나타내기 때문이다. 창세기 1장 27~28절은 아담의 창조를 이렇게 묘사하고 있다. "하나님(엘로힘)이 자기 형상 곧 하나님(엘로힘)의 형상대로 사람[흙으로 된 사람]을 창조하시되 남자와 여자를 창조하시"다.[5] 이 구절에서 사람 앞에 정관사(the earthling)를 사용한 점, 두 성을 다 언급한 점, 그리고 구절 마지막에서 복수의 목적어(them)를 사용한 점이 오랜 세월 동안 많은 주석학자들을 곤혹스럽게 했다. 통상적인 믿음과 달리 이 구절은 아담이라는 개인적인 이름을 가진 한 사람의 창조에 대해 말하고 있는 것이 아니라, 남자들과 여자들로 이루어진 흙으로 된 사람들이라는 종이 한 번에, 동시에 창조되었다고 말하고 있는 듯하다. 또한 남자와 여자를 모두 포함하는 이 흙으로 된 사람이 신의 형상으로 창조되었다는 말은 고대 이스라엘 사람들이 그들의 신을 남자나 여자의 성을 가진 존재로 생각하지 않았음을 암시한다. 잠든 남자에게서 취한 갈빗대로 여자를 만드는 두번째 창조 이야기에서도, 그 여자가 그 남자에게 종속되어 있는지는 분명하지 않다. 중세의 유대교 주석학자들도 이와 비슷한 관점에서, 여자가 남자를 다스리지 못하게 남자의 머리에서 만들어지지 않았고, 여자가 남자에게 종속되지 않도록 남자의 발에서 만들어지지 않았으며, 오직 남자의 옆구리로부터 만들어진 것은 남자의 동반자가 되기 위함이라고 재미있게 말한다. 실제로 두번째 창조 이야기에서 절정을 이루는 창조 행위는 여자의 창조이다. 여자가 출현하면서 창조가 최종적으로 완성되는 것이다.

따라서 구약성경의 창조 이야기는 개별적으로 또한 전체적으로 창조의 목적과 정점으로써 인간의 모습을 제시하는데, 어떤 의미에선 신과 같은 그들에게—남자와 여자—독특한 능력과 특징을 소유하게 하여 창조된 세상을 관리하는 책무를 갖게 한다.

우주

창세기 1장의 창조 이야기는 창조된 우주가 근본적으로 선하다는 사실을 강조하고 태초의 악을 거부한다. 카우프만에 따르면, 다신교 체제에서 원계는 신들과 악마들 모두를 낳고 그들이 영원한 싸움에 얽매인다는 점에서 악은 우주의 질서 속에 짜넣어진 불변의 필연이다. 그 결과 우주는 근본적으로 선하지가 않다. 이와 달리 구약성경의 첫 번째 창조 이야기에서는 각각의 창조 행위에 "보시기에 좋았더라"(창 1:4, 10, 12, 18, 21, 25)라는 선언이 뒤따른다. 성경은 생물을 창조한 후 창조주가 그가 만든 모든 것을 보고 "심히 좋았더라"고 말한다. 창세기에는 '좋다$_{good}$'는 단어가 일곱 번 나온다. 한 단어를 일곱 번 혹은 열 번 반복하는 것은 성경 저자가 어떤 생각을 강조할 때 자주 사용하는 문학적 기교이다. 창세기 1장은 독자들에게 엄청난 낙관적 흥분을 일으킨다. 우주는 좋은 곳이다, 인간들은 중요하다, 그들은 목적과 존엄이 있다. 구약성경의 저자는 고대 근동 지방의 문헌에서 발견되는, 태초부터 존재하는 악의 개념을 거부한다. 그에게 악은 우주의 구조 속에 짜넣어진 형이상학적 실체가 아니다. 따라서 혼돈과 악의 세력이 질서와 선의 세력과 싸우는 우주 전쟁을 나타내는 모든 흔적이 제거된다. 에누마 엘리쉬에서 우주 질서는 오직 적대 세력과의 폭력적 투쟁으로 성취된다. 창세기에서 창조는 적대자들과의 투쟁의 결과가 아니다. 구약성경의 신은 혼돈을 이루는 비신화적이고 비활성 상태의 요소들에 질서 또는 우주를 부여한다. 창세기 1장을 더 자세하게 검토하면 이 사실이 더욱 명확해진다.

창세기의 첫 장은 흔히 '태초에'로 번역되는 시간 표현으로 시작한다. 이 번역은 앞으로 나올 것이 우주의 궁극적 기원에 관한 내용임을 암시한다. 이런 번역을 읽는 독자는 시간적으로 최초에 이루어진 행위에 대해 듣게 되리라 기대한다. '태초에 시간적으로 최초에 이루어진 행위로서 어떠어떠한 일이 일어났다'라고 말이다. 그래서 많은 영어 번역본이 '태초에 엘로힘이 천지를 창조하시니라'로 시작한다. 그러나 이는 히브리어의 좋은 번역이 아니다. 해당 히브리어 구절은 다른 고대 근동 지방의 우주론들에 나오는 시작 구절과 유사하며, '엘로힘이 천지를 창조하시기 시작했을 때'가 가장 잘 번역한 것이다. 에누마 엘리쉬의 첫 시작 부분을 '그때 위에'로 번역하는 것이 가장 좋은 것과 같다. 이렇게 더 정확하게 번역하면 이 이야기의 관심이 만물의 궁극적 기원을 설명하는 것이 아니라, 우주는 왜 그리고 어떻게 지금과 같은 방식으로 존재하는지를 설명하는 데 있음을 알 수 있다. 1~2절의 정확한 번역은 다음과 같다. '엘로힘이 하늘과 땅(땅은 형상이 없고 공허하며 흑암이 깊음 위에 있고 엘로힘의 바람이 수면 위에 운행한다)을 창조하시기 시작했을 때, 엘로힘이 이르시되 '빛이 있으라''(헤이스의 번역).

이렇게 이야기가 시작될 때 우리는 물리적인 요소들이 존재하지만 그것들에 모양이나 형태는 없음을 알게 된다. 창세기 1장의 창조는 무에서 유를 만드는 과정이 아니라, 혼돈에 질서를 도입하면서 이전부터 존재하고 있는 물질들을 조직화하는 과정으로 서술되어 있다. 이 이야기는 이미 존재하는 혼돈의 덩어리에서 시작하고, 엘로힘의 루아ruah(때때로 시대착오적으로 신의 '영'으로 번역되기도 하지만, 그의 '바람' 또는 '숨'이 더 나은 번역이다)가 깊음 위를 휩쓴다. 이는 에누마 엘리쉬에서 폭풍우의 신인 마르두크가 혼돈의 세력을 대표하는 태초의 바다 또는 '깊음'인 괴물 신 티아마트를 향해 자기의 바람을 불었던 것을 떠오르게 한다. 여기서 유사성은 금방 알아차릴 수 있다. 우리의 이야기는 시간을 나타내는 구절과 (혼돈의 물인 티아마트를 향해 불었던 마르두크의 바람처럼) 혼돈스러운 물 또는 깊음 위를 휩쓰는 바람과 함께 시작한다. 깊음에 해당하는 히브리 단어 테홈Tehom은 티아마트에 상응하는 단어이다. 사실 2절의 '깊음the deep'의 더 나은 번역은 고유명사처럼 정관사 없는 대문자를 써서 Deep으로 표현하는 것이다.

구약성경의 저자는 고대 근동 지방 사람들에게 친근하고 소중했던 이야기인 우주 전쟁 이야기를 다시 말하기 위해 무대를 만들고 있다. 모든 요소들—바람, 태초의 혼돈스러운 물 덩어리 또는 깊음—이 다 있다. 그런데 놀라운 것은 싸움이 없다! 오직 말이 있을 뿐이다. 고대 근동 사람들은 귀를 의심할 것이다. 싸움과 폭력과 피는 어디에 있는가? 이 이야기는 뭔가 새롭고 다른 것을 전달하고 있는 것이다.

구약성경의 저자가 우주 전쟁의 속편으로서의 창조라는 소재를 몰랐다고 주장할 수는 없을 것이다. 구약성경의 많은 시적인 구절들이 창조 이전의 우주 전쟁 신화를 분명하고도 노골적으로 언급하고 있는 것에서, 이 소재가 고대 이스라엘에도 잘 알려져 있었음을 알 수 있다.

하나님(엘로힘)은 예로부터 나의 왕이시라 사람에게 구원을 베푸셨나이다

주께서 주의 능력으로 바다를 나누시고 물 가운데 용들의 머리를 깨뜨리셨으며

리워야단의 머리를 부수시고 그것을 사막에 사는 자에게 음식물로 주셨으며(시 74:12~14)

그리고 다시,

여호와의 팔이여 깨소서 깨소서 능력을 베푸소서 옛날 옛시대에 깨신 것같이 하소서 라합을 저미시고 용을 찌르신 이가 어찌 주가 아니시며

바다를, 넓고 깊은 물을 말리시고 바다 깊은 곳에……(사 51:9~10)

욥기 26장 12~14절, 시편 74편 12~17절, 89편 10~11절, 104편에서도 모두 비슷한 방식으로 이스라엘의 신이 태초의 싸움을 하고 있는 것을 묘사한다. 창조가 시작될 때의 우주 전쟁 이야기—창조의 서곡으로서 물이 많은 용으로 나타나는 혼돈의 세력을 무참하게 죽이는 신

의 이야기—는 분명 이스라엘에 알려져 있었고 이스라엘에서도 기록되었다. 따라서 창세기 1장의 비신화적인 창조 이야기가 이 생각을 거부하는 것은 방향과 목적이 있는 것으로 보인다. 창세기는 자신의 말 또는 뜻을 가지고 혼돈으로부터 우주를 창조하는 도전받지 않는 유일한 신을 정립한다. 그는 천체를 창조함으로써 초기 혼돈을 정돈하는데, 천체는 그 자체로 신성한 것이 아니라 단지 그의 피조물이다.

마르두크는 그의 바람으로 티아마트를 무너뜨린 다음 그녀의 시신을 조개와 같이 갈라 그녀의 물을 위와 아래로 나누고, 그것들이 빠져나오지 못하도록 지키는 자를 세운다. 이와 비슷하게 구약성경은 우주가 위의 물과 아래의 물 사이의 공간(일종의 공기 방울)으로 이루어져 있다고 말한다. 위의 물은 얇은 궁창이 붙들고 있다. 궁창은 두들겨 편 판을 그릇처럼 지구 위에 엎어놓은 모양으로 보인다(궁창의 히브리어가 "두들겨 편"을 뜻하여, 얇게 두들겨 편 철판의 이미지를 불러일으킨다). 홍수 이야기에서 보겠지만 신은 궁창에 창문을 열어 물이 비가 되어 들어오게 한다.

첫번째 창조 이야기는 7일 동안 벌어진다. 6일 동안의 실제적인 창조 활동은 논리적이고 평행적인 구조로 묘사된다. 제1일, 2일, 3일의 신의 활동은 뒤에 필요한 조건들이나 물리적인 공간, 서식지를 창조하고 제4일, 5일, 6일에 자연 현상과 피조물이 창조된다. 제1일에는 빛과 어둠이 나뉘는데, 이는 제4일에 빛을 내는 천체들을 창조하는 데 필요한 조건이다. 제2일에 물이 그것에 걸맞은 장소로 배치되고 하늘에 공간이 열리면서 궁창이 만들어지고, 제5일에 하늘과 물에 서식하는 것들(하늘의 새와 바다의 물고기)이 만들어진다. 제3일에 땅이 바다로부터 나뉘고, 제6일에 땅에 서식하는 것들(육지 동물)이 창조된다. 그런데 제3일과 제6일에는 각각 추가되는 요소가 있고, 다른 요소들의 짝을 보건대 이 추가 요소들 또한 짝을 이룬다. 제3일에 식물이 창조되고 제6일에 인간들이 창조된다. 이는 식물이 인간을 위한 것이라는 의미이며, 실제로 신은 모든 열매 맺는 나무와 씨 맺는 채소가 인간을 위한 것이라고 말한다(창 1:29). 음식으로 동물에 관한 언급은 없다. 또한 창세기 1장 30절에서 동물들에게 푸른 풀이 주어져 인간과 동물 사이에 먹는 것으로 경쟁이 없게 하니, 평화롭게 공존하며 살지 않는 것에 대한 변명의 여지가 없다. 요약하면 구약성경의 창조 이야기에서 인간은 채식자로 창조되고, 모든 면에서 원래의 창조는 그 어떤 종류의 피 흘림이나 폭력과도 무관하게 그려졌다.

제7일에 창조주는 그의 일을 놓고 쉬고, 이런 이유로 일곱째 날을 거룩하다고, 즉 자신에게 속하는 날이라고 선언했다. 그렇다면 창세기 1장의 창조 이야기의 목적 중 하나는 안식일을 지키는 것의 유래와 한 주가 7일 주기임을 설명하는 것이다.

이스라엘의 창조 이야기는 고대 근동 지방의 우주 생성론에 대한 분명한 언급이 있고 그로부터 영향을 받았지만, 이 이야기의 가장 큰 특징은 당시에 널리 알려져 있던 문화 유산을 비신화화했다는 것이다. 이스라엘의 창조 이야기는 유일신 신앙을 분명히 드러내고 있고, 유일신적 우주관을 표현하고 태초의 악의 존재를 거부하기 위해 널리 알려진 이야기들을 일정한 방향으로 변형하고 있다. 창세기 1~3장은 이스라엘 주변 지방의 신화들과 비슷한 동시에 그것들에 대해 함축적으로 반론을 펴면서 어떤 요소들은 편입시키거나 비신화화하고 어떤 것들은 거부한다.

악은 어디서 오는가?

히브리 성경에서 악은 독립적으로 존재하지 않는다고 카우프만은 주장한다. 그러나 악과 고통은 인간 존재의 조건으로서, 삶의 현실로서 경험된다. 이런 사정을 어떻게 설명할 수 있을까? 에덴동산 이야기는 이 문제에 대한 답을 찾으려고 하는데, 그 궁극의 주장은 악이 어떤 독립된 악마적인 세력의 활동에서 비롯되는 것이 아니라 인간이 창조주에 반항하여 자유의지를 행사하는 데서 비롯된다는 것이다. 창조된 우주는 선한 우주이지만 도덕적 자율을 행사하는 인간은 그 선을 타락시킬 수 있다. 카우프만에 따르면, 에덴동산 이야기는 유일신적 우주관의 이러한 기본적인 생각을 전달한다. 악은 형이상학적 실체가 아니다. 그것은 도덕적 실체다. 그 의미는 결국 악에 불가피성이 없다는 것이다. 악은 인간의 책임과 통제의 영역 안에 있다.

나훔 사르나는 에덴동산 이야기와 그것과 유사한 고대 근동 지방의 이야기 사이에 아주 중요한 차이점이 있다고 지적한다. 생명의 나무 또는 풀이라는 소재는 고대 근동 지방의 문헌, 신화, 제사 의식에 널리 퍼져 있다. 그런 식물과 그것이 약속하는 불멸에 대한 추구는 메소포타미아의 길가메쉬 서사시의 중요한 주제이다. 반면에 구약성경의 선악을 알게 하는 나무에 해당하는 주제는 고대 근동 지방의 자료에서는

발견되지 않는다.[6]

구약성경은 두 나무 모두를 언급하지만, 고대 근동 문화의 신화에서 중심적인 지위를 차지하는 생명의 나무는 거의 무시하고 선과 악을 알게 하는 나무에 초점을 맞추고 있다. 이 사실의 중요성은 무엇일까? 사르나에 따르면 이 이야기 속에서 생명나무가 점하는 부차적인 역할은 고대 세계의 불멸에 대한 집착으로부터 떨어져나오려는 저자의 의도를 보여준다. 구약성경의 저자는 삶의 가장 중요한 관심은 죽음이 아니라 도덕이라고 주장하는 것이다. 인간 삶의 드라마는 영원한 생명에의 추구를 중심으로 하는 것이 아니라, 선한 신의 창조 의도와 그 의도를 타락시킬 수 있는 인간들의 자유 의지 사이의 도덕적 충동과 갈등을 중심으로 한다.

뱀이 이브에게 말하길 선악을 알게 하는 나무의 열매를 먹으면 신과 같이 될 것이라고 한다. 그의 말은 사실이기도 하고 거짓이기도 하다. 인간들은 열매 그 자체의 어떤 마술적인 속성 때문이 아니라 선과 악을 알게 됨으로써 신과 같이 되는 것이다. 이들은 금지된 열매를 먹는 것을 선택함으로써, 신에게 불순종할 수 있는 힘이 자신에게 있음을 깨닫는다. 즉, 이들에겐 신의 뜻에 따라 행동하거나 신의 뜻을 부정할 수 있는 도덕적 자유가 있다. 선악을 아는 것, 인간에게 도덕적 자유가 있음을 아는 것에는 인간이 선을 선택하거나 선으로 기울어지리라는 보장이 전혀 없다. 뱀은 이 말을 생략하고 하지 않았다. 신과 닮은 것은 오직 도덕적 선택의 힘이라는 것을 뱀은 암시한다. 그러나 진정으로 신과 같음은 단지 선과 악을 선택하는 힘이 아니다(사르나, 『창세기』 27~28쪽). 진정으로 신과 같음, 신을 닮음은 삶을 긍정하는 선한 방식으로 인간이 가진 힘과 자유 의지를 행사하는 데 있다. 왜냐하면 이스라엘의 신은 도덕적으로 자유로울 뿐 아니라 근본적으로 또 필연적으로 선한 존재라는 것이 구약성경 저자의 주장이기 때문이다.

사르나에 따르면, 에덴동산 이야기에는 카우프만이 설명하는 유일신적 우주관의 핵심 개념이 들어 있다. 즉,

악은 우주에 내재하는 어떤 신이 아니라 인간 행위의 결과물이다. 인간이 처한 상태의 원인은 인간의 불순종이다. 인간의 자유는 불행의 전조가 되는 동시에 도전이자 기회가 될 수 있다.

인간들은 자유에 책임이 수반된다는 것을 깨닫는다. 그들의 첫번째 반항 행위에 엄한 징계가 내려지면서, 인간의 도덕적 선택과 행동은 그것을 행한 사람이 짊어져야 하는 결과를 낳는다는 것을 배운다. 그 결과 중 하나가 생명의 나무에 접근할 수 없게 된 것이다. 도덕적 자유를 발견하기 이전에 인간은 생명나무의 열매를 자유로이 먹고 영원히 살 수 있었다(고 암시되어 있다). 그러나 창세기 3장 22절은 인간이 불멸과 악의 능력을 동시에 가질 수 없음을 분명히 한다. 신이 창조한 우주가 지속되려면 그가 악의 행위자에 대해 우위를 유지해야 한다. 만일 인간이 새롭게 발견한 악의 능력에 불멸이 더해진다면, 그들은 창조주의 진정한 적수가 될 것이다. 그래서 신은 인간의 첫 남자와 여자를 동산에서 쫓아내고 생명나무에 접근하는 것을 막는다. 이렇게 인간

의 도덕적 자유는 영원한 생명이라는 값을 치르고 얻어진다. 인간의 필멸은 도덕적 자유의 필연적 부산물인 것이다.

창세기 2~3장이 전하는 에덴동산 이야기는 창세기 1장이 제시하는, 본질적으로 선한 신이 창조하고 통치하는 세상에 악과 고통이 존재한다는 모순과 문제를 설명하려는 시도다. 그러나 다음 장에서 살펴보겠지만 이 이야기는 다른 관점들에서도 살펴볼 수 있다.

4
중복과 상충

읽기: 창세기 4~9장

두번째 창조 이야기

창세기 1~3장은 전체적인 성격과 세부적인 내용 면에서 서로 다른 두 개의 창조 이야기를 함께 제시한다.[1] 이 장에서 우리는 두번째 창조 이야기를 첫번째 창조 이야기에서 완전히 분리하여 고대 근동의 중요한 유사 문서인 길가메쉬 서사시에 비추어 검토할 것이다. 이번에도 이 문헌들 간의 유사성을 연구하는 데 헌신해온 나훔 사르나를 비롯한 학자들(특히 마이클 쿠건)의 저작이 매우 중요한 역할을 할 것이다.

길가메쉬 서사시는 수메르 왕 우룩의 길가메쉬의 탐험과 관련된 메소포타미아의 장엄한 서사시이다. 지금 우리가 아는 형태의 길가메쉬 서사시는 기원전 2000년과 1800년 사이에 쓰였다. 길가메쉬는 역사적으로 실존한 우룩 왕이었지만, 그의 모험과 긴 여정을 전하는 이 이야기에는 환상적이고 전설적인 요소가 많다. 서사시의 전체 원문은 기원전 7세기에 세워진 앗수르바니팔의 도서관에서 발견되었다.* 그러나 연대가 기원전 18세기로 거슬러올라가는 조각 서판들이 이라크에서 발견되었으며, 그보다 더 오래된 원형에도 길가메쉬 서사시의 일부가 들어 있다.

이 이야기는 길가메쉬를 극도로 평판이 좋지 않은 왕으로 묘사하는 것으로 시작한다. 그는 포학하고, 예의 없고, 엄청난 성욕을 가졌다. 백성은 신에게 왕의 교만과 학대에서 벗어나게 해달라고 울부짖고, 그러면서 특히 그 나라의 젊은 여자에 대한 그의 행동을 언급한다. 이에 신 아루루가 길가메쉬를 상대하기로 결정된다. 아루루는 길가메쉬와 대결할 엔키두라는 이름의 웅장한 야만인을 만든다. 창세기 2장의 인간과 같이 엔키두는 진흙으로 빚어진다. 그는 벌거벗고 순진한 원시인으로, 자연과 동물들과 너무도 사이좋게 지내고 영양들과 함께 초원을 뛰어다니며 자유롭고 평화로운 삶을 영위한다. 그는 성읍으로 들어가 길가메쉬를 굴복시키기에 앞서, 먼저 '길들어야' 한다. 성적 통과 의식을 통해 그를 길들이고 야만에게 벗어나게 하기 위해 한 여자가 그에게 보내진다.

여섯 날과 일곱 밤 동안 엔키두는 나와서 그 여자와 성교했다.
자기를 그녀의 아름다움으로 가득 채웠을 때,

---

* 앗수르바니팔은 3만 개가 넘는 서판 자료를 수집했던 기원전 7세기 신앗수르의 왕이다.

그는 자신의 야수들을 향해 얼굴을 돌렸다.

엔키두, 그를 보자마자 영양들이 도망쳤다,

초원의 야수들은 그의 몸에서 멀어졌다.

엔키두는 자신의 몸이 단단해진 데 깜짝 놀랐다.

그의 무릎은 움직이지 않았다―그의 야수들은 사라졌다.

엔키두는 걷는 속도를 늦추어야 했다―그것은 이전 같지 않았다.

그러나 그는 이제 지혜가 생겼고, 더 큰 명철이 생겼다.

그는 돌아가서 창녀의 발끝에 앉는다.

창녀의 얼굴을 올려다본다.

창녀가 말을 하자 그의 귀는 주의를 기울인다.

[창녀가] 엔키두, 그에게 말한다.

"엔키두 당신은 지혜로워 신처럼 되었도다!

어찌하여 초원에서 야수들과 배회하는가?

오라, 나로 하여금 당신을 성벽으로 둘러싸인 우룩으로 인도하게 하라.

아누와 이쉬타르의 처소인 거룩한 성전으로.

최고의 힘을 가졌고, 사람들이 범접할 수 없는 들소 같은 힘을 가진

길가메쉬가 사는 곳으로."

그녀가 그에게 말하자, 그녀의 말은 동의를 얻는다.

그의 마음은 밝아졌고, 그는 친구를 갈망한다.

엔키두가 그녀에게, 그 창녀에게 말한다.

"여자여, 일어나서 나를 (길가메쉬에게) 인도하라……

내가 그에게 도전하고 [그리고] 그를 대담하게 상대할 것이다."[2]

엔키두는 성적 경험을 통해 지혜로워지고 정신적·영적으로 강해진다. 그는 신처럼 되었다고 하지만, 그와 함께 순진함도 상실했다. 엔키두의 자연과의 조화로운 연합이 깨진다. 그는 옷을 입고, 그의 오랜 친구들인 영양들은 그로부터 달아난다. 그는 두 번 다시 동물들과 자유롭게 배회하지 않을 것이다.

이 서사시를 읽을 때 우리는 문명화된 삶의 상대적인 좋은 것과 나쁜 것에 대한 깊은 양면성을 느낀다. 한편으로 인간이 동물보다 우위를 점하고, 도시를 건설하고, 옷을 입고, 문명의 기술들 추구하고, 동물들에게 없는 사랑과 책임, 우정의 유대를 만들어가는 것은 좋은 것으로 여겨진다. 그러나 또 한편으로 이러한 진보에는 대가가 따라, 우리는 야생에서의 삶, 순진하고 단순하고 복잡하지 않은 하루하루의 삶, 자연과 조화를 이루면서 계획도 수고도 없이 살아가는 삶의 자유로움에 깊은 그리움을 느낀다.

길가메쉬 서사시의 이 부분과 구약성경의 두번째 창조 이야기 사이에는 명백한 유사성이 있다. 엔키두는 아담과 마찬가지로 진흙으로 빚어진 웅장한 야만인, 순진한 원시인이다. 그는 동물들과 평화롭게 공존하면서 산다. 자연은 힘든 수고를 하지 않아도 그에게 열매를 내어준다. 그는 문명의 혜택—의복, 도시, 노동—을 모르고 관심도 없다. 엔키두가 지혜를 얻고 신과 같이 되고 자연과 하나됨을 잃는 것과 똑같이 아담과 여자도 선과 악을 알게 하는 열매를 먹은 후 신과 같이 되고 자연과의 조화로운 관계를 잃는다. 야훼[3]가 뱀에게 말한다.

내가 너로 여자와 원수가 되게 하고

네 후손도 여자의 후손과 원수가 되게 하리니

여자의 후손은 네 머리를 상하게 할 것이요

너는 그의 발꿈치를 상하게 할 것이니라(창 3:15)

수고하지 않고 열매를 얻었던 동산에서 추방당했으므로 이제 인간은 먹을 것을 위해 수고해야 한다. 땅은 오직 인색하게 열매를 내어준다. 야훼가 아담에게 말한다.

땅은 너로 말미암아 저주를 받고 너는 네 평생에 수고하여야 그 소산을 먹으리라

땅이 네게 가시덤불과 엉겅퀴를 낼 것이라 네가 먹을 것은 밭의 채소인즉 ……얼굴에 땀을 흘려야 먹을 것을 먹으리니(창 3:17~19)

이처럼 도덕적 자유는 큰 희생을 치르고 얻은 것으로 보인다.

그러나 길가메쉬 서사시와 구약성경의 에덴동산 이야기 사이에는 중요한 차이가 있다. 가장 중요한 차이점은 인간의 특성을 변화시키는 행동의 성격과 관련된다. 길가메쉬 서사시에서 동물들과의 삶을 희생하면서 엔키두를 신과 같이 지혜롭게 만든 것은 엔키두의 성적 경험이다. 물론 구약성경에서 첫 두 사람이 지은 죄를 성적인 죄로 해석하는 오랜 전통이 있고 이 해석을 뒷받침할 만한 힌트가 원문에 있는 것도 사실이다. 흙으로 된 사람과 여자는 야훼의 명령을 위반하면서 선악을

알게 하는 나무의 열매를 먹는데, 이 먹는 행위가 성교의 은유가 될 수 있다. '선악을 아는 것'을 성적인 용어로 이해할 수도 있는데, '알다'라는 동사가 구약성경의 히브리어로 성교를 한다는 의미일 수 있기 때문이다. 뱀은 동방에서 생명의 연장과 다산의 상징이고(뱀이 허물을 벗기때문이다) 또 남근의 상징이기도 하다. 여자는 뱀이 자신을 유혹했다고 말한다. 이 모든 성적인 뉘앙스는 구약성경의 관점에서 아담과 여자의 타락이 성교를 통해 일어났음을 암시하는 것일까? 따라서 성교는 야훼가 금지한 부정적인 행위일까? 신이 이 첫 두 사람에게 한 첫 명령이 생육하고 번성하라는 것이었음을 고려하면, 그렇지 않을 것 같다. 이 명령은 첫번째 창조 이야기에 나오는 것이긴 하다(창 1:28). 그렇지만 여자를 창조하는 두번째 창조 이야기는 남자와 여자가 한 몸이된다는 사실을 언급한다. 즉 성교는 창조 당시부터 인간을 위해 계획되었던 것이다. 또한 인간이 자신의 벌거벗음을 알고 부끄러워하게 되는 것은 야훼의 명령에 반항하고 난 후의 일이다.

그렇다면 창세기 2~3장은 새로운 어떤 것을 표현하기 위해 이스라엘 사람들이 잘 아는 이야기와 주제를 채택한 또하나의 예일 것이다. 창세기 저자에게 흙으로 된 사람의 변화는 불순종 후에 일어난 일이지 7일간 성교를 한 후에 일어난 일이 아니다. 불순종은 약간 간접적인 방식으로 일어난다. 야훼는 여자를 창조하기 전 아담에게 선악을 알게하는 나무를 먹어서는 안 된다고 죽음의 고통을 걸고 말한다(창 2:16). 여자는 이 명령을 직접 듣지 못한다. 창세기 3장에는 간교한 뱀이 등장하는데, 비록 훨씬 나중인 헬레니즘 시대의 유대교 문헌들과 신약성경은 뱀을 사탄으로 인식하지만, 이 소박한 우화에, 나아가 히브리 성경에 그런 의미의 동물은 분명 없다.[4] 에덴동산의 뱀은 그저 말하는 동물, 즉 이솝 우화 등 신화와 우화에 쓰이는 기본적인 문학적 장치이다. 여자는 이 나무를 먹는 것은 물론 만지는 것조차 죽음의 고통을 걸고 금지되어 있다는 말로 뱀의 질문에 대답한다. 그런데 만지는 것은 어디에서 추가된 것일까? 아담이 야훼의 명령을 여자에게 전하면서 그 스스로 "그 나무를 만지지도 마. 만졌다간 우리 모두 끝장이야"라고 강조했던 걸까? 아니면 말 전달하기 게임에서처럼 여자가 말을 비극적으로 잘못 알아들은 것일까? 뱀은 여자에게 그 열매를 먹어도 죽지 않을 것이라고 말한다. 또한 덧붙이기를 그 열매는 지혜를 가져다주어 인간을 좋은 것과 나쁜 것을 아는 신들처럼 될 것이라고 말한다. 일단 여기까지는 분명 뱀이 말한 대로다.

창세기 3장 6절은 매우 중요한 구절인데, 옳게 번역되는 경우가 드물다. 대부분의 번역은 이렇다. '여자가 그 열매를 따먹고 남편에게도 주어 그도 먹었다'. 여기에서 암시되는 바는 여자가 단독으로 행동하고, 그다음에 남편에게 가서 열매를 준다는 것이다. 그러나 히브리 성경을 문자적으로 읽으면, '여자가 그 열매를 따서 먹은 다음 그와 함께 있던 남편에게도 주고 그가 먹었다'이다. 이는 그 열매를 따서 먹는 운명적인 순간에 여자와 남자가 그 나무 앞에 함께 서 있었음을 뜻한다. 비록 그 열매를 먹을 때 뱀과 여자만이 말을 하지만, 아담이 여자와 함께 있었고 여자가 준 열매를 받았다. 요컨대 그는 완전히 공모했고, 그가 처음 신의 명령을 들었기에 거의 틀림없이 명령을 더 잘 알았을 것이다. 실제로 야훼는 그에게 책임을 묻는다. 신은 "하나님이 주셔서 나와 함께 있게 하신 여자 그가 그 나무 열매를 내게 주므로 내가 먹었나이다"라고 말하며 책임을 피하려는 아담을 질책한다. 여자는 뱀이 자기를 꾀었던 것이라고 설명한다. 야훼는 오름차순으로 셋 각각에게 분노를 발산한다. 먼저 여자를 꾄 뱀, 다음으로 여자, 마지막으로 남자다.

창녀가 엔키두에게 성에 눈뜨고 인간화되면 신처럼 된다고 말하듯이, 아담과 여자도 금지된 열매를 먹으면 신처럼 될 것이라고 듣는다. 왜일까? 이 책 3장에서 설명했듯이, 그들은 자신에게 도덕적 선택과 자유의지가 있고 동물들과 자연 현상에서는 불가능한 방식으로 선한 신과 그들을 위한 신의 선한 계획을 무시할 수 있음을 알게 됨으로써 지혜로워지고 신처럼 되는 것이다. 그러나 여기에 중대한 위험이 있다. 창세기 3장 22절에서 야훼는 "보라 이 사람이 선악을 아는 일에 우리 중 하나같이 되었으니 그가 그의 손을 들어 생명나무 열매도 따먹고 영생할까 하노라"라고 말한다. 영생하는 적대자의 위협은 피해야만 하는 것이라 야훼는 인간을 동산에서 추방하고 천사를 두어 생명나무에 이르는 길을 계속 회전하는 불칼로 지키게 한다.

죽음을 피할 수 없는 인간 상태의 필연적인 부분으로 받아들이는 것은 길가메쉬 서사시의 주제이기도 하다. 엔키두는 길가메쉬로부터 존경과 깊은 사랑을 얻고—이 탐욕스러운 폭군이 어느 누구를 존경하거나 사랑하는 것은 처음이다—길가메쉬의 성품이 바뀐다. 서사시의 나머지 부분에는 이 두 절친한 친구의 모험 이야기가 들어 있다. 엔키두가 죽을 때 길가메쉬는 사랑하는 친구를 잃은 슬픔으로 충격을 받고 비탄에 빠진다. 그는 자신의 죽음의 문제에 사로잡히게 되고 불멸을 찾는 고단한 여정을 시작한다. 그는 성읍을 떠나 태고의 바다와 죽음의 물을 건너며 두루 여행한다. 지치고, 더럽고, 누더기를 걸친 그는 결국 불멸이 허락된 유일한 인간인 우트나피쉬팀을 만나지만, 그가 길가메쉬를 도와줄 순 없다. 길가메쉬는 영원한 젊음을 주는―적어도 젊음을 유지해주는―풀을 알게 되지만, 순간적인 부주의로 뱀이 훔쳐가는 바람에 그 풀을 잃는다. 이것이 뱀이 허물을 벗어 젊음을 영원히 유지하는 이유가 된다. 기진맥진한 길가메쉬는 우룩으로 돌아온다. 그는 성읍을 바라보면서, 비록 인간은 유한하고 연약하고 죽을 수밖에 없는 운명이지만 인간이 성취한 위대한 일들은 인간의 기억 속에 족적을 남긴다는 생각으로 위로를 얻는다.

사르나가 강조하듯이, 길가메쉬 서사시의 아주 중요한 주제인 불멸의 추구가 구약성경에서는 방향이 바뀐다. 생명나무는 마치 익숙한 소재인 것처럼 정관사와 함께 언급되지만('동산 가운데에는 그 생명나무', 창 2:9) 그뒤로는 잊힌다. 길가메쉬에서 영원한 젊음을 주는 풀과 연관된 뱀이 여기서는 선악을 알게 하는 나무와 연관되고 이야기의 초점이 된다. 생명나무는 에덴동산 이야기의 끝에 가서야 다시 나타나 갑자기, 영원히 접근할 수 없는 것으로 강조된다. 우리는 여기서 두 가지 결론을 끌어낼 수 있을 것이다. 첫째, 인간은 자기의 뜻을 야훼의 뜻에 순응시키는 한 이 나무에 접근할 수 있었으나, 그들이 도덕적 자유를 발견하는 순간, 그들이 야훼에 반대하여 세상에서 악을 행하고 신이 창조한 모든 것을 악용하고 타락시킬 수 있다는 것을 발견하는 순간, 야훼는 그들이 생명나무에 접근하는 것을 허용할 수 없었다. 그랬다가는 불멸하는 신과 같은 적을 만들게 되었을 것이다. 여기에서 신은 인간과의 싸움에서 우위를 유지한다. 결국 인간은 죽어야 하는 것이다. 둘째, 생명나무의 접근을 막는 자의 설정은 인간이 불멸에 접근할 수도 없고 불멸을 추구해봐야 소용없다는 것을 의미한다. 그렇다면 야훼는 결국 진실을 말했다고 말할 수 있을 것이다. 즉 그 열매가 그것을 먹은 바로 그 사람들에게 죽음을 가져온 것이 아니라, 그것을 먹음으로 인해 야훼가 생명나무에 대한 인간의 접근을 막을 수밖에 없었기에 인류 전체가 죽게 된 것이다.

창세기의 초반부는 수세기에 걸쳐 신학적 해석의 주제가 되어왔다. 한 예가 원죄의 교리로, 아담[5] 이후의 인간은 그들 스스로 자유로워질 수 없는 죄의 상태 속에서 태어난다는 생각이다. 그러나 고대와 현대의 많은 해석학자들은 아담과 이브[6]의 행위가 가져온 결과는 인류의 죽음이지, 무력한 인간이 벗어날 수 없는 회복되지 않는 완전한 죄의 상태가 아니라고 본다. 사실 이 이야기는 오랜 세월 인간의 도덕적 자유의 기원을 단언하고 설명하는 것으로 읽혔다.

에덴동산 이야기는 관례와 규범의 이야기라기보다는 기원에 관한 이야기이다. 이 이야기의 밑바탕에는 인간 조건의 식별 가능한 속성이 있다. 즉 인간은 성장함에 따라 순진한 아동에서 자의식이 있는 어른이 되며, 아주 적대적인 세상에서 생존을 위해 어렵게 노력해야 한다. 여자는 흔히 그들을 종속시키는 조건을 만드는 바로 그 사람을 원하고 감정적으로 속박된다. 에덴동산 이야기는 이런 특이한 인간 조건들이 어떻게 그런 상태가 되었는지를 설명한다. 그러한 조건들이 이상적이라거나 인류를 위한 신의 뜻이 그러하다는 의미가 아니다(오히려 이러한 인간 삶의 속성은 원래의 계획이 틀어졌거나 실패한 결과로 보인다). 에덴동산 이야기는 기원에 관한 우화이고, 그렇게 이해하는 것이 가장 적합하다.

　에덴동산 이야기는 구약성경의 오경에 반복되어 나타나는 서술상의 특징이 하나 있다. 야훼의 생각이 인간의 행동에 따라 재조정되는 것이다. 천지창조 후 야훼는 약간 생각을 바꿔야 한다. 그는 첫 남자와 여자에 대한 계획을 바꾼다(그들의 예상치 못한 불순종에 대한 대응으로 생명나무에 접근하지 못하도록 한다). 인간에게 필멸성이 새로 생기긴 했지만, 그래도 인간은 인간을 창조한 바로 그 신이 예측할 수 없는 존재, 무시할 수 없는 세력이다. 이스라엘 신 야훼가 처한 단 하나의 한계가 이것, 바로 인간의 자유의지다. 야훼의 계획과 욕구는 그를 초월하는 원계의 명령이나 그 외 다른 신들에 의해서 좌절되는 것이 아니라, 비싼 값을 치르고 도덕적 자유를 얻은 피조물 인간에 의해 좌절될 수 있다. 구약성경의 야훼와 전통적인 서구 신학의 '하나님'을 혼동하는 사람들은 오경에서 인간과 대화하는 야훼가 전지전능하지 않은 존재로 제시되는 데 혼란을 느낄지도 모른다. 수백 년 후 서구 신학이 생각한 신을 모르는 구약성경의 서술자(들)는 야훼의 위대한 능력과 인간의 절대적 자유를 함께 옹호하면서 전혀 혼란을 느끼지 않았다.

창세기 4장: 가인과 아벨

창세기 4장에는 첫 살인의 이야기가 나온다. 이 이야기에서 아담과 이브 사이에 태어난 첫번째 사람 가인이 그의 동생 아벨을 죽인다. 야훼가 땅에서 얻은 가인의 제물보다 아벨의 양의 제물을 선호했기 때문이다. 의지의 실천으로 폭력 충동을 억제할 수 있다는 야훼의 경고가 있음에도―"죄가 문에 엎드려 있느니라 죄가 너를 원하나 너는 죄를 다스릴지니라"(창 4:7)―가인은 그들이 들에 함께 있을 때 아벨을 공격한다. 사르나가 지적하듯이, 이 짧은 이야기 전체에 '아우'라는 단어가 반복되며, "네 아우 아벨이 어디 있느냐?"라는 야훼의 질문과 "내가 알지 못하나이다 내가 내 아우를 지키는 자니이까?"라는 가인의 대답에서 반복의 절정을 이룬다. 역설적이게도 가인은 수사 의문문으로 물은 것이 우리에게는 거의 조금도 수사적으로 느껴지지 않는다. 그는―우리 모두는―아우를 지키는 자가 맞으며, 사르나에 따르면 이 이야기의 강력한 함의는 모든 살인이 사실은 형제 살인이라는 것이다. 또 사르나에 따르면, 가인이 유죄임은 보편적 도덕률이 존재한다는 암묵적 전제에 근거하고 있다. 신이 부여한 인간 생명의 신성함이라는 보편적 도덕률 말이다. 신이 사랑과 관심으로 자기 형상대로 창조한 것을 무자비하게 파괴해서는 안 되는 것이다.

그동안 가인과 아벨 이야기는 구약성경의 문화에서 문명화한 정착 지역과 정착하지 않은 광야 유목민 사이의 갈등을 보여주는 증거로 해석되어왔다. 양을 치는 사람인 아벨은 유목하며 목축하는 삶을 대표하고, 땅을 경작하는 사람인 가인은 정착한 도시의 삶을 대표한다. 야훼가 아벨의 제물을 선호하자 가인은 살인을 생각할 만큼 고통스러워하고 질투한다. 야훼의 선호는 도시 생활보다 목축하는 유목민의 자유로운 삶이 낫다고 인정하는 것이다.[7] 광야에서 목축하는 삶은 이스라엘 사람들이 가나안에 정착한 후에도 낭만적인 환상으로 남아 있었다.

이 간결한 이야기에는 간과할 수 없는 몇 가지 이상한 점이 있다. 첫째, 우리는 왜 가인이 그가 만나는 모든 사람이 자신을 죽일 것이라고 두려워하는지 물을 수 있다. 서술적 연대기에서 이 시점에 존재하는 사람은 정확히 세 명이다. 아담, 이브, 가인. 그러면 가인은 쉼 없이 땅 위를 떠돌면서 누구를 마주치게 될까봐 두려워하는 걸까? 둘째, 가인의 두려움에 대답할 때 야훼는 가인을 죽이는 자는 누구든 일곱 배의 벌을 받으리라고 약속한다. 야훼의 말은 가인을 죽이는 자'들'을 암시하고, 그들 모두가 벌을 받는다고 했다. 그러나 사람은 오직 한 번 죽임을 당할 수 있다. 셋째, 야훼의 앞을 떠난 후 가인과 그의 아내는 아이를 낳는다. 가인의 아내는 누구인가?

이런 궁금한 서술상 공백들은 구약성경의 중요한 구성적 특징, 즉 그전까지 각각으로 존재하던 자료들을 하나로 병합했다는 사실을 가리킨다. 학자들은 가인과 아벨 이야기가 원래 별도의 이야기였다는 데 동의한다. 아마도 가인의 후손인 유목민 겐 족속에 관한 기원론적 이야기였을 것이다. 그러던 것이 이스라엘 전체의 이야기로 편입되고, 어느 편집자가 가인과 아벨을 아담과 이브의 아들로 설정하여 창세기 4장 1~2절에 첨가하면서 에덴동산 이야기와 연결했을 것이다. 하지만 이 이야기가 초기 역사에 편입되면서 생긴 서술상의 불연속성은 다듬지 않았다.

마찬가지로 구약성경의 홍수 이야기에도 문학적으로 이상한 부분 (반복과 상충)이 여럿 있는데, 이런 대목이 구약성경의 합성 구조와 구성 기법을 연구하는 학자들에게 도움을 준다.

창세기 6~9장: 홍수 이야기

아벨의 살인 사건과 가인의 유배에 이어 나오는 계보의 목록들은 이야기들 사이에 연속성을 제공하고 건축, 금속 가공, 음악 등 문명화된 기술들의 기원에 관한 고대의 전승을 알려준다. 그러나 창세기 6장 5절에 이르면 사람이 "마음으로 생각하는 모든 계획이 항상 악할 뿐"이라고 말하면서 전 세계에 일어날 홍수의 이야기가 펼쳐질 무대를 마련한다.

여기서 다시 구약성경은 고대의 전승을 이용한다. 지우수드라가 주인공인 기원전 2000년 이전 수메르의 홍수 이야기, 아트라하시스 서사시로 알려진 기원전 1000년 이전 셈족의 작품 등을 성경의 목적에 맞게 각색하는 것이다. 가장 상세한 홍수 이야기는 장황한 길가메쉬 서사시의 열한번째 서판에 있다. 우리가 보았던 것처럼, 길가메쉬는 불멸에 대한 욕망을 따라 영생을 얻은 우트나피쉬팀에게 이른다. 길가메쉬는 영생의 비밀을 간청하지만 우트나피쉬팀과 그의 아내가 어쩌다 사정이 그렇게 되어 불멸을 얻었다는 사실을 알게 될 뿐이다. 그들은 대홍수의 유일한 생존자들이었고, 신들은 자비를 베풀어 이 부부를 신들의 지위로 올려주기로 결정했던 것이다.

수메르인의 지우수드라 이야기는 창세기의 이야기와 비슷하다. 둘 다 홍수는 신이 결정한 의도적 결과이다. 한 개인이 구원받기로 선택되고 생존 수단으로 배를 건조하라는 말을 듣는다. 두 이야기 모두에서 누구와 무엇을 배에 태워야 하는지가 지시된다. 홍수가 살아 있는 모든 것을 몰살시키고, 배가 산꼭대기에 멈추고, 주인공은 땅을 정찰하기 위해 새를 밖으로 내보낸다. 배에서 나오는 두 영웅 모두 제단을 쌓고 제사를 드리고 복을 받는다.

그러나 메소포타미아의 이야기와 그것을 각색한 이스라엘 사람들의 이야기 사이에는 중요한 차이점들이 있다. 길가메쉬 서사시에서는 신이 세상을 말살하는 행동에 대한 동기가 전혀 언급되지 않는다. 그것은 순전히 신의 변덕스러운 행동인 것처럼 보인다. 아트라하시스 서사시는 이유를 제시한다. 그 문구는 다음과 같다.

땅이 넓어졌고 사람들이 많아졌다. 땅이 암들소처럼 큰 소리를 내었다. 그들의 소란이 신들을 방해했다. 엔릴이 그 소란을 듣고 신들에게 말했다. "인간들의 소음에 시달리게 되었다. 그들의 소음으로 잠을 잘 수가 없다."

여기서 인류가 말살되어야 하는 이유는 그들의 소란과 소음에 신들이 짜증이 났기 때문으로 보인다. 길가메쉬 서사시에서 에아는 엔릴에게 어떻게 그렇게 무분별하게 홍수를 일으킬 수 있었냐고 묻는다. 대답은 "죄인들에게 죄를 뒤집어씌우고, 범법한 자에게 그의 범법한 것을 뒤집어씌운다"는 것이다. 이유는 순전한 변덕스러움이었다. 구약성경은 이와 같은 설명을 거부하고, 신의 행위에 도덕적 이유를 제공한다. 땅은 하마스hamas(문자적으로 '폭력과 피 흘림'이지만 모든 종류의 불의와 억압을 포함한다)로 인해 몰살당하고, 노아는 그의 의로움 때문에 구원받는다. 이 이야기에서 이스라엘의 신은 변덕스럽게 행동하지 않고 분명한 정의의 기준에 따라 행동한다.[8]

또한 메소포타미아의 홍수 이야기에서 신들은 상황을 장악하지 못하는 것으로 나타난다. 엔릴은 인간들을 전부 말살하기를 원했으나 신에아가 우트나피쉬팀에게 곧 다가올 재앙에 대해 언질을 줌으로써 그 계획을 좌절시킨다. 홍수가 일어나자 신들까지도 두려움에 떨고 몸을 움츠린다. "바깥쪽 벽에 기대어 웅크리고 앉은 개처럼, 이쉬타르는 진통을 겪는 여자처럼 비명을 질렀다." 홍수는 신들에게서 먹을 것과 마실 것을 앗아가기까지 한다. 굶주린 그들은 파리떼처럼 우트나피쉬팀의 제물에 몰려든다. 이와 대조적으로 구약성경의 홍수 이야기에서 야훼는 홍수 후 음식으로 노아의 제물을 필요로 하지 않는다. 그는 자신이 촉발시킨 자연의 힘에 위협받지 않는다. 그는 세상이 피 흘림과 폭력을 통해 스스로를 타락시켰으므로 인간에게 벌을 내리기로 한다. 그는 노아의 의로움 때문에 그를 선택하고 방주를 지을 것을 그에게 직접 명령한다. 야훼는 분명한 목적이 있고, 이야기 내내 상황을 장악한다.

사르나에 따르면 홍수 이야기는 (그 이전의 가인과 아벨 이야기와 그 이후의 소돔과 고모라 이야기와 마찬가지로) 이 세상을 지배하는 보편적 도덕률의 존재를 상정한다. 이것을 위반하면 최고 재판관이 인간에게 책임을 묻는다. 유일하고 도전받지 않는 신의 뜻이 도덕적인 뜻이라면, 도덕률은 처벌을 전제하는 절대적인 가치가 될 수 있다. 더구나 이 홍수 이야기의 메시지는 인간들이 사회의 도덕적 기반을 파괴할 때 그들은 그 사회와 모든 문명의 존재 자체를 위험에 빠뜨린다는 것인 듯하다. 부패와 불의, 불법은 불가피하게 파멸을 가져온다. 또 카우프만과 같이 사르나도 이 이야기에서 인류가 벌을 받은 이유가 우상 숭배나 이스라엘의 신을 예배하지 않는 것 같은 종교적인 죄를 범해서가 아니라고 강조한다. 각 나라는 그 사람들의 방식대로 그들의 신을 숭배하고, 이스라엘만이 이스라엘의 신을 숭배할 의무가 있다는 것이 토라의 관점이다.⁹ 이스라엘과 달리 다른 나라들은 토라에서 말하는 우상 숭배에 대한 책임이 없다. 그러나 모든 민족은, 이스라엘 민족과 다른 모든 민족들이 똑같이, 한 신에 의해 그의 형상대로 창조되었으므로, 비록 그들이 그 신을 모르거나 예배하지는 않을지라도 모든 형태의 물리적·사회적 폭력을 금하는 기본 도덕률에 구속받는 것이다. 비인간성과 폭력이 사회의 기반 자체를 약화시킨다는 사실을 설파하려 할 때, 인간의 부패와 폭력의 결과로 우주에 재앙이 일어난다고 서술하는 것보다 나은 방법이 있을까? 이 생각은 구약성경 전체와 훨씬 나중의 유대교, 기독교, 이슬람의 사상을 관통한다. 시편 기자도 이 주제를 사용한다. 그는 가난한 자, 고아, 곤란한 자, 빈궁한 자를 착취하는 행위를 비난하는데, 그런 사악한 행동으로 인해 "땅의 모든 터가 흔들리도다"라고 말한다(시 82:5).

노아의 이야기는 새로운 시대의 시작과 함께 끝나고 이것이 두번째 창조이다. 이번에 야훼는 인간의 연약함과 살해 욕구를 인정하고, 그가 땅을 말살해야 했던 상황을 바로잡아야 한다는 것을 깨닫는다(신의 또다른 재조정). 그는 노아와 언약을 맺는다. 그리하여 인간은 최초로 법을 받게 되는데, 구약성경의 서술을 보면 그 범위가 보편적이다. 달리 말하면 노아는 모든 인간의 조상이기에 이 법은 이스라엘뿐 아니라 모든 인간에게 적용된다. 흔히 '노아의 언약'으로 언급되는 이 몇 개의 법은 인간의 피 흘림을 명백하게 금지한다. 피는 구약성경에서 생명의 상징이고(레위기 17장 참조) 생명은 신성하다. 그러나 홍수 뒤에 야훼는 권력과 폭력에 대한 인간의 욕구도 인정한다(그가 창조했지만 예측할 수 없는 흙으로 만든 사람에 관해 더 많이 알아가면서 하게 되는 또다른 재조정의 예이다). 이전에 인간들은 채식자였으나(창 1:29~30) 이제 야훼는 인간이 동물을 죽여 그것을 먹을 수 있도록 허락한다. 그렇다 하더라도 동물의 생명은 경외심을 가지고 대해야 한다. 생명의 본질인 피는 땅에 쏟아져서 야훼로 돌아가게 되는 것이다. 인간이 배고픔을 채우기 위해 동물을 먹을 수 있으나, 생명의 본질 자체는 신성하고 야훼에 속한다. 또 인간의 피에 관한 절대 금지(이전에는 암시되기만 했다)가 처음으로 명시된다.

> 그러나 고기를 그 생명 되는 피째 먹지 말 것이니라
> 내가 반드시 너희의 피 곧 너희의 생명의 피를 찾으리니 짐승이면 그 짐승에게서, 사람이나 사람의 형제면 그에게서 그의 생명을 찾으리라
> 다른 사람의 피를 흘리면 그 사람의 피도 흘릴 것이니 이는 하나님(엘로

힘)이 자기 형상대로 사람을 지으셨음이니라[10](창 9:4~6)

인간이든 동물이든 모든 생명은 신에게 바쳐진 것이다. 인간의 피는 대가를 치르게 하기 위해 저 자신의 피를 박탈할 때가 아니면 흘려서는 안 된다. 신의 양보 덕분에 동물들을 죽일 수는 있으나 그 피를 맘대로 다루어서는 안 된다. 피는 그 진정한 주인에게 경건하게 돌아가야 하는 것이다. 이 언약에서 야훼는 삶과 자연의 리듬을 회복하고 다시는 땅을 파괴하지 않을 것도 약속한다. 야훼는 이 약속의 상징으로서, 신의 영역과 인간의 영역 사이의 영원한 화해를 뜻하는 징표로서 (마치 궁수가 자기의 무기를 걸어놓듯이) 하늘에 무지개를 둔다. 영원한 언약을 맺을 수 있고 그것을 지킬 수 있는 신의 개념은 그 신의 말과 뜻이 더 강력한 힘에 의해 무효화될 수 없다는 개념에서만 가능하다.

중복되는 것들과 상충되는 것들

창세기 6~9장의 홍수 이야기를 읽는 독자들은 종종 중복과 상충이라는 문학적으로 낯선 점들이 이야기를 이해하기 힘들게 하거나 심지어 자기당착으로 보이게 하는 경우를 발견한다. 우선 이스라엘의 신에 대해 두 개의 명칭이 사용된다. 이 신의 개인적인 이름인 신성한 네 글자 야훼YHWH는 보통 영어에서 경건의 표시로 the LORD로 대체되고(창 6:5~8, 7:1~5, 7:16), 신을 통칭하는 용어인 엘로힘Elohim(창 6:9~22, 7:16)은 보통 영어로 God(하나님)으로 번역된다. 이 신은 자신의 창조를 두 번 마음에 들어하지 않는다. 그는 살아 있는 모든 것을 말살하기로 두 번 결정한다(창 6:5~8, 6:9~13). 그는 노아에게 두 번 지시를 내리는데, 두 명령은 상충한다. 창세기 7장 1~5절에서 야훼는 모든 정결한 짐승 일곱 쌍, 부정한 짐승 한 쌍, 공중의 새 일곱 쌍을 데려오라고 말한다. 그러나 창세기 6장 14~22절에서 엘로힘은 모든 생물―짐승, 새, 땅에 기는 것―을 각각 한 쌍씩 데려올 것을 명령한다. 창세기 7장 17절에서는 홍수가 땅 위에 40일 동안 일어났다고 말한다. 그러나 창세기 7장 24절에서는 물이 150일 동안 넘쳤다. 좀더 미묘하게 상충되는 것들도 곳곳에 있다. 홍수는 어떤 때는 폭우의 결과로 나타나지만, 어떤 때는 창조 당시 궁창 위에 놓였던 물과 마른 땅 아래 놓였던 물이 하늘과 땅 사이의 공기방울 안으로 쏟아져 우주를 창조 이전의 혼돈과 물의 상태로 되돌리는 우주의 격변으로 묘사된다. 노아는 혼돈으로 돌아간다는 생각에 맞게 새로운 창조의 시작으로 그려진다. 첫 창조에서 인간의 첫 남자와 여자가 그랬듯이 노아도 생육하고 번성하라는 말을 듣고 또 모든 것을 다스리게 된다. 이제는 동물의 생명까지 앗을 수 있다.

반복되는 것들과 상충하는 것들은 구약성경 전체에서 다량으로 발견된다. 홍수 이야기처럼 한 구절 안에 들어 있는 경우도 있고, 창세기 1장과 창세기 2~3장의 두 개의 창조 이야기와 같이 따로 나뉘어 있는 여러 이야기와 구절들에 들어 있기도 하다. 두 개의 창조 이야기에는 중요한 차이점이 여럿 있다. 이 둘은 문체 면에서 크게 다르다. 창세기 1장은 매우 형식적이고 추상적인 반면, 창세기 2~3장은 더 극적이고 더 현실적이다. 첫번째 이야기에는 재치나 재담이 없지만 두번째 이야기에는 그런 것이 풍성하다. 아담adam은 흙adamah에서 왔다. 흙으로 된 사람과 여자는 벗었으나(아룸arum) 부끄러워하지 않는데, 뱀의 영리함과 약삭빠름을 뜻하는 단어도 아룸이다. 용어에도 많은 차이가 나타난다. 남자와 여자를 칭할 때 창세기 1장은 male, female을 사용하고 창세기 2장은 man과 woman을 사용한다. 창세기 1장은 신을 엘로힘으로 지칭하고 오직 자신의 말과 뜻을 통해 힘들이지 않고 창조하는, 멀리 떨어져 있는 초월적인 존재로 묘사한다. 창세기 2~3장은 그를 야훼 엘로힘으로 지칭하고 도공처럼 진흙으로 일을 해서 사람을 만드는 더 현실적인 존재로 묘사한다. 그는 독백을 하고, 정원을 가꾸고, 시원한 저녁에 그 정원을 거닌다. 그는 인간을 위해 옷을 지어주고 대체로 의인화된 형식으로 말한다. 요컨대 창세기의 초반부에는 형식, 주제, 단어, 세부 내용 면에서 서로 다른 두 개의 창조 이야기가 나란히 들어 있다. 창세기 6~9장에도 형식, 주제, 단어, 세부 내용이 서로 다른 두 개의 홍수 이야기가 나오는데, 이 둘은 나란히 놓여 있다기보다는 한데 섞여 있다. 구약성경에는 이렇게 중복되는 것들이 많다. 때로는 여러 책의 전체에 걸쳐 같은 자료가 반복된다. 창세기부터 열왕기하에 기록된 (천지창조부터 이스라엘의 멸망과 바벨론 유배까지의) 역사적 이야기는 역대 상하에서 상당히 다르거나 수정된 상태로 반복된다.

이처럼 구약성경에 나타나는 반복과 상충을 우리는 어떻게 이해해야 할까? 이것이 성경의 저자와 기록 방식에 대해 말하는 바는 무엇일까?

이러한 특성은 구약성경이 합성된 구조물이고 복수의 저자가 있음을 말하는 증거다. 이미 중세 때부터 학자들은 시대착오적인 내용, 상충과 반복, 그 밖의 특징들이 구약성경이 복수의 저자에 의해 쓰인 합성 구조물임을 보여주는 증거로 파악했다. 이 증거는 당연히 구약성경 첫 다섯 권에 대한 모세의 저자권과 관련하여 전통적인 종교적 믿음에 도전하는 것이었다. 모세가 오경을 기록하지 않았을 수도 있다는 생각은 서서히 발전했다. 다섯째 책인 신명기의 마지막 34장은 모세의 죽음과 매장을 묘사하는데, 중세의 주석학자들은 적어도 이 마지막 장만큼은 모세가 기록할 수 없었을 것이라고 주장했다. 일부 시대착오도 같은 결론에 이르게 했다. 널리 알려진 예는 창세기 13장 7절이다. 롯과 아브람 사이에 땅을 나누는 것을 설명하는 이야기 가운데, 기록자는 "가나안 사람과 브리스 사람도 그 땅에 거주하였는지라"를 삽입한다. 즉 이 문장은 그 땅에 가나안 사람과 브리스 사람이 살았던 시기 이후에 산 사람, 즉 가나안 사람과 브리스 사람의 시절을 과거의 일로서 돌아볼 수 있었던 사람이 기록한 것이 분명하다. 모세는 그 사람일 수 없었다. 그의 평생 동안 가나안 사람들은 가나안 땅에 살았기 때문이다. 그러나 이것은 구약성경에 관한 전통적인 믿음을 근본적으로 수정하는 과정의 시작 단계일 뿐이었다.

다음 장에서 우리는 현대적 구약성경 비평 연구의 출현을 성경 안의 문학적 증거에 비추어 검토하고 구약성경의 출처, 구성, 저자권에 관한 주요 의견을 살필 것이다.

5
근현대의 구약성경 비평 연구

읽기: 창세기 10~11장

구약성경의 출처와 기록물 가설

근대 합리주의의 출현과 함께 구약성경의 오경에 대한 신과 모세의 저자권이라는 전통적 개념에 의문이 제기되었다. 근현대의 구약성경 비평 연구는 흔히 17세기 철학자 스피노자에 의해 시작되었다고 여겨진다. 그는 다른 모든 책을 연구하고 검토할 때와 똑같이, 구약성경이 신으로부터 유래했다는 전제 및 어떤 교리를 우선시하는 관점에서 벗어나 구약성경을 연구하고 검토해야 한다고 주장했다. 그렇지만 모세가 토라를 기록하지 않았고, 토라에 많은 시대착오와 오류가 있다고 처음 주장한 사람은 17세기의 가톨릭교 신부였던 리처드 사이먼이었다.

18세기 중엽 장 아스트뤼크는 구약성경의 일부 구절은 신의 이름으로 야훼를 사용하고 어떤 구절은 엘로힘을 사용하는 것에 처음 주목했다. 그는 이를 근거로 성경을 구분했는데, 이것이 이후 J 문서와 E 문서로 알려졌다(J는 야훼 사용자, E는 엘로힘 사용자의 약어). 그는 모세의 저자권 개념을 지지하긴 했으나 모세가 신에 대해 서로 다른 이름을 사용한 별개의 긴 두 문서에 의존했다고 주장했다. 그의 연구는 다음 세기 들어 오경을 구성하는 다른 문서들을 찾아낸 독일 학자들에 의해 확장되었다. 1878년 율리우스 벨하우젠은 구약성경의 출처가 되는 문헌에 관한 중요한 글을 발표했다. 그의 책 『이스라엘의 역사』[1]에서 벨하우젠은 이른바 기록물 가설을 제시했다. 이에 따르면 구약성경의 역사 이야기 부분(창세기~열왕기하)은 네 개의 구별 가능한 출처 문서로 구성되어 있다. 벨하우젠은 이 문서들이 서로 다른 역사적 시대에 속하고 서로 다른 이해관계와 관심사를 반영한다고 주장했다. 이 네 개의 기존 문서를 한 사람 또는 여러 사람이 하나로 묶어 구약성경의 핵심 내용을 구성했다. 벨하우젠에 따르면 이 문서들은 저자들이 서술한다고 밝히는 시간과 상황보다도 그 문서들이 기록된 당시 이스라엘 사람들의 믿음과 관습에 대해 더 많은 것을 알려준다. 즉 이 문서들은 창조 이후의 사건들에 관해 말하고 있지만, 실제로는 그것들이 기록된 시기인 기원전 10세기 이후의 이스라엘의 믿음과 종교를 반영하고 있다. 벨하우젠의 책은 모세가 신의 감동으로 구약성경을 기록했다는 전통적인 주장을 약화한다는 점에서 큰 반향을 불러일으켰다. 지금도 보수적인 사람들과 로마가톨릭 당국은 그의 주장에 문제를 제기하고 있지만, 로마가톨릭교 학자들은 그렇지 않다.

벨하우젠의 가설에서 구분되는 네 개의 출처 문서는 J(야훼) 문서(독일어에서는 j가 음소 y를 나타낸다), E(엘로힘) 문서, P(제사장 [priestly]) 문서, D(신명기[Deuteronomy]의 대부분) 문서이다.

첫 두 문서는 그들이 사용하는 신의 이름으로 구별된다. J 문서에 따르면 '야훼(여호와)'가 이스라엘 신의 개인적 이름 또는 고유명사로 알려진 것은 아담의 생애가 시작되면서이다("셋도 아들을 낳고 그의 이름을 에노스라 하였으며 그때에 사람들이 비로소 여호와의 이름을 불렀더라", 창 4:26). 그러나 P 문서와 E 문서에 따르면 야훼의 이름은 출애굽 당시 야훼가 모세에게 나타났을 때에야 알려진다. P 문서로 분류되는 출애굽기 6장 2~3절에서 신은 모세에게 나타나서 자신의 이름이 야훼라고 말한다. 그러고 나서 "내가 아브라함과 이삭과 야곱에게 전능의 하나님으로 나타났으나 나의 이름을 여호와로는 그들에게 알리지 아니하였고"라고 말한다(E 문서로 분류되는 출애굽기 3장 13~16절도 야훼의 이름이 출애굽 시대에 알려졌다고 말한다). 일단 신의 이름을 기준으로 J 문서와 E 문서를 구분하고 나자, 두 문서의 특징적인 문체와 용어도 분석, 구분할 수 있게 되었다.

J 문서는 창세기 2장 4절 하반절에서 창조 이야기로 시작한다. 학자들이 발견한 이 문서의 주요 특징은 다음과 같다. J 문서는 고유명사인 야훼를 사용하며, 생생하고 구체적인 문체를 가지고 있다. J 문서는 야훼를 의인화하여 서술한다. 예를 들면 J 문서의 야훼는 노아의 뒤로 방주 문을 닫고(창 7:16), 홍수 후에 노아가 드리는 제사의 향기를 맡고(창 8:21), 아브라함과 흥정하고(창 18:22~32), 모세를 만나 그를 죽이려 한다(출 4:24). J 문서는 모세와 이스라엘 사람들이 야훼와 언약

을 맺는 장소를 시내산으로 기록한다. J 문서의 유래에 대해서는 '문서 비평'(구약성경의 출처 문서들을 확인하기 위해 성경을 문학적으로 상세히 분석하는 연구) 분야의 많은 학자들이 이스라엘에게 약속된 땅을 설명하는 부분에 이 문서의 연대를 정할 수 있는 실마리가 있다고 보았다. J 문서에서 야훼의 약속의 땅은 이집트의 강부터 유프라테스강까지를 포함한다. 이것은 기원전 10세기 다윗과 솔로몬 시대의 이스라엘 국경이다. 이에 따라 고전적인 문서 이론에서는 J 문서의 연대가 기원전 10세기로 거슬러올라간다. J 문서의 저자는 이스라엘 왕국을 고대 이스라엘 선조들이 받은 야훼의 약속의 성취로 제시함으로써 이스라엘이 그 왕국을 소유하는 것을 정당화하고자 했다. 또한 J 문서는 남부 유다 왕국의 이해관계를 반영하는 것으로 보이고(이는 솔로몬 사후인 기원전 922년 이스라엘이 북왕국와 남왕국으로 분열된 일과 관련한 것으로, 이 책 14장을 참조) 학자들은 J 문서가 아마도 기원전 10세기 남왕국에서 작성되었을 것이라고 결론을 내렸다.

창세기 15장에 처음 나타나는 것으로 보이는 E 문서는 가장 불완전하여 분간하기가 어려운 문서이지만, 문서 비평가들은 이 문서의 중요한 특징을 다음과 같이 확인했다. E 문서는 이스라엘 신을 가리킬 때 엘로힘이라는 용어를 사용한다. 엘로힘은 형태상 복수이지만(그 자체로는 '신의 능력들' '신들'을 뜻한다) 이스라엘의 신을 가리킬 때는 언제나 단수 동사와 함께 사용되고 영어로는 보통 God으로 번역된다.[2] E 문서는 J 문서보다 더 추상적이고 덜 생생하다. E 문서는 이스라엘 신을 덜 의인화하고 멀리 떨어져 있는 존재로 묘사한다. E 문서에는 직접 얼굴을 맞대는 계시가 없고, 전달자와 꿈을 통해 신의 계시가 간접적으로 전해질 뿐이다. E 문서는 선지자의 역할을 강조하고, 모세와 미리암 모두를 선지자로 서술한다. E 문서는 모세와 이스라엘 사람들이 그들의 신과 언약을 맺는 장소로 호렙산을 언급한다. E 문서의 유래에 대해 고전적인 문서 이론에서는 이 문서가 일차적으로 북부 족속들에 관심을 가진다는 점에서 기원전 9세기 북왕국에서 작성되었다고 가정한다.

기록물 가설에 의하면 J 문서와 E 문서는 8세기경에 JE로 묶여 오경 이야기의 근간을 형성했다. 천지창조와 인류의 초기 역사, 창세기에 나오는 고대 이스라엘의 남녀 선조들, 출애굽기에 나오는 모세와 출애굽 이야기, 민수기에 나오는 이스라엘 사람들의 광야에서의 방랑 생활이 여기에 들어 있다. 두 문서를 하나로 엮은 무명의 필경사 또는 편집자는 우리가 앞에서 보았듯이 서로 상충되거나 반복되는 부분들을 삭제하지 않았다.

율리우스 벨하우젠의 기록물 가설은 두 개의 문서를 추가로 상정한다. D 문서와 P 문서다. D 문서는 이스라엘 사람들이 약속의 땅에 들어가기에 앞서 모세가 한 세 개의 연설을 담았다고 하는 신명기Deuteronomy에 해당한다. D 문서는 정착 농경 생활에 대한 관심을 분명하게 반영하고 있으므로 모세 시대보다 나중에 작성되었다. D 문서의 연대를 정하는 데 초기 학자들에게 도움을 주었던 주요 특징은 중앙에 있는 오직 하나의 성소만이 야훼에게 인정받을 수 있다고 주장하는 것이다. D 문서에 따르면 이스라엘의 신은 다른 지역의 제단이나 성소에서 드리는 제사를 통해 경배받을 수 없다. 제사의 중앙화는 기원전 622년 요시야 왕이 수행한 종교개혁의 핵심 요소였다. 이런 이유로 문서 비평가들은 최종 형태의 D 문서가 늦어도 기원전 7세기 말에 작성되었다고 본다. 그런데 D 문서는 북부의 전승을 반영하고 있기도 하다. 북왕국은 기원전 722년 멸망했으므로 문서 비평가들은 D 문서가 원래 기원전 8세기 북부에서 작성되었다고 결론짓는다. 북왕국이 멸망하자 D 문서는 예루살렘으로 옮겨져 성전에 보관되었으며, 7세기 말에 이곳에서 발견되어 완성되었다.

P 문서는 '제사장priestly 문서'로, 레위기와 민수기의 많은 부분에서 대부분 발견된다. P 문서의 주요 특징은 종교 제도, 제사 체계, 안식일과 절기, 할례, 유월절, 음식에 관한 제약(카쉬루트), 의식적 정결과 부정의 체계, 도덕적 거룩함과 제사의 거룩함에 대한 관심이다. J 문서와 비교하면 P 문서의 신은 그의 카보드kavod('영광'이라고 번역되지만, 이스라엘 민족과 함께 이동하는 일종의 빛으로 가득찬 구름을 뜻한다)에 감춰진, 더 초월적이고 더 멀리 떨어져 있는 존재이다. P 문서는 언약, 인구조사, 계보에도 관심이 많다. P 문서는 의식에 관한 규범적인 글과 법률적인 글을 많이 담고 있지만, 창세기 1장의 창조 이야기와 홍수 이야기 등의 이야기도 포함하고 있다. P 문서는 흔히 소개하는 글과 결론짓는 글에 나오기 때문에, 문서 비평가들은 제사장인 저자들이 오경을 최종 편집했을 것으로 추측한다. 벨하우젠은 P 문서의 연대를 기원전 6세기, 즉 이스라엘의 멸망과 바벨론 유배 이후로 정했다.

기록물 가설은 P 문서, J 문서, E 문서가 천지창조부터 모세의 죽음에 이르는 세계 역사를 전하는 연속적이고 평행한 문서라고 가정한다. 그 하나하나는 일정한 문체와 어휘, 일단의 주제, 연대기적 틀을 가지고 있다.

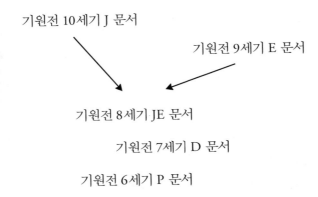

기원전 10세기 J 문서

기원전 9세기 E 문서

기원전 8세기 JE 문서

기원전 7세기 D 문서

기원전 6세기 P 문서

벨하우젠에 따르면 제사장인 학자들이 이 모든 오래된 자료를 한데 모으고, 자기들이 편집한 자료를 추가하여 이야기틀을 만들고, 레위기 및 상당 부분의 민수기를 이루는 방대한 제사장적 문서를 삽입했다. 그렇다면 토라는 5세기에 걸친 종교적·문학적 활동의 결과물이다. 기원전 14세기경에 모세 한 사람이 오경을 기록했다는 전통적인 주장과는 매우 다른 설명이다.

19세기 말의 근대적 구약성경 비평 연구를 가리키는 몇 가지 용어가 있다. 문학 비평은 성경의 문학적 특징―용어, 문체, 주제 등―을 면밀히 분석하기 때문에 그렇게 불린다. 문학 비평은 출처 문서를 확인하고 구별하기 위한 비평이라는 점에서 문서 비평이라고도 불린다. 오늘날에는 '문학 비평'이 약간 다른 의미를 함축하고 있어 '문서 비평'이라는 용어가 선호된다. 또한 문서 비평의 목적은 그 상대적 연대들을 가능한 한 멀리까지 알아내어 역사 재구성 작업(일차적으로 이스라엘 종교의 역사의 재구성과 다양한 출처 문서의 저자들이 처했던 역사적 상황의 재구성)을 진척시키는 데 있었으므로 이런 종류의 연구를 역사 비평이라고도 불렀다. 즉 '문학 비평=문서 비평=역사 비평'이다.[3]

요약하면, '기록물 가설'은 구약성경에 나타나는 상충되는 것과 반복되는 것, 그 외 문학적 특이점을 가설상의 출처 문서들로써 설명하려는 시도이다. 이 이론은 가설상의 출처 문서와 전승, 자료를 바탕으로 토라가 현재의 형태를 갖추게 된 과정을 설명한다. 그다음 단계에서는 문서들을 상대적 또는 절대적 연대에 따라 분류한 뒤 문서 분석을 통하여 이스라엘 종교 역사의 각 단계를 밝힌다. 문서 비평은 성경 원문의 역사를 알아내고, 궁극적으로 이스라엘 종교의 역사를 알아내기 위한 도구이기 때문에 역사 비평으로 알려져 있다.

벨하우젠의 기록물 가설은 예리하고 탁월한 이론이지만, 19세기 독일 학자들의 어떤 편견—특히 기독교의 유대교에 대한 우월성과 개신교의 가톨릭교에 대한 우월성에 관한 믿음—을 반영하고 있는 것도 사실이다. 벨하우젠은 구약성경 시대의 끝에 해당하는 유대교를 비틀리고 비뚤어진 죽은 나무로 특징지었고 특히 제사장과 제사, 의식(당시 가톨릭교가 공유했던 고대 이스라엘 종교의 특징들이다)을 혐오했다. 이 편견은 출처 문서들의 연대를 정하고 이스라엘 종교의 진화 과정을 설명하는 데 분명히 나타난다. 예를 들어 벨하우젠 이전의 학자들은 P

문서가 고대 근동 지방에 있던 이스라엘 주변 사람들의 제사 관행과 유사했던 이스라엘의 고대 제사 관행을 증명하는 초기 문서라고 생각했다. 그러나 벨하우젠은 P 문서의 제사와 의식에 대한 집착이 이스라엘 종교의 타락하고 죄가 만연한 단계를 보여주기 때문에 그것이 가장 나중에 쓰인 문서일 수밖에 없다고 주장했다(기원전 6세기 말에서 5세기). 벨하우젠이 도출한 결론들은 바벨론 유배 이후의 유대교 및 제사장이 주도하는 의식과 제사 활동을 진정한 영적 내용이 결여된 타락한 종교와 그 형태로 보는 그의 관점에 크게 좌우되었다. 그래서 제사장 문서의 연대가 유대교 최악의 영적 쇠퇴기—바벨론 유배 이후의 시대—로 정해졌던 것이다. 벨하우젠의 이론에서 가장 논란이 되는 부분 중 하나가 이러한 연대 추정이다.[4] 우리는 레위기와 민수기에 관한 장들에서 이 논쟁에 대해, 그리고 P 문서의 연대 추정이 왜 중요한지에 대해 검토할 것이다. 그러나 역사 비평적 방법과 기록물 가설은 그 자체로 편견이 있는 이론들이 아니고, 비록 일부 문서 비평가들이 이념적 속셈을 품긴 해도 원문에 공정하게 적용할 수 있는 분석 도구이다.

기록물 가설은 결국 하나의 가설이다. 비평가들이 가정하는 문서들—J, E, P, D 문서—중에 단독으로 발견된 것은 지금까지 하나도 없었고, 그들의 재구성 작업은 새로운 정보가 밝혀지는 대로 계속 다시 평가되고 수정되어야만 한다. 예를 들어 문서 비평 초기에 문서를 구분하는 데 적용했던 기준들 중 일부는 고대의 문학적 관습에 대한 무지에 기반을 두었다는 것이 나중에 드러났다. 즉 반복은 수사적 기능을 수행할 수 있고, 상이한 용어들은 문학적이고 미학적인 선택일 수 있다. 모든 반복과 변형이 꼭 다수의 문서를 가리키는 표지라고는 할 수 없는 것이다.

기록물 가설은 유사한 내용들이나 결합 상태로 중복되는 것들을 잘 설명해준다(표 2 참조). 가설상의 출처 문서들이 촘촘히 엮여 있는 구절은 그만큼 잘 설명하기 힘들다. 구약성경을 문서별로 파헤치려는 노력은 그 이야기의 힘과 드라마를 파괴하는 보람 없고 기계적인 일일 때가 많다. 구약성경의 구성 요소가 되는 문서를 분석하고 그 특정한 관심사와 기여를 검토하는 것은 중요하고 가치 있는 일이지만, 성경은 어느 시점에 한 명 또는 여러 명의 최종 편집자가 통일성을 가진 글로 읽힐 수 있도록 훌륭한 솜씨와 주의를 기울여 한데 엮은 결과물임을 기억해야 한다. 오늘날 우리는 구약성경을 분석적으로, 또 종합적으로 읽으면서 여러 기원과 출처에 대한 인식과 최종 결과물에 대한 의식을 하나로 결합할 수 있다.

오늘날 대부분의 학자들은 벨하우젠 이론의 일부 견해는 인정하지만 특정 측면들은 의심한다. 어떤 학자들은 E 문서의 존재를 의심하고, 어떤 학자들은 P 문서의 고대성을 옹호하고, 또 어떤 학자들은 여전히 오경의 거의 모든 것이 바빌론 유배 이후에 쓰였다고 주장한다. 북유럽의 많은 학자들은 문서 비평 전반에 큰 관심이 없고, 구약성경이라는 기록이 기본적인 구전 이야기에서 출발하여 오랜 세월 동안 보완되고 증대되었다는 관점을 선호한다. 앞으로 살펴보겠지만, 구약성경을 구성하는 출처 문서를 분석하는 전통적 의미의 문서 비평은 지난 수십 년 사이에 다른 새롭고 흥미로운 연구 방법들로 대체되었다. 그러나 이런 대안적인 방법들도 흔히 그 네 개의 가설상 문서를 전제한다는 점에서 기록물 가설에 크게 의존하고 있음이 분명하다.

표 2. 홍수 이야기와 문서 분석

6장 (5절) 여호와께서 사람의 죄악이 세상에 가득함과 그의 마음으로 생각하는 모든 계획이 항상 악할 뿐임을 보시고 (6절) 땅 위에 사람 지으셨음을 한탄하사 마음에 근심하시고 (7절) 이르시되 내가 창조한 사람을 내가 지면에서 쓸어버리되 사람으로부터 가축과 기는 것과 공중의 새까지 그리하리니 이는 내가 그것들을 지었음을 한탄함이니라 하시니라 (8절) 그러나 노아는 여호와께 은혜를 입었더라

(9절) 이것이 노아의 족보니라 노아는 의인이요 당대에 완전한 자라 그는 하나님과 동행하였으며 (10절) 세 아들을 낳았으니 셈과 함과 야벳이라

(11절) 그때에 온 땅이 하나님 앞에 부패하여 포악함이 땅에 가득한지라 (12절) 하나님이 보신즉 땅이 부패하였으니 이는 땅에서 모든 혈육 있는 자의 행위가 부패함이었더라 (13절) 하나님이 노아에게 이르시되 모든 혈육 있는 자의 포악함이 땅에 가득하므로 그 끝 날이 내 앞에 이르렀으니 내가 그들을 땅과 함께 멸하리라 (14) 너는 고페르 나무로 너를 위하여 방주를 만들되 그 안에 칸들을 막고 역청을 그 안팎에 칠하라 (15절) 네가 만들 방주는 이러하니 그 길이는 삼백 규빗, 너비는 오십 규빗, 높이는 삼십 규빗이라 (16절) 거기에 창을 내되 위에서부터 한 규빗에 내고 그 문은 옆으로 내고 상 중 하 삼층으로 할지니라.

(17절) 내가 홍수를 땅에 일으켜 무릇 생명의 기운이 있는 모든 육체를 천하에서 멸절하리니 땅에 있는 것들이 다 죽으리라 (18절) 그러나 너와는 내가 내 언약을 세우리니 너는 네 아들들과 네 아내와 네 며느리들과 함께 그 방주로 들어가고 (19절) 혈육 있는 모든 생물을 너는 각기 암수 한 쌍씩 방주로 이끌어들여 너와 함께 생명을 보존하게 하되 (20절) 새가 그 종류대로, 가축이 그 종류대로, 땅에 기는 모든 것이 그 종류대로 각기 둘씩 네게로 나아오리니

그 생명을 보존하게 하라 (21절) 너는 먹을 모든 양식을 네게로 가져다가 저축하라 이것이 너와 그들의 먹을 것이 되리라 (22절) 노아가 그와 같이 하여 하나님이 자기에게 명하신 대로 다 준행하였더라

7장 (1절) 여호와께서 노아에게 이르시되 너와 네 온 집은 방주로 들어가라 이 세대에서 네가 내 앞에 의로움을 내가 보았음이니라 (2절) 너는 모든 정결한 짐승은 암수 일곱씩, 부정한 것은 암수 둘씩을 네게로 데려오며 (3절) 공중의 새도 암수 일곱씩을 데려와 그 씨를 온 지면에 유전하게 하라 (4절) 지금부터 칠 일이면 내가 사십 주야를 땅에 비를 내려 내가 지은 모든 생물을 지면에서 쓸어버리리라 (5절) 노아가 여호와께서 자기에게 명하신 대로 다 준행하였더라

(6절) 홍수가 땅에 있을 때에 노아가 육백 세라 (7절) 노아는 아들들과 아내와 며느리들과 함께 홍수를 피하여 방주에 들어갔고 (8절) 정결한 짐승과 부정한 짐승과 새와 땅에 기는 모든 것은 (9절) 하나님이 노아에게 명하신 대로 암수 둘씩 노아에게 나아와 방주로 들어갔으며 (10절) 칠 일 후에 홍수가 땅에 덮이니

(11절) 노아가 육백 세 되던 해 둘째 달 곧 그달 열이렛날이라 그날에
큰 깊음의 샘들이 터지며
하늘의 창문들이 열려
(12절) 사십 주야를 비가 땅에 쏟아졌더라 (13절) 곧 그날에 노아와 그의 아들 셈, 함, 야벳과 노아의 아내와 세 며느리가 다 방주로 들어갔고 (14절) 그들과 모든 들짐승이 그 종류대로, 모든 가축이 그 종류대로, 땅에 기는 모든 것이 그 종류대로, 모든 새가 그 종류대로 (15절) 무릇 생명의 기운이 있는 육체가 둘씩 노아에게 나아와 방주로 들어갔으니 (16절) 들어간 것들은 모든 것의 암수라 하나님이 그에게 명하신 대로 들어가매 여호와께서 그를 들여보내고 문을 닫으시니라

(17절) 홍수가 땅에 사십 일 동안 계속된지라 물이 많아져 방주가 땅에서 떠올랐고 (18절) 물이 더 많아져 땅에 넘치매 방주가 물 위에 떠 다녔으며 (19절) 물이 땅에 더욱 넘치매 천하의 높은 산이 다 잠겼더니 (20절) 물이 불어서 십오 규빗이나 오르니 산들이 잠긴지라 (21절) 땅 위에 움직이는 생물이 다 죽었으니 곧 새와 가축과 들짐승과 땅에 기는 모든 것과 모든 사람이라 (22절) 육지에 있어 그 코

에 생명의 기운의 숨이 있는 것은 다 죽었더라 (23절) 지면의 모든 생물을 쓸어버리시니 곧 사람과 가축과 기는 것과 공중의 새까지라 이들은 땅에서 쓸어버림을 당하였으되 오직 노아와 그와 함께 방주에 있던 자들만 남았더라 (24절) 물이 백오십 일을 땅에 넘쳤더라

고딕: J 문서, 일반글꼴: P 문서, 밑줄: JE 편집자, 이탤릭: 기타

마이클 쿠건의 『구약성경』(2006)에 따른 출처 문서 분석

창세기 10~11장: 바벨탑

다시 구약성경으로 돌아가면, 노아와 홍수 이야기 다음으로는 공통의 조상(노아)과 그의 아들들 야벳, 함, 셈으로부터 시작되었다는 여러 민족들과 여러 나라들의 족보가 나온다(창세기 10장). 셈족은 노아의 아들 셈의 후손으로 여겨진다. 이어 창세기 11장은 언어가 다양해지고, 땅 위 모든 지방에 걸쳐 다양한 인종-언어적 집단이 확산되는 과정의 기원을 설명하는 이야기이다. 그래서 이 이야기는 창세기의 초반 열 장에 있는 보편적 초점을 창세기 12장에서 시작될 특정한 초점—한 집단과 한 지방에의 집중—으로 잇는 교량 역할을 한다. 카우프만에 따르면, 이 구약성경의 서술자는 바벨탑 이야기를 통해 우상 숭배에 관한 견해를 밝히고 있다고 주장한다. 이 시점에 이르기까지 구약성경은 하나의 신을 아는 것을 최초의 인간들의 특징으로 전제한다. 그 외에 '만들어진' 신들에 대한 숭배는 다양한 나라와 언어, 제정帝政이 출현하면서 비로소 시작된다.

'바벨'은 고대 바벨론의 이름이다. 이 이야기 속의 탑은 바벨론의

유명한 마르두크의 탑 또는 신전이라고 학자들은 생각한다. 이 풍자적인 이야기에는 바벨론과 그 제국주의에 대한 구약성경의 적대감이 분명히 나타난다. '신의 문'을 뜻하는 단어인 '바벨'이 조롱하는 말장난의 소재가 된다. 바벨에서 히브리어 글자 하나를 바꾸면 발랄balal이 되는데 이는 '혼란'이라는 뜻이다. 이렇게 구약성경의 저자는 바벨론의 자존심이었던 강력한 탑을 인간의 언어에 혼란을 일으키는 원인으로 제시한다.

마르두크의 신전 건축이 왜 야훼에게 불쾌한 것으로 표현되었을까? 어떤 주석학자들에 따르면, 이들은 하늘 꼭대기에 닿는 탑을 지음으로써 저 자신을 드높이려 하고 아마 하늘도 공격하려 한다. 그러나 사르나에 따르면, 탑을 짓는 사람들은 인간이 땅에서 생육하고 번성하고 충만하길 바라는 신의 분명한 뜻을 거부하는 사람들이다. 그들의 목표는 한 장소에 모이는 것이다. 그래서 야훼는 스스로를 기념하려는 인간들의 계획을 좌절시키고 그들을 온 지면에 흩어버린다. 또한 그들의 말을 혼잡하게 하여 그들이 다시 모이는 것을 더욱 어렵게 한다. 또 다른 주석학자들은 이 이야기가 문명, 기념비 건축, 제국 건설에 대한 반대를 나타낸다고 해석한다. 그러한 야망들은 인간이 제 지위를 확대하게 하고, 오만하게 자립하게 하고, 신을 잊게 하는 부정적인 야망이다. 인간이 제 손으로 만든 것을 숭배한다. 이는 우상 숭배로 향하는 첫걸음이다.

사르나에 따르면, 이 성경 저자가 바벨탑 이야기를 통해 표명하는 견해는 우상 숭배가 원래부터 있었던 게 아니라 신을 망각하고 자기숭배와 권력에 집착한 결과로 시작되었다는 것이다. 그래서 우상 숭배는 이처럼 도시화에 수반되는 현상으로 묘사되고, 죄의 원인이 아니라 죄의 결과로 나타난다. 죄란 이스라엘의 신에게 반대하거나 그로부터 돌아서는 것이기 때문이다.

창세기 1~11장은 이스라엘의 역사가 펼쳐질 우주적이고 보편적인 무대를 마련한다. 이 장들은 시간적으로 2500년에 걸쳐 있다. 창세기의 나머지(12~50장)는 고작 네 대의 남녀 선조들을 다룬다. 아브라함과 사라, 이삭과 리브가, 야곱과 라헬과 레아, 그리고 그들의 열두 명의 아들과 딸이 그들이다. 이야기의 초점이 극적으로 바뀌었다. 왜일까?

창세기 1~11장에 서술된 보편적 역사의 끝에 이르면 많은 일들이 순조롭지 않다. 야훼는 지구를 근본적으로 선한 낙원으로, 인간을 신의 형상대로 창조했건만 바로 그 인간들이 도덕적 자유를 오용한다. 고대 근동 지방의 신화는 우주의 선한 세력과 악한 세력의 싸움을 특징으로 하는 반면, 구약성경 맨 앞에 나오는 신화적 이야기들은 창조주의 뜻과 반항하는 인간 사이의 갈등을 이야기한다(카우프만). 최초의 남자와 여자 이야기, 가인 이야기, 홍수 세대 이야기, 바벨탑을 세우는 사람들의 이야기에서 신은 거듭 거부당한다. 이에 야훼가 한 작은 집단에게 은혜를 보여주기 위한 무대가 준비된다. 구약성경 역사 이야기의 두번째 무대를 여는 창세기 12장은 야훼가 데라의 아들 아브람에게 조상의 땅을 떠나 자신이 보여줄 땅으로 가라고 이르는 장면으로 시작한다.

창세기 12~50장: 족장 이야기와 역사 방법론

창세기 12~50장의 이야기들은 앞 열한 장에 있는 이야기들과 다르다. 이 이야기들은 신화적 이야기에 나타나는 환상적이고 과장된 요소와 특징이 없고(말하는 뱀이 없고, 생명의 나무가 없고, 세계적인 홍수도 없다), 이스라엘 민족의 히브리 선조들의 삶에 일어난 사건들을 기록한다고 말한다. 현대 학자들은 이 이야기들을 어느 범위까지 역사적인 것으로 봐야 하는지, 또는 이 글들을 연구할 때 역사 분석의 도구를 어느 범위까지 사용해야 하는지 고민한다.

우리는 이 장의 앞부분에서 문서 비평과 기록물 가설의 주요 원리를 살펴보았다. 문서 비평적 방법은 토라를 구성하는 네 출처 문서의 가설상의 편집 시기에 초점을 맞춘다. 그러나 이후의 학자들은 이 네 문서가 있기 이전의 선사시대 문제를 깊이 연구하기 시작했다. 이 출처 문서의 출처가 되는 것은 무엇일까? 이 더 오래된 자료들은 우리에게 더 오래된 역사적 정보를 제공하는가?

이는 중요하면서도 논란이 되는 질문이다. 문서 비평가들은 J, E, P, D 문서가 기원전 10세기에서 5세기 사이에 기록되었다고 보고, 문서들이 그보다 이른 시대의 사건들(족장들의 이야기와 출애굽 이야기는 기원전 1000년 이전에 일어났다고 말해진다)을 서술하고 있지만 그 당시에 기록된 문서가 아니라 훨씬 나중에 쓰인 것이라고 결론지었다. 즉 우리는 기원전 10세기 이전의 이스라엘 역사와 종교에 대해 아무것도 알 수 없다는 것이다.

이것은 많은 사람들에게 다소 불만족스러운 결론이었다. 어쨌든 J,

E, P, D 문서의 저자들이 현대의 소설가처럼 앉은 자리에서 그 문서들—이야기, 법적 관습, 제사와 의식 관행—을 완전히 지어내지는 않았을 것이다. 그들은 수세기에 걸쳐 발전되고 전달된 더 오래된 전승들, 이야기들, 관습들, 법들, 제사 관행들을 가져왔을 가능성이 훨씬 더 크다. 학자들은 곧 다음과 같은 질문에 관심을 갖기 시작했다. 예를 들어 J 문서와 E 문서의 한 편집자 또는 여러 편집자들은 J 문서와 E 문서를 작성하는 데 어떤 문서들을 가져왔을까? 그들은 오래된 문서를 이용했을까? 그러한 옛 문서는 신뢰할 만한 전승을 가졌을까? 만약 그렇다면, 우리는 J, E, P, D 문서가 편집되었던 시대보다 훨씬 앞서는 시대의 고대 이스라엘의 역사와 종교에 관한 정보에 접근할 수 있다.

구약성경의 네 출처 문서가 그보다 더 오래된 문서에 의존하고 있다는 생각은 구약성경 자체가 뒷받침하고 있다. 구약성경의 저자들은 오래된 문서들을 여러 차례 분명하게 호명하는데, 안타깝게도 그러한 자료의 사본은 남아 있지 않다. 예를 들어 민수기 21장 14절에는 모압과 아모리의 경계와 관련하여 간단한 시적 인용구가 있다. 이 인용구는 '여호와의 전쟁기'에서 온 것이라 하고, 그것은 읽는 사람에게 친숙한 문서인 것처럼 언급된다. 여호수아 10장 13절에는 '야살의 책'에 나온다는 시적인 작은 단서가 있으며, 같은 책이 사무엘하 1장 18절에서 다윗이 이스라엘의 고대 영웅들에 관한 서사시를 암송하면서 사울과 요나단의 죽음을 애통해할 때도 언급된다. 다른 민족들의 관행 및 구약성경에 더 오래된 문서들이 명백히 인용되어 있다는 사실에 비추어 보면, 문서 비평이 내세우는 네 개의 출처 문서들 자체가 훨씬 더 이전 시대의 더 오래된 출처 자료들의 편집물이라고 생각하는 것이 더없이 합리적으로 보인다.

그러한 초기 자료들은 아마도 기록물 형태가 아니라 구전으로 전해졌을 것이다. 이 문제를 연구한 대표적인 학자들 중 한 사람이 헤르만 군켈Hermann Gunkel(1862~1932)이다. 다른 여러 민족들의 구전 문학에 대한 해박한 지식을 가졌던 군켈은 네 개의 출처 문서를 한층 깊게 분석하면 그것들이 문서로 기록되기 이전의 발전 단계, 즉 구전 단계를 밝혀낼 수 있을지 의문을 갖게 되었다. 군켈은 출처 문서 안에 들어 있는 작은 장치들에 초점을 맞추어 특정한 장르 또는 양식을 구별해냈다. 그래서 이러한 접근을 양식 비평이라고 한다. 군켈이 생각하기에 그 양식들은 구약성경을 구성하는 J, E, P, D 문서에 사용되고 그 안에 편입된 더 오래된 선사先史문학의 양식들이었다. 군켈이 식별한 양식으로는 찬가, 법률, 제사, 잠언, 민간설화, 시, 전설, 노래, 단편적 신화가 있다. 단편적 신화의 한 예는 창세기 6장 1~4절에서 찾을 수 있다.

> 사람이 땅 위에 번성하기 시작할 때에 그들에게서 딸들이 나니
> 하나님의 아들들이 사람의 딸들의 아름다움을 보고 자기들이 좋아하는 모든 여자를 아내로 삼는지라
> 여호와께서 이르시되 나의 영이 영원히 사람과 함께 하지 아니하리니 이는 그들이 육신이 됨이라 그러나 그들의 날은 백이십 년이 되리라 하시니라
> 당시에 땅에는 네피림이 있었고 그후에도 하나님의 아들들이 사람의

딸들에게로 들어와 자식을 낳았으니 그들은 용사라 고대에 명성이 있는 사람들이었더라

구약성경에서 흔히 발견되는 또다른 양식은 기원에 관한 이야기, 즉 이름이나 의식, 제도 등의 유래를 설명하는 전설이다. 군켈은 여러 종류의 기원 전설을 찾아냈다. 인종학적인 전설은 어떤 민족의 기원을 설명하고, 어원학적인 전설은 이름의 기원을 설명하며, 의식적인 전설은 의식의 기원을 설명한다.

이러한 다양한 양식들은 구약성경 저자들이 채택한 더 오래된 구전 전승이었을 것이다. 그것들은 역사적 정보들을 보존하고 있을 수도 있지만, 군켈은 어떤 특정 양식의 배경이 되는 실제 사건보다도 그 특정 양식의 역할—그것이 놓인 삶의 배경—이 더 중요하고, 우리가 그로부터 이스라엘의 역사와 문화에 관해 무엇을 알 수 있는지가 더 중요하다고 보았다. 예를 들어 어떤 특정 장르가 제사의 맥락에서, 또는 재판의 맥락에서 기능했다고 확정할 수 있다면, 우리는 구약성경의 종교와 법에 관한 무언가를 알 수 있을 것이다. 이와 같이 양식 비평은 단순히 구약성경을 구성하는 기본 장치의 다양한 장르를 식별하는 데 만족하지 않았다. 양식 비평의 관심은 고대 이스라엘의 역사와 문화를 들여다보는 창문으로서 그러한 문학 장치들이 가지는 특정한 역할, 문화적 맥락, 그것이 놓인 삶의 정황에 있었다.

양식 비평에서 파생된 또하나의 구약성경 비평 연구가 전승 비평 또는 역사-전승 비평이다. 전승 비평은 고대의 전승이 (구전 단계와 기록

단계를 거쳐) 최종 형태 또는 현재의 형태를 갖추기까지 전승의 전달 역사에 초점을 맞춘다. 오경의 현재 원문은 호메로스의 서사시 '오디세이' '일리아드'와 마찬가지로 구전으로 인용되고 전달된 긴 역사에 의존하고 있음이 틀림없다. 전승 비평은 사람들이 전통적인 자료를 입수한 뒤 그것을 자신들만의 목적과 정황에 맞게 창의적으로 개작하여 전달하는 방식을 살핀다. 이 과정은 때로 구약성경 자체에 나타나기도 한다. 구약성경의 어떤 부분에 있는 전승이 나중 부분에서 채택, 변형되는 것이다. 예를 들어 신명기는 출애굽기의 사건들을 다시 다루는데, 그 과정에서 그것들을 변경하거나 독특한 중요성을 부가한다. 역대 상하는 창세기부터 열왕기하까지 역사 이야기에 기록되어 있는 여러 전승을 고쳐 쓴다. 오경에서는 어떤 부분에 있는 법률 자료가 다른 부분에서 재해석, 확장, 변형을 겪는다. 전승 비평의 목표는 전승의 초기 형태와 그 전승의 전달·변형된 여러 단계를 알아내는 것으로, 역사를 재구성하는 작업에 매우 중요한 과정이다.

많은 양식 비평과 전승 비평 학자들이 실제의 삶, 구약성경의 출처 문서를 구성하는 자료들의 역사적 배경, 그 자료가 갖는 더 폭넓은 문화와의 관계를 강조했으니, 이는 이전의 문서 비평에는 거의 없었던 특징이다. 주로 독일 학자들이 발전시킨 이 모든 구약성경 분석 방법들은 구약성경 자료와 고고학 자료의 상관관계를 강조한 북미 학자들의 전통과 대비해볼 수 있다. 미국의 대표적인 구약성경 연구자인 윌리엄 올브라이트는 팔레스타인 고고학과 앗수르학의 전문가로, 새롭게 밝혀지는 고대 근동 지방의 문헌들과 비문학적인 고고학적 발견을 통해 구약성경을 실증하는 데 집중했다. 그는 고고학이 구약성경에 있는 전승의 기본적인 역사성을 뒷받침한다고 주장했다.

그러나 구약성경의 글은 얼마나 역사적일까? 먼저 구약성경의 많은 자료들은 연대기와 관련하여 분명 문제가 있다. 언급되는 많은 사건들에 대해 콕 집어 정확히 연대를 정하기가 어려울 때가 많다. 때론 성경에 두 개 이상의 날짜가 나온다. 또 구약성경은 이상적인 숫자(5의 배수 또는 5 더하기 7의 배수)를 사용하는 경향 때문에, 사건에 대해 말하는 날짜에 의구심을 품게 한다. 예를 들어 아담에서 노아까지 십대가 지나고, 노아에서 아브람까지 십대가 지난다. 그런가 하면 두 명 또는 그 이상의 선조들에 대해 특정한 제재가 의아하게 반복된다. 예를 들어 아브라함은 두 번 외국 땅에 들어가서 자신을 보호하려고 자신의 아내가 누이인 것처럼 행세한다. 이삭도 또한 이 행동을 한번 한다. 이것은 한 가지 기본 전승의 세 버전일까? 아니면 세 가지 별개의 사건을 '그대로' 기록한 것일까? 그런 사건이 세 번 일어날 수 있는 가능성이 있을까? 그런 일이 일어날 수 있다고 추측하는 것이 역사적으로 합리적일까?

우리는 이러한 이유와 또다른 이유들에서 구약성경의 족장 시대 연대기는 역사적으로 정확한 기록이 아니라는 사르나의 결론에 동의할 수 있을 것이다. 그렇지만 20세기의 올브라이트 학파 학자들은 족장 이야기로 시작하는 창세기의 많은 전승들이 기원전 1000년 이전 시대를 실제로 반영한다는 증거가 있으며, 단순히 후대에 만들어진 허구가 아니라고 주장했다. 사르나 또한 족장 이야기가 고대의 역사적 사실이라는 증거가 구약성경 안에 있다고 말한다. 그는 다음과 같은 주장을 전개한다. 첫째, 아브라함, 이삭, 야곱을 가나안의 외국인과 이방인으로 나타내는 것은 가나안 땅을 자기들 고향으로 주장하고자 하는 사람들에게 유리한 전승이 아니다. 만일 이 기원에 관한 신화적 이야기가 후대의 기록자가 쓴 허구라면, 분명 그 기록자는 그 땅에 대한 이스라엘의 연관성을 강하게 기술했을 것이다. 둘째, 족장 이야기는 후대의 정서에 모욕적일 수 있는 많은 내용을 포함하고, 후대의 이스라엘 법과 직접적으로 충돌한다(예를 들어 두 자매와 동시에 결혼한 야곱은 레위기 18장 18절을 위반하는 행동이고, 그 땅 곳곳에 제단을 쌓은 것은 하나의 성소에서 예배하는 후대의 중앙화 원칙에 위배된다). 후대의 기록자들이라면 당연히 조상들의 기록을 후대의 이스라엘의 관습과 법에 일치시켜 정리했을 것이다. 마지막으로 다른 종족들과의 관계에 대한 설명이 후대의 현실과 상충한다. 예를 들어 족장 이야기에서는 아람 사람들이 가까운 친족으로 묘사되지만, 이 이야기가 문서로 만들어졌을 것으로 추정되는 왕정 시대에는 아람 사람들이 이스라엘 사람들의 지독한 적이었다. 그러한 사실을 반영하는 오래되고 고착된 전승이 그에게 없었다면, 어떻게 구약성경의 저자가 혐오 대상인 아람 사람들을 가까운 친족으로 묘사했겠는가? 사르나 등의 학자들은 이러한 불일치를 보이는 면들을 보건대 족장에 대한 전승은 후대—왕정 시대—의 완전한 허구가 아니고 당시의 일을 과거에 투사한 것도 아니라고 말한다. 즉 후대의 구약성경 저자들은 과거의 역사적 상황에 관한 진실된 기억을 족장 이야기에 포함시켰다는 것이다.

또다른 극단에는 1970년대에 토머스 톰슨, 존 반 시터스와 같은 저자들이 쓴 책이 있다. 이들의 주장은, 족장 이야기에 나타나는 혼란스러운 연대기와 다수의 시대착오는 예외가 아니라 관례이고 그 이야기가 아주 나중에 작성되었음을 보여준다는 것이다. 이들은 오경 전체가 바벨론 유배 이후에 만들어진 허구라고 생각한다.

이 두 가지의 극단적인 입장은 고고학의 발전에도 그대로 나타난다. 이 지역에 대한 초기 고고학은 '성경 고고학'이라고 불렸을 만큼 성경의 내용을 과신하는 경향이 있었다. 다시 말해 초기의 고고학자들은 구약성경의 세부 내용을 사실로 확인하기 위한 증거를 찾는 임무를 맡았다고 생각했다. 그러한 학자의 대표 격인 윌리엄 올브라이트는 고고학적 발견이 족장 이야기의 기본적인 역사성과 진실성에 중요한 외적 증거를 제공하는 경우가 많다고 믿었다. 이 견해를 유지하기 위해서 때로는 구약성경의 증거와 고고학적 증거 간의 불일치에 대해 대충 넘어가기도 했다. 그렇지만 일부 고고학적 발견들은 매우 중요한 것으로 보였다. 올브라이트 학파는 기원전 1000년 이전 메소포타미아에 있던 누지Nuzi와 마리Mari(구약성경에서 족장들의 조상의 고향으로 말하는 지방 근처)에서 발견된 글과 서판이 구약성경의 관습과 제도를 밝혀준다고 보았다. 누지의 글은 상속 목적의 입양 관습, 특히 자식이 없을 경우 노예를 입양하던 관습에 대해 증언한다. 이에 구약성경 학자들은 아브라함이 자신의 혈육이 아니라 종인 엘리에셀이 야훼의 약속을 상속받을 것을 걱정하는 성경 구절을 가리키며 흥분한다(창 15:2~4). 또 누지의 글에 따르면 아이를 낳지 못하는 아내는 대체자로 여종을 제공하여 남편의 아이를 낳게 한다. 이 상황은 이스라엘 여자 조상들 넷 중 세 사람, 사라와 라헬, 레아에게 나타난다(창 16:2, 창 30:3~13). 고고학자들이 알아낸 가족법과 결혼법의 내용도 구약성경과의 연관성을 보여준다. 기원전 18세기로 거슬러올라가는 마리의 글에는 이스라엘 사람들과 연관되는 베냐민, 라반, 이스마엘 같은 이름이 들어 있다.

이러한 글과 구약성경 이야기 사이의 연관성에 고무된 학자들은 족장들이 실존 인물이었고 그들의 관습과 법적 관행, 사회 제도가 고고학적 발견에서 밝혀진 대로 기원전 1000년 이전 시대의 실제 상황이었을 수 있다고 주장했다. 족장들이 실존한 시기를 정확히 정하는 것은 어렵더라도 그 시기에 묘사된 생활 방식은 왕정 이전 시대(기원전 1000년 이전)와 아주 잘 들어맞는다는 것이다. 일부 학자들은 히브리 성경에 쓰인 개인의 이름 및 장소 이름과 기원전 2250년경 파괴된 고대 무역도시 에블라에서 발견된 쐐기문자 서판에 있는 이름들과의 연관성을 근거로 족장들이 초기 청동기 시대(기원전 2150년 이전)에 살았다고 주장한다. 다른 학자들은 구약성경에 묘사된 특정 관습들이 기원전 18세기 마리의 왕실 문서 보관소에서 발견된 자료들과 유사하다는 점을 들어 그 연대를 중기 청동기 시대(기원전 2150~1550년)로 주장한다. 그런가 하면 또다른 많은 학자들은 일부 두 연대 모두 가능성이 희박하다고 보면서, 이 이야기들의 배경이 후기 청동기 시대(기원전 1550~1200년)였다고 추정한다. 족장들은 아람 족속의 땅인 시리아 북부에서 온 것으로 전해지는데, 아람 족속이 후기 청동기 시대 사람으로 추정되기 때문이다. 게다가 족장들은 장막에 살고, 계절에 따라 양떼를 위해 목초지를 찾아 방랑하고, 때에 따라 메소포타미아와 이집트까지 가는 반유목민으로 묘사된다. 이러한 반유목적 생활 방식 및 언어, 관습, 법, 제사 관행의 여러 내용은 후기 청동기 시대에 들어맞는 것으로 생각된다.

우리가 이 이야기들이 후기 청동기 시대의 환경을 반영한다거나 후기 청동기 시대로부터 전해내려왔다고 결론짓는다 해도—이 결론도 전혀 확실하지 않지만—그래도 우리는 질문을 던져야 한다. 족장들은 역사적으로 실존한 인물들이고, 반유목민 집단의 족장들이었을까? 또한 우리가 족장들 또는 족장들에 관한 이야기의 근거가 되었던 인물들이 대략 기원전 1550년과 1200년 사이에 살았다고 가정한다 해도, 족장 이야기가 기록으로 작성되었을 가장 오래된 추정 연대는 기원전 10세기에서 9세기이다(그 이후일 수도 있다). 그렇다면 이 이야기가 구전되고 다듬어지고 발전하기까지 족히 수백 년의 공백이 있는 셈이다.

어느 정도의 회의론은 분명 유효하며, 구약성경의 내용과 유사한 것을 찾기 위한 열성적인 노력 때문에 일부 고대 자료들이 잘못 판독되거나 잘못 해석되었다는 주장이 제기되어왔다. 그러나 회의론이 정당화될 수 있는 범위에 대해서도 논쟁이 뜨겁다. 톰슨과 반 시터스 같은 극단적 회의론자들은 가장 오래된 고대 근동 지방의 문서와 유사한 구약성경의 많은 관습이 기원전 1000년 이후에도 건재했다고 주장한다. 따라서 이러한 관습이 나오는 이야기들은 기원전 1000년 이전에나 1000년 이후에나 어느 때든 가능했을 수 있다. 구약성경에 많이 나타나는 늦은 시기의 특징들—기원전 1000년이 가까워지는 시점에 그 지방에 거주하기 시작한 블레셋 사람들에 관한 언급 등—을 고려하면 작성 연대를 좀더 나중으로 추정하는 것이 더 합리적일 것이다.

시간이 지남에 따라 고고학적 기록과 구약성경 내용 간의 불일치는 간단히 넘어갈 수 없는 문제임이 명백해졌다. 고고학자들은 '성경 고고학'보다는 오늘날 '팔레스타인 고고학' '고대 근동 고고학' '레반트 고고학' 등으로 불리는 것을 연구하면서, 고고학적 정보와 구약성경 이야기의 연관성을 증명하는 데 점점 흥미를 잃었다. 그들은 결과가 구약성경의 이야기를 입증하든 그렇지 않든 관계없이 오직 고고학적 증거에 근거하여 이 지역 역사를 가장 그럴듯하게 재구성하는 작업에 초점을 맞추었다. 이 재구성은 흔히 구약성경이 말하는 것과 직접적으로 상충되었다(여호수아에 묘사된 이스라엘의 가나안 땅에 대한 전격적인 공격을 고고학적 정보와 비교하는 내용은 이 책 13장을 참조).

최근 마크 브레틀러는 "서서히 진행되는 회의론"에 대해 경고했다. 구약성경의 일부분에 대해 그 고대성과 역사성을 의심하는 것은 타당하지만, 역사적 재구성을 위한 자료로서의 구약성경을 싸잡아 불신하게 만드는 것은 옳지 않다는 주장이다.[5] 또 그는 구약성경을 역사적 신뢰성이 입증되기 전까지는 쓸모없는 것으로 여기는 부정적 근본주의에 대해서도 경고한다. 그것은 이전의 긍정적 근본주의의 반대인데, 구약성경이 쓸모없다고 입증되기 전까지 역사적으로 믿을 수 있다고 여기는 것이다. 브레틀러는 구약성경이 여러 면에서 다른 고대 문서들과 차이가 없다고 주장한다. 시대착오와 변경, 이념적 표현으로 손상되었다 하더라도, 여전히 역사 재구성에 있어 다른 문서들의 정보와 함께 주의를 기울여 사용될 수 있다는 것이다.

구약성경의 역사성은 계속되는 논쟁의 주제다. 그 한 가지 이유는 분명하다. 많은 사람들이 이념적 필요 때문에 구약성경이 역사적으로 정확한 문서라는 생각에 사로잡혀 있기 때문이다. 만일 구약성경에 있는 역사적 정보가 정확하지 않다면 종교적 지침과 영감의 원천으로서 구약성경을 신뢰할 수 없을 것이라고 두려워하는 사람이 많다. 이는 고대로부터 내려온 이 매력적인 문집이 짊어진 불행하고 무거운 짐이다. 구약성경은 환상적인 요소와 그야말로 절대 사실일 수 없는 모순적인 것들로 가득차 있기 때문에, 진리를 역사적 사실과 같은 것으로 생각하는 사람들은 결국 구약성경을 순진하고 투박한 거짓말로 꾸며진 것으로 무시하게 된다. 그러나 구약성경을 이런 식으로 보는 것은 장르의 오류를 범하는 것이다. 실제 장소인 덴마크가 무대인 셰익스피어의 『햄릿』은 역사적 사실이 아니지만, 그 사실이 이 작품을 순진하고 투박한 거짓말로 꾸민 것으로 만들지 않는다. 이 작품을 읽거나 볼 때 우리는 그것을 역사 기록이 아니라 문학 작품으로 받아들인다. 우리는 작품의 장르와 그 장르의 관례를 존중하여 작품이 전달하는 진실이 역사적 사실에 입각한 진실이 아니라 사회적, 정치적, 도덕적, 존재론적 진실이라는 것을 알고 인정한다. 구약성경은 적어도 그것의 장르에 걸맞은 정중한 배려를 받을 자격이 있는 것이다.

구약성경은 '객관적 역사', 즉 사건들에 대한 꾸밈없는 서술인 척 가장하지 않을뿐더러, 또 그렇게 읽혀서도 안 된다. 물론 구약성경에 언급된 일부 사건들은 구약성경 밖에 있는 자료로 알 수 있는 사건들과 분명 연관이 있다. 예를 들어 기원전 924년 팔레스타인에 대한 애굽 왕 시삭의 공격은 이집트의 자료와 구약성경의 글(역대하 12:2)에 모두 언급되어 있다. 기원전 722년 북왕국의 멸망, 기원전 597년 예루살렘의 함락, 기원전 586년 남왕국의 멸망은 앗수르와 바벨론의 기록에도 나온다. 왕정 시대의 일부 다른 사건들도 마찬가지이다. 결과적으로 대부분의 학자들은 기원전 1000년경에 시작하는 구약성경의 전체적인 왕정 시대 연대기(왕들의 순서와 전쟁의 순서 등)를 기꺼이 인정한다. 그러나 궁극적으로 보아 구약성경을 역사 기록으로 읽는 것은 잘못이다. 구약성경은 비역사적인 목적과 문학적 관례와 형식에 의해 작성된 결과물이기 때문이다.

완전히 객관적인 역사 같은 것은 존재하지 않는다는 것은 상식이다. 우리는 과거의 사건들에 대해 결코 직접 접근할 수 없다. 해석 과정을 거친 후에야 정보를 취할 수 있는 자료를 통해, 또는 해당 사건들을 이미 해석하고 있는 문서를 통해 간접적으로 접근할 수밖에 없다. 구약성경의 이야기는 사건들에 대한 해석으로, 이스라엘 민족의 삶에 의미를 가지는 것으로서 수세기 동안 전승되었던 해석이다. 구약성경의 기록자에게 이러한 사건들(아마도 고대로부터 구전된 전승을 통해 알려졌을 것이다)은 신의 목적을 나타내는 것이었고, 바로 그 기본 주제를 보여주기 위해 이야기가 만들어졌다. 구약성경 기록자들은 현대 역사학자가 하듯 역사를 기록하려 하지 않았다. 그들의 관심은 이스라엘 민족의 사건과 경험 속에 있다고 믿은 신의 손을 우리에게 보여주는 것이었다. 브레틀러가 지적했듯이, 구약성경에서 과거는 신학적 렌

즈를 통해, 어쩌면 당파적인 정치적-이념적 렌즈를 통해 굴절된다. 그런데 고대의 모든 역사 이야기는 이런 식으로 기록된다. 마땅히 기울여야 할 주의를 기울인다면 우리는 구약성경으로부터 이스라엘의 역사 일부를 알아낼 수도 있다. 이는 전형적인 기록자들이 이념적 목적을 가지고 기록한 극단적이고 당파적인 기록으로부터 전형적인 역사가들이 전형적인 역사에 관해 많을 것을 배우는 것과 마찬가지이다.

다음 장에서 우리는 이런 관점에서 족장 이야기를 검토할 것이다. 우리는 족장 이야기가 역사적으로 정확한지 묻지 않을 것이다. 우리는 그렇지 않다고 가정할 것인데, 사실상 그것은 본질적으로 역사 기록이 아니기 때문이다. 역사성의 짐을 내려놓으면 우리는 이 이야기를 얼마든지 그 자체로 읽어낼 수 있다. 사회적, 정치적, 도덕적, 존재론적 진실을 담은 이 강력한 이야기는 당시의 문학적 관례에 비추어 읽어야 옳다.

6
이스라엘 조상들 이야기: 창세기 12~36장

읽기: 창세기 12~36장

세 가지 약속

창세기의 첫 열한 장은 이스라엘 역사에 대한 우주적이고 보편적인 설명을 제공한다. 여기에서 창조주 신은 그가 창조했던 인간에 의해 거부당하고 거의 잊혀졌다. 인간은 도덕적 자유를 악을 행하는 데 반복적으로 사용했다. 창세기 12장에서 야훼는 초점을 좁혀 한 가족─사실은 한 개인─을 불러내어 지시를 내리고 약속을 맺는다. 창세기 11장의 족보에서 미리 말해둔 데라의 아들 아브람(후의 아브라함)과 그의 가족 이야기는 신의 지시와 신의 약속이라는 이 두 가지 주제로 특징지어진다. 구약성경의 저자는 데라의 아들 아브람의 이주를 신이 지시한 것으로 설명한다. 그것은 궁극적으로 야훼와 언약을 맺을 민족을 형성하게 되는 여정의 첫걸음이다. 먼저 우리는 등장인물들을 만난다.

데라의 족보는 이러하니라 데라는 아브람과 나홀과 하란을 낳고 하란
은 롯을 낳았으며

하란은 그 아비 데라보다 먼저 고향 갈대아인의 우르에서 죽었더라

아브람과 나홀이 장가 들었으니 아브람의 아내의 이름은 사래며 나홀
의 아내의 이름은 밀가니……

사래는 임신하지 못하므로 자식이 없었더라

데라가 그 아들 아브람과 하란의 아들인 그의 손자 롯과 그의 며느리 아
브람의 아내 사래를 데리고 갈대아인의 우르를 떠나 가나안 땅으로 가고
자 하더니 하란에 이르러 거기 거류하였으며

데라는 나이가 이백오 세가 되어 하란에서 죽었더라(창 11:27~32)

여호와께서 아브람에게 이르시되 너는 너의 고향과 친척과 아버지의
집을 떠나 내가 네게 보여줄 땅으로 가라

내가 너로 큰 민족을 이루고 네게 복을 주어 네 이름을 창대하게 하리니
너는 복이 될지라

너를 축복하는 자에게는 내가 복을 내리고 너를 저주하는 자에게는 내
가 저주하리니 땅의 모든 족속이 너로 말미암아 복을 얻을 것이라 하신지
라(창 12:1~3)

아브람은 고향과 가족을 떠나라는 지시를 받는데, 그 장소는 아직
확정되지 않은 상태다. 이 사실에 대해 이후 수세기 동안 주석학자들
은 아브람의 믿음을 칭송하게 되었고, 이 믿음이 후대의 종교적 전통

에서 아브라함을 상징하는 덕목이 되었다.

신의 지시는 약속과 연결된다. 야훼는 "내가 너로 큰 민족을 이루고 네게 복을 주"겠다고 말한다(창 12:1). 아브람과 그의 아내 사래(후의 사라), 그의 조카 롯, 그들과 함께 여행하는 사람들이 가나안에 도착하자 야훼는 추가로 약속한다. "내가 이 땅을 네 자손에게 주리라"(12:7). 이렇게 해서 저자는 몇 개의 짧은 구절에서 곧 펼쳐질 구약성경의 드라마를 뒷받침하는 세 가지 약속을 확고히 한다. 자손, 축복, 땅에 대한 약속은 족장 이야기뿐만 아니라 뒤의 책들에 나오는 이스라엘 민족의 이야기에 서술적 긴장감을 불어넣는다. 족장 이야기에는 야훼의 약속을 무효화할 위험이 있는 일화들과 그것을 재확인하는 일화들 간의 요동치는 서스펜스가 있다. 예를 들어 이스라엘의 여자 선조들은 모두 똑같이 아이를 낳지 못하는 사람들로 보였기 때문에, 대를 잇는 데 대한 우리의 기대가 도전받는다. 요컨대 약속이 성취되는 과정은 많은 우여곡절을 겪으며 불안하게 진행된다.

이 약속은 야훼와 아브라함의 두 차례의 중요한 만남에서 확정된다. 창세기 15장에서는 야훼가 아브라함에게 한 약속이 제사 의식으로 공식화된다. 야훼와 아브라함은 "언약을 맺"었다고 언급된다. 언약은 구약성경의 중심 개념이다. 히브리어로 언약을 뜻하는 브리트brit는 약속이나 서약, 계약, 합의, 협정을 가리킨다. 역사가들은 구약성경의 언약과 고대 근동 지방의 유사성에 주목했다. 종주권 협정에서 우세한 쪽이 조약의 조건들을 결정하고 열세인 쪽이 그것에 복종한다. 이런 합의는 일차적으로 종주국, 즉 우세한 쪽의 이익에 봉사한다. 동등한 협정에서는 동등한 두 당사자가 조약의 규정들을 지키기로 합의한다.

구약성경에는 야훼가 선물과 은혜의 표시로서 제안하는 중요한 언약이 네 가지 있다. 그중 둘은 창세기에 나오는 노아의 언약과 아브라함(족장)의 언약이다. 창세기 9장 1~17절에 나오는 노아의 언약은 그 범위가 보편적이어서 지상의 모든 생명체를 아우른다. 이 언약은 생명의 신성함을 강조하고, 야훼가 다시는 절대로 모든 생명을 파괴하지 않을 것을 약속한다. 반면에 아브라함의 언약은 한 개인과의 언약이고, 그래서 고대 근동 지방의 종주권 협정과 닮았다. 야훼는 선호하는 신하에게 땅을 하사하는 종주로 나타난다. 고대의 서약은 의식으로 확정된다. 협정 당사자들은 제물인 동물의 쪼개진 시체 사이로 지나가는데, 이는 협정을 위반할 시 그와 똑같은 운명을 겪게 되리라는 데 동의한다는 표시이다. 창세기 15장에서 아브라함은 제물로 바쳐진 여러 동물을 반으로 쪼갠다. 야훼가, 오직 야훼만이 그 쪼개진 사이로 지나간다. 따라서 아브라함의 언약에서 눈에 띄는 특징은 그것이 일방적이라는 것이다. 오직 야훼만이 그 언약을 지킬 의무가 있고, 자신이 맺은 약속을 성취할 의무가 있다. 아브라함은 그에 상응하는 어떠한 의무도 없는 것처럼 보인다. 독자들의 예상과 달리 이 언약의 혜택을 받는 쪽은 종주인 야훼가 아니라 피지배자인 아브라함이다.

더욱이 구약성경의 저자는 이 땅이 이스라엘에게 허락되는 것에 대해 도덕적 정당성을 부여하려고 특별히 애쓴다. 성경 저자의 관점에서 야훼는 이 땅의 주인이며 이 땅에서 살 사람들에게 거주 조건을 설정할 권한이 있다. 현재 거기에 살고 있는 사람들은 피 흘림과 우상 숭배로 그 땅을 더럽히고 있었다. 그 땅이 완전히 더럽혀지면, 땅이 거기 사는 사람들을 토해낼 것이다. 이 추방이 있기까지 아브라함의 후손들은 기다려야 할 것이다. "이는 아모리 족속의 죄악이 아직 가득차지 아니함이니라"(15:16). 여기서, 그리고 신명기 9장 5절에서는 더욱 명백하게 성경은 야훼가 이스라엘과 맺는 언약이 어떤 특별한 공로나 편애 때문이 아니라고 밝히고 있다. 야훼는 이전의 거주자들과 달리 그 땅에 그가 설정해놓은 거주 규칙을 준수할 다른 거주자를 찾고 있는 것이다.

창세기 17장은 같은 언약의 다른 버전으로 보인다. 이것은 제사장인 저자가 기록하고 있다. 이 두 버전에는 몇 가지 주목할 만한 차이가 있다. 첫째, 신은 여기서 자신을 '엘 샤다이 El Shaddai'라고 칭한다.[1] 둘째, 이 약속은 아브라함으로부터 나오게 될 역대 왕들을 포함하며 확장된다. 또한 신은 언약의 영원한 표시로 아브라함과 그의 남자 후손들이 할례를 받을 것을 요구한다.

너희의 대대로 모든 남자는 집에서 난 자나 또는 너희 자손이 아니라 이방 사람에게서 돈으로 산 자를 막론하고 난 지 팔 일 만에 할례를 받을 것이라

너희 집에서 난 자든지 너희 돈으로 산 자든지 할례를 받아야 하리니 이에 내 언약이 너희 살에 있어 영원한 언약이 되려니와(창 17:12~13)

8일 만에 할례를 하지 않는 것은 언약을 깨뜨리는 것과 마찬가지

이다.

할례는 고대 근동 지방의 여러 문화에서 청소년기의 통과 의식이었던 것으로 알려져 있다. 그러나 출생 후 8일 안으로 규정된 할례는 구약성경의 독특한 제도인 것으로 보인다. 구약성경의 많은 의식과 법, 제도 등이 그렇듯 여기서 할례는 고대 세계에서나 이스라엘의 고대 선조들에게 그 원래의 의미와 중요성이 무엇이었든 상관없이 새로운 의미를 획득한다. 성적 성숙과 생식력과의 직접적인 연관성을 잃고, 대신에 아브라함과 그 자손들에 대한 야훼의 영원한 언약의 표시가 되는 것이다.

아브라함: 믿음의 사람인가?

야훼는 창세기 15장과 17장에서 야훼가 약속을 확정하지만, 아브라함의 이야기는 약속과 축복의 실현이 위협받는 여러 가지 이야기로 채워진다. 이 내용을 주의깊게 읽어보면 역설적이게도 아브라함 본인이 야훼의 계획을 성취하는 데 가장 큰 위협 중 하나가 되는 것을 알수 있고, 그를 믿음의 모범으로 바라보는 전통적인 묘사에 의문이 생긴다. 놀랍도록 정교한 이 이야기의 문학적 분석에서 나타나는 증거를 검토해보자.

아브람의 가족을 소개하는 창세기 11장의 족보에는 일련의 이름들 가운데 묻혀 있어 외견상 관련 없어 보이는 내용이 하나 있다. 아브람의 아내 사래의 불임이다.

아브람과 나홀이 장가 들었으니 아브람의 아내의 이름은 사래며 나홀의 아내의 이름은 밀가니 하란의 딸이요 하란은 밀가의 아버지이며 또 이스가의 아버지더라

사래는 임신하지 못하므로 자식이 없었더라(창 11:29~30)

성경 기록자는 사래의 불임 상태를 선언한 후 몇 구절 뒤에서 아브람으로 "큰 민족을 이루"게 하겠다는 야훼의 약속을 상술한다(창 12:2). 즉 일견 관련성이 없는 정보 같았던 사래의 불임이 (아브람은 그 약속이 사래를 통해 실현되리라는 것을 이해하지 못하는 것으로 보이므로) 이후 이어지는 아브라함 이야기 전체를 관통할 극적 긴장감을 조성한다는 것을 독자들이 뒤늦게 알게 된다. 그는 (혹은 독자는) 다른 방식으로는 생각할 수가 없다. 야훼는 구체적으로 말하지 않았다. 그저 "내가 너[남성 단수]로 큰 민족을 이루고"라고 말하고, 불임인 사래에 관해서는 아무 말도 하지 않는다. 아브람으로선 어떤 다른 짝이 기다리고 있는 것으로 추측할 수밖에 없다.

야훼의 약속 뒤에 곧 이어지는 일화에서 아브람은 이집트로 떠나고, 거기서 그는 애굽 사람들 중에 자기의 지위를 높이려고 사래를 자기 누이로 행세하게 하는 계획을 세운다. 그렇게 그는 사래를 바로의 궁으로 들여보낼 수 있는 환경을 조성한다. 아브람의 이런 취급에 사래가 어떻게 반응했는지 기록자는 직접적으로 나타내지는 않지만, 그 후의 상황에서(창 16:5, 18:12, 21:10)에서 사래가 표현하는 냉소와 거부의 감정은 그와 같은 사건들 때문에 생겼을 것이다. 야훼는 바로에

게 벌을 내리고, 자신이 다른 남자의 아내를 취한 죄로 벌을 받고 있음을 알게 된 바로는 아브람에게 분노한다. 바로의 도덕적 나침반은 아브람의 것보다 더 제대로 작동하는 것 같다.

창세기 15장에서 아브람은 대를 이을 자식에 대한 희망을 포기한 것으로 보인다. "주께서 내게 씨를 주지 아니하셨으니 내 집에서 길린 자가 내 상속자가 될 것이니이다"(창 15:3). 야훼는 수많은 자손에 대한 약속을 아브람에게 반복하고, 아브람의 생물학적 아이가 아브람의 상속자가 될 것이라고 그를 안심시킨다. 아브람은 야훼를 믿으나(창 15:6) 그 아이의 어머니가 될 사람에 대해선 아직 아무것도 모른다. 이번의 약속은 엄숙한 언약 의식을 통해 보증된다.

창세기 16장에서 사래—여전히 아이가 없다—는 자존심을 굽히면서 자기의 애굽 노예인 하갈을 아브람에게 제공한다. 이는 고대 근동 지방의 대리모였다. 하갈이 낳을 아이는 사래의 아이로 여겨질 것이다("내가 혹 그로 말미암아 자녀를 얻을까 하노라", 창 16:2). 아브람은 기꺼이 그 제안을 받아들인다. 그런데 하갈이 임신하게 되자 하갈은 서로 합의했던 비천한 대리모의 역할을 하지 않는다. 오히려 하갈은 사라를 향해 도도하게 행동한다("그의 여주인을 멸시한지라", 창 16:4). 사래의 좌절감과 굴욕감이 한층 더 극심해진다. 하갈을 통제해야 할 아브람이 아무것도 하지 않는다는 사실이 사래의 분노에 찬 외침으로 암시된다. "내가 받는 모욕은 당신이 받아야 옳도다 내가 나의 여종을 당신의 품에 두었거늘 그가 자기의 임신함을 알고 나를 멸시하니 당신과 나 사이에 여호와께서 판단하시기를 원하노라"(창 16:5). 이 말에서 사래는 대를 이을 자식을 낳을 방법을 찾는 데 자신이 협조했음을 강조한다. 그러한 협조적인 행동을 한 뒤 모욕을 받거나 그 자신의 가정에서 쫓겨나서는 안 되는 일이다. 아브람은 이런 가정의 분란 앞에 분명 주도권이 없다. 그는 하갈을 제지하지도 않고, 사래의 고통에는 마음도 쓰지 않는다. 이후 사래의 가혹한 취급에 하갈이 도망친다.

야훼는 하갈의 자손이 셀 수 없을 만큼 많아질 것이라고 광야에서 약속하면서(창 16:10) 창세기 15장 5절에서 아브람에게 셀 수 없이 많은 자손을 약속한 것을 반복한다. 이에 독자는 하갈이 정말 대를 이을 자식을 낳게 될지 궁금해진다. 야훼는 하갈에게 집으로 돌아가라고 말하고, 하갈이 아들을 낳게 될 것이고 그 아이를 이스마엘이라 부르라고 말한다. 하갈이 집으로 돌아와 이 놀라운 소식을 아브람에게 알렸다는 것은 아브람이 그 아이의 이름을 이스마엘―야훼가 하갈에게만 알려주었던 이름―이라고 짓는다는 사실에서 나타난다. 아브람과 하갈은―또한 자기 가정에서 자리를 빼앗기고 모욕을 당한 사래도―분명 그 아이가 언약의 약속을 상속받을 아이라고 생각했을 것이다. 이 이야기의 결말을 모르는 독자라면 이 이야기의 현시점에서 그와 똑같은 결론을 내려도 이상하지 않다.

창세기 16장 마지막 절은 이스마엘이 태어났을 때 아브람이 86세였다고 말하고, 창세기 17장 첫 절은 야훼가 언약을 다시 세우기 위해 아브람에게 나타났을 때 아브람이 99세였다고 말한다. 즉 13년의 세월이 흘렀다. 그동안 아브람과 하갈은 (아마 사래도) 그들의 사랑하는 이스마엘이 약속의 아이라고 믿고 있었다. 그러나 이스마엘에 대한 아브람의 희망은 창세기 17장에서 전개되는 두 가지 중요한 변화의 결과로 무너지기 시작한다. 첫째, 신은 언약을 재확인하면서 그 표시로써 태어난 지 8일째의 할례를 지시한다. 물론 이스마엘은 열세 살이므로 8일째의 할례 조건, 즉 언약의 할례를 수행할 수 없다. 둘째, 야훼는 마침내 자신의 계획을 명확히 밝힌다. 약속의 아이를 낳을 사람은 바로 사라(이제 이름이 바뀌었다)이다.

> 네 아내 사래는 이름을 사래라 하지 말고 사라라 하라
> 내가 그에게 복을 주어 그가 네게 아들을 낳아주게 하며 내가 그에게 복을 주어 그를 여러 민족의 어머니가 되게 하리니 민족의 여러 왕이 그에게서 나리라(창 17:15~16)

아브라함(이제 이름이 바뀌었다)은 믿을 수가 없다. "사라는 구십 세니 어찌 출산하리요"라고 말하고 그 생각을 비웃는다(창 17:17). 그러나 신은 아브라함의 불신과 (어떻게 보면) 실망 앞에서 침묵을 지킨다. 이 침묵 속에서 아브라함은 깨달음의 순간을 경험하는 것으로 보인다. 야훼가 더없이 진지하다는 것을 깨닫는 것이다. 그는 이 계획을 실행할 작정이다. 그동안 때때로 아브라함 자신이 그 계획을 적극적으로 위협했다. 아브라함이 힘차게 이의를 제기한다. "이스마엘이나 하나님 앞에 살기를 원하나이다"(창 17:18). 그러나 신은 완강하다.

> 아니라 네 아내 사라가 네게 아들을 낳으리니 너는 그 이름을 이삭이라

하라 내가 그와 내 언약을 세우리니 그의 후손에게 영원한 언약이 되리라
(창 17:19)

이스마엘이 거부당한 데 아브라함이 괴로워하는 것을 느낀 야훼는
약간 물러서지만 갈등의 핵심에 관해서는 물러서지 않는다.

> 이스마엘에 대하여는 내가 네 말을 들었나니 내가 그에게 복을 주어 그
> 를 매우 크게 생육하고 번성하게 할지라 그가 열두 두령을 낳으리니 내가
> 그를 큰 나라가 되게 하려니와
> 내 언약은 내가 내년 이 시기에 사라가 네게 낳을 이삭과 세우리라(창
> 17:20~21)

전승은 아브라함을 야훼의 약속을 믿고 그의 계획에 순종하는 믿음
의 사람으로 특징짓지만, 성경의 일부 내용은 그와는 다르게 읽힌다.
창세기 17장의 사라에 관한 선언 뒤에도 아브라함은 아마 이스마엘에
대한 사랑 때문에 계속 야훼의 계획에 저항하고 그것을 좌절시키려 하
는 모습을 보인다. 그 첫 장면은 창세기 17장 23~27절에 나온다. 신이
언약의 표시로 할례를 지정한 후에 아브라함은 즉시 이스마엘을 데려
다 할례를 행한다. 이는 이스마엘을 신에게 인정받게 하려는 가망 없
는 시도로 보인다. 가망 없다고 말하는 이유는 이스마엘이 나이가 들
어 언약의 할례 조건(여덟째 날)을 만족하기가 물리적으로 불가능하기
때문이다.

아브라함이 야훼의 계획에 저항하는 두번째 장면은 창세기 18장에
나타난다. 여기서 우리는 창세기 17장에서 신이 그에게 밝힌 계획을
아브라함이 사라에게 알리지 않았다는 사실을 알게 된다! 사라는 언약
의 약속을 상속할 자식을 자기가 낳게 될 것임을 모르는 것으로 보인
다. 그러다 장막 밖에서 얘기하고 있는 신이 보낸 세 방문자들의 말을
엿들음으로써 비로소 야훼의 계획을 알게 된다(창 18:10). 자신이 아
들을 낳으리라는 말을 듣고 사라는 "웃는다"(s.ḥ.q.). 이는 즐거운 웃음
이 아니라 나이 들어 쇠약한 자신을 남편이 가까이하기를 원하기나 할
지 믿기 어려워하며 웃는 쓴웃음이다.[2] 사라의 반응은 과거에 있었던
최소 두 가지 사건에서 아브라함이 자신을 모욕하고 무정하게 대했던
일(창 12:12~13, 16:5)을 반영하는 것일 수도 있다.

사라의 아이를 선호하여 이스마엘을 포기하겠다는 야훼의 계획에
아브라함이 저항하는 세번째 장면은 창세기 20장, 이제 사라에 대한
야훼의 계획을 전부 아는 아브라함이 그랄 왕 아비멜렉에게 사라를 그
의 집으로 데려가도록 허락하는 대목이다. 그러나 사라를 자신의 곁에
서 제거함으로써 야훼의 계획을 좌절시킬 수 있으리라는 아브라함의
생각은 착각이다. 신은 개입하여 사라를 집으로 돌아오게 한다.

창세기 21장에서 정말로 사라에게서 아이가 태어난다. 아브라함은
그를 이삭(yitshaq의 어근이 s.ḥ.q.이다)이라 이름 짓고 여덟째 날에 할
례를 행한다(이로써 이삭은 창세기 17장에서 규정된 언약의 할례를 받은
첫 이스라엘 사람이 된다). 이삭이라는 이름 또한 기쁨보다는 야훼가 자
기를 속였다는 아브라함의 억울한 감정을 반영하는 것일 수 있다. 사

라는 자기가 아흔 살에 아이를 가졌다고 사람들이 비웃을 것을 걱정하는 것 같다. 창세기 21장 6절에 나오는 사라의 말은 다음과 같이 읽을 수 있을 것이다. '엘로힘이 나에게 웃음을 가져왔다. 듣는 모든 사람이 나를 놀릴 것이다!' 실제로 이삭이 젖을 떼었을 때 베푼 잔치에서 사라는 (이제 열일곱이나 열여덟 살일) 이스마엘이 이삭을 "놀리는"(s.ḥ.q.) 모습을 보는데, 그것이 사라가 가장 걱정하던 일이다(창 21:6). 사라는 이스마엘의 어머니에게 수년이나 조롱과 모욕을 당한 상처가 있었다. 질투와 억울함에 억눌려 있던 사라는 결국 하갈이 자기 자리를 거의 빼앗았던 것과 똑같이 이스마엘이 이삭의 자리를 빼앗는 일이 생기지 않도록 이스마엘을 쫓아낼 것을 요구한다.

> 이 여종과 그 아들을 내쫓으라 이 종의 아들은 내 아들 이삭과 함께 기업을 얻지 못하리라(창 21:10)[3]

아브라함은 괴로워하지만(이스마엘에 대한 그의 마음 깊은 애착의 또다른 표시) 사라의 말을 다 들으라는 신의 지시를 따른다.

구약성경을 읽는 현대 독자들에게 한 가지 도전은 마치 이 이야기의 결말을 모르는 것처럼 읽어야 한다는 것이다. 지금까지 제시한 창세기 12~21장의 해석은 그 내용을 모르는 것처럼 가정하고 시도한 읽기다. 마치 처음 접하는 것처럼 이 이야기를 읽을 때, 또한 아브라함이 신실하고 순종하는 인물이라는 전통적인 주장들에서 벗어날 때 우리는 완전히 새로운 관점에서 이 이야기를 이해하게 된다. 또한 우리가 이 이야기를 그렇게 읽을 때, 나중에 가서 이야기를 극적으로 뒤집기 위해 특정한 기대들을 조심스럽게 끌어올리는 구약성경 기록자의 문학적 기교를 발견하게 된다. 마지막으로, 창세기 12~21장을 관통하는 대단한 서술적 긴장감—아브라함과 하갈과 사라 사이의, 또 이스마엘과 이삭 사이의 줄다리기—이 11장 30절의 관련 없어 보이는 간략한 한 줄에서 시작된다는 사실에 주목할 필요가 있다. 그것은 우리가 쉽게 넘어갈 수 있는, 그냥 툭 던져진 실마리이다. "사래는 임신하지 못하므로 자식이 없었더라". 이것이 구약성경 이야기의 힘과 천재성이다.

이삭의 포박

야훼가 사라의 아들과 언약을 세우겠다는데도 이스마엘을 사랑하는 아브라함을 어떻게든 옹호해야 한다면, 우리는 창세기 22장에 나오는 이삭의 포박 이야기가 어떤 의미를 담고 있는지 생각해봐야 한다. 여기서 야훼는 그가 할 수 있는 요구 중 가장 끔찍한 요구로 아브라함을 "시험"하겠다고 말한다. 그것은 약속의 아이—사라가 아이를 가질 수 없는 나이에 기적적으로 낳은 이삭—를 아브라함 자신의 손으로 희생시키는 것이다. 이야기가 시작될 때, 우리는 궁금해진다. 야훼는 정확히 무엇을 시험하려는 것일까? 언약이 이스마엘이 아니라 이삭에게 있다는 것을 아브라함이 결국 이해했는지 확인하려는 것일까? 약속의 상속자를 희생하는 데 아브라함이 맹렬히 반대하기를 바라고, 그렇게 해서 아브라함이 이삭을 인정하고 사랑하게 되었음을 마침내 증명하기를 바라는 것일까? 그런 것이라면, 아브라함은 나귀에 안장을 채우고 이삭과 함께 제사의 장소로 떠나는 바로 그 순간 시험에 실패한 것이 된다. 아니면 야훼는 아브라함의 순종을 시험하려는 것일까? 야훼의 계획은 좌절될 수 없다는 것을 아브라함이 이제는 깨달았는지를? 야훼는 과거 아브라함에게 부족했던 순종을 그가 보여주고 야훼의 계획을, 그것이 약속 자체의 소멸을 요구하는 것일지라도, 의심 없이 따르기를 바라는 걸까? 그런 것이라면, 아브라함은 결박된 아들 위로 칼을 드는 순간 시험을 통과한 것이 된다. 야훼는 선언한다.

> 그 아이에게 네 손을 대지 말라 그에게 아무 일도 하지 말라 네가 네 아들 네 독자까지도 내게 아끼지 아니하였으니 내가 이제야 네가 하나님을 경외하는 줄을 아노라(창 22:12)

이삭의 포박 이야기는 구약성경 안에서는 물론 혹자의 말처럼 전 세계 문학에서 가장 강력하고 흥미진진한 이야기들 중 하나이다. 또한 로버트 얼터가 『성경 이야기의 기교』⁴에서 말했듯이 이삭의 포박 이야기는 구약성경 기록자의 문학적 솜씨와 기교를 보여주는 경탄스러운 예이기도 하다. 얼터는 성경 속 이야기들이 물리적 배경과 등장인물을 묘사하는 데, 또한 말을 사용하는 데 극단적인 절제를 보여준다고 평가한다. 기록자는 등장인물의 생각과 동기에 대해 논평이나 설명을 거의 하지 않으며, 대화는 그야말로 최소화된다. 예외적인 몇몇 경우에만 이러한 말의 경제성 규범이 위반되는데, 예를 들어 두 명의 등장인물이 길게 대화할 때는 어떤 중요한 의미가 생겨난다.

구약성경의 기록자가 모든 등장인물—야훼, 아브라함, 이삭—의 세부 정보와 동기를 숨길 때, 모호함과 여러 해석의 가능성이 발생한다. 사실 이것이야말로 구약성경 이야기들의 놀라운 특징이다. 상술을 억제하는, 과묵하고 간결한 문체가 그 짧은 글을 매우 강력하게 만들고, 에리히 아우어바흐의 말에 따르면 배후 사정으로 가득 채운다.[5]

이 이야기는 그 모호성과 불확정성 때문에 역사상 가장 많이 해석된 글 중 하나가 되었다. 신은 왜 아브라함을 시험하려는 것일까?[6] 그는 정말 그 제물을 원하는 것일까? 제사를 드리기 위해 나무와 불을 가지고 아들과 함께 걷는 동안—그것도 사흘 동안—아브라함은 무엇을 생각하고 느끼고 있을까? 그는 그 자신의 손으로 언약의 약속을 무효화하라는 이 명령을 전적으로 따를 생각일까, 아니면 엘로힘이 개입하리라 믿고 있을까? 아니면 이것은 믿음의 역설인가? 즉, 아브라함은 신실하게 순종할 생각인 동시에 그래도 신의 약속이 이루어지리라 신실하게 믿는 것일까? 이삭은 무슨 생각을 하고 있을까? 지금 어떤 일이 벌어지고 있는지 그는 아는가? 죽을 준비가 되었을까? 이삭은 아버지 손에 들린 나무와 불쏘시개를 본다. 희생 제사가 계획되어 있는 게 분명하다. 이삭이 아버지에게 묻는다. "번제할 어린 양은 어디 있나이까?"(창 22:7) 그렇게 물으면서도 답은 이미 알고 있는 것일까? 그는 아버지의 간단하고 엄숙한 대답에 든 이중의 의미를 알아듣는가? 구두점이 없는 이 히브리어 문장은 '야훼가 제물로 양을 준비할 것이다 내 아들'로 읽을 수도 있다. 이삭은 포박당할 때 몸부림치는가, 아니면 묵묵히 따르는가? 이 이야기의 매력은 이야기의 엄청난 절제에 있다.

이야기가 제공하는 정보가 너무 적어 독자로 하여금 수많은 가능성을 상상하게 한다. 우리는 아주 많은 드라마를 만들어낸다. 어느 때에는 아브라함을 망설이는 사람으로, 이삭을 무지한 사람으로, 또 어느 때에는 아브라함을 제 아들을 신에게 바칠 만큼 신에게 순종하는 사람으로, 이삭은 그 칼에 제 목을 기꺼이 내어주는 사람으로.

우리는 이삭의 포박 이야기를 다양한 맥락 속에서 설명할 수 있다. 아들 이삭을 통해 그의 아버지 아브라함을 큰 민족의 아버지로 만들겠다는 야훼의 약속의 맥락에서 읽으면, 이 이야기에는 애끓는 감정과 비애가 있다. (앞에서 설명한 대로) 이스마엘을 사랑하는 아브라함의 입장에서 읽으면, 이 이야기는 순종에 대한 시험이다. 또는 이 이야기를 고대 근동 지방의 아동 제물이라는 역사적 맥락에서 읽을 수 있다. 구약성경에 나중에 겹쳐진 부분들에서는 아동 제물이 단호하게 비난받았지만, 일부 학자들의 주장에 따르면 아동 제물은 왕정 시대 내내 일부 지역에서 행해졌고, 그랬기 때문에 레위기 18장 21절과 20장 3절, 신명기 12장 30~31절과 18장 19절에서 그것을 금지하게 되었다.[7] 창세기 22장은 아동 제물의 관행을 취하는 것일까 아니면 거부하는 것일까? 일부 학자들은 원래는 아동 제물에 관대했던 이야기가 아동 제물을 비판하는 반론으로 편집되었다고 주장한다.

죄 없는 아들을 죽이라는 명령 앞에서 침묵하며 순종하는 아브라함은 창세기 18~19장에서 죄 많은 소돔과 고모라 사람들을 용감하게 변호하는 그의 모습과 대비될 수 있다. 소돔과 고모라 사람들은 그들이 해를 끼치고 능욕해온 사람들에 의해 야훼 앞에서 비난받는다.

여호와께서 또 이르시되 소돔과 고모라에 대한 부르짖음이 크고 그 죄악이 심히 무거우니

내가 이제 내려가서 그 모든 행한 것이 과연 내게 들린 부르짖음과 같은지 그렇지 않은지 내가 보고 알려 하노라(창 18:20~21)

그러나 소돔의 모든 사람을 멸망시키려는 야훼의 계획에 아브라함이 도전한다. "주께서 의인을 악인과 함께 멸하려 하시나이까? ……세상을 심판하시는 이가 정의를 행하실 것이 아니니이까?"(18:23, 25). 이 질문은 물론 수사적이다. 아브라함은 야훼가 악한 사람들을 죄 없는 사람들과 함께 멸하면서 불공평하게 행하지 않을 것을 분명 확신한다. 나아가 아브라함은 야훼는 자비로우므로 의로운 사람들을 위해 악을 용서해주리라 믿고 있다. 그래서 그는 죄 없는 사람들을 위해 야훼와 흥정한다.

세상을 심판하시는 이가 정의를 행하실 것이 아니니이까

여호와께서 이르시되 내가 만일 소돔 성읍 가운데에서 의인 오십 명을 찾으면 그들을 위하여 온 지역을 용서하리라

아브라함이 대답하여 이르되 나는 티끌이나 재와 같사오나 감히 주께 아뢰나이다

오십 의인 중에 오 명이 부족하다면 그 오 명이 부족함으로 말미암아 온 성읍을 멸하시리이까 이르시되 내가 거기서 사십오 명을 찾으면 멸하지 아니하리라

아브라함이 또 아뢰어 이르되 거기서 사십 명을 찾으시면 어찌 하려 하시나이까 이르시되 사십 명으로 말미암아 멸하지 아니하리라

아브라함이 이르되 내 주여 노하지 마시옵고 말씀하게 하옵소서 거기서 삼십 명을 찾으시면 어찌 하려 하시나이까(창 18:25~30)

이런 식으로 아브라함은 끝내 그 수를 열 명으로 깎는다. 야훼는 "내가 십 명으로 말미암아 멸하지 아니하리라"라고 말한다.

소돔의 운명을 놓고 아브라함이 야훼와 한 협상에는 재미있는 아이러니가 있다. 야훼는 다음과 같은 이유로 소돔과 고모라에 대한 계획을 아브라함에게 알렸다. "내가 그로 그 자식과 권속에게 명하여 여호와의 도를 지켜 의와 공도를 행하게 하려고 그를 택하였나니"(창 18:19). 야훼의 의도는 아브라함에게 의로운 길을 가르쳐 그가 다른 사람들을 지도할 수 있게 하는 것이다. 그런데 그로부터 불과 네 구절 뒤에서 아브라함이 가르치는 첫 학생은 그의 생물학적 자식들이 아니라 바로 야훼이다! 소돔에 대한 야훼의 계획을 알고 나서 아브라함이 이렇게 날카롭게 묻는 것이다. "세상을 심판하시는 이가 정의를 행하실 것이 아니니이까?"

얼핏 아브라함은 야훼와는 관계없는 어떤 정의의 원칙을 언급하는 것처럼 보이기도 하고, 야훼는 자신의 결정과 인간과의 관계를 이 독자적인 원칙에 맞추어야 할 것처럼도 보인다. 만일 정말 그런 것이라면, 우리는 구약성경에 자연법이라는 원칙이 거칠게나마 들어 있다고 말할 수도 있을 것이다. 그러나 18장 19절은 "의와 공도를 행하"는 것

이 사실상 "여호와의 도"와 동일함을 분명히 한다. 또 아브라함이 "세상을 심판하시는 이가 정의를 행하실 것이 아니니이까?"라고 묻긴 하지만, 그는 여호와에게 정의를 지키라 요구하는 것이 아니다. 정의는 죄 있는 사람을 벌하고 죄 없는 사람을 벌에서 제외하는 것인데, 아브라함은 의로운 사람들을 위해 죄 있는 사람들을 살려달라고 요청하고 있는 것이다. 그의 목적은 정의에 따라 심판하라고 야훼를 설득하는 것이 아니다. 그는 야훼가 정의의 신이라고 전제하고 있다("세상을 심판하시는 이가 정의를 행하실 것이 아니니이까?"—그는 당연히 그렇게 행하실 것이다!). 그의 목적은 심판을 넘어서서 죄 있는 사람 모두를 용서하라고 야훼를 설득하는 것이다("그 오십 의인을 위하여 용서하지 아니하시리이까"). 자식들에게 정의를 가르치는 것이 아브라함의 사명이겠지만, 자신의 신에게 자비를 가르치는 것 또한 분명히 그의 사명이다.

그러나 소돔에는 열 명의 의인조차 없다. 기록자가 열심히 적고 있듯이, 신이 보낸 두 명의 방문자를 집단 강간하러 온 무리는 한 사람도 빠지지 않은 '모든' 사람들이다. 그리하여 소돔과 사해 주변 평원에 있던 네 개의 성읍이 파괴된다. 아브라함을 고려하여 아브라함의 조카 롯은 생명을 구한다. "하나님이 아브라함을 생각하사 롯을 그 엎으시는 중에서 내보내셨더라"(창 19:29). 이것은 의로운 사람의 공로에 대한 교리(의로운 사람이 쌓아둔 공적 때문에, 또는 그 공적에 근거하여 의롭지 못한 사람이 생명을 구할 수 있다는 개념)가 성경에 처음 나타난 사례다. 롯은 그런 자격이 없지만 아브라함 때문에 멸망에서 제외된다.

이 이야기에서 아브라함은 죄 없는 사람들이 무참히 죽어서는 안

된다고 날카롭게 주장하면서 더없이 사악하고 비난받아 마땅한 일단의 사람들을 변호한다. 여기에 나오는 이 아브라함이, 몇 장 뒤에서 그의 더없이 죄 없는 아들을 죽이라는 명령을 듣고는 반대하지 않을 뿐만 아니라 일찍 일어나 제사 드릴 장소로 먼 길을 떠나는 그 아브라함과 같은 사람일까? 우리는 이 두 개의 이야기를 어떻게 비교해야 할까? 이스라엘의 신은 어느 쪽의 행동을 더 바람직하게 여길까? 아니면 창세기 22장은 흠 없고 순전한 희생물을 요구하는 희생 제사의 행동을 설명하는 것이니 두 이야기를 나란히 비교할 수 없는 것일까?

소돔과 고모라 이야기는 소돔 사람들이 신이 보낸 방문자들과 동성 관계를 하려고 해서 멸망당했다는 추측 때문에 동성애를 비판할 때 흔히 인용된다. sodomy(남색)과 sodomize(항문성교)라는 단어부터가 그러한 해석을 보여준다. 그러나 소돔의 근본적인 죄가 동성애에 있었다는 생각이 구약성경에는 조금도 분명하게 보이지 않는다(그러한 해석은 후에 기독교 신약성경의 유다서 1장 7절, 베드로후서 2장 6~10절 등에 나온다). 소돔 사람들의 죄는 집단 강간이고, 여기서 피해자들의 성은 거의 관계가 없다. 홍수 세대처럼 소돔 사람들도 그들에 대한 "부르짖음"으로 규탄받는데, 이를 뜻하는 히브리어는 보통 폭력, 피 흘림, 가혹한 불의에 대한 피해자들의 호소와 관련이 있다(사르나). 나그네를 대접하라는 광야의 불문율을 소돔 사람들이 위반한 것, 보호해야 할 나그네를 욕보이려는 그들의 거친 욕망은 분명 그들이 저지른 폭력적인 만행의 한 예일 뿐이다.

이삭, 리브가, 야곱

야훼가 아브라함에게 한 약속의 아들인 이삭은 흔히 가장 잘 드러나지 않는 족장으로 묘사된다. 구약성경의 기록자는 무엇보다도 이삭이 자신을 희생시키려는 아버지의 시도를 수동적으로 받아들이는 모습에서 그의 성격을 그렇게 파악한 것 같다. 반면에 이삭의 아내 리브가는 흔히 여자 선조들 가운데 가장 단호하고 활동적인 사람으로 묘사된다. 그는 여행자를 대접하기 위해 달려가서 빠르게 물을 길어주고, 똑같이 빠르게 그의 모든 낙타에게도 물을 길어준다. 자신이 맞이한 남자가 아브라함의 하인이며, 주인의 아들 이삭을 위해 아내를 찾으러 왔다는 사실을 거의 모르는 채로 그렇게 한다. 리브가는 출발을 미루라는 어머니와 오빠의 만류를 물리치고 먼 땅에 있는 알지도 못하는 신랑의 청혼을 받아들인다. 이 약혼 이야기의 감동적인 결말에서 "이삭이 리브가를 인도하여 그의 어머니 사라의 장막으로 들이고 그를 맞이하여 아내로 삼고 사랑하였으니 이삭이 그의 어머니를 장례한 후에 위로를 얻었더라"(창세기 24장 67절).

그러나 다른 여자 선조들과 마찬가지로 리브가는 아이를 낳지 못한다. 이삭이 그를 위하여 야훼에게 아이를 달라고 탄원하고, 리브가는 쌍둥이를 임신한다. 형이 에돔 사람들의 조상인 에서이고, 동생이 이스라엘 사람들의 조상인 야곱이다.

야곱은 족장들 중 가장 많이 알려지고, 다채롭고, 복잡한 사람이다. 주석학자들은 오래전부터 야곱을 전형적인 속이는 자로 규정해왔다. 마크 브레틀러는 야곱의 이야기를 일종의 도덕 이야기로 설명하고 있다. 그 주요 주제는 "속이면 속게 될 것이다"이다. 야곱은 형을 속여 장자권을 가져오지만, 결국 그 자신이 자기 매부와 아내와 아들들에게 속는다. 독자는 야곱의 속임수 가운데 정말로 필요한 것이 얼마나 되는지 궁금해진다. 왜냐하면 야훼는 임신 중에 엄청난 고통을 겪는 리브가에게 그의 태중에서 우선권을 놓고 싸우고 몸부림치는 쌍둥이는 두 민족이 될 것이고, 둘 중에 형이 동생을 섬길 것이라고 말하기 때문이다.

> 두 국민이 네 태중에 있구나 두 민족이 네 복중에서부터 나누이리라 이 족속이 저 족속보다 강하겠고 큰 자가 어린 자를 섬기리라 하셨더라(창 25:23)[8]

나훔 사르나에 따르면, 이 선언은 기록자가 독자에게 동생인 야곱이 신의 축복을 상속받을 아들임을 분명히 알리기 위해 선택한 방법이다. 여기서 독자는 에서의 장자권과 축복을 빼앗으려 하는 리브가와 야곱의 도덕적으로 문제 있는 시도에 대해 심각한 의문을 제기하게 된다. 공정하게든 반칙으로든, 어떻게든 신의 계획이 성취되면 다 괜찮다고 결론지을 것인가? 아니면 사르나의 주장대로 야곱의 장자권 소유는 예정되었던 것이니 그의 속이는 행동과는 별개라고 판단해야 할까? 만일 그렇다면, 야곱의 노력은 기만적이고 자기애적인 성격을 나타내는 것이리라. 한번은 야곱이 에서의 배고픔을 이용해서 팥죽 한 그릇과 장자권을 교환한다. 또 한번은 야곱과 리브가가 장자의 축복을 야곱에게 주도록 이삭을 속일 계획을 도모한다. 아마도 기록자는 야곱이 태에서부터 선택받았음을 우리에게 알려줌으로써 삶의 현 단계에서의 야곱을 욕심 많고 믿음 없는 사람으로 그릴 수 있었을 것이다. 이는 야훼의 계획을 모르는 채 고향을 떠나 알지 못하는 땅으로 야훼를 따라갔던 할아버지 아브라함과 크게 대비된다.[9]

에서는 야곱의 행동 때문에 적개심을 품게 되고, 야곱은 그것을 구실 삼아 가나안을 떠나 어머니의 오빠 라반의 집으로 향한다. 라반이 살고 있는 메소포타미아의 하란으로 가는 길에서 야곱은 야훼를 만난다. 그는 루스라고 불리는 곳에서 돌 위에 머리를 베고 누워 잔다. 그는 꿈에서 "사닥다리"가 땅에서 하늘까지 닿는 것을 본다. 천사들이 그 사다리를 타고 오르락내리락한다. 그 꿈에 야훼가 야곱에게 나타나 아브라함의 언약 또는 족장의 언약, 약속의 땅, 후손, 그리고 추가로 가나안으로 돌아가기까지 야곱의 개인적인 안전을 재확인해준다. 창세기 28장 16~17절에서 야곱은 망연해한다.

야곱이 잠이 깨어 이르되 여호와께서 과연 여기 계시거늘 내가 알지 못하였도다

이에 두려워하여 이르되 두렵도다 이곳이여 이것은 다름아닌 하나님의 집이요 이는 하늘의 문이로다

야곱은 베개를 삼았던 돌로 제단의 기둥으로 세우고 그 위에 기름을 부어 거룩하게 하고 그곳을 벧엘(엘의 집)이라고 이름 짓는다. 그러

나 이 직접적인 환상을 보고도 야곱은 여전히 야훼와 그의 약속을 믿는 것을 망설인다. 그는 조건부 서약을 한다.

하나님이 나와 함께 계셔서 내가 가는 이 길에서 나를 지키시고 먹을 떡과 입을 옷을 주시어

내가 평안히 아버지 집으로 돌아가게 하시오면 여호와께서 나의 하나님이 되실 것이요

내가 기둥으로 세운 이 돌이 하나님의 집이 될 것이요 하나님께서 내게 주신 모든 것에서 십분의 일을 내가 반드시 하나님께 드리겠나이다(창 28:20~22)

한때는 야훼가 아브라함을 시험했는데, 이제는 야곱이 야훼를 시험하고 있는 것처럼 보인다.

야곱이 이스라엘이 되다

야곱은 외삼촌 라반의 가정에서 14년을 보낸다. 야곱은 라반의 두 딸을 만나는데, 레아가 언니이고 라헬이 동생이다. 그는 곧 라헬을 사랑하게 된다. 야곱은 라헬과 결혼하기 위해 라반을 7년간 섬기기로 합의한다. 그런데 7년 후 라반이 야곱을 속이고 큰딸 레아를 야곱에게 준다. 속이는 자 야곱은 속임을 당한 것에 분노하지만 라헬을 위해 기꺼이 7년 더 그를 섬긴다. 라헬과 레아, 두 하녀는 딸 하나와 앞으로 이스라엘의 열두 지파가 되는 열두 아들을 낳는다. 그러나 야곱은 라헬

의 두 아들—요셉과 베냐민—을 가장 사랑한다.

야곱은 라반을 떠나 가나안으로 돌아가기로 결정한다. 야곱의 삶에서 마지막 놀라운 사건이 생기는데, 대부분의 독자들이 이 사건을 그의 성격의 중대한 변화와 연결시킨다. 이 사건은 어떤 면에서 이스라엘의 신을 상징하는 신비한 인물과 야곱의 밤중 싸움이다. 둘은 어둠 속에서 밤새 씨름한다(이 짧은 문구에 '어둠'이 네 번 언급된다). 이 싸움은 야곱이 얍복강을 건너 과거 경쟁 상대이자 적이었던 에서와 화해하려는 순간에 일어난다. 야곱은 모두—아내들, 자식들, 가솔들, 소유물들—를 앞서 보내고 강가에 홀로 선다. 거기서,

어떤 사람이 날이 새도록 야곱과 씨름하다가

자기가 야곱을 이기지 못함을 보고 그가 야곱의 허벅지 관절을 치매 야곱의 허벅지 관절이 그 사람과 씨름할 때에 어긋났더라

그가 이르되 날이 새려하니 나로 가게 하라 야곱이 이르되 당신이 내게 축복하지 아니하면 가게 하지 아니하겠나이다

그 사람이 그에게 이르되 네 이름이 무엇이냐 그가 이르되 야곱이니이다

그가 이르되 네 이름을 다시는 야곱이라 부를 것이 아니요 이스라엘이라 부를 것이니 이는 네가 하나님과 및 사람들과 겨루어 이겼음이니라

야곱이 청하여 이르되 당신의 이름을 알려주소서 그 사람이 이르되 어찌하여 내 이름을 묻느냐 하고 거기서 야곱에게 축복한지라

그러므로 야곱이 그곳 이름을 브니엘이라 하였으니 그가 이르기를 내가 하나님과 대면하여 보았으나 내 생명이 보전되었다 함이더라

그가 브니엘을 지날 때에 해가 돋았고 그의 허벅다리로 말미암아 절었더라(창 32:24~31)

마이클 쿠건[10]을 비롯한 학자들은 이 이야기를 강이나 다리를 안전하게 건너기 위해 강의 나루터를 지키는 강의 신이나 거인 또는 괴물을 영웅이 물리치는 대중적인 이야기를 이스라엘 사람들이 고쳐 쓴 것으로 생각한다. 이스라엘의 버전에서는 이야기가 역사화되어 유래를 밝히는 기능을 한다. 즉, 우리는 왜 이스라엘 사람들이 "지금까지" 둔부의 힘줄을 먹지 않는지 알게 되고, 브니엘과 이스라엘이 어떻게 그 이름을 갖게 되었는지 알게 된다.

이름은 이 이야기의 중요한 주제이다. 구약성경에서 이름은 그 이름 주인의 본질을 함축하고 있는 듯하다. 어떤 것에 이름을 붙이거나 그것의 이름을 아는 것은 사람에게 그것을 지배할 힘을 준다. 그래서 이 모르는 사람은 자신의 이름을 밝히지 않는다. 야곱에게 자신을 지배할 힘을 주지 않기 위해서다. 야곱의 이름은 이 이야기에 들어 있는 여러 언어유희 중 하나다. 그의 이름은 (어근이 y.'.q.b.) '속여 빼앗다' '내쫓다'라는 뜻이다. 그는 형의 장자권을 빼앗으려고 형의 발꿈치를('.q.b.) 잡고 자궁에서 나오고, 그러한 노력은 그의 초기 삶의 대부분에서 계속된다. 기록자는 창세기 27장 36절에서 에서의 외침을 통해 이 사실을 명백하게 밝힌다. "그의 이름을 야곱이라 함이 합당하지 아니하니이까 그가 나를 속임이 이것이 두번째니이다." 아마도 그 대답은 '그렇다'일 것이다! 또 32장에서 야곱은 얍복강에서(y.b.q.) 그 신과 같은 신비로운 존재와 씨름(y.'.q.b.)을 한다. 이처럼 야곱이라는 바로 그 이름이 그의 삶의 주요 주제가 되는 싸움과 씨름, 속임수를 암시하고 예고한다. 야곱의 노력은 32장에서 절정에 이르고, 천사는 그를 이스라엘이라고 부른다. 이스라엘은 '엘과 겨루었던 사람'이라는 뜻으로, 그 모르는 사람이 말하듯이 사실 야곱은 평생 사람들—특히 그의 형—과 겨루고 씨름했고 이제는 신과 겨루고 씨름했다(엘은 셈족의 신들 중 최고신의 이름이고, 족장 이야기에서는 아브라함과 이삭과 야곱의 보호자인 신을 부르는 이름이다).

많은 주석학자들은 이 이름 변화에 수반되는 성격 또는 본질의 변화를 목격한다. 사르나에 따르면 천사와의 싸움은 야곱의 과거 행적을 특징짓는 불쾌한 특질들이 마침내 제거되는 것이다. 야곱은 비록 영웅답지 못한 모습으로 그려지긴 하나—문자 그대로 절름거리며 약속의 땅에 들어간다—이제는 새롭고 정직한 사람이다. 우리는 이 사실을 에서와의 재회에서 곧바로 알 수 있다. 그는 옛 경쟁자이자 적을 이렇게 맞이한다.

내가 형님의 눈앞에서 은혜를 입었사오면 청하건대 내 손에서 이 예물을 받으소서 내가 형님의 얼굴을 뵈온즉 하나님의 얼굴을 본 것 같사오며……

청하건대 내가 형님께 드리는 예물을 받으소서 하고 그에게 강권하매 받으니라(창 33:10~11)

야훼는 창조 이래 그가 바라고 있던 인간과의 제대로 된 관계를 마침내 야곱에게서 찾은 것으로 보인다. 야훼는 인간이라는 독특한 피조물을 창조하고 나서 곧 그가 신에게 대항하여 자유의지를 행사하리라는 사실을 깨달았다. 야훼는 인간의 수명을 제한하지 않으면 자신과 거의 동등한 적을 만드는 위험에 빠진다는 것을 알고는 인간을 동산에서 쫓아내고 생명나무에 접근하는 것을 막는다. 그러나 인간은 계속 난폭하고 악하게 살고, 야훼는 절망하여 인간을 쓸어버리고 다시 시작한다. 다시 창조된 인간도 결국 다를 것이 없어, 야훼를 잊고 제 힘을 하늘을 향해 확대하려고 탑을 짓는다. 다시는 모든 인류를 멸하지 않겠다고 약속한 야훼는 한 개인과 다시 시작한다. 처음엔 이런저런 실패가 있지만, 결국 아브라함은 그때까지 다른 그 누구도 하지 않은 방식으로 야훼에게 순종한다. 하지만 이 맹목적인 방식의 순종도 결국엔 거부된다. 아브라함이 자신의 아들을 죽이려 할 때, 신은 맹목적인 믿음이 불순종만큼 파괴적이고 악할 수 있다는 것을 확인한 것 같다. 야훼는 아브라함을 멈추게 함으로써 맹목적 순종에 대한 요구를 포기한다. 인간과의 관계 중 유일하게 제대로 작동할 만한 것은 저지할 수 없는 독립과 맹목적인 순종 사이에서 균형을 맞추는 것이다. 야훼는 그런 관계를 야곱에게서 발견한다. 이 관계의 비유는 싸움의 비유이다. 야훼와 인간은 영원한 싸움에 맞물려 있다. 어느 한쪽도 우세하지 않은, 그러나 양쪽 모두 서로 마주치며 영원히 변화하는 싸움에.

7
애굽에서의 이스라엘:
모세 그리고 야훼 신앙의 시작

읽기: 창세기 37장~출애굽기 4장

요셉 이야기

창세기의 나머지 부분(37~50장)은 요셉과 그의 형제들(야곱의 열두 아들)에 관한 것으로, 구약성경에서 가장 감명 깊은 심리 드라마 중하나가 여기에 들어 있다. 대단히 인간적인 이 이야기는 가족 간의 관계와 질투에 초점을 맞추고 신의 관점은 거의 드러내지 않는다. 학자들은 이 이야기에 나오는 이집트 관련 요소들의 사실성을 두고 의견이 나뉜다. 어떤 학자들은 이집트의 이름들과 관습들, 종교적 믿음, 법을 역사적 기억의 표시로 이해한다. 다른 학자들은 시대착오적인 내용이 발견되고 전반적으로 구체성이 떨어진다는 점을 들어 이 이야기가 비교적 나중에 작성되었다고 본다. 이 이야기에서는 꿈을 해석하는 기술이 중요한 역할을 담당한다. 꿈 해석은 고대 이집트와 메소포타미아에서 발전한 기술이다. 요셉이 꿈을 해석할 줄 아는 능력으로 잘 알려져 있긴 하나, 유일신을 추구하는 구약성경 기록자는 신이 요셉에게 밝히는 것을 그가 전하는 것이지 꿈 해석이라는 주술적 기술에 의존하는 것은 아니라고 설명한다(창 41:39).

요셉의 형제들은 야곱의 요셉에 대한 편애를 질투하고(창 37:4) 그를 제거할 음모를 꾸민다. 그 마지막 순간에 유다가 형제들에게 요셉을 죽이는 대신 애굽으로 향하는 장사꾼에게 그를 팔면 그들의 수고에 약간의 이득이 있을 수 있으리라고 설득한다(창 37:26~27). 요셉은 바로의 가정에 팔리고, 그곳에서 일어나는 여러 모험적인 사건들에서 기특한 재능을 입증한다. 그는 다가올 기근에 관한 바로의 꿈을 올바르게 해석함으로 막강한 권력의 자리에 오른다(창 41장). 요셉이 곡식 공급을 관장하는 총리로 있는 동안 애굽은 7년 기근을 잘 견뎌낸다(창 41:47~57).

이 기근은 가나안에도 들이닥쳐 요셉의 형제들은 먹을 것을 찾아 애굽으로 향한다. 요셉은 형제들에게 자신을 드러내지 않고 그들을 시험한다. 그들은 오래전에 아버지의 사랑하는 아들 요셉을 팔아 아버지의 마음을 아프게 했던 그들과 같은 사람일까? 절정의 순간에 요셉은 겁에 질린 형제들을 시험하고자 베냐민을 애굽에 담보로 남겨두고 가라고 요구한다. 요셉은 라헬의 하나 남은 아들을 잃었다는 소식이 전해지면 아버지 야곱이 무너지리라는 걸 알면서도 자신을 노예로 판 이후 형제들이 마음을 고쳐먹었는지 알아내려고 한다. 그때 유다—요셉을 팔아넘겨 아버지의 마음을 아프게 한 사건에서 매우 중요한 역할을 한 그 인물—가 베냐민 대신 자신이 담보가 되겠다고 한다. 아버지가 사랑하는 라헬의 둘째 아들을 잃으면 엄청난 충격을 받을 것을 알기 때문이다(창 44:33~34). 형제들이 전과 달리 진실됨을 입증하자 요셉은 감동적인 장면에서 큰 소리로 울고 자신의 정체를 밝힌다. 가족은 애굽으로 이주하여 재결합하며, 여기서 몇 세대 동안 평화롭게 번성한다.

이 이야기의 중요한 주제 하나는 신의 섭리이다. 야곱의 아들들, 그들의 하찮은 질투와 살인 음모, 그리고 요셉 자신, 이 모든 것은 알 수 없는, 신의 더 큰 계획의 도구들이다. 이를 요셉이 50장 20절에서 형제들에게 말한다. "당신들은 나를 해하려 하였으나 하나님은 그것을 선으로 바꾸사 오늘과 같이 많은 백성의 생명을 구원하게 하시려 하셨나니". 요셉이 당한 형제들의 배신과 애굽 이주는 형제들의 품성을 변화시킬 무대를 준비할 뿐 아니라, 광범위한 기근에서 살아남기 위해—약속에 대한 또 한번의 위협이 극복되기 위해—모든 이스라엘 사람들이 이주할 무대를 마련한다. 신은 창세기 46장 4절에서 야곱에게 의미심장하게 말한다. "내가 너와 함께 애굽으로 내려가겠고 반드시 너를 인도하여 다시 올라올 것이며". 그러니까 어떤 계획이 진행중인 듯하다.

이스라엘이 애굽으로 내려감으로써 마련된 무대에 요셉과 요셉이 애굽을 위해 한 모든 일을 모르는 바로가 출현한다. 새롭게 등장한 바로가 이스라엘 사람들을 노예로 삼고 그들의 삶을 아주 비참하게 만들어 그들의 울부짖음이 하늘에 닿는다. 그리하여 히브리 사람들을 애굽에서 시내로 인도할 출애굽이 시작된다.

창세기 12~50장의 이야기 대부분은 요셉 이야기라는 중요한 예외를 빼면 J 문서로 분류된다. J 이야기에는 특정한 주제들이 나타난다. 그 첫째는 야훼의 약속은 확실하나 그것이 성취되는 방식과 시간은 예측할 수 없다는 것이다. 예를 들어 족장들에게 약속되었던 땅은 결코 족장들의 것이 되지 않는다. 그들의 후손은 많은 싸움을 한 후에야 비로소 그 땅을 소유하게 될 것이다. 다른 예들에서 야훼의 방법은 이유를 알 수 없는 것들이다. 왜 그는 고대 근동 지방의 장자 상속제 관행에 역행하여 이스마엘 대신 이삭을, 에서 대신 어린 시절 거짓말쟁이였고 속이는 사람이었던 야곱을 선택하는 것일까? 왜 그는 자신의 과대망상으로 형들을 화나게 하는 버릇없고 건방진 아이 요셉을 선택할까? 신명기 21장 15~17절에 서술된 장자 상속의 법은 이와 다르다.

어떤 사람이 두 아내를 두었는데 하나는 사랑을 받고 하나는 미움을 받다가 그 사랑을 받는 자와 미움을 받는 자가 둘 다 아들을 낳았다 하자 그 미움을 받는 자의 아들이 장자이면

자기의 소유를 그의 아들들에게 기업으로 나누는 날에 그 사랑을 받는 자의 아들을 장자로 삼아 참 장자 곧 미움을 받는 자의 아들보다 앞세우지 말고

반드시 그 미움을 받는 자의 아들을 장자로 인정하여 자기의 소유에서 그에게는 두 몫을 줄 것이니 그는 자기의 기력의 시작이라 장자의 권리가 그에게 있음이라

이스마엘에게, 에서에게, 요셉보다 먼저 태어난 그의 모든 형들에게 일어나는 일은 이와 다르다. 외견상 임의적으로 보이는 이 선택들에 대한 설명도 없다. 그러나 잘못된 시작과 시도, 수년간의 기근, 자식 없음을 거치면서도 아브라함의 씨는 살아남아 그 약속이 반복된다. "내가 너와 함께 애굽으로 내려가겠고 반드시 너를 인도하여 다시 올라올 것이며"라고. 결국 J 문서가 주장하는 바는 야훼가 역사를 통제한다는 것, 그리고 그 길이 예측 불가능하고 고통스러울지라도 모든 것은 그의 목적을 향해 나아간다는 것으로 보인다.

출애굽

지금까지 출애굽 이야기는 다음과 같이 설명되었다.

이스라엘의 역사의 진정한 시작은 이스라엘을 자의식적인 역사적 공동체로 만든 어떤 결정적인 역사적 경험이었다. 얼마나 결정적인 사건이었던지 과거의 사건들과 이후의 경험들이 그 경험에 비추어 생각되었을 정도이다. 이 결정적인 사건—이스라엘 역사의 거대한 분수령—은 출애굽이다. 오늘날에도 유대인들은 그들을 한 민족으로 만들었고 그들의 불멸의 기억이 된 이 의미심장한 사건에 비추어 자신들의 사명과 운명을 이해한다.[1]

또한 출애굽은 구약성경에서 과거와 현재와 미래의 세대들을 연결하는 중요한 사건으로 설명되었다. 민족의 기원에 관한 신화적 이야기인 출애굽은 현재의 각 세대에게 의무를 지우고 미래의 보상과 해방에 대한 모델 역할을 한다.

출애굽기는 말 그대로 창세기의 속편이다. 신은 땅과 축복을 약속했으나, 창세기의 마지막 대목에서 이스라엘 사람들은 애굽에 살고 약속의 땅에 작은 매장지나 간신히 마련할 수 있는 처지이다. 이젠 신조차 그 땅을 떠나 이스라엘 사람들과 함께 애굽으로 내려왔다. 세 가지 약속은 요원해 보인다. 출애굽기는 그 약속들이 성취될 과정의 시작과 관련된다.

출애굽기의 구조는 다음과 같다.

1장~15장 21절: 애굽에서의 이스라엘 이야기. 요셉을 모르는 새 바로의 출현. 이스라엘 사람들에 대한 탄압(국가에 노동력을 제공하는 노예화와 모든 히브리 맏아들의 죽음). 모세의 출생과 초기 삶, 부름 받음, 자유를 위한 투쟁(모세는 그의 민족을 풀어주어 광야에서 그들의 신을 섬길 수 있도록 바로에게 간청한다). 최종적인 해방. 야훼는 갈대 바다의 물을 물러서게 하여 이스라엘 사람들은 지나갈 수 있게 하고 중무장한 애굽의 전차 부대는 진흙 속에서 허우적거리게 한다.

15장 22~18절: 시내로 향하는 여정과 굶주리게 된 것에 대한 사람들의 불평. 이에 야훼는 메추라기와 만나, 물로 대응한다.

19~24장: 시내에서의 신의 출현과 언약, 모세와 이스라엘 사람들을 향한 야훼의 토라(지침).

25~40장: 성막 건립에 관한 지시와 성막 건축에 대한 보고. 32장에서

이스라엘의 황금 송아지 배교 사건으로 건축 일시 중단.

문서 비평 학자들은 출애굽기가 J 문서에서 주요 이야기가 나오고 E 문서의 발췌로 보완되고 P 문서로부터 족보, 법, 의식에 관한 상당한 내용이 더해진다고 본다.

출애굽 이야기의 역사적 평가는 대대로 학자들과 일반인들의 마음을 사로잡았다. 출애굽은 정말 일어날 수 있었을까? 그렇다면 언제일까? 이 이야기에 대한 증거가 외부 출처에 있는가?

역사적 고찰

파라오 메르넵타가 기원전 1204년경에 세운 석비에 새겨진 승리의 찬가는 가나안의 여러 족속들을 상대로 그가 거둔 최근의 승리를 언급하고 있다. 언급되어 있는 족속 중 하나가 이스라엘이다. 석비에는 이렇게 쓰여 있다.

나의 적들의 통치자들이 이제 내 앞에 무릎 꿇고 있고 평화를 간청한다. 반항하여 머리를 드는 적은 아무도 없다. 나는 테헤누를 전멸시켰고 하티의 위대한 왕에 대한 반란을 평정했다. 나는 가나안을 끝에서 끝까지 노략했고, 성읍 아쉬켈론에서 노예를 붙잡았고, 게셀의 성읍을 정복했다. 나는 야노암을 완전히 파괴했다. 나는 많은 이스라엘 사람들을 죽였고 그들의 아이들을 죽였다. 후루는 과부이다. 가나안 전부가 평정되었다. 모든 반역자가 이제 메르넵타 앞에 무릎 꿇었다. 상이집트와 하이집트의 파라오, 아

몬 라의 신성한 임재, 신의 모임에서 사랑받는 그는 태양 아몬 라처럼 매일 밝아온다.[2]

과장된 주장이긴 하나 이것은 구약성경 밖에서 이스라엘 사람들을 언급하고 있는 가장 오래된 자료이기 때문에 매우 중요한 비문이다. 이 글귀는 이스라엘로 알려진 민족이 기원전 13세기 말에 가나안 땅에 정착해 있었음을 입증한다. 물론 그들이 이집트를 탈출한 후에 도착했는지는 표현되지 않았다. 사실 이때 가나안 땅으로 대규모 인구가 들어왔다는 증거는 없다. 고고학적 기록에는 새로운 민족의 유입으로 생기는 종류의 혼란보다는 꾸준하고 느린 문화적 변화가 나타나 있다. 만일 가나안 땅에 들어가기 위해 한 세대의 시간이 필요했다고 가정하면, 이스라엘이 가나안에 들어온 때를 늦어도 기원전 1225년으로 정할 수 있을 것이다. 그리고 만일 이집트에서 가나안까지의 여정을 40년으로 가정한다면, 출애굽의 연대는 기원전 1265년이 된다. 1265년에는 18왕조의 가장 걸출한 파라오가 왕좌를 차지하고 있었다. 건축 사업으로 잘 알려진 람세스 2세이다. 구약성경에 따르면, 히브리 사람들은 나일 삼각주에 있는 도시 피톰과 람세스에서 도시 건축 사업에 동원되었다. 출애굽 이야기에 역사적 알맹이가 있다고 인정하는 대부분의 구약성경 연구자들은 탈출 사건 당시의 파라오가 람세스라고 말한다(쿠건).

구약성경은 이스라엘이 이집트에 430년 있었다고 말하므로, 요셉과 그의 형제들이 이집트로 내려갔던 때를 대략 1700년경으로 잡을 수 있을 것이다. 이 시나리오는 설득력이 있다. 이집트는 기원전 1720년대에 힉소스라고 불리는 셈족에 침략당해 정복되었다. 이들은 이집트 북부의 고센으로 알려진 지역을 중심으로 왕조를 수립했다. 학자들에 따르면 힉소스 왕조의 파라오들은 다른 셈족들에게 호의를 베풀었을 것이고, 기근이 들었을 때는 그들이 고센 땅에 들어와 살도록 허락했을 것이다. 구약성경에서 이스라엘 사람들도 고센 땅에 들어간다(창 47:27). 이렇게 셈족 정권을 가정한다면, 셈족인 요셉이 총리라는 중요한 자리에 오를 수 있었던 것은 덜 놀라운 일일 것이다. 외세 힉소스의 굴욕적인 지배 아래 속을 끓였던 이집트 원주민들은 기원전 16세기에 힉소스를 몰아내고 토종 왕조를 수립하는 데 성공했다. 일부 학자들은 이것이 바로 요셉에 관해 아무것도 모르는 새로운 파라오가 히브리 사람들을 핍박하기 시작했다는 출애굽기 1장 8절의 배경 사건이라고 추측한다. 이 새로운 원주민 이집트 왕조의 수립으로 히브리 사람들을 포함하여 남아 있던 모든 셈족 외국인들이 노예화되었을 것이다. 점령 정권과 관련되었던 사람들이 새 정권에서 형편없는 대우를 받았으리라는 추측은 개연성이 크다. 이렇게 보면 이야기와 역사가 아주 잘 들어맞는 것 같다.

안타깝게도 이스라엘 민족이 기원전 18세기 말에 이집트로 내려갔다는 이 주장에는 문제가 있다. 구약성경이 이스라엘 민족의 이집트 체류 기간에 대해 모순되는 서술을 하고 있기 때문이다. 출애굽기 6장 16~20절은 430년이 아니라 단 4대(레위부터 모세까지) 동안 살았다고 서술하는데, 이는 그들이 힉소스 왕조 한참 후에 이집트에 도착했음을 의미할 것이다. 힉소스 왕조 시대에 이주가 있었는지도 알 수 없다. 그러므로 결국 우리에겐 확실한 근거 없는 가설만 있을 뿐이다.

그렇다 하더라도 학자들은 출애굽 사건의 전반적인 역사성에 대한 일부 흥미로운 정황 증거에 주목한다. 우리는 기원전 13세기에 셈족이 건축 사업에 동원되었다는 것을 확실히 알고 있다. 우리는 고센 지역에 있었던 원래 힉소스 왕조의 수도 아바리스의 터 위에 요새 성읍인 피-람세스가 기원전 13세기 초에 재건축되었다는 것을 알고, 그 성읍은 기원전 13세기 람세스 2세 시대에 다시 점령되었다는 것을 안다. 우리는 굶주린 유목민들이 식량을 위해 나일 삼각주 지역으로 들어오는 것을 이집트의 관리들이 허락했다는 것을 알고, 또 셈족 노예들이 이 시기에 이집트에 있었다는 것은 잘 증명되고 있다. 특히 우리는 람세스 2세의 수도를 건설하는 데 참여했던 하비루 또는 아피루라고 불리는 족속에 관해 알고 있다(일부 학자들은 이 이름이 '히브리'라는 단어와 연관되어 있다고 주장한다). 기원전 13세기의 한 파피루스는 이집트가 국경을 철저히 통제했다고 말한다. 출애굽 이야기에는 이집트의 요소가 많이 들어 있다. 예를 들어 모세, 아론, 비느하스 등등이 모두 이집트식 이름이다. 물론 이런 것들이 구약성경 이야기에 있는 특정 내용을 증명하는 것은 아니다. 이집트의 기록에 모세라는 이름을 가진 사람, 전염병, 바로 군대의 패전 같은 것은 나오지 않는다. 그러나 일부 학자들은 위에 언급된 정황 증거를 토대로, 건축 사업에 동원되었던 노예들이 이 시기에 소규모 집단을 이루어 이집트를 탈출했다는 이야기에 타당성이 있다고 주장한다. 따라서 출애굽에 대한 역사적 근거가 있다고 하면, 가장 가능성에 있는 배경은 기원전 13세기이다.

일부 학자들은 야훼에 의한 기적적인 구원에 관한 이 정교하고 극적인 이야기 뒤에 어떤 역사적 기억이 있다고 추정한다(왜 완전히 이집트인이고 이집트식 이름을 가진 모세를 민족적 영웅으로 만들고 왜 조상들에게 노예라는 불명예를 씌우겠는가?). 그렇지만 족장 이야기와 관련하여 앞에서 말했듯이, 결국 우리가 다루는 것은 신성한 역사, 즉 이스라엘 민족의 기원에 관한 신화적 이야기이다. 역사적 검증 가능성보다 더 중요한 것은 과거 언젠가 야훼가 그들을 속박에서 구원하고 그들을 영원한 언약으로 자신과 하나로 묶었다는 이 전승을 전해 받고, 윤색하고, 전달하고, 신성시한 고대 이스라엘 민족의 믿음이다.

이스라엘의 노예화와 모세의 출생과 삶

구약성경에 따르면, 이스라엘 민족은 번성하여 요셉의 재직 기간 동안 그들에게 주어졌던 고센 지역을 가득 채웠다(출 1:7). 요셉을 알지 못했던 새로운 바로는 외국인의 존재를 두려워하여, 모든 성인 남자들을 노예로 만들어 그들의 성장을 억제하려고 했다("어려운 노동으로…… 흙 이기기와 벽돌 굽기", 출 1:14). 그러나 "학대를 받을수록 더욱 번성하여 퍼져나가니"(출 1:12) 파라오는 더 극단적인 방법을 쓴다. 그는 애굽인 산파들에게 새로 태어난 모든 이스라엘의 남자아이를 죽이라고 명령한다(출 1:15~17).

남자아이들을 살려준 산파들로 뜻을 이루지 못하자, 바로는 새로 태어나는 모든 남자아이를 나일강에 익사시켜 이스라엘 민족을 전멸시키라고 모든 사람들에게 명령한다(출 1:22). 이것이 모세의 출생과 그가 나일강에 던져지는 이야기로 이어진다. 레위(제사장)의 집안에서 태어난 모세는 3개월 동안 숨겨진 후 역청으로 연결된 갈대 상자에 담겨 나일강가의 갈대 사이에 놓여진다. 이곳에서 결국 파라오의 딸이 그를 발견한다. 그의 생모가 유모가 되어 그 아기는 파라오의 딸에게 입양된다. 바로의 딸은 그를 모세(이집트식 이름)라고 이름 짓는다.

학자들은 이 이야기가 역설과 언어유희로 가득차 있음에 주목한다 (사르나). 바로를 좌절시킬 모세의 구출이 바로의 딸에 의해 이루어지고, 모세는 바로 자신의 궁에서 보호받는다. 나아가 모세가 앞으로 가질 중요성이 문학적 암시를 통해 표현된다. 모세의 상자는 방주(테바 tevah)로 불리는데, 이 단어는 히브리 성경 전체에서 정확히 두 번 사용된다. 이곳과 노아의 방주 이야기이다. 사르나는 이 두 경우 모두 방주가 위험한 물을 통한 구원의 도구라고 말한다. 그 물은 방주를 전복시키려고 위협하는, 그로써 피조물에 대한 야훼의 희망과 계획을 없애려는 물이다. 그런가 하면 이 아이는 갈대(수프suf) 사이에 놓여지는데, 모세가 갈대 바다를(얌 수프yam suf) 통과해 이스라엘 민족을 이끌 것이라는 사실을 암시한다.

이와 같은 전설적인 출생 이야기는 고대 근동 지방 및 다른 지방에서 중요한 유사한 이야기를 찾을 수 있다. 나중에 위대하게 되는 사람들(페르시아의 키루스, 오이디푸스, 예수 외 다수)의 출생을 둘러싼 비상한 사건들의 이야기는 흔하다. 사실 모세의 출생 이야기는 아카드의 위대한 왕 사르곤(기원전 2300년경)의 출생 이야기와 세부 내용이 비슷하다.

사르곤, 전능한 왕, 아가드의 왕, 나다.

나의 어머니는 요정[혹은 무당?]이었고, 나의 아버지 나는 알지 못했다.

나의 아버지의 형제는 산을 사랑했다.

나의 도시는 아주피라누이고, 유프라테스강변에 있다.

나의 요정 어머니는 나를 잉태했고, 비밀리에 나를 낳았다.

그녀는 나를 풀로 만든 상자에 누이고, 역청으로 뚜껑을 봉합했다.

그녀는 내 위로 넘치지 않는 강으로 나를 던졌다.

강은 나를 이끌어 물 긷는 사람 아키에게 데려다주었다.

물 긷는 사람 아키가 물병을 담글 때 나를 들어올렸다.

물 긷는 사람 아키가 나를 그의 아들로 삼았고 나를 키웠다.[3]

잉태 후 아기를 숨기는 것부터 강에 놓이는 역청으로 연결된 상자까지 이 이야기들은 눈에 띄게 비슷하다. 이 사례는 구약성경의 이야기들이 어느 정도나 문학적 전승에 의해 형성되었는지 그 정도를 분명히 보여준다.

모세의 어린 시절에 관해 전해지는 것은 없으나, 다음 구절에서 이스라엘 사람이라는 신분에 대한 그의 의식이 점점 강해졌음을 알 수 있다.

모세가 장성한 후에 한번은 자기 형제들에게 나가서 그들이 고되게 노

동하는 것을 보더니 어떤 애굽 사람이 한 히브리 사람 곧 자기 형제를 치는 것을 본지라

좌우를 살펴 사람이 없음을 보고 그 애굽 사람을 쳐죽여 모래 속에 감추니라

이튿날 다시 나가니 두 히브리 사람이 서로 싸우는지라 그 잘못한 사람에게 이르되 네가 어찌하여 동포를 치느냐 하매

그가 이르되 누가 너를 우리를 다스리는 자와 재판관으로 삼았느냐 네가 애굽 사람을 죽인 것처럼 나도 죽이려느냐 모세가 두려워하여 이르되 일이 탄로되었도다

바로가 이 일을 듣고 모세를 죽이고자 하여 찾는지라 모세가 바로의 낯을 피하여 미디안 땅에 머물며 하루는 우물 곁에 앉았더라(출 2:11~15)

모세는 핍박당하는 동족을 돕느라 애굽 사람을 죽이고, 미디안 지역으로 도망쳐야 했다. 그는 거기 우물에서 다시 방어할 수 없는 상태에 있는 사람들을 방어하려고 행동한다. 이것이 그의 성격의 핵심이다.

미디안 제사장에게 일곱 딸이 있었더니 그들이 와서 물을 길어 구유에 채우고 그들의 아버지의 양떼에게 먹이려 하는데

목자들이 와서 그들을 쫓는지라 모세가 일어나 그들을 도와 그 양떼에게 먹이니라(2:16~17)

모세는 이 여자들 중 하나인 십보라와 결혼하고, 미디안에서 양치

기로 40년을 산다. 그러나 애굽에 있는 이스라엘 민족의 상황은 여전히 암울하다.

이스라엘 자손은 고된 노동으로 말미암아 탄식하며 부르짖으니 그 고된 노동으로 말미암아 부르짖는 소리가 하나님께 상달된지라
하나님이 그들의 고통 소리를 들으시고 하나님이 아브라함과 이삭과 야곱에게 세운 그의 언약을 기억하사(출 2:23~24)

하루는 모세가 광야에 있는 호렙(또는 시내)이라 불리는 산에서 타지 않는 떨기나무에 있는 불꽃을 보게 된다. 그후 그는 "나는 네 조상의 하나님(엘로힘)이니, 아브라함의 하나님(엘로힘), 이삭의 하나님(엘로힘), 야곱의 하나님(엘로힘)이니라"라고 말하는 목소리를 듣는다(출 3:6). 모세는 두려움에 얼굴을 가리지만 신은 계속 말한다. 모세에게 할 일이 있는 것이다.

내가 애굽에 있는 내 백성의 고통을 분명히 보고 그들이 그들의 감독자로 말미암아 부르짖음을 듣고 그 근심을 알고
내가 내려가서 그들을 애굽인의 손에서 건져내고 그들을 그 땅에서 인도하여 아름답고 광대한 땅, 젖과 꿀이 흐르는 땅 곧 가나안 족속, 헷 족속, 아모리 족속, 브리스 족속, 히위 족속, 여부스 족속의 지방에 데려가려 하노라
이제 가라 이스라엘 자손의 부르짖음이 내게 달하고 애굽 사람이 그들

을 괴롭히는 학대도 내가 보았으니

이제 내가 너를 바로에게 보내어 너에게 내 백성 이스라엘 자손을 애굽에서 인도하여 내게 하리라(출 3:7~10)

모세는 이의를 제기하고 그의 형 아론이 더 나은 연설가라고 주장한다. 그러나 우리가 창세기에서 이미 보았지만, 이스라엘의 신은 그가 선택하는 사람을 선택하고, 그의 생각은 언제나 헤아릴 수 있는 것은 아니다.

신의 이름과 이스라엘 종교의 역사

모세가 자기를 누가 보냈다고 말해야 하는지 묻자, 신은 자신을 "스스로 있는 자"(히브리어로 "Ehyeh asher ehyeh")라고 대답한다.[4] 모세는 이것을 삼인칭 표현으로 바꾼다(히브리어로 "Yahweh asher yahweh"). 그후 이 문장은 그 첫 단어로 줄어 '야훼Yahweh'가 되고, 이 신의 고유한 이름으로 이해되기에 이른다.[5] 일부 학자들은 야훼라는 이름이 역동적인 존재의 속성을 표현한다고 주장한다. 이 신은 새로운 것들을 창조하는 신이다. 혼돈에서 우주를, 그리고 이제 도망하는 노예 무리에서 새로운 한 민족을 창조한다. 그러나 신이 말한 이 문장은 단지 모세의 질문에 대답하지 않는 방식이라고 할 수도 있다. 내가 누구냐고? 스스로 있는 자이다. 네가 상관할 일이 아니다!

불타는 떨기나무의 대화는 몇 가지 중요하고 독특한 특징이 있다. 첫째, 이 신은 그 스스로 모세에게 아브라함과 이삭, 야곱의 하나님(엘로힘)으로 신분을 밝힌다. 수많은 주석학자들이 지적했듯이, 그렇게 함으로써 기록자는 지금 모세에게 밝혀진 계시와 이스라엘의 선조들, 즉 족장들이 받았던 계시와 약속 사이의 단절 없는 역사적 연속성을 확립한다. 그런데 역설적이게도 이 같은 연속성에 대한 주장은 근본적인 단절을 분명히 보여줄 뿐이다. 그 신이 선조들의 하나님이라고 주장한다 해도, 그는 모세에게 새로운 이름 야훼를 알려주기 때문이다. 이렇게 야훼 신앙 또는 야훼교는 모세와 함께 시작되었다고 말할 수 있다.

이 책 5장에서 논의했듯이, 구약성경의 문서들은 이 점에서 서로 구별된다. 창세기 4장 26절의 J 문서에 따르면, 최초의 사람들은 야훼를 야훼로 섬겼다. 그 이름은 늘 인간에게 알려져 있었다. J 문서는 족장들의 신과 출애굽의 신 사이의 직접적인 연속을 주장하려 한다. 그러나 P 문서와 E 문서는 다른 이야기를 한다. P 문서로 분류되는 출애굽기 6장 2~4절에서 이 신은 "나는 여호와이니라 내가 아브라함과 이삭과 야곱에게 전능의 하나님(엘 샤다이)으로 나타났으나 나의 이름을 여호와로는 그들에게 알리지 아니하였고"라고 말하는데, 이는 J 문서와 모순된다. 많은 학자들이 P 문서와 E 문서는 이스라엘이 가나안의 신 엘을 섬겼을 때의 정보를 보존하고 있다고 주장한다.[6] P와 E 문서는 선조들과 언약을 맺었던 신이 이름만 새롭지 출애굽의 신이라고 주장한다. P와 E 문서도 역시 연속성을 주장하지만, 오히려 근본적인 단절과 새로운 시작에 정확히 주의를 끄는 방식으로 그렇게 한다. 이 새로운 시작을 이해하려면 족장들의 종교와 모세적인 야훼 신앙의 차이

점을 검토하는 것이 필요하다.[7]

창세기의 족장 전승에서 이 신은 여섯 번 '엘 샤다이'로 불린다(창 17:1, 28:3, 43:14, 48:3, 49:25, 출 6:3). 다른 이름은 '엘 엘리온El Elyon' (창 14:18~22, 시 78:35), '엘 올람El Olam'(창 21:33), '엘 로이El Roi'(창 16:13), '엘 벧엘El Bethel'(창 31:13, 35:7)이다. 이 모든 것의 공통분모는 '엘'이다. 엘은 1928년 시리아의 라스 샴라(고대의 우가리트)에서 한 농부가 발견한 문학 작품에서 밝혀진 대로 가나안 신들 중 최고신의 고유한 이름이다. 프랑스인들이 발굴한 한 무덤에서는 구약성경의 히브리어와 매우 가까운 언어로 기록된 쐐기문자 서판들이 발견되었다. 거기 담긴 이야기들은 가나안 종교의 신들의 공적을 알려준다. 이 신들에는 여러 신들과 인간의 아버지인 하늘 신 엘이 있고, 엘의 아내 아세라는 어머니 신이고, 그들의 딸 아나트는 사랑과 전쟁의 신이다. 바알은 폭풍우의 신인데, 그는 신화에서 혼돈의 바다 신 얌과 죽음의 신 모트를 물리친 것으로 묘사된다.

구약성경에 있는 족장들의 신과 가나안의 신 엘 사이에는 눈에 띄는 닮은 점들이 있다. 가나안의 엘은 신들의 모임의 수장이다. 그는 길고 하얀 턱수염이 있다고 전해진다. 그는 산꼭대기 장막 안에 거한다. 그는 '만물의 조상' '황소' '왕'과 같은 별칭이 있다. 또한 그는 족장들의 보호자—"그 가문의 조상의 신"—로서 그들을 인도하고 보호하고 자손을 약속한다. 이와 비슷하게 구약성경의 많은 구절에서 이스라엘의 신은 신들의 모임의 수장으로 묘사된다. 이스라엘의 신은 가끔 가나안의 엘이 연상되는 별칭으로 묘사된다("야곱의 전능자", 창 49:24,

시 132:2, 5, 사 49:26, 60:16). 족장 이야기에서 이스라엘의 신은 스스로를 아브라함과 그 자손들을 인도하고 보호하고 약속하는 "조상의 신"이라고 말한다(창 26:24, 28:13, 32:9, 43:23, 46:1, 출 3:15). 또한 이 이야기들에 나오는 많은 개인 이름과 장소 이름은 '엘'이 들어간 복합어이다(이스라엘, 이스마엘, 벧엘). 반면에 모세 시대 이후 이스라엘 사람의 이름은 엘리야후, 아도니야와 같이 '야' 또는 '야후'(야훼의 준말)에서 만들어진다.

그런가 하면 구약성경의 다른 구절들에서는 이스라엘의 신이 폭풍우 신 바알을 연상시키는 용어로 묘사된다. 바알은 가나안의 신화에서 엘을 패배시키고 가나안 신들의 수장 자리를 차지한 신이다. 야훼는 바알과 같이 구름을 탄다고 전해지고(시 68:4) 그의 나타남은 천둥과 폭풍우, 지진을 동반한다. 시적인 단편을 보면 물이 많은 적을 이긴 야훼의 승리를 언급하는데(출 15장, 시 114편, 사 51:9~11) 이 역시 바알을 연상시키는 제재다. 마지막으로 전쟁에서 창과 활과 화살로 무장한 군대를 이끄는 용사로 야훼를 묘사하는 곳에서 고대 근동 지방의 거룩한 전쟁 신화의 영향을 포착할 수 있을 것이다.

고대 이스라엘 및 유대의 제사 관행은 가나안과 고대 근동 지방의 제사 관행과 닮았다. 가나안의 종교 의식은 신상, 돌기둥(신의 상징이거나 죽은 자의 기념비), 동물 제물, 곡식 제물, 액체 제물을 위한 제단을 갖춘 작은 신전에서 행해진다. 비슷하게 이스라엘의 신도 제단, 제단 기둥, 나무 장대(아세라 장대라고 불린다)가 있는 사당인 '높은 곳'에서 숭배되었다. 이런 사당들은 조상들과의 접촉 또는 죽은 자 숭배와 관련되었을 것이다. 여러 지역 제단에서 드리는 제사는 신명기 12장에서 반대에 부딪혀, 모든 제사는 하나의 중앙 성소에서 드리라는 주장과 흩어져 있는 모든 제단과 높은 곳을 파멸하라는 명령이 쓰여 있다. 족장 이야기는 분명히 신명기 저자의 기록이 아니다. 그러나 이 이야기들은 분명 오랜 전통적 권위가 있었기에 신명기적 편집자가 크게 변형시키지 않고 채택했을 것이다.

이스라엘의 신과 제사와 그 주변 지방의 신과 제사 사이에 있는 주목할 만한 유사성을 우리는 어떻게 이해해야 할까? 이스라엘의 신과 제사 관행의 출현을 어떻게 이해해야 할까? 이 책 2장에서 구약성경의 유일신 신앙 출현을 이해하기 위한 두 개의 모델을 간단히 서술했다. 첫째는 전통적인 진화적 모델로, 많은 신들을 숭배하는 다신교로부터 하나의 신이 최고의 지위로 높여진 단일신교로의, 이어 모든 신을 부정하고 단 하나의 신이 있는 유일신교로의 자연스러운 진화를 설명한다. 둘째는 카우프만의 혁명적 모델로, 유일신교와 다신교는 근본적으로 서로 달라 다신교에서 유일신교로 진화할 수 없었을 것이라는 주장이다. 이 두 모델 모두 진실을 담고 있음은 분명하다. 진화 모델은 야훼가 많은 측면에서 이스라엘 주변의 신들과 닮은 것을 설명한다. 직설적으로 말하면, 이스라엘 선조들은 가나안의 신인 엘을 숭배했던 것으로 보인다. 그러나 진화 모델은 이스라엘의 종교와 그 주변 지방의 종교 사이에 생겨난 치열한 논쟁적 관계를 설명하지 못한다. 반면 카우프만의 혁명적 모델은 거의 전적으로 야훼 신앙과 가나안 다신교 사이의 상이점들과 논쟁적 관계에만 집중한다. 이 급진적 모델은 많은 분야에 있었던 접촉과 유사성을 대체로 인정하지 않으려 한다.

구약성경의 유일신 신앙의 출현을 이해하기 위한 세번째 모델은 최근 나타났는데, 다신교 대 유일신교의 이분법을 피하려는 노력이다. 성경학자 마크 스미스는 이스라엘의 종교를 가나안 종교로부터의 진화 또는 개량으로 보거나 아니면 가나안 종교와의 근본적인 단절로 보는 대신, 문화적·이념적 절충이 이스라엘의 유일신 신앙을 낳았다고 본다. 그는 이스라엘 종교의 기원과 발전을 융합과 차별화의 과정으로 설명한다. "융합은 야훼의 모습에 다양한 신들과 그들의 특징을 합치는 것이다".[8] 차별화는 이스라엘이 그것의 가나안 뿌리를 거부하고 별개의 정체성을 만들어내는 과정이다.

스미스의 모델에서 이스라엘 선조들의 가나안 뿌리는 명확하다. 히브리어 자체가 가나안 방언이다. 가나안의 신 엘은 이스라엘 고대 선조들의 신이다. 원래 남부 지방(시내 또는 아마도 에돔)에서 시작된 신 야훼는 융합 과정을 통해 다른 신들의 특징을—먼저 엘의 특징을, 나중에는 엘을 대체한 바알의 특징을(책 8장 참조)—받아들였다. 그러다가 '오직 야훼'를 주장하는 사람들이 나타나 '가나안적'이라는 꼬리표가 붙은 사람들과의 차별화를 주장함에 따라, 이 융합의 일부 측면들이 비판되고 거부되었다. 스미스의 융합과 차별화 모델은 강한 설득력을 가지고 있다. 그것은 이스라엘의 신과 그 주변의 신들의 깊은 유사성을 설명하고, 가나안 종교에, 특히 바알 숭배에 반대하는 구약성경의 격렬한 논쟁을 설명한다. 이스라엘은 그 주변 민족들과 같거나 다르다라는 무익한 이분법은 피하면서 이스라엘의 신을 우리에게 익숙한 문화적 과정(융합과 차별화)의 결과물로 이해하게 한다.

이 차별화는 언제 그리고 왜 일어났을까? 이스라엘 민족은 언제 그리고 왜 '오직 야훼'의 입장을 취해서 예를 들어 이런 순전한 야훼 신앙의 바알 숭배로부터의 차별화를 시도했을까? 이 질문에 대한 논쟁은 치열하다. 이 문제는 이 책 11장에서 다룰 것이다.

요약하면, 구약성경에서 이스라엘 남녀 선조들은 엄격한 야훼 신앙을 가진 사람들이 분명히 아니다. P 문서와 E 문서에서 주장하는 것을 보면, 우리는 그 선조들이 엘이라는 이름의 신을 숭배했다는 것을 충분히 알 수 있다. 그러나 출애굽 시대에 그 신은 자신을 야훼라고 밝혔다. 여호수아 24장 14~15절에서 모세의 후계자 여호수아는 다음과 같은 선택을 이스라엘 민족에게 제시한다.

그러므로 이제는 여호와를 경외하며 온전함과 진실함으로 그를 섬기라 너희의 조상들이 강 저쪽과 애굽에서 섬기던 신들을 치워버리고 여호와만 섬기라

……너희가 섬길 자를 오늘 택하라 오직 나와 내 집은 여호와를 섬기겠노라

이 구절은 이스라엘 민족이 많은 신들(아마 엘, 바알, 그 외 가나안 신들)을 숭배했다는 사실을 간직하고 있다. 나중에 가서야 '오직 야훼' 사람들이 나타나 이스라엘-유대 종교의 바람직하지 않은 특정 요소들을 비판하고 제거했다. 이스라엘의 차별화 과정에서 그런 요소들은

'가나안적'이라는 꼬리표가 붙었다. 그러므로 구약성경에 나타나는 이스라엘과 가나안 사람들 간의 싸움은 '오직 야훼' 사람들과 조상의 종교에 참여하는 사람들의 내전으로 이해하는 것이 더 적절할 것이다.

8
애굽에서 시내로

읽기: 출애굽기 5~24장, 32장, 민수기 11~14장, 16장, 20장, 25장

애굽에서 탈출하다

불타는 떨기나무에서의 신의 출현 이후 모세는 야훼의 사람들을 노예 상태에서 해방시키기 위해 애굽으로 돌아간다. 그러나 바로는 이스라엘 민족을 놓아주지 않으려 하고, 이것이 야훼의 뜻과 바로의 뜻 사이의 충돌을 촉발시킨다. 이 이야기에는 모세와 아론 대 애굽 마술사들의 겨루기 등 긴박한 드라마와 민간 전승 소재들이 들어 있다. 모세는 애굽 사람들에게 열 가지 재앙을 선언한다. 나일강을 피로 물들임, 개구리떼, 이, 곤충, 가축의 죽음, 사람과 짐승의 악성 종기, 번개와 우박, 메뚜기, 흑암, 그리고 이 모든 것의 절정으로 하룻밤 사이에 일어나는 애굽의 모든 처음 난 남자와 수컷의 죽음이다. 애굽의 마술사들은 처음에는 야훼가 보낸 재앙을 흉내낼 수 있었지만 곧 패배하고, 야훼

의 마술사들에 대한 승리는 애굽 신들의 패배로 여겨진다.

문서 비평가들은 열 가지 재앙들에 관한 설명이 재앙의 가짓수와 성격에 관해서나 드라마의 주요 등장인물에 관해 여러 다른 전승을 보존하고 있는 서로 다른 출처 문서가 복잡하게 얽혀 있는 것으로 본다. 문서 비평가들에 따르면, 열 가지 재앙을 모두 가진 출처 문서는 없다. J 문서에는 여덟 가지가, E 문서에는 세 가지가, P 문서에는 다섯 가지가 들어 있다. 어떤 재앙은 한 문서에만 있고, 어떤 재앙은 둘 이상의 문서에서 발견된다. 그러나 세 개의 목록을 합치면 열 개가 된다. 그렇지만 이 내용의 더 큰 윤곽을 검토해보면 최종 편집자의 정교한 솜씨가 느껴진다. 편집자가 열 가지의 재앙을 세 가지씩 한 묶음으로 세 묶음 편성하고, 절정의 열번째 재앙이 그 뒤를 따르도록 편성한 것에 사르나는 주목한다(다시 말하지만 3과 10은 구약성경에서 이상적인 숫자들이다). 세 개의 재앙이 있는 각 묶음은 특정한 문학적 구조를 공유한다. 즉, 각 묶음의 첫번째와 두번째 재앙은 사전에 경고되지만 세번째 것은 그렇지 않다. 각 묶음의 첫번째 재앙에는 신의 똑같은 지시가 있다. 즉, 아침에 바로에게 가서 너를 보이라는 명령이다. 각 묶음의 두번째 재앙은 "바로에게 가"라는 신의 명령과 함께 소개된다. 세번째 재앙에는 아무런 명령이 없다. 이러한 구조적인 반복은 최종적이고 가장 치명적인 재앙에 이르는 점점 더 강해지는 크레센도를 만들어낸다(표 3 참조). 애굽의 장자 학살은 이전에 애굽인들이 히브리 아기들을 죽였던 것에 대한 보복으로 이해할 수도 있지만, 성경에서는 야훼의 장자인 이스라엘에 대한 애굽인들의 대우에 대한 보복으로 설명된다. 출애굽기 4장 22~23절에서 야훼는 바로에게 다음과 같이 말할 것을 모세에게 지시한다.

> 너는 바로에게 이르기를 여호와의 말씀에 이스라엘은 내 아들 내 장자라
>
> 내가 네게 이르기를 내 아들을 보내주어 나를 섬기게 하라 하여도 네가
>
> 보내 주기를 거절하니 내가 네 아들 네 장자를 죽이리라 하셨다 하라

이 마지막 재앙에서 신(또는 그가 보낸 죽음의 천사. 출 12:12~13과 출 12:23을 비교할 것)은 밤중에 애굽의 모든 장자와 처음 난 수컷을 죽이면서 애굽을 두루 다닌다(출 12:29). 모세는 이 학살로부터 보호 받기 위해 이스라엘의 모든 가정에 어떤 의식을 행할 것을 명령한다. 이 의식은 두 부분으로 이루어진다. 먼저 각 가정은 무교병을 먹어야 한다. 이어 양을 희생하여 가정 음식으로 먹고, 그 피를 문설주에 바르고, 아침이 될 때까지 집 안에 머물러야 한다.

> 내가 그 밤에 애굽 땅에 두루 다니며 사람이나 짐승을 막론하고 애굽 땅
>
> 에 있는 모든 처음 난 것을 다 치고 애굽의 모든 신을 내가 심판하리라 나
>
> 는 여호와라
>
> 내가 애굽 땅을 칠 때에 그 피가 너희가 사는 집에 있어서 너희를 위하
>
> 여 표적이 될지라 내가 피를 볼 때에 너희를 넘어가리니 재앙이 너희에게
>
> 내려 멸하지 아니하리라(출 12:12~13)

표 3. 출애굽기 재앙 이야기의 문학적 구조

	재앙	성경 원문	사전 경고	경고 시점	명령 형식	행위자
1차	1. 피	7:14~24	있음	아침에	너를 보이라	아론
	2. 개구리	7:25~8:11	있음	없음	바로에게 가라	아론
	3. 이	8:12~15	없음	없음	없음	아론
2차	4. 곤충	8:16~28	있음	아침에	너를 보이라	신
	5. 가축의 죽음	9:1~7	있음	없음	바로에게 가라	신
	6. 악성 종기	9:8~12	없음	없음	없음	모세
3차	7. 우박	9:13~35	있음	아침에	너를 보이라	모세
	8. 메뚜기	10:1~20	있음	없음	바로에게 가라	모세
	9. 흑암	10:21~23	없음	없음	없음	모세
절정	10. 애굽 장자의 죽음	11:4~7, 12:29~30	있음	없음	없음	신

나훔 사르나의 책 『출애굽기 탐구』에서 참조. 뉴욕, Socken Books, 1986, 76쪽.

이스라엘의 노예 생활의 마지막 날 밤에 수립되는 이 유월절 의식은 "영원한 규례로" 지켜지게 된다(출 12:24).

이 이야기는 학자들이 오랫동안 주목해온 현상, 즉 이미 존재하는 의식 관행을 이스라엘 사람들이 역사화하는 것을 보여준다. 여기서는 과거부터 봄에 치르던 두 가지 별개의 종교 의식이 그 대상이다(사르나). 하나는 신의 은혜를 입기 위해 봄에 처음 태어난 양을 제물로 바치는 목축하는 반유목민의 특징적인 의식이고, 다른 하나는 봄에 수확해서 발효되지 않게 빠르게 갈아 신선한 가루로 만든 첫 보리를 제물로 바치는 농민의 특징적인 의식이다. 만일 이스라엘이 농사짓는 민족과 목축하는 민족이 모두 포함된 가나안의 다양한 민족들의 혼합으로 형성되었다면(이 문제는 책 12장에서 다시 다룰 것이다) 이 다양한 민족들의 종교 의식이 그대로 유지되면서 히브리 민족의 노예화와 해방 이야기에 연결되었을 가능성이 있다. 과거의 자연 축제를 새로운 나라의 삶에 일어난 사건들과 연결시키는 것은 이스라엘이 그 주변 민족들로부터 스스로를 차별화하는 과정의 일부로 볼 수 있을 것이다. 그렇기 때문에 희생된 양의 피가 히브리 민족을 장자 학살로부터 보호했다고 했고, 빵을 발효시키지 않은 상태로 먹은 이유는 탈출하는 히브리 사람들이 빵 반죽이 부풀 때까지 기다릴 시간이 없었기 때문이라고 했던 것이다.

마지막 재앙에 이어 바로는 결국 이스라엘 민족이 광야에 가서 그들의 신을 섬기도록 허락한다. 하지만 곧 마음을 바꾸어 이스라엘 사람들을 쫓으러 병사들과 전차를 모는 전사들을 보내고, 이스라엘 사람들은 애굽 군대와 갈대 바다reed sea(때로 오해가 있는데, 엄청나게 큰 홍해Red Sea가 아니다) 사이에 갇힌다. 어떤 사람들은 포기하길 원한다.

애굽에 매장지가 없어서 당신이 우리를 이끌어내어 이 광야에서 죽게 하느냐? 어찌하여 당신이 우리를 애굽에서 이끌어내어 우리에게 이같이 하느냐

우리가 애굽에서 당신에게 이른 말이 이것이 아니냐 이르기를 우리를

내버려두라 우리가 애굽 사람을 섬길 것이라 하지 아니하더냐 애굽 사람을 섬기는 것이 광야에서 죽는 것보다 낫겠노라(출 14:11~12)

그러나 모세는 두려워하는 사람들을 결집시킨다. 위기의 순간 야훼가 이스라엘을 위하여 개입한다.

여기서도 문서 비평가들은 출애굽기 14~15장의 갈대 바다를 가르는 이야기에서 세 가지 버전을 찾는다. 그렇지만 J 문서, E 문서, P 문서가 각각 어디에서 시작되고 어디에서 끝나는지에 관해서는 학자들의 의견이 많이 다르다는 것을 강조해야겠다. 갈대 바다라는 말부터가 넓게 펼쳐진 바다가 아니라 늪과 비슷한 환경을 시사하지만, 바다라는 이미지는 출애굽기 15장 1~18절의 시적인 구절을 지배하고 있다. 많은 학자들이 이 구절이 14~15장에서 가장 오래된 부분일 것으로 판단한다. 4~5절은 애굽 군대와 지휘관들이 갈대 바다에 빠져 가라앉았다고 묘사하는데, 마치 바다의 폭풍우가 덮친 것처럼 묘사한다. 8절은 야훼의 코에서 바람이 몰아쳐 물을 언덕같이 일어서게 하는 것으로 묘사한다. 10절에서는 두번째 바람으로 바다가 애굽 사람들을 덮어 웅장한 바다 속으로 납처럼 가라앉게 한다. 이 부분에서는 사람들이 마른 땅을 건넜다고 명확히 말하지 않는다.

깊은 바다에 가라앉는 이미지는 고통에 대한 비유로, 다른 히브리 시(특히 시편)에서도 발견된다고 존 콜린스는 지적한다.[1] 시편 69편에서 시편 기자는 엘로힘에게 자신을 구원해달라고 다음과 같이 요청한다.

물들이 내 영혼에까지 흘러들어왔나이다

나는 설 곳이 없는 깊은 수렁에 빠지며 깊은 물에 들어가니 큰 물이 내게 넘치나이다(시 69:1~2)

그러나 시인이 실제로 물에 빠진 것이 아니라, 자신이 처한 곤경에 대한 비유로 이 언어를 쓰고 있음이 곧 명백해진다.

까닭 없이 나를 미워하는 자가 나의 머리털보다 많고 부당하게 나의 원수가 되어 나를 끊으려 하는 자가 강하였으니(시 69:4)

콜린스는 출애굽기 15장에 있는 시가 바로로부터의 탈출 또는 바로에 대한 패배라는 역사적 기억을 기념, 보존하고 있고, 여기서 가라앉는 이미지는 애굽 사람들이 당한 모욕과 패배를 비유적으로 묘사하기 위해 사용된다고 주장한다. 나중의 기록자들은 이 고대의 노래에 있는 물에 빠짐을 확장하여 출애굽기 14장에서 이 비유를 글자 그대로 실현하는 내용을 작성했다. 이에 따르면, 바로의 군대는 문자 그대로 물에 빠져 죽었다. 그러나 이 서술적 내용에서조차 문서 비평가들은 얽혀 있는 두 버전의 혼합을 본다. P 문서(출 14:1~4, 15~18, 22~23, 26~29가 흔히 P 문서로 분류된다)에서는 모세가 지팡이를 내밀어 물을 갈라지게 하는 것으로 묘사되어 있다. 물이 벽처럼 일어서게 되어 이스라엘 사람들이 마른 땅으로 건너갈 수 있고, 그런 다음 물이 애굽 군대를 덮친다. 그러나 출애굽기 14장 24~25절(일부 학자들이 J 문서로 분류)에서는 애굽 군대가 자기들의 전차에 방해받는다. 이스라엘 민족이 걸어서 습지를 통과하여 나아가고 있을 때, 애굽 군대의 전차 바퀴가 진흙에 달라붙어 추격을 포기할 수밖에 없는 것이다. 긴장감과 내용상 모순이 눈에 띄긴 하지만, 이렇게 오랫동안 전달되고 엮이고 문학적으로 윤색되는 과정을 거쳐 나타난 최종 이야기는 우리가 앞에서 본 주제를 반복하고 있다. 혼돈의 물이 야훼의 창조와 야훼의 민족을 파멸시키려 하는 위협, 그리고 그 위협으로부터의 신의 구원이다.

엘, 바알, 야훼

이 '바다의 시'—출애굽기 15장 1~18절—에서 히브리 사람들은 가나안 신화의 표현을 채택하여 그것을 야훼에 적용한다. 여기서 야훼는 폭풍우 신의 방식으로 나타나, 바람을 몰아쳐 물을 쌓아올린다. 이러한 야훼의 모습은 가나안의 폭풍우 신 바알을 연상시키는데, 그는 구름을 타고 바람과 비를 동반한다. 우기가 시작될 때, 바알은 땅을 흔들면서 구름과 천둥을 찢는다. 중요한 한 전설에서 바알은 군주 바다 또는 재판관 강으로 알려진 적을 패배시킨다. 그는 물의 적을 무찌르고 나서 신들과 인간들의 왕으로 선포되고 산꼭대기에 있는 향나무 집에 살게 된다.

고대 히브리 사람들은 시적인 구절에서 야훼를 묘사할 때 비슷한 표현을 쓴다. 시편 68편 4절에서 "하늘을 타고 광야에 행하시던⋯⋯ 그의 이름은 여호와이시니"라는 대목은 마치 기록을 수정하여 폭풍우 신은 바알이 아니라 야훼임을 확고히 하는 것처럼 보인다. 시편 29편

역시 폭풍우 신에 대한 표현을 사용하는데, 일부 학자들은 이 시편 구절이 원래 바알에 대한 구절이었다고 생각한다.

여호와의 소리가 물 위에 있도다 영광의 하나님이 우렛소리를 내시니 여호와는 많은 물 위에 계시도다(시 29:3)

물의 괴물 같은 것과 싸우는 이스라엘의 신의 모습은 시편 74편 13~14절에서도 나온다.

주께서 주의 능력으로 바다를 나누시고 물 가운데 용들의 머리를 깨뜨리셨으며

구약성경에서 바알을 연상케 하는 용어로 야훼를 표현하는 것을 우리는 어떻게 이해해야 할까? 바알은 기원전 1500년과 1200년 사이에—전통적으로 출애굽의 시기와 이스라엘의 야훼 신앙의 도입 시기로 여겨지는 때—발생한 가나안 지방의 종교적 변화에서 핵심이 되는 신이라는 데 쿠건은 주목한다. 이 시기에 오래된 신들에서 젊은 세대의 신들로 가나안 신들 사이에 권력 이동이 있었다. 오래된 하늘 신 엘은 폭풍우 신 바알이 군주 바다를 패배시키면서 바알로 대체되었다. 쿠건은 거의 같은 시기에 이 지역의 많은 주요 전승에서 비슷한 변화가 일어난 것에 주목한다. 그것은 젊은 신이 물의 신을 이김으로써 오래된 신으로부터 권력을 빼앗는 변화이다. '에누마 엘리쉬'에서 우리

가 보았듯이, 젊은 폭풍우의 신 마르두크는 물의 깊음인 티아마트를 패배시키고, 오래된 하늘 신 아누 대신 통치권을 주장한다. 인도에서 폭풍우 신 인드라는 하늘 신 디아우스 대신 권력을 차지한다. 그리스에서 폭풍우, 천둥, 번개와 관련 있는 제우스는 신들의 수장이었던 크로노스를 대체한다. 그리고 여기 출애굽기에서 이스라엘 민족이 출현한 그때, 이스라엘 사람들이 유목민적 생활에서 그들의 땅에 정착하는 생활로 전환하는 그때, 이스라엘 종교에도 비슷한 변화가 있었다. 이스라엘 주변 민족들의 신화에서 지배적인 위치를 차지한 폭풍우의 신들과 같이, 야훼도 갈대 바다의 물을 쌓아올려 놀라운 승리를 거두고 이스라엘 선조들의 오래된 신 엘 대신 자기 자신을 이스라엘 민족의 신으로 확립한다. 가나안의 신 엘을 끌어내리는 가나안의 신 바알처럼, 야훼도 결국 산 높은 곳에 있는 향나무로 지은 집에 안착하게 될 것이다. 예루살렘 시온산 높은 곳의 성소에.[2]

당연하게도 이스라엘은 폭풍우 신이라는 주제를 다른 고대 근동 사회와는 다른 방식으로 사용한다. 그중 가장 중요한 방식은 야훼의 싸움을 신화적 싸움이 아니라 역사적 싸움으로 보는 것이다. 바다는 야훼의 적수가 아니고, 다른 신이 야훼의 적도 아니다. 야훼는 인간인 적 애굽의 바로와 싸우고 그의 군대와 싸운다. 즉 바다는 이스라엘을 위해 동원된 신의 무기고에 있는 무기일 뿐이다. 요컨대 야훼는 자연을 초월하고, 자기의 역사적 목적을 위해 자연의 힘을 이용하고, 이스라엘 민족을 구원하여 새로운 민족을 만들기 위해 역사에서 활동하는 것으로 나타난다. 창세기 1장에서 신의 바람이 태초의 물을 가르며 우주가 창조되었듯이, 출애굽기 14~15장에서도 야훼의 바람이 갈대 바다의 물을 가르며 새로운 민족이 창조된다. 그러나 고대 이스라엘 사람들은 그들의 역사적 사건을 설명하는 데 더 넓은 문화적 맥락의 전승과 신화적 이야기에 있는 언어와 이미지를 가져다 썼다.

오래된 주장대로 출애굽 사건은—후대 기독교에서 아주 흔히 시대착오적으로 이 이야기에 대입되는 개인의 죄로부터의 구원이 아니라—야훼가 자기의 민족을 구원하는 전형적인 예가 되었다. 히브리 성경에서의 구원은 개인을 죄 있는 본성으로부터 구원한다는 의미가 아니라, 민족적 고통과 핍박, 특히 외세의 통치나 노예 상태 같은 고통과 핍박으로부터 집단과 공동체를 구원하는 것이다. 구약성경의 기록자들이 야훼를 이스라엘의 구속자와 구원자로 말할 때, 그들은 야훼가 그 민족을 적의 손에서 물리적으로 구원하는 것을 말하는 것이다.

출애굽 사건을 그에 앞선 이야기들의 절정으로 보는 것은 잘못일 것이다. 이스라엘 민족의 물리적 구원은 창세기에서 시작된 이야기의 끝이 아니다. 여기는 하나의 정류장일 뿐이며, 그 절정은 시내에서 맺어지는 언약에서 절정에 다다르게 된다. 성경을 읽는 많은 민감한 독자들이 알아보았듯이, 애굽에서 나온 길은 갈대 바다의 건너편이 아니라 시내로 이어진다. 이스라엘 민족에 대한 야훼의 구원은 목적이 있는 구원이고, 그 목적은 시내에서 분명해진다. 시내에서 이스라엘 민족은 언약으로 묶인, 야훼의 민족이 된다.

시내산 언약

이야기는 그렇게 계속된다. 이스라엘 민족은 출애굽 후 석 달째에 시내 광야에 이르고 모세가 처음 야훼의 부름을 받았던 곳인 그 산에 진을 친다. 시내에서 완결된 언약은 모세 언약으로 불리고, 그것은 우리가 이미 보았던 노아와 아브라함(혹은 족장)의 언약과 근본적으로 다르다. 여기서 야훼는 그가 선택하여 그의 땅에서 살게 한 이스라엘 민족의 지지자와 보호자가 되기로 약속하지만, 여러 가지 법과 명령에 따라야 한다는 조건도 내건다. 따라서 모세 언약은 일방적이지도 않고, 무조건적이지도 않다. 여기에는 야훼와 이스라엘 모두에 상호적인 의무가 있다. 즉, 이스라엘 민족은 그들의 의무를 다하지 않으면 그 땅에서 쫓겨날 수 있다. 이스라엘은 야훼의 토라에 순종하고, 이 지침에 명시된 그의 뜻에 따라 사는 의무를 다해야만 한다. 그럴 때에만 비로소 야훼가 이스라엘에 대한 보호와 축복의 의무를 다할 것이다.

성경학자 존 레벤슨은 고대 이스라엘 종교의 두 가지 중심 요소—토라('지침서'지만 흔히 '율법'으로 번역된다)와 성전—에 대해 널리 퍼져 있는 편견 때문에 역사 비평가들이 구약성경의 이스라엘에 관대하지 않았다고 주장한다.[3] 한편에는 기독교의 부정적인 고정관념이 있다. 이것은 바울이 모세의 율법을 "사망에 이르게 하는" 저주이며 이 저주로부터의 구원은 예수를 믿는 믿음으로 가능하다고 말한 데서 생겨났으며, 이 고정 관념이 토라의 내용을 연구하는 학자들에게 영향을 끼쳐왔다. 또 한편으로는 제사장 중심의 제사 의식에 대한 개신교의 혐오가 성전과 그것이 고대 이스라엘에 가지는 의미를 연구하는 학자들에게 영향을 끼쳐왔다. 이러한 편견은 세속적인 성경학자들의 연구에도 스며들어 있다. 학자들은 율법에 관한 부정적인 견해 때문에 출애굽 이야기에 있는 시내산에서의 언약의 완결, 토라의 전달, 성막 건설, 이스라엘 민족 가운데 있는 장막에 거하기 위해 강림하는 야훼와 같은 더 자연스러운 문학적 절정보다 오히려 애굽에서의 구원을 중요한 것으로 강조하게 되었다. 레벤슨은 그의 책『시내산과 시온산』에서 토라와 성전이라는 두 개의 중심 관습과 제도에 대한 이런 편파적인 취급을 바로잡고 공평하게 설명하려고 시도한다. 그는 이 위대한 두 개의 산 전승을 탐구하는바 거기에는 다음과 같은 핵심 개념이 들어 있다. 시내산 전승에서는 이스라엘이 시내산에서 토라를 받고 야훼와 중요한 언약적 관계를 시작한다. 시온산 전승은 미래에 이스라엘 민족이 성전을 지을 터와 그에 수반되는 제사 의식이다. 이 장에서 우리는 토라와 언약에 대한 이스라엘 사람들의 개념으로 들어가는 서곡으로 시내산 전승에 대한 레벤슨의 분석을 고찰한다.

레벤슨은 이 언약의 문구가 중요하다고 강조한다. 고대 근동 지방에는 구약성경의 언약과 유사한 것들이 있으며, 종주국과 속국 사이에 맺은 히타이트 조약(기원전 1500~1200년)과 앗수르 조약(기원전 8세기)이 대표적인 예다. 레벤슨은 히타이트 조약의 여섯 가지 특징을 설명한다.[4] (1) 종주국 왕이 자신의 신분을 확인하는 전문. (2) 조약을 맺게 된 역사적 상황에 대한 내력(역사적 연혁). (3) 규정과 요구 사항. (4) 조약을 공개적으로 낭독하고 사당에 보관한다는 합의. (5) 구속력 있는 약속에 대한 서약의 증거로 신을 부르는 끝맺는 기도. (6) 조약을 준수하는 쪽에 대한 축복과 위반하는 쪽에 대한 저주의 목록(앗수르 조약에서는 저주가 강조된다). 이어 레벤슨은 이스라엘 민족이 시내에 도착한 후 야훼가 모세에게 한 첫 말에서 이 요소들 중 다수를 찾아낸다. 출애굽기 19장 3~6절의 대화는 다음과 같다.

(3) 모세가 하나님 앞에 올라가니 여호와께서 산에서 그를 불러 말씀하시되 너는 이같이 야곱의 집에 말하고 이스라엘 자손들에게 말하라

(4) 내가 애굽 사람에게 어떻게 행하였음과 내가 어떻게 독수리 날개로 너희를 업어 내게로 인도하였음을 너희가 보았느니라

(5) 세계가 다 내게 속하였나니 너희가 내 말을 잘 듣고 내 언약을 지키면 너희는 모든 민족 중에서 내 소유가 되겠고

(6) 너희가 내게 대하여 제사장 나라가 되며 거룩한 백성이 되리라 너는 이 말을 이스라엘 자손에게 전할지니라

(7) 모세가 내려와서 백성의 장로들을 불러 여호와께서 자기에게 명령하신 그 모든 말씀을 그들 앞에 진술하니

(8) 백성이 일제히 응답하여 이르되 여호와께서 명령하신 대로 우리가 다 행하리이다 모세가 백성의 말을 여호와께 전하매

레벤슨은 이전 학자들의 연구를 가져와 이 대화에서 히타이트의 종주권 조약에 있는 주요한 여러 요소를 발견한다. 4절은 역사적 연혁 역할을 한다. 5절은 아주 개략적인 조건부 형식의 규정을 담고 있으며, 그것이 뒤이어 자세한 규정으로 충분히 분명하게 표현된다. 5절 하반절과

6절은 보상이다. 야훼는 이스라엘에게 왕족 신분을 수여한다. 이렇게 이 구절에는 조약의 주요 요소들 중 세 가지가 들어 있다. 8절에서 이스라엘 민족은 이 언약의 규정들을 실천할 것을 엄중하게 다짐한다.

이스라엘과 야훼의 언약에 대한 구약성경의 기술을 더 넓게 살펴보면, 원문 여기저기에 흩어져 있는 여섯 요소를 전부 찾을 수 있다(레벤슨). 언약의 전문과 역사적 배경은 야훼를 요약하여 소개하는 출애굽기 20장 2절에서 볼 수 있다. "나는 너를 애굽 땅, 종 되었던 집에서 인도하여 낸 네 하나님 여호와니라". 생각건대 이 사실이 야훼가 통치권을 주장하는 근거가 된다. 조약의 조건들은 출애굽기 20~23장에서 명령과 법으로 길게 표현되어 있다. 모세는 이 언약의 책을 공개적으로 읽고(출 24:7), 신명기에서 언약의 판이 특별한 궤에 보관된다(신 10:5). 이스라엘 민족은 순종하기로 맹세하고(출 24:3, 7), 언약은 정식 제사와 함께 조인된다(출 24:8). 유일신 체계에서는 다른 신들이 증인이 될 수 없으나 신명기 4장 26절, 30장 19절, 31장 28절은 하늘과 땅(즉, 그곳의 거주자들)을 불러 증인으로 삼는다. 축복과 저주에 관해서는 레위기 26장과 신명기 28장에 각각 긴 목록이 나온다(이 저주 중 일부는 기원전 677년경 앗수르 왕 에살핫돈이 맺은 조약의 저주들과 매우 흡사하다). 이와 같이 히타이트 조약의 형식에 든 모든 요소가 어느 한 구절에 들어 있진 않아도 그중 여럿이 여기저기 흩어져 있기에, 히타이트 조약이 하나의 모델이었다는 것을 암시한다.

레벤슨에 따르면 이스라엘과 야훼의 관계에 종주권 조약을 모델로 사용한 것은 몇 가지 중요한 개념을 나타낸다. 첫째, 종주권 조약의 중심이 되는 역사적 연혁은 이스라엘을 대신해 역사에서 활동한 야훼에 대한 이스라엘의 마땅한 의무의 근거가 된다(레벤슨). 둘째, 역사적 연혁은 세대 간의 간극을 이어준다. 즉, 이스라엘의 과거와 현재와 미래 세대는 집단적으로 이 언약에 동의하는 집단적 실체를 형성한다. 오늘날에도 전 세계에서 유월절을 기념하는 유대인들은 마치 그들이 개인적으로 애굽에서 나와 야훼와 언약을 맺은 것처럼 생각하고 그 의무를 되새긴다. 셋째, 역사적 연혁은 이스라엘이 군주와 신하의 관계에서 신하 자리를 받아들이는 이유를 설명한다. 레벤슨은 이스라엘이 야훼와의 관계를 인정하는 것이 신비로운 자기성찰이나 철학적 고찰에서 나온 것이 아니라고 주장한다. 이스라엘 사람들은 신하가 자신의 군주를 신뢰할 수 있듯 이스라엘은 야훼를 신뢰할 수 있다는 교훈을 담은 이야기를 전함으로써 그들의 정체성과 야훼와의 관계를 확인한다.

그러나 이 언약의 목표는 그저 말로써 야훼의 종주권을 확정하는 것이 아니다. 레벤슨이 날카롭게 지적하듯, 야훼의 종주권은 명령에 대한 순종의 형태로 확정된다. 야훼의 명령을 지키는 것이 역사의 목적론적 목적이 되는 것이다. 이것이 왜 중요할까? 만일 우리가 애굽에서 시작한 길이 결국 시내로 이어진다는 것을 모르고, 민족 해방의 이야기가 생겨나 그것이 야훼의 언약적 규정과 법에 대한 의무로 종속되는 것에 주목하지 않는다면, 우리는 수세기 동안 반복되어온 오독을 다시 반복할 위험에 빠진다. 즉, 출애굽기를 특정한 명령들을 지킬 의무가 있는 관계에 관한 이야기로 읽지 않고, 무엇보다도 기적적인 구원에 관한 이야기로 읽을 위험에 빠진다.

레벤슨을 비롯한 학자들이 강조하는 주종 관계 모델의 함의는 이것만이 아니다. 고대 근동 지방의 종주권 조약에서 신하들은 서로를 같은 군주의 신하로 대하도록 명시되듯이, 이스라엘 민족도 동일한 군주의 신하로 서로 묶인다. 따라서 이스라엘의 언약은 사회적 윤리의 기반이 되고, 같은 이스라엘 사람을 대하는 태도와 관련한 야훼의 명령을 지켜야 하는 이유가 된다.

마지막으로 한 신하가 두 명의 군주를 섬길 수 없듯이, 야훼와 맺은 언약에는 이스라엘이 야훼만을 배타적으로 섬긴다는 개념이 수반된다(레벤슨). 이 주장은 다른 신이 없다는 것이 아니라, 이스라엘이 다른 어떤 신을 야훼 앞에 두지 않겠다는 뜻이다. 군주의 질투는 이스라엘이 야훼의 민족이 아닌 민족과 특정한 방식으로 친밀하게 접촉하는 것을 금지하는 동기가 된다. 그러한 동맹에는 상대 민족의 신들을 인정하는 일이 수반될 것이기 때문이다. (나중에 명확해지듯이) 야훼와의 언약은 다른 인간 경쟁자들과의 동맹도 불가능하게 한다. 예를 들어 이스라엘이 신성한 왕을 섬긴다면 인간 왕은 섬길 수 없는 것이다. 이 개념은 왕정 수립에 반대하는 구절, 또는 이방 왕들—애굽 왕이든 앗수르 왕이든 바벨론 왕이든—과 동맹을 형성하거나 그들에게 복종하는 일에 반대하는 구절에 나타날 것이다. 인간 왕에게 복종하는 것은 야훼의 배타적 왕권을 부인하는 것이고 언약을 위반하는 것이다(레벤슨).

고대 근동 지방의 주종 관계 모델은 신하의 군주에 대한 사랑을 반복적으로 얘기하는데, 이 요소가 구약성경에서 언약적 유대를 다루는 내용에도 나타난다. 야훼를 섬기고 사랑하겠다는 이스라엘 민족의 약속은 언약과 관련한 또하나의 주제로, 책 11장에서 자세히 다룰 것이다. 지금 단계에서는 시내가 율법과 사랑의 교차를 나타낸다는 레벤슨의 주장을 받아들이면 된다.

이 언약은 구약성경이 이스라엘과 이스라엘 신의 관계를 묘사하고 이해하는 데 아주 중요한 역할을 한다. 구약성경의 기록자들이 묘사하는 이스라엘 역사 전체가 이 하나의 놀라운 실체에 의해 지배된다. 이스라엘의 운명은 이스라엘이 이 언약을 얼마나 충실하게 지키는지에 달렸다.

야훼와 이스라엘 사이에 언약이 완성되자 삶의 사회적이고 법적인 영역이 규제되고 사법체계가 수립되었고, 이제 남은 것은 종교의 조직화, 즉 의식과 격식, 관행, 상징, 제도, 집행자 등 이스라엘 민족이 그들의 신을 이해하는 데 기초가 되는 개념들을 외적으로 표현할 일단의 조직을 만드는 일만 남았다. 시내에서 일어난 신의 임재에 대한 경험은 성막 건축을 통해서 생생한 현실로 연장될 수 있었다. 모세는 신의 명령에 따라 혼자 산에 올라 야훼로부터 성막 건축에 대한 정교하고 자세한 지시를 받는다. 성막은 초월하는 신의 영원한 거처가 아니라, 그가 자기의 민족 가운데 거하고 있음을 상징하는 임시 건축물이다. 우상이 없는 이스라엘에서 성막에 거하는 신에 대한 유형의 상징은 어떤 조상彫像이 아니라 언약의 서판이었다.

출애굽기는 성소 건축으로 마무리된다. 그것이 완성될 때, 신의 승인 표시로 야훼의 임재가 성막을 가득 채운다(출 40:34). 그러나 출애굽기 25~40장에서 성막에 대한 지시를 받고 그것을 실제로 건축하는 과정은 이스라엘이 황금 송아지를 숭배한 배교 때문에 중단된다. 이스라엘의 가장 영광스러운 순간이 가장 치욕스러운 순간이 된다. 모세가 시내산에서 야훼의 언약을 받을 때 시내산 자락에 진을 친 이스라엘 사람들이 점점 더 인내하지 못하고 반항적으로 변하기 때문이다. 그들은 모세에게 무슨 일이 생겼는지 알 수 없다며 아론에게 신을 요구한다(출 32:1). 아론이 그들에게 황금 송아지를 만들어주자 사람들이 그것에 절을 하고 "이스라엘아 이는 너희를 애굽 땅에서 인도하여 낸 너희의 신(엘로힘)이로다"라고 선언한다. 격분한 야훼는 모세에게 산에서 내려가라고 말한다. 사람들이 죄를 짓고 있고, 진노한 야훼는 그들 모두를 진멸하고 모세와 함께 새로운 민족을 시작하길 원한다. 모세는 잠시 신을 진정시키고 그 사람들을 대면하러 돌아간다. 진영에 다다르자 그는 눈앞에 벌어진 일에 충격을 받고 언약의 돌판을 깨뜨린 뒤, 그들의 행동을 중지시키고 책임 있는 사람들에게 벌을 내린다. 이와 같이 야훼와 잠시 멀어진 사이는 모세의 기도와 중재를 통해 바로잡힌다. 언약이 회복되고, 또다른 돌판이 주어진다.

이 곤혹스러운 일화는 이스라엘 민족이 애굽에서 약속의 땅으로 이동하는 과정에서 발생할 일련의 곤혹스러운 사건들의 시작에 불과하다. 대부분 민수기에서 일어나는 이 사건들은 사람들의 반역, 야훼의 진노, 모세의 개입, 야훼의 양보를 보여준다.

민수기

민수기는 이스라엘 민족이 40년 동안 성막 주위에 진을 치면 살았던 광야 생활의 여정을 다시 언급한다. 민수기에는 율법, 의식에 관한 구절, 시적인 민속 전승, 풍부한 이야기 등 다양한 장르의 소재들이 복잡하게 혼합되어 있다. 민수기의 이야기들은 야훼가 자신의 민족을 위해 준비한다고 말하지만, 이스라엘 민족의 끊임없는 불평과 반항에 대해서도 말한다. 심지어 미리암과 아론, 모세조차 실망하고 불화하고 반항하는 순간들을 경험한다(이것이 야훼의 예상치 못한 명령으로 이어져 모세와 아론은 약속의 땅에 들어갈 수 없게 된다, 민 20:12). 그러나 민수기의 일차적인 초점은 모세와 야훼 양쪽에 대해 투덜거리고 반항하는, 또 애굽을 그리워하는 이스라엘 사람 개개인 또는 전체 공동체다. 야훼는 몇 차례나 이스라엘 민족을 진멸하겠다고 위협하지만 모세가 만류한다. 민수기 14장에서 이스라엘 민족이 또다시 불평하자 야훼는 그들을 멸하기로 결심한다. 모세의 개입으로 타협이 이루어진다. 야훼는 출애굽을 목격한 성인들 중 어느 누구도—반항에 참여하지 않은 갈렙과 여호수아를 제외하고—야훼의 구원의 성취를 보지 못할 것이고 약속의 땅에 들어갈 수 없을 것이라고 선언한다. 이스라엘 민족은 애굽을 떠나온 모든 성인들이 세상을 떠날 때까지 광야에서 40년을 방황하고, 새로운 세대만이 그 땅에 들어가게 된다.

모세와 야훼의 공동 양육

민수기가 묘사하는 모세와 야훼의 관계는 주목할 만하다. 그 친밀한 관계에서 둘은 이스라엘 민족을 보존하기 위해, 또한 그들을 야훼의 땅에서 야훼의 민족으로 살아가도록 준비시키기 위해 협업한다. 그들은 돌아가며 이스라엘 민족에게 인내심을 잃고 그들을 버리기 원하지만, 그때마다 한쪽이 다른 쪽을 인내하라고 설득한다. 모세와 야훼가 서로의 견제자로 행동하는 두 가지 예를 보면 이 점이 잘 드러난다. 첫번째 예가 나오는 민수기 14장은 야훼의 진노를 달래는 모세의 능력을 보여준다. 이 이야기에서 이스라엘 민족은 약속의 땅을 정복할 가능성이 거의 없다는 정탐꾼들의 보고를 듣고 커다란 두려움을 표출한다.

온 회중이 소리를 높여 부르짖으며 백성이 밤새도록 통곡하였더라

이스라엘 자손이 다 모세와 아론을 원망하며 온 회중이 그들에게 이르되 우리가 애굽 땅에서 죽었거나 이 광야에서 죽었으면 좋았을 것을

어찌하여 여호와가 우리를 그 땅으로 인도하여 칼에 쓰러지게 하려 하는가 우리 처자가 사로잡히리니 애굽으로 돌아가는 것이 낫지 아니하랴

이에 서로 말하되 우리가 한 지휘관을 세우고 애굽으로 돌아가자 하매……(민 14:1~4)

그때에 여호와의 영광이 회막에서 이스라엘 모든 자손에게 나타나시니라

여호와께서 모세에게 이르시되 이 백성이 어느 때까지 나를 멸시하겠느냐 내가 그들 중에 많은 이적을 행하였으나 어느 때까지 나를 믿지 않겠느냐

내가 전염병으로 그들을 쳐서 멸하고 네게 그들보다 크고 강한 나라를

이루게 하리라

　모세가 여호와께 여쭈오되 애굽인 중에서 주의 능력으로 이 백성을 인도하여 내셨거늘 그리하시면 그들이 듣고

　이 땅 거주민에게 전하리이다……

　이제 주께서 이 백성을 하나같이 죽이시면 주의 명성을 들은 여러 나라가 말하여 이르기를

　여호와가 이 백성에게 주기로 맹세한 땅에 인도할 능력이 없었으므로 광야에서 죽였다 하리이다

　이제 구하옵나니 이미 말씀하신 대로 주의 큰 권능을 나타내옵소서 이르시기를

　여호와는 노하기를 더디하시고 인자가 많아……

　구하옵나니 주의 인자의 광대하심을 따라 이 백성의 죄악을 사하시되 애굽에서부터 지금까지 이 백성을 사하신 것같이 사하시옵소서

　여호와께서 이르시되 내가 네 말대로 사하노라(민 14:10~14, 15~20)

　야훼는 진노하여 이스라엘을 멸하고 모세와 함께 새로 다시 시작할 것을 제안한다. 독자들은 신의 이 행동에서 어떤 패턴을 알아차릴 것이다. 그는 고귀한 희망을 품고 인간을 창조했건만 인간이 자신들의 길을 타락시키자 인간을 홍수로 멸망시키고 한 개인을 구원하여 새롭게 시작했다. 그러나 인간들은 땅에 충만하라는 명령을 따르기보다 자기과시에 몰두하면서 그들을 위한 신의 계획을 계속 좌절시킨다. 피조물을 다시는 멸하지 않겠다고 약속했기에 야훼는 그들을 인간들의 계

획을 좌절시키고 그들을 널리 흩어버리는 방법으로 대응하고, 다시 한 번 단 한 명의 개인에게 희망을 건다. 아브라함이다. 이제 아브라함의 자손들은 불신앙과 부패로 야훼를 실망시키고, 또다시 마치 반사적인 반응처럼 야훼가 하는 첫번째 생각은 그들을 버리고 모세와 함께 새로 시작하는 것이다. 그러나 모세는 선을 긋는다. 그는 신의 제안을 받아들이지 않고, 일차적으로 야훼의 자존심에 호소하는 일련의 주장을 펼친다. 이스라엘 민족을 멸하면 주변 민족들이 어떻게 생각하겠는가? 당신이 약속을 지킬 수 없어서 그랬다고 말할 것이다. 그들은 당신을 능력 있는 역사의 신이 아니라고 생각할 것이다. 그러나 당신은 이스라엘과 영원한 언약을 맺었고, 새로운 시작은 더이상 없을 것이다. 그들은 당신의 민족이고 당신은 그들의 신이며 이는 영원히 그럴 것이다. 여기서 모세는 다시 한번 이스라엘의 멸망을 막는다.

그러나 그다음 구절에서는 둘의 역할이 뒤바뀐다. 이번에는 모세가 이스라엘 민족의 끊임없는 불평과 불신앙을 인내하지 못하고 수건을 던질 준비를 한다. 민수기 11장에서 야훼는 그를 위로하고 그가 마주해야 할 엄청난 일을 받아들이게 한다.

그들 중에 섞여 사는 다른 인종들이 탐욕을 품으매 이스라엘 자손도 다시 울며 이르되 누가 우리에게 고기를 주어 먹게 하랴

우리가 애굽에 있을 때에는 값없이 생선과 오이와 참외와 부추와 파와 마늘들을 먹은 것이 생각나거늘

이제는 우리의 기력이 다하여 이 만나 외에는 보이는 것이 아무 것도 없

도다(민 11:4~6)

　　백성의 온 종족들이 각기 자기 장막 문에서 우는 것을 모세가 들으니라 이러므로 여호와의 진노가 심히 크고 모세도 기뻐하지 아니하여

　　모세가 여호와께 여짜오되 어찌하여 주께서 종을 괴롭게 하시나이까 어찌하여 내게 주의 목전에서 은혜를 입게 아니하시고 이 모든 백성을 내게 맡기사 내가 그 짐을 지게 하시나이까

　　이 모든 백성을 내가 배었나이까 내가 그들을 낳았나이까 어찌 주께서 내게 양육하는 아버지가 젖 먹는 아이를 품듯 그들을 품에 품고 주께서 그들의 열조에게 맹세하신 땅으로 가라 하시나이까

　　이 모든 백성에게 줄 고기를 내가 어디서 얻으리이까 그들이 나를 향하여 울며 이르되 우리에게 고기를 주어 먹게 하라 하온즉

　　책임이 심히 중하여 나 혼자는 이 모든 백성을 감당할 수 없나이다

　　주께서 내게 이같이 행하실진대 구하옵나니 내게 은혜를 베푸사 즉시 나를 죽여 내가 고난 당함을 내가 보지 않게 하옵소서

　　여호와께서 모세에게 이르시되 이스라엘 노인 중에 네가 알기로 백성의 장로와 지도자가 될 만한 자 칠십 명을 모아 내게 데리고 와 회막에 이르러 거기서 너와 함께 서게 하라

　　내가 강림하여 거기서 너와 말하고 네게 임한 영을 그들에게도 임하게 하리니 그들이 너와 함께 백성의 짐을 담당하고 너 혼자 담당하지 아니하리라(민 11:10~17)

모세는 전형적인 선지자의 선례를 세운다. 그는 이스라엘 민족의 반항과 실패를 꾸짖고 응징하는 동시에, 자신들이 돌이킬 수 없을 정도로 야훼를 떠나왔다고 두려워하는 이스라엘 민족을 위로하고 야훼 앞에서 그들을 변호하고 그들이 마땅히 벌을 받아야 할 때조차 자비를 탄원하는 이중의 임무를 수행한다. 때때로 모세는 자신이 맡은 임무의 어려움과 그가 감당해야 하는 괴로움 때문에 좌절감을 표출한다. 그러나 그는 이스라엘을 버리고 모세의 자손으로 새로운 민족을 시작하려는 야훼의 제안을 결코 인정하지 않는다. 무엇보다 이스라엘에 대한 야훼의 영원한 약속을 조정하고 확보한 사람이 바로 모세이다.

9
율법

읽기: 출애굽기 18~20장, 24장 10~23절, 25절, 레위기 17장, 25장, 민수기 35장, 신명기 15, 17, 19, 22, 25장

시내에서의 언약 의식에는 언약의 특정 규정에 대한 야훼의 선언과 그에 대한 이스라엘의 합의가 포함되어 있었다. 출애굽기 24장 3~4절은 이 합의를 다음과 같이 묘사한다.

모세가 와서 여호와의 모든 말씀과 그의 모든 율례를 백성에게 전하매 그들이 한 소리로 응답하여 이르되 여호와께서 말씀하신 모든 것을 우리가 준행하리이다

모세가 여호와의 모든 말씀을 기록하고……

시내에서 완성된 언약은 오경 이야기의 절정에 해당하는 순간이다.

구약성경 학자들은 이스라엘이 한 민족을 이루는 40년이라는 시간—시내산의 언약과 약속의 땅으로 가는 여정의 시기—의 이야기 속에 다양한 별개의 법체계들이 포함되어 있다고 생각한다. 야훼가 이스라엘에 그의 지침(토라)을 명확히 나타낸 때가 이 시기였다고 여겨졌으므로 후대의 편집자들은 여러 다양한 시대와 출처에서 수집된 법을 이 시점에 맞추어 이야기에 삽입했다. 따라서 구약성경은 이스라엘의 모든 율법이 야훼와 이스라엘이 시내에서 친밀하게 접촉한 이 시기로부터 비롯된 것으로 제시한다. 이러한 주장은 이스라엘 민족의 율법적 전승에 매우 오래된 고대성의 기운을 불어넣고 신의 보증을 부여했다.

현대의 문서 비평에서는 오경에 나오는 다양한 법체계를 다음과 같은 주요 출처 문서로 분류한다. JE 문서에서 발견되는 법은 출애굽기에서 나타나고, 이는 과거의 구전 전승들이 기원전 10세기에서 9세기 사이에 문서로 작성된 것으로 여겨진다. P 문서의 법은 출애굽기, 레위기, 민수기에서 발견되고, 이는 과거의 구전 전승들이 기원전 8세기에서 6세기 사이에 문서로 작성된 것으로 여겨진다. D 문서의 법은 신명기에 나타나고, 이는 과거의 (주로 북왕국의) 전승들이 기원전 8세기부터 6세기 사이에 문서로 작성된 것으로 여겨진다. 어느 경우에나 출처 문서들은 훨씬 더 오래된 구전 전승을 이용한 것으로 추측된다. 일부 법들은 기원전 1000년 이전 시대까지 거슬러올라가는 고대 근동 지방의 법전들과 유사한, 아주 오래된 것으로 생각된다.

이 법들의 실제적인 기원이 무엇이든 간에 구약성경은 이 자료들이 시내에서, 또는 그후 40년 기간에 주어진 것으로 말한다. 구약성경에 따르면 시내에서 주어진 법은 다음과 같다.

1. 십계명 또는 열 개의 명령   출 20:1~17
2. 언약 법전(민사법과 종교법)   출 20:22~23:33
3. 의식의 십계명   출 34:10~26
4. 제단에 관한 지침   출 25~31장(출 35~40장에서 실현)
5. 제물과 제사의 순결함에 관한 법   레 1~18장, 27장
6. 거룩함에 관한 규정   레 19~26장
7. 제사장적인 추가 글(모음)   민 1~10장

구약성경에 따르면 다음 자료들은 시내 이후 이스라엘 민족이 광야에서 장막을 치고 가나안 땅을 향해 여행한 40년 동안에 받은 것이다.

8. 제사장적인 추가 글(모음)   민 28~31장, 33~36장
9. 신명기적인 규정   신 12~26장
10. 저주로 처벌받는 법   신 27장

십계명

20세기의 구약성경 학자 알브레히트 알트는 구약성경에 있는 법의 두 가지 보편적인 형태를 언급했다. 하나는 조건법 또는 사례법이고 다른 하나는 절대법 또는 당연법이다. 조건법은 고대 근동 지방의 법 문서(함무라비 법전이 전형적인 예)에서 사용되는 흔한 형식으로, '만

일-그러면'의 특징을 갖고 있다. '만일 어떤 사람이 X를 하면, 또는 만일 X가 발생하면, 그러면 Y가 법적 결과가 된다'는 식이다. 사례법은 그 표현이 복잡하거나 매우 구체적일 수 있다. 즉, '만일 X가 발생하면 Y가 그 결과이지만, 만일 X가 이런 상황에서 발생하면, 그러면 Z가 그 결과이다'. 반면에 절대법 또는 당연법은 금지나 명령에 관한 무조건적인 서술로, 보편적이고 어느 정도 획일적인 경향이 있다. 즉, 살인하지 말라, 너의 신 야훼를 사랑하라 등이 여기에 해당한다. 법의 절대적 표현이 고대 근동 지방의 다른 문화에서 (특히 저주와 언약의 규정에서) 발견되지 않는 것은 아니다. 구약성경에는 이 두 개의 문학적 형태가 혼합되어 있다(히타이트 법전도 그렇다). 십계명(히브리어로는 '열 개의 말' '열 개의 소리')의 조항들은 절대법 또는 당연법의 형식으로 되어 있다.

십계명은 시내에서 어떤 매개자 없이 모든 이스라엘에게 직접 공개된 유일한 야훼의 계시이다.[1] 명령들이 남성 단수로 쓰여 있어, 사회의 법적 책임자로서 이스라엘 남자들을 대상으로 하는 것, 또는 집단적 단일체로서 이스라엘을 대상으로 하는 것으로 보인다. 십계명은 야훼의 가장 기본적이고 무조건적인 언약의 요구 사항을 제시한다. 조항을 열 개로 나누는 것에는 의문의 여지가 있다(표 4 참조). 10은 구약성경의 이상적인 숫자로 보는 것이 맞을 것이다. 사실 십계명에는 13개 내지 14개의 서술이 있기 때문이다.[2] 전통적으로 첫 다섯 개의 서술은 이스라엘과의 종주 관계를 규정짓는 것으로 해석되어왔다. 이스라엘은 오직 야훼만 믿어야 하고, 사람이 만든 어떠한 상에도 절하지 않아야 한다. 이스라엘은 거짓된 맹세에 야훼의 이름을 써서는 안 된다. 이스라엘은 야훼의 안식일을 지켜야 하고 부모의 권위를 존중해야 하는데, 부모의 권위는 야훼의 권위의 연장이라고 할 수 있다. 나머지 서술은 이스라엘 동족 간 관계에 관련된 것들이다. 이 조항들은 살인, 간음, 강도, 거짓 증언, 탐욕을 금지한다.

오경에는 십계명이 세 버전으로 존재하며, 그것들 사이에 차이가 있다. 출애굽기 20장의 십계명은 신명기 5장에서 약간의 변화와 함께 반복된다. 출애굽기는 거짓 증거를 금하는 반면(출 20:16) 신명기는 헛된 증거를 금하고 있다(신 5:20). 이스라엘은 안식일을 기억하기(출 20:8)보다는 그것을 지켜야 한다(신 5:15). 안식일을 지켜야 하는 이유도 다르다(신 5:14와 출 20:10을 비교). 또 마지막 계명은 이웃의 아내를 먼저 특정한 다음 탐해서는 안 되는 다른 것들을 열거한다(신 5:21, 출 20:17 참조). 절정의 순간에 내려진 신의 계시를 설명하는 데 나타나는 이러한 차이를 우리는 어떻게 이해해야 할까?

마크 브레틀러는 십계명의 이러한 내용 차이가 고대 이스라엘이 중요한 글을 보존하고 전달한 방식에 관해 무언가를 알려줄 수 있다고 주장한다.[3] 고대 문화에서는 일반적으로 말 그대로 보존하려고 애쓰지 않았고, 구약성경의 편집자들은 자르고 붙이는 기계적인 방식으로 구약성경의 글을 작성하지 않았다. 자료들은 전달 과정에서 수정되었으며, 심지어 야훼가 직접 말한 것으로 알려진 십계명과 같은 글조차 수정되었다.

표 4. 전승에 따른 십계명: 출애굽기 20장 1~17절

대부분의 개신교, 동방정교	가톨릭, 성공회, 루터파	유대교	출애굽기 20장
-	-	1	(1) 하나님이 이 모든 말씀으로 말씀하여 이르시되
전문	-	1	(2) 나는 너를 애굽 땅, 종 되었던 집에서 인도하여 낸 네 하나님 여호와니라
1	1	2	(3) 너는 나 외에는 다른 신들을 네게 두지 말라
2	1	2	(4) 너를 위하여 새긴 우상을 만들지 말고 또 위로 하늘에 있는 것이나 아래로 땅에 있는 것이나 땅 아래 물 속에 있는 것의 어떤 형상도 만들지 말며 (5) 그것들에게 절하지 말며 그것들을 섬기지 말라 나 네 하나님 여호와는 질투하는 하나님인즉 나를 미워하는 자의 죄를 갚되 아버지로부터 아들에게로 삼사 대까지 이르게 하거니와 (6) 나를 사랑하고 내 계명을 지키는 자에게는 천 대까지 은혜를 베푸느니라
3	2	3	(7) 너는 네 하나님 여호와의 이름을 망령되게 부르지 말라 여호와는 그의 이름을 망령되게 부르는 자를 죄 없다 하지 아니하리라
4	3	4	(8) 안식일을 기억하여 거룩하게 지키라. (9) 엿새 동안은 힘써 네 모든 일을 행할 것이나 (10) 일곱째 날은 네 하나님 여호와

			의 안식일인즉 너나 네 아들이나 네 딸이나 네 남종이나 네 여종이나 네 가축이나 네 문안에 머무는 객이라도 아무 일도 하지 말라 (11) 이는 엿새 동안에 나 여호와가 하늘과 땅과 바다와 그 가운데 모든 것을 만들고 일곱째 날에 쉬었음이라 그러므로 나 여호와가 안식일을 복되게 하여 그 날을 거룩하게 하였느니라
5	4	5	(12) 네 부모를 공경하라 그리하면 네 하나님 여호와가 네게 준 땅에서 네 생명이 길리라
6	5	6	(13) 살인하지 말라
7	6	7	(14) 간음하지 말라
8	7	8	(15) 도둑질하지 말라
9	8	9	(16) 네 이웃에 대하여 거짓 증거하지 말라
10	9	10	(17) 네 이웃의 집을 탐내지 말라 네 이웃
10	10	10	의 아내나 그의 남종이나 그의 여종이나 그의 소나 그의 나귀나 무릇 네 이웃의 소유를 탐내지 말라

더 놀라운 변화는 출애굽기 34장에서 일어난다. 출애굽기 20장의 십계명이 새겨진 첫번째 돌판을 깨뜨린 모세에게 두번째 돌판이 주어진다. 구약성경의 기록자는 부서진 이전 돌판에 있던 글을 야훼가 두 번째 돌판 위에 썼다고 강조한다(출 34:1). 따라서 우리는 출애굽기 20장에 있는 십계명의 한마디 한마디가 그대로 반복될 것을 예상한다. 그런데 뒤따르는 십계명은 이전의 십계명과 겹치는 부분이 거의 없고, 내용적으로 일부 겹치는 곳도 있지만 글 자체가 완전히 다르다. 흔히

'의식의 십계명'으로 불리는 이 십계명은 이스라엘 사람들이 유인되어 가나안 사람들의 신을 섬기지 않도록 가나안 사람들과의 결혼을 금지한다. 다른 사항들은 여러 절기의 준수, 야훼에게 첫 열매와 처음 태어난 짐승을 봉헌할 것, 안식일 준수 등등을 규정한다. 고대 이스라엘에는 십계명의 내용과 관련하여 명백하게 서로 다른 여러 전승이 회자되었다. 황금 송아지와 모세가 첫 돌판을 깨뜨린 이야기는 선택 가능한 여러 십계명 전승 중 하나를 소개하고 제시하기 위한 뛰어난 이야기 전개 방법이다.

출애굽기 20장의 십계명에 대해 이의가 전혀 제기되지 않는 것도 아니라는 사실 또한 놀랍다. 출애굽기 20장 5~6절은 세대에 걸친 처벌 원칙을 명백하게 서술한다. 야훼는 그를 사랑하고 순종하는 사람들은 천 대까지 은혜를 베풀고 죄에 대한 처벌은 삼사 대까지 할 것이라고 말한다. 맥락상 이 구절은 죄인에 대한 처벌을 다른 세대로 분산시킴으로써 그 무게를 경감할 뿐만 아니라 처벌을 삼사 대까지로만 한정하겠다는 신의 큰 자비를 표시하는 의도를 가지고 있다. 이와 대조적으로 신의 은혜는 천 대까지 이른다. 그러나 세대에 걸친 처벌에 관한 생각은 신명기 7장 9~10절에서 명백하게 부인된다.

그런즉 너는 알라 오직 네 하나님 여호와는 하나님[엘로힘]이시요 신실하신 하나님[엘]이시라 그를 사랑하고 그의 계명을 지키는 자에게는 천 대까지 그의 언약을 이행하시며 인애를 베푸시되

그를 미워하는 자에게는 당장에 보응하여 멸하시나니 여호와는 자기를

미워하는 자에게 지체하지 아니하시고 당장에 그에게 보응하시느니라.

이 구절에 따르면 야훼는 죄인만 처벌하지 그 이후 세대를 처벌하지 않고, 또 즉각적으로 그렇게 한다. 에스겔과 예레미야 역시 세대에 걸친 처벌에 대한 생각을 거부한다(렘 31:27~30, 겔 18:20).

이렇게 상충되는 것을 우리는 어떻게 이해해야 할까? 브레틀러는 십계명(들)이 오늘날까지도 흔히 주장되는 것과는 달리, 애초에는 절대적인 성격을 가지고 있지 않았다고 결론짓는다. 후대의 종교적 전통이 십계명을 절대적이고 완강한 권위의 위치에 올려놓았다. 구약성경 자체가 십계명의 글과 내용을 유동적으로 취급하는 방식을 고려하고 그 항목들 중 적어도 하나가 후대에 수정되었다는 사실을 생각하면, 그런 지위가 완벽하게 정당화되지는 않는다. 요컨대 십계명에 대한 야훼의 계시가 (예를 들어 출애굽기 20장에서 우리가 보는 바로 그 내용으로) 형식적으로 고정되어 있었고 본질적으로 변할 수 없었다는 주장은 구약성경에 들어 있는 주장도, 구약성경으로 정당화되는 주장도 아니다. 후대의 이념적 부과물일 뿐이다.

고대 근동이라는 맥락에서의 구약성경의 법

비록 구약성경의 법이 때로는 고대 근동 지방의 법 전승을 확실하게 수정한다고는 해도, 그것은 고대 근동 지방의 전승을 공유하고 있다. 따라서 그것을 고대의 다른 중요한 법전들과 비교하는 것은 유용하고 유익하다.

고대 근동 지방에서 고고학적으로 밝혀진 주요 법전들은 다음과 같다.[4]

· 우르 남무 법전(UN): 기원전 2112~2095년, 우르 제3 왕조 창건자. 기원전 1800~1700년으로 연대를 정하는 여러 필경 사본을 통해 알려졌다. 수메르어. 머리말은 있으나 맺음말은 보존되지 않았다.

· 리피트 이쉬타르 법전(LI): 기원전 1980~1970년, 이신 왕조의 다섯번째 왕. 수메르어. 원래 돌기둥에 있었으나 일곱 개의 점토판으로 보존되었다. 머리말과 맺음말.

· 에쉬누나 법전(LE): 기원전 2000년 이후, 1900년? 아모리 족속이 지배한 나라. 아카드어. 머리말이나 맺음말이 없다.

· 함무라비 법전(CH). 고대 바벨론(아모리 족속) 왕조의 열한 명의 왕 중 여섯번째 왕. 아카드어. 얕게 양각되어 있는 섬록암 돌기둥 위에 함무라비가 법전을 쓰기 위해 정의의 신인 태양신 샤마쉬로부터 위임받고 있는 모습을 보여준다. 수백 년 동안 많은 메소포타미아 필경사들에 의해 복사되었다.

· 히타이트 법전(HL). 기원전 2000년 이후. 히타이트어 쐐기문자. 연결되는 두 개의 서판. 세번째 것이 존재했을 수도 있다. 수정된 내용이 들어 있고, 머리말이나 맺음말은 없다.

· 중기 앗수르 법전(MAL). 기원전 18세기까지 거슬러올라가는 듯하다. 점토판에 보존된 아카드어. 일부 점토판은 심하게 부서졌고, 기원전 12세기 디글랏 빌라셀 시대로 연대를 잡는다. 짧은 서문이 있었을 것이다.

이런 자료들은 법규라기보다 법전이다. 법규는 일반적으로 체계적이고 철저하고 법정에서 사용할 용도로 만든다. 위와 같은 법전은 철저하지 않고 체계나 질서가 많이 나타나 있지 않다. 이런 자료들이 정확히 어떻게 사용되었는지도 알 수 없으나, 법정에서 사용하기 위해 만들어지지 않았다고 학자들은 점점 더 확신하고 있다.

구약성경 학자 모시 그린버그Moshe Greenberg(1928~2010)는 1960년에 쓴 중요한 논문에서 구약성경의 법과 고대 근동의 다른 법전의 비교가 구약성경 법을 뒷받침하는 중심 원리와 가치를 밝혀준다고 말했다.[5] 구약성경의 법에 관한 이어지는 논의에서 우리는 그린버그의 설득력 있는 글을 면밀히 살필 것이다.[6]

고대 근동 지방의 법전과 구약성경 기록자가 제시하는 이스라엘의 법 사이에는 즉각적이고 결정적인 차이가 있다. 저자의 성격 차이다. 고대 근동의 법전에 있는 머리말과 맺음말은 법이 인간인 왕에 의해 공포됨을 분명히 한다. 또한 왕의 권위는 신들에 의해 확실하게 보증되는바, 신들은 흔히 왕에게 공평하고 분별 있는 마음을 허락하거나 그를 왕 자리에 앉힌다. 그러나 법 그 자체는 왕에 의해 공포된다. 가령 아누과 엔릴이 우르 남무, 리피트 이쉬타르, 함무라비에게 왕권을 주었다고 하지만 법은 그 왕들이 세운 것으로 기록되어 있다(UN A i 31~42, iii 104~113, LI i 20~55, CH 머리말 I 27~49, V 14~24). 함무라비는 샤마쉬로부터 재판의 원칙을 받는다(CH 맺음말). 그러나 법 자체는 함무라비 자신의 일이다. "신 마르두크가 이 땅의 사람들에게 적절한 행동을 (이룰 수 있도록) 공평한 길을 알려줄 것을 나에게 명령했을 때, 이 땅의 선언문으로 진리와 정의를 수립했다"(CH 머리말 V 14~24). 함무라비는 "나의 판단" "나의 선고" "나의 성취" "나의 새겨진 돌기둥"으로 그 법을 가리킨다(CH 맺음말). 반면에 구약성경의 기록자는 법의 저자권을 모세가 아니라 야훼에게 돌리려고 노력한다.

> 모세가 와서 여호와의 모든 말씀과 그의 모든 율례를 백성에게 전하매 그들이 한 소리로 응답하여 이르되 여호와께서 말씀하신 모든 것을 우리가 준행하리이다
> 모세가 여호와의 모든 말씀을 기록하고……(출 24:3~4)

> 여호와께서 시내산 위에서 모세에게 이르시기를 마치신 때에 증거판 둘을 모세에게 주시니 이는 돌판이요 하나님[엘로힘]이 친히 쓰신 것이더라(출 31:18)

신의 저자권 원칙은 몇 가지 중요한 의미를 내포한다고 그린버그는 주장한다. 첫째, 그것은 법의 범위에 중대한 영향을 미친다. 고대 근동의 법과 구약성경의 법은 법의 관심의 범위에 들어가는 인간 삶과 행위의 분야들이 서로 다르다. 구약성경의 법은 국가의 강제력 및 법정의 사법권에 속한다고 일반적으로 인식되는 규칙과 규정 그 이상의 것을 포함한다. 구약성경의 법은 총체적이며, 사회적·윤리적·도덕적·종교적인 법규들을 담고 있다. 이러한 성격의 법이 권위적이고 절대적인 문체로 표현되는 것은 특이한 일이 아니다. 반면 비성경적인 법전은

거의 전적으로 국가가 강제할 수 있는 사안을 다루고, 양심이나 도덕적 올바름, 동정심과 관련한 문제를 다루지 않는다. 비성경적 법전에는 다음과 같은 구약성경의 규정과 실로 유사한 내용이 전혀 나타나지 않는다.

네가 만일 네 원수의 길 잃은 소나 나귀를 보거든 반드시 그 사람에게로 돌릴지며

네가 만일 너를 미워하는 자의 나귀가 짐을 싣고 엎드러짐을 보거든 그것을 버려두지 말고 그것을 도와 그 짐을 부릴지니라(출 23:4~5)

너는 네 형제를 마음으로 미워하지 말며 네 이웃을 반드시 견책하라 그러면 네가 그에 대하여 죄를 담당하지 아니하리라

원수를 갚지 말며 동포를 원망하지 말며 네 이웃 사랑하기를 네 자신과 같이 사랑하라 나는 여호와이니라(레 19:17~18)

필연적으로 각 개인의 양심에 따라 실행될 수밖에 없는 이러한 윤리적 규범은 신의 뜻에서 온 것으로 표현되고, 매매의 규칙, 손해에 대한 규칙, 형법도 마찬가지다. 현대인이라면 법적 규범과 윤리적 규범으로 구별할 만한 내용들이 무차별적으로 혼합되어 있는 이러한 양상은 신의 뜻에 근거한 그 모든 규범의 중요도와 의무성을 똑같은 수준으로 끌어올린다. 규범에 관한 이 총체적인 접근은 길게 이어지는 하나의 구절 안에 억압, 안식일 준수, 민사상 손해, 근친상간, 우상 숭배,

제사 봉헌물에 관한 법이 전부 들어 있는 이유를 설명해준다.

신의 저자권과 관련된 둘째 의미는 법과 도덕 사이의 깊고 본질적인 관계이다. 엄밀히 말해 구약성경의 법이라는 틀에서 보면 모든 범죄는 신에 대한 죄이기도 하다. 언약의 법과 규범은 신의 도덕적 뜻을 표현하기 때문이다. 따라서 불법은 곧 부도덕이고, 부도덕은 곧 불법이다. 이것은 법과 도덕을 구별하는 현대의 개념과 무척 다르다. 모든 위법 행위(범죄)는 종교적 위법 행위(죄)다. 모든 위법 행위는 신의 뜻을 위반하는 것이기 때문이다(그린버그).

도덕과 법의 혼합은 구약성경의 법이 사회에서 가난하고 소외된 사람들—고아, 과부, 나그네—과 노인들을 공경하는 데 대한 관심을 표현하고 나아가 그 관심을 법으로까지 제정하는 이유를 설명한다(레위기 19장 32절 "너는 센 머리 앞에서 일어서고 노인의 얼굴을 공경하며 네 하나님을 경외하라 나는 여호와이니라"). 성경 외 법전은 그 머리말에서 가난한 사람들의 권리에 대한 관심을 수사적으로 표현하고 있으나, 구제와 동정심까지 규정하지는 않는다. 그렇다고 다른 고대 근동 지방의 문화에서 구제와 동정심에 대한 윤리적 요구가 없었다고 말하는 것이 아니다. 단지 구제와 동정심이 대체로 법정의 영역과 사법권 밖에 있었고 입법 대상이 아니었다는 뜻이다(현대 미국 사회도 마찬가지이다). 반면 구약성경의 법에서는 법 제정자로서 신의 사법권을 넘어서는 것은 아무것도 없다.

너희가 너희의 땅에서 곡식을 거둘 때에 너는 밭 모퉁이까지 다 거두지

말고 네 떨어진 이삭도 줍지 말며

네 포도원의 열매를 다 따지 말며 네 포도원에 떨어진 열매도 줍지 말고 가난한 사람과 거류민을 위하여 버려두라 나는 너희의 하나님 여호와이니라(레 19:9~10)

너는 귀먹은 자를 저주하지 말며 맹인 앞에 장애물을 놓지 말고 네 하나님을 경외하라 나는 여호와이니라(레 19:14)

네 이웃 사랑하기를 네 자신과 같이 사랑하라 나는 여호와이니라(레 19:18)

거류민이 너희의 땅에 거류하여 함께 있거든 너희는 그를 학대하지 말고

너희와 함께 있는 거류민을 너희 중에서 낳은 자같이 여기며 자기같이 사랑하라 너희도 애굽 땅에서 거류민이 되었었느니라 나는 너희의 하나님 여호와이니라(레 19:33~34)

길을 가다가 나무에나 땅에 있는 새의 보금자리에 새 새끼나 알이 있고 어미 새가 그의 새끼나 알을 품은 것을 보거든 그 어미 새와 새끼를 아울러 취하지 말고

어미는 반드시 놓아줄 것이요. 새끼는 취하여도 되나니 그리하면 네가 복을 누리고 장수하리라(신 22:6~7)

또 모든 범죄는 죄라는 사실은 특정 행위를 인간의 힘으로 용서할 수 없는 절대 악으로 볼 근거를 제공한다고 그린버그는 주장한다. 이 개념은 구약성경이 간음과 살인을 다루는 방식에 나타난다.

어떤 남자가 유부녀와 동침한 것이 드러나거든 그 동침한 남자와 그 여자를 둘 다 죽여 이스라엘 중에 악을 제할지니라(신 22:22)

마찬가지로,

만일 철 연장으로 사람을 쳐죽이면 그는 살인자니 살인자를 반드시 죽일 것이요……

고의로 살인죄를 범한 살인자는 생명의 속전을 받지 말고 반드시 죽일 것이며(민 35:16, 31)

이런 구절들은 간음과 살인이 절대 악이므로 피해자의 바람에 관계 없이 반드시 처벌되어야 한다고 말한다. 남편은 간음을 저지른 아내가 처벌받지 않도록 요구할 수 없고, 살해당한 사람의 가족들은 살인자의 생명을 살려달라고 요구할 수 없다. 야훼의 법에서 야훼의 뜻을 위반한 이러한 범죄는 항상 잘못된 것이고, 관련된 사람들의 의향에 관계 없이 처벌되어야 한다. 이와 달리 고대 근동의 법전에서는 간음은 개인적 위법 행위로 여겨진다(현대 미국의 법도 그러하다).

만일 한 남자[7]의 아내가 다른 남자와 동침하다 붙잡히면, 그들을 묶어서 물에 던져넣을 것이라. 그 아내의 주인이 자기의 아내를 살리는 것을 허락하면, 그러면 왕은 자기 백성을 살리는 것을 허락할지니라(CH 129).

중기 앗수르 법전은 간음을 그 남편의 재산에 대한 범죄로 규정하기 때문에 죄를 물을지 말지는 남편의 결정에 달려 있다.

만일 어떤 남자가 다른 남자의 아내인 것을 알고도 여관이나 큰 길에서 다른 남자의 아내와 간음한다면, 그 남자가 선언하는바 자기 아내를 처벌하기 원하는 대로 간음한 자를 처리해야 한다. 만일 어떤 남자가 다른 남자의 아내인 것을 모르고 간음한다면, 간음한 자는 죄가 없다. 남자는 자기의 아내에 대해 혐의를 입증해야 하고 자기가 원하는 대로 아내를 처리해야 한다.

만일 어떤 남자가 자기 아내 위에 있는 다른 남자를 붙잡아서 그에 대한 혐의를 입증하고 죄가 있음이 밝혀지면, 둘 다 죽여야 한다. 그[남편]에게는 어떠한 책임도 없다. 만일…… 그에 대한 혐의를 입증해서 죄가 있다고 밝혀지면―만일 남편이 자기 아내를 죽이면, 그러면 남편은 그 남자 역시 죽여야 한다. 만일 그가 자기 아내의 코를 자른다면, 그 남자를 거세시키고 그의 얼굴 전체를 찢어야 한다. 그러나 만일 그가 자기 아내를 [놓아주길 원한다면], 그 남자를 놓아주어야 한다(MAL A14~15).

히타이트 법전에도 남편이 아내의 처벌 여부를 결정한다.

만일 그가 궁전 문(왕의 법정)에 그들을 데려와서 "나의 아내를 죽이지 않겠다"라고 말하면, 자기 아내의 생명을 살려줄 수 있으나, 그는 그 정부 역시 살려주고 "그의 머리를 덮어주어야" 한다. 만일 "둘 다 죽어야 한다"라고 말하면, 그들은 "바퀴를 굴려야 할" 것이다. 왕은 그들을 죽게 할 수도 있고 살려줄 수도 있다(HL II 197~198).

신의 저자권 원칙의 또다른 의미는 이스라엘 사회에서 법이 가지는 목적이 다른 사회들에서의 목적과 다르다는 것이다(그린버그). 다른 사회들에서 법의 목적은 어떤 사회정치적 이익들을 확보하는 것이다. 가령 미국 헌법의 전문에 열거되어 있는 법의 이익은 정의를 확립하고, 가정의 평화를 보장하고, 공동의 국방력을 제공하고, 전반적인 복지를 증진하고, 자유의 혜택을 확보하는 것이다. 우르 남무 법전의 머리말은 이 법의 목적이 평등을 확립하고, 불우한 사람들을 보호하고, 공동의 안녕과 복지를 추구하는 것이라고 밝힌다. 리피트 이쉬타르 법전의 머리말은 이 법의 목적이 정의를 세우고, 불평을 덜어주고, 행복을 가져오고, 공동의 안녕과 복지를 추구하는 것이라고 밝힌다. 함무라비 법전의 머리말도 사람들의 행복, 훌륭한 정부, 옳은 길, 번영을 추구한다는 법의 목적을 언급한다.

그러나 구약성경의 이스라엘에게 법은 이러한 물질적 혜택에 한정되지 않는다고 그린버그는 주장한다. 이들에게 법의 목적은 그 규정을 준수하는 사람들을 신성하게 만드는 것—거룩하게 하거나 신처럼 만드는 것—이다. '성결 법전'은 거룩함에 대한 야훼의 권고로 시작하고,

이어 사람이 그 상태를 성취할 수 있는 수단이 되는 다양한 법들을 열거한다.

> 너희는 거룩하라 이는 나 여호와 너희 하나님이 거룩함이니라
> 너희 각 사람은 부모를 경외하고 나의 안식일을 지키라(레 19:2~3)

야훼를 좇아 거룩하게 되라는 말은 성결 법전(레위기 17~26장)에 자세히 서술된 민사법, 형사법, 도덕법, 제사법의 진정한 목적으로서 반복해서 강조된다. 사실 구약성경 기록자는 언약이 시작될 때부터 거룩함이라는 주제를 소개한다. 이스라엘이 시내산에 모였을 때 야훼가 말하기를,

> 세계가 다 내게 속하였나니 너희가 내 말을 잘 듣고 내 언약을 지키면 너희는 모든 민족 중에서 내 소유가 되겠고
> 너희가 내게 대하여 제사장 나라가 되며 거룩한 백성이 되리라 너는 이 말을 이스라엘 자손에게 전할지니라(출 19:5~6)

그린버그에 따르면, 고대 근동의 법과 구약성경의 법은 형식과 문체 면에서 차이를 보이는데, 이 문서들이 일반적이고 구체적인 수준에서 수많은 유사성을 가지고 있다는 사실(예를 들어 뿔로 들이받는 소에 관한 법과 싸움 중에 우발적으로 남자에게 맞아 유산한 임산부에 관한 법은 많은 법전들에서 나타나기에 그런 법들은 고대 근동 전승의 공통 요소

들이었다고 할 수 있다)을 고려하면 둘 사이의 차이가 더더욱 눈에 띈다. 이스라엘의 법에 고유한 형식상의 특징은 어떤 법에 근거나 동기를 추가한다는 것이다. 특히 인도주의적인 법이 그렇다. 가장 많이 사용되는 근거 하나는 이스라엘의 경험에 호소하는 것, 그리고 이스라엘 민족을 도덕적 사고를 할 수 있는 지성과 동정심을 가진 사람들로 언급하는 것이다. 이스라엘이 외국인 신분이었고, 노예 생활을 했으며, 해방을 경험했다는 것이 도덕적 행위의 원동력이라는 생각을 표현하는 구약성경 구절들은 다음과 같다.

> 너는 이방 나그네를 압제하지 말며 그들을 학대하지 말라 너희도 애굽 땅에서 나그네였음이라(출 22:21)

> 너는 이방 나그네를 압제하지 말라 너희가 애굽 땅에서 나그네 되었었은즉 나그네의 사정을 아느니라(출 23:9)

> 거류민이 너희의 땅에 거류하여 함께 있거든 너희는 그를 학대하지 말고 너희와 함께 있는 거류민을 너희 중에서 낳은 자같이 여기며 자기같이 사랑하라 너희도 애굽 땅에서 거류민이 되었었느니라 나는 너희의 하나님 여호와이니라(레 19:33~34)

> 엿새 동안은 힘써 네 모든 일을 행할 것이나
> 일곱째 날은 네 하나님 여호와의 안식일인즉 너나 네 아들이나 네 딸이

나 네 남종이나 네 여종이나 네 소나 네 나귀나 네 모든 가축이나 네 문 안에 유하는 객이라도 아무 일도 하지 못하게 하고 네 남종이나 네 여종에게 너같이 안식하게 할지니라

너는 기억하라 네가 애굽 땅에서 종이 되었더니 네 하나님 여호와가 강한 손과 편 팔로 거기서 너를 인도하여 내었나니……(신 5:13~15)

너희의 하나님 여호와는 신 가운데 신이시며 주 가운데 주시요 크고 능하시며 두려우신 하나님이시라 사람을 외모로 보지 아니하시며 뇌물을 받지 아니하시고

고아와 과부를 위하여 정의를 행하시며 나그네를 사랑하여 그에게 떡과 옷을 주시나니

너희는 나그네를 사랑하라 전에 너희도 애굽 땅에서 나그네 되었음이니라(신 10:17~19)

너는 객이나 고아의 송사를 억울하게 하지 말며 과부의 옷을 전당 잡지 말라

너는 애굽에서 종 되었던 일과 네 하나님 여호와께서 너를 거기서 속량하신 것을 기억하라 이러므로 내가 네게 이 일을 행하라 명령하노라(신 24:17~18)

네 동족 히브리 남자나 히브리 여자가 네게 팔렸다 하자 만일 여섯 해 동안 너를 섬겼거든 일곱째 해에 너는 그를 놓아 자유롭게 할 것이요

그를 놓아 자유하게 할 때에는 빈손으로 가게 하지 말고

네 양 무리 중에서와 타작 마당에서와 포도주 틀에서 그에게 후히 줄지
니 곧 네 하나님 여호와께서 네게 복을 주신 대로 그에게 줄지니라

너는 애굽 땅에서 종 되었던 것과 네 하나님 여호와께서 너를 속량하셨
음을 기억하라 그것으로 말미암아 내가 오늘 이같이 네게 명령하노라(신
15:12~15)

애굽 사람을 미워하지 말라 네가 그의 땅에서 객이 되었음이니라(신
23:7)

네가 네 감람나무를 떤 후에 그 가지를 다시 살피지 말고 그 남은 것
은 객과 고아와 과부를 위하여 남겨두며…… 너는 애굽 땅에서 종 되었던
것을 기억하라 이러므로 내가 네게 이 일을 행하라 명령하노라(신 24:20,
22)

사르나는 사회 계급 구분의 배제, 빈곤한 사람들에 관한 구체적인
규정, 인도주의적 경향의 관점에서 고대 근동의 법과 구약성경의 법을
비교한다. 비성경적인 많은 법전은 머리말에서 모든 사람을 위한 정의
개념에 관심을 표하지만, 그러한 법전에 든 법들은 상류층의 이익을
도모하는 것이 분명해 보인다. 반면에 빈곤 계층 사람들에 대한 구약
성경의 관심은 다양한 법 조항에 구체적으로 표현되어 있다. 특히 구
약성경의 법에는 동시대의 에쉬누나 법전이나 함무라비 법전에서 찾

을 수 있는 것과 같은 자유민 사이의 사회 계급 구분이 보이지 않는다. 반면에 성경 외 법전들은 상류층, 하류층, 노예를 대상으로 저지른 범죄를 각각 다르게 처벌한다. 함무라비 법전을 보자.[8]

196. 만일 한 어일루(상류층 남자)가 다른 어일루의 눈을 멀게 했다면, 그의 눈을 멀게 하라.

197. 만일 그가 다른 어일루의 뼈를 부러뜨렸다면, 그의 뼈를 부러뜨려라.

198. 만일 그가 평민의 눈을 멀게 하거나 평민의 뼈를 부러뜨렸다면, 60세겔의 은을 달아줄지라.

199. 만일 그가 어일루의 노예의 눈을 멀게 하거나 혹은 어일루의 노예의 뼈를 부러뜨렸다면, 그 값어치의 반을 (은으로) 달아줄지라.

200. 만일 한 어일루가 그와 같은 신분의 다른 어일루의 이를 부러뜨렸다면, 그의 이를 부러뜨려라.

201. 만일 그가 평민의 이를 부러뜨렸다면, 은 20세겔을 달아줄지라.

202. 만일 한 어일루가 자기 신분보다 높은 신분의 어일루의 턱을 쳤다면, 사람들이 모인 공공장소에서 황소 채찍으로 60번 채찍질의 형에 처하라.

203. 만일 어일루 신분의 사람이 그와 동등한 다른 어일루 신분의 사람의 턱을 쳤다면, 은 60세겔을 달아줄지라.

204. 만일 평민이 다른 평민의 턱을 쳤다면, 은 10세겔을 달아줄지라.

205. 만일 어일루의 노예가 어일루 신분의 사람의 턱을 쳤다면, 그의 귀

를 잘라버려라(CH xl 45~xli 3).

이런 법에서는 자유민들조차 모두 같은 가치를 가지는 것으로 여겨지지 않았고, 처벌도 가해자와 피해자의 사회적 지위에 따라 결정되었다. 위의 구절에 이어 계속되는 구절에 따르면, 임신부의 유산이나 죽음의 원인이 되는 폭행에 대한 보상은 피해자가 상류층 여자일 때, 그리고 가해자가 피해자보다 낮은 신분일 때 더 크다(CH 209~214). 이 같은 계급 구분은 히타이트 법전과 중기 앗수르 법전에도 동일하게 나타난다. 반면에 레위기 24장 17~22절에 나오는 개인 책임 법에는 시민과 이방인에게 공히 적용되는 하나의 기준이 있음을 말하는 분명하고 구체적인 표현이 들어 있다.

사람이 만일 그의 이웃에게 상해를 입혔으면 그가 행한 대로 그에게 행할 것이니
상처에는 상처로, 눈에는 눈으로, 이에는 이로 갚을지라 남에게 상해를 입힌 그대로 그에게 그렇게 할 것이며…… 거류민에게든지 본토인에게든지 그 법을 동일하게 할 것은 나는 너희의 하나님 여호와임이니라(레 24:19~20, 22)

여기에 명시된 원칙이 그 유명한(혹은 악명 높은) 탈리온의 원칙이다. 그린버그가 지적하듯이, 여기 나오는 구약성경의 "눈에는 눈" 법은 구약성경 신의 엄격하고 잔인한 기준을 보여주는 예로 이해되고, 원시

적이고 구시대적인 반사 행동인 복수 원칙으로 자주 언급된다. 그러나 고대 근동 지방에서 정의를 사회 계급에 따라 실현하는 모습을 배경으로 삼아 상대적으로 고찰해보면, 모든 사람이 법 앞에 평등하다는 구약성경의 원칙은 당시로서는 꽤 놀랍고 또 논란이 되는 주장이었을 것으로 짐작할 수 있다.[9] "눈에는 눈"이라는 슬로건은 가해자나 피해자의 사회적 신분에 관계없이 모든 자유민은 그 범죄에—더도 말고 덜도 말고—일치하는 처벌을 받아야 한다는 개념을 표현한다. 남에게 피해를 입힌 모든 자유민은 법 앞에서 동등하게 대우받아야 한다. 즉 그들은 피해보다 적은 처벌을 받고 넘어갈 수 없고, 피해보다 과한 처벌을 받지도 않는다. 과도한 처벌의 예는 중기 앗수르 법전(A21과 F1)에서 임신부의 유산을 야기한 사건(가해자는 납 2 달란트 30 미나를 지불하고, 50번의 태형을 받고, 한 달간 국가를 위해 노동해야 한다)과 양을 훔친 사건(가해자는 100번의 태형을 받고, 머리카락을 뽑히고, 한 달간 국가를 위해 노동해야 하고, 벌금을 내야 한다)으로 나타난다. 처벌은 부족하지도 않고 넘치지도 않게 그 범죄와 일치해야 하고, 모든 자유민은 법 앞에 평등하며, 피해자나 가해자의 사회적 지위에 관계없이 하나의 재판 기준이 적용되어야 한다는 개념이 '원시적인' 법 개념일까?

구약성경은 이처럼 모든 자유민의 법 앞에서의 기본적 평등을 주장하는 데 더해, 힘없고 궁핍한 사람들에 대한 관심을 촉구한다. 위에서 설명했듯이 레위기 19장 9~10절은 가난한 사람들과 여행자들이 얻을 수 있도록 밭과 과수원에 농작물을 남겨두어야 한다고 말한다. 신명기는 레위기보다 살짝 덜 관대하여, 레위기의 "가난한 사람"을 "객과 고아와 과부"로 대체한다.

> 네가 네 감람나무를 떤 후에 그 가지를 다시 살피지 말고 그 남은 것은 객과 고아와 과부를 위하여 남겨두며
>
> 네가 네 포도원의 포도를 딴 후에 그 남은 것을 다시 따지 말고 객과 고아와 과부를 위하여 남겨두라
>
> 너는 애굽 땅에서 종 되었던 것을 기억하라 이러므로 내가 네게 이 일을 행하라 명령하노라(신 24:20~22)

레위기는 남은 곡식을 거두는 방식으로 가난한 사람들을 적극 구제하라고 주장하지만, 신명기의 방식은 비교적 간접적이다. 신명기는 관대한 조건으로 빌린 돈에 의지하는 일하는 가난한 계층을 생각한다.

> 네 하나님 여호와께서 네게 주신 땅 어느 성읍에서든지 가난한 형제가 너와 함께 거주하거든 그 가난한 형제에게 네 마음을 완악하게 하지 말며 네 손을 움켜쥐지 말고
>
> 반드시 네 손을 그에게 펴서 그에게 필요한 대로 쓸 것을 넉넉히 꾸어주라
>
> 삼가 너는 마음에 악한 생각을 품지 말라 곧 이르기를 일곱째 해 면제년이 가까이 왔다 하고 네 궁핍한 형제를 악한 눈으로 바라보며 아무것도 주지 아니하면 그가 너를 여호와께 호소하리니 그것이 네게 죄가 되리라
>
> 너는 반드시 그에게 줄 것이요, 줄 때에는 아끼는 마음을 품지 말 것이

니라 이로 말미암아 네 하나님 여호와께서 네가 하는 모든 일과 네 손이

닿는 모든 일에 네게 복을 주시리라

　땅에는 언제든지 가난한 자가 그치지 아니하겠으므로 내가 네게 명령

하여 이르노니 너는 반드시 네 땅 안에 네 형제 중 곤란한 자와 궁핍한 자

에게 네 손을 펼지니라(신 15:7~11)

　7년마다 빚을 완전 탕감해주어야 하는 의무 때문에 손해를 볼 가능

성이 있다 하더라도 가난한 사람들에게 돈을 빌려줄 것을 신명기는 이

스라엘 사람들에게 권면한다. 가난은 끔찍한 장기적인 문제라는 단순

한 이유에서, 사정이 어떠하든 가난한 사람들에게 돈을 빌려주라는 것

이다.

　구약성경에 있는 많은 법 조항―노예의 합법화(출 21:2~6, 신

15:12~18, 레 25:44~46), 간통을 포함한 일부 성적 행위에 대한 사형 집

행(레 18장, 20장, 신 22:22), 강간범과 그 피해자의 결혼(신 22:28~29)

등―이 현대 서구인의 정서에 거슬리긴 하지만, 우리는 구약성경의

법에서 인도주의 경향을 발견할 수 있다. 가령 일부 사회에서는 여러

면에서 노예를 주인의 소유물로 생각하는 데 반해 구약성경의 입장은

다소 애매하다. 주인의 가혹한 취급으로부터 노예를 보호하는 법이 없

는 고대 근동의 법전들과 달리(예를 들어 MAL A44 참조), 구약성경은

노예에게 어떤 식으로든(심지어 이빨을 빠지게 하는 것으로라도) 해를

끼친 주인은 그 노예를 놓아주어야 하고(출 21:26~27) 노예를 죽인 주

인은 보복당해야 한다(출 21:20)고 말하고 있다. 또한 노예들도 안식

일에 쉴 자격이 있고(출 20:10, 신 5:14) 도망한 노예를 주인에게 돌려보내어선 안 된다(사르나).

> 종이 그의 주인을 피하여 네게로 도망하거든 너는 그의 주인에게 돌려주지 말고
>
> 그가 네 성읍 중에서 원하는 곳을 택하는 대로 너와 함께 네 가운데에 거주하게 하고 그를 압제하지 말지니라(신 23:15~16)

이 법을 도망간 노예를 돕거나 보호하면 사형에 처한다고 명시하는 함무라비 법전과 비교해보자.

> 만일 사람이 궁전이나 평민의 집에서 도망간 노예 혹은 여자 노예를 숨겨주고 관리의 공개 선포에도 그를 데려오지 않으면, 그 집 주인은 죽임을 당하리라(CH 16).

또한 이스라엘 노예의 노예 생활 기간은 출애굽기와 신명기에서 6년으로 제한된다(노예가 영구적으로 머무는 '선택'을 할 수는 있다). 이스라엘 사람이 아닌 사람을 노예로 삼는 것은 여전히 허용되지만, 이스라엘 사람을 노예로 삼는 것은 레위기의 제사장적 법에서 완전히 금지된다(레 25:35~46).[10]

구약성경의 인도주의 경향을 보여주는 또다른 증거는 구약성경에는 합법화되는 폭력이 없다는 것이다. 중기 앗수르 법전은 아내의 학

대를 합법화하고(남자는 아내의 머리카락을 잡아당기거나, 아내의 귀를 상하게 하거나 비틀 수 있다, A59) 도망간 아내에 대한 비인간적인 취급(남편은 아내의 귀를 잘라낼 수 있다, A24) 및 빚의 담보로 어일루의 집에서 살아야 한다는 채무자의 의무를 합법화하는 데 반해 구약성경의 법에는 이와 유사한 내용이 사실상 전혀 없다(사르나).

법체계는 다양한 위법 행위에 대해 가정하는 처벌 규정을 통해 그 가치관을 드러낸다고 보는 그린버그는 고대 근동과 구약성경의 법적 자료에 각각 나타나는 처벌들을 비교한다. 그는 구약성경이 사람의 생명을 중요시하는 것과 비성경 법전이 재산의 가치를 중요시하는 것을 비교할 수 있다고 주장한다. 함무라비 법전은 다양한 재산 관련 범죄, 즉 절도나 장물 수취 및 운반(CH 6~10), 무단 침입, 방화에 이은 절도나 강도(CH 21~25), 여자 술 장수의 속이는 행위, 도망간 노예를 숨겨주는 행위(CH 108~109)에 사형을 부과하는데, 절도와 장물 수취나 운반(CH 6~10), 무단 침입, 방화에 이은 절도나 강도(CH 21~25), 여자 술장수의 속이는 행위, 도망간 노예를 숨겨주는 행위(CH 108~109) 같은 범죄에 대해 사형을 선고한다. 중기 앗수르 법전은 아내의 절도 행위와 장물 구입 행위에 대해 사형을 선고한다(MAL A3). 반면에 구약성경의 법 조항은 일상적인 재산권 침해에 사형을 부과하지 않는다. 사형이라는 처벌은 고의적 살인, 일부 성적인 불법 행위, 신에 대한 범죄(신성모독)에 적용된다. 특히 민수기 35장은 살인이 어떠한 금전적 처벌로도 대신할 수 없는 범죄임을 분명히 한다. 고의적인 살인자의 생명은 구제될 수 없다. 그는 자신의 생명으로 그가 죽인 생명에 대한 값을 치러야 한다. 우발적인 살인자는 도피할 수 있는 여섯 개의 도시 중 한 곳에서 그의 삶을 이어갈 수 있으니, 이는 일종의 사회적 추방이다.

> 고의로 살인죄를 범한 살인자는 생명의 속전을 받지 말고 반드시 죽일 것이며
> 또 도피성에 피한 자는 대제사장이 죽기 전에는 속전을 받고 그의 땅으로 돌아가 거주하게 하지 말 것이니라
> 너희는 너희가 거주하는 땅을 더럽히지 말라 피는 땅을 더럽히나니 피 흘림을 받은 땅은 그 피를 흘리게 한 자의 피가 아니면 속함을 받을 수 없느니라
> 너희는 너희가 거주하는 땅 곧 내가 거주하는 땅을 더럽히지 말라 나 여호와는 이스라엘 자손 중에 있음이니라(민 35:31~34)

비성경 법전에는 살인에 대한 금전적인 보상을 완전히 금지하는 내용이 없다. 그린버그와 사르나에 따르면, 이로부터 우리는 구약성경의 법 제정자들에게 최고의 가치는 인간 생명의 신성함이고, 그들에게는 인간의 생명과 재산이 비교 불가능한 대상임을 알 수 있다. 어떤 영역의 범죄가 다른 영역의 처벌로 보상될 수는 없다. 즉 재산 관련 범죄에 사형을 선고할 수 없고, 살인을 금전으로 보상할 수 없다. 중기 앗수르 법전과 히타이트 법전에서는 그렇지 않다. 예를 들어, 살인은 금전으로 보상될 수 있고(MAL A10, B2, HL I 1~5), 앞에서 보았듯이 다양한 재산 범죄에 대해 사형이 부과된다. 또한 구약성경에서는 살인 사

건의 책임이 오직 직접적으로 관련된 범죄자에게만 있다. 신명기 24장 16절은 "아버지는 그 자식들로 말미암아 죽임을 당하지 않을 것이요 자식들은 그 아버지로 말미암아 죽임을 당하지 않을 것이니 각 사람은 자기 죄로 말미암아 죽임을 당할 것이니라"라고 명백하게 말한다. 함무라비 법전(만일 어일루가 어일루의 딸을 죽게 하면, 그의 딸이 죽임을 당하고[CH210] 건축자의 실수로 다른 사람의 아들이 죽게 되면 그 건축자의 아들이 죽임을 당한다[CH 230])과 중기 앗수르 법전(만일 남자가 강간을 저지르면, 그의 아내가 강간당한다[MAL A55])의 처벌과 같은 처벌이 구약성경에는 사실상 없다.[11] 출애굽기 21장 28~32절을 보면 과실 치사는 피해자가 미성년자일지라도 살인자 자신이 처벌받는다.

우리는 구약성경의 법적인 내용들이 한목소리를 내지 않는다는 사실을 인식할 필요가 있다. 서로 상충되는 많은 조항들이 있고(11장의 노예법 관련 논의 참조), 처음의 법―가령 언약 법전―이 나중 버전에서―특히 신명기에서―수정되거나 개정되는 일이 많다. 그렇지만 그린버그가 주장하듯이 우리는 인간 생명의 존엄성, 재산보다 중요한 인간의 가치, 법 앞에서의 자유민의 평등, 사회의 힘없는 사람들을 돕는 일의 중요성, 인도주의 경향, 인간 삶의 전면적인 통합과 상호 의존 같은 구약성경의 중심 주제와 주요 원리를 읽어낼 수 있다.

신명기 31장 9~13절에 따르면, 야훼의 가르침(토라)은 공개적으로 선포되어야 하고, 매년 읽혀야 하며, 계속해서 공부되어야 한다. 다시 말해 모든 사람이 그 내용을 이해하고 지지할 의무가 있다. 야훼의 가르침을 배우고 지키는 일의 이러한 공공성은 법과 도덕의 공동체적 성격을 강조한다. 야훼와 언약을 맺은 것이 바로 그 공동체이고, 개별 행위가 공동체에 영향을 미친다는 점에서 도덕의 일차적 대상도 바로 그 공동체이다. 이 공동체 윤리는 다음 장에서 다룰 제사장 글에 나타나는 제사의 상징성에 중요한 역할을 한다.

10

제사장적 유산: 제사 의식과 희생 제물, 정결과 거룩

읽기: 레위기 1~20장, 민수기 19장

레위기는 제사장 문서(P)의 가장 중요한 표본으로, 특별히 제사장과 관련되었거나 제사장의 관할인 일들, 즉 성소, 제사 의식, 제물 체계, 정결한 것과 부정한 것의 구분, 거룩한 것과 더러운 것의 구분을 다룬다. 제사장적 내용은 레위기에서 한 뭉치로 발견되고, 민수기에서 띄엄띄엄 발견되며, 창세기와 출애굽기 여기저기 흩어져 발견된다. 제사장적 자료는 수백 년의 기간에 걸쳐 나타난바, 비록 바벨론 유배와 그후 시대에 이르러 최종 형태에 이르렀지만, 그보다 더 오래된 제사 전승과 제사장 전승도 함께 보존하고 있다.

레위기는 다음과 같이 나눌 수 있다. 1~7장은 제사 체계를 설명한다. 8~10장은 아론과 그의 후손을 제사장으로 세우는 것을 설명한다. 11~15장은 음식에 관한 법과 제사의 정결함과 부정함에 관한 법이다.

16장은 욤 키푸르(속죄일) 의식을 규정한다. 17~26장은 이른바 '성결법전'으로, 18장과 20장의 금지된 성관계, 27장의 서원와 예물에 관한 규정 등 여러 가지 글의 모음이다. 17~26장은 거룩함holiness을 특별히 강조할 뿐 아니라 앞 열여섯 장의 내용에 변화를 주기 때문에 학자들은 17~26장이 별도의 제사장 학파에서 온 것으로 결론짓고 그것을 H 문서라고 명명한다. P 문서와 H 문서의 상대적 연대에 관해서는 많은 논란이 있으나, H가 P보다 나중에 쓰였고 H가 P의 교정자 또는 편집자라는 것에 점점 합의가 이루어지고 있다(따라서 다소 혼란스럽긴 하지만, P는 제사장 문서를 구성하는 제사장적 글 전부를 가리킬 수도 있고, H를 제외한 나머지 부분의 제사장적 글을 가리키는 것이 될 수도 있다).

제사장적 내용은 학자들 사이에서 오랫동안 평가절하되어왔다. 19세기부터 20세기 중반까지의 성경학자들은 부정함의 규정을 원시적이고 비합리적인 터부로 보고, 제사를 영적 의미가 빠진, 통제된 야만으로 보는 뿌리깊은 편견을 가지고 있었다. 20세기 후반 들어 상황이 변하기 시작했다. 인류학자와 민속학자들이 현대 서구 문화를 포함하여 다양한 문화의 위험 회피 관행, 터부, 의식을 연구하기 시작하면서 구약성경에 있는 위험 회피 관행을 새롭게 이해할 길이 열렸다. 인류학자 메리 더글러스는 구약성경의 부정함 규정을 이해하는 방식을 영원히 바꾸어놓았다. 그는 그것을 만들고 준수한 사람들에게 의미 있던 무언가를 전달하는 상징으로 해석할 것으로 주장했다. 제이컵 밀그롬이나 최근의 조너선 클로완스 같은 구약성경 학자들은 그러한 사회학 분야의 발전에 힘입어 이스라엘의 정결 관행을 연구하여 우리가 그것을 이해하는 데 매우 큰 진전을 가져왔다. 이들은 정교하고 세심하게 구성된 P 문서의 글을 어떤 체계의 일부로 보고, 이 체계의 의미는 그것이 뿌리내렸던 더 넓은 문화적 기반 또는 문화적 네트워크에서 나온다고 생각한다.

P 문서의 기록자가 제시하는 이 체계는 평범한 이스라엘 사람들의 생각과 행동을 어느 정도나 대변할까? 이러한 규정들이 실제로 얼마만큼 실행되고 지켜졌을까? 제사장인 저자들은 오래된 임의적 관행을 한데 모아 그것을 얼마나 수정하고 정리했을까? 제사장적 문서는 기존 관행으로부터의 단절을 추구한 사회 지도층의 이상적인 구성이나 청사진을 어느 정도나 담고 있는 것일까? 이런 것들은 궁극적으로 대답할 수 없는 질문들이다. 사실은 아무도 정말로 알지는 못한다. 우리는 현재의 문화에서도 사람들이 온갖 종류의 의식적인 행동과 상징적인 행동을 한다는 것을 알고 있다. 사람들이 그런 행동의 중요성을 정말 믿기 때문에, 또 그런 의식과 상징이 그들에게 특별한 의미가 있기 때문에 그들은 그렇게 한다. 그렇지만 지금 우리의 일차적 관심과 이 책의 목표는 우리 앞에 놓인 대로 원문을 읽는 것이다. 고대 이스라엘 사람들이 대체로 이 규정들을 지켰는지 또는 이해했는지는 우리의 관심사가 아니다. 우리가 추구할 주요 질문은 다음과 같은 것들이다. P 문서가 구성하는 제사 체계에 어떤 상징주의가 작동하고 있는가? 제사장적 자료의 중요한 사상과 주제는 무엇인가? 이 자료는 이스라엘 종교의 다른 측면들과 얼마나 어우러지는가? 제사장적 글과 그것이 표현하는 제사 체계의 궁극적 목적은 무엇인가?

제사와 제물

고대 세계의 다른 모든 민족과 마찬가지로, 이스라엘도 거룩한 물건이 있는 성소를 특징으로 하는 제사 체계를 가지고 있었고 여기서 제사장이 다양한 의식 행위를 수행했다. 일반적으로 말해 이스라엘-유대 종교의 제사는 가나안 지방과 고대 근동 지방의 제사와 많은 형태와 의식을 공유했다. 고대 세계에서 성소는 신이 거하는 곳으로 이해되었고, 그 성소에서 신에게 제물을 바쳤다. P 문서는 광야 생활에서 사용했던 천막 같은 이동식 성막(미쉬칸mishkan)을 묘사하고 있다. 쉽게 조립하고 해체할 수 있는 목재 틀에 건 실로 짠 휘장이 이 성스러운 장소의 사면을 둘러쌌다. 성막 안에는 모든 이스라엘 사람들이 접근할 수 있는 넓은 뜰이 있었다. 이 뜰에 주 제단이 세워졌고, 손을 씻는 물두멍도 있었다. 이 열린 뜰을 반쯤 지나면 '성소'—진정한 피난처—로 알려진 또다른 둘러싸인 장소로 들어가는 입구를 표시하는 휘장이 있었다. 오직 제사장만이 이 성소에 들어갈 수 있었는데, 여기에는 분향단, 일곱 갈래의 촛대(메노라menorah), 매주 야훼 앞에 놓는 진설병을 위한 상이 있었다. 성소의 가장 안쪽에 있는 사각형의 방은 오직 대제사장만이 들어갈 수 있고, 일련된 고도의 정결 의식이 따르는 속죄일에만 들어갈 수 있는 지성소였다. 지성소에는 언약궤가 있었는데, 그 크기는 길이 약 120센티미터, 너비와 높이가 각각 약 76센티미터였다. 이 나무로 만든 궤는 금을 덧입혔고, 궤 위에는 전통적으로 속죄소라고 불리는 카포레트kapporet(금으로 만든 뚜껑)가 놓였다. 그룹(날개 달린 사자) 둘이 그 덮개와 연결되어 궤의 양쪽 끝에 있었는데, 이는 고대 근동 지방의 상像과 문서에서 강조하는 신들의 보좌를 연상시킨다. 구약성경의 몇몇 구절에서 야훼는 이 궤를 발받침 삼아 천사 위에 좌정하는 것으로 그려진다. 언약의 돌판을 담은 이 궤는 야훼와 이스라엘 간의 언약에 대한 증거였다. 고대의 대다수 성소와 달리 이스라엘의 성막에는 신의 상이 없어, 이스라엘 종교의 우상을 반대하는 경향을 나타낸다. 그럼에도 야훼는 성소에 임재하는 것으로 여겨졌다. 특히 새롭게 진을 치고 성막을 조립할 때면 야훼가 흔히 구름 형태로 성막을 가득 채우며 임재한다.

거룩함

성막을 거룩하게 만드는 것은 야훼의 임재다. 이것을 이해하려면 거룩함의 제사장적 의미를 이해해야 한다. '거룩하다holy'라는 말의 히브리어 뿌리는 '구별하다'이다. 즉 거룩한 것은 구별되고, 보통의 일상생활로부터 물러나 있다. 제사장적 관점에서는 근본적으로 오직 야훼만이 거룩하다. 야훼는 거룩함을 나누어줄 수 있다. 그와 특별한 관계를 맺은 사람과 장소, 사물을 그가 거룩하게 할 수 있다는 의미이다. 이는 소유권 관계로 가장 잘 설명된다. 거룩한 것이란 야훼의 영역 안에 있는 것, 야훼에게 구별된 것이다. 야훼의 영역 밖에 있는 것은 속되다. '속되다'를 뜻하는 히브리어 홀hol은 때로 '더럽다'로 번역되는데, 이는 히브리어의 기술적인 사용에서보다 더 부정적인 뜻을 함축하고 있다. 속됨은 대다수 사물의 기본적인 원래 상태이다. 속된 물건이 거룩해지려면 야훼에게 돌려지거나 바쳐지는 특별한 행위가 필요하다.

그래서 거룩함은 필연적으로 긍정적인 의미와 부정적인 의미 모두에서 구별을 수반한다. 다시 말해 어떤 사물은 그것을 거룩하게 하는 존재(야훼)와 구별되고, 그 사물은 또한 그 거룩함을 없앨 위험이 있는 사물과도 구별된다. 구별은 다양한 규제를 통해 달성된다. 거룩한 것들이 거룩한 이유는 그것들을 속된 것들과는 다르고 구별되는 것으로 규정하는 사용 규칙과 안전장치에 의해 속된 것들로부터 구별되기 때문이다. 이 거룩한 상태는 거룩한 대상이 더러워지지 않게 보호하는 그러한 사용 규칙과 안전장치에 의해 보존된다.

우리가 성소에 관해 도식적으로 알 수 있는 것은 성소 안으로 깊이 들어갈수록 거룩함이 더 커진다는 것이다. 야훼에 가까워질수록 거룩함이 커진다는 원칙이다. 이 원칙은 공간적 개념으로 도식화되어 있다. 이스라엘의 진영 밖은 속되고 더러운 땅이다. 이스라엘 진영은 어느 정도의 거룩함을 지니고 있다. 성막의 바깥 뜰은 좀더 높은 정도의 거룩함을 지니고 있고, 의식을 수행하려는 정결한 이스라엘 사람들이 들어갈 수 있는 장소다. 야훼와 더 가까운 곳에 있는 성소는 훨씬 더 높은 거룩함을 지니고 있어 이스라엘에서 거룩한 사람들로 여겨지는 제사장들이 들어갈 수 있는 장소이다. 지성소는 가장 거룩한 장소이고, 오직 이스라엘 민족 중 가장 거룩한 사람인 대제사장만이 들어갈 수 있는 장소이다. 제사장적 시간 개념에도 이와 유사한 동심원 같은 거룩한 구역들이 있다. 속되고 거룩하지 않은 날들이 있다. 또 몇몇 거룩한 날(예를 들어 새해와 유월절)이 있는데, 이런 날은 그것을 별개의 날로 정하는 특별한 규칙에 의해 속된 날로부터 구별되고 구획된다. 안식일 같은 날들은 더 많은 규칙과 의무에 의해 경계가 만들어지는 더욱 거룩한 날이다. 가장 거룩한 날은 안식일 중 안식일로 알려진 욤 키푸르(속죄일)이다. 이날은 심오한 거룩함을 지키기 위해 다른 모든 날들보다 더 많은 규칙과 의미가 추가되어 구별된다. 사람, 물건, 공간, 시간의 거룩함이 욤 키푸르로 모아진다. 가장 거룩한 날에 가장 거룩한 대제사장이 가장 거룩한 지성소에 들어가 가장 거룩한 대상―언약궤―을 상대로 의식을 수행하기 때문이다.

제사의 정결함

거룩한 곳에 들어가는 데는 정결함이 요구된다. 비록 학자들의 글에 거룩함과 정결함이 흔히 혼용되고 있지만, 둘은 같지 않다. 앞에서 설명했듯이 거룩하게 된다는 것은 신의 영역에 속하거나 그 안에 있는 것이다. 그러나 먼저 정결하지 않으면 거룩해질 수 없거나 거룩한 것과 접촉할 수 없다. 제사의 정결함―혹은 부정함이 없는 상태―은 거룩한 것에 접근하거나 거룩한 상태에 도달하기 위한 전제 조건이다. 정결한 상태에 있다는 것은 단순히 성스러운 것과 접촉할―예를 들어 거룩한 구역에 들어가거나 성스러운 물건을 만질―자격이 있다는 의미이다. 부정한 상태에 있다는 것은 단순히 성스러운 물건과 접촉할 자격이 없다는 의미이다. 거룩한 것은 당연히 정결하다. 오직 부정함이 없는 것만이 거룩한 것에 접근할 수 있다. 만일 부정한 물건이 거룩한 물건과 접촉하게 되면, 그 거룩한 물건은 즉각 부정한(더러운) 것이 되고 그 거룩한 지위를 잃는다. 신성을 더럽히는 것이 된다. 거룩한 지위를 회복하려면, 보통 두 가지 일이 일어나야 한다. 먼저 그 사물이 정화되어야 하는데, 이 경우 그것은 정결해지기는 하지만 여전히 속되다. 다음으로 그 사물이 신에게 다시 봉헌되거나 넘겨져야 한다. 그 넘기는 행위를 통해 (정결함에 더해) 다시 거룩해진다. 더 높은 거룩함에는 더 높은 정결함이 요구된다. 따라서 성소에 들어갈 수 있는 제사장에게 요구되는 정결함은 바깥 뜰에만 들어갈 수 있는 일반 이스라엘 사람의 정결함보다 더 높다. 지성소에 들어갈 수 있는 대제사장에게 요구되는 정결함은 보통 제사장의 정결함보다 훨씬 더 높다.

정결해지려면 부정함에서 분리되어야 한다. 그러면 부정의 원인에는 무엇이 있을까? 조너선 클로완스는 구약성경이 두 가지 서로 다른 형태의 부정을 말한다고 주장한다. 제사적 부정과 도덕적 부정이다.[1] 제사적 부정은 레위기 12~15장에서 설명한다. 도덕적 부정은 레위기 16장에서 논의되고 성결 문서(특히 레위기 18장과 20장)에서 강조된다. 제사적 부정은 그 자체로는 죄가 없는 물리적 실체와 상태ㅡ시신과 시체, 성기의 유출물, 피부병과 곰팡이ㅡ에서 생긴다고 클로완스는 설명한다. 대체로 인정되는 제사적 부정은 다음과 같은 특징으로 식별된다. 제사적 부정은 (1) 예를 들어 물리적 접촉을 통해, 또는 심각한 부정의 원인이 있는 덮여 있는 공간을 공유함으로써 옮는 전염성 부정이다. (2) 지속되지 않는다. 정화 의식, 시간, 제사 의식의 결합을 통해 줄이거나 없앨 수 없다. (3) 성소를 더럽히므로(이것은 그저 '부정하게 만든다'는 뜻이다) 성소를 그것으로부터 분리해야 한다. 엄중한 상황에서는 속된 물건들조차 더럽히므로, 그러한 부정의 원인이나 더럽혀진 사람은 반드시 분리되거나 배제되어야 한다.

　제사적 부정의 개념은 대부분의 고대 종교에 반드시 나타나는 중요한 특징이었다. 정결과 부정에 관한 구약성경의 법은 고대 근동 지방의 다른 문화—이집트, 메소포타미아, 고대 히타이트—의 그것과 많이 닮았다. 이스라엘의 많은 정결 관행에 고대 근동과 가나안의 뿌리가 분명히 보인다. 그러나 히브리 성경의 제사장적 글에서 정교하게 구성된 제사적 정결과 부정에 관한 체계는 이스라엘의 정결 관행을 '유일신화'하고, 이스라엘을 그 주변 민족들과 문화적으로 차별화하는 체계를 만들려는 시도이다. 가령 부정은 종종 악령과 부정한 악마를 믿는 믿음과 연결되었다. 이스라엘의 정화 의식은 어떤 고통의 원인으로 여겨지는 악마를 쫓아내는 엑소시즘 의식에서 유래하여 심지어 그 상태로 오래 지속되었을 가능성이 상당하다. 그러나 제사장적 글에서는 대체로 부정이 악령과 어떤 식으로도 연결되지 않는다. 일부 학자들은 제사적 정결 체계는 원래 건강과 위생에 대한 관심을 반영한다고 추측하지만, 아주 설득력 있는 주장은 아니다. 오직 일단의 질병만이 제사적 부정을 만든다고 기록되었고, 사람과 동물의 배설물처럼 널리 알려진 비위생적인 많은 것들이 제사장적 문서에 제사적 부정의 원인으로 지목되지 않는다. 클로완스를 비롯한 학자들에 따르면, 레위기 12~16장의 유일신화를 추구하는 제사장적 글에 체계화된 이스라엘 정결 관행의 목적과 의미를 이해하고 싶다면 기원의 문제는 접어두고 글에 실제로 나와 있는 부정과 거룩함에 관한 더 큰 상징성, 특히 부정과 정결 간의 정반대 관계에 주목하는 것이 더 낫다.

클로완스에 따르면 P 문서에는 부정의 세 가지 주요 원인이 제시되어 있다. (1) 시신과 일부 동물의 사체, (2) 사람의 피부병(죽음과 관련된 육신의 부패를 뜻한다, 민 12:12, 욥 18:13 참조) 및 그것과 관련하여 의복과 집에서 자라는 곰팡이, (3) 병적인 것이든 정상적인 것이든 성기에서 배출되는 물질이다. 클로완스는 부정하다고 규정되어 거룩한 영역과 정반대가 되는 물리적 실체와 상태가 죽음 또는 생식과 연관되는 데 주목한다. 왜 이렇게 정해졌는가? 제사장적 개념의 이스라엘 신은 (제사장적인 첫번째 창조 이야기에 나타나듯) 영원히 죽지 않는 존재이고 성이 없는 존재이다. 죽음도 생식도 존재하지 않는 거룩한 것의 영역에 들어가려면 죽음과 생식으로부터 분리되어야만 한다. 이와 같이 어떤 것을 부정하게 만들어 성소에 들어가지 못하게 하는 것은 죽음과 성과의 관련성이다. 이는 평소 생활에서 죽음이나 성에 관여해서 안 된다는 말이 아니다. 반대로 야훼는 인간에게 충만하고 번성하라고 명백하게 명령하고(이 역시 P 문서) 죽은 사람을 제대로 처리하라고 명령한다. 그러나 죽음이나 성과의 접촉으로 부정해질 때는 야훼의 영역인 성소에 들어갈 수 없다. 클로완스에 따르면, 제사적 정화에는 신과 가장 닮지 않은 인간의 그러한 측면(죽음과 성)으로부터의 분리가 수반된다.[2] 야훼의 영역에 들어가려면 야훼를 닮아야만 하는 것이다.

또한 클로완스는 '신을 닮는다'는 개념이 제물 관행도 설명한다고 주장한다. 표면상으로 제물 관행은 죽음을 피해야 거룩함과 연결될 수 있다는 생각과 상충한다. 제물 관행에는 성소라는 바로 그 장소에서 생명을 빼앗는 일이 수반되기 때문이다. 클로완스에 따르면 "희생 제물은—부분적으로는—동물의 생명과 죽음에 대한 통제된 완벽한 힘의 행사를 요구하며" 이 힘은 "다름아니라 이스라엘 신이 인간에게 행사하는 힘들 중 하나"이다.[3] 희생 제물은 구약성경 다른 곳들에서 야훼의 행위로 설명되는 것들과 똑같은 여러 다양한 행위를 수반한다는 점에서, 제물을 바치는 과정은 그 사람에게 생명과 죽음에 대한 완벽한 지배력을 허용하기에 '신을 닮는' 행위로 이해될 수 있다.

그러나 클로완스는 신을 닮는 행위만으로 고대 이스라엘의 희생 제물을 완전히 설명할 순 없다고 생각한다.[4] 사실 그 어떤 이론도 그럴 순 없다. 그는 제사장적 전승에서 제물과 관련하여 크게 두 가지의 조직화 원칙 또는 최우선적 관심이 나타난다고 말한다. 첫째는 앞에서 보았던 대로 신을 닮는 것이다. 둘째는 성소에서 야훼의 계속된 임재를 유인하고 유지하려는 바람이다.[5] 레위기의 첫 몇 장에서 묘사되는 대부분의 희생 제물은 예물로 드려지거나 절기를 기념하여 드려지는 자발적인 제물이다. (1) 번제는 동물을 통째로 태워 향기로운 연기를 만든다(P 문서에 따르면, 제사장은 매일 두 번 번제를 드려야 했다). (2) 소제는 제사장의 몫을 빼고 난 후 태우는 곡식 가루, 기름, 유향이다. (3) 화목제는 일부를 제사장의 몫으로 기부한 후 제사 드리는 사람과 그 가족이 먹었다. 화목제는 세 가지 주요 형태가 있다. 감사제, 자원제, 서원제이다. 이 희생 제물은 완전히 선택적인 것으로, 축하와 감사를 표하거나 서원을 성공적으로 성취했을 때 드려진다. 요컨대 희생 제사는 무엇보다도 숭배자의 다양한 감정—아이의 탄생에 대한 기쁨, 풍성한 수확에 대한 감사 등—을 표현하는 수단이었다.

고대 근동 지방의 글들은 성소에서 수행되던 제사의 중요한 기능이 호의적인 신의 지속적인 도움을 확보하는 것이었음을 보여준다. 이스라엘의 제사는 여러 유의미한 측면에서 이와 굉장히 유사했다. 이스라엘 사람들도 분명히 호의적인 신의 지속적인 도움과 축복, 보호를 확보하고자 했다. 그들은 축복과 자비가 공동체 가운데 임재하는 야훼로부터 흘러나온다고 믿었으며, 성소에서 수행되는 제사는 야훼가 계속해서 공동체 안에 거하고 계속해서 공동체를 축복할 수 있도록 설계되었다. 제사장에 의해 매일 두 번 드려지고 향기로운 냄새를 내던 번제는 신을 유인하려는 시도였다. 마찬가지로 숭배자들이 개인적으로 가져오는 예물, 음식, 희생 제물의 향기로운 냄새도 성소에 야훼의 임재가 지속되도록 유인하고 유지하기 위한 것이었다.

도덕적 부정

야훼는 특정 행위로 유인되는 것과 똑같이 다른 특정 행위로 인해 떠난다. 중대한 죄는 신의 임재를 떠나게 하는 부정함—도덕적 부정—을 만들어낸다. 도덕적 부정은 클로완스가 설명하는 두번째 종류의 부정이다. 제사적 부정과 달리 도덕적 부정은 어떤 끔찍한 죄를 범해서 생긴다. 특히 레위기 18장과 20장에 있는 우상 숭배, 살인, 성적 위법 행위가 그렇다. 도덕적 부정은 죄인 자신을 더럽히는 것 이외에도 여러 성스러운 것들을 더럽히는데, 특히 성소, 야훼의 거룩한 이름, 성지 그 자체를 더럽힌다. 도덕적 부정은 죄짓는 행위의 원인에서, 또 전염되지 않는다는 사실에서 제사적 부정과 다르다(예를 들어 살인자를 만진다고 해서 부정해지는 것은 아니다). 도덕적 부정은 목욕이나 세탁 의식을 통해 제거되지도 않는다. 사람의 도덕적 정결함은 끔찍한 죄에 대한 처벌(신이 내리는 벌인 '끊어짐'[카레트$_{karet}$] 또는 죽음)로 성취되거나, 나중에 깨닫고 인정하고 후회하는 부지중에 저지른 죄에 대한 속죄로 성취되거나, 애당초에 부정하게 하는 비도덕적 행위를 하지 않는 것으로만 성취될 수 있다. 중대한 도덕적 부정은 땅뿐만 아니라 성소의 가장 깊숙한 곳까지 더럽힌다. 성소는 도덕적 부정에서 정화될 수 있지만(나중에 다시 설명하겠다) 성적 위법 행위로 계속해서 더럽혀진 땅은 그렇게 할 수 없고 그 땅 위에 거주하고 있는 사람들을 그저 '토해낸다'(이는 유배를 가리키는 말로, 제사장적 글에서 가나안 족속이 야훼의 땅에서 축출당한 일을 묘사할 때, 또 이스라엘 사람들에게 너희도 이 땅에서 축출되지 않으려면 그런 가증스러운 죄를 짓는 관행에 관여하지 말라고 거듭 경고할 때 일관되게 쓰이고 있다). 또한 땅은 고의적인 것이든 우발적인 것이든 불법적인 살인으로 더럽혀진다(민 35:33~34). 살인자는 피 흘림의 죄—일종의 도덕적 부정—를 짓는 것이고 자신의 생명을 박탈당한다. 고의적 살인의 경우, 피 흘림의 죄와 부정은 오직 살인자의 죽음으로만 제거된다. 우발적 살인의 경우, 살인자는 피난처로 지정된 여섯 개의 성읍 중 한 곳에서 대제사장이 죽을 때까지 피할 수 있으며, 그것이 살인의 피 흘림의 죄와 부정을 제거하는 역할을 한다. 우상 숭배 역시 땅을 더럽힌다. 이 죄를 범한 사람은 돌에 맞아 죽는 신의 처벌인 카레트(끊어짐)의 대상이다. 구약성경은 우상과 그 제사 부속물을 성스러운 땅에서 완전히 파괴해야 한다고 반복해서 경고한다(불태우는 것은 출 32:20, 신 7:5, 25, 왕하 10:26, 묻는 것은 창 35:4를 참조).

땅과 달리 야훼의 성소는 특별한 희생 제물을 통해 도덕적 부정으로부터 정화될 수 있다. 이 제사를 하타트_hattat라고 하는데 흔히 속죄제로 잘못 번역되나, 더 정확한 번역은 정결제이다. 정결제는 어떻게 수행되는가? 이 의식의 핵심은 제물의 피다. 부정함과 죄가 죽음과 연관되어 있듯이, 거룩함은 생명과 연관된다. 제사장 문서에 따르면 피는 생명력을 나타내며, 이 사실은 피를 금지하는 구절에 명백히 드러난다. 창세기 9장 4절은 "그러나 고기를 그 생명 되는 피째 먹지 말 것이니라"라고 말하고, 레위기 17장 11절은 "육체의 생명은 피에 있음이라 내가 이 피를 너희에게 주어 제단에 뿌려 너희의 생명을 위하여 속죄하게 하였나니 생명이 피에 있으므로 피가 죄를 속하느니라"라고 말한다. 제사장적 글은 그보다 더 분명할 수가 없다. 피는 생명을 의미하고, 야훼는 희생 동물의 피가 이스라엘 민족의 죄 많은 행위로 생긴 부정으로부터 성소를 정화하는 세제라고 그 역할을 정한다. 성소에서 제사적·도덕적 부정을 씻어내는 이 모든 제사—주로 하타트—는 피의 처리가 수반된다. 제단 위에 피를 바르는 것과 속죄일에 언약궤의 덮개에 피를 뿌리는 것은 더럽혀진 것을 정화하고 그럼으로써 죽음과 부정의 세력에 대한 생명과 거룩함의 세력의 승리를 상징한다. 그 외 정화하는 의식은 피의 대체물로 붉은 물질을 사용한다.

속죄

하타트(정결제)가 제사적 부정을 가진 물건이나 죄인을 깨끗하게 만든다는 생각은 널리 퍼져 있지만 잘못된 생각이다. 그것은 그럴 수가 없는 것이다. 제사적으로 정결하지 않은 사람은 그 누구도 성소에 접근하거나 제물을 드릴 수 없다. 정결제는 성기의 유출이 지나간 후에, 피부병이 치유된 후에, 적절한 정결 의식이 행해진 후에 드린다. 또 정결 제물은 죄인이 죄를 고백하고 회개한 후에 드리기 때문에 하타트는 죄인의 도덕적 부정을 제거하지 않는다. 성소에서 드리는 제사는 제사 드리는 사람의 제사적 부정이나 죄지은 상태로 인해 성소가 겪은 상징적 부정을 제거한다. 성소가 깨끗해지면, 제사 드리는 사람은 빚을 청산한 것이 되고, 그가 입혔던 악영향이 바로잡히고, 완전히 속죄된다. 다시 한번 야훼와 하나가 되는 것이다. 이제 야훼는 자신의 성소를 훼손하는 부정의 존재 때문에 떠나지 않아도 된다.

비교적 덜 심각한 위법 행위로 인한 더러움의 정도는 죄인의 고의성과 회개 여부에 따라 조정된다. 무심결에 지은 죄로 성소를 더럽힌 것은 정화 제물을 드림으로써 깨끗하게 만들 수 있다. 또 회개한 고의적인 죄는 고의성 없는 죄의 수준으로 그 엄정함이 경감되고, 그 죄로 인해 생긴 성소의 더러움도 정화 제물을 드림으로써 깨끗해질 수 있다. 반면에 파렴치하고 회개 없는 죄와 고의성은 없어도 결코 인지되지 못한 죄는 구제될 수 없다. 그렇기 때문에 성소는 정기적으로 이러한 죄의 결과로 성소에 축적되는 더러움을 제거해야 한다. 레위기 16장은 욤 키푸르(속죄일)에 수행되는 연례 의식을 설명하고 있다. 이

날은 이스라엘의 죄로 인해, 특히 파렴치하고 회개 없는 죄와 고의성은 없지만 인지되지 못한 죄로 인해 생긴 부정으로부터 성소를 정화하는 정결제가 공동체 전체를 위해 드려진다. 대제사장은 이스라엘 민족의 모든 죄와 부정함을 염소의 머리 위에 지운 뒤 성소에서 멀리 떨어진 광야에 그것들을 갖다 버리게 한다.

레위기 10장 10절에 따르면, 제사장의 의무는 이스라엘에게 정결한 것과 부정한 것의 차이와 거룩한 것과 속된(혹은 더러운) 것의 차이를 각각 가르쳐 거룩한 것과 부정한 것이 절대로 서로 접촉하지 못하게 하는 것이다. 야훼가 이스라엘 가운데 거하기 위해서는 공동체 안에 제사적으로 정결하고 거룩한 장소(성역)가 필요하다.

성소의 정화는 공동체의 건강과 행복에 매우 중요한 일이다. 만일 성소에서 부정이 제거되지 않으면, 그 오염으로 인해 야훼가 완전히 떠나는 상황에 이를 수 있다. 제이컵 밀그롬은 여기에 아르키메데스의 원리가 작동한다고 주장한다.[6] 모든 죄는 거룩함의 영역을 대체 또는 침범하는 부정을 만든다. 결국 야훼가 떠나고 공동체는 신이 없는 상태, 축복이나 보호가 없는 상태로 남는다. 밀그롬은 이스라엘 정결 체계의 상징적 기능을 다음과 같이 설명한다. 성소가 야훼의 임재를 상징하고 부정이 사람들의 죄를 나타내는 것이라면, 제사장들은 야훼가 부정을 혐오하고 부정이 그의 성전을 더럽힌다고 말함으로써 사람들의 죄가 야훼를 성소로부터, 또한 공동체로부터 몰아낸다는 생각을 생생하게 전달할 수 있다. 밀그롬은 이 복잡하고 상징적인 구도의 근저에 도덕적 메시지가 있다고 설명한다. 인간의 행위는 야훼가 자신의 민족 가운데 있는 땅에 어느 정도나 거할 수 있는지를 결정한다. 인간은, 그리고 오직 인간만이 자신들의 사회가 죄와 죽음에 지배받을지 아니면 정의와 생명에 지배받을지를 결정할 수 있다. 제사장들이 이스라엘의 부정함에 관한 법을 만들거나 표현함으로써 실현하고자 한 목표는 부정을 악마적인 것에서 분리하는 것, 그리하여 부정을 재해석한 상징 체계를 통해 이스라엘에게 죄를 거부하라는―이를테면 야훼의 임재를 유인하고 그를 쫓지 않는 방식으로 행동하라는―신의 명령을 상기시키는 것이었다.

제사장적 변신론

밀그롬은 제사장적인 제사 이미지가 변신론辯神論 역할을 하거나 악의 문제에 대한 답변이 되었다고 본다.[7] 전능하고 선한 신이 어떻게 그 많은 악의 존재를 허용하고 심지어 처벌받지도 않게 하는 것일까? 제사장적인 답변은 다음과 같다. 모든 죄는 성소를 더럽힌다. 다시 말해 죄는 죄인의 얼굴에는 상처를 내지 않을 수도 있지만 성소의 얼굴에는 분명 상처를 낸다. 따라서 모든 악한 행동은 어떻게든 궁극적인 결과를 낳는다. 죄인은 자기가 죄에 대한 처벌을 피했다고 생각할 수도 있지만, 실제로는 모든 사회적 착취와 도덕적 부패, 잔인함이 성소에 표시를 남기고 야훼가 완전히 떠날 그 시간까지 성소를 점점 더럽혀 인간 사회는 그 자신의 악행과 죽음의 거래에 사로잡히게 된다. 다시 밀그롬에 따르면, 여기에 담긴 윤리적 메시지는 인간이 자신들의 운명을 완전히 통제할 수 있고, 또 모든 개별적 행위가 사회의 운명에 영향을 끼친다는 것이다. 이것이 집단 책임이라는 오래된 원칙의 제사장적 버전이다. 즉, 죄는 사회의 각 분야 전체에 영향을 준다. 고립된 악이란 존재하지 않으며, 우리의 행동은 다른 사람들에게 영향을 끼친다. 그리고 악을 행한 사람이 결국 처벌받을 때, 다른 사람들도 파멸한다. 악한 사람과 함께 파멸하는 사람들에게 완전히 책임이 없는 것이 아니다. 결국 그들은 악한 사람들이 번창하도록 허용했고 그래서 성소가 더러워지고 사회가 부패하게 되었다. 요컨대 P 문서는 이와 같은 공동체 윤리의 영향을 받았고, 그 윤리는 후대에까지 구약성경의 많은 부분을 관통하고 있다. P 문서는 그야말로 독자적인 방식―성소와 제사의 상징성―으로 공동체적 윤리를 기록하고 있는 것이다.

음식법

레위기의 열한번째 장에는 음식에 관한 법이 들어 있다. 밀그롬은 레위기의 음식법 또한 죽음보다 생명을 강조하는 상징 체계의 일부라고 주장한다.[8] 그는 이 음식 체계의 주요 금지 사항을 증거로 든다. 첫째, 동물 피의 섭취는 창세기 9장 4절에서 금지된다. 레위기에서는 허용되는 동물과 금지되는 동물이 새김질하는 것과 굽이 갈라진 것, 이 이중의 기준에서 구분된다. 이 기준들은 그 자체로는 임의적이고 무의미한 것으로 보이지만, 둘이 합쳐지면 수백 마리의 살아 있는 동물 중 음식으로 먹을 수 있는 동물의 숫자를 소수로 제한하는 역할을 한다. 밀그롬에 따르면 이스라엘에 있던 다양한 음식에 관한 터부가 어디에서 유래했든 간에, 이스라엘의 제사장들은 모든 생명, 심지어 동물의 생명도 범할 수 없다는 사실을 강조하는 음식 규율을 세우고자 했다. 야훼가 인정하는 한 가지 예외는 동물을 적절하게(즉 고통 없이) 도살하고 그 피(즉 생명)가 흘러 야훼에게 돌아가게 한다는 조건하에 소수의 정해진 동물을 죽여 먹어도 된다는 것이다.

이스라엘 제사장들이 설정하고 표현한 음식법체계는 생명에 대한 경외심을 강조하는 목적이 있다는 밀그롬의 주장은 설득력이 있다. 그런데 이 법들에는 또다른 중요한 목적이 있다. 차별화된 민족 정체성을 형성하고 유지하는 것, 또는 제사장적으로 말하면, 이스라엘을 야훼의 민족으로 특징짓는 규칙들로써 다른 민족들과 구별되는 거룩한 민족을 형성하고 유지하는 것이다. 음식에 관한 법들에 이어 야훼를 닮아 거룩해지라는 강력한 훈계가 나온다는 사실은 실로 의미심장하다. 레위기 11장 43~45절은 다음과 같이 말한다.

너희는 기는 바 기어다니는 것 때문에 자기를 가증하게 되게 하지 말며 또한 그것 때문에 스스로 더럽혀 부정하게 되게 하지 말라

나는 여호와 너희의 하나님이라 내가 거룩하니 너희도 몸을 구별하여 거룩하게 하고 땅에 기는 길짐승으로 말미암아 스스로 더럽히지 말라

나는 너희의 하나님이 되려고 너희를 애굽 땅에서 인도하여 낸 여호와라 내가 거룩하니 너희도 거룩할지어다.[9]

요컨대 제사장들의 음식법은 위생적인 식사법으로 제시된 것도, 광야에서 냉장 시설이 없어 생기는 여러 질병을 피하기 위한 실용적인

방법으로 제시된 것도 아니다. 이 다양한 음식 터부의 실제 기원이 무엇이든 간에, 그것들은 위와 같이 이스라엘 민족이 스스로를 구별하고 그들의 신 야훼처럼 거룩해질 것을 요구하는 더 넓은 이념적 틀에 새겨져 있다. 음식법은 신을 닮는다는 주제와 연결되어 있다. 야훼가 거룩한(구분되고 구별되는) 것처럼, 너희도 거룩할지어다.

성결 법전의 주요 주제

거룩함의 주제와 특히 "너희는 거룩하라 이는 나 여호와 하나님이 거룩함이니라"의 훈계는 레위기 17~26장에서 가장 명시적으로 표현되는바, 현대 학자들은 이 글 뭉치에 '성결 법전'이라는 적절한 이름을 붙였다. 레위기 1~16장과 성결 법전 사이에는 중요한 차이가 있다. 레위기 1~16장에 따르면 제사장은 이스라엘에서 거룩한 계층이다. 그들은 야훼에 의해 선발되어 야훼를 봉사하는 데 전념한다. 야훼는 자신과 자신의 목적을 위해 그들을 구별하고, 그들에게만 주어진 여러 규칙과 금지 조항으로 그 구별을 표시하고 지킴으로써 그들에게 거룩한 신분을 부여했다. 이스라엘 사람들은 거룩함을 원하지만, 거기에 이르지는 못한다. 그러나 레위기 17장에서 끝 장에 걸친 성결 법전은 이스라엘의 모든 사람이 거룩하다는 생각에 가까워진다. 이스라엘의 모든 사람은 거룩하다. 왜냐하면 야훼가 마치 일곱째 날을 떼어 자신의 것이 되게 한 것처럼 이스라엘을 다른 민족들로부터 떼어 자신의 것이 되게 했으므로.

피조물의 세계에 거룩함이 존재할 수 있으려면 안전장치가 반드시 필요하다. 규칙과 안전장치가 거룩한 것은 그것을 파괴할 수 있는 것들로부터 구별해주기 때문이다. 이 안전장치는 거룩한 것이 땅 위에 거할 수 있게 보존하는 일을 맡은 인간에게 자연스럽게 전달된다. 비록 거룩함은 야훼로부터 나오지만 인간도 세상을 거룩하게 하는 데 있어 매우 중요한 역할을 한다. 이는 안식일의 경우로 잘 설명된다. 신은 창조 당시에 안식일을 거룩하게 했으나, 이스라엘은 안식일을 거룩하게 구별하는 규칙들과 금지 조항들을 준수함으로써 그 거룩함을 확정해야 한다. 나아가 이스라엘은 안식일의 거룩한 지위를 그저 확정하는 것 이상의 일을 한다. 즉 안식일의 거룩한 지위를 현실화한다. 이스라엘이 안식일을 거룩한 것으로 구별하는 금지 조항들을 지키지 못하면 자동적으로 안식일을 더럽히게 되기 때문이다(출 31:14). "너희는 안식일을 지킬지니 이는 너희에게 거룩한 날이 됨이니라 그날을 더럽히는 자는 모두 죽일지며 그날에 일하는 자는 모두 그 백성 중에서 그 생명이 끊어지리라". 그러므로 거룩함이라는 하나의 개념에는 서로 분리할 수 없는 필수적인 두 가지 요소가 있다. (1) 먼저 야훼에 의한 거룩한 지위의 부여('선택')와 그 지위를 위협하는 세상에서 그것을 보존하는 법의 수립(금지 조항). (2) 인간이 성소의 거룩함을 현실화하는 것(그 방법은 성소와 관련한 긍정적인 명령이나 부정적인 금지 조항을 준수하는 것이다).

안식일을 거룩한 것으로 구분하는 규칙을 지키지 않으면 안식일이 자동적으로 더럽혀지는 것과 마찬가지로, 만일 이스라엘이 그들을 다른 민족으로부터 구분하고 이스라엘을 신의 특별한 소유로, 거룩한 민족으로 표시하는 규칙을 지키지 않는다면, 거룩한 민족으로서의 이스라엘의 지위는 실현되지 못하고 보존되지 못한다. 주로 H 문서에 자세히 설명되어 있는 이 규칙들은 이스라엘을 다른 민족들과 구별되는 민족으로 표시하는 언약의 법과 규정이다. 나아가 거룩한 민족, 야훼의 특별한 소유라는 이스라엘의 지위는 토라의 모든 세부 사항을, 또는 그 안의 특정한 핵심 요소(안식일이나 음식법)를 신실하게 지키라는 훈계와 늘 연결되어 있다.

> 너희는 스스로 깨끗하게 하여 거룩할지어다 나는 너희의 하나님 여호와이니라
> 너희는 내 규례를 지켜 행하라 나는 너희를 거룩하게 하는 여호와이니라(레 20:7~8)

> 그리하여 너희가 내 모든 계명을 기억하고 행하면 너희의 하나님 앞에 거룩하리라(민 15:40)

이스라엘의 선택받음, 이스라엘의 거룩한 지위는 야훼의 가르침과 의무를 지키는 일로부터 떼어낼 수 없는데, 그것들이 바로 이스라엘을 다른 민족과 구분하기 때문이다.

지금까지의 내용에서 보건대 거룩함은 신의 노력과 인간의 노력 사이의 협업으로 가능하다는 것이 분명하다. 이런 협력은 제사장적 문헌에서 야훼와 이스라엘이 서로를 거룩하게 한다는 개념으로 표현되면

서 그 가장 심오한 단계에 이른다. 먼저 야훼는 이스라엘을 거룩하게 한다. 이스라엘을 구원한 야훼는 여러 민족들 중에서 이스라엘을 자기의 특별한 소유로 삼아 이스라엘에게 언약을 주는 관계를 맺었고, 그 언약의 명령들이 이스라엘의 거룩한 사명에 대한 청사진 역할을 하게 된다. 이제 이스라엘은 그 사명을 준행하고, 명령을 신실하게 지키며, 거룩한 민족이 됨으로써 야훼를 거룩하게 한다. 이스라엘의 불순종은 야훼의 이름을 모독하는 것이 된다. 이스라엘의 불순종과 악을 주시하는 모든 사람들의 앞에서 그의 평판이 훼손되기 때문이다. 그러나 만일 이스라엘이 그 신성한 부름에서 성공한다면, 야훼 역시 거룩하다고 알려질 것이다. 이 언약의 관계에서 야훼와 이스라엘은 호혜적으로 거룩해진다. 이것이 레위기 22장 31~33절의 표현이고 논리이고 의미이다.

> 너희는 내 계명을 지키며 행하라 나는 여호와이니라
> 너희는 내 성호를 속되게 하지 말라 나는 이스라엘 자손 중에서 거룩하게 함을 받을 것이니라 나는 너희를 거룩하게 하는 여호와요
> 너희의 하나님이 되려고 너희를 애굽 땅에서 인도하여 낸 자니 나는 여호와이니라

이 거룩함 모델의 도덕적 의미는 무엇일까? 성결 법전에서 거룩함은 야훼가 부여하는 지위인 동시에 필수적인 협력자 이스라엘이 현실화하고 보존해야 하는 지위다. 제사장 문서에 나오는 거룩함은 인간에

게 엄청난 책임을 주는 신과 인간의 협력관계로 이해되어야 한다. 거룩하게 하는 과정에서 이스라엘을 야훼의 없어서는 안 될 협력자로 묘사한다는 것은 인간을 완전한 자격을 갖춘 도덕적 행위자로, 그 한 사람 한 사람을 이 세상에 선(또는 악)을 가져오는 강력한 세력으로 표현하는 것이다. 자신의 창조를 거룩하게 하려는 야훼의 싸움은 이스라엘의 싸움이기도 하다. 만일 이스라엘이 등을 돌리고 거룩함을 현실화하고 보존하는 규칙과 규범과 금지 조항을 지키지 않는다면, 다시 말해 야훼의 토라를 준수하지 않는다면, 야훼가 아무리 노력해도 신성모독이 발생한다. 이 세상에 거룩한 것의 영역이 줄어든다. 이스라엘은 야훼와 함께 거룩함을—그것이 물건의 거룩함이든 시간이나 장소의 거룩함이든 공동체 그 자체의 거룩함이든—보존하고 확대하는 쪽을 선택할 수도 있고, 아니면 야훼와 거룩함이 세상에서 떠나게도 할 수 있다. 이것이 거룩함에 관한 제사장적 개념의 핵심에 있는 도덕적 시각이다.

결론

신명기의 제사장적 자료와 특히 레위기에서 제시하는 희생 제사와 정결 체계는 이스라엘의 더 오래된 의식과 전승을 상징적 관행으로 변형시켰다. 이스라엘의 상징적 제사 관행은 도덕과 거룩함에 관한 기본적인 신념을 전달하고, 공동체적 윤리 및 개인적 도덕을 설명했다. 안타깝게도 근현대의 비판적인 학자들은 유럽 개신교의 반제사장 정서와 반제사 정서로 인해 흔히 이런 자료들이 영적으로 결핍되어 있다고 비방했다. 가령 벨하우젠에게 제사와 의식을 강조하는 제사장적 문서는 이스라엘 종교의 진화 과정상 후대의 타락한 단계를 반영하는 것이었다. 벨하우젠에 따르면, 고대 이스라엘의 역사에서 왕정 이전 시대 (초기 부족·족장 시대부터 기원전 1000년까지)는 제사장들의 법률적·제사적 집착과 그들의 종교로 오염되지 않았던 자유롭고 자연스러운 형태의 종교를 특징으로 했다. 그러다 기원전 586년 예루살렘이 파괴되었고 이스라엘 민족은 유배되었다. 제사장들이 지배력을 확보할 수 있었던 시기는 바로 바벨론 유배 시대와 그후 몇십 년이었다고 벨하우젠은 말한다. 제사장들은 유배의 엄청난 죄책감과 실패를 이용하여 사람들의 죄 많음, 제사의 정결함, 제사 의무, 야훼에게 돌아가는 길로서 법률주의를 강조하는 새로운 정체성과 종교를 만들어냈다. 벨하우젠에게 이것은 타락이었다.[10]

이스라엘 종교의 변천에 관한 벨하우젠의 재구성은 역사적 증거보다는 신학적 편견에 더 많은 영향을 받았고, 개신교와 가톨릭교 사이의 갈등을 이스라엘 역사에 투사하는 분명한 경향 및 예수 시대의 유대교를 빈사 상태로 설명하는 기독교적 분리론을 토대로 하고 있다. 그렇다고 오늘날 P 문서의 연대를 바벨론 유배 이후로 정하는 학자들이 다들 이 문제 있는 추정에 동의한다는 뜻은 아니다. 전혀 그렇지 않다. 성격과 지향이 서로 다른 많은 학자들이 P 문서를 후대의 것으로 생각하며, P 문서의 일부 자료(편집과 틀 잡기라는 목적을 가진 자료) 및 H 문서의 연대를 유배 이후로 정할 수 있는 충분한 객관적 증거가 존재한다.

대다수의 현대 학자들은 P 문서가 바벨론 유배중이나 그후에 그 최종 형태에 도달했고, 신명기를 비롯한 오경 자체가 그러했다는 데 동의한다. 그렇지만 D 문서와 마찬가지로 P 문서가 유배에 앞서는 자료(특히 레위기의 중심을 이루는 의식과 제사에 관한 설명)도 보유하고 있음을 제시하는 많은 정보가 있다. 첫째, 유배 이후의 제사장들은 개인의 윤리를 점점 더 많이 강조하는 반면 P 문서는 공동체 윤리를 옹호한다. 둘째, P 문서의 일부는 중앙 성소를 추정하지 않는 반면 다른 부분은 추정한다. 더 중요한 것은 P 문서에는 다른 민족과의 결혼에 대한 전면적인 금지가 없고, 이스라엘 내부의 계층 간의 또는 이스라엘 민족과 다른 민족 간의 분명한 경계를 표시하는 부정함에 대한 서술도 없다는 것이다. 다른 민족과의 결혼 금지와 이스라엘과 다른 민족 간의 경계를 분명히 하는 부정함에 대한 서술은 유배 이후 시대의 일부 제사장 사회에서 출현한다. 만일 P 문서가 전부 유배 이후의 제사장 사회에서 나왔다면, 이 점에 대해 P 문서가 침묵하는 것은 이해하기 힘들다.

이제는 많은 학자들이 전통적인 문서 비평 이론에서처럼 이스라엘의 종교가 JE와 D로부터 P로 향하며 진화, 또는 퇴보했다는 식의 도식을 그리기보다는, 고대 이스라엘 전승을 이루는 별개의, 그러나 대체로 같은 시대에 형성된 그 세 개의 문서가 수세기에 걸쳐 전달되고 발전되다가 각각의 시점에 최종 형태로 결정되었다고 보는 쪽을 선호한다. 다양한 시점에서 최종 형태로 결정체를 이루는 대략 같은 시대의 별개의 문서로 보는 것을 선호한다. 따라서 우리는 다음과 같이 가정할 수 있을 것이다. 매우 오래된 단편들을 가지고 있는 JE 문서는 기원전 622년에 제사 중앙화가 이루어지기 전에 그 최종 형태에 도달했다. D 문서는 기원전 722년 이전의 북왕국 전승이 기원전 7세기 말 유대에서 기록되었다가 유배 시대에 그 최종 편집 형태에 도달했다. 마찬가지로 P도 그 이전의 전승들을 유배 시대 또는 유배 이후 시대에 완전하고 최종적으로 편집했다. 이렇게 복잡하고 다층적인 문서들은 저마다의 주안점과 의도, 관점을 가지는 동시에 때로는 서로를 보완하고 때로는 서로 충돌한다. 이 문서들을 직선적으로 진행하는 단계들로 보는 것은 최선이 아니다. 구약성경 출처 문서들의 다양성은 최종 편집자에 의해 왜곡되거나 통일성을 갖도록 편집되지 않았고, 성찰과 논쟁을 자극하는 방식으로 보존되었다.

11

모압 평지에서: 신명기와 모세

읽기: 신명기 1~14장, 27~34장

모세

구약성경 이후의 전승은 모세를 고대 이스라엘의 최초의, 그리고 가장 위대한 법 제정자로 찬양한다. 구약성경은 모세가 야훼로부터 토라를 받아 그것을 이스라엘 민족에게 전한 것으로 확실히 묘사한다. 그런데 또한 분명한 것은 모세가 이 법을 편집한 것은 아니라는 것이다. 9장에서 설명했듯이, 일부 개별 법은 더 오래된 고대 근동 지방의 법률 전승에 그 뿌리를 두고 있는가 하면, 작성 연대가 더 나중으로 정해지는 법체계는 각각 모세가 살았다는 이스라엘 역사 시대로 되돌려진다.

모세는 출애굽기에서 신명기까지 펼쳐지는 이야기의 중심 인물이다. 또한 그는 이스라엘의 지도자들이 따라야 할 전형적인 인물 역할을 한다. 야훼는 그의 얼굴을 쳐다보고 살 수 있는 사람이 없다라고 말한다(출 33:20). 모세는 분명히 예외적인 인물이다. 그런 그가 왜 자신의 수고가 성취되는 것을 보지 못하게 될까? 왜 약속의 땅에 들어가는 것이 허락되지 않았을까?

이 질문은 모세의 리더십과 그의 삶의 이야기를 전승한 사람들을 괴롭혔음에 틀림없고, 구약성경은 요단강 동편에서 죽은 모세의 죽음을 설명하려고 노력한다. 모세가 그 땅에 들어가기를 요청하자(신 3:25) 야훼는 거절하고 다음과 같은 이유를 댄다.

네 형 아론이 호르산에서 죽어 그의 조상에게로 돌아간 것같이 너도 올라가는 이 산에서 죽어 네 조상에게로 돌아가리니

이는 너희가 신 광야 가데스의 므리바 물가에서 이스라엘 자손 중 내게 범죄하여 내 거룩함을 이스라엘 자손 중에서 나타내지 아니한 까닭이라

네가 비록 내가 이스라엘 자손에게 주는 땅을 맞은편에서 바라보기는 하려니와 그리로 들어가지는 못하리라 하시니라(신 32:50~52)

므리바 물가에서 무슨 일이 일어났기에 야훼가 이토록 화가 났을까? 그 사건은 민수기 20장에서 묘사되지만, 이 질문에 대한 가장 분명한 답은 아니다. 이스라엘 민족을 위해 물을 낼 때 모세가 야훼의 지시를 말 그대로 따르지 않고 불순종했던 것이 야훼를 진노케 했다는데, 이 대답은 만족스럽지 않다. 야훼의 반감을 초래한 민수기의 이야기와 그 뒤에 나오는 신명기의 설명은 약속의 땅에 들어가지 못하고

죽은 위대한 지도자에 관해 오랜 세월 이어진 전승을 설명하려는 시도라는 인상을 준다. 그런 일이 실제로 일어났기 때문에, 기록자들은 그가 죄를 지었음이 틀림없다고 추측한다.

요단강 동편에 있는 망보는 곳에서 모세에게 약속의 땅을 보여주는 가슴 뭉클한 장면에 이어, 우리는 모세의 죽음에 관해 읽는다.

> 바로 그날에 여호와께서 모세에게 말씀하여 이르시되
> 너는 여리고 맞은편 모압 땅에 있는 아바림산에 올라가 느보산에 이르러 내가 이스라엘 자손에게 기업으로 주는 가나안 땅을 바라보라(신 32:48~49)

> 모세가 모압 평지에서 느보산에 올라가 여리고 맞은편 비스가 산꼭대기에 이르매 여호와께서 길르앗 온 땅을 단까지 보이시고
> 또 온 납달리와 에브라임과 므낫세의 땅과 서해까지의 유다 온 땅과
> 네겝과 종려나무의 성읍 여리고 골짜기 평지를 소알까지 보이시고
> 여호와께서 그에게 이르시되 이는 내가 아브라함과 이삭과 야곱에게 맹세하여 그의 후손에게 주리라 한 땅이라 내가 네 눈으로 보게 하였거니와 너는 그리로 건너가지 못하리라 하시매(신 34:1~4)

> 이에 여호와의 종 모세가 여호와의 말씀대로 모압 땅에서 죽어
> 벳브올 맞은편 모압 땅에 있는 골짜기에 장사되었고 오늘까지 그의 묻힌 곳을 아는 자가 없느니라……

이스라엘 자손이 모압 평지에서 모세를 위하여 애곡하는 기간이 끝나
도록 모세를 위하여 삼십 일을 애곡하니라……

그후에는 이스라엘에 모세와 같은 선지자가 일어나지 못하였나니 모세
는 여호와께서 대면하여 아시던 자요

여호와께서 그를 애굽 땅에 보내사 바로와 그의 모든 신하와 그의 온 땅
에 모든 이적과 기사와

모든 큰 권능과 위엄을 행하게 하시매 온 이스라엘의 목전에서 그것을
행한 자이더라(신 34:5~6, 8, 10~12)

구약성경에서 이러한 찬사를 받는 사람은 아무도 없다.

이스라엘의 전형적인 지도자로서 모세의 힘은 그를 계승한 첫 지도
자 여호수아에게서 분명해진다. 신명기는 권위를 모세로부터 여호수
아에게 옮기며 끝난다.

모세가 눈의 아들 여호수아에게 안수하였으므로 그에게 지혜의 영이
충만하니 이스라엘 자손이 여호와께서 모세에게 명령하신 대로 여호수아
의 말을 순종하였더라(신 34:9)

여러 면에서 여호수아는 모세를 모방하는 것처럼 보인다(쿠건). 모
세는 물을 벽처럼 세워 마른 땅을 가로질러 사람들을 갈대 바다를 건
너게 했다. 여호수아는 물이 쌓여 서게 하여 이스라엘 사람들이 마
른 땅을 가로질러 요단강 건너 약속의 땅에 이르게 한다(수 3:13, 4:7,

5:1). 물을 건넌 다음 이스라엘 민족은 유월절을 지키는데, 이는 첫 번째 유월절 때 모세가 이끈 출애굽과 직결된다(수 5:10). 모세는 타는 떨기나무의 모습을 보고, 거룩한 땅에 서 있었으므로 신발을 벗는다. 여호수아는 칼을 빼어 든 남자의 모습을 보고, 그 남자는 여호수아에게 그가 거룩한 땅에 서 있으므로 신발을 벗으라고 말한다(수 5:13~15). 모세는 시내에서 야훼와 이스라엘 사이에 언약을 중재한다. 여호수아는 세겜에서 언약의 갱신을 중재한다(수 24장). 모세는 가나안 땅을 정탐하려고 정탐꾼을 보낸다. 여호수아도 가나안 땅을 정탐하려고 정탐꾼을 보낸다(수 2:1). 모세는 전쟁 중에 지팡이를 내밀어 이스라엘이 적을 물리치게 한다. 여호수아는 같은 이유로 단창을 내민다(수 8:18~20).

이 모든 유사점들은 이 이야기에서 모세가 이스라엘의 전형적인 지도자로서 가지는 중요성을 가리킨다. 이스라엘 민족이 약속의 땅으로 건너 들어간 후 여호수아는 이렇게 말한다. "그날에 여호와께서 모든 이스라엘의 목전에서 여호수아를 크게 하시매 그가 생존한 날 동안에 백성이 그를 두려워하기를 모세를 두려워하던 것같이 하였더라"(수 4:14). 모세보다 더 큰 찬사를 받은 지도자는 아무도 없다.

신명기

이스라엘의 광야 생활은 요단강 동편에 있는 모압 평지에서 끝나고, 거기에서 신명기가 시작된다.[1] 출애굽기와 레위기에 따르면, 이스라엘은 시내산에서 야훼의 율법을 받았다. 그러나 신명기에서 모세는 시내 이후에, 이스라엘 민족이 요단강을 건너기 직전에 모압 평지에서 율법 전체를 전한다. 이스라엘 민족이 약속의 땅에 들어갈 준비가 완료되자, 모세는 신명기의 많은 부분을 차지하는 세 개의 긴 연설을 한다.

신명기는 문체적으로 오경의 다른 네 책과 다르다. 그중 한 특징은 기록자가 무명이라는 것으로, 그는 야훼가 모세에게 직접 말하는 것으로 묘사한 뒤 모세가 야훼를 대신하여 이스라엘에게 말하는 것으로 묘사한다. 그러나 신명기의 많은 부분에서 모세가 사람들에게 직접 말하기 때문에, 이 책은 거의 전부 일인칭으로 기록된다. 저명한 신명기 연구자인 모세 바인펠트는 신명기를 기록자가 계획적으로 위대한 고대 지도자의 입을 빌려 저자 자신의 신념을 표현하는 책으로 설명한다[2](이러한 위서적 글쓰기는 고대의 이스라엘 역사 기록의 일반적인 관행이다).

신명기의 기본 구조는 다음과 같다.

1장 1절~4장 43절: 이스라엘 민족의 위치와 모세의 첫번째 연설을 포함하는 책의 도입부. 이 연설은 시내부터 지금까지의 역사를 교훈적으로 회고하면서, 야훼의 언약에 대한 성취를 강조하고, 이스라엘 민족 각 사람이 야훼의 법에 순종할 것을 촉구한다.

4장 44절~28장 6절: 모세의 두번째 연설. 이 연설 역시 역사적 회고를 포함하고, 토라의 앞선 책들의 이야기를 (성경 내적 해석 과정을 보여주는 수정 사항과 더불어) 반복한다. 율법을 설명하는 중요한 부분도 들어 있는데(신 12~26장) 이 글이 신명기에서 가장 오래된 핵심 부분으로 여겨진다(아래를 참조). 신명기의 영어 이름 Deuteronomy는 그리스어 어원으로 '법의 반복' 또는 '두번째 법'을 의미하며, 이 책의 많은 부분이 (역시 수정, 변경, 개정을 포함한) 법의 재검토로 구성된다는 사실에서 유래한다. 27장은 이스라엘 민족이 요단강을 건너게 되면 세겜 근처 에발산에서 이루어질 언약의 갱신 의식에 관해 말한다. 고대 그리스에서 신의 지시로 새로운 지역을 식민지화한 정복자들은 축복과 저주가 수반되는 의식을 수행하고, 돌기둥에 신성한 법을 기록하고, 제단을 쌓아 제물을 바쳤다. 이러한 요소들이 신명기 27장에 있는 언약의 갱신 의식에도 나타난다. 이스라엘 민족은 에발산 위에 돌을 세워 언약의 말을 기록하고, 제물을 바치기 위해 제단을 쌓고, 축복과 저주를 선포한다. 28장은 이스라엘이 야훼의 법에 순종하면 생길 물질적 보상을 열거하고, 이스라엘이 불순종하면 받게 될 처벌을 열거한다. 이스라엘의 운명은 언약을 순종하는 데 전적으로 달려 있다는 신명기 저자의 역사관이 가지는 중요성은 이 책 14장에서 살필 것이다.

29~30장: 모세의 세번째 연설. 이 연설에서 모세는 불행이 공동체의 책임임을 강조한다. 그는 이스라엘이 죄를 짓는다면 겪게 될 추가적인 고통을 열거한다. 그러나 이스라엘에게는 선택지가 있다고 그는 강조한다. 야훼는 무엇이 필요한지를 분명히 해왔고, 생명과 번영을 성취하는 것은 이스라엘의 능력을 넘어서는 일이 아니다.

내가 오늘 네게 명령한 이 명령은 네게 어려운 것도 아니요 먼 것도 아니라

하늘에 있는 것이 아니니 네가 이르기를 누가 우리를 위하여 하늘에 올

라가 그의 명령을 우리에게로 가지고 와서 우리에게 들려 행하게 하랴 할 것이 아니요

이것이 바다 밖에 있는 것이 아니니 네가 이르기를 누가 우리를 위하여 바다를 건너가서 그의 명령을 우리에게로 가지고 와서 우리에게 들려 행하게 하랴 할 것도 아니라

오직 그 말씀이 네게 매우 가까워서 네 입에 있으며 네 마음에 있은즉 네가 이를 행할 수 있느니라

보라 내가 오늘 생명과 복과 사망과 화를 네 앞에 두었나니

곧 내가 오늘 네게 명령하여 네 하나님 여호와를 사랑하고 그 모든 길로 행하며 그의 명령과 규례와 법도를 지키라 하는 것이라 그리하면 네가 생존하며 번성할 것이요 또 네 하나님 여호와께서 네가 가서 차지할 땅에서 네게 복을 주실 것임이니라

그러나 네가 만일 마음을 돌이켜 듣지 아니하고 유혹을 받아 다른 신들에게 절하고 그를 섬기면

내가 오늘 너희에게 선언하노니 너희가 반드시 망할 것이라 너희가 요단을 건너가서 차지할 땅에서 너희의 날이 길지 못할 것이니라

내가 오늘 하늘과 땅을 불러 너희에게 증거를 삼노라 내가 생명과 사망과 복과 저주를 네 앞에 두었은즉 너와 네 자손이 살기 위하여 생명을 택하고

네 하나님 여호와를 사랑하고 그의 말씀을 청종하며 또 그를 의지하라 그는 네 생명이시요 네 장수이시니 여호와께서 네 조상 아브라함과 이삭과 야곱에게 주리라고 맹세하신 땅에 네가 거주하리라 (신 30:11~20)

모든 것이 주어졌다. 이스라엘은 그것을 가지기로 선택하기만 하면 된다.

31~34장: 일련의 부록. 32장에 있는 모세의 노래에서는 고대 시가 발견되고, 33장에는 모세의 축복이 있다. 34장은 모세의 죽음에 관한 이야기다.

수세기 전의 구약성경 학자들은 신명기가 "이는 모세가 요단 저쪽……에서 이스라엘 무리에게 선포한 말씀이니라"로 시작한다는 사실에 주목했는데, 그것은 요단강 건너편을 말한다. 이 구절은 분명히 가나안 땅 안에 있는 누군가의 시각에서 쓰인 것이다. 그는 요단강 건너 동쪽을 바라보며, 모세가 죽기 전에 이스라엘 민족에게 한 연설을 3인칭으로 묘사한다. 모세는 가나안 땅에 들어간 적이 없기 때문에 그 인물은 당연히 모세일 수 없다. 마찬가지로 모세의 죽음과 매장을 묘사하는 마지막 장도 그가 기록할 수 없었을 것이다. 글에 나타나는 다른 많은 특징을 보아도 신명기의 작성 시기는 모세가 살았던 것으로 추정되는 시기 이후로 보인다.

바인펠트와 레벤슨[3]과 같은 학자들은 면밀한 분석을 통하여 신명기의 핵심을 이루게 되는 첫 원문이 기원전 8세기에 나타났을 것으로 본다. 그것은 아마 "율법서[토라]의 등사본"(신 17:18)인 율법 두루마리로 나타났을 것이고, 12~26장과 대략 동일한 글에 아마 짧은 머리말과 맺음말이 있었을 것이다. 이 법들은 기원전 8~7세기에 모세에 의한 연설(5~11장, 28장)이라는 틀에 포함되었다. 어느 정도 시간이 지난 후, 짐작건대 바벨론 유배 기간(기원전 586~538년)에 틀 잡기를 위한 장들(1~4장, 31~34장)이 추가되었고, 이어 유배 경험(기원전 6세기)이 반영되면서 법이 개정되고 구절들이 확장되었다. 또한 신명기는 여호수아와 열왕기하에 걸쳐 있는 서술적 역사(이른바 '신명기적 역사')에 결합되고 그 역사의 머리말 역할을 했다. 마지막으로 신명기는 아마 유배 이후 시대(기원전 536년 이후)에 새롭게 편집되었을 네 권의 책(창세기부터 민수기까지)에 첨부되어, 그 책들의 마무리 역할을 하고 12장에서 나오는 토라의 자격을 그 책들에 암시적으로 부여했다.

이런 문학적인 활동들이 정확히 언제 있었는지에 대해 많은 논란이 있으나, 창세기에서 민수기까지와 긴 역사적 부록인 신명기에서 열왕기하까지의 선집 전체는 유배 이후 시대(기원전 536년 이후)에 굳어졌다는 설이 유력하다. 신명기적 역사는 어떤 면에서 창세기-민수기의 이상한 마무리이다. 기대되었던 이야기의 절정—모세의 지도하에 약속의 땅에 들어가는 일—이 일어나지 않기 때문이다. 이스라엘이 약속의 땅을 차지하는 것이 미래로 늦춰진 것은 바벨론 유배라는 경험을 반영하는 것일 수 있다고 레벤슨은 말한다. 바벨론 유배는 언약을 유지하는 데 핵심이 되는 약속의 땅의 소유라는 개념 자체가 흔들리는 경험이었기 때문이다.[4]

신명기의 복잡한 형성 과정은 현대의 저자권 개념을 구약성경에 적용할 수 없다는 사실을 확인해준다. 현대인들은 특정 시간에 하나의 책을 작성하는 독자적인 한 개인으로서 저자를 생각하는 경향이 있으나, 고대 세계에서 공동체의 중요한 책은 그런 방식으로 쓰이지 않았다. 바인펠트가 지적하듯이, 구약성경의 저자들은 고대 전승의 수집가이고, 편찬자이고, 수정자이고, 편집자이고, 해석자였다. 고대 문서들은 대개 오랜 시간(아마 수세기) 많은 손을 거치며 수정되고 재맥락화된 결과물이다. 우리는 하나의 글을 전달하고 발전시킨 그런 사람들을 '학파'라고 일컫는데, 이는 공통의 언어, 공통의 주제, 공통의 내용으로 연결되는 여러 저자들, 편찬자들, 편집자들을 가리키는 매우 비규정적인 용어로 이해되는 것이 옳다. 학자들은 신명기를 편찬한 이들을 '신명기 학파'로 부르고, 신명기에서 열왕기하까지 역사(즉, 신명기에서 발견되는 언어와 주제, 내용을 주요 특징으로 하는 역사, 이 책 12장과 13장을 참조)를 편찬한 이들을 '신명기적 학파'로 부른다.

이스라엘 법전

신명기의 저자는 시내산의 계시를 십계명으로 한정하고, 신명기로 전달되고 있는 온전한 율법은 모압 평지에 이르러서야 이스라엘 민족을 위해 모세에게 주어졌다고 주장한다(신 5:2, 29:1).[5] 신명기 율법의 핵심 부분(5~26장)에는 십계명의 다소 확장된 버전(신 5:6~21)과 출애굽기 20~23장에서 발견되는 율법과 비슷하며 레위기와 민수기에 있는 법과도 일부 연관성이 있는 법들이 들어 있다. 문제는 동일한 율법에 관한 이런 여러 설명 사이에 어떤 관계가 있는가다. 일부 구절들은 아주 유사하다. 다른 것은 그렇지 않다. 신명기의 율법 전승은 출애굽기나 레위기, 민수기의 법들에 대해 직접 대응하는 수정 버전일까? 아니면 공통의 율법 전승에 대한 별개의 서로 다른 설명으로 이해해야 할까?

학자들에 따르면, 신명기는 제사 의식의 중앙화라는 새로운 개념 및 인도주의 정신에 따라 앞의 오경에 포함된 전승을 변경하고 수정한다.[6] 각 책의 기록자들은 자신들이 옹호하는 개혁에 정당성과 권위를 부여하기 위한 방편으로 위서僞書라고 불리는—그들의 저작을 모세의 것으로 돌리는—문학적 전통을 사용했다.[7] 개정 내용이 많은 신명기는 당시에 오래된 언약서의 보충물이 아닌 그 최신 개정본으로 이해되었을 것으로 짐작된다.

대체로 신명기에서는 민사법이 대거 생략되고, 이스라엘에 대한 야훼의 도덕적-종교적 명령에 초점이 맞춰진다. 신명기에 포함된 몇 가지 민사법은 신명기의 인도주의에 맞춰 개정된 것이 분명해 보인다. 가령 출애굽기에 나오는 고대의 법들인 십일조와 7년마다 빚을 면제하는 법에 대한 규칙(15:1~11), 노예를 놓아주는 규칙(15:12~19), 세 개의 절기에 대한 규칙(16:1~17)이 신명기에서는 저자들의 관심을 반영하여 수정된다. 출애굽기와 신명기의 노예법을 나란히 놓고 비교해보면, 신명기 저자들이 이전의 율법 전승을 어떻게 수정하는지 알 수있다.

여기 나온 출애굽기와 신명기의 구절들은 근본적으로 같은 법을 다루고 있고 주제가 배열된 순서도 동일하다. 즉, 순서대로 히브리 노예제도의 6년 기한, 노예를 놓아줄 때 주어야 할 것, 종신 노예 선택권, 여자 노예에 대한 대우다. 그런데 신명기는 끝에 훈계를 덧붙인다. 그것들이 어렵고 불공평하게 보인다 해도, 불공평한 것이 아니고 또 야

출애굽기 21:2~11	신명기 15:12~18
I. 6년 기한 (2절) 네가 히브리 종을 사면 그는 여섯 해 동안 섬길 것이요 일곱째 해에는 몸값을 물지 않고 나가 자유인이 될 것이며	I. 6년 기한 (12절) 네 동족 히브리 남자나 히브리 여자가 네게 팔렸다 하자 만일 여섯 해 동안 너를 섬겼거든 일곱째 해에 너는 그를 놓아 자유롭게 할 것이요
II. 이별 선물 (3절) 만일 그가 단신으로 왔으면 단신으로 나갈 것이요 장가 들었으면 그의 아내도 그와 함께 나가려니와 (4절) 만일 상전이 그에게 아내를 주어 그의 아내가 아들이나 딸을 낳았으면 그의 아내와 그의 자식들은 상전에게 속할 것이요 그는 단신으로 나갈 것이로되	II. 이별 선물 (13절) 그를 놓아 자유하게 할 때에는 빈손으로 가게 하지 말고 (14절) 네 양 무리 중에서와 타작 마당에서와 포도주 틀에서 그에게 후히 줄지니 곧 네 하나님 여호와께서 네게 복을 주신 대로 그에게 줄지니라 (15절) 너는 애굽 땅에서 종 되었던 것과 네 하나님 여호와께서 너를 속량하셨음을 기억하라 그것으로 말미암아 내가 오늘 이같이 네게 명령하노라
III. 종신 노예 선택권 (5절) 만일 종이 분명히 말하기를 내가 상전과 내 처자를 사랑하니 나가서 자유인이 되지 않겠노라 하면 (6절) 상전이 그를 데리고 재판장에게로 갈 것이요 또 그를 문이나 문설주 앞으로 데리고 가서 그것에다가 송곳으로 그의 귀를 뚫을 것이라 그는 종신토록 그 상전을	III. 종신 노예 선택권 (16절) 종이 만일 너와 네 집을 사랑하므로 너와 동거하기를 좋게 여겨 네게 향하여 내가 주인을 떠나지 아니하겠노라 하거든 (17절) 송곳을 가져다가 그의 귀를 문에 대고 뚫으라 그리하면 그가 영구히 네 종이 되리라

11 모압 평지에서: 신명기와 모세

281

섬기리라

IV. 여성의 대우
(7절) 사람이 자기의 딸을 여종으로
팔았으면 그는 남종같이 나오지 못
할지며
(8절) 만일 상전이 그를 기뻐하지
아니하여 상관하지 아니하면 그를
속량하게 할 것이나 상전이 그 여
자를 속인 것이 되었으니 외국인에
게는 팔지 못할 것이요
(9절) 만일 그를 자기 아들에게 주
기로 하였으면 그를 딸같이 대우할
것이요
(10절) 만일 상전이 다른 여자에게
장가 들지라도 그 여자의 음식과
의복과 동침하는 것은 끊지 말 것
이요
(11절) 그가 이 세 가지를 시행하지
아니하면, 여자는 속전을 내지 않고
거저 나가게 할 것이니라

IV. 여성의 대우
(17절) 네 여종에게도 그같이 할지
니라

V. 훈계
(18절) 그가 여섯 해 동안에 품꾼
의 삯의 배나 받을 만큼 너를 섬겼
은즉 너는 그를 놓아 자유하게 하
기를 어렵게 여기지 말라 그리하면
네 하나님 여호와께서 네 범사에
네게 복을 주시리라

훼의 축복을 가져올 것이라고 말이다.

　말과 순서가 유사하긴 하나 두 법의 차이는 극명하다. 신명기의 법은 출애굽기의 율법을 본뜸으로써 그 내용을 수정하려는 것으로 보인다. 둘의 차이는 첫째, 신명기에는 남자와 여자 노예에 대해 분리된 절차가 없다. 출애굽기의 법은 먼저 남자 노예를 다루고(I~III) 다음으로 여자 노예를 다룬다(IV). 여자를 다르게 대우하는 것은 여자 노예의 일차적 역할이 성적인 것임을 보여준다. 신명기의 법은 노예 해방과 종신 노예로의 전환 절차가 남자와 여자 노예에게 동등하게 적용된다는 것을 구체적으로 서술함으로써 출애굽기 법을 수정한다. 이는 남자 노예와 같이 여자 노예도 성적 파트너가 아닌 가정의 일꾼임을 암시한다. 출애굽기가 여자 노예에 대해 별도의 상이한 조건을 제시하는 바로 그 지점에서, 신명기는 마치 여자에 대한 출애굽기의 구별되고 별개인 조항을 모두 '삭제'하려는 듯이 남자와 똑같이 대우받아야 한다는 말을 되풀이한다(신 15:18).

　둘째, 출애굽기의 법은 주인의 권리를 보호하는 반면에 신명기의 법은 노예의 권리에 더 큰 관심을 보인다. 출애굽기에서 만일 주인이 자기의 노예에게 아내를 주면 그 여자와의 결합으로 낳은 자식은 주인에게 속하게 되고, 6년의 노예 생활이 끝나도 노예는 자식과 함께 가지 못한다. 따라서 만일 노예가 아내와 아이들과 남아 있기를 원한다면, 그는 자신의 자유를 영원히 포기해야 한다. 이런 감정적 협박의 요소가 신명기 버전에는 없다. 사실 주인은 해방된 노예에게 선물을 주어 그가 새로운 삶을 세울 수 있도록 도와주어야 한다. 또 그가 6년 동안 노예로부터 값싼 노동력을 받았으니 이 일을 어렵게 여기지 말라고 훈계받는다(V). 이런 종류의 훈계는 흔히 어떤 법이 이전의 관행을 개정하고 있다는 표시이다. 특히 새로운 법이 더 큰 어려움이나 희생을 요구할 때, 그 법의 대상이 되는 사람들에게 그것을 받아들이라고 촉구한다. 셋째, 노예가 자유를 포기하는 상황에 뒤따르는 절차가 신명기에서 세속화된다. 귀를 뚫는 장소가 성소의 입구가 아니라 주인의 집에 있는 문이다. 이 변화는 제사의 중앙화라는 신명기의 의도에서 비롯된다. 예루살렘 밖의 제사 의식 행위를 제거하는 노력의 일환으로 과거의 많은 종교적 행위의 세속화가 필요해진 것이다. 마지막으로 신명기에서 노예 해방 관련 법은 7년 주기의 절기에 포함되어 있는 것으로 보인다. 따라서 (출애굽기에서처럼) 6년의 노예 생활을 마칠 때 각각의 노예가 개별적인 근거에 의해서 해방되지 않고, 노예 생활이 언제 실제로 시작되었는지에 관계없이 모든 노예들이 안식년에 해방된다. 요약하면 출애굽기의 더 오래된 노예법은 더 많은 인도주의, 제사의 중앙화, 안식 주기의 수립과 같은 신명기의 관심과 그 중심 주제를 반영하는 방향으로 개정된다.

신명기과 레위기 성결 법전의 관계는 흔히―늘 그런 것은 아니고―개정과 관련되지만, 신명기와 제사장 문서의 법 사이의 관계는 특징지어 말하기가 더 어렵다. P 문서는 대략 동시대에 공존했던 일련의 법적 전승을 나타내는 것으로 보인다. 이 전승들은 서로 다른 집단에서 나왔고, 종교적 주제 또는 법에 관한 일반적인 주제의 종교적 의미를 다루고 있다. D 문서와 마찬가지로 P 문서에도 성결 법전에 반영된 법적 전승들과 상충되는 법적 명령이 들어 있다. 예를 들어, P 문서는 이스라엘 사람에 대한 부채 노예 제도를 완전히 폐지하고, 노예는 오직 외국에서만 취할 수 있다고 주장한다. 또 P 문서는 희년(절기의 50년째 되는 해)에 모든 사람들이 자기 조상의 원래 소유지로 돌아가라고 선언한다. 이렇게 원래 상태로 되돌리는 장치는 부의 공평하고 공정한 분배를 회복하고, 시간이 지남에 따라 생기는 가난한 사람들과 부유한 사람들 간의 격차를 해소한다. 레위기 25장 8~10절은 희년의 해방을 묘사한다.

> 너는 일곱 안식년을 계수할지니 이는 칠 년이 일곱 번인즉 안식년 일곱 번 동안 곧 사십구 년이라
> 일곱째 달 열흘날은 속죄일이니 너는 뿔나팔 소리를 내되 전국에서 뿔나팔을 크게 불지며
> 너희는 오십 년째 해를 거룩하게 하여 그 땅에 있는 모든 주민을 위하여 자유를 공포하라 이해는 너희에게 희년이니 너희는 각각 자기의 소유지로 돌아가며 각각 자기의 가족에게로 돌아갈지며

이스라엘 사람에 대한 부채 노예 제도의 폐지는 레위기 25장 39~46절, 55절에서 발견된다.

> 너와 함께 있는 네 형제가 가난하게 되어 네게 몸이 팔리거든 너는 그를 종으로 부리지 말고

품꾼이나 동거인과 같이 함께 있게 하여 희년까지 너를 섬기게 하라

그때에는 그와 그의 자녀가 함께 네게서 떠나 그의 가족과 그의 조상의 기업으로 돌아가게 하라

그들은 내가 애굽 땅에서 인도하여 낸 내 종들이니 종으로 팔지 말 것이라

너는 그를 엄하게 부리지 말고 네 하나님을 경외하라

네 종은 남녀를 막론하고 네 사방 이방인 중에서 취할지니 남녀 종은 이런 자 중에서 사올 것이며

또 너희 중에 거류하는 동거인들의 자녀 중에서도 너희가 사올 수 있고 또 그들이 너희와 함께 있어서 너희 땅에서 가정을 이룬 자들 중에서도 그리 할 수 있은즉 그들이 너희의 소유가 될지니라

너희는 그들을 너희 후손에게 기업으로 주어 소유가 되게 할 것이라 이방인 중에서는 너희가 영원한 종을 삼으려니와 너희 동족 이스라엘 자손은 너희가 피차 엄하게 부리지 말지니라…… 이스라엘 자손은 나의 종들이 됨이라 그들은 내가 애굽 땅에서 인도하여 낸 내 종이요 나는 너희의 하나님 여호와이니라

레위기에서 이스라엘 사람에 대한 부채 노예 제도를 폐지한 것은 레위기의 언약적 신학에서 비롯된다. 모든 이스라엘 사람들은 야훼의 '노예'이지 다른 사람의 노예가 아니다. 따라서 이스라엘 사람은 극단적인 경제난에서 자신을 채권자에게 넘길 수는 있으나 노예로서 넘겨지는 것은 아니다. 그는 채권자를 위해 일하고, 채권자는 그를 고용 일

꾼 또는 계약 일꾼으로 대우한다. 그조차도 희년이 될 때까지만이다. 그때 일꾼은 잃어버렸던 원래 조상의 소유지로 되돌아간다.

레위기 25장과 출애굽기 21장 및 신명기 15장의 노예법은 어떤 관계일까? 신명기 15장은 문학적 차원에서 출애굽기 21장에 직접적으로 의존하는 반면에 레위기 25장에는 그러한 관계를 암시하는 특징이 나타나지 않는다. D 문서의 법은 문체, 구성, 언어 면에서 출애굽기의 법과 아주 유사하며, 이는 신명기 기록자가 의식적으로 이전의 법을 언급하고 수정 또는 재기록했음을 뜻한다. 레위기 25장의 법은 출애굽기의 법이나 신명기의 법의 문체와 구성, 언어를 반복하지 않는다. 이스라엘 사람에 대한 부채 노예에 관한 레위기 25장의 명령은 조상 소유지의 정기적인 복원과 언약의 공동체에서 부의 주기적이고 공평한 재분배를 확보하려는 더 큰 사회경제적 혁신의 필수적인 부분이다. 요컨대 이스라엘 사람에 대한 부채 노예 제도를 폐지하라는 레위기 25장의 명령은 내용 면에서 출애굽기나 신명기에 있는 법과는 관계가 없는 것으로 보이며, 이는 종교적 이념에 영향받은, 경쟁 관계의 서로 다른 전승을 가리킨다.

바인펠트에 따르면, 신명기는 P 문서에도 나오는 법을 언급할 때 그것을 더 합리적이고 비종교적인 방식으로 제시하는 경우가 있다. 곧 살피겠지만, 가령 희생 제사를 다루는 방식이 D 문서와 P 문서가 다르다. 많은 학자들은 두 문서 사이의 직접적인 문학적 관계를 상정하기보다는, P 문서와 D 문서의 상당 부분이 대략 동시대의 서로 다른 고대 이스라엘 전통의 흐름들을 나타내고 있으며 그래서 각각에 유배 이전 시대와 유배 시대의 내용이 들어 있다고 본다.

간단히 말해서, 면밀한 원문 분석과 비교를 통하여 바인펠트를 비롯한 많은 학자들이 결론짓기로 신명기의 편집자들은 8세기에서 6세기까지의 환경에 맞춰 과거의 법(특히 성결 법전의 내용)을 개정하고 수정했다. 따라서 신명기는 이스라엘의 역사에서 몇몇 중대한 시점에서 일어나는 현상—새로운 환경과 사상에 비추어 과거의 법과 전승을 수정하고 개정하는 것—을 예시한다. 신명기는 그 자체가 해석 과정에 대한 암묵적 승인인 셈이다. 그렇다면 우리가 구약성경을 하나의 법규로 생각할 때, 그것은 신성한 전승에 대한 지속적인 전개와 발전을 용인하는 법규인 것이다. 이처럼 진화하거나 유연한 법규라는 관념이 현대인들의 신성한 법규에 대한 직관, 즉 그것은 변할 수 없기에 고정되어 있고 정적이고 권위적이라는 생각에 들어맞지 않을 수도 있다. 그러나 그런 생각은 구약성경의 실체를 포착하지 못한다. 이스라엘의 문화에서 신성한 계시를 나타내는 글들은 수정되었고 개정되었고 갱신되었으며 전달 및 보존 과정에서 해석되었다. 다름아니라 그 글이나 전승이 신성하고 권위 있다는 바로 그 이유에서, 그것을 새로운 환경에 맞추어 바꾸고 관련시키는 것이 중요했다.

제사의 중앙화

신명기의 수정을 이끄는 특별한 환경과 관심은 무엇일까? 신명기의 중요한 관심은 모든 제사 활동이 단 하나의 성소에서 이루어지는 제사 중앙화를 강조하는 것이다. 제사의 중앙화는 이스라엘 민족의 종교적 관행이 급진적으로 개혁되었음을 보여준다. 신명기에 나오는 모세의 선언에 따르면, 중앙의 성소는 야훼 그 자신이 선택하는 장소에 위치하게 된다. 야훼가 자기의 이름을 두려는 곳이다(신 12:5, 11, 14). 예루살렘이 이 중앙 성소의 역할을 하게 되긴 하나, 예루살렘이 미래의 중앙 성소가 될 장소라는 분명한 언급은 전혀 없다.

신명기의 종교적인 의도와 기원전 8세기 유대 왕 히스기야 및 7세기 유대 왕 요시야(기원전 622년)가 실행한 중대한 종교 개혁 사이의 눈에 띄는 유사성은 오랫동안 학자들의 주의와 관심을 끌었다. 열왕기하 22장의 이야기에 따르면, 요시야 왕 때에 성전 수리에 착수했는데, 그 와중에 "율법책"이 발견되었다. 두루마리의 낭독을 들은 왕은 그 요구 사항들이 지켜지지 않은 데 아주 괴로워했다. 그 두루마리는 중앙의 한 장소에서 제사 의식을 수행하는 제사 중앙화와 변방에 있는 제단의 파괴를 요구했다. 요시야는 사람들을 집합시켜 두루마리를 공개적으로 낭독하게 하는 조치를 취했다. 사람들은 그 조건들에 합의하고, 요시야의 개혁이 시작되었다. 그는 바알과 아세라를 위해 만들어진 상을 성전에서 몰아냈고, 제사 의식에 있는 모든 외래적 요소를 제거했으며, 지역 제사장들이 제물을 바치던 지방 곳곳의 사당이나 산당을 모두 파괴하면서 중앙 성소를 제외한 다른 곳에서 야훼에게 드리는 제사를 금지했다.

성전을 수리하는 중에 "발견한" 율법책은 무엇이었을까? 열왕기하 22장에서 묘사하는 두루마리는 신명기나 적어도 신명기의 법적 핵심 내용이었다는 데 학자들의 의견이 일치한다. 첫째, "율법책"이라는 글

귀는 신명기에 한 번 나타나고, 창세기부터 민수기까지에는 나타나지 않는다. 둘째, 야훼 숭배에서 지방의 사당이나 기둥은 J 문서나 E 문서에서 합당한 것으로 여겨졌다. 지방의 제단에서 지내는 제사를 파괴하라는 명령을 가지고 있는 것은 신명기가 유일하다. 또 열왕기하 23장의 이야기는 개혁이 실행된 후의 유월절 준수를 설명한다. 유월절은 더 오래된 출처 문서에서 설명하는 식의 가족 단위 의식이 아니라 예루살렘에서 이스라엘 민족 모두가 지키는 민족적 순례의 절기이며, 신명기는 바로 그렇게 기록하고 있다. 요컨대 요시야 왕에 의해 발견된 두루마리는 많은 측면에서 신명기의 가장 오래된 핵심 내용이었을 것으로 추정할 만한 이유들이 있다.

신명기의 핵심 내용(신명기 12~26장)은 기원전 8세기 이스라엘의 북왕국에서 만들어졌다고 현재 학자들은 생각한다. 8세기 북왕국의 선지자 호세아가 쓴 글과의 연관성이 이 생각을 뒷받침하고, 또 북왕국에서 왔다고 생각되는 E 문서도 그러하다. 9~8세기의 북왕국은 바알 숭배에 반대하는 싸움의 장소였고, 그들의 열성과 배타적인 야훼주의로 잘 알려진 선지자들의 고향이었다. 학자들은 기원전 722년 북왕국이 멸망하면서 난민들이 남부로 가져온 북왕국의 '오직 야훼' 전승이 성전에 보관되었다가 대략 100년 후 요시야 시대(기원전 622년)에 발견되었으나, 이 자료를 두루마리에 기록하고 중앙화를 요구한 것은 요시야의 서기관들이었을 가능성이 크다고 본다.

제사의 중앙화는 기원전 7세기 말의 정치적 배경에서 이해되어야 한다. 앗수르의 위협이 점점 더 커졌다. 북왕국은 이미 멸망했고, 남왕국은 앗수르의 속국이 되어 조공을 바치고 있었으며, 어느 정도의 종교 혼합주의도 나타났다. 열왕기하는 성전 안에 도입된 외래의 숭배 형태에 대해 말한다. 요시야의 개혁은 유대의 정치적, 종교적, 문화적 자주성을 확립하려는 시도였을 가능성이 있다. 왕국 도처에 있는 규제받지 않는 제사는 더이상 허용될 수 없었다. 요시야는 이스라엘의 자주성과 정체성에 대한 앗수르의 위협에서 살아남기 위해서 이질적 요소를 제거한 중앙의 통일된 제사를 중심으로 사람들을 결집시키길 원했던 것이다. 우리는 바로 이 맥락에서 신명기와 7세기 말 앗수르 조약의 강한 유사성을 생각해야 한다.

이 책 8장에서 이스라엘의 언약에 대한 모델로 히타이트 조약에 대해 논의했다. 신명기는 또다른 모델에도 분명히 의존하고 있는데, 이는 앗수르의 속국 조약이다. 이 조약의 가장 좋은 예는 50여 년 전에 발견된 에살핫돈(기원전 681~669년)의 것들이다. 바인펠트에 따르면 신명기는 기원전 1000년 이전의 히타이트 모델을 기원전 1000년 이후의 에살핫돈 속국 조약에 분명히 나와 있는 언약적 양식에 맞게 고쳐 쓴 것이다.[8] 앗수르 조약은 언약이 아니라 속국에 부과된 충성 서약이었다. 바인펠트는 비록 이스라엘의 경우 사람들이 인간 왕이 아닌 야훼에게 충성을 맹세하지만, 신명기 역시 충성 서약으로 이해될 수 있다고 주장한다. '너희 하나님 여호와를 사랑하라' '여호와를 따르라' '여호와를 두려워하라' '여호와의 목소리를 청종하라'와 같은 이 모든 훈계는 충성에 대한 서약이고 (속국은 군주를 사랑해야 하고 군주의 목소리에 귀기울여야 한다고 말하는) 앗수르 조약과 유사하다. 또한 앗수르 조약이 반역을 조장하는 예언자, 마술사, 꿈에 대해 경고하듯이 신명기 13장은 사람들에게 다른 신들을 따르라고 권유하는 거짓 예언자에 대해 경고한다. 요컨대 바인펠트에 따르면, 신명기의 저자는 정치적인 형태를 빌려와 그것을 이스라엘의 신과의 관계에 적용했다. 레벤슨도 비슷한 측면에서 신명기를 사람들의 충성을 앗수르의 지배자로부터 진정한 주권자인 야훼에게로 옮기는 '대안 조약'이라고 말한다.[9]

신명기는 문체, 용어, 관점, 이념 면에서 토라의 다른 책들과 다르다. 일련의 공개적인 연설을 통한 직접적인 이인칭 화법 구사, 매우 사적인 말투, "너는 마음을 다하고 뜻을 다하"고, "영구히 복이 있으리라" "젖과 꿀이 흐르는 땅" "네가 만일 네 하나님 여호와의 말씀만 듣고"와 같은 격려하는 문장 및 노련한 설교자의 수사적이고 인위적인 문체를 쓴다. 우리는 이제 신명기의 몇몇 주요한 주제로 넘어간다.

신명기의 주제

개혁

제사 중앙화는 유대의 종교와 사회경제적 환경에 일련의 개혁을 일으켰다. 제물은 중앙의 성소에서만 드릴 수 있었기 때문에, 예루살렘 순례의 필요성이 생겼다. 나아가 지방에서 고기를 얻기 위한 동물의 도살은 더이상 신성한 것이 아니라 더러운 것이 되었다. 결과적으로 지역에서 소규모 사당을 운영하던 지방의 많은 레위 사람들이 일자리를 잃었다. 이것이 레위 사람들이 제대로 부양받을 수 있도록 보장하는 것에 관한 신명기의 특별한 관심을 설명한다. 이제 일자리를 잃은 레위 사람들은 일을 찾아 예루살렘으로 갔을 것이고, 예루살렘의 제사장들과 새로 들어온 이 레위 사람들 사이의 갈등이 구약성경의 다른 대목들에 나타난다.

신에 대해 더 추상화된 개념

신명기 및 그와 관련된 책들은 성소를 야훼가 그의 이름을 두려고 선택한 곳으로 일관되게 언급한다. 야훼가 성전에 거한다고 설명되지도 않고, 성전이 야훼의 처소로 묘사되지도 않는다. 성전은 항상 그의 이름이 거하는 곳이고, 그 처소는 그의 이름을 위하여 건축된다. 이러한 표현은 야훼가 실제로 성소에 거한다는 고대의 일반적인 믿음을 방지하기 위해 고안된 것이라고 바인펠트는 주장한다. 마찬가지로 언약궤를 지키는 그룹 위에 신이 좌정하고 있다는 (앞선 문서들에서 암시되어 있는) 생각을 근절하고자 신명기는 언약궤의 역할을 오직 언약의 돌판을 넣어두기 위한 것으로 강조한다(신 10:1~5).[10] 궤의 덮개와 그룹은 일절 언급되지 않는다. 또 야훼의 나타남을 묘사하는 이미지가 시각적인 이미지에서 청각적 이미지로 변화하는데, 이는 한층 더 추상화된 개념을 분명히 나타낸다. 신명기에서는 야훼를 보지 못하고 듣는다.[11]

성소는 경배를 드리는 곳이자 제사를 드리는 곳으로 이해되며, 이곳에서는 이스라엘 사람과 외국인 모두가 하늘에 거하는 야훼에게 기도를 드릴 수 있다. 그렇다고 희생 제사가 폐지된다는 뜻은 아니다. 전혀 그렇지 않다. 그것은 야훼 예배의 한 부분이다. 하지만 신명기는 제사와 관련된 문제에 관심이 덜하다. 신명기가 강조하는 제물은 주로 제물을 바치는 사람이 먹게 되는 것들, 또는 레위인, 거류 외국인, 고아, 과부와 같이 혜택받지 못하는 사람들에게 나누어줄 수 있는 것들이다. 신명기는 사회의 소외 계층 사람들과 제물의 음식을 나누는 의무를 강조함으로써 제사의 주된 목적이 인도주의적이고 개인적이라는 인상(종교적 목적의 실행이나 야훼에 대한 개인적인 감사의 표시라는 인상)을 준다.[12]

윤리적 주제

신명기는 사회 정의, 개인 윤리, 이웃 간의 책임을 강조한다. 힘없고 억압받는 사람들을 위한 야훼의 의로운 행위가 이스라엘 그 자체의 모델이 된다. 고아와 과부, 나그네를 대상으로 하는 야훼의 도움은 신명기 12~26장에 있는 법을 관통하는 인도주의의 근거가 된다.

세대를 망라하는 언약

신명기에 나타나는 언약 개념은 이스라엘 민족의 각 세대가 원래 언약의 당사자라는 생각을 수반한다. "우리 하나님 여호와께서 호렙산에서 우리와 언약을 세우셨나니 이 언약은 여호와께서 우리 조상들과 세우신 것이 아니요 오늘 여기 살아 있는 우리 곧 우리와 세우신 것이라"(신 5:2~3). 시내에서의 그 결정적인 순간은 각각의 새로운 세대에게서 늘 현재인 것으로 만들어져야 하며, 율법을 공부하고 율법을 매일 읽고 자녀들에게 율법을 가르칠 의무를 통해 그러한 목표에 다가갈 수 있다(신 6:7). 또한 신명기 31장 10~13절은 토라를 7년에 한 번씩 공개적으로 크게 낭독해야 한다고 선언한다.

사랑

바인펠트가 지적하듯이, 앗수르 조약은 군주에 대한 속국의 사랑 (충성심)을 강조하지만, 이는 군주에 의한 상호적인 사랑이 절대 아니다. 신명기는 (그리고 히타이트 조약도) 이 점에서 다르다. 신명기는 이스라엘에 대한 야훼의 자애롭고 과분한 사랑을 강조하고 이스라엘을 위한 그의 강력한 행동을 표현한다.[13] 신명기의 저자는 이스라엘이 야훼의 위대한 사랑에 부응해야 한다고 확실하게 말하며, 그 방법은 야훼에 대한 사랑(충성)이다. 그러나 사랑과 충성심은 표현할 수단이 없는 그저 추상적인 것들이다. 그 표현 수단이 야훼의 토라, 즉 이스라엘이 장수하고 번영할 수 있도록 만들어진 야훼의 가르침, 명령, 지침의 총체다. 이 생각은 신명기에서 그 첫 단어인 '쉐마shema(들으라)'로 알려진 구절에서 발견된다. 쉐마는 오늘날에도 유대교의 예배에서 야훼와 이스라엘의 사랑의 중심이 되는 표현이다.

이스라엘아 들으라 우리 하나님 여호와는 오직 유일한 여호와이시니

너는 마음을 다하고 뜻을 다하고 힘을 다하여 네 하나님 여호와를 사랑하라

오늘 내가 네게 명하는 이 말씀을 너는 마음에 새기고

네 자녀에게 부지런히 가르치며 집에 앉았을 때에든지 길을 갈 때에든

지 누워 있을 때에든지 일어날 때에든지 이 말씀을 강론할 것이며

너는 또 그것을 네 손목에 매어 기호를 삼으며 네 미간에 붙여 표로 삼고
또 네 집 문설주와 바깥 문에 기록할지니라(신 6:4~9)

토라의 토대는 바로 야훼의 사랑 또는 야훼에 대한 충성이다. 토라
는 이 충성심을 실현하게 한다.

선택받은 민족

신명기에서 이스라엘이 야훼와 맺는 특별하고 독특한 관계는 동사
인 '바하르bahar'(선택되다, 선택하다)로 표현된다. 야훼는 대가 없이 주
는 은혜와 사랑의 행위로 이스라엘을 선택하고, 이스라엘은 그의 특별
한 소유가 된다.

하늘과 모든 하늘의 하늘과 땅과 그 위의 만물은 본래 네 하나님 여호와
께 속한 것이로되

여호와께서 오직 네 조상들을 기뻐하시고 그들을 사랑하사 그들의 후
손인 너희를 만민 중에서 택하셨음이 오늘과 같으니라(신 10:14~15)

이 선택 개념은 주권자가 속국을 선발해서 특별한 소유의 지위를
부여하는 고대 근동 지방의 정치적 영역에 그 뿌리를 두고 있다고 할
수 있다. 야훼의 토라를 준수함으로써 성취할 미래의 목표로 거룩함을
언급하는 제사장적 글들과 달리(나의 율법을 지킴으로써 "너희도 거룩할

지어다", 레 11:45, 19:2) 신명기는 이스라엘이 선택받아 거룩하기에 야
훼의 토라를 지켜야 한다고 말한다("너는 여호와 네 하나님의 성민이라",
신 7:6). 간단히 말하면, P 문서의 거룩함은 야훼의 토라를 지킴으로써
성취될 수 있는 목표이고, D 문서의 거룩함은 야훼의 토라를 지키지
않음으로써 상실될 수 있는 지위다.

　신명기에서 거룩한 민족이라 함은 야훼에게 구별되어 있음을 의미
한다. 이 구별에는 외국 민족으로부터의 분리가 수반되고, 야훼 숭배와
일치하지 않는 관행으로부터의 분리가 수반된다. 따라서 가나안 사람
들과의 결혼이 금지된다. 나아가 그들은 완전히 멸망당해야 하고, 모
든 외래의 관행이 언약 공동체에서 제거되어야 한다. 아마도 신명기
작성 당시에는 가나안 사람들이 없었을 것이므로 이러한 글들은 D 문
서의 '오직 야훼' 관념에서 벗어나는 이스라엘 사회의 관행에 대한 내
부 논쟁으로 이해될 수 있다. 또한 구별은 야훼를 섬기는 데 구별이 수
반된다. 이는 그의 율법, 특히 정결의 법을 지키는 것과 이교도적 관행
을 거부하는 것을 뜻한다. 선택받아 야훼의 거룩한 민족이 되는 특권
에는 의무와 책임이 수반된다.

　그러나 또 한편으로 신명기는 선택이라는 개념이 가지는 도덕적 위
험을 의식한다. 이 개념은 우월감 콤플렉스를 조장할 수도 있는 것이
다. 따라서 신명기는 이스라엘이 선택받은 것은 어떤 특별한 선행이나
공로 때문이 아니라고 반복해서 경고하고, 모세는 가나안 땅의 유업이
그들의 힘 또는 그들의 의나 선행 때문이라고 생각하지 말 것을 이스
라엘 민족에게 권면한다. 이스라엘은 그 조상들에 대한 자발적인 사랑

의 행동으로 야훼에 의해 선택되었다. 이 택함은 야훼의 계획이었고, 이스라엘이 자랑할 근거는 아무것도 없다.

　　너는 여호와 네 하나님의 성민이라 네 하나님 여호와께서 지상 만민 중에서 너를 자기 기업의 백성으로 택하셨나니
　　여호와께서 너희를 기뻐하시고 너희를 택하심은 너희가 다른 민족보다 수효가 많기 때문이 아니라 너희는 오히려 모든 민족 중에 가장 적으니라
　　여호와께서 다만 너희를 사랑하심으로 말미암아, 또는 너희의 조상들에게 하신 맹세를 지키려 하심으로 말미암아 자기의 권능의 손으로 너희를 인도하여 내시되 너희를 그 종 되었던 집에서 애굽 왕 바로의 손에서 속량하셨나니(신 7:6~8)

이스라엘 민족은 유혹되어서는 안 된다. 모세가 나중에 경고한 대로 "네가 마음에 이르기를 내 능력과 내 손의 힘으로 내가 이 재물을 얻었다"(신 8:17), 또는 "내 공의로움으로 말미암아 여호와께서…… 그것을 차지하게 하셨다"(신 9:4)라고 말해선 안 된다. 그 반대로, 오직 가나안 사람들의 악이 너무 커서 야훼가 자신의 땅에서 그들을 몰아내야만 했던 것이다. 만일 이스라엘 민족이 야훼의 언약을 지키지 않으면, 야훼는 가나안 사람들에게 했던 것처럼 그들도 몰아낼 것이다.

신의 섭리
이스라엘에 대한 야훼의 섭리적인 사랑과 보살핌은 구약성경에서

여러 비유를 통해 표현된다. 신명기 8장에는 부모와 자식의 비유가 나타난다. 신명기 32장 10~12절에서 이스라엘에 대한 야훼의 보살핌을 표현하는 이미지는 독수리가 자신의 날개에 새끼를 얹고 있는 모습이다.

> 여호와께서 그를 황무지에서, 짐승이 부르짖는 광야에서 만나시고 호위하시며 보호하시며 자기의 눈동자같이 지키셨도다
> 마치 독수리가 자기의 보금자리를 어지럽게 하며 자기의 새끼 위에 너풀거리며 그의 날개를 펴서 새끼를 받으며 그의 날개 위에 그것을 업는 것 같이
> 여호와께서 홀로 그를 인도하셨고 그와 함께 한 다른 신이 없었도다

독수리가 새끼가 날 때까지 반복해서 그 새끼를 둥지 밖으로 밀어냈다가 밑으로 급강하해서 날개에 얹어 올라오듯이 야훼도 이스라엘 민족이 약속의 땅에 들어갈 준비가 될 때까지 그들을 시험하고 바로잡았다.

신명기의 내용―역사 회고, 고별 연설, 모세의 죽음과 매장―은 신명기를 오경에 어울리는 마무리로 만든다. 그러나 앞에서 언급했듯 신명기는 이 이야기를 마무리하지 않는다. 신명기의 끝에서 약속은 성취되지 않는다. 이스라엘 사람들은 여전히 약속의 땅 밖에 있다. 그래서 일부 학자들은 신명기의 최종 작성 연대를 유배 시대로 본다. 신명기의 편집자는 그 시대 사람들을 위해 글을 쓰면서, 야훼와의 언약 관계

에서 가장 중요한 것은 약속의 땅에 거주하는 것이 아니라 토라를 충실하게 지키는 것이라고 강조한다. 또한 신명기는 신명기부터 열왕기 하까지 이어지는 훨씬 더 긴 문학 작품의 첫 부분이다. 이 작품은 문체와 관점 면에서 기본적인 통일성을 갖고 있다. 이 소위 신명기적 학파의 강령과 작품을 다음 장에서 탐색한다.

12
신명기적 역사서 I: 여호수아

읽기: 여호수아 1~13장, 20장, 23~24장

선지서(네빔)

구약성경(타나크)의 두번째 대분류는 선지서(네빔)로 불린다. 그 첫 부분인 전前 선지서는 여호수아에서 열왕기하까지의 역사적 서술이다. 이스라엘 역사를 신학적으로 설명하는 전 선지서는 가나안 정복부터 기원전 586년 바벨론의 의한 이스라엘의 멸망까지를 다룬다. 전 선지서는 후 선지서의 중요한 배경이다. 후 선지서에 속하는 각각의 책은 그 책의 예언을 했다고 생각되는 사람의 이름을 가지고 있다.[1] 이 선지자들은 이스라엘 역사의 중대한 시점에서 그들의 메시지를 전달했고, 그들의 말은 그들이 대응한 역사의 특정 사건들을 배경으로 할 때 가장 잘 이해된다. 여호수아에서 열왕기하까지의 전 선지서가 이 역사적 배경을 제공한다.

J 문서, E 문서, P 문서는 여기서 끝나는 것으로 보이지만, 지금까지 검토한 책들처럼 전 선지서('역사 선지서'라고도 부른다)에도 후대 사람들이 삽입한 다양한 더 오래된 자료들이 들어 있다. 한 사람의 편집자 또는 여러 편집자들의 그룹은 이러한 더 오래된 자료들(구전 전승, 왕실 기록보관소의 기록 등)을 다시 써서 지금 우리가 알고 있는 형태로 엮어냈다. 이를 최종 편집이라고 한다. 이 책들을 최종적으로 작성한 무명의 사람, 또는 집단, 또는 학파는 더 오래된 자료들의 틀을 잡고 서로 결합시키기 위해 문구와 대화를 삽입했다. 더 오래된 자료들에 대한 최종 편집자들의 개정과 그들이 틀을 잡고 연결하는 데 사용한 구절들이 신명기에 나타나는 특정한 특색들과 전제들을 그대로 보여준다는 점에서, 신명기와 여호수아부터 열왕기하까지의 역사서들은 하나의 문학적 묶음을 이루고 있다고 독일 학자 마틴 노트는 생각한다.[2] 여호수아에서 열왕기하까지의 책들은 신명기에서 제시된 이념에 따라 이스라엘 역사를 제시하고 해석한다. 우리는 이 묶음을 최종 편집한 사람(들)을 '신명기적 역사가' 또는 '신명기적 학파'라고 부른다.[3]

전 역사서는 그 전체가 기원전 622년 이후에 최종 편집되었다(일반적으로 요시야 왕의 성취로 여겨지는 제사의 중앙화가 나타나기 때문이다). 열왕기하에서 언급되는 마지막 사건의 때가 562년 여호야긴 왕이 옥에서 풀려난 해이니, 아마 그 직후인 바벨론 유배 기간(기원전 586~536년)에 마무리되었을 것이다. 노트는 한 사람의 편집자를 추정했으나, 다른 학자들은 복수의 관점―그중 마지막은 바벨론 유배기의 관점―이 나타나 있는 것으로 보인다는 점에서 이 역사에 대해 두 번이나 그 이상의 개정이 잇따랐다고 추정한다. 이 방대한 묶음에 속하는 몇몇 책들은 다른 책들에 비해 신명기의 주요 관심 사항에 영향을 덜 받는다. 또한 앞에서 설명했듯이 이 자료에는 신명기 이전의 요소 또한 분명히 있다.

신명기적 학파의 가장 중요한 특징 하나는 이스라엘의 약속의 땅 거주가 야훼와의 언약에 대한 순종 및 불순종과 상관관계에 있다는 믿음이다. 이 믿음이 여호수아에서 열왕기하까지의 책들이 이스라엘의 역사를 제시하고 평가하고 해석하는 데 영향을 끼친다. 많은 학자들은 이 책들을 설명하는 데 역사철학이라는 용어를 사용한다. 역사철학은 사건의 서술(이 또한 선택적이고 편파적일 수 있으나)을 넘어서는 개념이다. 사건의 의미 또는 역사의 더 큰 목적과 의도를 알아내서 단지 무슨 일이 일어났는지보다 그것이 왜 일어났는지를 말하는 역사에 관한 철학이다. 많은 학자들은 신명기적 역사가 단지 586년 예루살렘 멸망까지의 이스라엘 역사가 아니라, 그때까지 있었던 사건들의 의미와 중요성을 보상과 징벌의 패턴에 의거하여 전달하는 역사철학이라는 데 의견이 일치한다(14장 참조).

신명기적 사상의 핵심이 되는 일부 특징은 여호수아에서 열왕기하에 이르기까지 분명히 나타난다. 그 특징은 다음과 같다. (1) 제사의 중앙화 (2) 예루살렘과 다윗, 그리고 다윗에서 나온 왕조를 신이 선택했다는 믿음(오경의 첫 네 책은 인간 왕을 결코 언급하지 않지만, 신명기는 왕정을 예상하고 왕에 관한 법규를 말한다. 이 특징은 신명기와 그 뒤 책들의 연결성을 강조하는 것으로, 뒤따라오는 책들은 이스라엘 왕들의 활동에 초점을 맞추고, 그들이 신명기에 나오는 종교 대개혁에 어느 정도 충실한가에 초점을 맞춘다) (3) 이상적인 왕으로서 다윗 (4) 종교적 순결의 영웅이자 투사로서 엘리야, 엘리사 등 야훼의 선지자들 (5) 이스라엘 북왕국을 부정적으로 제시하는 것과 비교하여 유대 남왕국에 대한 선호(북왕국 왕들은 예루살렘 외에 여러 제사 장소를 유지했다는 이유로 모욕을 당한다) (6) 가나안 사람들에 대한 부정적인 모습을 제시.

약속의 땅

여호수아와 사사기는 이스라엘 족속에 의한 가나안 땅 정복과 초기 정착에 관한 이야기를 전한다. 이와 관련된 문제들을 이해하고 이스라엘의 지파 구조의 출현을 이해하는 데 이스라엘의 지리에 관한 지식이 도움이 된다.

흔히 지난 4000년 동안 세계에서 어떤 지역을 차지하기 위해 치러진 그 어떤 전쟁보다도 가나안으로 알려진 이 작고 가느다란 땅을 차지하기 위해 치러진 전쟁이 더 많다고들 한다. 고대 세계에서 이 작은 사각형의 땅—대략 길이 240킬로미터, 넓이 112킬로미터—은 근동 지방에서 갈 만한 모든 곳으로 연결되는 길에 놓여 있다. 그 남동쪽에 이집트가, 북서쪽에 소아시아가, 북동쪽에 메소포타미아가 있다. 세 개의 주요 무역로가 이 나라를 가로지른다. 금, 곡식, 향신료, 옷감, 기타 다른 물건들을 실은 대상들이 이집트와 비옥한 초승달 지역을 오갈 때 이 길을 이용했다. 이 국제 무역로가 그 지역에 부를 가져다주었다. 그러나 이 중심적인 입지는 평시에는 번영을 의미하나 전시에는 끊임없는 침략을 부르는 양날의 칼이었다. 이집트나 소아시아, 메소포타미아에서 더 큰 땅을 정복하러 가는 길에 많은 군대가 이 땅을 가로질렀다. 그래서 여러 지배자가 이 지역을 잇달아 정복했다. 이집트 사람들, 아모리 사람들, 이스라엘 사람들, 앗수르와 바벨론 사람들, 페르시아 사람들, 그리스의 프톨레미 왕조와 셀레쿠스 왕조, 로마 사람들…… 이 명단은 중세와 근현대에 들어서도 계속 이어진다.

작은 크기에도 불구하고, 구약성경에서 이스라엘이 되는 이 땅은 굉장한 지리적 다양성을 자랑한다. 지리적 기준에 따라 북에서 남까지 크게 세 부분으로 나뉜다. 첫째, 가나안 땅의 서쪽에 있는 낮은 지형의 해안 평원이다. 넓이가 32~48킬로미터 정도 되는 이 평원이 이집트로 가는 대로를 제공한다. 이 지역은 출애굽이 있었다고 하는 시대에 이집트가 지배했다. 둘째, 해안 평원 옆을 지나고 여러 작은 골짜기들이 파여 있는, 역시 남북으로 길게 뻗은 낮은 산악 지대(중앙 구릉지대)이다. 산을 관통하는 몇몇 골짜기들은 매우 비옥한데, 이스르엘 골짜기와 맞닿는 메기도 평원이 그런 곳이다. 동서로 좁고 길게 나 있는 이스르엘 골짜기는 중앙 구릉지대에서 가장 비옥한 지역이고 이스라엘 역사에서 처절한 전쟁이 많이 있었던 곳이다. 마지막으로 중앙 구릉지대 옆에는 역시 남북으로 대요단 지구대가 구릉지대 전체 길이만큼 뻗어 있다. 이 골짜기를 따라 흐르는 요단강은 북부의 긴네렛(갈릴리 바다)에서 시작하여 남쪽으로 대략 104킬로미터 떨어진 사해로 흘러간다. 지구대의 북부 맨 끝에는 이스라엘의 최고봉인 높이가 대략 2800미터인 헤르몬산이 눈에 덮여 있다. 중앙 구릉지대에 있는 산들의 높이는 해발 1000미터에서 2800미터 사이이다(예루살렘은 해발 약 750미터). 동쪽으로 몇 킬로미터 떨어진 요단 지구대에서는 고도가 급격하게 낮아진다. 갈릴리 바다는 해수면 아래로 200미터 정도이고, 사해는 지표면에서 가장 낮은 지점으로 해수면 아래로 약 400미터이다. 북부의 강의 양안에 초목이 무성하다. 반면에 사해와 그 주변에는 생명체가 없다. 사해 물의 25퍼센트가 소금과 광물질이기 때문이다. 이 부근은 황무지이고, 전승에 따르면 소돔과 고모라가 이 지역에 있었다. 사해를 둘러싼 지역은 반사막이다. 예루살렘과 사해 사이에 유대 광야가 있다.

요컨대 비교적 작은 이 지역은 지리적으로 굉장히 다양하고, 이 사실이 이스라엘의 역사에 중요한 의미를 가졌다. 통합이 어려웠다. 소규모 정착 농민, 반유목적 양치기, 도시 거주민, 상인, 문화적 경험이 풍부한 무역업자 등 각 지역 주민들은 어느 정도 고립된 상태에서 각자 독특한 경제적·문화적 특징을 형성했다.

이스라엘의 형성: 정복인가, 이주인가, 반란인가

여호수아는 두 부분으로 나뉜다. 첫 부분인 앞의 열두 장은 다음과 같은 중요한 요소들을 가진다. 1장에서 여호수아는 야훼로부터 가나안 땅을 정복하라는 명령을 받는다. 2장에서 여호수아는 가나안 땅을 정찰하기 위해 정탐꾼을 보낸다. 그 정탐꾼들이 돌아와서 유리한 보고를 한다. 3~5장은 요단강을 건너고, 기적적인 사건들을 기념하는 돌을 세우고, 출애굽 이후에 태어난 모든 남자들이 할례를 하는 것을 이야기한다. 6장에는 여리고를 함락시킬 때 나팔 소리가 터져나오는 가운데 이스라엘 사람들과 언약궤를 멘 제사장들이 성을 돌면서 걷는 내용이 있다. 야훼는 헤렘herem을 도입하는데, 이는 고대 근동 지방의 문화에서 적의 주민들과 그 재산에 대해 행해졌던 '성스러운 진멸'의 한 형태이다.[4] 7장에서 이스라엘 민족은 아이 성을 함락시키려다 참패하는데, 패배의 원인이 헤렘의 위반이라는 것을 알게 되고 전리품의 일부를 감춘 아간이라는 사람이 결국 그 범죄의 당사자임이 밝혀진다. 8장에서 이스라엘 민족은 아이를 취한다. 9장에서는 기브온 사람들이 이스라엘 민족을 속여 조약을 맺었다가 영원히 이스라엘의 종이 된다. 10~11장은 더 많은 전쟁이 기록하고, 10장 40절과 11장 15~20절, 23절이 정복 전체를 요약한다.

> 이와 같이 여호수아가 그 온 땅 곧 산지와 네겝과 평지와 경사지와 그 모든 왕을 쳐서 하나도 남기지 아니하고 호흡이 있는 모든 자는 다 진멸하여……(수 10:40)

11장은 모세에 의해 시작된 일을 여호수아가 완수했다고 강조한다.

> 여호와께서 그의 종 모세에게 명령하신 것을 모세는 여호수아에게 명령하였고 여호수아는 그대로 행하여 여호와께서 모세에게 명하신 모든 것을 하나도 행하지 아니한 것이 없었더라
> 여호수아가 이같이 그 온 땅 곧 산지와 온 네겝과 고센 온 땅과 평지와 아라바와 이스라엘 산지와 평지를 점령하였으니

곧 세일로 올라가는 할락산에서부터 헤르몬산 아래 레바논 골짜기의 바알갓까지라 그들의 왕들을 모두 잡아 쳐죽였으며

여호수아가 그 모든 왕들과 싸운 지가 오랫동안이라

기브온 주민 히위 족속 외에는 이스라엘 자손과 화친한 성읍이 하나도 없고 이스라엘 자손이 싸워서 다 점령하였으니

그들의 마음이 완악하여 이스라엘을 대적하여 싸우러 온 것은 여호와께서 그리하게 하신 것이라 그들을 진멸하여 바치게 하여 은혜를 입지 못하게 하시고 여호와께서 모세에게 명령하신 대로 그들을 멸하려 하심이었더라(수 11:15~20)

이와 같이 여호수아가 여호와께서 모세에게 말씀하신 대로 그 온 땅을 점령하여 이스라엘 지파의 구분에 따라 기업으로 주매 그 땅에 전쟁이 그쳤더라(수 11:23)

열두 지파 간의 땅의 분할은 책의 후반부인 13~21장에서 설명된다(22장에서 설명하듯, 두 지파와 한 지파의 반이 요단강 동쪽 땅을 차지한다).[5] 23장에는 여호수아의 고별 연설이 들어 있고, 24장은 세겜에서의 언약의 갱신 의식을 묘사한다.

여호수아 2~12장의 이야기는 침략하는 이스라엘 민족을 열두 지파의 조직화된 연합군으로 묘사하며, 이들의 정복은 여호수아의 군사 지도력하에 몇 번의 결정적인 전투로 완수된다. 분열한 가나안 성읍들은 야훼가 보낸 공포로 인해 무력화된 터라 거의 또는 아예 저항하지

못한다. 정복당한 사람들은 헤렘에 붙여졌는데, 사람이나 물건을 야훼에게 바치는 성스러운 봉헌(진멸)이었다. 이러한 내용은 야훼의 기적적인 도움 없이는 이스라엘의 승리가 가능하지 않았으리라는 기본적인 생각을 표현한다. 야훼는 이스라엘 민족 앞에 놓인 요단강을 나누었고, 여리고 성벽을 무너뜨렸으며, 가나안 사람들의 마음에 두려움을 심었고, 언약궤가 그의 존재를 시각적 표시하는 가운데 모든 전투에 임했다. 이 이상적인 설명 속에서 이스라엘 민족은 비교적 짧은 시간 안에 중앙 구릉 지역을 차지하고 블레셋 사람들을 해안 평원에 가두었다. 곧이어 이스라엘의 지파 구조가 자리를 잡고, 모든 지파의 대표자들이 세겜에서 자신들은 야훼의 사람들이며 오직 야훼만을 섬길 것을 선포하며 언약을 갱신한다.

이스라엘이 가나안을 신속하게 정복했다는 이 이상적인 묘사는 여호수아의 다른 구절이나 사사기의 서술과 상충된다. 예를 들어, 여호수아 13장 1절은 다음과 같다.

여호수아가 나이가 많아 늙으매 여호와께서 그에게 이르시되 너는 나이가 많아 늙었고 얻을 땅이 매우 많이 남아 있도다

마찬가지로 여호수아 10장 36~39절은 헤브론과 드빌 등 남부에 있는 몇몇 성읍을 정복했다고 말하지만 사사기는 이 성읍들이 여호수아의 죽음 이후에 함락되었다고 기록한다. 여호수아 12장 10절은 예루살렘 왕의 패배를 기록하지만, 사사기 1장 8절과 21절에는 이 과업

을 완수한 것은 유대 사람들이고, 또 승리를 거두긴 했으나 거기서 살던 여부스 족속을 쫓아내진 못했다고 쓰여 있다. 실제로 예루살렘 함락에 성공하는 사람은 약 200년 후 사무엘하 5장의 아주 극적인 이야기에 나오는 다윗 왕이다. 더구나 2~10장에 기록된 승리들은 모두 "그 온 땅"(11:23)이 아니라 베냐민 지파에게 배당될 작은 지역에 국한된다. 실제로 사사기 1장은 가나안 사람들이 축출되지 않은 장소의 긴 목록을 제공한다.

고고학적 증거도 여호수아의 설명과 상충된다. 고대 근동 지방에서는 성읍을 파괴하면 그것을 평탄하게 만든 뒤 그 위에 새로운 성읍을 건축했다. 이 과정의 결과로 생긴 천천히 솟아오르는 흙더미를 텔tel이라고 한다. 고고학적 발굴은 새로운 성읍들의 바닥 밑에 있는 파괴된 층들을 보여준다. 구약성경의 이야기를 잘 아는 고고학자들은 기원전 13세기에 대규모로 파괴된 가나안 성읍에 대한 증거를 찾으려고 했다. 그러나 기원전 13세기와 12세기 층에 광범위한 정복과 파괴에 대한 증거는 전혀 없다. 그뿐 아니라 여호수아와 이스라엘 민족에 의해 파괴되었었다고 알려진 몇몇 장소는 후기 청동기 시대에 아예 사람이 살지도 않았다는 사실이 밝혀졌다. 여리고와 아이의 유적은 정복 가능성이 있는 시기에서 200년 전에 이미 황폐화되어 여호수아가 무너뜨릴 성벽 자체가 없었음을 보여준다. 여호수아와 그다음 세대들이 함락시켰다고 전해지는 20개의 식별 가능한 장소 중 오직 두 곳—벧엘과 하솔—만이 이 시기에 해당하는 파괴층을 가지고 있다. 그런데 또 하솔 함락에 대한 설명은 구약성경의 다른 대목과 상충된다! 사사기 4~5장에서 하솔은 이스라엘 민족이 차지하지 못한 가나안 성읍 중 하나로 기록된다.

그렇다면 여호수아 2~12장은 일종의 이념적 작문처럼 보인다. 아마 이스라엘의 가나안 출현과 궁극적인 민족-국가 형성은 여호수아 2~12장이 묘사하는 것보다 훨씬 더 복잡했을 것이다. 학자들은 이스라엘의 형성을 이해하기 위해 세 가지 가능한 모델을 제시한다.[6]

첫째는 독일 학자들이 제시한 이주 모델이다. 가나안의 주요 성읍들은 평원 위에 지은 요새 또는 성곽 도시였기 때문에, 이 땅에 들어온 이스라엘 이주자들은 먼저 사람들이 드물게 살았던 중앙 산악 지대를 차지한 뒤 오랜 시간에 걸쳐 평원을 지배하게 되었을 것이다. 후기 청동기 시대 말기(기원전 16세기 중반에서 13세기까지)와 철기 시대 초기(기원전 1200년)는 미케네 문명의 붕괴와 트로이 전쟁, 히타이트의 소아시아 침략으로 말미암아 지중해 세계 도처에 대격변이 진행되던 시대였다. 그리스와 소아시아의 이 대격변은 많은 사람들이 대륙과 그리스의 여러 섬에서 배를 타고 근동 지방으로 이주하는 원인이 되었다. 페니키아, 가나안 해안, 이집트 등 남으로 집단 이주한 이 '해양 민족들'(아마 지중해 북부에 있는 여러 섬과 해안 지역에서 왔을 것이다) 중에 펠라스트 족속(Pelast, 이것이 필리스티아Philistia가 되고 결국 팔레스타인Palestine이 된다)이 있었다. 이집트의 가나안에 대한 지배력이 크게 약화되고 있었다는 점도 가나안 땅으로의 인구 이동을 촉진했다. 펠라스트 족속은 야파에서 가사에 이르는 가나안 해안 지역을 장악하고 가사, 아스겔론, 갓, 아스돗, 에글론, 이 다섯 개의 블레셋 도시를 세웠다.

이주 모델에 따르면, 히브리 족속이 동쪽으로부터 가나안 땅으로 들어온 시점은 대략 기원전 13세기 후반, 블레셋 족속 및 다른 이주민들이 바다를 통해 가나안 땅 서부에 들어온 인구 이동의 시대였을 것이다. 앞 7장에서 언급했듯이, 이집트의 파라오가 이스라엘을 쓸어버렸다고 (분명 과장해서) 자랑했던 기원전 1204년경의 메르넵타 석비는 기원전 13세기 말 즈음 가나안 땅에 이스라엘이라는 식별 가능한 실체가 있었음을 보여준다.

그런데 이주 모델의 문제는 또다시 고고학적 기록이다. 고고학자들은 기원전 13세기부터 11세기에 걸쳐 주로―전부는 아니다―중앙 산악 지대에서 새롭게 세워진 수백 개의 소규모 유적지를 발견했다. 이 중 많은 정착지가 이스라엘의 것으로 생각되었는데, 그것들이 구약성경에서 이스라엘의 근거지라고 말하는 장소에 나타나기 때문이다. 그러나 이러한 13세기의 새로운 정착지는 그 물질적 문화(항아리, 병, 가옥, 기타 유형의 소지품들)가 완전히 가나안식이고, 그 거주자들은 다른 가나안 사람들과 같이 농민이었던 것으로 보인다(한 가지 흥미로운 차이는 돼지 뼈가 없다는 것이다). 이러한 문화적 연속성은 이 새로운 정착지들이 어떤 다른 지역에서 가나안 땅으로 들어온 외국인들에 의해서가 아니라 내부로부터 평화롭게 세워졌음을 암시한다.

이스라엘의 형성을 이해하기 위한 두번째 모델은 문화적 연속성에 대한 고고학 증거와 더 많이 일치하는 반란 모델이다. 이 모델은 이스라엘이 가나안 사회 내부의 사회적 혁명으로 시작했다고 제시한다. 이 모델의 중요한 근거는 아마르나 서신인데, 이집트 정부와 가나안 및 아무루의 이집트 총독, 관리 사이에 오간 대체로 외교적인 서신의 기록이다. 아마르나 서신은 이집트가 가나안을 지배한 때인 기원전 14세기로 연대가 정해진다. 그 내용에는 가나안에서 소란을 일으키고 이집트의 법에 도전하는 사람들에 관한 불평이 있다. 이중 한 무리가 하비루(하피루) 또는 아비루(아피루)로 불리는 사람들이다(이 집단과 구약성경의 '히브루'의 연관성은 계속 논쟁되고 있다). 하비루는 어떤 인종적 집단이 아니었고 사회의 중요한 집단도 아니었다. 그들은 이 서신과 고대 근동 지방의 다른 자료에 반역자, 침입자, 무법자, 노예, 이주노동자 등등으로 표현되어 있다. 일부 학자들은 이집트에서 탈출한 노예들이 이 하찮고 불만 많은 사람들과 손잡고 반란을 일으켜 정착지를 세우고 야훼라는 이름의 해방자 신을 숭배한 것이라고 주장한다. 반란 모델은 이 새로운 정착지에서 발견되는 유형의 문화의 연속성과 비가나안적인 새로운 신의 채택을 모두 설명하는 것으로 보인다.

이와 어느 정도 비슷한 마지막 모델은 점진적 출현 모델로, 기본적으로 가나안 사람들인 이스라엘 민족이 별개의 정체성을 발전시켰고 중앙 산악 지대에 점점 더 많이 정착하게 되었다고 간단하게 생각한다. 우리는 왜 그들이 분리되었는지 알지 못한다. 아마 불만을 품었거나, 아니면 해양민족들의 침략으로 해안 지역에서 밀려났을 것이다. 우리는 알지 못하는 어떤 이유인가로 그들은 물러났다. 어떻게 그리고 왜 그들이 야훼 신앙을 갖게 되었는지도 분명하지 않지만, 어쨌든 그것이 그들을 다른 가나안 사람들과 구별하는 표시였다. 야훼 종교는 이집트에서 탈출한 노예들에 의해 도입되었을 것이다(대부분의 학자들은 출애굽 이야기가 이 공동체에 이집트에서 탈출한 노예들이 있었다는 증거로 생각한다).

많은 학자들이 이 단계의 히브리 사람들은 연합된 하나의 민족이 아니었을 것으로 추측한다. 장차 이스라엘이라는 민족이 될 최종 조합에는 다양한 부류들이 있었을 것이고, 그중에는 어떤 이유에서든 살던 곳을 떠나와서 이 지역에다 그전과 비슷한 물질 문화와 농경 생활 양식으로 독자적인 정착지를 세운 가나안 사람들, 이집트에서 탈출한 노예들(외부인들의 진입을 보여주는 파괴의 증거들도 분명 존재한다), 이 지역에 사는 외국인들(구약성경에서는 미디안 족속, 겐 족속 등으로 설명된다), 또 사회적으로나 경제적으로 중요하지 않았던 계층의 사람들이 포함되어 있었을 것이다. 이 시기에 세워진 새로운 정착지는 과거와의 광범위한 연속성을 보여준다는 점에서 정복 모델이나 대규모 이주 모델보다는 여러 족속들의 합류라는 설명이 고고학적으로 옹호된다. 히브리 지파 자체는 여전히 형성 과정에 있었을지 몰라도, 장차 출현하게 될 이스라엘 사회의 지파 구조는 땅의 자연적 분할에 따른 지리적 영역 구분에 의해 강화되었을 것이다.[7]

이 집단 안의 일부 부류가 야훼가 행했다는 놀라운 출애굽 이야기를 그들과 함께 가져왔고, 이 혼성 집단이 연합한 이스라엘이 결국 야훼를 받아들이고—야훼만을 받아들인 건 아니더라도—출애굽 이야기를 자신들의 것으로 채택했다는 추측은 사실일 가능성이 아주 충분하다. 가나안 농민들, 출애굽기에 나오는 반유목민인 히브리 사람들, 탈출한 노예들, 또 하비루(아비루) 같은 일부 외국인 또는 이주민 등의 문화적, 종교적, 인종적 연합이 결국 이스라엘이라고 불리는 새로운 정치적·종교적 실체를 만들어낸 것이다. 이 공동체의 인종적 다양성은 다양한 문화의 절충으로 이어지고 신 관념의 변화를 가져왔다. 즉 야훼는 장막에 사는 가나안 신 엘과 통합되었는가 하면, 가나안 정착민들의 또다른 신인 바알을 연상시키는 말로 표현되었다. 실제로 구약성경의 일부 대목에서 이스라엘의 신은 바알브릿('언약의 바알 또는 지배자', 삿 8:33, 9:4), 엘브릿(언약의 신, 삿 9:46)으로도 불린다. 이 같은 다른 신들과의 특징 및 명칭의 동화는 앞 8장에서 논의한 융합의 한 예이다. 나중에 '오직 야훼' 선지자들은 이러한 비야훼적 요소를 제거하고 이스라엘 신을 가나안 신으로부터 끊어내려고 노력하게 된다.

여호수아는 왜 이스라엘의 출현에 관해 이토록 다른 내용—야훼의 군대가 정복과 전쟁을 수행했다는 내용, 군사적 능력이 제사의 준비와 제사의 정결함보다 중요하지 않다는 내용—을 제공하는 것일까? 이스라엘의 일곱 제사장이 일곱 나팔과 언약궤를 짊어지고 7일 동안 여리고를 도는 행진과 나팔 소리와 함성으로 여리고 성벽이 무너진다. 정복은 야훼가 성취하는 기적적인 승리로 묘사되고, "너희의 칼이나 너희의 활로써 이같이 한 것이 아니며"(수 24:12)라고 설명된다. 또한 이스라엘을 구성한 사람들 중 적어도 일부는 가나안 출신이었음이 확실한데, 왜 가나안 사람의 진멸을 주장하고 있는가?[8]

민족적 정체성과 독립을 강조하는 주장은 흔히 다른 민족과의 차별화를 요구한다. 만약 이스라엘 사람들이 더 큰 사회를 떠나온 가나안 사람들이고 종국에 야훼의 독점적 신 지위를 주장하게 된 것이라면,

그들에게는 다른 가나안 사람들이 특별한 위험이었을 것이다. 이 같은 극심한 동족 대립의 역학은 서기 첫 몇백 년에 또다시 나타난다. 일부 유대인들이 기독교인으로서 스스로를 차별화하여 독자적인 정체성을 만들면서 다른 유대인들과 분리되었고, 동족인 그들에 대해 독설적이고 격렬한 말을 사용했다.

그러나 구약성경에는 이러한 장면을 한층 더 복잡하게 만드는 또다른 목소리가 있다. 여호수아의 전반부에는 이상적으로 묘사된 이스라엘의 정복 그리고 가나안 사람들의 진멸에 대한 요구와 함께, 다양한 가나안 집단들의 동맹과 연합에 관한 이야기가 있다. 가령 여리고 성 전투의 영웅 중 한 사람인 가나안의 기생 라합은 야훼에 대한 믿음을 선언하고 여리고를 여호수아의 손에 넘긴다. 또다른 가나안 집단인 기브온 사람들은 이스라엘 사람들을 속여 그들과 조약을 맺는다. 마이클 쿠건은 그러한 설명들이 가나안 집단의 이스라엘 내부로의 포용을 설명하려는 인과론적 이야기라고 말한다(수 2:1~21, 6:17, 22~23). 어쨌든 이러한 이야기들은 최소한 구약성경이 묘사하는 침략, 정복, 진멸에 관해 의문을 품게 한다. 또 한편으로는 구약성경 기록자의 문학적 파괴에 대한 취향을 보여주기도 한다.

언약의 갱신: 여호수아 23~24장

옛 신들에 대한 숭배를 포기하고 모세의 율법에 기록된 모든 것에 근거하여 구별된 정체성을 보존하라는 명령이 23장에 나오는 여호수아의 고별 연설과 24장에 묘사된 언약의 갱신 의식을 통해 반복된다.

그 중심이 되는 생각은 이스라엘을 위해 능력을 행사하는 야훼에게 올바르게 부응하는 방법이 하나 있다는 것이다. 그것은 바로 다른 민족들의 관행에서 분리되기를 요구하는 모세의 토라를 철저히 지키는 것이다.

여호수아 23~24장에서 이스라엘 사람들은 세겜에 모여 언약을 재차 다짐한다. 여호수아는 야훼가 이스라엘을 위해 능력을 행사한 것을 다시 말하고, 사람들에게 누구를 섬겨야 할지 선택하라고 훈계한다. 분에 넘치도록 그들을 위해 모든 일을 해준 야훼인지, 아니면 그들의 선조들(족장들)[9]이 섬겼던 신들인지, 아니면 이제 쫓겨나고 있는 아모리 족속이 섬기는 신들인지 말이다.

> 그들의 신들의 이름을 부르지 말라 그것들을 가리켜 맹세하지 말라 또
> 그것을 섬겨서 그것들에게 절하지 말라
> 오직 너희의 하나님 여호와께 가까이하기를 오늘까지 행한 것같이 하
> 라(수 23:7~8)

> 그러므로 이제는 여호와를 경외하며 온전함과 진실함으로 그를 섬기라
> 너희의 조상들이 강 저쪽과 애굽에서 섬기던 신들을 치워버리고 여호와만
> 섬기라
> 만일 여호와를 섬기는 것이 너희에게 좋지 않게 보이거든 너희 조상들
> 이 강 저쪽에서 섬기던 신들이든지 또는 너희가 거주하는 땅에 있는 아모
> 리 족속의 신들이든지 너희가 섬길 자를 오늘 택하라 오직 나와 내 집은

여호와를 섬기겠노라(수 24:14~15)

　사람들은 야훼의 질투에 대해 경고받는다. 그는 독점적인 충성을 요구하고 이방 신을 용납하지 않을 것이다. 여호수아는 민족 간 결혼과 배교의 위험을 직접적으로 연결시킨다. 가나안 사람과의 결혼은 이스라엘 사람에게 배우자의 신을 숭배하게 할 것이다. 이제 이스라엘은 야훼에게 전적인 충성을 보여주어야 한다. 그러지 않으면 야훼는 그가 가나안 사람들로부터 땅을 빼앗았던 것처럼 이스라엘로부터 그 땅의 선물을 빼앗을 것이다.

> 　그러므로 스스로 조심하여 너희의 하나님 여호와를 사랑하라
> 　너희가 만일 돌아서서 너희 중에 남아 있는 이 민족들을 가까이 하여 더불어 혼인하며 서로 왕래하면
> 　확실히 알라 너희의 하나님 여호와께서 이 민족들을 너희 목전에서 다시는 쫓아내지 아니하시리니 그들이 너희에게 올무가 되며 덫이 되며 너희의 옆구리에 채찍이 되며 너희의 눈에 가시가 되어서 너희가 마침내 너희의 하나님 여호와께서 너희에게 주신 이 아름다운 땅에서 멸하리라(수 23:11~13)

　여호수아 23장에서 천명하는 민족 간 결혼 금지는 보편적인 것이 아니라 가나안 민족에게 한정되어 있음에 주목해야 한다. 그것의 특정한 이유는 종교적 정결함이다.

신명기적 역사가 최종 편집되는 때인 기원전 6세기에 이스라엘 민족은 바벨론에서 유배 생활을 하면서 그들을 덮친 비극, 그들 신의 성전 파괴, 그들에게 약속되었던 땅의 상실을 이해하려 애쓰는 중이었다. 여호수아 23~24장에 제시된 것과 같은 이스라엘의 역사에 대한 해석은 이스라엘의 운명을 그저 죄에 대한 징벌로 받아들이는 환경을 만들고, 그로써 야훼에 대한 믿음을 북돋우는 데 도움을 주었을 것이다. 이 문제를 14장에서 다룰 것이다.

13

신명기적 역사서 II: 사사, 선지자, 왕

읽기: 사사기 1장, 사무엘상 1장~열왕기상 3장

사사

사사기는 여호수아의 죽음과 왕정 수립(기원전 1200~1020년) 사이
의 전환기적 시대에서 시작하고, 그 전환을 상상력으로 미화하여 재현
한다. 여기 나오는 이야기들은 국가 간의 대결보다는 지역 부족 간의
소규모 충돌을 묘사한다. 이러한 묘사는 아마 가나안 지역이 청동기
시대의 도시 국가에서 이스라엘, 블레셋, 아람과 같은 국가의 출현으
로 발전했을 200년간의 상황을 반영하는 것으로 보인다. 여호수아와
마찬가지로 사사기에도 다양한 자료들이 신명기적 틀에 맞추어 편입
되어 있다. 사실 사사기는 주요 지역 영웅들에 관한 개별적인 이야기
의 모음집이라고 할 수 있는데, 그런 영웅들 중 다수가 사회적으로 하
찮은 사람들(예를 들어 창녀의 사생아, 무법자, 규율을 어긴 나실인)이다.

이 이야기들에는 민속적 정취가 있고 드라마와 지역색이 가득하다. 모압 사람들 대 에훗의 이야기(삿 3장), 가나안 사람들 대 드보라의 이야기(삿 4~5장), 미디안 사람들 대 기드온의 이야기(6~9장), 암몬 사람들 대 입다의 이야기(11장), 블레셋 사람들 대 삼손의 이야기(13~16장) 등이 그렇다. 17장과 18장은 미가와 그가 우상을 모신 사당의 이야기를 전하고, 19~21장은 레위 사람의 첩에 관한 끔찍한 이야기와 베냐민 지파와 이스라엘 지파들 간의 내전에 관한 이야기를 전한다.

이 이야기들은 편집자가 그 시대를 바라보는 관점이 된 신명기적 틀 속에 들어 있다. 대부분의 이야기가 이스라엘의 역사에 관한 편집자의 철학을 나타내는 약간의 삽입구를 가지고 있긴 있지만 대체로는 원래 상태를 그대로 유지하고 있는 것으로 보인다. 편집자의 역사철학은 이 책의 전문에 해당하는 첫 장에 가장 잘 나타나 있다. 이 장은 여호수아의 정복이 마무리될 때의 이스라엘의 상황을 자세히 요약하고, 아직 가나안 사람들의 손에 남아 있던 광범위한 지역을 유대에서 시작해 북쪽으로 올라가면서 열거한다. 사사기 2장 1~5절, 여호수아가 죽기 전에 천사가 나타난다. 천사는 야훼가 이스라엘을 애굽에서 구원한 일을 다시 말하면서 다음과 같이 명령한다.

내가 너희와 함께 한 언약을 영원히 어기지 아니하리니
너희는 이 땅의 주민과 언약을 맺지 말며 그들의 제단들을 헐라(삿 2:1~2)

야훼는 자신의 언약에 충실하기로 약속하는 동시에 이스라엘 사람들에게 그들이 해야 할 일을 확인시킨다. 그 주민들과 그들의 우상을 그 땅에서 제거하라는 것이다. 그런 다음 천사는 이스라엘이 순종하지 않은 일에 대해 말한다. 야훼는 다음과 같이 선언한다.

> 너희가 내 목소리를 듣지 아니하였으니 어찌하여 그리하였느냐
> 그러므로 내가 또 말하기를 내가 그들을 너희 앞에서 쫓아내지 아니하리니 그들이 너희 옆구리에 가시가 될 것이며 그들의 신들이 너희에게 올무가 되리라(삿 2:2~3)

이스라엘이 가나안 사람들과 그들의 우상을 제거하지 못하면, 그 벌로 야훼는 가나안 사람들을 남겨둘 것이고 그들은 이스라엘 사람들의 결의과 충성심을 시험하기 위한 덫과 함정이 될 것이다. 이는 여호수아의 전반부에 있는 이상적인 정복 모습과 전혀 다르다.

천사의 선언에 이은 2장 10절~3장 6절은 편집자의 관점에서 이스라엘의 문제를 요약하면서 이 시기 이스라엘 민족에 관한 편집자의 평가를 표현한다.

> 그후에 일어난 다른 세대는 여호와를 알지 못하며 여호와께서 이스라엘을 위하여 행하신 일도 알지 못하였더라
> 이스라엘 자손이 여호와의 목전에 악을 행하여……
> 다른 신들 곧 그들의 주위에 있는 백성의 신들을 따라 그들에게 절하여

여호와를 진노하시게 하였으되……

여호와께서 이스라엘에게 진노하사 노략하는 자의 손에 넘겨주사……
곧 여호와께서 말씀하신 것과 같고 여호와께서 그들에게 맹세하신 것과
같아서 그들의 괴로움이 심하였더라

여호와께서 사사들을[1] 세우사 노략자의 손에서 그들을 구원하게 하셨
으나

그들이 그 사사들에게도 순종하지 아니하고 오히려 다른 신들을 따라
가 음행하며 그들에게 절하고……

여호와께서 그들을 위하여 사사들을 세우실 때에는 그 사사와 함께 하
셨고 그 사사가 사는 날 동안에는 여호와께서 그들을 대적의 손에서 구원
하셨으니 이는 그들이 대적에게 압박과 괴롭게 함을 받아 슬피 부르짖으
므로 여호와께서 뜻을 돌이키셨음이거늘

그 사사가 죽은 후에는 그들이 돌이켜 그들의 조상들보다 더욱 타락하
여 다른 신들을 따라 섬기며 그들에게 절하고 그들의 행위와 패역한 길을
그치지 아니하였으므로……

한마디로 이스라엘의 위기는 가나안 신들을 숭배하고 야훼를 불신
하는 데서 비롯된다는 이 사사기의 머리말에 담긴 생각이야말로 신명
기적 편집자의 관점이다. 이 죄 때문에 야훼는 이스라엘을 그 적들에
게 넘겨준다. 그런데 또 그는 뜻을 돌이켜 이스라엘을 구원하기 위해
사사를 세운다. 죄와 징벌, 회개, 그리고 신이 지명한 지도자를 통한 구
원이 이 책에서 반복되는 패턴이다.

그러나 개별 이야기들에서 늘 신명기적 시각이 드러나는 것은 아니고, 앞에서 언급했듯이 지역 영웅의 공적에 관한 신명기 이전의 민간설화도 나타난다. 따라서 제사의 중앙화를 주장하고 복수의 제단을 금지하라는 신명기의 주장에도 불구하고, 기드온은 제단을 쌓는다. 여룹바알("바알이 다투다"라는 의미)이라는 이름으로도 불리는 기드온은 우상을 세우고, 그가 죽은 후 세겜의 사람들은 계속 바알브릿('언약의 바알', 바알 신앙과 언약의 흥미로운 결합)을 섬긴다. 삼손의 이야기 역시 대체로 신명기 이전의 것으로 보인다. 이 이야기는 전설적인 장사에 관한 재미있는 대중적 민간설화이다. 그는 자신의 몰락의 원인이 되는 외국 여자들에게, 특히 들릴라와 같은 블레셋 여인들에게 약점을 잡혀 실패한다. 이런 많은 사사들의 행동은 분명 후대의 신명기적 야훼주의자들을 분노케 했을 것이다. 틀에 제대로만 집어넣으면 중요한 신명기적 주장을 제시하는 데 유용할 이야기들이었다. 즉, (흔히 다른 민족 여자와의 결혼을 통해 접촉하게 되는) 다른 민족의 신들은 이스라엘에게 치명적인 유혹을 행사했는데, 그 우상의 덫을 거부하지 못하는 이스라엘의 무능력은 결국 파멸로 이어지는 것이다.

사사는 야훼에 의해 세워진 지도자를 부르는 말(히브리어로 쇼페팀shofetim)로, 기원전 1000년 이전에는 단순히 사법적 권한만이 아니라 다른 많은 권한을 행사했던 고대 셈족의 지도자를 가리키는 데 쓰였다. 사사기에 묘사된 이스라엘의 사사는 주로 군사 지도자로, 민족이 위기에 처했을 때만 특정한 임무를 수행했다. 사사는 흔히 '야훼의 영이 그에게 임했다'라고 표현되는 카리스마 있는 인물이었다. 야훼는 이스라엘 민족을 구원하기 위해 사사를 세운다. 사사는 오직 두세 지파 또는 두세 집안에서만 군사를 소집하는데, 이는 이 시대에 진정한 국가적 실체가 없었음을 보여준다. 사사들은 배경, 사회 계층, 심지어 성에서(드보라라는 여성 사사가 한 명이 있다) 서로 극적으로 달랐다. 사사들은 그들의 힘으로 선택되지 않았고(기드온은 그의 명백한 약함으로 선택된다) 그들의 덕목으로 선택되지도 않았다(기드온은 무자비한 투사로 나타나고, 분명히 독실한 야훼주의자가 아니다. 입다는 무법자이다. 삼손은 도덕적 표본이라고 할 수 없다). 많은 사사들이 민간설화에 흔히 등장하는 꾀 많은 책략가라는 문학적 유형에 속한다.

구약성경에 따르면, 사사라는 체제는 확고한 정치 구조 혹은 안정적인 정치 구조로 결코 이어지지 못했다. 사사기에서 영구적인 인간 지도자와 왕정제에 관한 생각은 대체적으로 아주 난처한 문제이다. 몇몇 개별적인 이야기들은 왕권에 대한 뿌리 깊은 불신을 보여준다. 사사기 8장에서 사람들은 사사 기드온에게 왕으로서 영구적으로 통치할 것을 요청하지만 그는 "내가 너희를 다스리지 아니하겠고 나의 아들도 너희를 다스리지 아니할 것이요 여호와께서 너희를 다스리시리라"라고 대답한다(삿 8:23). 실제로 기드온의 무자비한 아들 아비멜렉의 짧은 통치는 완전한 재앙이다(사사기 9장). 개별적인 이야기들은 사사의 직책을 일시적인 것으로 묘사하는데, 야훼를 이스라엘의 영구적인 왕으로 생각하기 때문이다. 사사의 일시적인 권위에는 야훼의 영원한 왕권이 전제되어 있다. 사사의 직책은 절대적인 것이 될 수 없었다. 그것은 야훼의 지도력을 거절하는 의미일 수 있기 때문이다.

그러나 편집된 사사기의 전체 내용은 왕권으로의 진행을 보여주는 듯하다. 사사기의 마지막 몇 장은 이스라엘이 서서히 혼란 속으로 빠져들고 결국 내전을 시작하는 것을 기록한다. 18장은 마지막 네 장 내내 반복되는 불길한 표현으로 시작된다. "그때에 이스라엘에 왕이 없었고"(삿 18:1, 또한 19:1과 21:25). 또한 사람이 자기가 원하는 대로 행했는데, "사람이 각기 자기의 소견에 옳은 대로 행하였더라"(삿 21:25)라고 기록된다. 책의 끝에 이르러 이스라엘 민족은 통제 불능의 폭력과 강간이라는 광란의 도가니 속으로 급속히 빠져들고, 마지막 장에서는 전면적인 내전이 벌어진다. 한 레위인의 첩이 베냐민 지파에 의해 강간당하고 살해되는데, 이는 다른 모든 지파에 의해 보복되어야 하는 잔인한 행위이기에 그들은 힘을 합쳐 베냐민 지파에 대하여 성전(몰살시키는 전쟁)을 벌인다. 역설적으로 또 비극적으로, 모든 지파가 제휴해서 행동한 유일한 때가 그들 지파 중 하나를 상대하는 때이다. 그들은 베냐민 지파가 거의 멸절된 것을 깨닫고 뉘우치면서 실로의 여자들을 납치하여 남아 있는 소수의 베냐민 남자들에게 아내로 삼게 한다. 이 끔찍하고 계획적인 잔혹 행위—강간, 내전, 납치, 강제 결혼—에 관한 마지막 논평으로 신명기적 기록자는 그 반복되는 말과 함께 사사기를 마무리한다. "그때에 이스라엘에 왕이 없으므로"(인간인 왕도 없고, 아마도 신 왕도 없으므로) "사람이 각기 자기의 소견에 옳은 대로 행하였더라".

왕정이 막 시작되기 직전, 사사 시대의 마지막 때에 이스라엘의 도덕적·사회적 파탄에 대한 이유를 신명기적 기록자는 이스라엘의 야훼에 대한 계속되는 불충으로 설명한다. 이 상황의 해결책은 왕인 것으로 보이는데, 사실 이 관점은 사사기의 내용을 이루고 있는 일부 이야기들의 반왕정 경향과 잘 어울리지 않는다. 어쨌든 이 신명기적 역사가에 따르면, 위기의 때에는 탁월한 사사들이 하나님의 '왕국'을 이끌었지만 이 제도적 구조로는 안정적이고 지속적인 정부를 수립할 수 없었기에 이스라엘의 적들—동쪽으로 암몬과 모압, 서쪽으로 블레셋—에 대항할 리더십을 제공할 수 없었다. 이 적들은 얼마 지나지 않아 가나안 땅 전체를 복속시켰다. 구약성경에 따르면, 이스라엘 민족은 중앙화된 권력의 필요성을 느끼고 곧 왕을 요구하게 되었다. 사람들은 새로운 정치 질서를 찾는 중에 선지자-사사 계통의 마지막 인물인 사무엘에 가서 그들을 위해 왕에게 기름 부어줄 것을 요청한다.

사무엘 상하

사무엘상과 사무엘하는 사사 시대에서 왕정 시대로의 전환을 다룬다. 사무엘상 1~4장은 이스라엘의 마지막 사사 사무엘의 출생과 활동을 설명한다. 4~7장은 블레셋의 위기와 언약궤의 억류를 묘사한다. 8~15장에는 사무엘과 사울의 이야기와 왕정의 시작이 들어 있다. 16~31장은 다윗의 등장과 사울의 몰락과 죽음에 관해 이야기한다.

사무엘상은 한나에게 태어난 사무엘의 출생과 실로에서 한나가 야훼를 섬기는 일에 아들을 바치는 이야기로 시작한다. 실로는 왕정이 시작되기 전 가장 중요한 사당이었던 것으로 보이고, 선지자 예레미야는 야훼가 처음 그의 이름을 두었던 곳으로 실로를 언급한다(렘 7:12).

사무엘의 출생에 이어 일련의 위기가 나타난다. 그 처음은 종교적 위기이다. 제사장 엘리는 사사로도 묘사되지만, 이는 아마 당시 리더십의 지배적 형태에 맞추기 위해서인 듯하다. 그는 나이 들어가고, 그의 아들들은 부패하다고 기록된다. 그 결과 그 시기에는 "야훼의 말씀이 희귀"하다(삼상 3:1). 두번째 위기는 정치적 승계 문제와 관련된다. 먼저 사무엘상 2장 12~17절은 엘리의 두 아들이 명백하게 가치 없고 방탕하다고 말한다. 그들은 희생 제물을 더럽히고, 한 구절에 따르면 사당의 문에서 여자들과 동침한다. 야훼는 엘리 집안의 권력을 끊을 것이고, 그의 두 아들은 언젠가 죽을 것이고, 자신이 신실한 제사장을 세울 것이라고 말하지만, 그동안에는 분명한 지도자가 없다. 세번째는 군사적 위기이다. 사사기 4~7장에서 이스라엘 민족은 블레셋에게 패하고, 엘리의 아들들은 정말 죽임을 당하고, 야훼의 언약궤는 억류당하고, 이런 사건들의 소식은 엘리의 갑작스러운 죽음의 원인이 된다.

우리가 사무엘을 처음 만날 때, 그가 정말로 이스라엘 민족 앞에 놓인 위기에 대한 해답이 될지 궁금해진다. 3장은 야훼의 말씀이 사무엘을 통하여 이스라엘에게 왔다고 말한다(21절). 7장에서 사무엘은 사람들에게 아스다롯과 이방 신을 섬기는 것을 중단하고 야훼를 섬길 것을 훈계한다. 그렇게 하면 야훼가 그들을 구원할 것이다(3절). 이스라엘 사람들은 그렇게 하고, 사무엘은 그들을 이끌고 기도와 고백, 제사를 사용하여 미스바에서 블레셋을 상대로 승리를 거둔다. 야훼는 천둥을 치고, 블레셋 사람들은 도망한다. 이렇게 사무엘은 한 사람 안에 여러 가지 역할을 가지고 있다. 그는 제사를 드리고 제단까지 쌓는 제사장이고, 야훼의 말씀을 받아 왕에게 기름 붓는 선지자이고 또 예언자이며, 이스라엘을 군사적 승리로 이끌고 재판 관할 구역(주로 베냐민 지파에 한정된다)을 돌며 재판을 집행하는 사사이다. 그래도 사무엘은 시대가 요구하는 리더십을 이스라엘에게 제공할 수 없다. 블레셋의 위협이 다시 나타나고 사무엘의 아들들이 부패하기(삼상 8:3) 때문에, 승계의 위기도 남는다. 그래서 12지파의 대표들은 사무엘에게 와서 왕을 요구한다. 이렇게 사무엘은 신을 중심으로 하는 부족 연합의 이스라엘과 통합된 왕정의 이스라엘 사이의 전환기적 인물이 된다.

왕정

사무엘상에 있는 역사적 내력에는 상충되는 것과 반복되는 것이 많이 들어 있고, 이것이 상충되는 다양한 출처 자료들이 있음을 보여준다고 학자들은 생각한다. 예를 들어 사울을 왕으로 선택하는 것에 관해 세 가지 서로 다른 내용이 있고, 야훼가 사울을 거절한 것, 다윗이 사울을 섬기기 시작한 것, 다윗이 블레셋 지역으로 탈출한 것, 다윗이 사울의 생명을 살려준 것, 골리앗의 죽음 등에 관해서는 두 가지의 내용이 있다. 그러나 더 중요한 것은 왕정에 반대하는 자료의 존재이다. 일부 구절들은 분명히 왕정제를 반대하고 있고, 다른 구절들은 왕정제를 찬성한다(혹은 적어도 사울을 왕으로 선택해서 세우는 데 대해 중립적이다).

반왕정: 사무엘상 8장, 사무엘상 10장 17~27절, 사무엘상 12장

1~25절

친왕정: 사무엘상 9장 1절~10장 16절, 사무엘상 11장 1~15절

먼저 사무엘상 8장은 반왕정 시각의 전형적인 예를 보여준다. 사무엘은 처음에 자기의 권력을 빼앗는 것에 분노하면서 야훼가 그에게 말할 때까지 왕에 대한 생각에 반대한다.

여호와께서 사무엘에게 이르시되 백성이 네게 한 말을 다 들으라 이는 그들이 너를 버림이 아니요 나를 버려 자기들의 왕이 되지 못하게 함이니라……

그들의 말을 듣되 너는 그들에게 엄히 경고하고 그들을 다스릴 왕의 제도를 가르치라(삼상 8:7, 9)

사무엘은 그 경고를 11~18절에서 한다. 그는 왕들의 탐욕과 폭정을 경고하고, 그들의 호화로운 생활 방식과 관료 체계, 군대를 유지하기 위해 왕들이 백성에게 요구하게 될 의무와 희생에 대해 경고한다.

그날에 너희는 너희가 택한 왕으로 말미암아 부르짖되 그날에 여호와께서 너희에게 응답하지 아니하시리라(삼상 8:18)

그러나 사람들은 듣지 않고 의미심장하게 말한다.

백성이 사무엘의 말 듣기를 거절하여 이르되 아니로소이다 우리도 우리 왕이 있어야 하리니

우리도 다른 나라들같이 되어 우리의 왕이 우리를 다스리며 우리 앞에 나가서 우리의 싸움을 싸워야 할 것이니이다 하는지라(삼상 8:19~20)

사람들의 반응은 야훼와 그리고 다른 민족과 구별되는 이스라엘의 특수성을 노골적으로 협박하듯 거부하는 것처럼 보인다. 사무엘상 12장에서 사무엘은 자리에서 물러나며 "이제 왕이 너희 앞에 출입하느니라 보라 나는 늙어 머리가 희어졌고"라고(삼상 12:2) 말한다. 그는 훌륭한 왕에게 요구되는 것에 관해 간단히 말하고 야훼를 진심으로 섬겨야 한다고 경고하면서, 왕을 요구했던 것에 대해 사람들을 또다시 꾸짖는다.

이제 너희가 구한 왕, 너희가 택한 왕을 보라 여호와께서 너희 위에 왕을 세우셨느니라

너희가 만일 여호와를 경외하여 그를 섬기며 그의 목소리를 듣고 여호와의 명령을 거역하지 아니하며 또 너희와 너희를 다스리는 왕이 너희의 하나님 여호와를 따르면 좋겠지마는

너희가 만일 여호와의 목소리를 듣지 아니하고 여호와의 명령을 거역하면 여호와의 손이 너희의 조상들을 치신 것같이 너희를 치실 것이라

너희는 이제 가만히 서서 여호와께서 너희 목전에서 행하시는 이 큰 일을 보라

오늘은 밀 베는 때가 아니냐 내가 여호와께 아뢰리니 여호와께서 우레
와 비를 보내사 너희가 왕을 구한 일 곧 여호와의 목전에서 범한 죄악이
큼을 너희에게 밝히 알게 하시리라(삼상 12:13~17)

일부 학자들에 따르면, 이 글의 편집자들은 출처 자료에 있는 친왕
정 시각을 보존하는 동시에 본인들의 반왕정적 구절을 친왕정적 구절
의 틀 안에 집어넣었다. 그 결과 반왕정적인 구절들은 해석의 틀을 제
공하고, 이쪽이 사무엘에 더 지배적이다. 여기에 함축된 의미는, 당대
에는 이스라엘의 왕이 긍정적으로 평가되었으나 후대에는 왕정 제도
가 이스라엘의 재앙으로 여겨졌고 그러한 부정적인 평가가 왕정제의
기원을 설명하는 이 글에 신명기적 편집자에 의해 삽입되었다는 것이
다. 다른 학자들은 친왕정적 견해와 반왕정적 견해는 일시적인 것이고
또 똑같이 고대의 시각이라고 생각한다. 한 시각이 오래되었고 다른
것이 나중이었든, 아니면 둘 다 오래되거나 둘 다 나중이었든, 결국 이
것은 고대 이스라엘의 왕정에 관한 다양한 견해를 가지고 있는 복잡한
이야기이다. 그런 견해들은 범주를 정하기 힘들고, 그렇기 때문에 이
책이 복잡하고 정교하다는 느낌을 준다.

여기에는 왕정제 자체에 관한 이중적 평가뿐만 아니라 왕좌를 처
음 차지한 인물인 사울에 대해서도 이중적 평가가 들어 있다. 사무엘
상에는 사울을 왕으로 임명하는 이야기가 세 개 들어 있다. 9장은 사
울과 선지자 사무엘 사이의 사적인 이야기로, 사무엘이 사울에게 기름
을 부음으로써 그를 왕으로 세운다. 왕에게 기름 붓는 것은 고대 히타

이트 사람들 가운데서도 발견된다. 이스라엘에서 기름 부음은 야훼에 대한 헌신 또는 서원의 의식으로 왕이나 대제사장을 세울 때 거행된다. 10장에서는 사무엘이 주관하는 제비뽑기에서 사울의 임명이 결정된다. 11장에서는 사울이 암몬 사람들을 상대로 승리하면서 대중의 선택으로 왕에 임명된다.

사울은 상충되는 방식으로 제시된다. 한편으로 그는 키가 크고, 잘생기고, 카리스마가 있다고 표현되고 황홀경 예언을 한다. 사울은 암몬 사람들의 공격으로부터 자신의 지파인 베냐민 지파를 방어했고, 모든 지파가 전시 지도자로 그를 환영했다. 왕으로서 그는 초기에 몇몇 승리를 이끌어 블레셋 사람들을 그들의 진영에서 몰아내었다. 그는 그처럼 타고난 대중 지도자였기에, 처음에는 사울에게 분노했던 사무엘이 사울이 죽자 그를 위해 애도했다고 기록된다.

그런데 다윗이 이야기 속으로 들어오면서, 사울에 관해 더 부정적인 평가가 나타난다. 이러한 묘사는 사울와 그의 승계자들로부터 왕좌를 빼앗게 될 다윗의 집에 충성하는 사람들로부터 왔을 것이다. 아니면 편집자는 사울의 실패와 자살을 그가 가지고 있는 치명적인 결함으로 인식했을 수 있다. 어쨌든 그의 황홀경 예언은 이제 미친 행동인 비합리적 발작으로 제시된다. 한때는 야훼의 영이 그에게 내려왔지만, 이제 사울은 야훼가 보낸 악령에 사로잡히고, 그 악령이 갑자기 그를 엄습하여 자신의 집에서 헛소리를 하게 했다고 기록된다(삼상 16:14). 다른 곳에서 그는 사무엘의 명령을 말 그대로 순종하지 않는 잘못을 저지르고, 그것으로 사무엘의 지지와 결국 야훼의 지지를 잃는다. 불순종에 관해서는 두 가지 사건이 이야기된다. 13장에서 사울은 이스라엘 사람들의 사기가 떨어진 것을 보고 사무엘이 도착하기를 기다리지 않고 제사를 집행한다. 이렇게 제사장 역할을 하는 행위가 사무엘을 분노케 하고, 후대의 왕들은 제사를 드려도 처벌받지 않게 되었으나 사무엘은 야훼가 이스라엘에 사울의 왕조를 세우지 않을 것이라고 예언한다(삼상 13:13). 15장에서 사울은 사무엘의 명령에 반하여 적의 왕 아각의 목숨을 살려주는데, 그것은 다른 말로 헤렘 명령, 즉 적과의 전쟁에서 얻은 전리품을 완전히 파괴해야 한다는 명령을 위반하는 것이다. 사무엘은 사울을 왕으로 삼은 데 대한 야훼의 후회를 다시 한번 알린다.

> 사무엘이 그에게 이르되 여호와께서 오늘 이스라엘 나라를 왕에게서 떼어 왕보다 나은 왕의 이웃에게 주셨나이다(15:28)

지지가 약화되자 사울은 우울증과 피해망상에 빠져든다. 삶이 끝날 무렵 그는 다윗과 다윗이 자신과 자기 왕실에 가하는 위협에 점점 더 집착한다. 사울은 그의 아들 요나단이 다윗과 깊은 우정을 나누고 있는 데 분노하고, 질투의 분노로 다윗을 죽이려고 시도하거나 다윗과 그의 지지자들을 죽이라고 사주한다. 이러한 장면에 있는 글들은 다윗을 결백한 피해자로 묘사한다. 즉 사울에 대한 충성과 지지를 주장하고 사울을 죽일 수 있는 기회를 두 번 포기하면서 "내가 손을 들어 여호와의 기름 부음을 받은 내 주를 치는 것은 여호와께서 금하시는 것"

이라고 선언한다(삼상 24:6, 26:10~12). 사울을 결백하고 충성스러운 다윗에 집착하여 헛소리와 피해망상에 사로잡힌 사람으로서 묘사하는 것은 다윗의 집을 옹호하는 후대 사람들의 작업인 것으로 보인다.

그렇다고 사울을 긍정적인 인물로 보는 관점이 구약성경의 기록자에 의해 완전히 제거된 것은 아니다. 사울의 자살과 요나단의 죽음(기원전 1000년경)을 알게 된 다윗이 부르는 사울 애가는 사울의 엄청난 대중성을 반영하는 것일 수 있다. 다윗은 사울을 기념하기 위해 유대 족속에게 '활의 노래'를 가르치라고 명한다.

> 이스라엘아 네 영광이 산 위에서 죽임을 당하였도다 오호라 두 용사가 엎드러졌도다……
>
> 사울과 요나단이 생전에 사랑스럽고 아름다운 자이러니 죽을 때에도 서로 떠나지 아니하였도다 그들은 독수리보다 빠르고 사자보다 강하였도다
>
> 이스라엘 딸들아 사울을 슬퍼하여 울지어다 그가 붉은 옷으로 너희에게 화려하게 입혔고 금 노리개를 너희 옷에 채웠도다
>
> 오호라 두 용사가 전쟁 중에 엎드러졌도다 요나단이 네 산 위에서 죽임을 당하였도다
>
> 내 형 요나단이여 내가 그대를 애통함은 그대는 내게 심히 아름다움이라 그대가 나를 사랑함이 기이하여 여인의 사랑보다 더하였도다
>
> 오호라 두 용사가 엎드러졌으며 싸우는 무기가 망하였도다……(삼하 1:19, 23~27)

물론 사울을 이런 방식으로 비통해하는 다윗을 그리는 것은 어떤 해명의 기능을 수행한다. 다윗은 사울의 죽음에 대해 어떠한 책임도 없고 바람조차 없었음을 보여주는 것이다.

사무엘상 16장~사무엘하 5장은 다윗의 이야기의 첫번째 부분으로, 직접적인 말과 대화가 많은 역사 소설의 느낌을 준다. 대부분의 학자들은 다윗이 실존 인물이라고 생각한다. '다윗의 집'을 언급하는 최근에 발견된 기원전 9세기 시리아의 명문이나, 유대의 지배 가문이 400년 동안 '다윗의 집'으로 언급되었다는 사실이 이러한 생각을 뒷받침한다. 그렇지만 구약성경의 자세한 내용을 확인할 수 있는 길은 없다.

놀랍게도 다윗은 아주 인간적인 인물로, 신성하지도 않고 도덕적으로 특별히 훌륭하지도 않은 인물로 제시된다. 다윗 이야기의 첫 부분은 다윗에게 동정적이고 호의적이지만 전적으로 아첨하거나 아부하지는 않는다. 어떤 면에서 그것은 다윗을 변호하는 기능을 하는 동시에 미묘하게 비판적이기도 한다. 다윗은 분명 영웅이지만, 행간을 읽으면 그는 기회주의자이고, 무법자이고, 비도덕적으로 행동하는 블레셋 용병이다. 요컨대 왕의 자리에 오르는 다윗에 관한 구약성경의 이야기는 단순한 왕실 선전이 아니다. 사무엘하의 많은 부분을 차지하는 다윗의 통치 이야기는 훨씬 덜 아첨하는 말로 표현되고 있다.

다윗을 알 수 있는 여러 이야기들이 있다. 첫째는 사울이 살아 있을 때 사무엘이 유다(즉, 남부 지방) 왕으로 다윗에게 비밀리에 기름 붓는 이야기다. 그는 자기 아버지의 가장 어린 아들이기 때문에, 이 기름 부음은 성경에 자주 보이는 장자 상속제의 또다른 뒤바꿈이고 가장 낮은 사람의 신분 상승이다. 두번째 이야기에서는 다윗이 괴로워하는 사울을 위해 소환되어 음악을 연주한다. 세번째 내용에서 다윗은 전설적인 골리앗을 쓰러뜨리는 몸무게 45킬로그램의 전형적인 약골로 소개된다.

사울의 죽음 이후 다윗은 헤브론에서 자기의 지파인 유다를 다스리는 왕으로 기름 부음을 받는다. 이어 그는 북부 지방에서 왕권을 차지하는 데 위협이 될 수 있는 사울의 집 사람들과 그의 측근들을 자기 편으로 끌어들이거나 살해한다. 결국 북부 지파들이 다윗을 왕으로 선택하고, 최종적으로 유다와 이스라엘의 통합된 왕권이 확립된다(삼하 5:1~4). 자신의 통치가 확립되고 뒤이어 국가가 통합되자, 다윗은 예루살렘을 차지하고 이스라엘 주변의 민족들에 대해 공격을 시작한다. 사무엘하 8장 6절과 14절에 따르면 야훼는 그에게 승리를 안겨주고, 다윗은 광야에서 바다에 이르는 강력한 제국의 지배자로 묘사된다. 그러나 이스라엘이 이 무렵에 실제로 그와 같은 넓은 지역에 걸쳐 지속적인 지배력을 확립했다는 주장에 대한 성경 외적인 증거는 거의 없다. 다윗이 이 지역의 권력 공백을 이용하여 독립 국가를 수립하고 짧은 기간 동안―블레셋의 위협을 끝내고 아마 암몬, 모압, 에돔으로부터 조공을 징수하면서―그 주변 지역을 지배했을 가능성은 있다.

다윗의 언약

사무엘하 7장 8~16절에서 선지자 나단은 다윗에게 주는 야훼의 언약의 약속을 전달한다. 이것이 다윗의 왕국은 영원할 것이라는 수백 년 동안 이어진 믿음에 근거가 된 언약이다.

만군의 여호와께서 이와 같이 말씀하시기를 내가 너를 목장 곧 양을 따르는 데에서 데려다가 내 백성 이스라엘의 주권자로 삼고

네가 가는 모든 곳에서 내가 너와 함께 있어 네 모든 원수를 네 앞에서 멸하였은즉 땅에서 위대한 자들의 이름같이 네 이름을 위대하게 만들어 주리라

내가 또 내 백성 이스라엘을 위하여 한 곳을 정하여 그를 심고 그를 거주하게 하고 다시 옮기지 못하게 하며 악한 종류로 전과 같이 그들을 해하지 못하게 하여

전에 내가 사사에게 명령하여 내 백성 이스라엘을 다스리던 때와 같지 아니하게 하고 너를 모든 원수에게서 벗어나 편히 쉬게 하리라 여호와가 또 네게 이르노니 여호와가 너를 위하여 집을 짓고

네 수한이 차서 네 조상들과 함께 누울 때에 내가 네 몸에서 날 네 씨를 네 뒤에 세워 그의 나라를 견고하게 하리라

그는 내 이름을 위하여 집을 건축할 것이요 나는 그의 나라 왕위를 영원히 견고하게 하리라

나는 그에게 아버지가 되고 그는 내게 아들이 되리니 그가 만일 죄를 범하면 내가 사람의 매와 인생의 채찍으로 징계하려니와

내가 네 앞에서 물러나게 한 사울에게서 내 은총을 빼앗은 것처럼 그에게서 빼앗지는 아니하리라

네 집과 네 나라가 내 앞에서 영원히 보전되고 네 왕위가 영원히 견고하

리라

이렇게 야훼와 다윗의 집 사이에 영원하고 무조건적인 언약(구약 성경의 네번째 언약)이 맺어졌다. 야훼는 다윗과 그의 후손들로부터 이 왕국을 사울로부터 빼앗은 것처럼 빼앗지 않을 것이라고 언약에서 약속한다. 그러나 그는 죄에 대한 처벌의 가능성은 배제하지 않는다. 나아가 다윗을 자신의 아들이라고 말함으로써 다루기 힘든 자식을 훈계하는 아버지의 권리를 주장한다. 마이클 쿠건은 다윗의 여호와의 아들 됨은 획기적인 일로, 이스라엘 민족 전체가 야훼의 장자라는 과거의 이해를 대체하려는 의도적인 시도라고 지적한다.[2] 야훼의 아들로서 이제 다윗은 신과 이스라엘 민족 전체 사이에 서게 되었다. 쿠건은 이전의 전통으로부터 달라진 새로운 왕 개념의 두 가지 또다른 특색을 지적한다. (1) 계시의 장소로 민족의 산(시내산)보다 왕의 산(성전의 고향이고 솔로몬 시대부터 궁궐의 복합 단지가 되는 시온산)에 초점을 맞춘다. (2) 이스라엘 민족의 조건부적 언약보다 야훼와 왕의 영원한 언약에 초점을 맞춘다. 이러한 왕 개념은 출애굽, 시내, 모세 등 신명기적 이야기의 주요 주제를 무시하는 경향이 있어 일각의 저항에 부딪힌다. 이 문제는 이 책 14장에서 논의할 것이다.

다윗 왕조와 함께 암시적으로 예루살렘도 보존하겠다고 한 야훼의 맹세는 결국 이 신성한 도시의 불패에 대한 대중적인 믿음을 낳았다. 또한 이스라엘의 궁극적인 구원이 다윗 및 그의 왕조와 불가분의 관계가 되었다. 다윗은 후대의 구약성경 및 구약성경 이후 전승에서 이상화되어 모범적인 왕이 되었다. 다윗 왕조라는 약속은 기원전 586년 유다가 바벨론에 함락되는 때에도 사라지지 않았다. 멸망에 이어 이스라엘 민족은 미래에 다윗 혈통이 회복되고 다윗 같은 왕 또는 메시아가 출현하기를 기대했다. 히브리어로 메시아는 '기름 부음을 받은 자'를 뜻한다. 머리에 기름을 부어 바르는 행위를 통해 왕이 직무를 시작했던 것을 가리키는 말이다. 이스라엘의 모든 왕과 대제사장과 마찬가지로 다윗 왕은 야훼의 메시아, 즉 기름 부음 받은 왕이었다. 또한 유배 시대에 이스라엘 민족은 또다른 메시아를 원하게 된다. 그는 야훼에게 지명받은 다윗의 집의 또다른 기름 부음 받은 왕이고, 다윗이 했던 것처럼 그들을 적에게서 구원하고 그들의 땅에서 평화롭게 살아가는 국가를 그들에게 세워줄 왕이다. 이와 같이 메시아를 바라는 유대인들의 기대는 언제나 정치적이고 국가적인 바람으로, 자신들의 땅에서 다윗과 같은 왕의 지배를 통해 민족이 회복되는 것과 관련되어 있었다.

왕은 야훼의 선지자를 통해 계시되는 야훼의 뜻에 지배받았다는 점에서 이스라엘 왕이 선지자에 의존하는 관계는 결코 변하지 않았다. 15장에서 보겠지만, 이스라엘 왕이 선지자에 의존하는 것은 선지자가 야훼의 법을 위반한 왕들을 반대하고 비난하는 놀라운 모습을 통해 극적으로 예시된다. 사무엘 대 사울, 나단 대 다윗 등이 그러한 대립이다.

다윗

히브리 성경에서 다윗은 중요성과 글의 양이라는 측면에서 진정 모세 다음의 지위를 차지한다. 다윗의 눈에 띄는 특징은 세 가지이다. 첫째, 그는 음악과 시에 능숙한 것으로 묘사된다. 후대의 전승(암 6:5, 대하 7:6)은 그가 악기를 발명하고 시편을 쓴 것으로 말한다. 둘째, 다윗은 훌륭한 군사적·전술적 역량과 확신을 가진 것으로 여겨진다. 그는 군대를 이스라엘을 위하여 사용할 뿐 아니라, 마키아벨리식의 계산적인 방식으로 이스라엘 내부의 반대 세력에 대해서도 사용한다. 셋째, 다윗은 이스라엘, 다윗, 그리고 다윗의 혈통이 이스라엘 전체를 다스리는 것이 야훼의 선택이라는 영원한 상징을 만들어낸 빈틈없는 정치가로 묘사된다. 그는 이스라엘 지파와 아무 연관이 없는 국경 마을인 여부스를 점령한 뒤 그것을 다윗의 도시로 건설하고(삼하 5:6~9) 왕궁을 건축함으로써(삼하 5:11~12) 왕의 수도라는 개념을 고안한 것으로 여겨진다. 예루살렘으로 개명된 이 도시는 결국 야훼가 자신의 이름을 두는 장소인 선택받은 도시가 되고 이스라엘 왕국과 다윗 왕조의 상징이 된다. 다윗은 언약궤를 예루살렘으로 옮김으로써(삼하 6:1~19) 이 도시를 고대의 시내 언약 돌판의 근거지로 삼았는데, 이는 그의 왕조가 언약의 축복을 물려받았고 선조들의 약속을 성취했음을 함축적으로 의미했다. 다윗은 언약궤가 보관될 장소가 되고 또 모든 이스라엘 사람들이 제사를 드릴 웅장한 성전을 계획했다고 기록된다. 그러나 이 성전의 건축은 그의 아들 솔로몬에게 남겨지게 된다(대상 22장).[3] 그렇다 하더라도 구약성경의 설명에 따르면, 선택받은 왕조와 선택받은 도시, (미래의) 선택받은 성전을 이스라엘의 영원하고 뗄 수 없는 상징들로 만든 사람은 다윗이었다. 다윗과 함께 영원히 신성한 도시 예루살렘의 역사가 시작된다.

사무엘하 9~20장과 열왕기상 1~2장에는 다윗의 '궁정 역사' 혹은 '승계 이야기'라고 불리는 광범위한 역사 드라마가 들어 있다. 이 이야기 속의 뜨거운 질문은 누가 다윗을 승계할 것인가이다. 그의 아들들은 하나씩 죽임을 당하거나 쫓겨나고, 최종적으로 솔로몬이 선택된다. 음모와 열정의 이 복잡한 드라마에는 중요한 인물들의 모습과 중요하지 않은 인물들의 모습이 풍성하게 들어 있다. 그것은 또 다윗의 특이한 모습도 보여준다. 그는 약하고 우유부단하며, 고대 근동의 왕에게 가장 중요한, 전투에 나가 싸우는 역할을 전혀 하지 않는 반영웅이다. 그는 결혼한 여자 밧세바와 은밀한 관계를 시작하고, 불륜을 은폐하려고 그의 남편이 전투에서 반드시 죽도록 조치한다. 이 살인과 간음의 두 가지 행위에 대해 선지자 나단이 다윗을 질책하고, 야훼는 다윗의 한 아들의 죽음과 다윗 자신의 가족 내 재앙과 반역으로 징계한다(삼하 12:11, 14). 특히 다윗의 아들 암논은 그의 이복 여동생 다말을 강간하고, 그의 형 압살롬은 주체할 수 없는 적개심으로 암논을 죽인다. 주변 사람들에 대한 다윗의 통제력이 약화되고, 승계 문제에 관한 그의 우유부단한 태도는 더 많은 원한과 갈등, 반란을 부채질한다. 압살롬은 아버지에 대항하여 반란을 일으키고, 다윗은 압살롬의 군대로부터 도망가야만 하는 처지가 된다. 그는 왕관을 빼앗기고 수모를 당한다. 그러나 압살롬이 죽임 당하자 걷잡을 수 없이 슬피 울고, 힘을 다해 싸워 자신을 지켜준 지지자들에게 분노한다. 이야기의 끝에 이르러 다윗은 무기력해지고 망령이 든다. 선지자 나단과 밧세바는 그의 아들 솔로몬이 다윗을 승계하도록 계획을 꾸민다. 그러나 이 이야기 내내 보이는 북부 지파들의 적대감(삼하 20:1~2 참조)은 미래의 분열을 경고하는 징후이다.

궁정 역사는 천재적인 산문가에 의해 쓰였다고 전해진다. 여기엔 풍성하게 그려진 많은 등장인물이 들어 있다. 그들은 용기의 장면, 영광의 장면, 권력 투쟁의 장면, 욕망의 장면, 범죄의 장면, 동정심의 장면을 연기한다. 이 글은 사실주의적이다. 심리적인 통찰과 타협하지 않는 솔직함이 현대의 그 어떤 작가가 쓴 역사 이야기의 작품을 훨씬 뛰어넘는다. 다윗은 매우 인간적으로 묘사된다. 다른 고대 근동 왕조의 역사와 이런 이야기들을 좋게 편집하여 다시 전달하고 있는 역대기에서 발견되는 아첨과 눈가림이 여기엔 없다. 또한 민족 영웅 다윗의 결점과 약점을 거의 숨기지 않기 때문에, 독자들이 그의 성격을 평가하기가 복잡해진다. 나아가 제임스 쿠겔이 최근 주장했듯이 다윗이 권력을 장악하는 방식이나 반대 세력을 다루는 방식을 자세히 살피면, 권력을 잡겠다고 작심한 무자비하고 야심 찬 게릴라 같은 모습을 보여 주지만, 야훼와 그의 기름 부음을 받은 왕 사울의 신실한 종을 자처하는 모습도 보여준다.[4] 다윗의 성격을 그렇게 묘사하는 증거는 다음과 같다.

다윗은 아무도 모르게 사울을 죽일 수 있는 두 번의 기회가 있지만, 자신이 사울의 종임을 선언하며 야훼의 기름 부은 자를 해치는 것을 경건한 마음으로 거부한다(삼상 24:5와 26:10~12). 그렇지만 사무엘상 27장~28장 2절에서는 600명의 사람을 데리고 블레셋으로 망명한다. 이는 표면상으로는 사울의 추격을 멈추기 위해서인데, 이 움직임으로 그는 많은 것을 얻는다. 블레셋 사람들은 그에게 시글락이라는 성읍을 주고, 다윗은 블레셋의 용병이 되어 많은 습격과 전투를 감행한다(삼하 27장). 심지어 이스라엘을 상대로 블레셋 사람들에게 충성을 맹세한다(삼상 28:1~2). 그런데 기록자는 사울과 그의 아들 요나단이 죽게 되는(삼상 31장) 블레셋의 길보아산 공격에서(삼상 29:1~11) 다윗이 (어쩔 수 없이) 제외되었다는 사실을 애써 지적한다. 따라서 블레셋으로 망명했음에도 다윗은 야훼가 기름 부은 왕의 죽음과 관련하여 어떠한 범죄도 없게 된다. 게다가 이 전쟁이 벌어지는 동안 다윗의 성읍 시글락이 아말렉 사람들에게 공격받고, 다윗은 그들을 추격하여 궤멸시킨 다음 전리품을 유다 곳곳에 있는 몇몇 성읍의 장로들과 나눈다(삼상 30:26~31), 이는 권력에 도전하려는 속셈에서 그들의 환심을 사려는 계산된 행동이다. 그의 계산은 효과가 있었는데, 사울의 죽음 후에 유다 사람들이 다윗을 왕으로 선택하기 때문이다(삼하 2:4). 다윗이 (어떤 식으로 부정하더라도) 사울의 죽음을 바랐다는 사실은 확실히 비밀이 아니었고, 이는 다윗이 기뻐할 것이고 자기는 보상받을 것이라고 가정하고 사울을 죽였다고 자랑하는 한 아말렉 사람의 이야기로 증명된다(삼하 1:9~10). 그런데 다윗은 겉으로 야훼의 종 사울에 대한 신실한 충성을 유지하면서, 야훼의 기름 부음 받은 사람을 상대로 감히 손을 든 그 아말렉 사람을 즉시 처형한다(삼하 1:14~15). 같은 방식으로 다윗은 사울을 잃은 것에 대해 공개적으로 슬퍼하고, 이스라엘 민족에게 그를 기념하여 '활의 노래'를 암송할 것을 명령하고(삼하 1:17), 사울을 매장한 사람들을 칭찬한다(삼하 2:5~7).

그러나 이스라엘의 많은 사람들은 여전히 사울의 집에 충성을 바치고 있다. 예를 들어, 사무엘하 2장 9절에서 사울의 군사령관 아브넬은 사울의 아들 이스보셋을 베냐민과 이스라엘 다른 지역(유다는 제외)의 왕으로 세우면서 사울의 집과 다윗의 집 사이에 전쟁이 일어난다(삼하 3:1, 6). 아브넬과 이스보셋 사이에 불화가 생기자(삼하 3:5~7) 아브넬은 다윗에게 충성을 맹세하고 이스라엘과 유다에 다윗의 왕좌를 세우겠다고 말한다. 그러나 다윗의 장군 요압이 아브넬의 이중성을 의심하고 그를 죽이는데(삼하 3:22~27), 이는 아브넬이 요압의 동생 아사헬을 죽인 데 대한 개인적인 복수였다. 이렇게 해서 다윗의 야망에 대한 또다른 강력한 위협이 제거될 때, 사무엘하 3장 28~39절은 그의 개인적인 결백을 아주 길게 강조하면서 다윗에게 아무런 의혹을 제기하지 않는다.

> 넬의 아들 아브넬의 피에 대하여 나와 내 나라는 여호와 앞에 영원히 무죄하니
> 그 죄가 요압의 머리와 그의 아버지의 온 집으로 돌아갈지어다(삼하 3:28~29)

다윗은 모든 사람에게 애도할 것을 명령한다. 또한 아브넬의 무덤에서 큰 소리로 울며 위로받기를 거절하면서 슬픔을 공개적으로 크게 보여준다. 그렇게 하여 "온 백성과 온 이스라엘이 넬의 아들 아브넬을 죽인 것이 왕이 한 것이 아닌 줄을 아니라"(삼하 3:37).

사울의 왕권을 이을 만한 잠재적 승계자들이 제거되는 과정은 사무엘하 3장부터 계속되는 두드러진 주제이다. 사울의 딸인 다윗의 전처 미갈은 그를 증오하여 다른 남자와 결혼했지만, 다윗은 아브넬이 죽기에 앞서 미갈을 돌려줄 것을 요구한다(삼하 3:14~16). 이는 사울의 집에 또다른 승계자가 태어나는 것을 막으려는 계산된 행동이었을 가능성이 크다. 사무엘하 4장에서 이스보셋의 두 명의 군 지휘관 바아나와 레갑은 사울의 아들 이스보셋을 죽이고(4:5~6) 그의 머리를 다윗에게 가져가 사울과 그의 자손에게 다윗의 원수를 갚았다고 말한다. 이번에도 악행을 저지른 이들은 자신들이 다윗이 기뻐할 행동을 했다고 믿고, 이번에도 다윗의 공개적인 반응은 분노하는 것이다(4:9~12). 그는 이스보셋의 피에 대해 복수할 것을 약속하고, 실제로 두 암살자를 죽이라고 명령한다.

사무엘하 5장에서 북부 지파들이 다윗에게 그들의 왕이 되어달라고 요청하자(5:1~3) 다윗은 요청을 받아들이고 40년 넘게 그들을 통치한다(삼하 5:4). 사무엘하 9장에서 다윗은 요나단의 다리 저는 아들인 므비보셋의 마음을 영리한 방법으로 얻어, 그쪽에서 올 수 있는 위협을 무력화한다. 사울의 승계자들과 지지자들을 서서히 제거하는 일에서 스스로 거리를 두려는 다윗의 세심한 노력에도 불구하고, 일부 사람들은 결백함에 대한 그의 항변을 꿰뚫어본다. 다윗의 아들 압살롬이 그에 대항하여 반란을 일으킬 때, 게라의 아들 시므이라는 사울의 친족은 왕에게 돌과 흙을 던지며 분명 많은 사람들이 공감했을 감정을 표출한다.

피를 흘린 자여 사악한 자여 가거라 가거라

사울의 족속의 모든 피를 여호와께서 네게로 돌리셨도다 그를 이어서 네가 왕이 되었으나 여호와께서 나라를 네 아들 압살롬의 손에 넘기셨도다 보라 너는 피를 흘린 자이므로 화를 자초하였느니라(삼하 16:7~8)

신명기적 역사가들이 게라의 아들 시므이의 적나라하고 모욕적인 비난을 포함시킬 뿐 아니라 이 혐의를 어디에서도 부인하지 않는 것은 정말 놀라운 일이다. 또한 여러 사건들에 관해 전하는 시므이의 이야기는 다윗의 무자비한 권력 장악을 부정적으로 평가하기가 얼마나 쉬운지 보여준다.

마지막으로 사무엘하 21장 1~9절에서 사울의 남은 아들들은 므비보셋을 제외하고 모두 죽임을 당한다. 그리고 또다시 다윗의 결백함을 보호하려는 조치들이 취해진다. 이 살인의 구실은 3년간의 기근을 끝내야 하는 필요성이다. 다윗은 야훼에게 간구한 후에 그 기근이 "사울과 피를 흘린 그의 집으로 말미암음이니 그가 기브온 사람을 죽였음이니라"(삼하 21:1)라고 듣는다. 그렇다면 남아 있는 사울의 승계자 일곱 명을 기브온 사람들에게 넘겨주어 산 위에서 야훼 앞에 칼로 죽이는 것(삼하 21:7~9) 외에 다윗이 무엇을 할 수 있을까?

모든 적수가 제거된 상태에서, 승계 문제는 솔로몬을 선택하는 것으로 해결된다. 다윗이 임종할 때 솔로몬에게 하는 충고는 권모술수에 능한 그의 책략을 보여준다(왕상 2:1~12). 그는 (아마도 군대 지휘관들이 권력을 장악하려 들 수 있으니) 솔로몬에게 요압을 죽이고, 게라의 아들 시므이도 죽이라고 말한다.

이 복잡하고 정교한 이야기에는 왕권에 대한 비평, 또는 가장 초기에 왕좌를 차지하고 가장 널리 이름을 떨친 왕들 중 한 사람에 대한 비평이 내포되어 있다. 아무래도 신명기적 역사가는 다윗과 솔로몬과 남북 왕국의 모든 왕이 결코 신과 같지 않은 너무도 인간적인 존재이기에 죄와 오류를 범할 수밖에 없다고 강조하고 싶어하는 것 같다. 이러한 주장은 앞으로 야훼의 이스라엘 징벌의 책임이 이스라엘의 왕들에게 있다는 신명기적 주장을 확립하는 데 중요해진다.

14
유다 왕국과 이스라엘 왕국

읽기: 사무엘하 8장~열왕기상 3장, 10~12장, 17~25장

열왕기상과 열왕기하

열왕기 상하는 다윗 왕의 죽음 이후부터 기원전 586년 유다의 멸
망과 바벨론 유배까지의 이스라엘 역사를 담고 있다. 이 책들은 그 이
전의 자료에 바탕을 두고 있는 것으로 보인다. 그중 확실히 알 수 있
는 자료로는 나중에 소실된 "솔로몬의 실록"(왕상 11:41)과 "이스라엘
왕 역대지략"(예컨대 왕상 14:19 참조), "유다 왕 역대지략"(예컨대 왕
상 14:29 참조)이 있다. 이집트와 메소포타미아에서 역대기 또는 연대
기는 항상 왕실에서 보유했다. 이스라엘과 유다도 그러한 기록을 보유
했을 가능성이 매우 높다. 이러한 역대기들은 일반적으로 서술이 거의
없는 사건들의 목록으로, 열왕기상의 첫 열여섯 장이 바로 그런 형태
의 자료를 포함하고 있다. 열왕기상 17~22장과 열왕기하 1~9장은 왕

들의 통치에 관한 역대기적 보고에서 벗어나 대개 선지자들이 등장하는 좀더 발전된 형태의 이야기들이 전개된다. 이중 일부, 특히 선지자 엘리야와 엘리사에 관한 내용은 개별적으로 회람되었던 이야기로 짐작된다. 신명기적 역사가들은 이러한 자료들을 그들의 종교적인 시각에 맞추어 그들만의 틀 속에 넣었다.

열왕기상 2장 12절은 "솔로몬이 그의 아버지 다윗의 왕위에 앉으니 그의 나라가 심히 견고하니라"라고 쓴다. 솔로몬이 왕위에 오르면서 사무엘상 시작 부분에 나온 이스라엘의 세 가지 위기가 해결된 것으로 보인다. 먼저 승계의 위기는 다윗의 아들 솔로몬이 왕권을 승계한 후 기원전 586년에 멸망할 때까지 유다의 모든 왕이 다윗의 집에서 나오는 것으로 해결된다. 군사적 위기는 군사적·외교적 성공으로 해결되어 이스라엘은 비교적 안전해진다. 마지막으로 종교적 위기가 해결된다. 언약궤가 블레셋에서 돌아와 예루살렘에 안치되고, 모든 이스라엘 사람들이 중앙에서 제사를 드릴 수 있도록 장엄한 성전이 계획된다.

그런데 이러한 위기 해소가 이스라엘 사회에 근본적인 변화를 가져왔다. 언약으로 느슨하게 묶인 부족 연합으로부터 야훼와 특별한 언약을 맺었다고 알려진 왕이 이끄는 강력한 중앙 정부 국가가 출현한다. 필요할 때마다 일시적으로 나타나는 카리스마가 있는 지도자가 아니라, 유일한 왕조의 혈통에서 나온 제대로 된 왕들이 계속해서 통치한다. 구약성경에는 과거의 언약적 연합 개념과 새로운 왕정 개념 사이의 눈에 띄는 갈등이 보존되어 있다. 이 새로운 왕 개념에는 야훼에 대한 충성과 왕좌에 대한 충성이 결합되어 있기 때문에, 야훼의 기름 부음 받은 왕에 대한 반역이나 반란은 배교, 즉 야훼에 대한 반란으로 인식될 수 있었다.

존 레벤슨은 언약의 신학과 왕의 개념 사이의 깊은 갈등을 지적한다.[1] 언약의 신학에서는 오직 야훼만이 왕이다. 야훼는 이스라엘 민족과 직접적인 주종 관계를 맺고 있다. 언약의 신학은 왕정에 대한 부정적인 관점을 내포하고 있다(사사기와 사무엘이 이를 입증한다). 최선의 경우 왕정은 불필요한 것이고, 최악의 경우 그것은 야훼를 거부하는 것이다. 이러한 비평에도 불구하고 이스라엘에 왕정이 수립되었고, 레벤슨은 이 제도를 뒷받침하기 위해 개발된 왕 개념을 이스라엘 종교 구조에 나타난 중요한 변화로 생각한다. 시내산 언약이 야훼와 이스라엘 민족 사이에 맺어졌던 것에 비하면, 다윗의 언약은 야훼와 단 한 사람인 왕 사이에 맺어졌다. 모세 바인펠트는 다윗의 언약을 '하사의 언약'이라고 부르는데,[2] 이는 왕을 섬기는 보상으로, 또 왕을 위한 일에 대한 보상으로 하사되던 고대 근동 지방의 언약의 한 형태이다. 이는 시내산 언약과 분명히 다르다. 이스라엘이 시내에서 야훼와 맺은 언약은 야훼의 토라를 준수한다는 전제하의 조건적 언약이었다면, 다윗과 그의 왕조, 그리고 암시적이지만 시온산 위에 있는 다윗성과 그 성전에 대한 언약은 약속의 성격을 띠고 있기 때문에, 어떤 상황이 와도 유지된다. 이러한 왕 개념 때문에 일부 사람들은 다윗의 집과 그의 성, 그 신성한 산의 불가침성을 믿게 되었는데, 우리는 뒤에서 이 생각을 다룰 것이다.

학자들은 구약성경에 나타나는 이 두 종류의 전승—하나는 시내산에서 맺어진 모세의 조건적 언약을 강조하는 언약의 신학, 다른 하나는 시온산에 집중하는 다윗의 무조건적 언약에 중점을 두는 왕의 개념—사이의 관계를 설명하기 위해 다양한 방법을 찾았다. 그 하나는 연대기적 설명이다. 과거의 전승은 시내를 강조하고, 나중의 것은 시온을 강조한다. 또다른 방법은 지리적 설명이다. 다윗 혈통의 통치자를 거부한 북왕국은 다윗을 지향하는 시온을 덜 강조하고 시내를 강조했다. 반면 멸망할 때까지 다윗의 집에서 나온 왕들이 통치한 남왕국은 시온과 그에 따르는 왕 개념을 강조했다. 그러나 레벤슨은 시내산 전승과 시온산 전승 모두가 앞선 문헌과 나중의 문헌에서 발견되고 북부 자료와 남부 자료에서 발견되기 때문에, 연대기적 방법과 지리적 방법을 인정하지 않는다.[3] 두 전승은 분명히 공존했고 나중에는 결국 조화를 이루었다. 시온은 시내의 유산 중 많은 것을 취하여, 신이 출현하는 장소가 되고, 언약을 갱신하는 장소가 되고, 토라가 내려지는 장소가 된다. 그렇지만 다윗의 집이 가진 자격은 결국 토라의 준수 여부에 달렸기 때문에, 후대의 전승은 시내산의 언약을 더 중요하게 여기는 것으로 보인다. 왕은 시내산 언약의 조건에서 면제되지 않고, 비록 폐위까지 당하는 일은 없지만 언약을 위반한다면 벌을 받을 수 있는 것이다.

다윗의 아들 솔로몬(기원전 961~922년경 통치)에 대한 신명기적 역사가의 평가는 엇갈린다. 그는 음모를 통해 왕위에 오른다. 그에겐 신의 선택이나 동의를 받는 장면이 없다. 그렇지만 구약성경은 솔로몬이 황금기를 통치했다고 묘사한다(대부분의 학자들은 이런 주장이 매우 과장되었다고 생각한다). 그의 왕국은 이스라엘의 경계를 넘어 유프라테스부터 이집트의 강까지 펼쳐져 있다고 쓰여 있다(왕상 8:65, 5:4). 그는 이 지역 곳곳에서 정치적·경제적 동맹을 여럿 맺었고, (바로의 딸, 두로 왕의 딸 등과의) 결혼을 통해 그것을 보장했다. 구약성경에 따르면, 솔로몬은 강력한 군사 기지를 구축하고, 예루살렘 성벽을 건설하고, 하솔, 므깃도, 게셀 같은 성읍을 자신의 전문적인 군대를 위한 기지로 요새화했다. 군대에는 값비싼 전차 부대가 있었다.

구약성경에 따르면, 솔로몬의 성취는 산업과 무역의 영역으로도 확장되었다. 그는 이스라엘의 입지를 이용하여 이집트와 아라비아에서 시리아에 이르는 중요한 남북 무역로를 장악했고, 대외 무역은 이스라엘에게 커다란 부의 원천이 되었다. 화려한 궁정을 유지하는 데 필요한 대량의 일상 소모품이 열왕기상 4~5장에 자세하게 기록되어 있다. 솔로몬은 두로의 왕 히람이 다스리는 페니키아 사람들과 함께 남부에서 많은 상선을 건조했다. 또 홍해를 통과하는 무역로를 개척하여 아라비아로부터, 그리고 아마 아프리카 해안으로부터도 이국적인 물건들을 가져올 수 있었다. 유명한 스바(아라비아 남부에 있는 사바의 땅) 여왕의 방문은 이 무역로를 따라 사람과 상품이 이동했다는 사실을 말해주는 것으로 보인다. 솔로몬은 대규모 건축 사업을 진행했다. 구약성경의 전승이 정확하다고 가정한 과거 학자들은 솔로몬의 통치하에 예술이 꽃피웠다고 추측했다. 일부 학자들은 이때가 바로 필경사들이 가설상의 첫 문서인 J 문서를 기록한 때라고 생각한다.

그러나 사실 우리는 이러한 웅장한 그림에 회의를 품어야 한다. 물론 신명기적 역사가가 솔로몬의 이야기를 전부 꾸며냈을 가능성은 없다. 솔로몬이 (산당에서 제사를 드리거나 다른 신들을 섬기는 등) 신명기의 율법을 공공연하게 위반한 사례가 많다는 점에서 일부 학자들은 구약성경의 편집자들이 과거의 문헌을 이용했다고 생각한다.[4] 그렇지만 고고학자들은 예루살렘이 기원전 8세기 말까지도 작은 도시였다가 722년 이스라엘의 멸망을 피해 도망친 난민들을 흡수하면서 갑자기 팽창했다고 설명한다. 구약성경에 그려진 규모 있는 제국이 10세기에 존재했음을 입증하는 유물은 거의 없다. 하솔, 므깃도, 게셀이 발굴되었고 일부 지층에서 큰 관문과 방, 마구간까지 발굴되긴 했으나 그것들의 연대는 확실치 않고 일부 학자들은 그 연대를 솔로몬 시대 이후로 정한다. 이스라엘이 이 시기 이 지역에서는 가장 중요한 세력이었다고 하더라도, 고대 근동 지방의 큰 문명에 비해서 비교적 미미한 세력이었을 것이라는 데 대부분의 학자들이 동의한다.

구약성경이 그리는 솔로몬이라는 인물에게는 주목할 만한 특징 세 가지가 있다. 첫째, 솔로몬은 그의 지혜로 칭송받는다(이 때문에 잠언과 전도서를 솔로몬이 썼다고 보는 전통이 생긴 듯하나 사실과 거리가 멀다). 둘째, 지혜로 칭송받는 것 이외에 솔로몬은 성전을 건축한 것으로 칭송받는다. 실제로 솔로몬의 이야기에서 구약성경의 일차적 관심은 언약궤를 위한 예루살렘 성전의 건축과 봉헌이다(왕상 6~9:14). 솔로몬은 궁궐 부지 안에 새롭고 웅장한 성전을 건축하고 대제사장을 직접 임명함으로써 종교적 리더십와 정치적 리더십의 밀접한 관계를 유지해나갔다. 성전 봉헌을 묘사하는 구절(왕상 8장)에서 솔로몬은 이 성전이 이스라엘 백성이 야훼를 만나고 그에게 탄원하고 자신들의 죄를 속죄하는 장소라고 설명한다. 그것은 기도하는 집이며, 수백 년 동안 이스라엘 사람들의 중요한 핵심 예배 장소로 남게 된다.

왕의 집과 신을 시온산에 나란히 두는 것은 의도적이었다. 시온산은 사실은 작은 산이지만 이스라엘 민족의 신화적 상상 속에서 우뚝 솟은 난공불락의 산이 되었다. 레벤슨에 따르면, 시온은 무한하고 보편적인 힘을 가지는 고대의 흔한 신화적 상징인 '우주의 산'의 특징들을 갖게 된다. 우주의 산이라는 관념과 관련된 많은 특징들이 이스라엘에서는 시온산과 관련되어 발견된다(레벤슨). 우주의 산은 신들이 만나는 장소로 여겨졌고 더 중요하게는 하늘과 땅이 만나는 장소, 즉 하늘과 땅이 교차하는 '우주의 축'으로 생각되었다. 가나안 지방의 종교에서는 자폰산으로 알려진 바알의 산이 이렇게 생각되었고, 레벤슨은 바알의 산, 엘의 산, 야훼의 산을 언급하는 단어와 개념 사이의 공통성을 지적한다. 시온산 위의 성전은 신성한 장소, 에덴동산, 전 우주가 그곳으로부터 창조된 장소, 우주의 전형이나 축소판, 또는 천국의 성이 이 땅 위에 나타난 모습이었다. 성전은 이상향을 대표했고, 구약성경의 시편 일부에 강렬한 열망의 대상으로 나타난다.

솔로몬은 지혜로운 왕이고 성전을 건축한 장본인이지만, 한편으로는 이방 신들을 섬기는 등 여러 죄로 인해 신랄하게 비판받는다(왕상 11:6~13). 솔로몬의 새 왕궁 단지에는 여자들이 기거하는 많은 방이 있었으며, 거기엔 그의 아내 700명(그중 다수가 정치적·경제적 동맹의 담보인 외국의 공주와 귀족이었다)과 첩 300명과 관리들과 종들이 있었다(왕상 11:1~5). 물론 이 숫자들은 과장된 것이 확실하다. 이 이야기에서 중요한 것은 솔로몬이 맺은 외교 동맹 중 다수가 신명기적 역사가가 비판하는 결합으로 이루어졌다는 것이다. 그는 야훼가 금지한 민족들의 많은 여자를 사랑했다고 기록되고, 그들의 신들과 여신들을 숭배했다. 그는 모압의 신과 암몬의 신을 위해 신전을 지었다. 이는 기원전 622년 요시야의 개혁 이전 예루살렘에 있던 다른 종교에 대한 전반적인 관용을 보여주는 것일 수 있다. 후대의 편집자들은 이 종교적 관용을 인정하지 않았다. 따라서 구약성경 기록자의 관점에서 솔로몬의 일차적인 잘못은 예루살렘에 자신들의 종교를 가져온 외국인 여자들과의 결혼으로 생겨난 종교 혼합주의이다. 솔로몬의 불충에 대한 야훼의 징벌은 그의 죽음 이후 왕국이 분열되는 것이다.

대규모의 궁정과 군대, 관료 체계를 유지하기 위해 솔로몬은 증오의 대상이던 강제 노역(국가적 건설 사업을 위한 강제 노동, 왕상 19:21)과 무거운 세금을 도입했다. 농경 생활 위에 부과된 도시 체계는 관리, 상인, 대규모 지주 등 잘사는 사람들과 어렵게 생계를 유지하는 농민과 유목민 사이의 계급 구분을 낳았다. 도시와 지방 간 차이와 부자와 빈민 간 차이는 계속 심화되었다. 부족 국가의 민주주의는 사회 분열의 길로 가고 있었다. 왕들의 잘못에 더하여 왕정 제도 자체가 사회 여러 분야에 제대로 정착되지 못했다. 인간 왕이 다스리는 중앙화된 권력은 야훼와의 언약으로 통합되고 선지자와 제사장이 이끄는 히브리 부족 사회의 옛 전승에 반하는 것이었기 때문이다. 솔로몬이 죽기 전에 북부의 지파들은 솔로몬의 폭정을 이유로 들며 다윗의 집에서 완전히 등을 돌리게 되었다.

솔로몬에 대한 프레이밍

신명기적 역사가는 독자들이 솔로몬을, 나아가 그 이후의 모든 왕들을 평가할 수 있도록 특정한 틀에서 왕정을 설명한다. 특히 솔로몬은 왕정 이전에 정해졌던 명백한 금지와 경고를 위반한 것으로 묘사된다. 그가 어긴 금지 사항들은 첫 언약의 일부로서 모세의 이름으로 기록된 것이고, 그가 무시한 경고는 왕정 수립 시기에 사무엘이 한 것이다. 왕과 관련한 금지 사항은 신명기 17장에 나온다.

> 네가 네 하나님 여호와께서 네게 주시는 땅에 이르러 그 땅을 차지하고 거주할 때에 만일 우리도 우리 주위의 모든 민족들같이 우리 위에 왕을 세워야겠다는 생각이 나거든
>
> 반드시 네 하나님 여호와께서 택하신 자를 네 위에 왕으로 세울 것이며 네 위에 왕을 세우려면 네 형제 중에서 한 사람을 할 것이요 네 형제 아닌 타국인을 네 위에 세우지 말 것이며
>
> 그는 병마를 많이 두지 말 것이요 병마를 많이 얻으려고 그 백성을 애굽으로 돌아가게 하지 말 것이니 이는 여호와께서 너희에게 이르시기를 너희가 이 후에는 그 길로 다시 돌아가지 말 것이라 하셨음이며
>
> 그에게 아내를 많이 두어 그의 마음이 미혹되게 하지 말 것이며 자기를 위하여 은금을 많이 쌓지 말 것이니라(신 17:14~17)

여기서 왕정은 이스라엘 민족이 다른 민족들처럼 되고 싶어하는 감정에서 비롯되는, 하나의 선택사항으로 제시되어 있다. 그러나 만약

그들이 왕을 세우겠다고 결정하면, 그 사람은 신이 선택한 이스라엘 태생의 사람이어야 하고, 말(특히 이집트산)이나 아내, 은, 금을 많이 가져서는 안 된다. 사무엘의 경고는 사무엘상 8장에 나온다.

너희를 다스릴 왕의 제도는 이러하니라 그가 너희 아들들을 데려다가 그의 병거와 말을 어거하게 하리니 그들이 그 병거 앞에서 달릴 것이며

그가 또 너희의 아들들을 천부장과 오십부장을 삼을 것이며 자기 밭을 갈게 하고 자기 추수를 하게 할 것이며 자기 무기와 병거의 장비도 만들게 할 것이며

그가 또 너희의 딸들을 데려다가 향료 만드는 자와 요리하는 자와 떡 굽는 자로 삼을 것이며

그가 또 너희의 밭과 포도원과 감람원에서 제일 좋은 것을 가져다가 자기의 신하들에게 줄 것이며

그가 또 너희의 곡식과 포도원 소산의 십일조를 거두어 자기의 관리와 신하에게 줄 것이며

그가 또 너희의 노비와 가장 아름다운 소년과 나귀들을 끌어다가 자기 일을 시킬 것이며

너희의 양떼의 십분의 일을 거두어 가리니 너희가 그의 종이 될 것이라

그날에 너희는 너희가 택한 왕으로 말미암아 부르짖되 그날에 여호와께서 너희에게 응답하지 아니하시리라(삼상 8:11~18)

솔로몬은 신명기 17장의 지시를 정면으로 위반하면서 1만 2000마

리의 말을 소유했고 심지어 애굽으로부터 말을 샀으며(왕상 10:26~29), 그의 마음을 유혹하여 이방 신들을(왕상 11:1~13) 섬기게 하는 많은 아내와 첩을 (무려 1000명이나) 가졌고, 은과 금을 넘치게 축적했다(왕상 9:26~28). 또한 왕의 학대와 남용에 관한 사무엘의 엄중한 경고를 이행이라도 하듯 강제 노역을 집행했고(왕상 9:15~22) 화려한 궁정을 세웠다. 요컨대 신명기 17장에서 금지하고 사무엘의 경고(삼상 8장)에 열거된 사회적·경제적 해악과 남용의 목록이 솔로몬 시대에 실현되었던 것이다.

신명기적 편집자는 과거의 금지 사항과 경고에 대한 솔로몬의 명백한 위반을 열거하면서 그의 죽음 이후 왕국의 분열은 다름아니라 솔로몬이 지은 많은 죄에 대한 징벌이었다는 주장을 받아들이도록 우리를 준비시킨다.

솔로몬이 마음을 돌려 이스라엘의 하나님 여호와를 떠나므로 여호와께서 그에게 진노하시니라 여호와께서 일찍이 두 번이나 그에게 나타나시고

이 일에 대하여 명령하사 다른 신을 따르지 말라 하셨으나 그가 여호와의 명령을 지키지 않았으므로

여호와께서 솔로몬에게 말씀하시되 네게 이러한 일이 있었고 또 네가 내 언약과 내가 네게 명령한 법도를 지키지 아니하였으니 내가 반드시 이 나라를 네게서 빼앗아 네 신하에게 주리라

그러나 네 아버지 다윗을 위하여 네 세대에는 이 일을 행하지 아니하고 네 아들의 손에서 빼앗으려니와

오직 내가 이 나라를 다 빼앗지 아니하고 내 종 다윗과 내가 택한 예루살렘을 위하여 한 지파를 네 아들에게 주리라(왕상 11:9~13)

왕조의 분열

기원전 922년 솔로몬이 죽었을 때, 세금 부담과 강제 노동으로 오랫동안 다윗의 집과 불화하던 북부 지파들은 솔로몬의 아들이자 후계자인 르호보암이 세금을 줄여 달라는 자신들의 요청을 거절하자 그에 대항하여 반란을 일으켰다(왕상 12장). 다윗 때에 통합되었던 왕국이 이로써 두 개의 서로 대적하는, 별로 중요하지 않은 국가로 나뉘게 되었다. 북부의 열 개 지파가 이스라엘은, 남부의 유다와 베냐민 지파가 유다를 구성하였고 각각 따로 왕을 두었다(표 5 참조). 두 나라는 이후 수백 년 동안 때로는 서로 전쟁했고 때로는 공동의 적에 대항해 동맹을 맺었다. 외곽 지역의 소유가 불분명해졌고, 이전 왕국의 많은 지역이 떨어져나갔다. 기원전 8세기 말에 이르러 북왕국 이스라엘은 아시리아 제국에 멸망당했고(기원전 722년), 남왕국 유다는 생존할 수 있었지만 근동 지방의 이 새로운 지배자에게 조공을 바치는 나라로 축소되었다. 유다는 결국 기원전 586년 아시리아를 패배시키고 고대 근동 지방을 지배하게 된 바벨론에 의해 멸망당했다.

열왕기에 나오는 북왕국 이스라엘에 관한 이야기는 유다의 관점에 영향을 받아 매우 부정적이다. 북왕국은 지파 간 반목과 서로 다른 전통으로 남왕국 유다보다 더 많이 분열했고 첫 왕 여로보암은(기원전 922~901년) 왕조를 안정적으로 확립하지 못했다.

표 5. 이스라엘과 유다의 왕

이스라엘의 왕	유다의 왕
여로보암(928~907)	르호보암(928~911)
나답(907~906)	아비얌(아비야)(911~908)
바아사(906~883)	아사(908~867)
엘라(883~882)	
시므리(882)	
오므리(882~871)	
아합(871~852)	여호사밧(870~846)
아하시야(852~851)	여호람(요람)(851~843)
여호람(요람)(851~842)	아하시야(여호아하스)(843~842)
예후(842~814)	여왕 아달랴(842~836)
	여호아스(요아스)(836~798)
여호아하스(817~800)	
여호아스(요아스)(800~784)	아마샤(798~769)
여로보암 2세(788~747)	아사랴(웃시야)(785~733)
	요담(759~743)
스가랴(747)	
살룸(747)	아하스(745/735~727/715)*
므나헴(747~737)	
브가히야(737~735)	히스기야(727/715~698/687)**
베가(735~732)	므낫세(698/687~642)***
호세아 (732~722)	아몬(641~640)
	요시야(640~609)
	여호아하스(살룸)(609)
	여호야김(엘리야김)(608~598)

출처: 마이클 쿠건의 『구약성경』 290. 308, 328, 351쪽

* 아하스의 통치 기간에 대한 자료는 일정치 않다.

** 히스기야의 통치 기간에 대한 자료는 일정치 않다.

*** 므낫세의 통치 시작 연도에 대한 자료는 일정치 않다.

14 유다 왕국과 이스라엘 왕국

열왕기상 12장은 여로보암이 세겜(히브리 전승에서 거룩하게 여기는 장소)에서 정부를 수립하고, 또한 이스라엘 왕국 북부의 단과 남부의 벧엘에 왕실 사당을 세움으로써 전통적인 종교 중심지인 예루살렘과의 관계를 끊으려는 노력에 대해 말한다. 각 사당에는 금송아지가 안치되었는데, 이는 구약성경의 기록자가 끔찍한 죄로 생각하는 행동이었다. 사실 이 이야기는 출애굽기 23장에서 아론이 만들었던 금송아지의 이야기─이스라엘의 종교적 원죄─를 의도적으로 반복하는 방식으로 기록된다. 만일 여로보암이 실제로 예루살렘을 대체하는 종교적 중심지를 수립했다면, 실제로 여로보암은 야훼가 "내 이름을 두려고 택"할 만한 장소를 자신이 마련할 수 있다고 믿은 야훼주의자였을 가능성이 충분하다. 그러나 신명기적 역사가는 금송아지에 관한 전형적인 종교적 죄를 의도적으로 다시 기록함으로써 여로보암의 행동을 풍자하고 그의 종교 중심지를 불법적 우상 숭배의 장소로 낙인찍는다. 구약성경의 편집자들은 여로보암이 용납해서는 안 되는 가나안의 제사 관행을 허용했다고 보고, 이 때문에 그를 비난한다. 최선의 노력에도 불구하고, 그의 왕권은 계속 불안정했다. 실제로 이 불안정은 200년의 짧은 북왕국 역사에서 일곱 왕조가 바뀌면서 북왕국을 괴롭혔다.

이스라엘은 오므리와 그의 아들 아합의 통치 동안(기원전 876~849년) 물질적으로 번영했다. 오므리는 사마리아를 사들여 북왕국의 수도로 요새화하였으나(고고학은 사마리아가 웅장한 도시였다는 사실을 밝혀준다) 신명기적 편집자들은 그를 야훼에 불순종하는 악으로 판단한다.

오므리는 북왕국과 남왕국 왕들 중 구약성경 외의 문헌에 처음 언급되는 왕이다. 모압 왕 메사가 오므리를 패배시킨 것을 자랑하는 모압 석비에 그의 이름이 나타난다.

> 이스라엘의 왕 오므리에 대해 말하면, 그는 여러 해[글자로는 여러 날] 모압을 업신여겼는데, 그래서 그모스가[모압의 신] 자신의 땅에서 분노했다. 그리고 그의 아들이 그 뒤를 이었고 그리고 그 아들 역시 말했다. "나는 모압을 업신여길 것이다." 내가 있는 동안 그가 (그렇게) 말했으나 나는 그와 그의 집을 상대로 승리했고, 이스라엘은 영원히 무너졌도다! (이제) 오므리는 메데바의 땅을 차지했었고, (이스라엘은) 그의 때와 그의 아들(아합) 때의 반 동안, 40년 거기에 머물렀다. 그러나 내가 있는 동안에는 그모스가 거기에 머물렀다.[5]

오므리와 아합은 분명 이 지역의 강력하고 영향력 있는 세력이었다. 아합은 앗수르 왕의 비문에 앗수르에 대항했던 아람-이스라엘 동맹의 일원으로 언급된다. 그러나 아합과 그의 페니키아인 아내 이세벨은 수도 사마리아의 궁정에서 사치스럽게 살았다고 기록되고 신명기적 편집자들에게 혹독한 비난을 받는다. 이세벨이 사마리아에 바알 신당을 세우면서 자신의 페니키아 신 숭배를 공식 종교로 삼으려 하자 선지자 엘리야와 엘리사는 이 왕조에 대해 성전을 선언했다. 이 열성적인 선지자들에 관해서는 다음 장에서 알아볼 것이다.

기원전 842년 군대 장관 예후가 군사 쿠데타를 일으키고 선지자 엘리사에 의해 왕으로 기름 부음 받는다(왕하 9장). 엘리사의 복수는 유혈이 낭자하다. 이세벨과 바알의 제사장들은 물론 "바알을 섬기는 모든 사람"이 학살당했다(왕하 10:21).

기원전 8세기에 이르러 신앗수르 제국이 출현하고, 722년에는 사르곤 2세가 이스라엘을 변방 지역으로 축소시켰다. 고고학자들은 구약성경의 이야기와 일치하는 사르곤의 명문을 발굴했다.

나는 사마리아를 공격하여 정복했고, 전리품으로 그곳의 주민 2만 7290명을 끌고 왔다.

또한,

[그 도시를 나는] 이전보다 더 훌륭하게 다시 [건설하고] 그 안에 [나] 자신이 정복[한] 나라의 사람들이 [정착했다]. 나는 그들 위에 내 관리를 총독으로 두었고 앗수르 시민들을 위해 (관례대로) 그들에게 조공을 부과했다.[6]

이 명문과 구약성경의 이야기는 기본적으로 일치한다. 구약성경은 사마리아의 공격과 함락, 그리고 이스라엘 사람들의 앗수르로의 추방을 묘사한다(왕하 17:4~6, 18:9~10). 이 이스라엘 사람들은 결국 역사에서 사라졌다(그 유명한 이스라엘의 사라진 열 지파). 얼마 안 남은 히브리 농민과 유목민은 살던 방식대로 계속 살았고, 앗수르는 사마리아에 새로운 민족들을 들여왔다. 이렇게 인종적으로 혼합된 집단은 일종의 이스라엘 종교를 믿었지만, 신명기적 편집자는 그것을 적법한 것으로 여기지 않는다. 유다 사람들은 사마리아 사람들을 신앙을 더럽히는 이 외국인들, 늘 이스라엘의 적들을 도울 준비가 된 사람들로 경멸하게 되었다.

한편 유다 지파와 베냐민 지파로 구성된 남왕국은 내부적 안정을 누렸고 예루살렘에서 통치하는 다윗 혈통에 계속 충성했다. 722년 이스라엘이 앗수르에 멸망당한 직후인 히스기야 왕 시대에 유다 사람들은 앗수르의 종속된 동맹국으로서 여러 조건에 합의했다. 그러나 히스기야가 주변 민족들과 동맹을 맺어 반란을 계획하고, 이로 인해 기원전 701년 앗수르가 예루살렘을 공격했다. 이 공격이 앗수르의 문헌에 묘사되어 있다.

유대 사람 히스기야에 대해서,[7] 내 명에에 복종하지 않았다. 나는 그의 강한 성읍, 벽이 있는 요새 46개를 공격했고, 그 주변에 있는 수많은 작은 마을을 공격했다…… 나는 20만 150명을 몰아내었다…… 나는 그를 예루살렘 그의 왕궁에서 새장의 새처럼 포로로 잡았다.[8]

결국 앗수르가 공격을 멈추고, 유다는 많은 조공을 바침으로써 왕권을 보존할 수 있었다. 612년 앗수르는 떠오르는 바벨론에 의해 패배하고(니느웨 함락) 유다는 결국 기원전 586년 바벨론의 느부갓네살의 손에 멸망당했다. 예루살렘의 성벽이 무너졌고, 지배 계층의 많은 사람들이 바벨론으로 유배를 떠나게 되었다.

히브리 사람들이 그들의 정치적 독립과 지리적 근거를 잃은 후 기억에서 사라지지 않았던 것은 신명기적 학파가 제공했던 이 사건들의 해석이 큰 역할을 했다고 할 수 있다.

신명기적 역사가와 편집 비평

앞에서 살펴보았듯이 신명기는 오경 이야기의 마무리로 볼 수도 있지만, 훨씬 더 긴 글의 첫 부분이라고도 할 수 있다. 독일 학자 마틴 노트에 따르면, 글 작성과 저자권 측면에서 볼 때 신명기는 앞에 있는 것들(창세기에서 민수기까지)보다도 뒤에 있는 것들과(여호수아, 사사기, 사무엘 상하, 열왕기 상하) 문체적, 신학적으로 더 큰 유사성을 가진다. 신명기부터 열왕기하까지의 책은 여호수아 시대부터 기원전 586년 멸망까지 이스라엘 땅에 있었던 이스라엘의 역사를 말하는 하나의 글 묶음으로 여겨지며, 신명기에 사용된 어휘와 개념, 주제가 뒤따르는 책에서도 계속되기 때문에 신명기적 역사라는 이름으로 불리게 되었다. 현재 대부분의 학자들은 신명기를 특정한 틀에 맞추어 최종 편집한 집단 또는 학파가 그 뒤 열왕기하까지의 역사도 편집했다는 데 의견이 일치한다. 이 '신명기 학파'가 기원전 586년 이스라엘의 멸망과 유배를 포함해서 그때까지의 이스라엘의 역사를 뒤돌아보고 있다는 점에서, 그들의 저작이 최종 형태에 도달한 시점은 유배 기간일 가능성이 크고 유배 이후인 536년 이후일 가능성은 더욱 크다. 그러나 신명기에는 여러 시대에 걸친 자료들이 들어 있기 때문에 정확히 연대를 정하기가 어렵다.

학자들로 하여금 신명기 학파가 실제로 존재했다는 결론에 이르게 했던 학문적 방법론이 편집 비평이다. 문서 비평을 비롯한 다른 종류의 비평들은 이스라엘 종교의 역사에 접근하기 위해 구약성경이 어떻게 그 최종 형태에 이르게 되었는지에는 거의 관심을 갖지 않은 채 성경 원문을 더 오래된 출처 자료나 장르, 일단의 전승으로 해체했다. 편집 비평은 이에 대한 피로감에서 나왔다. 편집 비평은 이전의 출처 문서와 전승을 편집한 사람(들)이 기계적으로 글을 자르고 붙이는 식으로 작업했을 것이라는 생각을 거부한다. 편집 비평은 성경에 조합된 출처 문서들의 최종 형태 뒤에 있는 목적과 계획을 알아내는 데 초점을 맞춤으로써 우리가 현재 가지고 있는 형태의 구약성경을 만들어낸 사람(들)의 의도를 밝히고자 한다.

편집 비평은 보통 다음과 같은 방식으로 진행된다. 먼저 연결 구절을 식별한다. 연결 구절이란 이야기 등의 단위와 단위를 하나로 연결함으로써 글이 매끄럽게 읽히게 하고 한 출처 문서에서 다른 출처 문서로의 전환을 용이하게 하는 장치이다. 이런 구절들을 R(편집자redactor)이라고 부른다. 원문으로부터 물러나 논평하거나 해석하는 해석적 추가 글이나 구절들도 R이다. 요컨대 R은 어떤 것을 설명하기 위해 기록자가 독자를 향해 직접 말하는 모든 대목이다. 예를 들어 "가나안 사람과 브리스 사람도 그 땅에 거주하였는지라"(창 13:7)나 "바알의 목상을 헐며 바알의 신당을 헐어서 변소를 만들었더니 오늘까지 이르니라"(왕하 10:27) 같은 구절은 후대의 관점에서 논평하기 위해 이야기의 흐름을 끊고 있다. 마찬가지로 '그리하여 이스라엘 자손들이 지금까지 X를 하고 있다'와 같은 인과관계적인 논평도 주요 원문에 대해 시대적으로 나중의 해석을 제공한다. 어떤 이야기나 책에는 이제 곧 나올 내용을 시사하거나 정당화하거나 논평하는 머리말이 들어 있기도 하고(삿 2장~3:4), 어떤 구절은 방금까지 이야기된 내용을 요약하면서 해석 또는 정당화를 수행한다(왕하 17장). R로 불리는 구절들을 한데 모아보면, R이 틀 속에 넣으려는 실제 출처 자료에는 거의 들어 있지 않는 문체의 유사성과 관점의 일관성을 흔히 보게 된다. 이와 같이 원문의 최종 편집에서 편집자가 맡은 역할을 더 명확히 이해하고 편집자가 처한 특수한 역사적 상황을 더 적극 고려할 때 우리는 편집자의 목적과 관심이 무엇인지 알아낼 수 있다.

신명기적 역사가의 역사철학

신명기, 여호수아, 사사기, 사무엘 상하, 열왕기 상하를 편집한 신명기적 역사가는 단순히 역사적 사건들을 있는 그대로 전하는 역사를 제공하는 대신 역사의 해석, 즉 사건들의 의미나 역사의 더 큰 목적 또는 계획을 규명하고자 하는 역사철학을 전달한다. 우리는 신명기의 서문과 여호수아, 사사기, 사무엘, 열왕기의 곳곳에 산재해 있는 편집자의 해설에서, 특히 열왕기상 17장에 들어 있는 이 전체 책들의 요약 글에서 이스라엘 역사에 대한 신명기적 해석을 발견한다. 신명기 기록자는 어떤 이유에서 이스라엘의 역사 기록에 대해 특정한 해석을 채택하게 되었을까?

신명기 학파는 이스라엘 민족과 히브리 종교 앞에 놓인 전에 없이 중대한 역사적 도전에 대응하려고 애쓰고 있었다. 그것은 이스라엘의 멸망, 야훼 성소의 파괴, 야훼 민족의 패배와 유배이다. 722년과 특히 586년의 비참한 사건들은 중요한 신학적 딜레마를 만들어냈다. 야훼는 이스라엘의 조상들에게 그 후손들이 이 땅에서 살 것을 약속했다. 그는 다윗의 집이 영원히 서 있을 것이라고 약속했다. 그러나 왕정은 무너졌고 이스라엘 사람들은 패배하여 유배당했다. 이러한 역사의 굴곡이 제기하는 도전은 두 가지였다. 야훼는 전지전능함으로 자신의 뜻을 실행하고 성취하는 역사의 신인가? 그렇다면, 그가 조상들과 다윗과 맺은 언약은 어떻게 된 것일까? 그는 불성실하게도 그 언약을 저버렸는가? 그것은 상상할 수 없는 일이었다. 그러나 만일 그가 자신의 민족 그리고 다윗과 맺은 언약을 버리지 않은 것이라면, 그는 자신의 민족을 구할 수 없었으므로 모든 것을 통치하는 보편적인 신, 역사의 신일 수 없는 것이다. 이 생각도 납득할 수 없는 것이었다. 야훼는 자신의 뜻과 약속이 절대적인 역사의 신이요 자신의 민족을 버리지 않을 신실한 신이라는 것이 이스라엘 유일신 신앙의 근본 교리였다. 야훼는 역사를 통제하는 신이고 그가 이스라엘과 다윗과 영원한 언약을 맺었다는 믿음과 722년, 586년의 참사를 어떻게 조화시킬 수 있을까?

신명기에서 열왕기까지의 역사철학은 이스라엘 사회에 존재한 한 분파의 반응이다. 바로 신명기 학파이다('학파'라는 용어에 대해서는 11장을 참조). 신명기적 역사가의 기본 생각은 신이 조상들과 다윗과 맺은 무조건적이고 영원한 언약은 모세의 조건적인 언약에 지정된 것과 같은 죄에 대한 징벌이나 응징의 가능성을 배제하지 않는다는 것이다. 이는 비록 야훼는 전능하지만 인간은 자유 의지를 가지고 있어 신의 계획을 변경시킬 수 있기 때문이다. 따라서 신명기적 역사에서 이스라엘의 지도자들은 야훼의 뜻을 받아들이거나 거부할 수 있는 선택권을 가진 것으로 묘사된다. 심지어 야훼는 왕들에게 선지자를 보내어 자신이 그들에게 원하는 것을 알려줌으로써 올바른 선택을 유도하려고 한다. 그러나 왕들은 잘못된 선택을 하고, 결국 바로 그 죄—특히 왕들이 우상을 섬긴 죄—가 이스라엘 및 유대의 멸망을 가져온다.

586년 다윗 혈통의 마지막 왕 시드기야의 폐위와 처형을 두고 신명기 학파는 왕들에 대한 야훼의 은혜는 야훼에 대한 왕들의 신실함에 달려 있다는 모세의 언약 모델에 입각하여 다윗의 언약을 조건적인 언약으로 재해석했다. 이렇게 보면 다윗의 집의 멸망은 므낫세 같은 불순종하는 통치자에 대한 정당한 징벌이 될 수 있었을 것이다. 신명기적 이념에 따라 편집된 사무엘하 7장에 있는 다윗의 언약에 따르면, 야훼는 그가 기름 부은 사람을 징벌하고 응징한다.

신명기적 역사가는 이스라엘이 유배와 멸망으로 벌받는 것이 우상숭배의 죄, 특히 왕의 우상 숭배의 죄 때문이라고 특정한다. 열왕기하에서는 오직 예루살렘에서만 제사 드리도록 허용하는 왕이 다른 잘못에도 불구하고 칭송되고 그러지 않는 왕은 다른 업적에도 불구하고 비난받는다. 그러나 신명기적 역사가는 이 역사 기록에 나오는 이례적인 일들을 알고 있다. 일부 훌륭한 왕들은 짧게 통치하고, (므낫세 같은) 일부 악한 왕들은 오랜 기간 통치하는 것이다. 또 종교적으로 경건했던 신실한 왕의 치세 후에 재난이 덮치는 경우도 있다. 이렇게 보면 신명기적 역사가는 지연된 징벌이라는 주제를 말하는 것 같다. 예를 들어 이방 신을 숭배하는 제단을 쌓도록 허용한 솔로몬의 악행은 왕국이 분열되는 원인이 된다. 그러나 이 징벌은 그의 아들 시대로 관대하게 미뤄진다.

신명기적 역사가는 722년 이스라엘의 패배를 단과 벧엘에 제사 장소를 만드는 등 우상을 숭배한 여로보암의 악행에 대한 지연된 징벌로 본다(왕하 17:16). 유다의 경우, 727년 왕좌에 올라 전면적인 개혁을 시행하고 우상의 제단을 헌 히스기야가 앗수르로부터 반독립을 유지한 아주 훌륭한 왕으로 평가받는다. 그러나 691년에서 638년까지 통치한 그의 아들 므낫세는 유대 왕 중 가장 나쁜 왕으로 기억된다. 그는 예루살렘 성전을 이교도 신전으로 바꾸었고, 야훼주의자들에게 이 시대는 재앙과도 같았다. 636년 왕좌에 오른 므낫세의 여덟 살 된 손자 요시야는 신명기적 이념에 따라 개혁을 시행했기 때문에 아주 훌륭한 왕으로 여겨졌다. 열왕기하 22장에 따르면, 요시야는 26세가 된 해에 성전 보수를 명령했고, 그 과정에서 토라(대부분의 학자들은 이 책이 신명기 12~26장과 아주 비슷했을 것으로 짐작한다)가 발견되었다.[9] 그는 토라의 내용을 듣고 놀랐다. 중앙 성소 한 곳에서 제사 드리라는 명령이 이루어지지 않았기 때문이다. 요시야와 그의 제사장들은 그 중앙 성소가 예루살렘 성전을 가리키는 것으로 생각하여 수백 년 동안 농촌 지방에서 사용해오던 다른 모든 제단을 파괴했다.

신명기적 역사가의 관점에서 요시야는 유다에서 우상 숭배를 폐지하고 모든 제사를 예루살렘으로 중앙화한 훌륭한 왕이었으나, 므낫세의 죄가 너무 컸기에 징벌을 받아야 했다. 훌다라는 여자 선지자는 요시야에게 비록 야훼가 유다에 대해 지독한 벌을 계획했지만 그것은 요시야의 사후가 될 것이라고 말했다. 그리고 실제로 유다는 다음 세대에 멸망당했다. 586년 불가침의 영원한 성읍 예루살렘의 성벽이 무너졌고 성전은 파괴되었으며 시드기야 왕은 그의 궁정에서 눈이 뽑힌 채 사슬에 묶여 유배당했다. 나머지 유다 사람들 중 많은 수가 이집트로 도망갔고, 오직 가장 가난한 사람들만 뒤에 남았다.

신명기적 해석의 결과는 놀랄 만한 것이었다. 다신교적 사회에서 한 민족이 다른 민족에 패배당하면, 그것은 그 민족의 신이 그 다른 민족의 신에게 패배한 것으로 여겨졌고 정복당한 사람들은 자기들의 신을 버리고 우월한 새로운 신을 섬겼다. 그러나 이스라엘 민족은 야훼를 버리지 않았고 바벨론의 신 마르두크를 숭배하지 않았다. 그들의 패배는 절망과 배교로 이어지지 않았다. 그 패배는 신명기적 기록자의 방식으로 유일신 체계에 알맞게 설명될 수 있었기 때문이다. 야훼는 언약의 위반인 우상 숭배 죄 때문에 이스라엘을 징벌했던 것이다. 그는 이스라엘을 징벌하기 위해 바벨론을 일으킨바 그것은 그의 도구였다.

신명기적 역사가의 역사철학은 열왕기하 17장에 전형적으로 표현된다.

호세아 제구년에 앗수르 왕이 사마리아를 점령하고 이스라엘 사람을 사로잡아 앗수르로 끌어다가 고산강가에 있는 할라와 하볼과 메대 사람의

여러 고을에 두었더라

이 일은 이스라엘 자손이 자기를 애굽 땅에서 인도하여 내사 애굽의 왕 바로의 손에서 벗어나게 하신 그 하나님 여호와께 죄를 범하고 또다른 신들을 경외하며

여호와께서 이스라엘 자손 앞에서 쫓아내신 이방 사람의 규례와 이스라엘 여러 왕이 세운 율례를 행하였음이라

이스라엘의 자손이 점차로 불의를 행하여 그 하나님 여호와를 배역하여 모든 성읍에 망대로부터 견고한 성에 이르도록 산당을 세우고

모든 산 위에와 모든 푸른 나무 아래에 목상과 아세라 상을 세우고

또 여호와께서 그들 앞에서 물리치신 이방 사람같이 그곳 모든 산당에서 분향하며 또 악을 행하여 여호와를 격노하게 하였으며

또 우상을 섬겼으니 이는 여호와께서 그들에게 행하지 말라고 말씀하신 일이라

여호와께서 각 선지자와 각 선견자를 통하여 이스라엘과 유다에게 지정하여 이르시기를 너희는 돌이켜 너희 악한 길에서 떠나 나의 명령과 율례를 지키되 내가 너희 조상들에게 명령하고 또 내 종 선지자들을 통하여 너희에게 전한 모든 율법대로 행하라 하셨으나

그들이 듣지 아니하고 그들의 목을 곧게 하기를 그들의 하나님 여호와를 믿지 아니하던 그들 조상들의 목같이 하여

여호와의 율례와 여호와께서 그들의 조상들과 더불어 세우신 언약과 경계하신 말씀을 버리고 허무한 것을 뒤따라 허망하며 또 여호와께서 명령하사 따르지 말라 하신 사방 이방 사람을 따라

그들의 하나님 여호와의 모든 명령을 버리고 자기들을 위하여 두 송아지 형상을 부어 만들고 또 아세라 목상을 만들고 하늘의 일월 성신을 경배하며 또 바알을 섬기고

또 자기 자녀를 불 가운데로 지나가게 하며 복술과 사술을 행하고 스스로 팔려 여호와 보시기에 악을 행하여 그를 격노하게 하였으므로

여호와께서 이스라엘에게 심히 노하사 그들을 그의 앞에서 제거하시니 오직 유다 지파 외에는 남은 자가 없으니라

유다도 그들의 하나님 여호와의 명령을 지키지 아니하고 이스라엘 사람들이 만든 관습을 행하였으므로

여호와께서 이스라엘의 온 족속을 버리사 괴롭게 하시며 노략꾼의 손에 넘기시고 마침내 그의 앞에서 쫓아내시니라(왕하 17:6~20)

신명기적 역사가에 따르면, 이스라엘이 만일 불순종하고 야훼 외의 다른 이방 신을 섬기면, 침략과 민족의 멸망과 유배로 벌을 받을 것이라고 처음부터 경고를 받았었다. 신명기 28장에는 이스라엘이 언약의 조건을 위반할 경우 이스라엘 민족에게 닥칠 긴 저주의 목록이 있다.

네가 네 하나님 여호와의 말씀을 청종하지 아니하고 네게 명령하신 그의 명령과 규례를 지키지 아니하므로 이 모든 저주가 네게 와서 너를 따르고 네게 이르러 마침내 너를 멸하리니

이 모든 저주가 너와 네 자손에게 영원히 있어서 표징과 훈계가 되리라……

네가 주리고 목마르고 헐벗고 모든 것이 부족한 중에서 여호와께서 보내사 너를 치게 하실 적군을 섬기게 될 것이니 그가 철 멍에를 네 목에 메워 마침내 너를 멸할 것이라……

여호와께서 너를 땅 이 끝에서 저 끝까지 만민 중에 흩으시리니 네가 그곳에서 너와 네 조상들이 알지 못하던 목석 우상을 섬길 것이라……

여호와께서 너를 배에 싣고 전에 네게 말씀하여 이르시기를 네가 다시는 그 길을 보지 아니하리라 하시던 그 길로 너를 애굽으로 끌어 가실 것이라 거기서 너희가 너희 몸을 적군에게 남녀 종으로 팔려 하나 너희를 살 자가 없으리라(신 28:45~46, 48, 64, 68)

이처럼 신명기 학파가 이스라엘 민족의 역사를 언약의 조건이라는 틀 속에 집어넣고 두 왕국이 멸망한 사건의 책임을 우상 숭배의 죄, 특히 왕실의 우상 숭배에 돌렸다면, 이스라엘의 고전적 선지자들은 그와 다른 답변을 내놓았다.

15

이스라엘의 예언

읽기: 열왕기상 16장 29절~19장 21절, 21~22장, 열왕기하 1~9장, 13장

비문학적 선지자들

전 선지서를 이루는 역사서(여호수아부터 열왕기, 그중에서도 사무엘과 열왕기)에는 몇몇 선지자들이 등장하여 이스라엘 민족의 드라마에서 중요한 역할을 한다. 기원전 10~9세기의 이 선지자들은 종교적 제단과 그리고 왕실과 관련되어 있었다. 8세기 초부터는 이런 선지자들의 말이 책으로 기록되고, 그 책들에 그들의 이름이 붙는다. 구약성경에 있는 이 책들을 후 선지서라고 한다. 사무엘과 열왕기에 등장하는 선지자들의 활동은 서술적인 역사의 일부로 기록되는 반면 후 선지서의 선지자들은 문학적 또는 고전적 선지자로 불린다. 신명기적 역사가와 같은 문학적 선지자들은 이스라엘의 고난과 패배의 의미를 이

해하려고 애썼다. 민족적 사건에 대한 이들의 설명과 위로의 메시지는 이어지는 장들에서 다룰 것이다. 이 장에서는 사무엘과 열왕기에 있는 선지자들의 이야기를 검토하면서 고대 이스라엘의 예언 현상 전반을 탐구한다. 또한 고전적 또는 문학적 선지서를 검토하는 데 필요한 중요한 배경을 어느 정도 상세하게 설명한다.

예언은 사회마다 그 형태가 다르긴 했지만 고대 근동 지방에 널리 퍼져 있었다. 우리는 기원전 1000년 이전 메소포타미아와 기원전 7세기 아시리아의 황홀경 예언에 관해 알고 있다. 그것들의 주요 관심사는 왕에게 (보통은 호의적인) 신의 계시를 전달하는 것이었다. 황홀경 예언은 구약성경에도, 특히 초기 선지서에 기록되어 있다. 황홀경ecstasy 이라는 말은 강력한 감정에 압도되어 자제력과 이성이 정지된 상태를 가리킨다. 황홀경 예언은 음악과 춤을 이용하여 종교적 광란이나 감정적 발작을 유도함으로써 예언자를 몸부림치게 하고 미친 듯이 소리치게 한다. 구약성경은 이 황홀경의 상태를 야훼의 영 때문이라고 말하며, 그것이 선지자에게 임하여 그를 신의 뜻을 전달하는 도구로 변화시키는 것으로 설명한다. 이러한 기이한 행동은 후대의 문학적 선지자들에게도 발견된다. 그들은 때때로 자기들의 메시지를 전달하기 위한 수단으로 괴이하고 극적인 행동을 이용한다.

구약성경의 모든 예언에 황홀경의 특징이 있는 것은 아니다. 히브리 말 나비navi는 '부름 받은 자' 또는 '알리는 자'라는 뜻으로, 야훼의 메시지를 선포하기 위해 부름을 받은 자를 가리킨다. 구약성경의 종교에는 사도적 예언 개념이 나타난다. 이는 야훼의 부름을 받고 사명을 짊어지는 전달자(사도)의 예언 개념이다(카우프만). 선지자는 그의 뜻에 반하여 선택받을 수 있고, 야훼의 말을 세상에 전달해야만 한다. 사도적 선지자들은 자신과 자신의 뜻을 자신의 민족에게 드러내려는 야훼의 욕구를 충족하기 위한 도구이다. 따라서 모세는 사도적 선지자의 긴 명단에 있는 첫번째 사람이고, 모세에 대한 야훼의 부름과 모세의 복잡한 응답은 후대 이스라엘의 고전적 선지자 전통에 본보기가 된다. 후대 선지자들의 부름은 다음과 같은 단계들로 구성된다. 갑작스럽고 예상치 못한 야훼와의 만남, 메시지를 전달하라는 부름, 당사자의 자연스러운 망설임, 야훼의 강력한 설득에 의한 어쩔 수 없는 굴복이 그것이다(암 7:14~15, 3:8, 사6:5, 렘 1:6, 20:7, 9).[1]

구약성경에서 이와 같은 사도적 예언은 황홀경 예언과는 다르게 표현된다. 또 점치기와도 구별된다. 점치는 것은 모종의 기법—아마도 특정 물질의 조작 또는 제물로 희생된 동물의 내장 살피기 등—으로 신의 뜻을 밝히려는 시도이다. 이런 형태의 점치기나 주술, 마술, 귀신이나 영을 찾는 행위는 전부 신명기에서 비난받는데, 이는 그러한 행위가 일부 이스라엘 사람들 사이에서 행해졌다는 사실에 대한 거의 확실한 증거이다. 사무엘상 28장에는 엔돌의 무당에 관한 유명한 이야기(그는 사울의 요청으로 사무엘의 영을 불러낸다)가 있다. 또한 무엇보다 야훼 종교 자체 안에 일종의 점치기가 있었던 것으로 보인다. 출애굽기 28장 13~30절에 따르면 (또한 삼상 14:36~42도 참조) 제사장들은 신성하다고 여겨진 어떤 신비한 물건—아마도 유색의 보석들—에서 답을 구하는 권한이 있었고, 그것들을 조작하여 야훼의 뜻을 드러낼 수 있었다. 이처럼 "우림와 둠밈"(출 28:30)은 야훼의 뜻을 확인하는 수단으로 야훼 자신이 인정하는 것이나, 일반적으로 복술과 주술은 금지된 행위일 뿐만 아니라 선지자들의 활동과도 구별된다는 것이 신명기적 역사가의 관점이다.

우리는 히브리 선지자를 미래를 예측하는 점쟁이로 여겨서는 안 된다. 선지자는 당면한 특정 역사적 사건을 구체적인 말로 다루었다. 선지자는 야훼의 즉각적인 의도를 드러냈는데, 현 상황에 대한 야훼의 반응을 전하려는 목적에 한해 그렇게 했다. 그러나 그 목표는 현 상황에서도 언약을 신실하게 지키도록 사람들을 격려하는 것이었다. 따라서 고전적 선지자들이 내놓은 모든 '예측'은 현재 상황에 대한 대응으로서의 가까운 미래와 관련되어 있었다. 선지자의 메시지는 현재에 관한 메시지였고, 그 선지자 시대에 잘못된 일들과 재앙을 피하기 위해 당장 해야 하는 일들에 관한 메시지였다.

문학적 선지자들 가운데는 아무도 없지만, 이스라엘에는 여자 선지자들이 있었다. 오경에 나오는 미리암 외에도 사사기 4~5장에 나오는 부족 지도자이자 선지자 드보라, 요시야 왕이 충고를 구한 훌다(왕하 22:13~20, 대하34:22~28), 유배 이후 시대에 예언한 노아댜(느 6:14)가 있었다.

선지자와 정치

구약성경에서 왕은 기름 부음 받은 야훼의 사람으로 묘사된다. 기름 부음은 선지자에 의해 행해지며, 이것이 왕권 제도와 예언 제도 사이에 강력한 유대를 만들어낸다. 초대 왕 사울은 선지자 사무엘에 의해 기름 부음을 받았는데, 사울은 황홀경 예언의 방식으로 그 자신이 예언을 했다고 기록된다. 사울은 기름 부음을 받은 후 야훼의 영에 사로잡히고 "비파와 소고와 저와 수금을"(삼상 10:5) 연주하는 일단의 사람들과 합류하는데, 그 악기들이 그를 새로운 사람으로 변화시키는 황홀경을 만들어낸다. 또다른 상황에서 사울은 예언하는 도중에 옷을 벗는다(삼상 19:23~24). 마찬가지로 다윗도 야훼의 선지자 사무엘에 의해 기름 부음을 받았고 그와 별도로 때에 따라 야훼의 영과 권능을 받았다고 기록된다.

이후 왕들은 그들 스스로 선지자였다거나 야훼의 영에 사로잡혀 황홀경 예언을 했다는 기록은 없으나, 이스라엘 왕실은 언제나 예언의 관습에 의존하고 그 관습과 밀접하게 연결되어 있었다. 이 사실은 여러 방식으로 예증된다. 첫째, 앞에서 말했듯이 선지자가 왕에게 기름 붓는다. 둘째, 선지자는 종종 왕의 권력 상실도 선언한다. 셋째, 구약성경에 눈에 띄게 나타나는 주제 하나는 도덕법이나 종교법을 범하는 왕들에 대한 선지자들의 계속되는 반대 입장이다. 사무엘은 사울에 반대한다. 나단은 다윗을 비난한다. 아히야는 솔로몬과 후의 여로보암에 반대한다. 이 목록은 계속된다. 엘리야와 미가는 아합에 반대하고, 엘리사는 여호람과 아합의 집에 반대하고, 아모스는 여로보암 2세에 반대하고, 예레미야는 여호야김에 반대한다. 이 같은 선지자의 왕에 대한 저항은 표준적인 관용어구로 표현된다. 즉 선지자 X가 야훼로부터 왕 Y에 반대하는 말씀, 가령 "네가 죄를 지었으므로 너를 멸할 것이다/

너의 왕권을 빼앗을 것이다" 같은 말씀을 받는 식이었다.

왕권 체제와 선지자 체제 사이의 이 복잡한 관계는 사무엘 상하와 열왕기 상하의 이야기 속에서 선지자들이 수행하는 다양한 역할로 나타난다.

(1) 참 선지자 대 왕의 선지자

앗수르의 왕들처럼 유대와 이스라엘의 왕들도 선지자들을 고용하는 일의 의미를 깨달았다. 대부분의 경우 왕이 고용한 궁정 선지자들은 그의 정책을 승인하는 사람들에 지나지 않았다. 우리는 이 전문 예언자들이 구약성경의 기록자가 참 선지자라고 생각하는 인물들과 갈등을 겪는 것을 자주 본다. 참 선지자들은 대중이나 왕이 듣고 싶어하는 것이든 아니든 관계없이 야훼의 말씀을 선포하기 때문이다. 그 전형적인 예가 이믈라의 아들 미가야이다. 그는 예언으로 왕을 불쾌하게 하고 그 때문에 자유를 빼앗기더라도 야훼로부터 온 진실을 예언하는 선지자이다.

열왕기상 22장이 전하는 이야기에서 미가야는 북왕국의 아합 왕을 섬기고 그의 정책을 무조건 승인하는 궁정 선지자들을 신랄하게 비판한다. 기원전 9세기 아합 왕의 시대에 유대와 이스라엘 왕국은 아람에게 빼앗긴 지역을 되찾기 위해 동맹을 형성한다. 그러나 야훼의 허락을 받기 전에는 군사 행동을 취할 수 없기 때문에 왕은 선지자 400명을 소환하고 그들에게 묻는다.

내가 길르앗 라못에 가서 싸우랴 말랴 그들이 이르되 올라가소서 주께서 그 성읍을 왕의 손에 넘기시리이다(왕상 22:6)

이 경우에 예언은 왕에게 하는 간언의 근거가 된다. 그러나 이 군사 행동에 반대하는 계시를 원하는 유대 왕 여호사밧이 묻는다.

이 외에 우리가 물을 만한 여호와의 선지자가 여기 있지 아니하니이까 이스라엘의 왕이 여호사밧 왕에게 이르되 아직도 이믈라의 아들 미가야 한 사람이 있으니 그로 말미암아 여호와께 물을 수 있으나 그는 내게 대하여 길한 일은 예언하지 아니하고 흉한 일만 예언하기로 내가 그를 미워하나이다(왕상 22:7~8)

여호사밧 왕의 뜻이 관철되어 미가야가 소환된다. 왕의 사신은 다른 모든 선지자들처럼 호의적인 말을 해야 한다고 미가야에게 경고한다. "선지자들의 말이 하나같이 왕에게 길하게 하니 청하건대 당신의 말도 그들 중 한 사람의 말처럼 길하게 하소서"(22:13). 선지자들이 아첨꾼에 지나지 않음을 인정하는 것이다. 미가야는 군사 행동의 타당성에 관한 왕의 질문에 다음과 같이 대답한다. "올라가서 승리를 얻으소서 여호와께서 그 성읍을 왕의 손에 넘기시리이다"(22:15). 그러나 미가야는 예언의 형식인 "야훼의 말씀이"를 사용하지 않고, 그 밖에 자신이 야훼의 말씀을 실제로 전달하고 있음을 나타내는 표시를 전혀 하지 않는다. 아마도 미가야의 속임수를 알아차렸는지 왕은 "내가 몇 번이나 네게 맹세하게 하여야 네가 여호와의 이름으로 진실한 것으로만 내게 말하겠느냐"(22:16)라고 말한다. 그러자 미가야는 거리낌 없이 말한다. 그는 야훼로부터 받은 환상에 관해 말한다. 이스라엘이 목자 없는 양같이 산에서 흩어지는 환상으로, 이는 이스라엘의 목자인 왕이 전쟁에서 죽임을 당할 것이고 이스라엘 사람들이 흩어질 것을 암시한다. 왕은 미가야의 예언에 분노하여 여호사밧 왕에게 "저 사람이 내게 대하여 길한 것을 예언하지 아니하고 흉한 것을 예언하겠다고 당신에게 말씀하지 아니하였나이까"(22:18)라고 말한다.

여기서 특히 흥미로운 부분은 자신이 유일한 반대자라고 설명하는 미가야 본인의 말이다. 그는 다른 선지자들을 거짓 선지자라고 비난하지 않는다. 그는 그들이 현혹당했다고 표현한다. 미가야는 야훼의 두 번째 말씀을 전하니, 그 또한 환상의 형식을 취한다. 이번 환상에서는 야훼가 보좌에 앉아 있고 하늘의 만군이 그 주위에 모여 있다. 야훼는 "누가 아합을 꾀어 그를 길르앗 라못에 올라가서 죽게 할꼬"(22:20)라고 묻는다. 어떤 영이 나아와서 그 일에 자원하고 자신의 방법을 설명한다. "내가 나가서 거짓말하는 영이 되어 그의 모든 선지자들의 입에 있겠나이다"(22:22). 이에 야훼는 "너는 꾀겠고 또 이루리라 나가서 그리하라"라고 말한다. 미가야는 "이제 여호와께서 거짓말하는 영을 왕의 이 모든 선지자의 입에 넣으셨고 또 여호와께서 왕에 대하여 화를 말씀하셨나이다"(22:23)라고 결론짓는다. 즉 이 모든 것이 야훼의 계획이다. 야훼가 바로의 마음을 완악하게 만들어 이스라엘 민족을 해방시켜 달라는 모세의 간청에 반대하게 했던 것과 똑같이, 많은 죄를 지은 아합이 그 벌로 화를 당하게 하여 결국 죽음에 이르게 한다.

왕은 누구를 믿어야 할지 알 수 없다. 그는 그 자리에서 미가야를 죽이지는 않지만, 전쟁이 끝날 때까지 그를 감옥에 가두고 그에게 적은 양의 떡과 물만을 먹이기로 한다. 미가야는 이에 동의하면서 말하기를 "왕이 참으로 평안히 돌아오시게 될진대 여호와께서 나를 통하여 말씀하지 아니하셨으리이다"(22:28). 물론 그의 예언은 정확한 것으로 입증된다. 왕은 자신의 정체를 숨기려 변장까지 하지만 결국 전투 중에 죽고 그의 군대는 흩어진다.

미가야의 이야기는 선지자의 국유화와 선임 과정에 대한 구약성경 기록자의 비평인 동시에 참 선지자의 모습이 어떤 것인지를 보여주는 이야기이다. 참 선지자는 야훼의 말씀이 왕과 다수의 견해에 반한다 할지라도 그것을 전달하는 사람이다. 그는 왕이나 민족에 대한 야훼의 판단—심판의 메시지—을 선포한다. 이러한 반대 입장과 특유의 부정적인 성향이 기성세력의 이익과 늘 합치하지는 않았지만, 결국에는 그것이 참 선지자의 한 특징으로 간주된다.

(2) 야훼의 열심당원으로서의 선지자

참 선지자와 거짓 선지자의 대조는 엘리야, 엘리사 같은 열혈 야훼주의자에게서 다시 나타난다. 엘리야에 관한 일단의 이야기는 주로 열왕기상 17~19장과 21장에서 발견되고, 엘리사에 관한 일단의 이야기는 열왕기하 2~9장 및 13장 14~21절에 나타난다. 이 이야기들은 별개의 전승들이 신명기적 역사에 편입된 사례들이다. 이 선지자들의 이야기는 매우 민간설화적 성격을 보인다. 즉 생동감 넘치는 많은 드라마가 있고, 많은 기적이 있으며, 동물의 흥미로운 행동이 있다. 이 내용이 민간설화로 시작했다는 사실은 두 선지자의 활동을 묘사하는 장면이 많이 겹치는 데서도 알 수 있다. 두 선지자 모두 음식을 늘리고, 가나안 사람인 아합 왕의 아내 이세벨 왕비의 죽음을 예측하고, 물을 가른다. 그러나 여기에 있는 최종 형태에서 두 선지자의 이야기들은 그들에 관한 역사적 보충 설명과 함께 여기저기 흩어져 있고, 또 북왕국 왕들의 역사라는 틀 속에 놓인다. 유대의 신명기 학파는 이 이야기들을 북왕국과 그 왕들을 비난할 목적에 전용했다.

디셉 사람 엘리야(길르앗에 있는 디셉이라는 성읍 출신이다)는 몸에 털이 많고 허리에 가죽 띠를 두른 모습으로 요단강을 건너는 극적인 인물이다. 이 이야기의 끝에서 그는 야훼의 바람으로 하늘로 올라간다(왕하 2:11). 엘리야는 바알을 숭배하는 아합 왕의 아내 이세벨 왕비의 비위를 맞추려 아합 왕이 들여온 바알과 아세라 숭배자들과 싸운다(왕상 21:25). 엘리야의 첫번째 활동은 야훼의 이름으로 가뭄을 선언하는 것이다. 이는 비를 다스리고 땅과 생명의 전반적인 생산력 자체를 지배한다고 믿어졌던 바알에 대한 직접적인 도전이다. 그의 목적은 풍요로움을 지배하는 것은 바알이 아니라 야훼임을 보여주는 것이다. 바알은 북왕국이 멸망할 때까지 북왕국 사람들이 숭배하는 대상이었다는 많은 증거들이 있고, 그들이 바알 숭배와 야훼 숭배 사이에 아무런 갈등을 느끼지 못했을 가능성도 상당하다. 그러나 엘리야의 이야기에서는 배타주의자들이 각 종교를 옹호한다. 왕비 이세벨은 바알의 선지자

450명을 거느리고 야훼의 선지자들을 제거하려 한다. 엘리야 역시 야훼에 대해 열심이고, 야훼 외의 다른 신을 섬기는 것을 허용하지 않는다. 그는 생명을 주는 신은 바알이 아니라 야훼임을 보여주기 위해 야훼의 이름으로 많은 기적—기름과 밀가루가 늘어나는 기적, 죽은 아이를 살리는 기적—을 행한다. 앞 8장에서 설명했듯이 일부 학자들에 따르면 구약성경의 종교(이스라엘-유대 종교와 대비되는 야훼주의)는 기원전 9세기 북왕국에서 바알 숭배를 확립하려는 시도, 또는 바알 숭배와 야훼 숭배를 결합하려는 시도에 극렬하게 반대한 열심 선지자들—다른 어떠한 신도 허용하지 않는 배타적 야훼주의자들인 엘리야와 엘리사 등—의 활동에서 기인한 것으로 보인다.

야훼 숭배와 바알 숭배의 갈등은 열왕기상 18장의 이야기에서 절정에 이른다. 여기서 엘리야는 바알과 아세라의 선지자들과 겨룬다. 극심한 가뭄이 시작되자 엘리야는 이것이 바알 숭배를 대대적으로 들여온 아합의 죄 때문이라고 말한다. 엘리야는 내내 왕을 피하다가 3년후 아합에게 돌아간다. 아합은 엘리야를 보고 "이스라엘을 괴롭게 하는 자여 너냐"라고 말한다(왕상 18:17). 선지자가 대답하기를,

이스라엘을 괴롭게 한 것이 아니라 당신과 당신의 아버지의 집이 괴롭게 하였으니 이는 여호와의 명령을 버렸고 당신이 바알들을 따랐음이라

그런즉 사람을 보내 온 이스라엘과 이세벨의 상에서 먹는 바알의 선지자 사백오십 명과 아세라의 선지자 사백 명을 갈멜산으로 모아 내게로 나아오게 하소서(왕상 18:18~19)

모든 사람들이 모이자 엘리야는 사람들에게 도전한다. "너희가 어느 때까지 둘 사이에서 머뭇머뭇 하려느냐 여호와가 만일 하나님이면 그를 따르고 바알이 만일 하나님이면 그를 따를지니라"(18:21). 아무 말이 없자 엘리야는 극적인 겨루기를 준비한다. 송아지 둘이 도살되고 제단 위에 놓여진다. 하나는 바알에게, 다른 하나는 야훼에게 바쳐진다. 450명의 바알 선지자들은 제물을 태울 불을 보내 달라고 그들의 신을 부르고 엘리야는 자기의 신을 부른다. 불로 대답하는 신이 참 신이다. 바알 선지자들이 "바알이여 우리에게 응답하소서"라고 외치면서 자신들의 신을 아침부터 낮까지 부른다. 그 뒤를 잇는 글은 놀랍도록 풍자적이다.

아무 소리도 없고 아무 응답하는 자도 없으므로 그들이 그 쌓은 제단 주위에서 뛰놀더라

정오에 이르러는 엘리야가 그들을 조롱하여 이르되 큰 소리로 부르라 그는 신인즉 묵상하고 있는지 혹은 그가 잠깐 나갔는지 혹은 그가 길을 행하는지 혹은 그가 잠이 들어서 깨워야 할 것인지 하매

이에 그들이 큰 소리로 부르고 그들의 규례를 따라 피가 흐르기까지 칼과 창으로 그들의 몸을 상하게 하더라

이같이 하여 정오가 지났고 그들이 미친 듯이 떠들어 저녁 소제 드릴 때까지 이르렀으나 아무 소리도 없고 응답하는 자나 돌아보는 자가 아무도 없더라(왕상 18:26~29)

이제 엘리야의 차례이다. 그는 열두 지파를 의미하는 열두 개의 돌을 준비하고, 송아지를 제단 위에 놓고, 제단 주위에 도랑을 파고, 물이 완전히 차서 도랑을 가득 채울 때까지 물을 부으라고 명령한다. 준비를 마친 그는 야훼의 이름을 부른다. 불이 야훼로부터 즉각 내려와서 제물, 나무, 돌, 흙, 물을 태워버린다. 사람들이 무릎을 꿇고 "여호와 그는 하나님이시로다 여호와 그는 하나님이시로다"라고 선언한다. 바알의 선지자들은 붙잡혀 죽임을 당한다.

엘리야는 가뭄이 끝날 것을 예상하는데, 실제로 그의 종이 사람 손만 한 작은 구름이 서쪽에서 올라오고 있다고 보고한다. 하늘이 점점 어두워지고, 강한 바람과 큰 비가 내린다. 가뭄이 끝난다. 여기서 사용되는 말은 보통 폭풍우의 신 바알에 대해 쓰이는 말이기 때문에, 이 풍자 전체의 요점을 명확히 말해준다. 즉, 바알이 아니라 야훼가 진정한 폭풍우의 신이다. 바알이 아니라 야훼가 자연을 지배한다. 야훼는 능력이 있는 반면 바알은 침묵하고 무능하다. 이스라엘의 선택은 명백할 수밖에 없다. 이름이 '나의 하나님은 야훼이다'라는 의미를 가진 엘리야에겐 야훼가 이스라엘을 위한 유일한 신이다.

이세벨은 엘리야를 처형하겠다고 협박하고, 엘리야는 40일 동안 광야로 들어가 야훼가 천둥과 불 가운데 모세와 이스라엘 민족에게 나타났던 장소인 호렙산 또는 시내산에 이른다(많은 학자들이 모세와 엘리야의 많은 유사점을 지적하면서, 엘리야의 전승이 의식적으로 모세의 모델을 따르고 있다고 본다). 시내산에서 엘리야는 절망에 빠진다. 그는 야훼를 위한 싸움에서 실패했다고 생각해 죽기를 바란다. 그는 바위 동굴에 숨는데, 이는 야훼가 지나갈 때 바위틈에서 야훼의 뒷모습을 보는 모세를 연상시킨다. 거기 동굴에 숨은 엘리야 역시 야훼를 만난다.

여호와의 말씀이 그에게 임하여 이르시되 엘리야야 네가 어찌하여 여기 있느냐

그가 대답하되 내가 만군의 하나님 여호와께 열심이 유별하오니 이는 이스라엘 자손이 주의 언약을 버리고 주의 제단을 헐며 칼로 주의 선지자들을 죽였음이오며 오직 나만 남았거늘 그들이 내 생명을 찾아 빼앗으려 하나이다

여호와께서 이르시되 너는 나가서 여호와 앞에서 산에 서라 하시더니 여호와께서 지나가시는데 여호와 앞에 크고 강한 바람이 산을 가르고 바위를 부수나 바람 가운데에 여호와께서 계시지 아니하며 바람 후에 지진이 있으나 지진 가운데에도 여호와께서 계시지 아니하며

또 지진 후에 불이 있으나 불 가운데에도 여호와께서 계시지 아니하더니 불 후에 세미한 소리가 있는지라

엘리야가 듣고 겉옷으로 얼굴을 가리고 나가 굴 어귀에 서매……(왕상 19:9~13)

엘리야는 시내산에서 새 힘을 얻는다. 이스라엘이 야훼와 언약을 맺었던 바로 그 산에서. 그러나 과거에 야훼가 나타날 때는 지진과 바람, 불이 수반되었던 것과 달리 이 이야기는 야훼가 지진에도, 바람에도, 불에도 없고 폭풍우가 잠잠해진 후에야 있다고 주장한다. 이 이야

기는 아마 바로 앞서 갈멜산에서 있었던 엘리야의 이야기와 대조하려는 의도, 또는 그것을 바로잡으려는 의도를 가진 것 같다. 야훼는 바알 대신 폭풍우를 지배하는 존재일 수 있으나 바알과 달리 폭풍우와 동일한 존재는 아니다. 야훼는 자연의 신이 아니며 잠잠한—경건한 소리가 있는 잠잠함—가운데 알 수 있는 신이다.

야훼는 엘리야에게 나타나서, 돌아가 아합에 대한 혁명을 준비하라고 명령한다. 비록 이 임무는 엘리야의 제자이자 후계자인 엘리사에 의해 완수되지만, 이 장면의 중요성은 야훼는 자연의 신이 아니라 역사의 신임을 강조하는 데 있다. 이스라엘의 신은 역사에서 행동하고 또 역사에 나타난 그의 행동을 통해 인간들에게 알려진다. 선지자가 산으로 도피하는 일은 없다. 그는 돌아가 이스라엘 민족을 위한 야훼의 계획 속에 있는 자기의 역할을 다해야 한다.

(3) 기적을 행하는 사람과 왕을 세우는 사람으로서의 선지자

엘리야에 관한 일단의 이야기는 엘리야가 불 수레를 타고 회오리바람으로 하늘로 올라감으로써 끝난다(왕하 2:11). 이 이야기 때문에 엘리야는 결코 죽지 않았고, 메시아를 알리는 사람으로 다시 돌아올 것이라는 전통적인 믿음이 생겼다. 그는 자신의 제자이자 후계자인 엘리사에게 선지자의 겉옷을 남겼다(왕하 2:13). 엘리사의 정치 개입은 중요한 의미를 가지는 동시에 앞서 말한 선지자 역할—왕을 세우고 폐하는 것—을 강조한다. 사무엘이 사울에게 기름 부은 다음 아무도 모르게 다윗에게 기름 부은 것과 같이, 엘리사 역시 아합의 군대 장관 중

한 사람인 예후에게 이스라엘의 왕으로 기름 붓기 위해 사람을 보낸다. 이것으로 예후가 이스르엘에 있는 아합의 모든 가족, 지지자, 측근을 살육하는 유혈 내전이 시작된다. 또한 엘리사는 사무엘과 열왕기에서 엘리야와 마찬가지로 기적을 행하는 선지자의 또다른 역할을 보여준다. 엘리사는 쇠도끼를 떠오르게 하고(왕하 6:6) 죽은 아이를 살리고(왕하 4:32~35) 기름병을 채우며(왕하 4:1~7) 독이 든 국을 먹을 수 있게 하며(왕하 4:38~41), 보리떡 20개로 100명을 먹이고(왕하 4:42~44) 나환자를 낫게 한다(왕하 5장). 이처럼 성인聖人들의 초자연적인 힘을 통해 신의 뜻이 실현되는 전설적인 이야기들은 대중의 종교적 정서를 대변한다. 병들거나 위기에 처했을 때 사람들은 기적을 행하는 성인들에게 의지했던 것이다. 기적을 행하는 은사에 대한 이런 종류의 대중적인 믿음과 심취는 신약성경의 복음서에 매우 두드러지게 나타난다.

(4) 왕의 양심으로서의 선지자

선지자의 마지막 역할은 선지나 나단에 의해 분명히 제시된다. 즉, 나단은 왕의 양심 역할을 하는 선지자의 전형적인 예이다. 사무엘하 11~12장에는 다윗과 밧세바의 극적인 이야기가 있다. 우리아의 아내 밧세바와 다윗의 은밀한 결합으로 밧세바가 임신을 한다. 밧세바가 자기의 아이를 가졌음을 알게 된 다윗은 먼저 자신이 아이 아버지임을 은폐하기 위해 우리아로 하여금 밧세바와 관계를 가지게 하려고 그에게 군사 임무를 떠나는 며칠의 휴가를 허락한다. 충실한 우리아가 이를 거절하자 다윗은 그를 없앨 계획을 세운다. 그는 우리아의 지휘관에게 그를 싸움의 앞에 세운 다음 뒤로 물러서서 그가 노출되어 죽게 하라고 명령한다. 그리고 실제로 모든 것이 계획대로 된다. 이로써 다윗은 간음에 살인을 더하게 된다. 그러나 아무리 왕이라도 야훼의 법 위에 있지 않기 때문에 야훼는 선지자 나단을 보내어 왕에게 우화 하나를 말한다.

한 성읍에 두 사람이 있는데 한 사람은 부하고 한 사람은 가난하니

그 부한 사람은 양과 소가 심히 많으나

가난한 사람은 아무것도 없고 자기가 사서 기르는 작은 암양 새끼 한 마리뿐이라 그 암양 새끼는 그와 그의 자식과 함께 자라며 그가 먹는 것을 먹으며 그의 잔으로 마시며 그의 품에 누우므로 그에게는 딸처럼 되었거늘

어떤 행인이 그 부자에게 오매 부자가 자기에게 온 행인을 위하여 자기의 양과 소를 아껴 잡지 아니하고 가난한 사람의 양 새끼를 빼앗아다가 자기에게 온 사람을 위하여 잡았나이다 하니

다윗이 그 사람으로 말미암아 노하여 나단에게 이르되 여호와의 살아 계심을 두고 맹세하노니 이 일을 행한 그 사람은 마땅히 죽을 자라

그가 불쌍히 여기지 아니하고 이런 일을 행하였으니 그 양 새끼를 네 배나 갚아주어야 하리라 한지라

나단이 다윗에게 이르되 당신이 그 사람이라(삼하 12:1~7)

이렇게 왕을 비난한 나단이 목숨을 부지했다는 사실이 정말 놀랍

다. 선지자가 죽는 대신 다윗이 겸손하게 자기의 죄를 인정하고 회개하는 모습은 다름아니라 구약성경 기록자의 왕정에 대한 시각, 즉 야훼와 그의 가르침에 대한 복종 및 선지자에 대한 복종을 보여준다. 다윗이 자신의 행위에 대한 모든 벌을 피하는 것은 아니다. 야훼는 밧세바가 낳은 아이의 죽음을 결정하고 미래에 다윗 집안 안에 갈등과 배반이 생기게 한다. 그래서 다윗의 아들 암논이 다윗의 딸 다말을 강간하고, 또다른 아들 압살롬이 왕좌를 빼앗으려다 죽게 된다.

열왕기상 21장에서 엘리야는 아합 왕의 양심 역할을 한다. 왕은 나봇이라는 사람의 포도원을 탐낸다. 이세벨이 나봇을 신성모독으로 거짓 고발하여 그가 돌에 맞아 죽고 그의 포도원이 왕에게 넘어간다. 이렇게 정의가 땅에 떨어진 직후 엘리야가 나타나 나봇에 대한 행위를 두고 아합과 그의 자손들에게 재앙을 선포한다. 아합이 자신의 죄를 인정하고 회개하여 그의 벌은 지연되지만, 결국 그는 길르앗 라못 전투에서 죽임을 당한다(왕상 22장). 이러한 이야기들에서 선지자는 왕실과 꽤 대립하고 왕을 괴롭히는 사람 역할을 한다.

문학적 선지자들

고전적 또는 문학적 선지자의 시대는 기원전 8세기의 아모스, 호세아와 함께 시작한다. 마지막 문학적 선지자는 기원전 5세기의 말라기이다. 이들은 기원전 750년부터 430년까지 320년에 걸쳐 이스라엘 민족의 긴급한 위기에 대응했다. 이 선지자들은 네 개의 중요한 시기에 따라 다음과 같이 분류할 수 있다. (1) 앗수르 위기 때의 선지자들 (2)

바벨론 위기 때의 선지자들 (3) 유배 중의 선지자들 (4) 유배 후와 복구 집단의 선지자들이다.

　기원전 8세기 앗수르 제국은 이스라엘과 유다를 위협했다. 선지자 아모스와 호세아는 앗수르 위기 이전과 위기 동안 북왕국에서 예언하고 모세의 언약을 위반한 징벌로써 다가올 임박한 재앙에 대해 경고했다. 722년 이스라엘이 멸망하고 유다가 위협받을 때는 두 명의 유대 선지자 미가와 이사야가 유다 사람들에게 비슷한 메시지를 전했다. 612년 니느웨가 함락되고—나훔이 이 사건을 기록한다—새로운 제국 바벨론이 이 지역의 지배자가 되었다. 유다는 속국 지위로 위축되었으나 반란을 계획하고 이집트의 도움을 구했다. 선지자 하박국과 예레미야는 바벨론 위기 이전과 위기 동안 유다에서 예언했다. 예레미야는 야훼의 의로운 징벌을 대행하는 바벨론에 정치적으로 복종할 것을 촉구했다. 그는 왕국의 멸망을 눈으로 목격했으며 생의 마지막을 이집트에서 보냈다. 6세기 유배 후의 선지자 에스겔은 바벨론에 유배중인 이스라엘 사람들에게 메시지를 전했다. 그는 야훼의 징벌이 정당하다고 주장하는 한편 재건축된 성전과 빛나는 미래의 꿈으로 위로와 격려에 대해 말했다. 6세기 말에 이르러 유배자들의 귀향이 처음 허락되었으나 그들이 마주한 것은 가난과 노역의 가혹한 삶이었다. 이렇게 돌아온 사람들에게 선지자 학개와 스가랴는 더 나은 미래를 약속했는가 하면 5세기의 선지자 요엘과 말라기는 거기에다 종말론적인 희망을 더했다.

　고전적 선지자들이 그들보다 앞서 있었던 이스라엘의 오래된 전승들을 얼마나 많이 기억했는지, 또 후대에 가서 이스라엘의 오래된 전승으로 여겨질 규범과 개념을 그들이 얼마나 많이 만들어냈는지에 대해 오랜 논쟁이 있다.[2] 카우프만은 고전적 선지자들을 야훼 신앙의 기치를 높이 들고 있는 기수로 설명한다.[3] 그의 관점에 따르면 이 선지자들은 보수파였지만 그들의 새로운 예언에는 그 전 시대에는 없었던 사상과 개념이 들어 있었다. 이런 의미에서 그들은 급진파이기도 했다. 그 결과 이 선지자들은 과장되고 극적인 방식으로 이야기해야 했다. 그들은 사람들을 비난하고 꾸짖었으며, 그 대가로 조롱당하거나 심지어 박해를 당했다. 그렇지만 이스라엘 민족은 결국 그들의 말을 신성한 고대 유산으로 간직했고, 이 사실로부터 우리는 그들의 메시지가 정치적·종교적 현실의 변화기에 중요한 역할을 했다는 사실을 알 수 있다.

16
역사적 사건에 대한 선지자들의 반응: 전형적인 예 아모스

읽기: 아모스

문학적 선지서는 두 가지 원칙을 동시에 고려하여 배열된 것으로 보인다. 규모과 연대이다. 첫 세 개의 선지서는 규모가 방대하고 연대 순으로 나타난다(이사야는 8세기 앗수르 위기 시기의 유대 선지자이고, 예레미야는 7~6세기 바벨론 위기 시기의 유대 선지자, 에스겔은 바벨론 위기와 유배 동안의 유대 선지자이다). 규모가 큰 책인 이 세 권에 이어 소선지서로 알려진 12권의 책이 뒤따라온다. 소선지서들의 순서는 대체로 연대순이고 규모도 얼마간 고려되어 있다. 이 장과 다음 몇 장에서는 각 책의 역사적 배경에 세심한 주의를 기울이면서 성경에 있는 순서보다는 연대적 순서에 따라 이 선지서들을 검토하고자 한다.

14장에서 설명했듯이, 신명기적 역사가는 기원전 722년의 위기와 586년의 위기에 대한 해석을 만들어냈으며, 그것이 야훼에 대한 믿음을 잃지 않은 채 이스라엘의 멸망이라는 현실을 받아들일 수 있게 했다. 이스라엘의 멸망과 야훼 민족의 유배는 야훼가 보편적 최고신이 아니라는 증거로 이해되지 않았고, 야훼가 그의 민족과 그의 언약을 버린 신실하지 않은 신이라는 증거로도 이해되지 않았다. 멸망과 유배는 그 정반대를 확증하는 것이었다. 즉, 보편적 신인 야훼는 죄 많은 왕들이 저지른 우상 숭배의 죄 때문에 자기의 민족을 심판하기 위해 다른 민족들을 사용하여 이스라엘 민족의 멸망과 유배라는 벌을 내린 것이다.

이 고전적이고 문학적인 선지자들(이사야, 예레미야, 에스겔, 그리고 몇몇 소선지자들)은 이러한 이스라엘 역사 해석의 근본적인 취지를 추구한다. 그들은 멸망과 유배가 야훼의 보편적 주권에 대한 반증이 아니라 증거이고, 또 죄에 대한 야훼의 정당한 징벌이라는 데 동의한다. 그러나 이들은 두 가지 점에서 신명기적 역사가와 다르다. 첫째, 그들은 민족의 멸망과 유배를 초래한 죄에 대한 원인을 규명하는 데 있어 서로 다르다. 둘째, 그들이 강조하는 미래의 회복과 영광에 관해 다르다.

아모스

첫 문학적 선지자인 아모스는 앗수르의 위협이 분명해지기 전인 기원전 750년경 여로보암 2세의 통치 기간 중 비교적 안정적인 시기에 북왕국 이스라엘에서 설파했다. 짧은 도입부에서(암 1:1) 아모스는 드고아(남왕국 예루살렘에서 약 16킬로미터 떨어져 있다) 출신의 목자로 묘사된다. 7장에서는 그가 "뽕나무를 재배하는 사람"이라는 정보가 추가되고(7:14) 북왕국 왕실의 성소인 벧엘에서 예언을 전하기 위해 야훼의 보냄을 받았다고 기록된다(7:10~16). 아모스는 평범한 목자가 아니라, 교육을 받아 박식하고 땅이나 가축을 소유한 부유한 사람이었던 것으로 보인다. 또한 벧엘의 제사장 아마샤의 반응으로 판단하건대, 북왕국 사람들은 그의 메시지를 싫어했고 그를 남왕국으로 쫓아내려고 했다. 아모스와 아마샤 사이의 갈등은 7장에서 발견된다.

아모스는 네 개의 주요 단원으로 구성된다. (1) 닥칠 재앙에 대한 간략한 예언(암 1~2장), (2) 사마리아 여자들에 대한, 사마리아와 예루살렘의 부요한 사람들에 대한, 그리고 이스라엘 전체에 대한 세 개의 짧은 예언(3~6장), (3) 심판에 관한 다섯 개의 상징적인 환상, 즉 메뚜기, 불, 다림줄, 과일 광주리, 벧엘 제단 곁의 야훼(7:1~9:8), (4) 맺음말(9:8~15)이다. 아모스는 많은 문학적 선지서들이 가지는 전형적인 문학적 주제를 갖고 있다.

(1) 편집자의 메모

아모스의 시작 부분에는 제3자인 편집자의 메모가 있다. "유다 왕 웃시야의 시대 곧 이스라엘 왕 요아스의 아들 여로보암의 시대 지진 전 이년에 드고아 목자 중 아모스가 이스라엘에 대하여 이상으로 받은 말씀이라"(암 1:1). 거의 모든 선지서들에 이런 형태의 소개글이 있어 해당 선지자의 신원, 그가 속한 장소와 시간, 환경이 3인칭으로 서술된다. 이와 같이 우리는 선지서에서 두 종류의 글을 발견한다. 선지자 자신이 1인칭으로 말하는 구절, 그리고 선지자의 예언을 수집한 당시 또는 그후의 제자들이나 다른 사람들이 3인칭으로 기록한 선지자에 관한 구절들이다. 아모스 7장은 3인칭 형태의 또다른 예가 되는 글이다. 여기서 아모스는 벧엘의 성소에서 제사장 아마샤와 뜨거운 논쟁을 벌이는 것으로 묘사된다. 선지서에 있는 이 두번째 특징을 이어 살펴본다.

(2) 다양한 자료들

선지서들은 수집되고, 수정되고, 보완된 다양한 자료들로 구성되어 있다. 오랜 기간에 걸쳐 다양한 상황에서 전해진 선지자의 예언은 선지자 자신이나 그의 제자들에 의해 축적된 후 편집되었던 것으로 보인다. 우리는 앗수르 등 고대 근동 지방의 다른 사회에서도 예언이 기록, 전달되었다는 사실을 안다. 이러한 선지서를 작성하는 특징은 연대적 순서가 없다는 것인데, 선지자나 그 제자들이 연대보다는 어떤 원칙에 따라 여러 예언을 결합했을 것이기 때문이다. 예를 들면 한 예언의 어떤 단어가 다른 예언의 어떤 단어에 대응하게 하는 관련어 원칙을 이용하여 두 예언을 병치하는 기법을 사용할 수 있었다. 가령 아모스 3장 2절의 "내가 땅의 모든 족속 가운데 너희만을 알았나니"라는 기록에서 '알다know'라는 동사는 뒤따라오는 예언의 관련어로 보인다. 뒤따르는 구절은 "두 사람이 뜻이 같지 않은데 어찌 동행하겠으며"라고 기록한다(암 3:3).* 요컨대 선지서는 연대나 내용과 관련한 이유보다도 흔히 문학적인 이유로 서로 연결되는 예언들의 모음집이다. 여호수아

---

* "두 사람이 뜻이 같지 않은데"로 번역된 부분은 '두 사람이 서로 알지 못하는데'로 기록된 원문도 있다(70인역 번역).

에서 열왕기까지의 역사서를 읽을 때처럼 연대적 순서나 서술적 순서를 추정할 수가 없는 것이다.

학자들은 역사에 실존했던 선지자들의 실제 예언이 선지서들에 얼마나 많이 보존되어 있는지 확인하려고 애써왔다. 선지서들이 수정과 보완을 거쳤다는 사실은 의심의 여지가 없다. 즉 아모스의 책에 들어 있는 모든 것이 역사상의 선지자 아모스로부터 오지는 않았다. 삽입과 추가는 대부분의 선지서에서 이루어졌다. 이러한 변화를 가능케 한 것은 선지자들의 말이 계속해서 중대한 의미를 가진다는 믿음이었다. 아모스 2장에 있는 유다의 멸망에 관한 예언이 그러한 믿음으로 설명될 수 있다. 이 예언은 기원전 586년 유다의 멸망 이후에 추가되었을 가능성이 크다(이 주장을 뒷받침하는 문학적 측면은 곧 다시 설명하겠다). 그렇지만 선지자의 글에 대한 보완과 수정은 무차별적이거나 전면적인 것으로는 보이지 않는다. 많은 경우 선지자의 말은 수정 또는 개정되지 않았고, 그래서 예언이 그 이후의 사건과 조화를 이루지 않을 때가 있다. 삽입과 수정은 선지자의 말을 역사의 사건에 맞추려는 열망을 입증하긴 하지만, 예언과 그 이후의 사실 사이의 불일치는 선지자의 말을 충실하게 보존하려는 경향도 잘 보여주는 것이다.

(3) 부름

많은 문학적 선지서의 공통점은 자신의 말을 전하려는 야훼에게 부름 받았다고 함으로써 권위를 확보하는 것이다. 이 부름에 대해 거부할 수 없음은 아모스 3장 5~8절에 잘 나타나 있다. "잡힌 것이 없는데

덫이 어찌 땅에서 튀겠느냐" 하고 엄연한 인과를 강조하는 일련의 속 담을 인용한 후, 성경은 계속해서 "사자가 부르짖은즉 누가 두려워하 지 아니하겠느냐 주 여호와께서 말씀하신즉 누가 예언하지 아니하겠 느냐"라고 말한다.

(4) 은유

아모스는 두 가지 주된 은유—말씀과 환상—를 통해 자신의 예언 을 설명한다. 선지자의 예언은 흔히 '야훼의 말씀이 선지자 X에게 임 하였다'라는 구절로 시작되어, 야훼가 선지자에게 말한 그 말을 선지 자가 반복하고 있다는 느낌을 전한다. 이 은유 뒤에는 야훼가 선지자 와 소통하고, 선지자가 그 소통한 내용을 사람들에게 전달한다는 단순 한 생각이 있다.

아모스는 야훼의 말씀을 듣는 것 이외에도 다른 많은 선지자들과 같이 다양한 환상을 본다(그래서 선지자의 다른 명칭이 선견자이다). 이 환상들은 야훼 자신이 말을 하거나 어떤 행동을 행하는 환상일 때가 있다. 아니면 상징적인 차원에서 중요한 비범한 사건이나 평범한 물건 의 환상일 때도 있다. 아모스 7~9장에서 선지자는 다섯 개의 환상을 본다. 첫째는 야훼가 성전에서 숭배자들을 죽이는 환상이다(9:1). 둘 째는 비범한 것들에 관한 환상으로, 왕이 세금으로 자기의 몫을 가져 간 후 곡식을 먹어치우게 될 메뚜기 재앙이다(7:1~3). 또한 땅에 물을 대주는 지하수를 핥고 그 땅 자체를 위협하는 초자연적인 불이 있다 (7:4~6). 다른 두 개의 환상은 이스라엘에 특별한 의미를 갖는 평범한 물건에 관한 환상이다. 건축가들이 사용하는 다림줄은 이스라엘에 대한 야훼의 심판을 상징하고(7:7~9) 여름 과일 광주리(히브리어로 카이스kayis)는 이스라엘의 종말(히브리어로 케스kes)을 상징하는 재담에 의존한다(8:1~3).

(5) 다양한 문학적 형식

선지자의 글은 다양한 형식을 사용한다. 그중 흔한 형식 하나는 여러 민족에 반대하는 예언이다. 그러한 예언은 아모스에도 있지만 이사야, 예레미야, 에스겔의 대선지서에도 나타난다. 여러 민족들을 맹렬히 비난하는 그러한 예언이 아모스 1장과 2장에 일곱 개 있다. 이 일곱 예언 중 여섯 개는 이스라엘 민족이든 아니든 다른 민족을 잔혹하게 취급한 주변 민족들을 겨냥한다. 그들의 전쟁 잔혹 행위에 대한 응징으로 신의 불이 쏟아져 그들의 왕궁과 요새를 파괴할 것이다. 그런데 뒤에 가서 예언의 방향이 달라진다. 다른 민족을 비난하는 여섯 개의 예언 이후, 아모스는 바로 자기 민족을 향해 말한다. 동일한 신의 능력이 야훼의 민족을 멸망시킬 것이다. 전시가 아니라 평시에 범하는 잔혹함과 잔인함 때문에! 그래서 일곱번째 마지막 예언은 야훼의 분노가 이스라엘을 향하게 될 것이라는 분명 반갑지 않은 충격적인 선언이 된다.

여기서 이스라엘이라는 용어는 물론 애매모호하다. 아모스의 예언은 이스라엘 지파 연합 전체에 대한 것일까? 아니면 북왕국 이스라엘에 대한 것일까? 일부 구절들은 분명히 후자를 가리키지만, 일부 구절들은 민족 전체를 가리키는 것으로 이해될 수 있다. 아모스에는 유다를 겨냥한 예언도 분명 들어 있지만(암 2:4~5), 많은 학자들이 이것을 후대 편집자가 추가한 것으로 본다. 이 주장을 뒷받침하는 중요한 문학적 근거가 있다. 유다를 향한 예언을 빼면, 여섯 개 더하기 한 개의 예언(이방 민족들에 대한 예언 여섯 개와 이스라엘에 대한 예언 한 개)이 있고, 숫자 7은 문학적 구조를 만들어내는 기준이다. 이 6 더하기 1의 패턴은 아모스에 있는 또다른 패턴과 연결된다. 3 더하기 1의 패턴이다(이것을 두 배로 하면 간단히 6 더하기 1의 패턴이 만들어진다). 예를 들어 아모스 1장 3절은 다음과 같다. "다메섹의 서너 가지 죄로 말미암아 내가 그 벌을 돌이키지 아니하리니". 그 밖에도 가사에 관한 1장 6절, 두로에 관한 9절, 에돔에 관한 11절, 암몬 자손에 관한 13절 등에서도 3 더하기 1의 패턴이 사용된다.

아모스에서 사용된 다른 형식들로는 찬가, 노래 또는 애가(마치 이스라엘의 멸망이 기정사실인 것처럼 이스라엘을 위해 슬퍼하는 내용이 대부분이다), 격언이 있다. 특히 과거의 격언이 새로운 상황에 적용되고 그렇게 의미의 변화를 밟는다. 아모스 3~8장에 그런 격언들이 많다. 선지자의 글에서 발견되는 또하나의 문학적 형식은 언약에 관한 소송 또는 논쟁(히브리어로 리브$_{riv}$)이다. 많은 선지서에서 야훼가 이스라엘 민족에 대해 소송을 하는 여러 구절들이 있다. 여기서 이스라엘 민족은 언약을 위반한 것으로 고소당하고 여러 가지 법적 비유가 사용된다. 요컨대 선지자의 글은 이스라엘의 전승 가운데 사용 가능한 모든 영역에서 문학적 형식을 가져오기 때문에 글이 풍성하고 다채로운 조화를 이루고 있다.

앞에서 설명했듯이 아모스는 선지서의 글 곳곳에서 반복될 특정한 주제들을 표현하고 있다는 점에서, 형식과 내용 양면에서 다른 선지서들의 본보기이다. 이 주제들을 카우프만은 다음과 같이 개략했다.

사회적 불공정에 대한 비난

먼저 고전적 선지자들의 글은 당시의 도덕적 타락과 사회적 불공정을 신랄하게 비난하는 특징이 있다.[1] 아모스는 여러 죄를 비난하고 민족 전체—중산층, 정부, 왕, 제사장 계층—의 피상적인 믿음을 공격한다. 모든 선지자와 마찬가지로 아모스는 언약이라는 개념이 야훼와의 특정한 관계뿐만 아니라 동족 간의 특정한 관계를 규정한다고 본다. 사실 이 두 가지는 서로 밀접하게 연결되어 있어서 야훼와 얼마나 가까운지에 대한 증거는 이스라엘 가운데 있는 가난하고 어려운 사람들에 대한 관심이 얼마나 큰가로 나타난다. 아모스는 부유하고 힘 있는 사람들이 가난한 사람들을 대하는 태도를 맹렬하게 비난한다.

사마리아의 산에 있는 바산의 암소들아 이 말을 들으라 너희는 힘 없는 자를 학대하며 가난한 자를 압제하며 가장에게 이르기를 술을 가져다가 우리로 마시게 하라 하는도다

주 여호와께서 자기의 거룩함을 두고 맹세하시되 때가 너희에게 이를지라 사람이 갈고리로 너희를 끌어 가며 낚시로 너희의 남은 자들도 그리하리라

너희가 성 무너진 데를 통하여 각기 앞으로 바로 나가서 하르몬에 던져

지리라 여호와의 말씀이니라(암 4:1~3)

　여기서의 언어유희는 실로 경탄스럽다. 사마리아(북왕국의 수도)의 부유한 여자들이 바산(요단강을 가로지르는 비옥한 초원 지대)의 암소들로 불린다. 신이나 귀족에게 황소, 양, 암소와 같은 용어를 적용하는 것은 가나안의 공통적인 관행이었기에 용어 그 자체에는 잘못이 없다. 그러나 여기서 이 표현의 이중적 의미는 건강한 암소들로 칭송되는 이 여자들이 결국 푸줏간의 광주리에 담긴 고깃덩어리와 같이 되고, 그것이 상하면 쓰레기 더미에 던져지게 된다는 것이다.
　아모스 6장 1절, 4~7절에는 가난한 사람들의 곤경을 무시하는 무책임한 부자들의 나태한 삶을 통렬하게 공격하는 내용이 나온다.

　　화 있을진저 시온에서 교만한 자와 사마리아 산에서 마음이 든든한 자 곧 백성들의 머리인 지도자들이여 이스라엘 집이 그들을 따르는도다……
　　상아 상에 누우며 침상에서 기지개 켜며 양떼에서 어린 양과 우리에서 송아지를 잡아서 먹고
　　비파 소리에 맞추어 노래를 지절거리며 다윗처럼 자기를 위하여 악기를 제조하며
　　대접으로 포도주를 마시며 귀한 기름을 몸에 바르면서 요셉의 환난에 대하여는 근심하지 아니하는 자로다
　　그러므로 그들이 이제는 사로잡히는 자 중에 앞서 사로잡히리니 기지개 켜는 자의 떠드는 소리가 그치리라[2]

도덕적 타락, 탐욕, 상류층의 사치는 아모스 8장 4~6절에서 보듯이 야훼를 분노케 하는 사회적 불공정의 직접적인 원인이다.

> 가난한 자를 삼키며 땅의 힘없는 자를 망하게 하려는 자들아 이 말을 들으라
> 너희가 이르기를 월삭이 언제 지나서 우리가 곡식을 팔며 안식일이 언제 지나서 우리가 밀을 내게 할꼬 에바를[3] 작게 하고 세겔을 크게 하여 거짓 저울로 속이며
> 은으로 힘없는 자를 사며 신 한 켤레로 가난한 자를 사며 찌꺼기 밀을 팔자 하는도다
> 여호와께서 야곱의 영광을 두고 맹세하시되 내가 그들의 모든 행위를 절대로 잊지 아니하리라

선지자들은 극단적인 구성과 과장된 수사를 사용하는 경향이 있다. 이런 수사적인 말들을 제거하면, 이들이 비난하는 범죄는 살인이나 강간, 물리적 폭력이 아니라는 것을 알 수 있다. 그것은 사회적·종교적 도덕성에 관한 명백하고 중대한 위반 행위들이다. 카우프만을 비롯한 학자들이 오랫동안 말해왔듯이, 야훼에게 절대적으로 용납될 수 없는 것으로 비난받는 범죄들, 민족의 멸망과 유배의 원인이 되는 범죄들은 어느 시대, 어느 사회나 있는 보편적인 범죄들이다. 즉, 뇌물을 받고, 무게와 저울을 부당하게 하고, 가난한 사람을 돕지 않고, 빚진 사람의 고통에 무관심한 것이다.

도덕이 갖는 최고 위치

고전적 선지서에서 발견되는 두번째 주제는 도덕이 최고의 위치를 차지한다는 개념, 즉 도덕이 제사에 버금가는 중요한 의무임을 넘어 도덕이 제사보다 우위에 있다는 생각이다.[4] 야훼는 이스라엘에게 제사가 아니라 도덕을 요구한다. 선지자들의 말은 가혹하고 충격적이다. 아모스 5장 21~24절은 야훼가 일인칭으로 직접 하는 말로써 이 개념을 표현하고 있다.

내가 너희 절기들을 미워하여 멸시하며 너희 성회들을 기뻐하지 아니하나니

너희가 내게 번제나 소제를 드릴지라도 내가 받지 아니할 것이요 너희의 살진 희생의 화목제도 내가 돌아보지 아니하리라

네 노랫소리를 내 앞에서 그칠지어다 네 비파 소리도 내가 듣지 아니하리라

오직 정의를 물같이, 공의를 마르지 않는 강같이 흐르게 할지어다.

공허한 믿음과 온전한 의도가 없는 제사 행위에 대한 비난은 선지자의 글에서 반복적으로 강조된다. 아모스에게 불의는 신성모독이고, 언약을 온전히 이루는 것이 최고의 중요성을 가진다. 온전함이 없는 종교적·의식적 의무 이행은 웃음거리에 지나지 않는다.

부도덕한 사람들의 종교 활동에 대한 이러한 선지자의 비판은 어떤 경우에는 더 나아간다. 아모스에서는 이 개념이 아직 완전히 형성되지

않지만, 일부 선지자들은 단지 부도덕한 사람들의 종교 행위뿐 아니라 민족 전체의 종교 행위를 부정하는 것처럼 보인다. 의로운 사람들이 제대로 제사를 드린다고 해도 그 제사는 야훼에게 본질적이거나 절대적인 가치가 없다(미 6:1~8 참조). 제사 문제에 집중하는 문헌에서까지 과거 이러한 견해를 가졌던 사람들이 발견된다는 데 주목할 필요가 있다. P 문서와 같은 문헌들은 제사를 신이 요구하는 것으로 보는 것이 아니라 신의 은혜에 대한 표현으로 보는 것이다. P 문서에서 제사는 다른 문화에서와 달리 야훼에게 실질적인 가치를 가지지 않고 그의 활동에 영향을 주지 않는다. 제사는 야훼에게 나아가는 의식적 통로로 주어졌고, 또한 사람을 야훼로부터 잠시 분리시킨 행동이나 부정한 것에 대해 속죄하는 도구로 인간에게 주어졌던 것이다. 따라서 도덕을 최고 지위에 두려는 선지자의 원칙은 제사는 무조건 효과가 있다는 대중적인 추측에 대한 반응으로 볼 수 있다.

카우프만을 비롯한 학자들에 따르면, 선지자들은 도덕을 근본적으로 신에게 속한 것으로 보면서 도덕을 종교적 절대 가치의 수준으로 끌어올렸다.[5] 이들에게는 도덕적 속성이 야훼 그 자신의 본질이다. 인간에게 공평과 의로움과 자비를 요구하는 그는 그 자신이 공평하고 의롭고 자비롭다. 그렇다면 도덕적인 사람은 은유적으로 신의 성품을 공유한다고 말할 수 있다. 이교도 종교는 인간을 신격화(사후에 또는 심지어 살아 있는 동안에 신적인 존재로의 실제적인 변화)하려고 했던 반면, 이스라엘의 종교는 신의 영역과 인간의 영역이 분리되어 있기 때문에, 사후에든 생전에든 그러한 생각은 품을 수 없었다. 그러나 이스

라엘의 종교는 야훼의 도덕적 행동을 닮음으로써 그와 같이 되어야 한
다고 요구했다.

이스라엘 민족 역사에서 도덕의 역할

카우프만이 강조하는 문학적 선지서의 세번째 특징은 선지자들의
역사관과 722년과 586년의 비극적인 사건에 대한 그들의 해석인데,
도덕의 지위를 끌어올리는 데 초점을 맞추는 해석이다.[6] 선지자들은
도덕—평범한 일상적 도덕—이 민족의 역사를 결정하는 요인이라고
주장했다. 야훼의 언약을 받아들인 이스라엘에게는 종교적·도덕적 의
무가 주어졌으며, 언약을 범하면 벌을 받아야 한다는 것이다.

앞서 14장에서 검토한 신명기적 관점에 따르면, 이스라엘 민족이
범한 것으로 유일하게 지목되는 결정적인 죄는 우상 숭배의 죄, 특히
이스라엘의 왕들이 조장했던 우상 숭배의 죄이다. 이에 따라 신명기적
역사가는 두 왕국의 비극적인 역사를 이스라엘 왕들이 주도한 일련의
우상 숭배로 인한 징벌로 제시한다. 다시 말해 이스라엘은 도덕적 죄
와 다른 종교적 죄로도 벌을 받지만, 민족의 멸망과 유배라는 징벌을
초래하는 것은 오직 다른 신을 숭배한 죄이다. 열왕기하 17장에 예시
된 신명기적 역사가의 관점은 민족을 멸망에 이르게 하는 원인으로 엄
밀한 의미의 도덕적 죄를 언급하지 않는다. 우상 숭배만을 언급한다.

반면에 고전적 선지자의 관점은 이스라엘의 역사는 종교적 요인과
함께 도덕적 요인으로도 결정되기 때문에, 이스라엘 민족은 우상 숭배
뿐만 아니라 도덕적 결함에 대해서도 벌을 받는다는 것이다. 그렇다면

야훼가 살인, 폭력 같은 중대한 도덕적 죄에 대해 한 세대를 심판할 것이라는 말(홍수 세대와 소돔과 고모라 세대도 그래서 멸망했다고 기록되었다)은 놀랍지 않더라도, 선지자들은 흔히 있는 사소한 죄 때문에 이스라엘 민족이 심판받았다고 주장했다. 이것이 멸망과 유배의 원인이 되었던 죄다.

여호와께서 이와 같이 말씀하시되 이스라엘의 서너 가지 죄로 말미암아 내가 그 벌을 돌이키지 아니하리니 이는 그들이 은을 받고 의인을 팔며 신 한 켤레를 받고 가난한 자를 팔며

힘 없는 자의 머리를 티끌 먼지 속에 발로 밟고 연약한 자의 길을 굽게 하며……(암 2:6~7)

이것은 이스라엘에 닥친 비극에 대한 신명기적 해석과 선지자적 해석 간의 첫번째 차이이다. 선지자들에게 민족의 비극은 죄에 대한 신의 징벌인데, 단지 우상 숭배의 죄만이 아니라 작고 사소한 모든 죄에 대한 징벌이다. 모든 죄는 이스라엘에게 특별히 주어진 언약의 법 조항을 위반하는 것이기 때문이다.

이스라엘의 선택받음과 계속되는 축복에는 도덕적 책임이 수반되어야 한다고 선지자들이 강조할 때, 이들은 고대의 전승을 얘기하고 있는 것일까? 아니면 이들이 그러한 생각을 창시했고 그것이 나중에 이스라엘 민족의 신화적인 기원 이야기에 삽입된 것일까? 이 문제는 학자들 사이에 뜨겁게 논쟁되고 있고 곧 해결될 것 같지 않다. 어쨌든

이스라엘의 종교에서 도덕이 최고 지위를 차지한 시점은 최소한 기원전 8세기, 가장 이른 선지자들의 시대로 거슬러올라가고 어쩌면 그 이전의 선례가 있을 수 있다는 사실을 유념할 필요가 있다. 그런 생각이 꼭 유배 기간에 시작되었을 가능성은 거의 없고 신명기적 역사가가 아무런 근거도 없이 만들어냈을 가능성도 거의 없다.

위로와 희망

이스라엘 역사에 대한 신명기적 역사가와 선지자의 해석에 나타나는 또하나의 중요한 차이는 선지자의 심판에 관한 메시지에는 희망과 위로의 메시지가 짝지어 있다는 사실에 있다. 심판과 위로가 결합된 이 주제는 종말론적인 구절에서 표현된다.

고전적 선지서는 이스라엘의 종말론(종말론이란 끝 또는 종말에 관한 설명이다)에 새로운 내용을 제공했다. 이들은 사람들이 당연히 받아야 할 벌을 받으리라고 변함없이 경고했다. 사실 야훼의 날에 대한 사람들의 간절한 기대는 어리석은 것이었다. '야훼의 날'은 미래의 어느 날 야훼가 이스라엘을 위해 세상의 일에 개입하고, 이스라엘의 대적을 물리치고 승리하여 이스라엘의 옛 영광을 회복할 것이라는 고대 이스라엘의 대중적인 생각을 말한다. 대중이 생각하는 야훼의 날은 이스라엘을 위한 승리의 날이고 대적에 대한 복수의 날이었다. 사람들은 그날을 간절히 바랐고, 그날이 빛의 날, 승리의 날, 축복의 날이 되리라고 확신했다(아래의 암 5:18~20 참조). 그러나 선지자들은 다른 이야기를 말했다. 만약 이스라엘이 행동을 바꾸지 않는다면 야훼의 날은 이스라엘을 위한 승리의 날이나 이스라엘의 대적에 대한 복수의 날이 아니라, 야훼가 최종적으로 사람들에게 책임을 묻는 멸망과 심판의 어두운 날이 될 것이라고 말했다. 고전적 선지자들은 야훼의 날에 대한 대중적 관념을 민족이 승리하는 날에서 민족이 심판받는 날로 바꾸었다.

여호와의 날을 사모하는 자여 너희가 어찌하여 여호와의 날을 사모하느냐 그날은 어둠이요 빛이 아니라

마치 사람이 사자를 피하다가 곰을 만나거나 혹은 집에 들어가서 손을 벽에 대었다가 뱀에게 물림 같도다

여호와의 날은 빛 없는 어둠이 아니며 빛남 없는 캄캄함이 아니냐(암 5:18~20)

아모스 8장 9~10절에도 절망적인 환상이 묘사된다.

주 여호와의 말씀이니라 그날에 내가 해를 대낮에 지게 하여 백주에 땅을 캄캄하게 하며

너희 절기를 애통으로, 너희 모든 노래를 애곡으로 변하게 하며 모든 사람에게 굵은 베로 허리를 동이게 하며 모든 머리를 대머리가 되게 하며 독자의 죽음으로 말미암아 애통하듯 하게 하며 결국은 곤고한 날과 같게 하리라

야훼의 날이 이스라엘에 대한 심판의 날로 변하는 그 중심에는 야

훼가 역사의 신이라는 개념의 확장이 있다. 역사의 신 야훼는 모든 민족의 운명과 활동을 지배하고 모든 민족을 소환하여 심판할 수 있다는 주장은 새로운 생각이 아니었다. 선지자들이 이의를 제기한 부분은 이방 민족에 대한 야훼의 개입은 언제나 이스라엘을 위한 것이라는 가정, 또는 야훼는 이방 민족을 심판하고 응징하고 이스라엘에 굴복시키는 방식으로만 그들을 지배한다는 가정이었다. 선지자들은 충격적이고 놀라운 주장으로 여겨질 만한 생각으로 이런 전통적인 믿음에 도전했다. 야훼는 당연히 역사의 신이고 모든 민족에게 관여하지만, 이방 민족에 대한 그의 개입은 단순히 그들을 이스라엘에 굴복시키는 것으로 확장되지 않는다. 만일 필요하다면, 더 정확히는 만일 이스라엘이 벌을 받아야 한다면, 야훼는 이스라엘에 대항하는 이방 민족을 일으켜 이스라엘을 심판할 것이다.

아모스의 마지막 장은 이스라엘의 완전한 멸망에 대한 계획을 선포함으로써 시작한다. "내가 그 남은 자를 칼로 죽이리니 그중에서 한 사람도 도망하지 못하며 그중에서 한 사람도 피하지 못하리라"라고 야훼는 말한다(암 9:1). 땅 아래든, 하늘이든, 바다 밑이든 어디 숨든지 야훼는 그들을 끌어내어 죽일 것이다. 그렇다면 언약은 어떻게 되는가? 언약은 특권이나 안전에 대한 보증이 아니다. 다시 말하지만, 아모스가 생각하는 언약의 주된 기능은 그것을 위반하면 혹독한 벌을 받으리라는 행동 규정을 이스라엘이 잘 지키게 하는 것이다. 그래서 아모스 9장 7~8절은 야훼의 눈에 이스라엘은 다른 모든 민족들과 별반 다르지 않다는 놀라운 주장을 펼친다. 야훼가 이스라엘을 높였다면 그는 이스라엘을 낮출 수도 있는 것이다.

여호와의 말씀이니라 이스라엘 자손들아 너희는 내게 구스 족속 같지
아니하냐 내가 이스라엘을 애굽 땅에서, 블레셋 사람을 갑돌에서, 아람 사
람을 기르에서 올라오게 하지 아니하였느냐
보라 주 여호와의 눈이 범죄한 나라를 주목하노니 내가 그것을 지면에
서 멸하리라

아모스가 살던 때(기원전 750년)는 이스라엘 민족의 자신감이 점점
높아져 야훼가 정말 그들과 함께 있다고 믿던 평화와 번영의 시기였음
을 기억해야 한다. 아모스는 이스라엘이 겉으로는 건강해 보이지만 사
실은 병들었다고 확신했다. 사회 범죄와 언약에 대한 의무를 지키는
못하는 불충의 죄를 지으면서 이스라엘은 파멸의 길을 향해 갔다. 아
모스는 그 시대의 낙관주의 때문에 심판의 메시지를 강조했다. 나중의
절망적인 시대의 선지자들은 그보다 많은 희망의 메시지를 제공한다.
하지만 아모스는 메시지는 가혹하더라도 자기의 목적이 민족의 개혁
과 방향 전환임을 확실히 표현한다.

너희는 살려면 선을 구하고 악을 구하지 말지어다 만군의 하나님 여호
와께서 너희의 말과 같이 너희와 함께 하시리라
너희는 악을 미워하고 선을 사랑하며 성문에서 정의를 세울지어다 만
군의 하나님 여호와께서 혹시 요셉의 남은 자를 불쌍히 여기시리라(암

5:14~15)

이 구절의 마지막 문장에서 아모스의 체념을 암시하는 "혹시"라는 말이 중요하다. 그의 메시지에서 무엇보다 중요한 것은 징벌의 불가 피성이다. 이것이 대부분의 학자들이 아모스의 마지막 구절(9:8 하반 절~15절)을 후대의 편집자가 추가한 부분으로 추측하는 근거이다. 또 다른 근거는 이 구절이 아모스의 시대 이후 150년이 지나서 일어난 사 건인 유대와 다윗의 집의 멸망을 명백하게 언급한다는 점이다. 아마도 이 간략한 맺음말은 아모스의 메시지에 있는 침울함과 비관주의를 완 화하기 위해 추가되었을 것이다. 여기서 이 선지자 편집자는 갑자기 방향을 180도 바꾼다. 9장 8절 상반절에서 "보라 주 여호와의 눈이 범 죄한 나라를 주목하노니 내가 그것을 지면에서 멸하리라"로 끝나는 완 전하고 치명적인 심판에 관한 예언이 같은 절 하반절에서 곧바로 희석 되고 어쩌면 상충되기까지 한다.

그러나 야곱의 집은 온전히 멸하지는 아니하리라 여호와의 말씀이니라

보라 내가 명령하여 이스라엘 족속을 만국 중에서 체질하기를 체로 체 질함같이 하려니와 그 한 알갱이도 땅에 떨어지지 아니하리라

내 백성 중에서 말하기를 화가 우리에게 미치지 아니하며 이르지 아니 하리라 하는 모든 죄인은 칼에 죽으리라

그날에 내가 다윗의 무너진 장막을 일으키고 그것들의 틈을 막으며 그 허물어진 것을 일으켜서 옛적과 같이 세우고……

여호와의 말씀이니라 보라 날이 이를지라…… 산들은 단 포도주를 흘리며 작은 산들은 녹으리라……

그들이 황폐한 성읍을 건축하여 거주하며…… 과원들을 만들고 그 열매를 먹으리라

내가 그들을 그들의 땅에 심으리니 그들이 내가 준 땅에서 다시 뽑히지 아니하리라 네 하나님 여호와의 말씀이니라(암 9:8 하반절~11, 13~15)

다시 말해서 이스라엘에 대한 야훼의 징벌은 이야기의 끝이 아니다. 그 고통에는 목적이 있기 때문이다. 고통은 이스라엘을 단련하고 불순물을 제거하기 위한 방법이다. 오직 죄인들만 벌을 받을 것이고, 남은 사람―아마도 의로운 사람―은 살아남도록 허락될 것이다. 그리고 때가 되면 그 남은 사람은 회복될 것이다.

결론

아모스는 북왕국의 구체적인 상황을 다루는 일련의 예언이 있는 책이다. 이 예언은 후대 편집자의 시각을 반영하는 일부 추가 글에 영향을 받았다. 아모스의 기본적인 메시지는 모든 죄와 도덕적 결함은 야훼에 의해 민족적 수준에서 처벌된다는 것이다. 사람들은 북왕국이 멸망하자 아모스의 말이 성취되었음을 깨달았다. 앗수르는 야훼의 정당한 응징을 위한 도구였던 것이다. 아모스의 말은 유다에서 보존되었고, 유다가 멸망한 후에는 후대 편집자가 그 시대의 현실을 반영하는 몇몇 중요한 구절을 추가했다. 유다에 대한 예언이 들어 있는 아모스

2장 4절과 다윗의 무너진 장막을 일으킬 미래의 날("그날에")을 언급하는 아모스 9장 8절 하반절~15절이 그것이다. 이후의 문학적 선지자들은 아모스에 나타난 주제 중 많은 것들을 계속 추구하는 동시에 역사적 환경 변화에 대처하기 위해 새로운 생각을 발전시킨다.

17

앗수르 위기에 관한 예언:
호세아와 이사야 1서

읽기: 호세아 1~14장, 이사야 1~12장, 28~33장, 36~39장

호세아

북왕국 태생의 선지자 호세아는 여로보암 2세(기원전 747년까지 통치) 시대에 예언하고 이름이 같은 이스라엘의 마지막 왕 호세아 시대까지 활동한 것으로 기록된다. 호세아는 722년 이스라엘의 멸망을 목격하지 않았던 것 같다. 호세아는 가장 어려운 선지서 중 하나로, 원문이 매우 변질되어 있고 때때로 히브리어 원문을 이해하기가 불가능하다. 1~3장은 야훼와 이스라엘의 관계에 대한 비유로 호세아와 음란한 여자의 결혼을 이야기한다. 4~14장에는 이스라엘에 대한 고발 또는 소송과 이스라엘의 정치적·종교적 문제에 관한 논평이 들어 있다. 이 장은 호세아 1~4장에 초점을 맞춘다.

호세아의 역사적 배경은 앗수르의 위협이다. 기원전 8세기 앗수르

는 고대 근동 지방의 작은 국가들을 정복하고 있었고, 이스라엘도 머지않아 그렇게 될 처지에 있었다. 호세아가 취한 입장은 앗수르의 손에 당할 패배를 피하려는 이스라엘 왕실의 시도를 비난하는 것이었다. 그는 만일 앗수르가 이스라엘을 정복한다면 그것은 야훼의 정당한 징벌이 될 것이라고 선포했다. 이 징벌을 피하거나 벗어나려는 노력은 야훼와 그의 계획과 목적을 또다른 형태로 거부하는 것이다. 필연적인 일에 저항하는 것은 야훼의 능력을 신뢰하지 않는다는 사실을 보여주는 것이었다. 호세아 1장 6~7절은 이런 관점에서 이스라엘과 유대를 비교한다.

> 내가 다시는 이스라엘 족속을 긍휼히 여겨서 용서하지 않을 것임이니라
> 그러나 내가 유다 족속을 긍휼히 여겨 그들의 하나님 여호와로 구원하
> 겠고 활과 칼이나 전쟁이나 말과 마병으로 구원하지 아니하리라

이 태도는 아주 놀라운 것이다. 아무것도 하지 말라는 주장은 분명 허무주의적이거나 반역적인 것으로 보였을 테지만 사실은 급진적인 믿음의 한 형태였다. 이스라엘은 선택에 직면했다. 인간 통치자들과 그들의 군대를 믿어야 하는가, 아니면 이스라엘의 신을 믿어야 하는가? 호세아 10장 13절은 야훼를 신뢰하기보다 인간을 신뢰하는 것에 관한 이 주제를 설명한다.

> 너희는 악을 밭 갈아 죄를 거두고 거짓 열매를 먹었나니 이는 네가 네

길과 네 용사의 많음을 의뢰하였음이라

호세아는 임박한 재앙에 대한 생각에 사로잡혀 있는 책으로, 8장
7절이 그것을 잘 보여준다.

그들이 바람을 심고 광풍을 거둘 것이라 심은 것이 줄기가 없으며 이삭
은 열매를 맺지 못할 것이요 혹시 맺을지라도 이방 사람이 삼키리라

불가피한 비극이라는 이 압도하는 주제 때문에 흔히 호세아는 극심
한 암울함을 그리는 우울한 책으로 평가된다. 분명 호세아의 메시지는
암울하고, 때때로 그는 이스라엘 민족이 야훼에게 죗값을 치러야 하기
때문에, 희망이 아주 없다고 말한다. 그러나 우리는 이러한 평가를 전
적으로 받아들이기 전에 이 책에 있는 일부 다른 주제들을 더 자세하
게 살펴보아야 한다.

호세아는 아모스를 따라 이스라엘에 팽배한 도덕적 타락과 사회적
불공정을 비판한다. 호세아 4장 1~3절은 이 비난을 공적 논쟁 또는 소
송의 형태로 표현한다. 여기서 야훼는 언약 위반에 대해 이스라엘을 상
대로 논쟁을 제기한다. 이 구절에 언약이라는 용어는 생략되어 있다.

이스라엘 자손들아 여호와의 말씀을 들으라 여호와께서 이 땅 주민과
논쟁하시나니 이 땅에는 진실도 없고 인애도 없고 하나님을 아는 지식도
없고

오직 저주와 속임과 살인과 도둑질과 간음뿐이요 포악하여 피가 피를
뒤이음이라

그러므로 이 땅이 슬퍼하며 거기 사는 자와 들짐승과 공중에 나는 새가
다 쇠잔할 것이요 바다의 고기도 없어지리라.

그렇지만 호세아는 사회적 불공정이라는 주제를 강조한 아모스와
다르다. 호세아에서 더 눈에 띄는 것은 이스라엘의 종교적 불신앙 또
는 우상 숭배에 대한 비난이다. 그는 이스라엘이 우상과 음란한 관계
를 맺고 그것에 탐닉하는 것을 선정적인 말로 묘사한다. 호세아는 사
람들의 음란함을 막지 못한 지도층—제사장과 왕 모두—을 비난하
고, 제사가 사람들로 하여금 야훼를 진정으로 경배하지 못하게 한다고
제사를 비난한다.

호세아 1~3장에서 야훼와 이스라엘의 관계를 묘사하는 데 사용된
비유 중 가장 눈에 띄는 것은 이스라엘을 부정한 아내, 간음하는 아내
로 표현하는 결혼의 비유이다. 이스라엘의 간음은 바알 숭배이다(구
약성경의 여러 글이 북왕국을 바알을 많이 섬기는 곳으로 묘사한다). 3인
칭으로 서술되는 1장에서 야훼가 호세아에게 창녀와 결혼하라고 하는
명령은 야훼 자신이 부정한 아내와 결혼했음을 상징한다. "너는 가서
음란한 여자를 맞이하여 음란한 자식들을 낳으라 이 나라가 여호와를
떠나 크게 음란함이니라"(호 1:2). 호세아는 고멜이라는 이름의 창녀와
결혼한다. 때가 되자 그의 아내는 세 명의 아이를 낳고, 그들은 이스라
엘의 불신앙에 대한 야훼의 분노를 상징하는 불길한 이름을 갖는다.

이스르엘이라는 이름은 이스르엘에서 아합의 집을 살육한 데 대해 예후의 집을 징벌할 것이라는 것을 뜻하고, 로루하마라는 이름은 야훼가 이스라엘의 집을 더이상 사랑하지도 용서하지도 않을 것이기 때문에 '사랑/용서받지 못한다'는 뜻이고, 로암미는 '나의 백성이 아니라'는 뜻의 이름으로, 야훼가 언약의 합의를 종료했고 자신의 백성을 거부했다는 사실을 가리킨다. 이것보다 더 극명하고 충격적으로 언약을 부정하는 방법도 없었을 것이다.

3장에는 음녀와 결혼하라는 야훼의 명령을 호세아 자신이 일인칭으로 설명하는 내용이 들어 있다. 여기서 음녀는 이스라엘의 상징으로, 다수의 신들과 관계 맺던 생활에서 나와, 자신의 습관적인 행위에 반하여 하나의 신에게 지속적으로 충실할 것을 요구하는 결혼 계약을 맺는다. 1장이 아내/이스라엘의 충실함에 초점을 맞춘다면 3장은 아내의 부정에도 불구하고 변치 않는 남편/야훼의 사랑에 초점을 맞춘다. 1장과 3장 사이에는 부정한 아내 이스라엘에 대한 비난과 야훼의 공식 이혼 선언이 끼어 있다. "그는 내 아내가 아니요 나는 그의 남편이 아니라"(호 2:2).

호세아는 심판의 예언과 구원의 예언이 뚜렷하게 번갈아 나타난다는 점에서도 아모스와 다르다. 1~3장은 태어날 때부터 버림받은 세 아이에 대한 애정 어린 화해와 구원에 대한 희망이 없이 끝나지는 않는다. 호세아가 그의 부정한 아내와 재결합하듯, 야훼는 그의 변치 않는 사랑 때문에 자신의 부정한 아내와 그가 거부했던 아이들과 화해할 것이다.

보라 내가 그를 타일러 거친 들로 데리고 가서 말로 위로하고

거기서 비로소 그의 포도원을 그에게 주고 아골 골짜기로 소망의 문을 삼아주리니 그가 거기서 응대하기를 어렸을 때와 애굽 땅에서 올라오던 날과 같이 하리라

여호와께서 이르시되 그날에 네가 나를 내 남편이라 일컫고 다시는 내 바알이라 일컫지 아니하리라[1]

내가 바알들의 이름을 그의 입에서 제거하여 다시는 그의 이름을 기억하여 부르는 일이 없게 하리라

그날에는 내가 그들을 위하여 들짐승과 공중의 새와 땅의 곤충과 더불어 언약을 맺으며 또 이 땅에서 활과 칼을 꺾어 전쟁을 없이하고 그들로 평안히 눕게 하리라

내가 네게 장가 들어 영원히 살되 공의와 정의와 은총과 긍휼히 여김으로 네게 장가 들며

진실함으로 네게 장가 들리니 네가 여호와를 알리라

여호와께서 이르시되 그날에 내가 응답하리라 나는 하늘에 응답하고 하늘은 땅에 응답하고

땅은 곡식과 포도주와 기름에 응답하고 또 이것들은 이스르엘에 응답하리라.

내가 나를 위하여 그를 이 땅에 심고 긍휼히 여김을 받지 못하였던 자를 긍휼히 여기며 내 백성 아니었던 자에게 향하여 이르기를 너는 내 백성이라 하리니 그들은 이르기를 주는 내 하나님이시라 하리라(호 2:14~23)

이처럼 호세아는 이스라엘이 회개하지 않을 경우 가까운 미래에 있게 될 비관적인 모습과 함께 위로의 메시지도 제공한다(일부 학자들은 이 위로가 후대 편집자의 추가 글이라고 주장한다). 우리는 이미 아모스에서 살아남게 될 남은 자들에 관한 생각을 보았다. 이 생각과 호세아의 화해에 대한 생각은 야훼가 자신의 백성을 영원히 버릴 수 없고 또 버리지 않을 것이라는 믿음에서 나온다.

심판과 희망, 재앙과 화해에 대한 호세아의 복합적인 메시지는 이스라엘 전승의 두 가지 언약 개념과 연결해볼 수 있다. 선지자들은 야훼가 조상들과 맺은 언약을 무조건적이고 돌이킬 수 없는 것으로 인식했다. 그 언약은 다윗의 집으로 성취되었고 그 이후로도 다윗의 집과 관련되어 있었다. 이 언약이 시온의 불가침성에 대한 믿음, 그리고 야훼는 자신의 백성을 결코 버리지 않는다는 믿음에 근거를 제공했다. 다른 한편으로 선지자들은 일련의 도덕적, 종교적, 사회적 법을 지키라는 조건하에 맺은 시내산 언약도 강조했다. 이 법을 범하면 벌을 받게 된다. 선지자들은 두 언약 전승에 있는 주제를 동시에 활용했다. 즉, 이스라엘이 언약을 위반하면 야훼가 규정한 저주―민족의 멸망과 유배―가 따를 것이다. 그러나 무조건적 언약이 있기 때문에, 현재나 미래에 야훼와의 관계가 불화로 끝나거나 그 불화가 회복 불가능한 것이 결코 아니다. 이스라엘은 잠깐 불화하더라도 영원히 야훼의 백성이다.

이러한 선택의 개념, 즉 그것은 야훼가 그저 조건 없이 은혜와 사랑을 주는 행위이지 이스라엘 사람들이 어떤 특별한 공로가 있어 선택받은 것이 결코 아니라는 개념이 호세아의 위로의 메시지를 뒷받침한다.

호세아는 야훼가 이스라엘을 향해 품고 있는 그 특별하고 떼어놓을 수 없는 사랑을 사무치는 감동적인 모습으로 표현한다. 야훼는 감사할 줄 모르고 반항하는 아이를 훈계해야 하지만 그 아이를 결코 버릴 수 없다.

이스라엘이 어렸을 때에 내가 사랑하여 내 아들을 애굽에서 불러냈거늘

선지자들이 그들을 부를수록 그들은 점점 멀리하고 바알들에게 제사하며 아로새긴 우상 앞에서 분향하였느니라

그러나 내가 에브라임에게 걸음을 가르치고 내 팔로 안았음에도 내가 그들을 고치는 줄을 그들은 알지 못하였도다.

내가 사람의 줄 곧 사랑의 줄로 그들을 이끌었고 그들에게 대하여 그 목에서 멍에를 벗기는 자같이 되었으며 그들 앞에 먹을 것을 두었노라……

에브라임이여 내가 어찌 너를 놓겠느냐 이스라엘이여 내가 어찌 너를 버리겠느냐

내가 어찌 너를 아드마같이 놓겠느냐 어찌 너를 스보임같이 두겠느냐 내 마음이 내 속에서 돌이키어 나의 긍휼이 온전히 불붙듯 하도다

내가 나의 맹렬한 진노를 나타내지 아니하며 내가 다시는 에브라임을 멸하지 아니하리니 이는 내가 하나님이요 사람이 아님이라 네 가운데 있는 거룩한 이니 진노함으로 네게 임하지 아니하리라(호 11:1~4, 8~9)

호세아는 신의 마음속에서 벌어지는 격렬한 갈등, 분노와 사랑 사이의 갈등에서, 결국 사랑이 이겨 이스라엘(에브라임으로도 불린다)을

포기하지 않을 그 갈등을 표현하고 있다. 우리는 각 선지자가 이러한 두 가지 언약 사이의 긴장을 유지하면서도 사람들이 처한 상황에 따라 둘 중 어느 한 쪽을 강조하는 것을 보게 될 것이다. 즉 평안한 시기에 사람들이 시내산 언약을 위반할 때 선지자들은 이스라엘에 닥칠 징벌을 강조하고 야훼의 영원한 언약은 중요시하지 않는다. 절망과 고통의 시기에는 고난의 원인으로 언약 위반을 들면서도 야훼의 이스라엘에 대한 영원한 사랑을 강조하면서 더 나은 미래에 대한 희망을 제시한다.

이사야 1서

이사야는 가장 긴 선지서이고, 많은 구절이 예수를 상징적으로 가리킨다고 해석되어 기독교에서 가장 많이 인용하는 구약성경 책들 중 하나이다. 예루살렘 출신인 역사상의 선지자 이사야는 아모스, 호세아와 동시대 사람이다. 그러나 이사야는 그들보다 오래, 50여 년간 활동했다(기원전 742~690년경). 아모스나 호세아와 달리 이사야는 남왕국에서 예언했다. 그 시기는 앗수르 제국이 이스라엘을 위협, 정복하고 이어서 웃시야부터 히스기야 시대까지 유다를 위협하던 때였다.

선지서들이 해당 선지자나 그 제자들이 편집한 예언 모음집이라는 주장의 분명한 예가 이사야이다. 이사야에는 다른 선지서에서 발견되는 자료들이 반복되고 있다. 이사야 2장 2~4절은 미가 4장 1~3절을 글자 그대로 반복한다. 이사야 15~16장은 예레미야 48장과 동일하다. 이러한 반복은 원래 자유롭게 회람되던 선지자 글들이 둘 이상의 선지서에 편입되면서 발생했다.

이사야의 기본 구조는 다음과 같다.

1~11장: 유다와 예루살렘에 관한 일인칭 시점의 이야기와 여러 예언이 들어 있는 이사야의 회고록. 이 장들을 대체로 약 742년부터 732년까지 이사야의 초기 활동을 반영하고 있다.

12장: 찬송가

13~23장: (아모스와 호세아에서도 발견되는) 이방 민족에 대한 일단의 예언

28~33장: 유다와 에브라임(이스라엘의 별칭), 대이집트 관계에 관한 다방면의 예언. 이사야의 활동 후반기(약 715~701년)에 해당하는 글로, 앗수르 위기 동안 유다 왕 히스기야를 향한 권고도 들어 있다.

36~39장: 열왕기하 18~20장(신명기적 역사)과 유사한 이사야와 히스기야에 관한 3인칭 관점의 역사 이야기

이 밖의 글은 예루살렘 출신인 역사적 인물 이사야의 글이 아니고 그 대부분의 글에 대해 이사야 사후로 연대를 정하는 데 대부분의 학자들이 동의한다. 24~27장은 종말의 환상인 묵시록이다(묵시 문학 장르는 23장에서 검토할 것이다). 40~55장은 앗수르가 아니라 바벨론이 이 지역을 지배하는 역사적 배경을 상정한다. 40~55장은 역사상의 이사야와 그의 사람들로부터 유래하지 않았음을 표시하기 위해 제2 이사야라고 부른다. 56~66장은 8세기에서 5세기 초까지의 예언이며, 또

다시 별도의 출처를 표시하기 위해 제3 이사야라고 부른다. 제2 이사야와 제3 이사야에 대해서는 뒤에서 논의할 것이다. 이 장에서 우리는 예루살렘 출신의 역사적 이사야와 가장 밀접하게 관련된 1~23장과 28~39장을 검토한다.

사회 정의

이사야는 이스라엘의 피할 수 없는 징벌의 원인으로 도덕적 타락과 사회적 불공정을 지적하는 데 있어서 아모스와 일치한다.

> 가옥에 가옥을 이으며 전토에 전토를 더하여 빈틈이 없도록 하고 이 땅 가운데에서 홀로 거주하려 하는 자들은 화 있을진저……
>
> 아침에 일찍이 일어나 독주를 마시며 밤이 깊도록 포도주에 취하는 자들은 화 있을진저……
>
> 그들은 뇌물로 말미암아 악인을 의롭다 하고 의인에게서 그 공의를 빼앗는도다(사 5:8, 11, 23)

이사야는 공평함이 없고 도덕적 행동이 없는 제사 행위는 야훼에게 혐오스러운 것이라는 아모스의 주장에 동의한다.

> 너희 소돔의 관원들아 여호와의 말씀을 들을지어다 너희 고모라의 백성아 우리 하나님의 법에 귀를 기울일지어다
>
> 여호와께서 말씀하시되 너희의 무수한 제물이 내게 무엇이 유익하뇨

나는 숫양의 번제와 살진 짐승의 기름에 배불렀고 나는 수송아지나 어린 양이나 숫염소의 피를 기뻐하지 아니하노라……

내 마음이 너희의 월삭과 정한 절기를 싫어하나니 그것이 내게 무거운 짐이라 내가 지기에 곤비하였느니라

너희가 손을 펼 때에 내가 내 눈을 너희에게서 가리고 너희가 많이 기도할지라도 내가 듣지 아니하리니 이는 너희의 손에 피가 가득함이라

너희는 스스로 씻으며 스스로 깨끗하게 하여 내 목전에서 너희 악한 행실을 버리며 행악을 그치고

선행을 배우며 정의를 구하며 학대받는 자를 도와주며 고아를 위하여 신원하며 과부를 위하여 변호하라(사 1:10~11, 14~17)

아모스와 호세아처럼 이사야도 도덕이 이스라엘 민족의 운명을 결정하는 요인이라고 주장한다.

그러므로 내 백성이 무지함으로 말미암아 사로잡힐 것이요 그들의 귀한 자는 굶주릴 것이요 무리는 목마를 것이라(사 5:13)

시온의 불가침성

그러나 이사야는 야훼의 임박한 징벌이 모세의 언약을 위반해서라고는 거의 말하지 않는다는 점이 아모스나 호세아와 다르다. 북왕국의 선지자 아모스와 호세아에게 아주 중요했던 이스라엘의 광야 전승과 출애굽이 유대 사람 이사야의 예언에는 큰 영향을 주지 않고, 대신

이 책은 다윗의 신학에 집중한다. 유대 왕들을 위한 이사야의 일관된 권면을 뒷받침하는 것은 바로 야훼가 다윗 왕실의 혈통 및 다윗의 수도 예루살렘의 신성함과 맺은 특별한 관계이다. 중대한 위기의 시간은 야훼의 언약에 있는 다윗의 혈통에 대한 절대적 신뢰를 입증할 기회인 것이다. 왕은 군사적·외교적 전략에 의존할 것이 아니라 야훼에게, 그리고 다윗과 다윗의 성에 대한 야훼의 약속에 전적으로 의존해야 하는 것이다.

이런 생각은 7장에서 묘사되는, 앗수르와 에브라임(북왕국 이스라엘)의 전쟁 기간에 이사야와 유대 왕 아하스와의 관계에서 잘 드러난다. 열왕기하 16장에서 이야기하듯 이스라엘 왕과 아람 왕은 동맹을 형성하고, 반앗수르 동맹에 합류하라고 유대를 압박한다. 이사야는 왕을 방문하여 그에게 권면하다. 이사야의 아이들에겐 징조를 보여주는 이름이 주어진다. '(오직) 남은 자만이 살아남는다'는 뜻의 스알야숩과 '약탈을 서둘러라, 노략을 급히 하라'라는 뜻의 마헬살랄하스바스는 앞으로의 추방과 유배를 암시한다. 이사야는 위기가 지나갈 것이니 두려워하지 말라고 아하스에게 권면한다. 또한 "만일 너희가 굳게 믿지 아니하면 너희는 굳게 서지 못하리라"(사 7:9)라는 말로 야훼가 다윗의 성 가운데 자신의 백성과 함께 있음을 믿어야 한다는 시온의 신학을 일깨운다. 이사야는 자기 예언의 진실성에 대한 징표를 제공한다. 임신한 젊은 여자가 아들을 낳고 그를 '엘이 우리와 함께 한다'라는 뜻의 이름 임마누엘이라고 부를 것이라는 예언이다(사 7:14). 비록 기독교인들이 이 구절을 정황에 관계없이 예수 출생에 관한 예언으로 읽지만,[2] 정황상 이 구절은 곧 히스기야를 낳을 아하스 왕의 아내일 가능성이 가장 높다. 히스기야는 앗수르의 공격에서 유대를 잘 보존한 유명한 왕이었고, 그에 대해 '엘이 함께 했다'라고 기록된다(왕하 18:7). "한 아기가 우리에게 났"음을 선언하는 이사야 9장의 유명한 구절—기묘자, 모사, 전능하신 하나님, 영존하시는 아버지, 평강의 왕(이는 오늘날에도 기독교의 예배에서 예수의 출생을 가리킬 때 쓰이는 구절)—을 대부분의 학자들은 히스기야 왕을 칭송하는 것으로 이해한다. 어쨌든 아하스는 이사야의 말을 듣지 않는다. 사실 어떤 왕이든 정치적 또는 군사적 해결책을 모색하는 것을 그만두는 것은 상상하기 어렵다. 아하스 왕은 앗수르에 도움을 요청하는데(왕하 16:5~9), 이사야의 눈에는 불행한 사태이다.

히스기야가 앗수르의 위협을 피하려고 동맹을 맺을 때에도 이사야는 야훼를 버리고 이집트의 부서지기 쉬운 갈대에 의존한다며 히스기야와 그의 측근들을 책망한다. 이사야는 자기의 권면을 시위하기 위해 예루살렘 거리를 벌거벗은 채 걸어다니며 이집트와의 동맹이 초래할 유배와 노예 생활을 보여주고자 했다. 이는 많은 선지자들이 취하는 기이한 시위 행동의 한 예이다. 정치적 참모로서 왕에게 말과 전차를 믿고 이집트에게 도움을 구하라고 조언하는 지혜로운 사람들을 이사야는 비난한다. "애굽은 사람이요 신이 아니며 그들의 말들은 육체요 영이 아니라"(사 31:3). 왕은 단지 야훼를 믿어야만 하는 것이다.

이 이야기는 산헤립 침략 당시의 이사야와 히스기야의 관계에 대한 서술적 설명(사 36~38장)과 비교할 수 있다. 8세기 말 무렵 앗수르의 왕 산헤립은 사마리아와 유다의 산악 지역을 통과하여 내륙으로 서서히 들어왔다. 그는 북쪽에서부터 예루살렘에 접근하여 701년 예루살렘을 공격했다. 고고학자들이 발견한 산헤립의 연대기는 예루살렘 성에 갇힌 히스기야를 새장 속의 새로 묘사한다(이 책 14장 참조). 이 공격 동안 이사야는 앗수르에 굴복하지 말라고 히스기야를 권면한다. 이것은 이사야가 앞서 말한 메시지와 상충하는 것처럼 보일 수 있다. 그는 앗수르가 야훼의 분노의 막대기이고, 히스기야는 인간 권력과의 동맹이 아니라 야훼를 믿어야 한다고 말했다.

그러나 사실 이사야의 권면에는 기본적인 일관성이 있었다. 이집트가 아니라 야훼를 믿으라고 한 권면의 근거가 다윗과 다윗성에 대한 야훼의 약속을 믿는 믿음에 있었듯이, 앗수르에게 다윗 성의 문을 열지 말라는 나중의 권면은 야훼의 거룩한 성을 파괴하는 것은 야훼의 목적이 아니라는 믿음에 근거를 두었다.

> 그러므로 여호와께서 앗수르 왕에 대하여 이같이 이르시되 그가 이 성에 이르지 못하며 화살 하나도 이리로 쏘지 못하며 방패를 가지고 성에 가까이 오지도 못하며 흉벽을 쌓고 치지도 못할 것이요
>
> 그가 오던 길 곧 그 길로 돌아가고 이 성에 이르지 못하리라 나 여호와의 말이니라
>
> 대저 내가 나를 위하며 내 종 다윗을 위하여 이 성을 보호하며 구원하리라 하셨나이다 하니라(사 37:33~35)

예루살렘이 앗수르의 끔찍한 공격에도 파괴를 면했다는 사실은 다윗성 시온의 불가침성에 대한 일부 고대 유대인들의 믿음을 더욱 강화하는 결과로 이어졌다.

이사야의 부름

이사야 6장은 이사야의 부름에 관한 놀라운 설명이 있는데, 이는 책의 시작 부분에서 예상된 바이다. 이 비범한 구절에 있는 이사야의 부름 또는 위임은 호세아의 암울함을 상기시킨다.

> 가서 이 백성에게 이르기를 너희가 듣기는 들어도 깨닫지 못할 것이요 보기는 보아도 알지 못하리라 하여
> 이 백성의 마음을 둔하게 하며 그들의 귀가 막히고 그들의 눈이 감기게 하라 염려하건대 그들이 눈으로 보고 귀로 듣고 마음으로 깨닫고 다시 돌아와 고침을 받을까 하노라[3](사 6:9~10)

이 구절을 보면 멸망은 필연적이고 사람들은 선지자를 통한 야훼의 메시지를 깨닫지 못할 것처럼 보인다. 실제로 야훼는 일부러 사람들이 메시지를 깨닫지 못하게 하고, 회개하라는 소리를 듣지 못하게 하고, 고침받지 못하도록 하며, 그로써 야훼의 정당한 징벌을 피할 수 없게 한다.

이것은, 신학적으로는 곤란할지 몰라도, 대단히 흥미로운 생각이다. 야훼는 사람들이 깨달음을 통해 야훼에게 돌아와 구원받지 못하

도록 이사야에게 그들이 깨닫지 못하게 하라고 말한다. 우리는 야훼가 심판과 자비 사이에서 불확실한 상태에 있음을 본다. 공평한 신인 그는 시내산 언약에서 암시한 대로 이스라엘의 죄를 파멸로 응징해야만 한다. 그러나 자비의 신인 그는 자기의 백성이 돌아오고, 임박한 심판을 경고하기 위해 그들에게 선지자를 보내고, 그들에게 회개할 것을 촉구하고 싶어한다. 그렇게 되면 그들을 용서할 수 있고 자신의 파멸 계획을 포기할 수 있기 때문이다. 야훼는 어떻게 하면 한편으로 이스라엘을 응징하여 정의를 실현하는 동시에 다른 한편으로 이스라엘을 구원하여 자비와 사랑을 실현할 수 있을까?

남은 자는 남을 것이다

이사야 6장 11~13절은 아모스와 호세아에도 있는 개념을 사용하여 그 답을 제공한다. 사람들이 얼마나 오랫동안 듣지 못하고, 깨닫지 못하고, 야훼에게 돌아오지 않고, 그 자신들을 구원하지 않을지 이사야가 묻자 야훼가 대답한다.

성읍들은 황폐하여 주민이 없으며 가옥들에는 사람이 없고 이 토지는 황폐하게 되며

여호와께서 사람들을 멀리 옮기셔서 이 땅 가운데에 황폐한 곳이 많을 때까지니라

그중에 십분의 일이 아직 남아 있을지라도 이것도 황폐하게 될 것이나 밤나무와 상수리나무가 베임을 당하여도 그 그루터기는 남아 있는 것같

이 거룩한 씨가 이 땅의 그루터기니라(사 6:11~13)

야훼는 응징할 것이고 또 이스라엘을 응징하지 않을 수 없으며, 그렇게 심판의 요구는 충족되고 야훼는 모세의 조건적인 언약의 조건들을 따르게 된다. 그러나 이와 동시에 야훼는 장차 자기의 백성을 구원할 것이다. 야훼는 선지자를 보내 돌아오라고 불렀고, 때가 되면 백성 중 남은 자─십분의 일─가 그 부름을 깨닫고 그 부름을 따를 것이다. 그들은 야훼의 자비를 받을 것이고, 언약이 다시 수립될 것이다. 이런 식으로 사랑과 자비에 대한 요구가 만족될 것이고, 야훼는 선조들과 다윗의 왕실에 대한 언약의 약속을 지키게 될 것이다. 사람들이 선지자의 메시지를 뒤늦게 깨닫는 것은 야훼가 지금은 공평한 응징을 집행하고 나중에 자비로운 구원을 할 수 있도록 보장한다.

남은 자라는 개념은 미래에 대한 희망을 제공하지만 당시에는 위로의 메시지가 아니었다. 이사야 같은 선지자들은 결국 지금 세대는 완전히 파멸될 것이라고 말하기 때문이다.

남은 자 곧 야곱의 남은 자가 능하신 하나님께로 돌아올 것이라

이스라엘이여 네 백성이 바다의 모래 같을지라도 남은 자만 돌아오리니 넘치는 공의로 파멸이 작정되었음이라

이미 작정된 파멸을 주 만군의 여호와께서 온 세계 중에 끝까지 행하시리라(사 10:21~23)

징벌과 심판에 관한 선지자의 메시지는 위로의 메시지와 함께 왔다. 즉, 죄를 씻고 깨끗해진 남은 자는 이스라엘 땅으로 회복될 것이라는 약속이다. 이것이 바로 신명기적 역사가와 선지자들이 다른 점으로, 신명기적 역사가는 미래의 회복의 때를 생생하게 표현하기보다 야훼가 이스라엘에게 취하는 행동에 대한 정당성에 더 관심을 갖는다. 선지자의 글에서는 회복의 시기가 신중하게 구상되며 어떤 것들은 종말론적인 느낌을 갖게 한다. 예를 들어 이사야에서 돌아옴은 야훼로의 진정한 돌아옴, 전적이고 영구적인 돌아옴이 된다. 그것은 죄와 우상숭배의 끝을 의미한다. 야훼가 예루살렘에 강림하여 남은 자를 구원하고 유배되어 흩어진 자들을 모으는 것은 전 세계적으로 신이 나타나는 것과 같다. 세상의 모든 민족들이 하나의 신을 인정하고 야훼의 사람들이 평화를 누릴 새로운 시대가 세계 역사 속에 열리게 된다. 이사야는 우상을 숭배하는 민족들의 지배가 끝나는 미래를 구상한 첫 선지자이다.

말일에 여호와의 전의 산이 모든 산 꼭대기에 굳게 설 것이요 모든 작은 산 위에 뛰어나리니 만방이 그리로 모여들 것이라

많은 백성이 가며 이르기를 오라 우리가 여호와의 산에 오르며 야곱의 하나님의 전에 이르자 그가 그의 길을 우리에게 가르치실 것이라 우리가 그 길로 행하리라 하리니 이는 율법이 시온에서부터 나올 것이요 여호와의 말씀이 예루살렘에서부터 나올 것임이니라

그가 열방 사이에 판단하시며 많은 백성을 판결하시리니 무리가 그들

의 칼을 쳐서 보습을 만들고 그들의 창을 쳐서 낫을 만들 것이며 이 나라와 저 나라가 다시는 칼을 들고 서로 치지 아니하며 다시는 전쟁을 연습하지 아니하리라(사 2:2~4)

이 구절은 새로운 방향을 취한다. 창세기(또는 적어도 J 문서)는 아주 먼 과거에는 모든 인간이 공통적으로 야훼를 알았던 것으로 표현했다. 그러나 민족들이 출현하면서 그들은 자기들의 신을 숭배하게 되었고, 토라에 있는 몇몇 구절들은 그것은 그냥 그렇게 된 것이라고 말한다. 야훼는 이스라엘의 신이고 이스라엘은 야훼를 믿는 반면에 다른 민족들은 그들의 신을 믿으면 되는 것이다. 그러나 고전적 선지서에서는 야훼에 대한 보편적인 주장이 제기된다. 이사야의 예언에 따르면, 종말에 사람들은 야훼를 보편적으로 인식하게 된다. 야훼는 과거 그가 이스라엘에 했던 것처럼 모든 민족들에게 그를 알린다.

야훼의 보편적 인식이라는 개념과 더불어 이스라엘의 선택에 관한 생각이 변화한다. 토라에서는 이스라엘에 대한 야훼의 선택을 단지 그를 알고 언약으로 그에게 묶인 민족에 대한 야훼의 자비롭고 무조건적인 선택으로 언급한다. 그러나 선지자의 글에서 이스라엘에 대한 야훼의 선택은 어떤 사명을 수행하기 위한 선택이다. 이스라엘은 야훼의 보편적 인식을 위한 도구로 쓰기 위해 선택되었던 것이다. 야훼가 파멸하고 흩어진 이스라엘 민족을 구원하게 될 때, 그는 모든 인간들에게 나타나게 된다. 그러면 모든 민족들이 우상을 버리고, 평화의 메시아 시대가 시작된다. 모든 인간이 신의 은혜의 대상이 된다.

이스라엘의 종말론

유다 왕실의 이념은 이사야의 종말론적인 생각에 중요한 역할을 한다. 평화롭고 의로운 새로운 왕국이 이새(다윗의 아버지, 따라서 다윗의 자손)의 줄기에서 나온 왕에 의해 회복될 것이다. 왕좌를 계승할 이 이상적인 왕을 묘사하는 이사야의 구절은 히스기야 왕을 가리키는 것처럼 보이지만, 이사야 11장은 사뭇 다르다. 이 구절은 다윗 혈통의 회복을 가리키면서, 그것이 잠정적으로 중단된 것으로 암시한다. 11장은 사람들이 메시아(기름 부음 받은 왕)가 출현하여 다윗의 혈통을 회복할 것을 기대하던 때에 나온 것으로 보이기 때문에 많은 학자들은 11장이 유배중에나 유배 이후에 유래한 것으로 추정한다.

이새의 줄기에서 한 싹이 나며 그 뿌리에서 한 가지가 나서 결실할 것이요

그의 위에 여호와의 영 곧 지혜와 총명의 영이요 모략과 재능의 영이요 지식과 여호와를 경외하는 영이 강림하시리니

그가 여호와를 경외함으로 즐거움을 삼을 것이며 그의 눈에 보이는 대로 심판하지 아니하며 그의 귀에 들리는 대로 판단하지 아니하며

공의로 가난한 자를 심판하며 정직으로 세상의 겸손한 자를 판단할 것이며 그의 입의 막대기로 세상을 치며 그의 입술의 기운으로 악인을 죽일 것이며

공의로 그의 허리띠를 삼으며 성실로 그의 몸의 띠를 삼으리라.

그때에 이리가 어린 양과 함께 살며 표범이 어린 염소와 함께 누우며 송

아지와 어린 사자와 살진 짐승이 함께 있어 어린 아이에게 끌리며

암소와 곰이 함께 먹으며 그것들의 새끼가 함께 엎드리며 사자가 소처럼 풀을 먹을 것이며

젖 먹는 아이가 독사의 구멍에서 장난하며 젖 뗀 어린 아이가 독사의 굴에 손을 넣을 것이라

내 거룩한 산 모든 곳에서 해 됨도 없고 상함도 없을 것이니 이는 물이 바다를 덮음같이 여호와를 아는 지식이 세상에 충만할 것임이니라

그날에 이새의 뿌리에서 한 싹이 나서 만민의 기치로 설 것이요 열방이 그에게로 돌아오리니 그가 거한 곳이 영화로우리라

그날에 주께서 다시 그의 손을 펴사 그의 남은 백성을 앗수르와 애굽과 바드로스와 구스와 엘람과 시날과 하맛과 바다 섬들에서 돌아오게 하실 것이라……

그의 남아 있는 백성 곧 앗수르에서 남은 자들을 위하여 큰 길이 있게 하시되 이스라엘이 애굽 땅에서 나오던 날과 같게 하시리라(사 11:1~11, 16)

이 새로운 메시아 왕은 지혜와 총명으로 통치한다. 야훼의 영이 그 왕 위에 비치게 되는데, 이는 사사들이나 사울, 다윗의 경우에는 군사적 세력과 힘을 나타내는 표현이었으나 이제는 야훼의 모략과 지식의 영을 가리킨다. 이 왕의 통치로 유배당한 이스라엘 민족이 모이기 시작하고, 동물들이 피를 흘리지 않았고 인간과 동물 사이에 적대감이 없었던 에덴동산 시절을 생각나게 하는 달라진 세계 질서가 시작된다. 이사야는 이스라엘에게 더 나은 미래의 희망을 주었던 오래된 언약

의 약속에 대한 선지자적 해석을 잘 보여준다. 다른 선지자들과 마찬가지로 그는 민족이 어려움에 처한 것은 야훼의 약속이 참되지 않아서가 아니라 그들이 믿지 않았기 때문이라고 선언했다. 그러나 민족이 받은 징벌은 징계일 뿐이었지 약속의 취소가 아니었다. 선지자들은 약속의 성취를 지금 세대 이후로 미루었다. 오직 지금의 실패에 대한 징계를 견디고 나서야 미래의 구원이 가능해지는 것이다. 그렇게 함으로써 민족의 희망은 유지되었고 앞을 향해 나아가게 되었다.

18
유대의 선지자들:
미가, 스바냐, 나훔, 하박국, 예레미야

읽기: 미가, 스바냐, 나훔, 하박국, 예레미야 1~8장, 18~21장, 24장, 25~45장, 52장

미가: 언약 소송

미가는 앗수르 위기 당시에 예언한 남왕국의 두번째 선지자이다. 예루살렘 남서쪽으로 약 40킬로미터 떨어진 작은 마을 모레셋 출신인 미가는 기원전 8세기의 마지막 선지자였다. 도시 출신인 이사야와 달리 미가는 가난한 농부들을 상대로 말한 시골 출신 선지자였다. 기원전 740년과 700년 사이에 예언한 그는 이스라엘 사람들의 우상 숭배를 비난했다. 그 또한 이전의 선지자들을 따라 도덕적 타락에 대해 비난했다. 탐욕스러운 지주들과 부정직한 상인들(귀족)이 비난의 대상이었고, 유대의 제사장들, 사사들, 왕족들, 거짓 선지자들도 비난의 대상이었다.

도시는 본래 타락했고 죄가 많고 멸망당할 운명을 갖고 있다는 것이 미가의 견해인데, 이 점이 그의 동시대인 이사야와 가장 뚜렷하게 다르다. 이사야가 다윗의 성 시온의 불가침성을 설파했던 반면, 미가는 다윗 왕조를 신랄하게 비판한다. 그는 성소가 예루살렘에 있으니 예루살렘은 해를 입지 않을 것이라는 믿음을 냉소적으로 조롱한다. 야훼는 필요하다면 자신의 성과 자신의 집을 파괴할 것이다.

야곱 족속의 우두머리들과 이스라엘 족속의 통치자들 곧 정의를 미워하고 정직한 것을 굽게 하는 자들아 원하노니 이 말을 들을지어다.

시온을 피로, 예루살렘을 죄악으로 건축하는도다

그들의 우두머리들은 뇌물을 위하여 재판하며 그들의 제사장은 삯을 위하여 교훈하며 그들의 선지자는 돈을 위하여 점을 치면서도 여호와를 의뢰하여 이르기를 여호와께서 우리 중에 계시지 아니하냐 재앙이 우리에게 임하지 아니하리라 하는도다

이러므로 너희로 말미암아 시온은 갈아엎은 밭이 되고 예루살렘은 무더기가 되고 성전의 산은 수풀의 높은 곳이 되리라(미가 3:9~12)

이 책의 가장 유명한 구절 중 하나인 6장 1~8절에서 미가는 도덕을 가장 중요한 것으로 강조한다. 이 구절은 선지자적 글에서 자주 발견되는 언약 소송 또는 논쟁의 형식을 취한다. 즉 신이 언약을 위반한 이스라엘을 상대로 소송을 제기하는 형식이다. 그 구조는 다음과 같다.

소환장(1~2절): 야훼를 대리하는 변호인인 선지자가 피고와 증인을 소환한다. 증인인 산들이 이스라엘에 대한 야훼의 변론을 듣는다.

너희는 여호와의 말씀을 들을지어다 너는 일어나서 산을 향하여 변론하여 작은 산들이 네 목소리를 듣게 하라 하셨나니
너희 산들과 땅의 견고한 지대들아 너희는 여호와의 변론을 들으라 여호와께서 자기 백성과 변론하시며 이스라엘과 변론하실 것이라

원고의 고발(3~5절): 야훼가 변호인을 통해 변론을 진술하고, 출애굽에서 시작하여 약속의 땅에 들어감으로써 완결된, 이스라엘을 향한 자신의 사랑을 입증한 사건들을 기억하라고 이스라엘에게 호소한다. 이스라엘은 그들을 위한 이 행동들과 그에 따르는 책임을 망각한 것으로 보인다. 야훼의 사랑에 대한 이스라엘의 행동은 끔찍하다.

피고의 항변(6~7절): 이스라엘은 말을 하지만 항변할 근거가 없다. 이스라엘은 화해할 수 있도록 행동해야 하지만 어디서 시작해야 할지 모른다.

내가 무엇을 가지고 여호와 앞에 나아가며 높으신 하나님께 경배할까 내가 번제물로 일 년 된 송아지를 가지고 그 앞에 나아갈까
여호와께서 천천의 숫양이나 만만의 강물 같은 기름을 기뻐하실까 내 허물을 위하여 내 맏아들을, 내 영혼의 죄로 말미암아 내 몸의 열매를 드릴까

판결(8절): 변호인 선지자가 이스라엘의 답변에 대답한다.

사람아 주께서 선한 것이 무엇임을 네게 보이셨나니 여호와께서 네게 구하시는 것은 오직 정의를 행하며 인자를 사랑하며 겸손하게 네 하나님과 함께 행하는 것이 아니냐[1]

여기서 인자仁慈라고 번역된 단어는 호세아 등 다른 선지자들의 글에도 나타나는 히브리 단어 헤세드hesed로, 언약 당사자들 사이의 변치 않는 충실한 사랑을 뜻한다.

미가에는 미래의 시온의 영광을 이야기하는 세 개의 회복 예언과 세 개의 심판 예언이 돌아가며 나온다. 이 구절들은 유다에 대한 미가의 신랄한 비난과 조금 어긋나 보인다. 다윗의 왕국을 보존하겠다는 야훼의 무조건적인 약속과 보편적 평화에 대한 낙관적인 예언을 언급하는 대목(미가 4장 1~4절은 이사야 2장 2~4절을 거의 말 그대로 반복한다)은 후대의 편집자가 삽입한 것이 분명하다고 일부 학자들은 주장한다. 그러나 선지자의 글은 비난과 위로 사이에서 심하게 변동을 거듭하므로, 주제 변화가 삽입을 추정하는 분명한 근거는 아니다. 삽입에 대한 더 신뢰할 수 있는 근거는 시대착오이다. 가령 바벨론 유배에 대한 미가의 분명한 언급은 후대의 삽입일 가능성이 크다. 기원전 586년까지 파괴되지 않았던 예루살렘의 성벽에 관한 재건축을 언급하는 구절들도 마찬가지이다. 미가가 편집자의 수정을 거쳤든 아니든 현재 형태의 미가는 야훼의 엄중한 심판 및 징벌과 백성에 대한 그의 자비로운 사랑 및 구원 사이에서 균형을 잡으려는 선지자들의 공통적이고 역설적인 양면성의 전형을 보여준다(또하나의 역설은 이스라엘 선지자들의 많은 글들이 보존되었다는 바로 그 사실에 있다. 제사장들과 성전이 선지자들의 비난의 표적이었는데도 이런 글들의 일부는 아마도 성전 제사장들에 의해 보존되었을 것이기 때문이다).

북부의 아모스, 호세아와 남부의 이사야, 미가는 앗수르의 위협이라는 구체적인 위기에 대응했다. 701년, 예루살렘은 앗수르의 공격에도 살아남아 이사야의 왕실 이념에 신빙성을 부여하긴 했으나 유다는 크게 약화되어 앗수르에게 조공을 바치는 속국이 되었다. 7세기 전반기 동안 앗수르는 전성기를 누리며 유다에 강력한 영향력을 행사했다. 이 시기에 유다에서는 므낫세 왕이 거의 50년간 통치했다. 놀랍게도 신명기적 역사가는 그 긴 통치 기간에도 불구하고 이 왕에게 18개의 구절만 할애한다. 므낫세를 짧게 다루는 글은 그 앞의 히스기야 왕과 그 뒤를 이은 히스기야의 손자 요시야 왕에 관한 글과 달리 완전히 부정적이다. 므낫세는 자기 아버지의 개혁을 무효화하고 앗수르의 규범을 채택한 앗수르의 충신이었다. 요시야 왕의 신명기적 개혁은 바로 이런 맥락에서 이해될 수 있다.

7세기 말, 과도하게 확장된 앗수르가 쇠퇴하기 시작했다. 먼저 이집트가 떨어져나갔고 이어 바벨론이 떨어져나갔다. 640년에 왕위에 오른 요시야는 앗수르의 세력 약화를 틈타 곧 유대의 독립을 추진했고, 622년 야훼 숭배의 예루살렘 중앙화 등 일련의 개혁을 실행했다.

앗수르는 계속 쇠퇴했고, 612년 그 수도 니느웨는 메대와 바벨론

18 유대의 선지자들: 미가, 스바냐, 나훔, 하박국, 예레미야

동맹에 함락당했다. 그러나 요시야는 609년 이집트와 싸운 므깃도 전투에서 죽임을 당하고, 그 뒤를 이은 왕들은 바벨론의 세력 확장에 저항해야 했다.

스바냐: 미래의 회복

스바냐는 요시야 왕 시대(640~609년)에 예언한 유대의 선지자이다. 622년에 단행된 요시야의 정치적·종교적 개혁 이전의 것으로 여겨지는 그의 예언들은 비관적이고 암울하다. 그는 악한 왕 므낫세 통치하의 유다의 배교와 타락을 비난하고 야훼의 진노가 임박해 있다고 말한다. 스바냐는 모든 생명—인간과 동물—이 몰살되는 보편적인 파멸을 예언한다. 아모스에서처럼 스바냐에서도 야훼의 날은 이스라엘에게 승리와 기념의 날이 아니다. 도리어 스바냐 1장 15~18절은 다음과 같이 말한다.

그날은 분노의 날이요 환난과 고통의 날이요 황폐와 패망의 날이요 캄캄하고 어두운 날이요 구름과 흑암의 날이요

나팔을 불어 경고하며 견고한 성읍들을 치며 높은 망대를 치는 날이로다

내가 사람들에게 고난을 내려 맹인같이 행하게 하리니 이는 그들이 나 여호와께 범죄하였음이라 또 그들의 피는 쏟아져서 티끌같이 되며 그들의 살은 분토같이 될지라

그들의 은과 금이 여호와의 분노의 날에 능히 그들을 건지지 못할 것이며 이 온 땅이 여호와의 질투의 불에 삼켜지리니 이는 여호와가 이 땅 모

든 주민을 멸절하되 놀랍게 멸절할 것임이라

그러나 스바냐는 다른 선지자들과 마찬가지로 희망을 제공한다. 교만하고 죄 많은 사람들은 제거되지만 겸손한 남은 자는 야훼 안에서 피난처를 찾을 것이고, 모든 민족이 보는 가운데 흩어진 자들이 모이고 회복될 것이다.

그날에 네가 내게 범죄한 모든 행위로 말미암아 수치를 당하지 아니할 것은 그때에 내가 네 가운데서 교만하여 자랑하는 자들을 제거하여 네가 나의 성산에서 다시는 교만하지 않게 할 것임이라

내가 곤고하고 가난한 백성을 네 가운데에 남겨두리니 그들이 여호와의 이름을 의탁하여 보호를 받을지라

이스라엘의 남은 자는 악을 행하지 아니하며 거짓을 말하지 아니하며 입에 거짓된 혀가 없으며 먹고 누울지라도 그들을 두렵게 할 자가 없으리라……

내가 그때에 너희를 이끌고 그때에 너희를 모을지라 내가 너희 목전에서…… 너희에게 천하 만민 가운데서 명성과 칭찬을 얻게 하리라(습 3:11~13, 20)

특별히 기쁨에 넘치는 다음 구절은 지금 유대에 대한 현재의 구원을 선언하는 것처럼 보인다.

시온의 딸아 노래할지어다 이스라엘아 기쁘게 부를지어다 예루살렘 딸
아 전심으로 기뻐하며 즐거워할지어다

여호와가 네 형벌을 제거하였고 네 원수를 쫓아냈으며 이스라엘 왕 여
호와가 네 가운데 계시니 네가 다시는 화를 당할까 두려워하지 아니할 것
이라(3:14~15)

일부 학자들에 따르면 이 구절은 요시야의 개혁에 대한 스바냐의
기쁜 반응을 나타내는 것으로, 스바냐는 이 개혁이 유대 사회에 야훼
의 임재를 회복했다고 묘사한다.

나훔: 니느웨의 함락

짧은 책 나훔은 다른 대다수의 선지서와 달리 예언이 없고 타락에
대한 질책도 없다. 정확히 말하면 나훔은 기원전 612년 잔혹한 앗수
르 제국의 수도 니느웨의 함락을 기뻐하는 세 개의 시가 들어 있는 일
단의 시이다.* 정복과 제국 건설 과정에서 이례적으로 잔혹하고 비인
간적이기로 유명했던 앗수르 제국은 고대 근동 지방 전역에서 증오의
대상이었다. 앗수르는 주민들을 대규모로 추방했는가 하면, 앗수르 및
기타 고대 근동 지방의 문서와 그림에 나타나듯 포로들의 손발을 절단
하고 여자와 아이를 살육하는 등의 끔찍한 행동을 자행했다.

나훔은 마침내 자신의 대적을 멸망시킨 보복과 분노의 신 야훼를

---

* 맨 앞의 것은 말 맞추기 시 또는 알파벳시(행이나 절의 첫 문자들이 특정 단어를 이루거
나 알파벳 순서가 됨)를 말한다.

찬양한다. 나훔에 따르면 야훼가 이스라엘과 유대의 죄를 징벌하기 위해 앗수르를 징계의 회초리로 이용한 것도 사실이지만, 야훼는 보편적인 왕이고 앗수르의 잔인함은 그 자체로 벌을 받아야 하는 것이었다. 나훔에게 니느웨의 함락은 앗수르의 야만적인 비인간성에 대한 야훼의 보복을 나타내는 것이다. 나훔은 유다에 대해 평화로운 자유의 시대를 기대하고, 1장 15절에서 "악인이 진멸되었으니 그가 다시는 네 가운데로 통행하지 아니하리로다"라고 말한다. 이 낙관적인 선언은 물론 실현되지 않았다. 몇 년이 지나 요시야는 죽임을 당하고, 유다는 이집트와 바벨론의 지배를 받다가 기원전 586년에 최종적으로 멸망한다. 나훔의 이러한 확연한 오류가 선지자의 평판을 보호하기 위해 개정되거나 수정되지 않았다는 사실을 유념할 필요가 있다. 이처럼 어떤 선지서들은 편집자의 교정과 삽입에 대한 증거를 가지고 있는 반면, 어떤 것들은 선지자들의 예언이 원래 내용대로 충실하게 보존되었다는 증거를 가지고 있다.

니느웨 함락과 함께 이스라엘 민족의 자신감은 분명 높아졌을 것이다. 그러나 상황은 급격히 나빠졌다. 609년 요시야의 죽음은 충격이었다. 유다는 언제나 그랬듯이 남쪽의 이집트와 북동쪽의 바벨론, 두 세력 사이에 갇히게 되었다. 605년 바벨론이 이집트를 패배시키고, 여호야김 왕이 통치하는 유다는 조공을 바치는 속국으로 전락했다. 그러나 여호야김 왕이 반란을 일으킨 결과 느부갓네살 왕의 바벨론이 597년 예루살렘을 공격하여 유다 왕을 죽이고 왕의 아들을 포로로 잡아갔다. 꼭두각시 왕인 시드기야가 왕좌에 올랐으나 10년 후 시드기야 역시 반란을 일으켰다. 586년 바벨론의 느부갓네살은 예루살렘으로 돌아와 성을 함락시키고, 성소를 파괴하고, 대규모의 주민들을 유배에 처했다. 이로써 400년 동안 지속되었던 히브리 독립 국가가 종말을 고하게 되었다.

하박국: 어느 때까지니이까

하박국은 기원전 600년과 586년 사이에 기록된 것으로 보인다. 이때는 바벨론이 예루살렘을 두 번―597년에 한 번, 최종적으로 586년 또 한번―공격한 시기이다. 하박국은 또 한 명의 특이한 선지서로, 예언보다 야훼의 행위에 관한 철학적 사색이 더 많이 들어 있다. 하박국 1~2장은 하박국과 야훼 사이의 일종의 시적인 대화이다. 선지자는 야훼가 행동하지 않는 데 대해 격렬하게 불평한다.

여호와여 내가 부르짖어도 주께서 듣지 아니하시니 어느 때까지리이까 내가 강포로 말미암아 외쳐도 주께서 구원하지 아니하시나이다

어찌하여 내게 죄악을 보게 하시며 패역을 눈으로 보게 하시나이까 겁탈과 강포가 내 앞에 있고 변론과 분쟁이 일어났나이다……

주께서는 눈이 정결하시므로 악을 차마 보지 못하시며 패역을 차마 보지 못하시거늘 어찌하여 거짓된 자들을 방관하시며 악인이 자기보다 의로운 사람을 삼키는데도 잠잠하시나이까

주께서 어찌하여 사람을 바다의 고기 같게 하시며 다스리는 자 없는 벌레 같게 하시나이까(합 1:2~3, 13~14)

바벨론은 그들의 힘과 성공을 야훼가 아닌 그들 자신의 신 덕분으로 생각하겠지만, 야훼는 바벨론이 자신의 심판 도구임을 주장함으로써 이 비난에 대답한다. 이스라엘을 정복하는 국가들이 야훼의 징벌 도구 역할을 한다는 개념은 신명기적 역사가와 다른 선지서에서도 익숙한 것이다. 그런데 하박국은 유대가 비극적인 징벌을 받아 마땅하다는 더 광범위한 주장은 말하지 않는다는 점에서 특이하다. 신명기적 역사가와 다르게 하박국은 이스라엘 백성이 죄 때문에 고통 받고 있다고 주장하지 않는다. 하박국은 기본적인 정의의 부재를 고심한다. "율법이 해이하고 정의가 전혀 시행되지 못하오니 이는 악인이 의인을 에워쌌으므로 정의가 굽게 행하여짐이니이다"(1:4). 비단 악한 사람들과 의로운 사람들이 같은 운명을 겪는 것이 아니라, 악한 사람들이 의로운 사람들보다 더 잘사는 것처럼 보이고, 그들이 도덕이 아니라 순전히 힘만 생각하는 물고기나 기어다니는 것들의 수준으로 인간을 낮춘다는 것이다.

이런 비난 후에 하박국은 야훼의 대답을 기다린다.

내가 내 파수하는 곳에 서며 성루에 서리라 그가 내게 무엇이라 말씀하실는지 기다리고 바라보며 나의 질문에 대하여 어떻게 대답하실는지 보리라 하였더니

여호와께서 내게 대답하여 이르시되 너는 이 묵시를 기록하여 판에 명백히 새기되 달려가면서도 읽을 수 있게 하라……

의인은 그의 믿음으로 말미암아 살리라(2:1~2, 4)

요컨대 의로운 사람들은 그저 정의가 승리하리라는 믿음을 가져야 하고, 이 믿음이 많은 우여곡절과 시험을 통과하도록 그들을 지탱해야 한다.

세번째 장은 많은 변화가 있다는 점에서 일부 학자들은 이것을 삽입 글로 보지만, 앞서 말했듯이 선지서에는 주제와 말투의 극적인 변화가 드물지 않다. 여기서 야훼는 이스라엘의 압제자에게 창을 던지고 복수를 찾아 빠르게 질주하는 전사 신으로 묘사된다. 이 구절은 야훼가 정의를 실현할 것인지, 또 속히 실현할 것인지 의심하는 하박국에 대응하려는 편집자의 노력일 수도 있다. 복수하는 전사라는 야훼의 모습은 하박국 서두에 있는 필시 수사적이었던 그 질문, 즉, 바벨론 사람들이 강간과 노략을 일삼고 있는데 야훼는 언제까지 가만있고 아무 말 하지 않을 것인가에 대한 답이다. 그렇지만 하박국은 우리가 다른 선지서에서도 본 모순되는 갈등을 보여주고 있는지도 모른다. 특히 그는 야훼의 정의가 천천히 실현되더라도, 의로운 사람은 정의가 실현되는 최후까지 온전한 믿음을 가져야 한다는 역설적인 생각을 제시한다.

하박국은 신정론神正論* 문제를 제기하고, 그 해결책을 미래의 계획에서 찾는다. 이런 관점에서 하박국은 희망을 미래에 일어나는 일로 늦추는 후대의 이스라엘 문학, 특히 묵시 문학을 특징짓는 신정론에 대한 관심을 이미 예측하고 있다.

---

* 악의 존재를 신의 섭리로 보는 신학적 입장.

예레미야: 멸망의 선지자

예레미야는 기원전 586년 예루살렘이 바벨론에 함락당하고 유다가 결국 멸망하는 시기에 산 선지자이다. 예루살렘 근처 마을 아나돗의 제사장 가문에서 태어난 예레미야는 아직 소년이었을 때 예언을 시작했다. 그는 요시야 왕과 동시대 사람이었고, 그래서 그가 주도한 잠깐의 부흥—제사의 전면적인 개혁, 므낫세 왕이 들여온 앗수르 영향 제거, 언약의 회복—을 목격했다. 요시야 왕이 죽자 예레미야는 민족의 슬픔에 대한 애가를 지었다. 이 선지자는 최종적인 멸망과 유배도 목격했다.

예레미야는 분명한 체계나 연대순이 없는, 아주 다양한 종류의 글 모음집으로, 예언, 일화, 이교도 민족에 대한 비평, 시, 자전적 이야기, 열왕기하 24~25장과 유사한 간략한 역사 부록이 들어 있다. 예레미야는 글의 내력이 복잡하고, 그 원문을 본 고대의 목격자들 간에도 차이가 크다. 기원전 3~2세기의 그리스어 번역본인 70인역 구약성경에 있는 예레미야는 히브리 성경보다 훨씬 짧고 배열이 다르다. 사해 문서에서 발견된 단편들에도 상당한 차이가 있는데, 이 모든 것은 고대 문서의 변경 가능성에 대한 증거이다.

예레미야에는 세 가지 형태의 글이 들어 있다. 예레미야가 했다는 시적인 예언, 예레미야를 보좌한 대필자인 네리야의 아들 바룩이 쓴 예레미야에 관한 자전적인 이야기, 그리고 신명기적 편집자의 영향을 받은 편집 메모가 그것이다. 예레미야의 내용과 문체에는 신명기적 역사가의 영향이 뚜렷하게 나타난다.

이 책의 기본적인 개요는 다음과 같다.

1~25장: 예레미야의 부름에 관한 소개와 설명. 시적 예언들과 자전적 이야기.

26~29장: 다른 선지자들, 권력자들과 예레미야 간의 충돌에 관한 이야기.

30~33장: 희망과 위로의 메시지.

34~45장: 최후의 파괴 시기와 그후를 중심으로 한 산문적 이야기.

46~51장: 여러 민족들에 대한 예언(일부는 다른 기록자들의 글).

52장: 열왕기하 24장 18절~25장 30절에서 발췌한 예루살렘 함락에 관한 역사 부록.

성전 설교

예레미야는 이스라엘 민족이 그 존재에 관한 강령인 언약을 위반했기 때문에 심판을 피할 수 없다고 설교했다. 그의 묘사는 생생하고 놀랍다. 그는 이스라엘의 지도자들을 비난하고, 자신과 여러 차례 충돌했던 직업 선지자들의 평화 예언이 거짓이라고 비난한다. 제사장에 관한 부정적인 언급이 몇 번 있는데, 특히 요시야의 아들 여호야김 왕을 강하게 비난한다.

예레미야는 시온의 불가침성에 대한 대중적 관념을 비난하는 데 있어서 미가와 비교될 수 있다. 유다에서 불공정과 억압이 행해지는 한 성전의 존재는 아무것도 보장하지 못한다. 유다는 언약의 의무를 다하지 못했으니 마땅히 받아야 할 벌을 받게 될 것이다. 야훼는 예레미야에게 성전 문 앞에 서서 다음의 이른바 성전 설교를 하라고 이른다.

> 만군의 여호와 이스라엘의 하나님께서 이와 같이 말씀하시되 너희 길과 행위를 바르게 하라 그리하면 내가 너희로 이곳에 살게 하리라
> 너희는 이것이 여호와의 성전이라, 여호와의 성전이라, 여호와의 성전이라 하는 거짓말을 믿지 말라
> 너희가 만일 길과 행위를 참으로 바르게 하여 이웃들 사이에 정의를 행하며
> 이방인과 고아와 과부를 압제하지 아니하며 무죄한 자의 피를 이곳에서 흘리지 아니하며 다른 신들 뒤를 따라 화를 자초하지 아니하면
> 내가 너희를 이곳에 살게 하리니 곧 너희 조상에게 영원무궁토록 준 땅에니라
> 보라 너희가 무익한 거짓말을 의존하는도다
> 너희가 도둑질하며 살인하며 간음하며 거짓 맹세하며 바알에게 분향하며 너희가 알지 못하는 다른 신들을 따르면서
> 내 이름으로 일컬음을 받는 이 집에 들어와서 내 앞에 서서 말하기를 우리가 구원을 얻었나이다 하느냐 이는 이 모든 가증한 일을 행하려 함이로다
> 내 이름으로 일컬음을 받는 이 집이 너희 눈에는 도둑의 소굴로 보이느냐 보라 나 곧 내가 그것을 보았노라 여호와의 말씀이니라(렘 7:3~10)

시온의 불가침성 교리와 다윗의 집의 영원성을 공격하는 것은 엄

청난 관습을 타파하는 것이었다. 이 급진적인 생각을 뒷받침하기 위해 예레미야는 단지 역사를 지적하면 되었다. 그는 좋은 본보기로 실로의 예를 인용한다(렘 7:12~15). 사사 시대에 언약궤가 있었던 실로는 성소를 파괴했을 뿐 아니라 언약궤 그 자체를 빼앗아간 블레셋 침략자들을 막는 데 그 존재가 아무런 보장이 되지 않음을 보여주었다. 야훼가 자신의 성전, 자신의 성, 자신의 기름 부음 받은 왕이 파멸당하는 것을 허용하지 않으리라는 믿음은 기만이고 환상이라고 예레미야는 생각한다.

저항은 소용없다

예레미야의 정치적 메시지는 그에 앞선 선지자들과 비슷하다. 강한 세력에 저항하고 그들에 반대하여 동맹을 맺는 이스라엘의 무기력한 시도는 전혀 소용없는 것이었다. 예레미야는 저항에 필연적으로 뒤따를 파멸과 노예 생활을 극적으로 보여주기 위해 다가올 노예 생활의 상징으로 처음엔 나무 멍에를, 나중엔 쇠 멍에를 목에 메고 예루살렘을 누비고 다닌다(27~28장). 27장 6절에서 그는 "이제 내가 이 모든 땅을 내 종 바벨론의 왕 느부갓네살의 손에 주고 또 들짐승들을 그에게 주어서 섬기게 하였나니"라는 야훼의 선언을 선포한다.

이스라엘 민족의 파멸에 책임 있는 사람인 느부갓네살을 야훼의 종으로 언급하는 것은 위험하다고까진 할 수 없어도 분명 충격적이었을 것이다. 예레미야는 여러 구절에서 왕에게 야훼의 뜻을 받아들여 예루살렘을 둘러싼 바벨론 군대에 항복하라고 촉구하는데, 일부 학자들은 바벨론의 통치를 인정하는 것이 이스라엘 사회의 이익에 부합하리라고 여겨졌던 시기인 유배 기간 동안에 이 구절들이 첨가된 것으로 짐작한다.

네리야의 아들 바룩

예레미야는 자신의 말을 보존하기 위해 대필자 바룩에게 야훼가 자신에게 전한 모든 것을 기록하게 했다. 예레미야 36장은 예레미야의 말이 기록된 과정을 묘사하고 있다. 야훼가 예레미야에게 명령한다.

> 너는 두루마리 책을 가져다가 내가 네게 말하던 날 곧 요시야의 날부터 오늘까지 이스라엘과 유다와 모든 나라에 대하여 내가 네게 일러준 모든 말을 거기에 기록하라……
>
> 이에 예레미야가 네리야의 아들 바룩을 부르매 바룩이 예레미야가 불러주는 대로 여호와께서 그에게 이르신 모든 말씀을 두루마리 책에 기록하니라(렘 36:2, 4)

예레미야는 피신해 있기 때문에 바룩에게 두루마리를 성전에 가져가 사람들에게 낭독하라고 지시한다. 바룩이 전하는 반체제적인 메시지를 관리들이 왕에게 보고한다. 바룩은 피신하고, 두루마리는 갈가리 찢기고 불태워진다. 야훼는 예레미야에게 또다른 두루마리를 가져와 같은 과정을 반복하라고 명령하고, 예레미야는 그렇게 한다.

18 유대의 선지자들: 미가, 스바냐, 나훔, 하박국, 예레미야

이에 예레미야가 다른 두루마리를 가져다가 네리야의 아들 서기관 바룩에게 주매 그가 유다의 여호야김 왕이 불사른 책의 모든 말을 예레미야가 전하는 대로 기록하고 그 외에도 그 같은 말을 많이 더 하였더라 (렘 36:32)

일부 학자들은 여기서 가리키는 기록된 예언들이 1~25장에 있는 예언을 말하고 신명기적 편집자가 편집하기 이전의 것으로 생각한다. 어쨌든 이 이야기에서 우리는 예언서의 관행을 엿볼 수 있다. 예언은 즉석에서 쓰이지 않았다. 예언서는 선지자들이 기억에 의지하여 다시 받아 적게 할 수도 있었다.[2]

예레미야의 고백

예레미야는 그를 반역자로 여긴 동족 유대 사람들에게 거부되고 멸시받고 핍박당했다. 그는 사는 동안 매맞고 투옥되고 자주 피신하며 살았다. 그는 어려운 시대에 어려움을 당한 사람, 자기 민족에게 닥칠 모든 고통을 강렬하게 느끼고 예루살렘의 운명을 슬퍼한 사람이었다(8:18~9:3). 이 선지자는 다른 선지자들과 달리 '예레미야의 고백'이라고 불리는 일단의 구절에서(11:18~12:6, 15:10~21, 17:14~18, 18:18~23, 20:7~13, 20:15~18) 자신이 겪는 내면의 고통을 엿볼 수 있게 한다. 비록 그 진위 여부는 확실하지 않지만, 이 구절들은 예레미야를 아주 흥미로운 모습으로 묘사하고 있다. 그는 자기가 태어난 날을 저주한다. 그는 야훼가 자기를 기만했다는 이유로 야훼를 비난하고,

그가 자신에게 전달자가 되라고 권유하여 결국 모욕과 수모만 당하게 만들었다는 이유로 야훼를 비난한다. 그렇지만 그는 어쩔 수가 없다. 야훼의 말이 자기 안에서 요동치므로 예언을 해야만 한다. 그러한 끝없는 고통을 견디느니 아예 태어나지 않았으면 더 좋았을 것이다.

여호와여 주께서 나를 권유하시므로 내가 그 권유를 받았사오며 주께서 나보다 강하사 이기셨으므로 내가 조롱 거리가 되니 사람마다 종일토록 나를 조롱하나이다

내가 말할 때마다 외치며 파멸과 멸망을 선포하므로 여호와의 말씀으로 말미암아 내가 종일토록 치욕과 모욕 거리가 됨이니이다

내가 다시는 여호와를 선포하지 아니하며 그의 이름으로 말하지 아니하리라 하면 나의 마음이 불붙는 것 같아서 골수에 사무치니 답답하여 견딜 수 없나이다

나는 무리의 비방과 사방이 두려워함을 들었나이다 그들이 이르기를 고소하라……

내 생일이 저주를 받았더면……

나의 아버지에게 소식을 전하여 이르기를 당신이 득남하였다 하여 아버지를 즐겁게 하던 자가 저주를 받았더면,

그 사람은 여호와께서 무너뜨리시고 후회하지 아니하신 성읍같이 되었더면……

이는 그가 나를 태에서 죽이지 아니하셨으며 나의 어머니를 내 무덤이 되지 않게 하셨으며 그의 배가 부른 채로 항상 있지 않게 하신 까닭이로다

18 유대의 선지자들: 미가, 스바냐, 나훔, 하박국, 예레미야

어찌하여 내가 태에서 나와서 고생과 슬픔을 보며 나의 날을 부끄러움으로 보내는고 하니라(20:7~10. 14~18)

예루살렘 함락 직후 예레미야는 강제로 이집트에 가게 되었다. 그리고 거기서 말년을 보내면서 하늘의 여왕을 숭배하는 동족 난민들을 격렬하게 비난했다(렘 43~45장). 전과 마찬가지로 사람들은 민족 문제에 대한 다른 설명을 선호했기 때문에, 그의 말을 듣는 사람은 거의 없었던 것으로 보인다.

그리하여 자기 아내들이 다른 신들에게 분향하는 줄을 아는 모든 남자와 곁에 섰던 모든 여인 곧 애굽 땅 바드로스에 사는 모든 백성의 큰 무리가 예레미야에게 대답하여 이르되

네가 여호와의 이름으로 우리에게 하는 말을 우리가 듣지 아니하고

우리 입에서 낸 모든 말을 반드시 실행하여 우리가 본래 하던 것 곧 우리와 우리 선조와 우리 왕들과 우리 고관들이 유다 성읍들과 예루살렘 거리에서 하던 대로 하늘의 여왕에게 분향하고 그 앞에 전제를 드리리라 그 때에는 우리가 먹을 것이 풍부하며 복을 받고 재난을 당하지 아니하였더니

우리가 하늘의 여왕에게 분향하고 그 앞에 전제 드리던 것을 폐한 후부터는 모든 것이 궁핍하고 칼과 기근에 멸망을 당하였느니라 하며

여인들은 이르되 우리가 하늘의 여왕에게 분향하고 그 앞에 전제를 드릴 때에 어찌 우리 남편의 허락이 없이 그의 형상과 같은 과자를 만들어 놓고 전제를 드렸느냐 하는지라(렘 44:15~19)

아주 흥미로운 이 구절은 고대 이스라엘에 존재했던 다양한 관행과 믿음을 보여준다. 동일한 역사적 사건들이 사람에 따라 다르게 해석되었다. 일부 사람들은 예레미야가 하늘 여왕 숭배를 말림으로써 그들이 겪는 고통의 한 원인이 되었다고 생각했다. 이에 예레미야는 야훼가 그들을 가혹하게 징벌할 수밖에 없는 이유는 다름아니라 우상 숭배를 완전히 그만두지 않은 그들의 잘못 때문이라고 반박했다.

그의 말을 들었던 사람들의 적대감에도 불구하고, 또한 제도권 권력자들과 심지어 서기관들에 대해서도 예레미야가 신랄하게 비판했음에도 불구하고, 이 선지자의 말은 서기관들과 신명기적 편집자들에 의해 보존되었다.

위로

앞선 선지자들과 마찬가지로 예레미야는 심판의 메시지를 위로의 메시지로 균형 잡는다. 특히 '위로의 책'으로 불리는 30~33장에 그런 특징이 나타난다. 예레미야는 유배의 종결과 민족 공동체의 회복을 꿈꾼다. 나아가 우상 숭배자들의 지배에 대해 처음으로 기한—70년—을 정한 선지자가 예레미야였다. 멸망하기 전인 597년에 바벨론으로 잡혀간 첫번째 포로들에게 보내는 29장에 있는 편지에서 예레미야는 놀랍게도 새롭게 주어진 땅에 정착하고 정해진 때를 기다리라고 권고한다. 이 선지자는 그들이 곧 돌아오리라 말하는 다른 선지자들의 말을 듣지 말라고 경고한다. 그들은 거짓말을 하고 있는 것이고, 예레미야는 이스라엘에게 "바벨론의 왕을 섬기라 그리하면 살리라"라고 말한다(렘 27:16~17).

만군의 여호와 이스라엘의 하나님께서 예루살렘에서 바벨론으로 사로
잡혀 가게 한 모든 포로에게 이와 같이 말씀하시니라

너희는 집을 짓고 거기에 살며 텃밭을 만들고 그 열매를 먹으라

아내를 맞이하여 자녀를 낳으며 너희 아들이 아내를 맞이하며 너희 딸
이 남편을 맞아 그들로 자녀를 낳게 하여 너희가 거기에서 번성하고 줄어
들지 아니하게 하라

너희는 내가 사로잡혀 가게 한 그 성읍의 평안을 구하고 그를 위하여 여
호와께 기도하라 이는 그 성읍이 평안함으로 너희도 평안할 것임이라(렘
29:4~7)

다시 말해 사람들은 그들이 곧 돌아가리라고 말하는 거짓 선지자
들의 허황된 꿈에 속지 말아야 한다는 것이다(29:8~9). 야훼에겐 다른
계획, 즉 재앙이 아니라 평안에 대한 계획, 사람들에게 미래와 희망을
주는 계획이 있다(29:11). 70년이 끝나면 야훼가 이스라엘 민족이 흩
어져 살았던 나라들을 멸망시키고(30:11) 포로들을 그들의 땅으로 돌
아가게 하리라고(31:7~14) 예레미야는 말했다. 시온은 거룩한 성으로
인정받고, 새로운 다윗 혈통의 왕이 다스릴 것이다(33:20~21, 25~26).
그때에 새 언약이 이스라엘과 맺어질 텐데, 이번에 그것은 마음에 각
인되고 인간의 본성 속에 새겨질 것이다.

여호와의 말씀이니라 보라 날이 이르리니 내가 이스라엘 집과 유다 집에 새 언약을 맺으리라

이 언약은 내가 그들의 조상들의 손을 잡고 애굽 땅에서 인도하여 내던 날에 맺은 것과 같지 아니할 것은 내가 그들의 남편이 되었어도 그들이 내 언약을 깨뜨렸음이라 여호와의 말씀이니라

그러나 그날 후에 내가 이스라엘 집과 맺을 언약은 이러하니 곧 내가 나의 법을 그들의 속에 두며 그들의 마음에 기록하여 나는 그들의 하나님이 되고 그들은 내 백성이 될 것이라 여호와의 말씀이니라

그들이 다시는 각기 이웃과 형제를 가리켜 이르기를 너는 여호와를 알라 하지 아니하리니 이는 작은 자로부터 큰 자까지 다 나를 알기 때문이라 내가 그들의 악행을 사하고 다시는 그 죄를 기억하지 아니하리라 여호와의 말씀이니라(렘 31:31~34)

예레미야가 묘사한 새 언약은 새로운 내용으로 보이진 않는다. 이 언약에서 야훼는 자신의 가르침을 계속 전하게 된다. 차이가 있다면 이 언약은 마음에 직접 기록되고 인간 본성에 새겨지기 때문에 야훼의 요구를 배우거나 공부할 필요가 없다는 것이다. 따라서 바뀌는 것은 야훼의 가르침이 아니라 인간의 본성이다. 즉, 이 가르침을 순종하는 것이 사람들의 본능이 된다. 이 놀라운 구절에서 예레미야는 구약성경의 언약 개념에서 아주 중요한 자유 의지라는 요소에 대한 자신의 불만을 표현한다. 구약성경의 에덴동산 이야기는 인간의 도덕적 자유를 상정하면서 때때로 이 자유가 불순종으로 행사되고 그로부터 악이

나온다는 사실을 인정한다. 반면에 이상적인 미래에 대한 예레미야의 꿈은 인간이 그저 야훼의 가르침을 알고 순종하는 것이다. 예레미야의 '자동화된 의로움'은 비록 구약성경에 나타나는 자유로운 도덕적 행위자로서의 인간 개념에 위반되긴 해도 신과의 화해를 갈망하는 멸망한 민족에게 위로가 되고 힘을 주는 꿈이었다. 이 흥분은 이후의 글에도 나타난다.

아주 아름다운 한 구절에서 예레미야는 제물을 가져오고 찬양의 시를 노래하는 미래의 성전 회복을 묘사한다. 야훼가 "기뻐하는 소리와 즐거워하는 소리와 신랑의 소리와 신부의 소리"를 끊고 그 땅을 폐허로 만들 것이라고 경고했던 25장과 달리 이제 예레미야는 다음과 같이 말한다.

> 너희가 가리켜 말하기를 황폐하여 사람도 없고 짐승도 없다 하던 여기 곧 황폐하여 사람도 없고 주민도 없고 짐승도 없던 유다 성읍들과 예루살렘 거리에서 즐거워하는 소리, 기뻐하는 소리, 신랑의 소리, 신부의 소리와 및 만군의 여호와께 감사하라, 여호와는 선하시니 그 인자하심이 영원하다 하는 소리와 여호와의 성전에 감사제를 드리는 자들의 소리가 다시 들리리니 이는 내가 이 땅의 포로를 돌려보내어 지난날처럼 되게 할 것임이라 여호와의 말씀이니라(렘 33:10~11)

유배 이전 시기 선지자들 요약

예루살렘 함락은 이스라엘 문화와 종교의 민족적·영토적 근거를 산산이 파괴했다. 바벨론은 성전을 완전히 불태웠고, 그 땅을 경작하게 하도록 이스라엘에서 가장 가난한 사람들만 남겨놓고 대부분의 사람들을 바벨론으로 포로로 잡아갔다. 이는 수세기 전에 시작된 비극의 완성이고 언약에 나온 저주의 성취로 여겨졌다. 그것은 다윗 왕조의 종말이었고, 성전과 제사장직의 종말이었고, 이스라엘이라는 국가의 종말이었다. 이제 이스라엘 민족은 커다란 시험에 직면했다. 하나의 선택은 이 사건들을 야훼가 그의 민족을 버렸고 바벨론의 신에게 패배당했다는 징표로 보는 것, 그리고 마르두크가 야훼를 대체하고 이스라엘 민족이 새로운 땅에 동화되는 것이었다. 이쪽 길을 선택한 이스라엘 사람들이 분명 있었다. 그러나 배타적인 야훼 신앙에 단단히 뿌리내린 사람들은 그렇게 하지 않았다.

이들의 믿음은 이스라엘 문화의 틀 밖에서, 성전과 그 땅 밖에서 어떻게 살아남을 수 있었을까? 고향을 떠나 흩어진 이스라엘 민족의 정체성은 민족적 기반과 제도 없이 외국 땅에서 과연 살아남을 수 있을 것인가? 아니면 이스라엘은 다른 민족들과 같은 길을 가게 될 것인가? 그 고통과 절망은 시편 기자의 글에 잘 표현되어 있다.

우리가 바벨론의 여러 강변 거기에 앉아서 시온을 기억하며 울었도다
그중의 버드나무에 우리가 우리의 수금을 걸었나니
이는 우리를 사로잡은 자가 거기서 우리에게 노래를 청하며 우리를 황폐하게 한 자가 기쁨을 청하고 자기들을 위하여 시온의 노래 중 하나를 노래하라 함이로다

18 유대의 선지자들: 미가, 스바냐, 나훔, 하박국, 예레미야

우리가 이방 땅에서 어찌 여호와의 노래를 부를까

예루살렘아 내가 너를 잊을진대 내 오른손이 그의 재주를 잊을지로다

내가 예루살렘을 기억하지 아니하거나 내가 가장 즐거워하는 것보다

더 즐거워하지 아니할진대 내 혀가 내 입천장에 붙을지로다(시 137:1~6)

일부 이스라엘 사람들이 이 상황을 이해하고 자신들의 분명한 정체성을 유지할 수 있게 도운 것이 바로 선지자들의 메시지였다. 이것이 평생 멸시당하고 무시되었던 선지자들의 글이 보존된 하나의 이유였다. 선지자들은 야훼가 패배하지 않았다고 주장했다. 이스라엘 민족의 고난은 야훼의 능력이나 언약을 부정하는 것이 아니라 오히려 그 증거였다. 이스라엘 백성이 야훼의 율법을 도덕적·종교적으로 위반하기를 멈추지 않으면 파멸이 뒤따르리라고 선지자들이 말했던 것에 대해, 후대 사람들은 그들이 진실을 말한 것으로 결정했다. 선지자들의 방식으로 해석되는 멸망과 유배는 야훼에 대한 믿음을 약화시키기는커녕 야훼와 그의 명령에 대한 절대적이고 완전한 믿음을 보여줄 필요를 유대인들에게 주장할 수 있는 근거가 되었다. 역설적이게도 이스라엘 민족이 겪은 가장 절망적인 순간이 선지자들에 의해 종교적 믿음의 부활을 위한 계기로 변모했다.

선지자들의 위대한 기여는 고대의 언약에 표현되었던 야훼의 도덕과 관련된 요구를 강조한 것이다. 예레미야의 위대한 기여는 비록 야훼의 땅 밖이더라도, 또 중요한 민족 종교의 상징들—성전, 거룩한 성, 다윗 왕조—이 없어졌다 하더라도, 그가 야훼와 그의 백성의 영원한

관계를 주장한 것이었다. 믿음의 사람과 야훼의 관계는 우상의 땅에서도 깨지지 않는다는 이 주장은 새 언약과 미래의 회복에 대한 예레미야의 희망과 더불어 이스라엘을 유대교로 전환시킬 사상들을 유배당한 사람들에게 제공하게 되었다.

19

성전 파괴에 대한 반응:
에스겔과 제2, 제3 이사야

읽기: 에스겔 1장~5장 4절, 8~11장, 16~18장, 23장, 25장, 33장, 36~37장, 40장, 47장, 이사야 40~42장, 49~55장

에스겔

이 기원전 6세기 선지자의 글은 최후의 멸망이 제기한 문제들을 다룬다. 이 사건의 의미는 무엇이었는가? 이스라엘이 야훼의 선택받은 민족이라는 개념과 그것을 어떻게 일치시킬 수 있는 것일까? 그러한 엄청난 악과 고통을 야훼 그 자신의 본성과 어떻게 일치시킬 수 있는 것일까? 고전적인 방식으로 말한다면, 야훼가 신이라면 그는 선하지 않고, 야훼가 선하다면 그는 이러한 악을 막지 못했으니 전능한 신이 아닌 것이다.

에스겔은 기원전 597년 여호야긴 왕과 함께 1차 추방에서 추방되었던 제사장이자 선지자였다. 그는 586년 예루살렘이 최종적으로 파

괴되었을 때 바벨론에 있었다. 그의 제사장적 배경과 관심 사항은 제사와 의식의 규범을 지키지 못한 것으로 이스라엘을 비난하는 예언과 회복될 성전을 중심으로 한 미래에 대한 약속을 반영하고 있다. 에스겔은 그 언어와 주제 면에서 구약성경의 제사장적 문서, 특히 H 문서와 눈에 띄는 연관성을 보인다.

에스겔의 예언은 연대순을 따르고, 그 연대는 기원전 590년대 말에서 560년대까지이다.

이 책의 구조는 다음과 같다.

1~24장: 바벨론에서의 예언. 멸망 이전의 시기(기원전 586년 이전)로 추정된다.

1~3장은 선지자 에스겔의 부름과 위임에 관한 설명이다. 에스겔이 첫 환상을 받고, 다른 환상들과 상징들이 연관되어 있다.

4~24장은 유대와 이스라엘을 비난하는 예언이다. 8~11장에서 야훼의 영광이 떠나고, 8장에서 죄에 대한 개인의 책임이 강조된다.

25~32장: 에스겔에서 "할례를 받지 못한 사람들"로 불리는 이방 민족에 대한 (예레미야, 이사야와 같은) 예언. 복수심이 느껴지고 이방 민족의 불행을 즐기는 말투. 이 예언은 신약성경의 계시록에 강한 영향력을 끼쳤다.

33~48장: 멸망 후에 한 예언(기원전 586년 이후)

33~39장: 33장에서 예루살렘 함락이 이야기되고, 미래에 대한 약속과 희망의 예언이 뒤따른다.

40~48장: 회복, 새 성전, 새 예루살렘에 대한 환상.

부름과 초기 환상

이 책은 593년 바벨론 유프라테스 강 근처의 대규모 관개수로였던 그발 강가의 유대 사회에 있었던 에스겔의 부름에 관한 서술적 설명으로 시작한다. 이는 이스라엘 땅 외부에서 선지자에 대한 부름이 있었던 첫 사례이다. 이 책의 다른 많은 환상들과 마찬가지로 1장의 놀라운 환상은 비현실적이고 거의 환각적인 요소를 가지고 있고 폭풍우의 신 바알에 관한 설명을 연상케 한다. 이 글은 폭풍, 엄청난 구름, 번쩍이는 불을 묘사한다. 야훼는 장엄한 네 생물이 받치고 있는 보좌와 같은 마차를 타고 있다. 각 생물은 사람의 몸과 네 개의 얼굴(사람, 사자, 소, 독수리의 얼굴)을 가졌다. 네 개의 거대한 바퀴는 황옥같이 빛나고, 아래쪽에 수정처럼 빛나는 광활하고 장엄한 공간 또는 궁창이 있고, 이 궁창 위에 남보석과 같은 보좌 비슷한 것이 있다. 이 보좌 위에 호박 빛깔처럼 빛나는 사람 비슷한 형상이 있었고, 그 사방으로 불이 광채를 내며 둘러쌌다. 야훼의 임재의 불이 들어 있고 또 그것을 가렸던 이 카보드kabod 또는 구름은 사람들 가운데 토라(제사장 문서)에서 야훼의 임재를 묘사할 때 사용하는 용어이다. 그것은 출애굽기 24장에서 시내산 위에 내려앉고, 출애굽기 40장에서는 구름이 회막을 덮고 성막을 가득 메운다. 에스겔이 이제 그것을 보면서 다음과 같이 말한다.

이는 여호와의 영광의 형상의 모양이라 내가 보고 엎드려 말씀하시는 이의 음성을 들으니라(겔 1:28)

"영광" "형상" "모양"이라는 언어는 직접적으로 인식될 수 없는 신의 초월적 특성을 강조한다. 반면에 선지자의 인간성은 "인자"라는 말로 강조되는데, 이 책 내내 나오는 이 말은 히브리어로 '유한한 인간'을 뜻한다.

2장에 있는 에스겔의 부름은 예레미야와 이사야의 부름을 상기시킨다. 야훼는 그의 말을 듣지 않을 "패역한 백성, 나를 배반하는 자에게" 에스겔을 보낸다(2:3~5). 그의 사명은 "애가와 애곡과 재앙의 말이 기록"된 두루마리 책으로 상징된다. 에스겔은 두루마리 책을 받고 그것을 먹으라는 명령을 받는다. 이어 그는 이스라엘 족속에게 가서 말해야 한다(2:8~3:1). 그는 암울한 내용이 들어 있는 두루마리를 삼키는데, 그것은 꿀처럼 단맛이 난다. 3장에 설명되어 있는 그의 임무는 위험을 경고하는 파수꾼이 되는 것이다. 사람들은 듣거나 듣지 않을 것이고, 결국 각자 스스로 제 운명을 결정하게 된다(3:11, 3:16~21).

8장의 환상에서는 천사가 에스겔을 예루살렘으로, 성전 안뜰로 데려간다. 거기서 벌어지고 있는 충격적인 가증한 일에 대한 생생한 묘사는 예루살렘의 파괴를 정당화하려는 노력이고 또 선지자 특유의 과장법으로 볼 수 있다. 야훼에 의한 살육과 파괴를 목격한 에스겔은 이어 야훼의 임재인 빛으로 채워진 구름(카보드)을 보고 성전에서 일어나 동쪽으로 간다.

> 여호와의 영광이 성전 문지방을 떠나서 그룹들 위에 머무르니
> 그룹들이 날개를 들고 내 눈 앞의 땅에서 올라가는데 그들이 나갈 때에

바퀴도 그 곁에서 함께 하더라 그들이 여호와의 전으로 들어가는 동문에 머물고 이스라엘 하나님의 영광이 그 위에 덮였더라(겔 10:18~19)

여호와의 영광이 성읍 가운데에서부터 올라가 성읍 동쪽 산에 머무르고

주의 영이 나를 들어 하나님의 영의 환상 중에 데리고 갈대아에 있는 사로잡힌 자 중에 이르시더니 내가 본 환상이 나를 떠나 올라간지라

내가 사로잡힌 자에게 여호와께서 내게 보이신 모든 일을 말하니라(겔 11:23~25)

이러한 환상은 신들이 분노하여 자신들의 성읍을 버리고 다른 신이 그 성읍을 파괴하도록 내버려두는 고대 근동 지방의 전승을 이용한 것이다.[1] 그러나 여기서 중요한 차이는 다른 신이 아니라 야훼가 직접 파괴를 가져온다는 것이다. 또한 야훼는 하늘로 돌아가거나 유대에 남은 사람들과 함께 있지 않는다. 에스겔에서 남겨진 사람들은 죄를 범한 사람들이다. 야훼는 죽음을 면하고 포로가 된 사람들과 함께 동쪽으로 간다.

에스겔의 끝부분은 회복된 성전의 또다른 환상을 이야기한다(겔 43장). 에스겔은 동쪽에서 오는 카보드를 본다.

이스라엘 하나님의 영광이 동쪽에서부터 오는데 하나님의 음성이 많은 물소리 같고 땅은 그 영광으로 말미암아 빛나니……

여호와의 영광이 동문을 통하여 성전으로 들어가고

472

영이 나를 들어 데리고 안뜰에 들어가시기로 내가 보니 여호와의 영광이 성전에 가득하더라(겔 43:2, 4~5)

신의 임재는 8장에서 포로들과 함께 동쪽으로 갔던 것과 마찬가지로 이스라엘이 이스라엘 땅에 다시 수립될 때 포로들과 함께 돌아오게 된다. 여기서 중요한 것은 야훼가 어떤 특정 장소가 아니라 특정 민족과 연결되어 있다는 것이다. 야훼는 유배중에도 그의 백성과 함께 있는다.

멸망 전의 예언과 개인 책임 원칙

에스겔은 앞선 선지자들이나 동시대의 선지자들과 마찬가지로 재앙과 심판의 메시지를 설파하고, 그의 비난은 사람들의 우상 숭배와 도덕적 타락을 강조한다. 예루살렘에 대한 에스겔의 강력한 비난은 구약성경의 글 중에서도 가장 폭력적이고 적나라하고 선정적이다. 이 말들은 597년의 1차 추방 후에 최종적인 파괴(586년)를 피하고자 하는 기대 속에 예언되었을 가능성이 크다. 에스겔은 예루살렘이 마땅히 함락될 것이고, 바벨론에 대한 반란은 야훼에 대한 반역이라고 경고한다. 그는 이스라엘의 상황을 설명하기 위해 아주 다양한 비유를 사용한다. 예루살렘은 소돔의 자매이고 그보다도 더 타락했다(겔 16장). 예루살렘은 포도나무이지만 아무 쓸모가 없는 야생의 나무 또는 불탄 나무이다(겔 15장). 정결함의 언어는 극도의 반감을 자극하기 위한 이미지에 은유적으로 사용된다. 즉, 에스겔은 예루살렘이 철저하게 더럽혀졌기에 파괴만이 유일하게 가능한 해결책이라고 주장한다. 난잡한 성적 묘사도 아주 많다. 야훼의 이스라엘 파괴는 비이성적으로 질투심 많고 난폭한 남편이 저지르는 끔찍한 학대로 묘사된다(16:38~42, 23:45~49). 이런 이미지들은 충격적일 만큼 외설적이고 놀랍고 무섭다(16장, 23장).

에스겔은 메시지를 전달하기 위해 다양한 예언적 징표를 사용한다. 어떤 것은 너무 기이하고 극단적이어서 사람들은 그가 광기에 사로잡혔다고 생각했다.[2] 그는 사람의 배설물로 불을 지펴 음식을 만드는데, 이는 느부갓네살에게 포위당한 사람들이 어쩔 수 없이 부정한 음식을 먹을 것을 상징한다(4:9~17). 또한 아내가 죽을 때도 에스겔이 슬퍼하지 않는 것은 야훼가 자신의 성전이 사라져도 슬퍼하지 않을 것임을 의미한다(24:15~27). 에스겔이 줄로 자기 몸을 묶고 390일간 왼쪽으로 눕는 것은 이스라엘의 유배 기간 390년을 상징하고, 그런 다음 오른쪽으로 40일 눕는 것은 유다의 유배 기간 40년을 상징한다. 물론 이 어느 것도 사실과는 들어맞지 않는다. 마지막으로 그는 수염과 머리털을 깎아서 삼분의 일은 태우고 삼분의 일은 칼로 치고 삼분의 일은 바람에 흩어버리고, 오직 몇 가닥만 남겨 옷으로 감싼다(5:1~17). 이는 민족의 삼분의 일은 전염병과 기근으로 죽고, 삼분의 일은 폭력으로 죽고, 삼분의 일은 바벨론으로 유배당할 것을 상징한다(H 문서로 분류되는 레위기 26장 23~33절에 있는 언약의 저주와의 관련성을 참조). 야훼는 오직 소수의 사람들만 피하도록 허락할 것이다.

에스겔은 이 경고를 무시하는 사람들만 심판을 받게 되고, 그 말을 듣는 사람들은 생명을 구할 것임을 분명히 한다. 또한 여기서 그의 특징인 개인의 책임이라는 주제에 관해 말한다. 죄에 대한 개인의 책임을 강조하는 다음 구절은 죄에 대한 집단적이고 세대를 망라하는 책임을 강조하는 토라의 구절과 비교할 수 있을 것이다.

또 여호와의 말씀이 내게 임하여 이르시되

너희가 이스라엘 땅에 관한 속담에 이르기를 아버지가 신 포도를 먹었으므로 그의 아들의 이가 시다고 함은 어찌 됨이냐

주 여호와의 말씀이니라 내가 나의 삶을 두고 맹세하노니 너희가 이스라엘 가운데에서 다시는 이 속담을 쓰지 못하게 되리라

모든 영혼이 다 내게 속한지라 아버지의 영혼이 내게 속함같이 그의 아들의 영혼도 내게 속하였나니 범죄하는 그 영혼은 죽으리라……

범죄하는 그 영혼은 죽을지라 아들은 아버지의 죄악을 담당하지 아니할 것이요 아버지는 아들의 죄악을 담당하지 아니하리니 의인의 공의도 자기에게로 돌아가고 악인의 악도 자기에게로 돌아가리라

그러나 악인이 만일 그가 행한 모든 죄에서 돌이켜 떠나 내 모든 율례를 지키고 정의와 공의를 행하면 반드시 살고 죽지 아니할 것이라……

주 여호와의 말씀이니라 내가 어찌 악인이 죽는 것을 조금인들 기뻐하랴 그가 돌이켜 그 길에서 떠나 사는 것을 어찌 기뻐하지 아니하겠느냐

만일 의인이 돌이켜 그 공의에서 떠나 범죄하고 악인이 행하는 모든 가증한 일대로 행하면 살겠느냐 그가 행한 공의로운 일은 하나도 기억함이

되지 아니하리니 그가 그 범한 허물과 그 지은 죄로 죽으리라……

주 여호와의 말씀이니라 이스라엘 족속아 내가 너희 각 사람이 행한 대로 심판할지라 너희는 돌이켜 회개하고 모든 죄에서 떠날지어다 그리한즉 그것이 너희에게 죄악의 걸림돌이 되지 아니하리라

너희는 너희가 범한 모든 죄악을 버리고 마음과 영을 새롭게 할지어다 이스라엘 족속아 너희가 어찌하여 죽고자 하느냐

주 여호와의 말씀이니라 죽을 자가 죽는 것도 내가 기뻐하지 아니하노니 너희는 스스로 돌이키고 살지니라(겔 18:1~4, 20~21, 23~24, 30~32)

토라에 있는 집단적이고 세대에 걸친 징벌 원칙은 아버지의 죄에 대해 그 4대 자손까지 벌을 받으리라는 두번째 계명의 선언으로 가장 잘 알려져 있다. 에스겔의 위 구절에서는 이 원칙이 거부된다. 물론 이 구절은 인간의 공정함이 아니라 신의 공정함을 말하고 있다. 인간의 영역에서는 오직 죄를 범한 사람만이 법의 처벌을 받지만, 오경에 있는 많은 글에서 야훼는 그와 다른 원칙, 즉 집단 책임의 원칙을 적용한다고 말한다. 토라에서는 이 원칙이 긍정적으로 이해된다. 즉, 아버지의 죄가 자손들에게 이어지는 것은 야훼의 자비를 나타내는 것이다. 출애굽기 34장 6~7절은 야훼를 자비롭고 은혜로우며 노하기를 더디 하고 변치 않는 사랑과 신실함이 가득한 존재로 묘사하지만, 그는 악인을 완전히 용서하지는 않는다. 그는 한 개인에게 모든 벌을 한번에 내리지 않고 삼사 대에 걸쳐 징벌을 분산한다. 신명기적 역사가도 의로운 왕들에게 내린 재앙을 지연된 징벌 개념으로, 즉 이전 세대가 받아

야 할 징벌에 대한 자비로운 연기로 설명했다. 그러나 한때 자비로 인식되었던 이 생각은 갈수록 죄 없는 사람에 대한 공평하지 않은 징벌로 여겨지게 되었다. 구약성경의 몇몇 구절은 이러한 구도에 더 많은 공정함을 부여하려고 노력한다. 출애굽기 20장 5~6절은 삼 대와 사 대에 벌받는 사람들은 그들 자신이 악한 것이고 천 대에 걸쳐 보상을 받는 사람들은 그들 자신이 의로운 것임을 강조한다.[3] 신명기의 지연된 징벌 개념은 역대기에서 거부된다. 역대 상하는 열왕기 상하와 동일한 역사 이야기를 전하지만 재앙이 그것을 겪는 당사자 이외 사람의 죄에 대한 징벌로는 결코 설명되지 않도록 다시 쓰인다.

586년 이후에 어떤 사람들(특히 신명기적 역사가)은 앞 세대의 죄가 쌓였기에 이스라엘 민족이 고통을 겪게 되었다는 생각을 인정했지만, 다른 사람들에게는 축적된 죄와 대를 잇는 처벌 개념이 설득력을 많이 잃었다.[4] 과거 세대의 위반 행위에 대한 지연된 징벌로 정당화하기에 멸망과 유배는 너무나 어려운, 엄청나게 가혹한 징벌이었기 때문이다.

신의 심판을 집행하는 데 있어 집단적 책임 개념을 부정하는 사람들 중 한 명이 에스겔이다. 18장에서 그는 조상의 죄에 대해 고통받는다는 개념에 대응하면서 시대가 변했다고 선언한다. 야훼는 더이상 사람들을 집단적으로 응징하지 않는다. 각 사람은 개별적으로 판단되고, 오직 죄지은 사람만이 벌받는다. 이것은 출애굽기 34장과 크게 달라진 점이고, 대략 같은 시대에 있었던 신명기적 학파의 견해와도 많이 다르다.

우리는 이런 식의 벗어남, 이런 식의 다양한 소리가 이스라엘 민족이 히브리 성경에 부여한 권위에 영향을 주지 않았다는 사실을 유념해야 한다. 구약성경의 권위는 소위 어떤 일관성이나 한목소리에서 나오지 않았다. 서구 문화에 아주 큰 영향력을 행사한 철학 전통, 즉 모순 없는 것만이 진리이고 진리인 것만이 권위를 갖는다는 일원론적 진리관이 헬라화되지 않은 고대 세계에는 없었다. 히브리 성경은 철학 책이 아니고 철학적 진리를 제시하려고 시도하지도 않는다. 히브리 성경에 있는 다양한 책들은 수세기에 걸쳐 이스라엘 민족의 여러 경험을 설명하고 위기에 대응하기 위해 많은 선생들, 선지자들, 서기관들, 예언자들이 했던 최선의 노력이다. 구약성경의 권위는 야훼의 세상 통치와 그의 이스라엘에 대한 계획을 깨닫고 이해하도록 설명해주는 힘에서 나온다. 이 다양한 깨달음과 이해는 달라질 수도 있고 심지어 서로 모순될 수도 있으나 그것들은 양립 불가능한 것이 아니다. 그러한 깨달음과 이해에 있는 모순은 이스라엘 민족 내부에 있는 그것들이 갖는 권위에 영향을 주지 않는다. 야훼의 역사役事를 이해하는 것이 아무리 어려워도 그 깨달음과 이해가 주는 설명하고 위로하는 힘과 믿음을 세워주는 힘은 야훼가 결코 이스라엘 백성을 버리지 않을 것이라는 확신을 주었다.

멸망 이후의 예언과 회복의 비유들

에스겔 33장은 586년에 한 도망자가 예루살렘 함락 소식을 가져왔고 에스겔이 심판의 메시지를 희망의 메시지로 바꾸었다고 말한다. 멸망 이전에 그의 임무는 사람들의 환상을 깨뜨리고 그들을 안일한 상태에서 깨우는 것이었다. 이제 그들이 절망과 후회로 떨어졌기 때문에 그의 임무는 안심과 희망을 제공하는 것이다. 야훼는 새로운 시작에 착수한다.

이스라엘의 징벌은 마땅한 것이었지만, 에스겔에 따르면 그것으로 야훼와 그의 백성의 관계가 끝난 것은 아니었다. 새로운 이스라엘이 유다와 이스라엘의 남은 자들로부터 일어날 것이었다. 에스겔은 다양한 비유와 환상을 통해 이 회복을 표현한다. 34장은 이스라엘 민족의 목자들(지도자에 대한 고대 근동 지방의 공통적인 비유)을 비난하고 다윗의 집에서 한 목자를 세워 민족 가운데 왕이 되게 하리라고 약속한다. 36장은 정결함과 정화에 관한 비유를 이용하여 회복을 설명한다. 이스라엘은 과거의 부정함에서 정화되어 새 마음의 언약을 받게 된다.

내가 너희를 여러 나라 가운데에서 인도하여 내고 여러 민족 가운데에서 모아 데리고 고국 땅에 들어가서

맑은 물을 너희에게 뿌려서 너희로 정결하게 하되 곧 너희 모든 더러운 것에서와 모든 우상 숭배에서 너희를 정결하게 할 것이며

또 새 영을 너희 속에 두고 새 마음을 너희에게 주되 너희 육신에서 굳은 마음을 제거하고 부드러운 마음을 줄 것이며

또 내 영을 너희 속에 두어 너희로 내 율례를 행하게 하리니 너희가 내 규례를 지켜 행할지라

내가 너희 조상들에게 준 땅에서 너희가 거주하면서 내 백성이 되고 나는 너희 하나님이 되리라(36:24~28)

예레미야와 마찬가지로 여기서도 인간 본성에 대한 이상적인 재설계가 구상된다. 인간의 자유 의지 행사와 관련된 문제들이 제거되는 것이다. 야훼의 법, 가르침, 계명은 바뀌지 않고 인간의 본성이 변하는 것이다. 야훼는 인간들로 하여금 자신의 명령을 순종하게 할 텐데, 이는 자유 의지의 제거를 암시한다. 야훼의 토라는 일종의 자동화된 의로움으로 지켜지게 될 것이다.

옛 이스라엘의 남은 자들로부터 새로운 이스라엘을 회복하는 일을 표현하는 또하나의 비유는 37장에 있는 죽은 사람들을 되살리는 비유이다.

여호와께서 권능으로 내게 임재하시고 그의 영으로 나를 데리고 가서 골짜기 가운데 두셨는데 거기 뼈가 가득하더라

나를 그 뼈 사방으로 지나가게 하시기로 본즉 그 골짜기 지면에 뼈가 심히 많고 아주 말랐더라

그가 내게 이르시되 인자야 이 뼈들이 능히 살 수 있겠느냐 하시기로 내가 대답하되 주 여호와여 주께서 아시나이다

또 내게 이르시되 너는 이 모든 뼈에게 대언하여 이르기를 너희 마른 뼈들아 여호와의 말씀을 들을지어다

주 여호와께서 이 뼈들에게 이같이 말씀하시기를 내가 생기를 너희에게 들어가게 하리니 너희가 살아나리라

너희 위에 힘줄을 두고 살을 입히고 가죽으로 덮고 너희 속에 생기를 넣으리니 너희가 살아나리라 또 내가 여호와인 줄 너희가 알리라 하셨다 하라

이에 내가 명령을 따라 대언하니 대언할 때에 소리가 나고 움직이며 이 뼈, 저 뼈가 들어 맞아 뼈들이 서로 연결되더라

내가 또 보니 그 뼈에 힘줄이 생기고 살이 오르며 그 위에 가죽이 덮이나 그 속에 생기는 없더라……

생기가 그들에게 들어가매 그들이 곧 살아나서 일어나 서는데 극히 큰 군대더라

또 내게 이르시되 인자야 이 뼈들은 이스라엘 온 족속이라 그들이 이르기를 우리의 뼈들이 말랐고 우리의 소망이 없어졌으니 우리는 다 멸절되었다 하느니라

그러므로 너는 대언하여 그들에게 이르기를 주 여호와께서 이같이 말씀하시기를 내 백성들아 내가 너희 무덤을 열고 너희로 거기에서 나오게 하고 이스라엘 땅으로 들어가게 하리라

내 백성들아 내가 너희 무덤을 열고 너희로 거기에서 나오게 한즉 너희는 내가 여호와인 줄을 알리라

내가 또 내 영을 너희 속에 두어 너희가 살아나게 하고 내가 또 너희를 너희 고국 땅에 두리니 나 여호와가 이 일을 말하고 이룬 줄을 너희가 알리라 여호와의 말씀이니라(겔 37:1~8, 10~14)

이 환상에 뒤이어 나오는 해석에서 "이 뼈들은 이스라엘 온 족속"이라고 기록되며 그들은 "우리의 뼈들이 말랐고 우리의 소망이 없어졌으니"라고 말한다(37:11). 야훼는 유배에 대한 비유인 "무덤"으로부터 이스라엘을 일으키고 이스라엘을 회복시킬 것—이스라엘 자손을 사방

에서 모아 한 민족이 되어 하나의 왕을 가지게 될 것을—을 약속한다. 이 유명한 '마른 뼈 골짜기' 구절은 흔히 그 맥락에서 벗어나 문자 그 대로 사후 부활의 교리에 대한 근거로 인용된다. 그러나 그 맥락 안에 서 보면, 이는 이스라엘의 유배로부터의 구원과 이스라엘 땅으로의 회 복을 묘사하는 데 선지자 에스겔이 사용한 많은 비유 중 하나임이 분 명하다.

47장은 회복된 땅과 예루살렘 성을 묘사한다. 회복된 공동체의 중 심에는 새 예루살렘이 있고, 예루살렘의 중심에 있는 재건축된 성전이 이 책의 마지막 아홉 개 장에서 자세히 묘사된다. 에스겔의 이상적인 구상에서 이스라엘 땅은 12지파 전체에 공평하게 할당된다. 중앙의 예 루살렘에는 12개의 문(각 지파에 하나)이 달리고, 그 성전은 사해로 흘 러가는 담수가 끊임없이 나오는 강의 원천이 된다. 이 지역은 사독의 자손 제사장들이 레위 지파 하인들의 도움을 받아 통할하고, 이방인의 출입은 허락되지 않는다(멸망 이후 시대에 다른 사람들은 하지 않았던 생각이다).

에스겔은 야훼가 정화된 이스라엘을 다윗의 자손인 왕이 통치하는 땅으로 회복시키리라 믿고 그런 취지로 예언했지만, 그는 또한 (예레 미야와 같이) 그 사이에도 야훼와의 관계, 즉 약속의 땅 밖에서의 관계 가 가능하다고 주장했다. 그래서 민족의 재앙과 유배에 대한 에스겔의 대응은 다음과 같다. 비록 이스라엘은 마땅히 징벌을 받아야 했더라 도, 야훼는 유배 중에도 그의 백성과 함께 있다. 멸망 이후에도 흩어 진 이스라엘 사람들과 야훼의 관계는 계속 가능하다.

유대인 디아스포라는 과거 이와 유사한 것이 목격된 적 없는 종교적-민족적 실체였다. 유대 민족은 그들의 땅을 떠나 유배 중에 그들의 신을 계속 섬겼고, 제사나 희생 제물 없이 그 신을 계속 섬겼다(예루살렘이 유일하게 합당한 제단이 있는 장소였기 때문이다). 결국 새로운 예배 방식이 생겨난다. 그것은 희생 제물 없이 기도, 고백, 금식, 관습을 지키는 것으로 이루어진다. 유대인들은 하루 세 번 예루살렘을 향하여 기도하고, 회당에서의 예배가 생겨난다. 언약을 기념하는 상징이자 유대교의 상징으로서 안식일의 중요성이 커진다. 또한 유대인이 아닌 사람들이 종교적 믿음으로 이스라엘의 종교적 예배를 받아들이면서 그들 스스로 야훼를 믿게 된다. (어느 정도 과장된 말이지만) 민족으로서의 이스라엘의 역사가 끝나면서 유대교의 역사가 시작되는 것이다.

제2 이사야(이사야 40~55장)

멸망과 유배에 대한 두번째 반응은 이사야에 첨부된 무명의 글에서 찾을 수 있다. 이사야에는 두 개의 글이 첨부되어 있다. 40~55장은 제2 이사야로 알려져 있고 56~66장은 제3 이사야로 알려져 있다. 이 글들은 여러 측면에서 엄밀한 의미의 이사야와 다르다. 먼저 역사적 이사야는 기원전 8세기 말에서 7세기 초에 활동한 반면 제2 이사야와 제3 이사야의 일부는 유배 이후에 기록된 것이 확실하다. 역사적 이사야의 시기에 이스라엘의 압제자는 앗수르였으나, 제2 이사야와 제3 이사야에는 바벨론이 압제자로 언급되고 예루살렘이 파괴된 것으로 언급되며 글의 대상이 되는 사람들이 유배중에 있다. 나아가 첨부된 글은 심지어 기원전 539년경 바벨론이 페르시아의 고레스에 의해 멸망당한 것도 알고 있으며, 고레스가 유대인에게 예루살렘으로 돌아가 성전을 다시 짓도록 허락한 일에 대한 기쁨도 표현하고 있다(사 44:28). 또 제1 이사야와 제2, 제3 이사야는 문체 면에서 차이가 있다. 예를 들어 제2, 제3 이사야에는 전기적인 내용이 없다.[5] 마지막으로 이 글들은 역사에 관한 새로운 신학, 이방 민족에 대한 새로운 자세, 유일신 신앙에 관한 강조를 새롭게 명시하고 있다.

너희는 위로하라

제2 이사야는 멸망이 완전히 끝난 이후의 글로 보인다. 40장에 나오는 첫 예언은 위로와 평안의 예언이다. 선지자는 목자인 야훼가 자신의 백성을 이끌고 예루살렘으로 돌아가는 극적인 행진을 위해 광야에 준비되는 곧고 평탄한 대로를 상상한다.

너희의 하나님이 이르시되 너희는 위로하라 내 백성을 위로하라

너희는 예루살렘의 마음에 닿도록 말하며 그것에게 외치라 그 노역의 때가 끝났고 그 죄악이 사함을 받았느니라 그의 모든 죄로 말미암아 여호와의 손에서 벌을 배나 받았느니라 할지니라 하시니라

외치는 자의 소리여 이르되 너희는 광야에서 여호와의 길을 예비하라 사막에서 우리 하나님의 대로를 평탄하게 하라

골짜기마다 돋우어지며 산마다, 언덕마다 낮아지며 고르지 아니한 곳이 평탄하게 되며 험한 곳이 평지가 될 것이요

여호와의 영광이 나타나고 모든 육체가 그것을 함께 보리라 이는 여호
와의 입이 말씀하셨느니라

말하는 자의 소리여 이르되 외치라 대답하되 내가 무엇이라 외치리이까
하니 이르되 모든 육체는 풀이요 그의 모든 아름다움은 들의 꽃과 같으니

풀은 마르고 꽃이 시듦은 여호와의 기운이 그 위에 붊이라 이 백성은 실
로 풀이로다

풀은 마르고 꽃은 시드나 우리 하나님의 말씀은 영원히 서리라 하라……

보라 주 여호와께서 장차 강한 자로 임하실 것이요……

그는 목자같이 양떼를 먹이시며 어린 양을 그 팔로 모아 품에 안으시며
젖먹이는 암컷들을 온순히 인도하시리로다(사 40:1~8, 10, 11)

한 목소리가 유배를 끝내고 예루살렘으로 돌아가는 것을 선포한다.
야훼는 대로를 열고 새로운 탈출의 맨 앞에서 목자처럼 자신의 양떼를
집으로 데려간다. 이는 제2 이사야의 끝에 있는 55장에서도 반복되는
중요한 개념이다. 제2 이사야의 두번째 핵심 주제는 글의 시작과 끝에
나온다. "우리 하나님의 말씀은 영영히 서리라." 이 생각은 포로와 유
배 시기 동안 이스라엘이 품은 희망의 핵심이다. 그것은 제2 이사야의
첫번째 예언에 나타나고 55장에 있는 마지막 예언에서 다시 아름답게
서술된다.

이는 비와 눈이 하늘로부터 내려서 그리로 되돌아가지 아니하고 땅을
적셔서 소출이 나게 하며 싹이 나게 하여 파종하는 자에게는 종자를 주며

먹는 자에게는 양식을 줌과 같이

　내 입에서 나가는 말도 이와 같이 헛되이 내게로 되돌아오지 아니하고 나의 기뻐하는 뜻을 이루며 내가 보낸 일에 형통함이니라

　너희는 기쁨으로 나아가며 평안히 인도함을 받을 것이요 산들과 언덕들이 너희 앞에서 노래를 발하고 들의 모든 나무가 손뼉을 칠 것이며(사 55:10~12)

야훼의 영원한 말씀, 그것의 확실한 성취, 특히 새로운 탈출을 통해 자기 백성을 고향 땅으로 돌아가게 하리라는 말씀의 성취가 제2 이사야 전체에 깃든 생각들이다.

유일신 신앙

제1 이사야에서 간접적으로 나타난 유일신 신앙이 제2 이사야에서는 직접적으로 나타난다. 제2 이사야가 586년의 멸망을 이해하는 방식은 이스라엘이 마땅히 받아야 할 벌을 받았음을 인정하고 야훼가 이스라엘의 역사뿐 아니라 모든 민족의 역사를 지배함을 주장하는 것이다. 야훼 외에는 어떠한 권세도 없다. 제2 이사야는 여러 민족의 흥망성쇠를 언급하면서 41장 4절에서 다음과 같이 말한다.

　이 일을 누가 행하였느냐 누가 이루었느냐 누가 처음부터 만대를 불러 내었느냐 나 여호와라 처음에도 나요 나중 있을 자에게도 내가 곧 그니라

야훼는 처음이고 마지막이며, 이는 그가 전부라는 뜻이다. 야훼 외에 다른 신은 없는 것이다. 이사야 44장은 우상을 만들어 섬기는 민족들을 풍자하고 자기의 손으로 만든 것을 신성하다 하는 어리석음을 조롱한다. 이사야 41장에서 야훼는 이러한 헛되고 쓸모없는 우상들에 대한 자신의 주장을 펼치면서, 그들 스스로 대답하고 앞으로 일어날 일을 말함으로써 자신이 신임을 입증하라고 말한다.

> 장차 당할 일을 우리에게 진술하라 또 이전 일이 어떠한 것도 알게 하라 우리가 마음에 두고 그 결말을 알아보리라 혹 앞으로 올 일을 듣게 하며
> 뒤에 올 일을 알게 하라 그리하면 너희가 신들인 줄 우리가 알리라 또 복을 내리든지 재난을 내리든지 하라 우리가 함께 보고 놀라리라
> 보라 너희는 아무것도 아니며 너희 일은 허망하며 너희를 택한 자는 가증하니라(사 41:22~24)

그런데 이것이 전부가 아니다. 이방 민족의 신들은 신이 아닐 뿐만 아니라 야훼가 모든 민족의 진정한 신이다. 누가 북쪽에서 페르시아의 고레스를 일으켜 고대 근동 지방을 정복하게 했는가? 야훼 이외에 아무도 없다.

> 내가 한 사람을 일으켜 북방에서 오게 하며…… 토기장이가 진흙을 밟음같이 하리니……
> 내가 비로소 시온에게 너희는 이제 그들을 보라 하였노라(사 41:25, 27)

이 구절에서 제2 이사야는 일련의 전환을 마무리한다. 한때 남부에서 가나안 지방으로 유입된 신이었던 야훼는 이스라엘 민족의 신이 되었고 이제는 보편적 역사의 지배자가 된다. 이스라엘의 신은 유일한 신이다.

고통받는 종

제2 이사야에는 유명한 '종의 노래'도 들어 있다(42:1~4, 49:1~6, 50:4~9, 52:13~53:12). 이 구절들에 나오는 종의 신분은 수백 년 동안 구약성경 해석의 난제였다. 이 종이 때로는 집단적인 인물이고 때로는 개별적인 인물이기 때문에 더더욱 그러했다. 49장에서 종은 오직 이스라엘 민족에 한하는 메시지가 아니라 보편적 메시지를 말하는 선지자로 묘사된다. 종 또는 선지자는 먼저 이스라엘 그 자체로 인식된다.

여호와께서 태에서부터 나를 부르셨고 내 어머니의 복중에서부터 내 이름을 기억하셨으며

내 입을 날카로운 칼같이 만드시고 나를 그의 손 그늘에 숨기시며 나를 갈고 닦은 화살로 만드사 그의 화살통에 감추시고

내게 이르시되 너는 나의 종이요 내 영광을 네 속에 나타낼 이스라엘이라 하셨느니라(사 49:1~3)

그러나 5절에 이르면 종/선지자는 이스라엘을 야훼에게 돌아오게 하는 사명을 가진 것으로 보이고, 따라서 이스라엘로 인식되지 않는다.

이제 여호와께서 말씀하시나니 그는 태에서부터 나를 그의 종으로 지으신 이시요 야곱을 그에게로 돌아오게 하시는 이시니 이스라엘이 그에게로 모이는도다(사 49:5)

이 사명은 6절에서 확장된다.

그가 이르시되 네가 나의 종이 되어 야곱의 지파들을 일으키며 이스라엘 중에 보전된 자를 돌아오게 할 것은 매우 쉬운 일이라 내가 또 너를 이방의 빛으로 삼아 나의 구원을 베풀어서 땅 끝까지 이르게 하리라

50장 6절은 저항하고 핍박당하는 종에 관해 말한다.

나를 때리는 자들에게 내 등을 맡기며 나의 수염을 뽑는 자들에게 나의 뺨을 맡기며 모욕과 침 뱉음을 당하여도 내 얼굴을 가리지 아니하였느니라

종의 고통과 슬픔을 가장 감동적으로 표현하는 구절은 유명하기도 하고 난해하기도 한 이사야 53장의 구절이다.

그는 멸시를 받아 사람들에게 버림받았으며 간고를 많이 겪었으며 질고를 아는 자라……
그는 실로 우리의 질고를 지고 우리의 슬픔을 당하였거늘 우리는 생각

하기를 그는 징벌을 받아 하나님께 맞으며 고난을 당한다 하였노라

그가 찔림은 우리의 허물 때문이요 그가 상함은 우리의 죄악 때문이라 그가 징계를 받으므로 우리는 평화를 누리고 그가 채찍에 맞으므로 우리는 나음을 받았도다

우리는 다 양 같아서 그릇 행하여 각기 제 길로 갔거늘 여호와께서는 우리 모두의 죄악을 그에게 담당시키셨도다

그가 곤욕을 당하여 괴로울 때에도 그의 입을 열지 아니하였음이여 마치 도수장으로 끌려가는 어린 양과 털 깎는 자 앞에서 잠잠한 양같이 그의 입을 열지 아니하였도다……

그의 무덤이 악인들과 함께 있었으며 그가 죽은 후에 부자와 함께 있었도다

여호와께서 그에게 상함을 받게 하시기를 원하사 질고를 당하게 하셨은즉 그의 영혼을 속건제물로 드리기에 이르면 그가 씨를 보게 되며 그의 날은 길 것이요 또 그의 손으로 여호와께서 기뻐하시는 뜻을 성취하리로다(사 53:3~7, 9~10)

그동안 이 슬퍼하는 사람을 온갖 인물과 동일시해보려는 여러 시도가 있었다. 예수를 믿는 사람들은 이사야에 나오는 이 고통받는 종을 처음부터 예수로 생각했다. 신약성경의 기록자들은 예수의 삶과 죽음에 대해 이야기할 때 이사야의 여러 구절을, 특히 53장을 인용했다.[6] 그는 다른 사람들의 죄 때문에 고통받는 죄 없고 의로운 종으로 묘사된다. 그러나 바울의 가르침에서 기독교인들은 예수와 함께, 예수를

위해 고통받는 종으로 인식된다. 후대의 신학적 해석은 이러하지만, 제2 이사야의 무명의 기록자는 약 500년이 넘는 시간 후에 먼 나사렛에 나타날 선생이자 능력의 치유자에 관해 쓰지 않았다. 원래의 맥락을 살펴보면 이 종은 이스라엘 그 자체일 가능성이 가장 커 보인다. 지금은 이스라엘이 이방 민족들의 죄로 인해 고통과 멸시를 당하지만, 그 민족들은 앞으로 있을 이스라엘의 회복과 기쁨에 놀랄 것이고 야훼에게 굴복할 것이다. 하지만 이 해석에도 문제가 있다. 이 종을 이스라엘로 해석하는 것에 반대하게 하는 주된 구절은 이사야 49장 5절에서 이 종에게 이스라엘에 대한 사명이 있다고 설명하는 부분이다. 이스라엘이 이스라엘에 대해 사명을 가진다는 말은 좀 이상하다. 그러나 선지자들은 흔히 이스라엘을 분열된 실체로 사고한다는 점을 떠올린다면, 그래서 아마 기록자가 한쪽—의로운 쪽—이 다른 쪽—길을 잃은 쪽—에 대해 사명을 가졌다고 상상하고 있는 것이라면, 이 문제는 해결될 수 있다. 이 문제를 제외하면 종의 노래에서 더 눈에 띄는 주제는 종이 세상에 대해 어떤 사명이 있다는 것인데, 이는 이스라엘에게 아주 잘 어울리는 역할이다. "나의 종 이스라엘"이라는 말이 제2 이사야에 여덟 번 나온다는 점에서도 이스라엘이 여러 민족들에 대한 야훼의 종이라는 개념은 이사야가 구상하는 세상의 일부임이 분명하다. 또한 우리가 여기서 다루는 것은 엄격하게 일관된 철학 논문이 아니라 시이므로 이 종이 때로는 집단을 나타내고 때로는 개인을 나타내는 것도 그렇게 놀라운 일이 될 수 없다. 따라서 원래의 맥락에서 이 종은 이스라엘 그 자체일 가능성이 크다.

이스라엘의 사명

만일 이 종이 이스라엘이라면, 이제 제2 이사야가 어떤 식으로 586년의 사건에 대한 또하나의 해석—궁극적으로 긍정적인 해석—을 제공하는지 알아볼 수 있다. 이스라엘이 겪은 징벌은 과도하긴 해도(이사야 40장은 이스라엘이 지은 모든 죄에 대해 두 배의 벌을 받았다고 주장한다) 무의미하지는 않다. 그것은 민족의 구원으로 이어지게 될 것이다. 이스라엘은 그 상처로써 치유될 것이다. 또한 고통은 여러 민족들 가운데서 이스라엘이 맡을 새로운 역할로 이어질 것이다. 제2 이사야는 유배 동안 굳어지기 시작한 이스라엘의 새로운 자기인식을 표현하고 있다. 일부 이스라엘 사람들은 스스로를 야훼의 충실한 종으로 보았고, 암울한 시기에 야훼에게 바치는 이 종의 충성이 많은 민족들에게 야훼에 관한 지식을 전할 것이었다. 이스라엘은 야훼의 보편적인 목적에 쓰이기 위해 복중에서부터 택함을 받았다. 이방 민족들은 그들이 목격한 이스라엘의 고통을 통해 야훼를 인정할 것이었다. 과거 야훼는 자신의 백성 이스라엘을 인도하기 위해 다윗과 언약을 맺었다. 이제 그는 세상의 민족들을 자신의 길로 인도하기 위해 이스라엘 민족 전체와 언약을 맺는다. 다음의 구절에서 이것을 볼 수 있다.

너희는 귀를 기울이고 내게로 나아와 들으라 그리하면 너희의 영혼이 살리라 내가 너희를 위하여 영원한 언약을 맺으리니 곧 다윗에게 허락한 확실한 은혜이니라[7]

보라 내가 그를 만민에게 증인으로 세웠고 만민의 인도자와 명령자로

삼았나니

보라 네가 알지 못하는 나라를 네가 부를 것이며 너를 알지 못하는 나라가 네게로 달려올 것은 여호와 네 하나님 곧 이스라엘의 거룩하신 이로 말미암음이니라(사 55:3~5)

야훼는 다윗과 언약을 맺었던 것처럼 이스라엘과 영원한 언약을 맺는다. 과거에는 제도가 담당하던 기능이 민족 전체로 옮겨진다. 왕, 제사장, 선지자가 맡았던 일을 이제 이스라엘이 전 세계를 위해 하게 된다. 유일한 신과 세상의 민족들 사이의 중개자로서 이스라엘은 그들에게 빛이 된다. 모두가 이스라엘에게 올라올 것이다. 토라 또는 신의 가르침이 이스라엘에게서 나오기 때문이다.

20

성전 파괴에 대한 반응:
예레미야 애가, 잠언, 욥기

읽기: 예레미야 애가, 잠언 1~13장, 32장, 욥기 1~11장, 21~31장,
38~42장

애가

느부갓네살이 성전을 불태우고 예루살렘을 파괴했을 때, 이스라엘
민족의 초기 반응은 압도적인 슬픔과 비애였다. 이를 반영한 책이 예
레미야 애가이다. 예루살렘 파괴를 사랑하는 사람의 죽음으로 비유하
여 애도하는 비가인 이 짧은 책은 전통적으로 예레미야의 것으로 전해
지지만, 원문 자체는 그러한 주장을 하지 않는다. 예레미야의 글이라
고 전해졌던 것은 모든 선지자 중에서 예레미야가 개인적인 고통과 슬
픔을 가장 많이 드러내고 또 그 파괴의 현장을 직접 목격했기 때문일
것이다. 마찬가지로 시편을 다윗의 글로 생각하는 전통도 아마 구약성
경이 다윗을 음악가로 묘사한 데서 생겼을 것이다.

애가에는 생각들의 논리적 전개가 없는데, 이는 주로 그 구조를 이끄는 인위적인 장치 때문이다. 전체 다섯 장 가운데 네 장이 말 맞추기 시로, 각 절 또는 일단의 절들이 알파벳 순서의 글자들로 시작한다(3장에는 알파벳 글자 하나당 세 절이 있다). 이는 시에 형식적 통일성을 부여하지만 논리적 흐름은 만들어내지 않는다. 이 형식은 슬픔이 너무 깊고 광범하여 논리를 따질 수 없는 슬픔을 표현하는 데 특히 적합하다고 설명되어왔다.

고대 근동 지방에는 신이 버리기로 결정한 결과로 파괴된 성읍을 슬퍼하는 애가의 원형들이 존재한다.[1] 구약성경의 애가도 바로 그 장르에 속한다. 예루살렘에 대한 애가는 사울에 대한 다윗의 애가와 닮았다. 사랑하는 사람이 원래 가졌던 아름다움과 부요함이 그의 현재 상태와 대조된다. 그와 동시에 최종적인 파괴에 따르는 큰 고통의 모습이 묘사된다.

> 슬프다 이 성이여 전에는 사람들이 많더니 이제는 어찌 그리 적막하게 앉았는고 전에는 열국 중에 크던 자가 이제는 과부같이 되었고 전에는 열방 중에 공주였던 자가 이제는 강제 노동을 하는 자가 되었도다(애 1:1)

> 슬프다 어찌 그리 금이 빛을 잃고 순금이 변질하였으며 성소의 돌들이 거리 어귀마다 쏟아졌는고
> 순금에 비할 만큼 보배로운 시온의 아들들이 어찌 그리 토기장이가 만든 질항아리같이 여김이 되었는고

들개들도 젖을 주어 그들의 새끼를 먹이나 딸 내 백성은 잔인하여 마치 광야의 타조 같도다

젖먹이가 목말라서 혀가 입천장에 붙음이여 어린 아이들이 떡을 구하나 떼어줄 사람이 없도다

맛있는 음식을 먹던 자들이 외롭게 거리 거리에 있으며 이전에는 붉은 옷을 입고 자라난 자들이 이제는 거름더미를 안았도다

전에 소돔이 사람의 손을 대지 아니하였는데도 순식간에 무너지더니 이제는 딸 내 백성의 죄가 소돔의 죄악보다 무겁도다

전에는 존귀한 자들의 몸이 눈보다 깨끗하고 젖보다 희며 산호들보다 붉어 그들의 윤택함이 갈아서 빛낸 청옥 같더니

이제는 그들의 얼굴이 숯보다 검고 그들의 가죽이 뼈들에 붙어 막대기 같이 말랐으니 어느 거리에서든지 알아볼 사람이 없도다

칼에 죽은 자들이 주려 죽은 자들보다 나음은 토지 소산이 끊어지므로 그들은 찔림 받은 자들처럼 점점 쇠약하여 감이로다

딸 내 백성이 멸망할 때에 자비로운 부녀들이 자기들의 손으로 자기들의 자녀들을 삶아 먹었도다(4:1~10)

시인은 기본적인 신명기적 사건 해석, 즉 고통의 원인을 죄에서 찾고 예루살렘의 죄와 부정함이 비극을 불러왔다고 보는 해석을 채택한다. 시인은 부패한 선지자들과 제사장들을 지목하고, 시온의 불가침성에 대한 대중적 관념을 비판한다. 야훼는, 이스라엘의 많은 죄로 인해 그의 분노가 쏟아져 예루살렘이 완전히 파괴되었다는 식으로 정당

화된다. 또한 야훼의 타오르는 분노에 대한 애가의 묘사는 구약성경에서 가장 강력하고 엄청나게 폭력적인 시구에 속하고(예를 들어 2:3~7, 9~12, 17~18, 20~22를 참조), 이런 구절들은 사람들의 죄에서 그들의 고통으로―아이들이 먹을 것이 부족해 굶어 죽고, 여자들은 강간당하고 남자들은 학대당하는 모습으로―주의를 전환시킨다. 이윽고 야훼의 정의가 함축적으로 도전받는다. 이 도전은 구약성경의 다른 책들에서 전면적이고 적나라한 표현에 이르게 된다.

3장에서 시인은 1인칭으로 시점을 바꾸고, 예루살렘이 마치 화를 내는 난폭한 주인에게 쫓기고 매 맞는 것처럼 말한다.

여호와의 분노의 매로 말미암아 고난당한 자는 나로다

나를 이끌어 어둠 안에서 걸어가게 하시고 빛 안에서 걸어가지 못하게 하셨으며

종일토록 손을 들어 자주자주 나를 치시는도다.

나의 살과 가죽을 쇠하게 하시며 나의 뼈들을 꺾으셨고

고통과 수고를 쌓아 나를 에우셨으며

나를 어둠 속에 살게 하시기를 죽은 지 오랜 자 같게 하셨도다

나를 둘러싸서 나가지 못하게 하시고 내 사슬을 무겁게 하셨으며

내가 부르짖어 도움을 구하나 내 기도를 물리치시며

다듬은 돌을 쌓아 내 길들을 막으사 내 길들을 굽게 하셨도다.

그는 내게 대하여 엎드려 기다리는 곰과 은밀한 곳에 있는 사자 같으사

나의 길들로 치우치게 하시며 내 몸을 찢으시며 나를 적막하게 하셨도

다(애 3:1~11)

한 놀라운 구절에서 시인은 야훼가 이스라엘의 기도를 듣지 않는 것으로 표현한다.

> 우리의 범죄함과 우리의 반역함을 주께서 사하지 아니하시고
> 진노로 자신을 가리시고 우리를 추격하시며 죽이시고 긍휼을 베풀지 아니하셨나이다
> 주께서 구름으로 자신을 가리사 기도가 상달되지 못하게 하시고
> 우리를 뭇 나라 가운데에서 쓰레기와 폐물로 삼으셨으므로(애 3:42~45)

이 시는 화해를 간청하는 것으로 끝난다.

> 여호와여 주는 영원히 계시오며 주의 보좌는 대대에 이르나이다
> 주께서 어찌하여 우리를 영원히 잊으시오며 우리를 이같이 오래 버리시나이까
> 여호와여 우리를 주께로 돌이키소서 그리하시면 우리가 주께로 돌아가겠사오니 우리의 날들을 다시 새롭게 하사 옛적 같게 하옵소서.
> 주께서 우리를 아주 버리셨사오며 우리에게 진노하심이 참으로 크시니이다(애 5:19~22)

예루살렘의 몰락에 대한 반응의 하나인 예레미야 애가는 압도적인 상실감, 슬픔과 고통, 돌아가려는 열망을 표현한다. 멸망 이후 200년은 중요한 전환기였고, 이 시기 이스라엘의 문학은 멸망이 제기한 철학적·종교적 도전에 대한 이스라엘 민족의 계속되는 고민을 반영하고 있다. 이 비극적인 사건을 어떻게 설명할 것인가? 신명기적 학파의 반응은 이 책 14장에서 개략한 대로 이스라엘은 왕들이 범했던 우상 숭배 죄로 인해 집단적으로 벌을 받은 것이고, 역사는 다름아니라 국가적 차원과 국제적 차원에 반영된 신의 심판이라는 것이다. 선지자들의 반응은 16장에서 다룬 대로 이스라엘은 언약을 위반하여 벌을 받았으나 정화되고 의로운 남은 자들은 회복된다는 것이었다. 예레미야와 에스겔은 유배 중에도 야훼와의 관계가 지속된다는 생각을 제시하는 동시에 놀라운 회복과 인간 본성의 재설계를 기다렸는가 하면, 제2 이사야는 야훼의 종 이스라엘의 고통이 가지는 보편적인 의미를 강조했는데, 이스라엘의 고통은 그들에게 세계사적인 새로운 역할을 맡기겠다는 신의 더 큰 계획의 일부였다.

성문서(케투빔)로 불리는 구약성경의 세번째 부분에서도 다른 반응들이 발견된다. 성문서의 글 중 일부는 멸망 이전에 기록되었지만 성문서의 권위는 유배 이후의 이스라엘 사회에서 수립되었다는 것이 일반적인 추측이다. 이 책들은 유배 이후의 이스라엘 사회에서 이스라엘의 비극적인 역사를 조망하고 이해하는 일종의 프리즘 역할을 했다.

지혜 문학

잠언, 욥기, 전도서는 소위 '지혜서'로 묶인다.[2] 이스라엘의 지혜 문학은 고대 근동 지방의 필경으로 전해진 더 광범위한 전승에 속한다. 구약성경의 지혜 문서는 유일신 신앙을 제외하면 이집트와 메소포타미아 지방의 지혜 문학과 거의 차이가 없다. 고대 근동 지방의 지혜 문학은 주로 우주의 운행을 이해하는 데 적용된 인간의 지성을 찬양한다. 흔히 경험을 통해 진리로 판명된 전통적인 충고를 제시하는 지혜 문학은 보편적이고 인간주의적인 경향을 띤다. 이스라엘의 지혜 문학 또한 이스라엘의 특정한 역사적 상황이 아니라 일반적인 인간적 상황을 언급한다.[3] 구약성경의 지혜 문학은 딱히 그것이 신의 계시라고 주장하지 않는다. 여기에는 경험을 통해 판단하거나 확인하거나 논쟁할 수 있는 실증적 지혜가 들어 있다.

지혜를 뜻하는 히브리어 호크마hokhmah는 문자적으로 '기술'을 의미하고 결국 올바르게, 도덕적으로, 또는 행복하게 살아갈 수 있는 기술을 가리킨다. 구약성경의 지혜서에는 다양한 종류의 지혜 문학이 들어 있다.

(1) 가문/가족 지혜: 여러 문화에서 발견되는 상식적인 비평과 격언. 부모가 자식에게 전하는 충고와 비슷한 것이 많다. 이런 격언들은 구약성경 전체에 흩어져 있는데, 특히 잠언에 많이 들어 있다.

채소를 먹으며 서로 사랑하는 것이 살진 소를 먹으며 서로 미워하는 것

보다 나으니라(잠 15:17)

물건을 사는 자가 좋지 못하다 좋지 못하다 하다가 돌아간 후에는 자랑하느니라(잠 20:14)

문짝이 돌쩌귀를 따라서 도는 것같이 게으른 자는 침상에서 도느니라(잠 26:14)

먼 땅에서 오는 좋은 기별은 목마른 사람에게 냉수와 같으니라(잠 25:25)

(2) 궁정 지혜: 궁정의 필요에 맞는 지혜들로 특히 고대 이집트에서 자주 볼 수 있는 장르이다. 관료적·행정적 권고를 비롯해 예절, 외교, 행복과 번영을 위한 실용적인 지침으로 이루어져 있다.

네 일을 밖에서 다스리며 너를 위하여 밭에서 준비하고 그후에 네 집을 세울지니라(잠 24:27)

입과 혀를 지키는 자는 자기의 영혼을 환난에서 보전하느니라(잠 21:23)

지략이 없으면 백성이 망하여도 지략이 많으면 평안을 누리느니라(잠 11:14)

훈계를 좋아하는 자는 지식을 좋아하거니와 징계를 싫어하는 자는 짐승과 같으니라(잠 12:1)

(3) 인간 존재의 중요한 문제들에 관한 깊은 탐색. 이어 논의할 욥기와

전도서가 대표적인 예다.

유대 전승에서는 잠언과 전도서, 그 밖에 정경이 아닌 몇몇 지혜서를 솔로몬 왕이 썼다고 믿는다. 이러한 전승은 솔로몬을 모든 사람 중에 가장 지혜롭다고 묘사하고 그가 3000개의 잠언과 1005편의 시를 작성했다고 전하는 열왕기상 4장 30~31절에서 비롯된 듯하다. 오경 전부를 모세의 것으로, 시편 전부를 다윗의 것으로, 예레미야 애가를 예레미야의 것으로 생각하는 것과 마찬가지로 잠언과 전도서는 솔로몬의 것으로 여겨지지만 자세히 검토하면 사실이 아님을 알 수 있다.

앞서 적었듯이 히브리 성경의 지혜 문학은 보편적이고 비역사적이며 인간주의적인 경향이 있다. 이러한 글에는 특별히 이스라엘적인 것은 없고—출애굽, 시내, 모세, 또는 이스라엘 민족 전승의 이야기가 없다—고대 근동 지방의 다른 민족들의 글과 매우 흡사하다. 잠언에서 지혜는 야훼와 연결되어 있고, 야훼의 법을 지키는 것이 지혜이다. 그렇지만 고대 근동 지방의 일반적인 지혜의 글과 마찬가지로 구약성경의 지혜도 이스라엘이 야훼와 맺은 역사적 언약이 아니라 분별력과 '신/야훼를 두려워함'이라는 특수하지 않은 개념 위에서 도덕을 정립한다.

잠언

이스라엘의 전형적인 지혜서인 잠언은 유배 이후 시대에 최종 형태에 이르렀지만 그 일부는 상당히 오래된 내용으로 보인다. 잠언과 이집트, 가나안, 바벨론의 글 사이에 발견되는 많은 유사성은 이스라엘이 더 넓은 배경에서 지혜의 글을 흡수했다는 사실을 보여준다.[4] 일반적인 지혜의 글과 마찬가지로 잠언도 이스라엘 민족의 역사 이야기, 제사의 문제, 우상 숭배, 심지어 사회 정의도 다루지 않고 범세계적이고 보편적인 특징을 띤다. 잠언의 주된 목적은 사회의 평안과 행복한 삶의 수단으로 지혜를 가르치는 것인 듯하다. 젊은이는 충동을 억제하면서 생산적이고 의미 있는 삶을 영위해야 한다. 많은 격언들이 아들을 가르치는 목적을 가지고 있고(딸에 대한 언급은 없다) 1~9장의 많은 부분이 교육학의 형식을 취하고 있다. 이 장들은 이방 여자의 유혹에 대해 경고하고, 젊은 남자들에게 지혜를 좇으라고 촉구한다. 정숙한 여자로 표현되는 지혜는 다른 어떤 피조물보다 먼저 만들어져서 야훼가 우주의 질서를 창조하는 데 도움을 주었다. 잠언은 근면과 성실의 가치를 강조하고 과도한 수면, 성교, 술에 대해 경고한다. 잠언은 장사의 정직함, 친절, 충실, 공평, 금주, 겸손, 절제, 성실을 권고한다. 부는 마음의 평안을 희생하면서까지 추구해서는 안 된다.

잠언에 있는 지혜의 글은 두 줄의 문장으로 짧은 것이 보통이며, 첫째 줄과 둘째 줄이 대구를 이룬다. 이러한 대구법은 한 구절을 이루는 두 부분을 다양한 방법으로 연결한다. 잠언 22장 1절에서처럼 두 개의 유사한 문장이 기본적으로 같은 의미를 가지는 동의어 대구법은 구약 성경 시의 전형적인 특징이다.

많은 재물보다 명예를 택할 것이요 은이나 금보다 은총을 더욱 택할 것

이니라

반의어 대구법은 잠언 10장 1절에서처럼 서로 반대되는 두 문장이 균형을 이룬다.

지혜로운 아들은 아비를 기쁘게 하거니와 미련한 아들은 어미의 근심 이니라

둘째 문장이 첫째 문장을 완성하거나 강화하는 상승 대구법은 잠언 11장 22절에서 볼 수 있다.

아름다운 여인이 삼가지 아니하는 것은 마치 돼지 코에 금 고리 같으니라

잠언에서 지혜 그 자체는 종교적 개념으로 설정된다. 어떤 구절에서 지혜는 통찰력과 충고를 약속하는 여자로 의인화된다(1:20~33, 8:1~36, 9:1~6).* 다른 구절에서는 세상이 창조될 때 거기 있었던 것으로 묘사된다(3:19, 8:22~30). 지혜는 잠언 1장에서부터 종교적 가치가 있다고 여겨지고 야훼를 경외하고 순종하는 것과 연결된다.

여호와를 경외하는 것이 지식의 근본이거늘 미련한 자는 지혜와 훈계

---

* 영어 원문 성경에는 지혜를 나타내는 대명사로 she/her를 사용하고 있다. 한글 번역에는 여성을 표시하지 않고 '그'라는 일반적 대명사를 사용한다.

를 멸시하느니라(잠 1:7)

마찬가지로,

너는 마음을 다하여 여호와를 신뢰하고 네 명철을 의지하지 말라(잠 3:5~8)

지혜는 사람을 악으로부터 지켜준다. 지혜로운 사람은 야훼가 훈계의 도구로 삼는 고통을 받아들인다. 만일 의로운 사람이 고통을 당한다면, 그것은 아들이 아버지에게 훈계를 받듯 야훼의 징계를 받는 것이며, 그는 이 책망을 거부해서는 안 된다.

대저 여호와께서 그 사랑하시는 자를 징계하시기를 마치 아비가 그 기뻐하는 아들을 징계함같이 하시느니라(잠 3:12)

잠언에서 가장 눈에 띄는 것은 낙관주의, 나아가 안일함이다. 이 책은 세상에 있는 의로운 사람과 악한 사람은 현재 삶에서 그들이 마땅히 받아야 할 것을 받는다는 거의 독단에 가까운 확신을 갖고 있다. 잠언이 믿어 의심치 않는 전제 조건은 야훼의 정의로운 섭리와 도덕적 세계 질서의 존재이다. 지혜로운 사람의 선한 행동은 행복과 성공을 가져온다. 어리석은 사람의 악한 행동은 실패와 고통에 이른다. 진정 지혜로운 사람은 이 세상이 본질적으로 일관되며 윤리적으로 질서가 있다는 사실과 이 세상에 보상과 응징의 분명한 법이 존재한다는 사실을 잘 안다.

> 함정을 파는 자는 그것에 빠질 것이요 돌을 굴리는 자는 도리어 그것에 치이리라 (잠 26:27)
> 공의는 행실이 정직한 자를 보호하고 악은 죄인을 패망하게 하느니라 (잠 13:6)

세상의 기본적인 정의와 지혜의 힘 또는 야훼에 대한 두려움이 성공과 안전을 보장한다는 주장은 고대 이스라엘의 사상의 한 부분이었고, 그것이 잠언으로 구체화되어 이스라엘 민족에게 닥친 비극에 대한 하나의 반응과 설명으로 기능했다. 신명기적 학파의 글에서도 이와 똑같은 주장을 찾아볼 수 있다. 역사를 지배하는 도덕적 신 개념을 포기하지 않으려 하고, 고통과 재앙의 원인을 이스라엘 민족의 죄에서 찾으려고 한다. 고통받는 사람—이스라엘—에게 책임을 돌려 야훼와 그의 인과응보적 정의 체계를 손상 없이 유지하는 편이 더 나은 것이다. 그런데 두 개의 다른 지혜서인 욥기와 전도서에서 도전받는 것이 바로 이 정형화되고 전통적인 신앙심이다. 욥기에서 우리는 고통이 언제나 징벌 때문은 아니라는 것을 발견한다. 그것은 늘 악의 증표인 것이 아니고, 언제나 납득되는 것이 아니다. 이것이 독자가 욥기에서 만나게 되는, 구약성경의 근본 원칙을 뒤집는 몇몇 내용 중 첫번째 것이다.

욥기

(학자에 따라 의견이 다르지만) 기원전 6세기경에 작성된 것으로 추측되는 욥기는 그 결론이 근본적인 종교적 믿음에 정면으로 도전하는 것으로 보인다는 점에서 현대 독자들이 읽기에 가장 어려운 책 중 하나일 수 있다. 그러나 신에 대한 욥의 비난은 진지하게 고려되어야 한다. 어쨌든 기록자는 야훼도 그것을 진지하게 고려한다는 것을 분명히 하고 있다. 야훼는 어디에서도 욥의 비난을 부정하지 않고, 이야기의 끝에 가서는 욥이 진실되게 말했다고까지 한다(욥 42:7).

욥기는 잠언이 예시하는 전통적인 낙관주의 신앙을 공격하고 도덕적인 세계 질서가 존재한다는 가정에 도전한다. 욥기에서 제기되는 문제들은 (1) 신은 왜 뻔한 불법과 부당한 고통을 허용하고 이 세상에 악이 존재하도록 허용하는 것일까 (2) 사람들이 고통을 당할 때, 그들은 계속해서 의로울 것인가이다. 다시 말하면, 사람들은 오직 신이 그들의 의로움을 보상해주기 때문에 의로운지, 아니면 의로움의 진정한 가치나 본질적인 가치 때문에 의로운지의 문제이다.

문학적 관점에서 욥기는 두 개의 주요 형식을 가지고 있다.[5] 첫째는 이 책의 틀을 제공하는 간단한 산문 이야기로 1장, 2장, 42장이 이에 해당한다. 철저하게 의로운 사람이 끔찍한 비극을 당하는 이 서술적인 이야기는 아마 고대 근동 지방의 아주 오래된 표준적인 민간설화였을 것이다. 이야기는 이스라엘이 아닌 에돔에서 시작하고, 욥은 이스라엘 사람이 아니라 우스 땅에 사는 동방의 부호이다.

그러나 이스라엘 사람인 욥기의 저자는 이 간단한 이야기 중간에 긴

시적 대화를 39장에 걸쳐 삽입한다. 이 둘째 형식이 추가되면서 이야기가 극적으로 변화한다. 이야기의 틀에서는 욥이 자신의 운명을 받아들이는 것처럼 보이지만, 시적 대화에서는 우주와 신의 불공정에 대해 격분한다. 이렇게 욥을 두 방향으로 특징짓는 것은 한 쌍의 의미를 가지는 그의 이름에 벌써 암시되어 있다. 욥이라는 이름은 히브리어로 적을 뜻하기도 하고 아람어로 뉘우치는 사람을 뜻하기도 한다. 실제로 이야기의 전개와 함께 이 두 가지 의미 모두가 적절한 것으로 나타난다.

표 6은 이 책의 구조를 요약한 것이다. 1장과 2장에는 경건하고 부유한 욥과 야훼가 내린 시험의 결과인 비극에 관한 산문 형식의 머리말이 있다. 머리말의 끝에서 세 명의 친구가 와서 그를 위로하기 위해 7일 동안 침묵 속에 욥과 함께 앉아 있는다(2:13). 이 애도의 시간이 지나면 욥과 친구들은 침묵하지 않는다. 그들의 대화는 3장에서 42장 7절까지 이어지는 방대한 시적 단원에 나타난다.

표 6. 욥기의 구조

서술적인 머리말: 1~2장
시적 대화: 3장 1절~42장 6절

첫번째 주기: 3~11장
욥이 말한다, 3장
    엘리바스가 대답한다, 4~5장
욥이 말한다, 6~7장
    빌닷이 대답한다, 8장

욥이 말한다, 9~10장
    소발이 대답한다, 11장

두번째 주기: 12~20장
욥이 말한다, 12장 1절~14장 22절
    엘리바스가 대답한다, 15장 1~35절
욥이 말한다, 16장 1절~17장 16절
    빌닷이 대답한다, 18장 1~21절
욥이 말한다, 19장 1~29절
    소발이 대답한다, 20장 1~29절

세번째 주기: 21~31장
욥이 말한다, 21장
    엘리바스가 대답한다, 22장
욥이 말한다, 23~24장
    빌닷이 대답한다, 25장
욥이 말한다, 26~31장

엘리후의 말, 32~37장
    1. 32~33장
    2. 34장
    3. 35장
    4. 36~37장

야훼의 말, 38장 1절~42장 6절
    야훼, 38장 1절~40장 2절
    욥, 40장 3~5절
    야훼, 40장 6절~41장 34절
    욥, 42장 1~6절

서술적인 맺음말 42장 7~17절

먼저 욥과 세 친구들의 대화(3:1~31:40)는 세 주기로 나눌 수 있다. 욥이 각 주기를 시작하면 그의 친구들이 규칙적인 형식으로 말한다. 먼저 엘리바스가 말하고(이에 욥이 대답하고), 다음으로 빌닷이 말하고(이에 욥이 대답하고), 그다음엔 소발이 말한다. 이 여섯 개의 대화는 세 번 반복되지만, 세번째 주기에서는 소발의 말이 생략되어 욥이 시작하는 말과 끝내는 말(29~31장의 요약하는 말)을 할 수 있게 한다. 처음에 친구들은 욥을 위로하고 그의 고통을 설명하려 하지만, 그들의 위로는 점점 더 냉정해지고 결국 욥의 상황에 대한 냉담한 경멸로 끝난다. 그 마지막 부분의 욥의 긴 말은 과거의 즐거웠던 삶의 상실을 한탄하고, 자신의 무죄를 주장하고, 신에게 대답할 것을 촉구한다(29~31장). 그런 다음 앞에서 언급되지 않았던 네번째 친구 엘리후가 등장하여 네 번에 걸쳐 욥을 책망하는 말과 신의 정의를 변호하는 말을 한다(32~37장). 뒤이어 일련의 수사적인 질문을 던지는 야훼와 깊이 뉘우치는 욥의 대화가 있다. 결론부의 산문적인 맺음말에서 욥은 죄가 없음이 입증된다. 야훼는 욥의 친구들을 비난하고, 약간 뜻밖의 해피엔딩으로 욥이 재산을 회복하고 평화로운 죽음을 맞는다.

이 책을 자세히 검토해보면 흥미로운 이야기 진행을 볼 수 있다. 이야기의 시작에서 욥은 온전하고 정직한 사람, 야훼를 경외하며 악에서 떠난 사람으로 소개된다(1:1). 이렇게 첫 문장에서부터 욥의 도덕적 고결함과 죄 없음이 변경할 수 없는 사실로 확정된다. 그런데 이런 욥이 천국 회의에서 사탄(고발자)이 제기하는 도전의 피해자가 된다. 이 사탄the satan을 악마 사탄Satan과 혼동해서는 안 된다. 히브리 성경에 사탄(악마)은 나타나지 않는다. 야훼에겐 악의 적대자가 없기 때문이다. 그는 후대의 글에서 만들어진 것이다. 그러나 이 사탄은 히브리 성경에 네 번 나타난다(욥기와 민 22:32,* 슥 3:1~4, 대상 21:1).[6] 이 사탄은 신이 주재하는 회의(야훼의 수하들 중 하나)의 구성원이고, 그의 역할은 세상일을 조사하고 악을 행하는 사람들이 심판받게 하는 일종의 검사이다. 그러던 것이 후대 유대인들의 사고에서, 특히 기독교인들의 사고에서 이 단어에 있던 정관사가 없어지고 야훼의 적대자 또는 반대자(악마)를 의미하는 고유명사가 된다. 이 후대의 사탄 개념은 이 세상에 있는 악의 존재를 야훼의 책임으로 돌리지 않고 설명할 수 있는 유용한 수단으로 생겨난 것이다. 그러나 욥기에서 사탄의 역할은 다르다. 그는 야훼를 위해 일한다. 야훼가 그의 경건한 종 욥을 자랑할 때 이 천사는 자신의 고발자 역할대로 욥의 경건함이 진실한 것인지 궁금해한다. 아마도 개인적인 관심에서 궁금해졌을 것이다. 욥은 그 많은 재산과 복을 누렸으니 그가 경건하고 의로운 것은 아주 당연한 일이다. 하지만 그의 경건함은 고통과 재앙을 견딜 수 있을까? 그의 부를 빼앗는다면, 그는 야훼를 저주하지 않을 것인가?[7] 야훼는 욥의 경건함이 피상적이지 않고 보상에 따른 것도 아니라고 확신하고, 사탄이 욥을 시험하도록 허락한다. 욥의 자식들이 죽임을 당하고, 모든 가축과 재산이 파괴된다. 그러나 1장 21절에 있는 욥의 반응은 다음과 같다.

* 한글 성경에서는 '여호와의 사자'.

내가 모태에서 알몸으로 나왔사온즉 또한 알몸이 그리로 돌아가올지라 주신 이도 여호와시요 거두신 이도 여호와시오니 여호와의 이름이 찬송을 받으실지니이다[8]

기록자는 "이 모든 일에 욥이 범죄하지 아니하고 하나님을 향하여 원망하지 아니하니라"라고도 덧붙인다(1:22). 야훼는 또다시 사탄에게 욥을 칭찬하면서 "네가 나를 충동하여 까닭 없이 그를 치게 하였어도 그가 여전히 자기의 온전함을 굳게 지켰느니라"라고 말한다(2:3). 이에 사탄은 더 많은 고통을 제안하고, 야훼는 욥의 생명을 보존한다는 조건으로 동의한다. 사탄은 욥의 정신을 꺾기 위해 끔찍하고 고통스러운 상처로 욥의 몸을 친다. 욥의 아내가 분노한다. "당신이 그래도 자기의 온전함을 굳게 지키느냐 하나님을 욕하고 죽으라"(2:9). 그러나 욥은 여전히 죄를 짓지 않고 자신의 신을 저주하지 않는다. 그는 의롭게 남기를 주장하며 대답한다. "우리가 하나님께 복을 받았은즉 화도 받지 아니하겠느냐"(2:10).

언뜻 보면 욥이 자기의 억울한 운명을 인정하는 것도 같다. 그러나 욥이 첫번째 일련의 고통을 겪은 뒤 이 모든 일에 입술로 범죄하거나 하나님을 향하여 원망하지 않았다고 하는 말에 주목할 필요가 있다. 그다음부터는 단지 "이 모든 일에 욥이 입술로 범죄하지 아니하니라"(2:10)라고 기록되어 있으니, 독자는 그가 입술로는 범죄하지 않지만 마음으로 하나님을 향하여 원망했다고 추측하게 되지 않을까?

42장 7절에 있는 이 이야기의 결론으로 바로 이동하면, 독자는 욥이 그의 인내와 변함없는 충성에 대해 충분히 보상받고 그의 가정과 재산이 두 배로 복원된다는 것을 알게 된다. 따라서 이 이야기만 따로 놓고 보면 끔찍한 고통으로 시험당한 죄 없는 사람이 자신의 운명을 인정하고, 믿음을 지키고, 결국 보상받는 이야기로 읽을 수 있을 것이다. 이 이야기 자체는 지혜 문학과 신명기적 학파의 가치와 전통적인 신앙심을 반영하는 것처럼 보인다. 의로운 사람은 고통을 아버지의 훈계로써의 징계로 견뎌야 한다.

그러나 이 이야기는 따로 존재하지 않는다. 무명의 욥기 저자는 자신의 목적을 위한 이야기의 틀로써 의로운 사람 욥의 전설을 이용하고 있다. 하나님을 향한 욥의 원망을 시사하는 머리말 끝의 암시(2:10)는 앞으로 나올 시적 단원에 있는 아주 많은 대화를 가리키고 있다. 이 단원에서 욥은 아주 성급해지고 화를 낸다. 그는 세상을 총체적으로 잘못 경영하고 있다며 자기의 신을 비난하고 결국 도덕적 질서 자체의 존재를 부정하게 된다. 이 책을 구성하는 두 단원—산문적인 이야기 틀과 시적 대화—는 서로 긴장 관계에 있는 것처럼 보인다. 그러나 이제 두 단원이 이렇게 서로 엮이고, 하나가 다른 하나를 구체화하며 함께 작동한다. 특히 욥의 친구들의 비난을 우리가 거부하게 되는 이유가 욥이 죄가 없다는 주장이 산문적인 틀에 이미 나왔기 때문이다. 욥이 의롭다는 바뀔 수 없는 사실 때문에, 우리는 욥의 친구들이 욥이 숨겨진 죄 때문에 고통받는다고 말할 때 그들이 거짓을 말한다는 것을 알고, 욥이 자신은 이런 고통을 받을 만한 일을 하지 않았다고 주장할 때 그가 옳다는 것을 안다.

이 책의 핵심 내용이 제기하는 주장을 에드윈 굿의 탁월한 분석에 따라 상세히 살펴보자.[9] 욥은 첫번째 말에서 정확히 신을 저주하지는 않지만 자신이 태어난 날을 저주하고, 창조를 반복해서 암시하는 구절에서는 우주의 창조자로서 신이 성취한 모든 것을 분명 저주한다. 그는 자신이 죽었기를 바란다. 이 시점에서 그는 왜 그 많은 고통이 자신에게 닥쳤는지 묻는 대신에 자신이 죽음을 더 바라는데도 왜 살아 있어야 하는지 그 이유만을 묻는다.

엘리바스의 대답(4~5장)은 길고 면밀하다. 그는 위로를 전하는 듯하다가 이 대화에 새로운 요소—정의의 문제—를 끌어들인다(에드윈 굿). 욥은 정의의 문제를 언급하지 않았는데 엘리바스가 다음과 같이 말한다.

> 생각하여 보라 죄 없이 망한 자가 누구인가 정직한 자의 끊어짐이 어디 있는가
> 내가 보건대 악을 밭 갈고 독을 뿌리는 자는 그대로 거두나니(욥 4:7~8)

엘리바스는 잠언이 예시하는 구약성경 지혜 문서의 표준적인 문구, 즉 신의 인과응보적 정의 체계에 대한 믿음을 드러내는 말을 하고 있다. 이 체계에 부당한 고통은 존재할 수 없다는 것이다. 여기에 함축된 의미는 욥의 고통이 정당하다는 것으로, 이는 분명 욥에겐 떠오르지 않았던 생각이다. 부당한 고통의 문제는 이 책의 나머지 대부분을 차지한다.

욥의 두번째 말(6~7장)은 정연하지 않다. 이제는 그를 압도하는 충격과 고통과 분노를 반영하는 격렬한 이미지가 가득하다(에드윈 굿). 그는 자신의 고통을 죄와 연결하는 엘리바스의 말에 사로잡혀, 신을 향해 직접 말한다. 그는 자신이 완전하지 않다고 인정하지만 그래도 분명 그런 고통을 당할 만큼은 아니라고 항변한다.

8장에 있는 빌닷의 대화는 배려심이 없고 야박하다(에드윈 굿). 그는 말하기를,

> 하나님이 어찌 정의를 굽게 하시겠으며 전능하신 이가 어찌 공의를 굽게 하시겠는가
>
> 네 자녀들이 주께 죄를 지었으므로 주께서 그들을 그 죄에 버려두셨나니(욥 8:3~4)

다른 말로 하면, 야훼는 완전히 정의로우며 결국 모든 것에는 원인에 걸맞은 결과가 있다는 것이다. 나아가 욥의 자녀들은 그들의 죄 때문에 죽었고, 욥은 그저 신을 찾아 자비를 구하는 것이 좋겠다는 것이다.

친구들과의 대화를 통해 욥은 신이 도덕적 상태에 무관심하다는 결론에 이른다. 신은 자신이 인간에게 요구하는 규칙을 따르지 않고 "온전한 자나 악한 자나 멸망시키신다"(9:22). 욥은 "까닭 없이 내 상처를 깊게 하시며"(9:17)라고 불평하면서 머리말에서 야훼가 사탄에게 한 바로 그 불평을 반복한다("네가 나를 충동하여 까닭 없이 그를 치게 하였어도"). 독자는 야훼의 말과 욥의 말이 일치함이 욥의 불평의 진정성을

증명한다고 짐작할 수 있다. 욥은 정말로 까닭 없이 고통 받고 있다는 것이다.

욥이 자신의 혐의가 공개되길 요구하면서 법적 용어가 많이 등장한다. 욥은 일종의 소송으로 신에게 맞대응한다. 그는 신에 대해 쓸모없는 행동에 대한 혐의, 악한 사람에게 호의를 베풀면서 신의 피조물은 멸시하는 혐의, 자신의 죄 없음을 알면서도 허물을 찾는 혐의를 제기한다. 이 맞소송은 선지서에 자주 나오는 장르인 리브, 즉 언약 소송을 뒤집는 것이다. 언약 소송에서 야훼는 자신의 선지자들을 통해 언약의 조항을 명백하게 위반한 이스라엘을 고발하고 필연적인 징벌을 경고한다. 욥기에서는 인간이 신을 고발한다. 그러나 욥은 자신의 상대가 인간이 아닌 신이기 때문에, 이 소송이 공정하게 진행되거나 중재될 방법이 전혀 없다고 주장한다. "인생이 어찌 하나님 앞에 의로우랴"(9:2). 욥은 자기가 당하는 불공평 앞에 무기력하다.

이 생각은 욥기 10장 1~7절에서 다음과 같이 표현된다.

내 영혼이 살기에 곤비하니 내 불평을 토로하고 내 마음이 괴로운 대로 말하리라

내가 하나님께 아뢰오리니 나를 정죄하지 마시옵고 무슨 까닭으로 나와 더불어 변론하시는지 내게 알게 하옵소서

주께서 주의 손으로 지으신 것을 학대하시며 멸시하시고 악인의 꾀에 빛을 비추시기를 선히 여기시나이까

주께도 육신의 눈이 있나이까 주께서 사람처럼 보시나이까

주의 날이 어찌 사람의 날과 같으며 주의 해가 어찌 인생의 해와 같기로
나의 허물을 찾으시며 나의 죄를 들추어내시나이까
주께서는 내가 악하지 않은 줄을 아시나이다 주의 손에서 나를 벗어나
게 할 자도 없나이다

욥은 거듭 죽기를 원하지만, 이번에는 고통 때문이라기보다도 자신
의 우주관이 무너졌기 때문에 죽음을 원한다(에드윈 굿). 그는 이제 신
의 힘이 정의로부터 완전히 떠났다고 생각한다. 여기서 다시 한번, 구
약성경의 근본적인 전제 조건이 뒤집힌다.

욥의 말은 친구들을 부추기는 것처럼 보인다. 엘리바스는 욥이 죄
를 지었다고 암시했고, 빌닷은 욥의 자녀들이 죄 때문에 죽었다고 노
골적으로 주장했으며, 이제 소발은 욥이 마땅히 받아야 할 고통보다 덜
한 고통을 받고 있다고 주장한다. 그러나 욥은 자신이 죄를 지었다고,
또는 정확히 말해서 자신이 그 징벌만큼의 죄를 지었다고 인정하지 않
는다. 신은 정말 정의롭지 않은 것이다. 이 책의 시적 대화에 나타나는
욥의 모습에 차분함이나 경건함은 거의 없다. 그는 분노하고 거칠다.
그는 논쟁하고, 불평하고, 자기의 무죄를 격렬하게 주장한다.

두번째 대화 주기를 시작하는 네번째 말에서 욥은 창조된 세계에
호소한다. 신이 자연과 인간의 질서 양쪽에 개입할 때 그의 지배력은
임의적이고 원칙이 없다. 이는 창조의 목표이자 그 정점은 인간이라는
창세기의 설명을 뒤집는 것이다. 욥은 널리 인용되지만 잘못 번역된
구절에서 다시 한번 재판을 요구한다.

그가 나를 죽이시리니 내가 희망이 없노라 그러나 그의 앞에서 내 행위
를 아뢰리라(욥 13:15)

다시 말하면, 욥은 자신이 이길 수 없음을 알면서도 여전히 법정에
서기를 원하고, 비록 얻는 것이 아무것도 없을지라도 신의 잘못된 경
영을 고발하고 자기의 항의를 나타내고자 한다. 그는 자기 이름 욥으
로 언어유희를 구사하여 "주께서 어찌하여 얼굴을 가리시고 나를 주의
원수[욥]로 여기시나이까"라고 묻는다(13:24).

두번째 말에서 욥은 신에 의해서 죽임―공정한 처형이 아닌 살
해―을 당할 것을 완전히 예상하고 그 살해의 증거가 은폐되지 않기
만을 바란다. "땅아 내 피를 가리지 말라 나의 부르짖음이 쉴 자리를
잡지 못하게 하라"(16:18). 세번째 말에서도 그는 자신에게 가해진 불
법이 잊히지 않기를 바란다고 반복해서 말한다.

나의 말이 곧 기록되었으면, 책에 씌어졌으면,
철필과 납으로 영원히 돌에 새겨졌으면 좋겠노라(욥 19:23~24)

두번째 대화 주기에서 욥이 하는 세 개의 말은 점점 더 감정적으로
변한다. 또 욥의 친구들은 각자의 입장에서 욥에 대해 점점 더 가혹해
진다(에드윈 굿). 고통은 언제나 죄의 확실한 증표라는 그들의 주장은
욥을 향한 적대감과 경멸을 정당화하는 것으로 보이며, 이제 욥은 모
든 면에서 조롱당하고 멸시받고 학대받는 것으로 묘사된다. 소위 친구

라는 사람들에 대한 이런 성격 묘사에서 우리는 피해자를 탓하려 하고, 그럼으로써 의인들이 고통받지 않는 도덕적 세계라는 우리의 정연하고 안정적인 그림이 무너지지 않게 하려는 인간의 냉담한 성향에 대한 날카로운 비판을 느낄 수밖에 없다. 욥의 세계는 무너졌다.

세번째 대화 주기 서두에서 욥은 친구들에게 자신의 상태를 보라고, 정말 눈으로 확인하라고 촉구한다. 제대로 본다면 충격을 받을 수밖에 없기 때문이다. 욥의 상태를 보면 정말 신이 아무런 이유 없이 이렇게 했다고 인정할 수밖에 없고(에드윈 굿), 세상에 대한 친구들의 생각은 틀렸다고 인정할 수밖에 없다. 욥은 생명의 영원함도, 사후 세계도 없으니 현세에든 어디에든 인과응보의 정의가 없고 일관되고 정연한 도덕 체계도 없다고 대담하게 주장한다.

어찌하여 악인이 생존하고 장수하며 세력이 강하냐

그들의 후손이 앞에서 그들과 함께 굳게 서고 자손이 그들의 목전에서 그러하구나

그들의 집이 평안하여 두려움이 없고 하나님의 매가 그들 위에 임하지 아니하며……

그들의 자녀들은 춤추는구나

그들은 소고와 수금으로 노래하고 피리 불어 즐기며

그들의 날을 행복하게 지내다가 잠깐 사이에 스올에 내려가느니라……

악인의 등불이 꺼짐과 재앙이 그들에게 닥침과 하나님이 진노하사 그들을 곤고하게 하심이 몇 번인가……

하나님은 그의 죄악을 그의 자손들을 위하여 쌓아두시며 그에게 갚으

실 것을 알게 하시기를 원하노라……

어떤 사람은 죽도록 기운이 충실하여 안전하며 평안하고

그의 그릇에는 젖이 가득하며 그의 골수는 윤택하고

어떤 사람은 마음에 고통을 품고 죽으므로 행복을 맛보지 못하는도다

이 둘이 매 한 가지로 흙 속에 눕고 그들 위에 구더기가 덮이는구나(욥

21:7~9, 11~13, 17, 19, 23~26)

그러나 욥이 이렇게 말해도 그의 친구들은 욥을 제대로 보지 못하

고 의로운 사람이 정말 이렇게 끔찍한 고통을 당할 수 있다는 것을 인

정하지 못한다(에드윈 굿).

세번째 주기의 끝에서 욥은 재판 준비를 끝내고 기다리지만, 그는

자신의 신을 찾을 수 없다. 세번째 주기의 마지막 말에서 욥은 신의 부

재에 초점을 맞춘다(에드윈 굿). 신은 무책임하게도 그가 창조한 세계

에 있지 않는데, 그 결과 나타난 것이 인간의 악이다. 욥은 신이 도덕

적으로 중립적이라는 생각에서 출발하여, 신이 악에 대해 책임이 있고

그가 악에 대해 보상을 해주며 그가 악의 원인을 제공한다고 암시적으

로 비난하기에 이른다(에드윈 굿). 경영을 제대로 하지 못하는 부재하

는 신은 그 자신이 부패한 동시에 다른 사람들을 부패하게 만든다(에

드윈 굿). "가령 그렇지 않을지라도 능히 내 말을 거짓되다고 지적하거

나 내 말을 헛되게 만들 자 누구랴"(24:25).

깊은 분노에 차 있고, 이제는 신이 세상에서 도덕법을 집행하지 않

는다고 확신하면서도 욥은 한 가지 가치를 놓지 않는다. 의는 그 자체로 선이고, 비록 보상이 없더라도 그는 의를 포기하지 않는다(에드윈 굿). 신이 선악에 무관심하다는 사실, 즉 의에 대한 보상이 없고 악에 대한 징벌이 없다는 사실을 충격적으로 깨달은 욥은 억울해하지만 도덕적 허무주의에 굴복하지 않는다.

> 나의 정당함을 물리치신 하나님, 나의 영혼을 괴롭게 하신 전능자의 사심을 두고 맹세하노니
>
> 나의 호흡이 아직 내 속에 완전히 있고 하나님의 숨결이 아직도 내 코에 있느니라
>
> 결코 내 입술이 불의를 말하지 아니하며 내 혀가 거짓을 말하지 아니하리라
>
> 나는 결코 너희를 옳다 하지 아니하겠고 내가 죽기 전에는 나의 온전함을 버리지 아니할 것이라
>
> 내가 내 공의를 굳게 잡고 놓지 아니하리니 내 마음이 나의 생애를 비웃지 아니하리라(욥 27:2~6)

이 마지막 문장은 욥기 머리말에 있는 야훼와 사탄의 말을 떠올리게 한다. 사탄은 인간은 고통을 당하면 선과 의를 고수하지 않고 제 목숨을 위해 모든 것을 버릴 것이라고 말했다. 그런 이야기 설정이 여기에 나오는 욥의 말을 우리가 어떻게 해석해야 하는지를 결정한다. 욥은 목숨을 잃을지 몰라도 자기의 존엄성만큼은 결코 버리지 않을 것

이다. 2장 3절에서 야훼가 사탄에게 말한 대로 "네가 나를 충동하여 까닭 없이 그를 치게 하였어도 그가 여전히 자기의 온전함을 굳게 지켰느니라".

보상에 대한 모든 희망을 잃은 채 삶에서 가장 어둡고 가장 고통스러운 시간을 보내는 욥은 자신이 가진 한 가지를 고수한다. 자기의 의로움이다. 나아가 정당한 보상에 대한 모든 희망이 사라졌을 때, 의는 본질적 가치가 된다. 카우프만은 다음과 같이 적는다. "시인은 희망도 없고, 신의 정의에 대한 믿음도 없는 상태로 욥을 절망적인 산꼭대기 위에 올려놓는다."[10] 모시 그린버그도 욥에 대해 다음과 같이 표현한다.

> 자기의 하나님과 자기의 친구들에게 버림받고 자기가 당하는 고통의 원인에 대한 아무런 실마리가 없는 상태에서도 자신의 선이 갖는 가치와 인간은 선해야 한다는 절대적인 의무에 대한 믿음을 유지하는 것은 벌거벗은 사람의 영웅적인 행동이다. 세상은 그에게 등을 돌렸지만, 욥은 자기 자신의 가치와 보상되지 않는 선이라는 초월적인 가치에 대한 확신을 끈질기게 유지한다.[11]

그렇다면 문체와 형식의 그 모든 차이에도 불구하고, 어떤 의미에서는 이 이야기에 있는 인내하는 욥과 시적 대화에 있는 욥은 기본적으로 같은 사람인데—결국 두 욥 모두 자신의 도덕적 특징을 고수한다—그가 의로움을 유지하는 이유는 보상에 대한 기대 때문이 아니라 의가 가지는 고유한 가치 때문이다. 그뿐 아니라 욥은 의에 대해 보상이 없다는 사실을 처절할 만큼 잘 알고 있는 것 같다. 야훼와 사탄 사이의 문제가 바로 이것이었다. 야훼는 2장 3절에서 "그가 여전히 자기의 온전함을 굳게 지켰느니라"라고 선언한다. 또 욥은 시적 대화에서까지도 그렇게 한다. 다만 조용히, 끈기 있게 하는 것이 아니라 환멸로 인한, 그리고 자신의 신에 대해 사실이라고 믿었던 모든 것들로부터 완전히 외면당한 데 대한 격렬한 분노 속에서 그렇게 한다. 그는 다시 한번 자신의 이름으로 언어유희를 구사하면서, 또한 신이 자기를 원수로 여긴다는 앞서의 주장을 뒤집어서 이제는 신이 적이라고 선언한다 (27:7, 에드윈 굿). 그렇지만 이러한 분명한 깨달음에도 불구하고 욥은 의로움을 유지한다.

욥은 이렇게 분노를 표출한 후 신에 대해 소송을 제기한다. 그는 신을 소환하여 자신이 고통받는 이유를 밝히라고 요구한다. 욥은 자기의 생일을 저주하면서 3장을 시작했던 것처럼, 자신에게 주어진 혐의를 벗기 위해 일련의 저주를 선언하고 자기가 범하지 않은 죄를 일일이 열거하는 것으로 말을 마친다. 우리는 이제 신이 말할 것으로 예상하지만, 대신에 앞에는 나오지 않았던 엘리후라는 낯선 사람의 얘기를 듣게 된다.

엘리후는 네 명의 대화자들 중 욥을 이름으로 지칭하고 욥을 이름으로 부르는 유일한 사람이다. 엘리후는 욥의 친구들의 진부한 주장을 반복한다. 그러나 세 친구와 다르게 그는 모든 고통에 원인이 있는 것이 아니라고 단언하며, 자연의 힘에 대한 사색은 마음을 열어주어 신에 대한 새로운 깨달음을 줄 수 있다고 단언한다. 이 두 가지 측면에서

(그린버그) 엘리후의 말은 폭풍우로부터 나오는 야훼의 대답으로 우리를 이끈다.

욥기 38장 1절, 야훼가 비범하게 나타나 폭풍우 가운데에서 욥에게 말하는 절정의 순간이 시작된다. "무지한 말로 생각을 어둡게 하는 자가 누구냐"(38:2). 이것은 욥을 가리키는 것일까? 엘리후일까? 세 친구들일까? 아니면 그들 모두일까? 야훼는 충분히 들었으므로 이제 그가 질문을 던질 차례인데, 그에 대한 대답은 질문 속에 분명하게 들어 있다.

> 내가 땅의 기초를 놓을 때에 네가 어디 있었느냐 네가 깨달아 알았거든 말할지니라
> 누가 그것의 도량법을 정하였는지 누가 그 줄을 그것의 위에 띄웠는지 네가 아느냐……
> 네가 너의 날에 아침에게 명령하였느냐 새벽에게 그 자리를 일러주었느냐……
> 네가 바다의 샘에 들어갔었느냐 깊은 물 밑으로 걸어다녀보았느냐(욥 38:4~5, 12, 16)

야훼는 자연과 동물에 관한 수사적인 질문을 계속한다. 그러나 독자들은 이 모든 질문의 목적이 무엇인지 궁금해진다. 어떻게 보면 아무 의미 없는 질문이 아닌가(에드윈 굿)? 욥은 나는 왜 고통받는가, 삶에는 모범이라는 것이 존재하는가라는 특정한 문제를 제기했다. 야훼

가 그 문제들에 대답하지 않는 것은 답이 없다고 말하는 것일까? 이것이 인간은 정의를 이해할 수 없다고 말하는 그의 방식일까? 아니면 야훼가 이처럼 자연의 힘과 질서 안에 나타나는 현신은 야훼가 인간과의 대화를 통해 알려지고 나타난다는 이스라엘 종교의 기본적인 교리에 대한 암묵적인 공격일까? 야훼는 자연의 신이 아니라 역사의 신이라는 교리에 대한 공격일까?

이스라엘의 유일신 신앙이 출현한 과정은 신화적 신 개념(여러 다양한 자연의 힘으로 나타나고, 신들을 초월하는 우주적 힘과 세력에 의해 제한받는 신)으로부터의 단절로 이해되는 것이 일반적이다. 구약성경의 신은 고대 근동 지방이나 가나안의 자연 신과 달리 자연을 초월하는 존재로 이해되었다.[12] 구약성경에서 유일신 신앙을 가장 강력하게 추구하는 문서에서 야훼는 자연의 비자발적이고 반복적인 순환을 통해 만날 수 있는 신이 아니라, 역사적 시간 속에서 그가 자신의 뜻대로 하는 반복적이지 않은 활동을 통해 만날 수 있는 신이다. 이것이 인과응보적 정의의 개념과도 일치하는 야훼 개념이다. 오직 기계적인 자연의 힘을 초월하고 그것에 의해 제한받지 않는 근본적으로 선한 신만이 때에 따라 인간 활동의 결과에 대해 벌과 보상을 주면서 인과응보의 정의를 확립하고 실행할 수 있는 것이다. 그렇다면 욥기 기록자는 의로운 사람들과 악한 사람들이 겪는 역사와 사건들이 계시의 매개체가 아니라고 주장하는 것일까? 야훼는 인간의 역사와 활동이라는 예측 불가능하고 일관성 없는 영역에서 만날 수 있는 신이 아니라, 결국엔 자연 세계의 반복되는 순환에서 만날 수 있는 신이라고 주장하는 것일까? 그런 것이라면, 이는 구약성경의 근본 전제를 세번째로 완전히 뒤집는 것이 된다.

야훼가 욥에게 하는 두번째의 긴 말이 40장에 있다. "네가 내 공의를 부인하려느냐 네 의를 세우려고 나를 악하다 하겠느냐"(40:8). 이제 야훼는 문제의 핵심에 다다른다. 욥의 친구들은 틀렸다. 그들은 자기가 옳다고 하려고 욥을 비난하고, 욥에게 죄가 있다고 했다. 하지만 자기가 옳다고 하려고 야훼를 비난하고 악을 야훼의 탓으로 돌린 욥 또한 틀린 것이다. 야훼는 욥에게 그의 손으로 악을 바로잡을 수 있을지 한번 해보라고 말한다.

> 너의 넘치는 노를 비우고 교만한 자를 발견하여 모두 낮추되……
> 그리하면 네 오른손이 너를 구원할 수 있다고 내가 인정하리라(욥 40:11, 14)

이어 야훼는 신화적인 두 괴물 베헤못과 리워야단을 다룰 수 있겠느냐고 욥에게 묻는다. 여기에 함축된 의미는 정의의 집행이 괴물과의 씨름만큼 어렵다는 것이다.

세상은 결코 욥이 생각하는 것처럼 작동하지 않는다고 야훼는 말하는 것 같다(에드윈 굿). 욥의 친구들이 오류를 범한 이유는 이 세상에 인과응보적 정의 체계가 작동하고 있다고 가정했기 때문이었다. 그 가정 때문에 그들은 고통받는 모든 사람은 죄를 지었다고 잘못된 추정을 한 것이다. 그러나 욥의 경우, 인과응보적 정의 체계가 없음에도 그 체계가 있어야만 한다고 가정한다면 그 역시 오류를 범하는 것이다. 욥은 그런 가정하에 고통은 무관심한 신 또는 악한 신을 보여주는 표시라고 추정하는데, 그 또한 오류이다. 요컨대 야훼는 도덕을 계산하는 신으로 보여지기를 거부한다(그린버그). 야훼가 도덕을 계산한다는 개념은 두 가지의 중요한 오류를 낳는다. 하나는 고통을 죄의 지표로 해석하게 하는 것이고(욥의 친구들의 오류) 다른 하나는 악을 야훼의 탓으로 돌리게하는 것이다(욥의 오류).

마지막 말에서 욥은 전에는 그에게 없었던, 이제 그가 직접 경험해서 알게 된 야훼에 관한 새로운 지식을 고백한다. 그는 이 지식의 결과로 회개한다. "그러므로 내가 스스로 거두어들이고 티끌과 재 가운데에서 회개하나이다"(42:6). 여기서 욥의 이름이 가지는 또하나의 의미―회개하는 사람―가 문득 떠오르게 된다. 그런데 욥은 무엇 때문에 회개하는가? 확실히 죄 때문에 회개하는 것은 아니다. 야훼는 욥에 대한 친구들의 비난을 인정하지 않고 있기 때문이다(실은 잠시 후 친구들이 잘못했다고 명백하게 말한다). 야훼는 죄와 무죄, 보상과 징벌이 게임의 전부가 아니라고 언급했다. 욥은 악한 사람들과 의로운 사람들은 그들이 마땅히 받아야 할 것들을 받는다는 개념에서 오래전에 깨어났지만, 그래야 옳다는 생각은 버리지 않았다. 악을 야훼의 탓으로 돌리게 했던 그 생각이 잘못되었고 욥은 이제 그 생각을 철회한다. 야훼에 대한 새로운 이해와 함께("내가 주께 대하여 귀로 듣기만 하였사오나 이제는 눈으로 주를 뵈옵나이다", 42:5) 욥은 신명기적 개념에 의한 신의 인과응보적 정의 체계에 대한 기대, 이제 그가 깨닫게 된 그 잘못된 기대로부터 벗어난다(에드윈 굿).

이 대화에 뒤이어 욥의 재산이 복원된다. 야훼는 욥이 악 때문에 또는 그가 지은 죄 때문에 고통받은 것이 아니었음을 명확히 한다. 전통적이고 완벽하게 신명기적인 관점—고통은 언제나 죄로 인한 징벌이고, 오직 악인만이 고통 받고 원인이 없는 고통은 없다는 관점—을 가졌던 세 친구들은 야훼에게 비난받는다. 그는 "너희가 나를 가리켜 말한 것이 내 종 욥의 말같이 옳지 못함이니라"라고 말한다(42:7). 어떤 사람들에게는 이 결말이 실망스러울 수 있다. 이 책의 전체 취지를 거슬러, 정당한 보상이라는 해피엔딩에 대한 요구를 들어주는 것처럼 보이기 때문이다. 그러나 어떤 의미에서 이 결말은 아주 잘 들어맞는 훌륭한 결말이다. 우리의 기대를 뒤집는 일련의 반전을 마지막으로 한 번 더 이루어낸다는 점에서 그러하다(그린버그). 고통은 이해할 수 없게 오지만, 복원 또한 그렇게 온다. 야훼의 이름으로 축복을.

야훼는 그 어디에서도 욥에게 그의 고통을 정당화하거나 설명하려고 시도하지 않지만, 대화의 끝에서 우리의 불평하고 억울해하고 분노하던 욥이 만족한다. 아마 욥은 보상과 징벌의 자동적인 원칙 때문에 인간이 순전히 사심 없는 동기를 가지고 선한 행동을 하는 것은 불가능하다는 것을 깨달은 것 같다. 오히려 의로움이 불합리하고 의미 없어 보일 때, 바로 그때 역설적으로 의로움을 선택하는 것이 의미 있는 것이다. 야훼의 말과 욥의 반응을 우리가 어떤 식으로 해석하든, 한 가지는 분명하다. 야훼와 욥은 서로 화해했다.

인간은 이 세상을 특징짓는 고통과 악을 수천 년 동안 이해하지 못했다. 욥기는 고통과 악을 설명하거나 정당화하는 측면에서는 아무런 대답을 제공하지 않는다. 욥기가 제공하는 것은 피해자를 악하다고 추정함으로써 피해자를 모독하는 스킬라*를 피하고 또 야훼가 악하다고 추정함으로써 야훼를 모독하는 카리브디스**를 피하라는 엄중한 경고이다(그린버그). 도덕적 허무주의 또한 선택할 수 있는 것이 아니다. 왜냐하면 욥은 신의 질서와 정의를 갈망하다가 결국 포기하고, 아무런 보상 없이 자기의 온전함을 고수하고 선을 선택하기 때문이다.

* 뱃사람들을 잡아먹었다는 그리스 신화의 괴물.
** 바다의 큰 소용돌이.

21
정경 비평: 전도서, 시편, 아가

읽기: 전도서 1~12장, 시편 1, 2, 8, 19, 21, 32, 37, 44, 49, 52, 72~74, 78~80, 90, 93, 96~99, 103~106, 109, 110, 112, 114, 115, 118, 119, 128, 131, 136, 137, 139, 150편, 아가

이 책 5장에서 구약성경의 원문을 분석하는 현대의 방법론인 문서 비평(역사 비평), 양식 비평, 전승 비평을 소개했다. 이것들이 오늘날 구약성경 학자들이 사용하는 유일한 방법론은 아니다. 출처가 불분명한 문헌을 검토할 때 유용한 방법론이 정경 접근이다. 정경 접근은 구약성경의 글이 다양한 시대와 장소의 신앙 공동체들에 가졌던 역할과 의미는 제쳐놓은 채 그 원래의 의미와 역사적 의미에만 초점을 맞추는 학문적 관심에 대한 불만에서 시작된 방법론이다. 역사 비평은 늘 구약성경의 원 기록자들이 실제로 무엇을 말했고 무엇을 했는지에 우선적으로 관심을 가졌다. 정경 접근은 구약성경의 글이 그 권위를 인정

하는 공동체 안에서 만들어지고 전달되고 개정되고 보존되었다고 보고, 구약성경을 받아들이고 소중하게 여긴 그러한 신앙 공동체들 안에서 어떤 역할을 했는지를 연구해야 한다고 생각한다. 이 접근법에서는 원문의 발전 단계보다는 전달된 원문의 최종적인 형태를 강조하고, 그것을 전달받았던 최초의 공동체에서 그 원문이 어떤 기능을 했는지 강조하며, 옛 전승이 새로운 상황에서 권위를 갖고 기능하도록 옛 전승에 새로운 의미를 부여했던 수용 과정을 강조한다. 정경 접근은 다음과 같이 묻는다. 구약성경 기록자가 전승이나 이야기를 채택할 때, 그는 그로써 어떤 의미, 어떤 권위, 또는 어떤 가치를 모색하려고 했을까? 그 기록자의 공동체는 거기에서 어떤 의미, 어떤 권위, 또는 어떤 가치를 발견했으며, 또 후대의 공동체는 거기에서 어떤 의미, 어떤 권위, 또는 어떤 가치를 찾았을까? 신앙 공동체들은 어떤 이유로, 그 원문을 그들의 정경을 인정했을까?

히브리 성경의 세번째 부분인 케투빔 또는 성문서는 다양한 출처, 때로는 불분명한 출처를 가진 책들로 이루어져 있다. 한 가지 분명한 사실은 이 책들이 유배 이후 시대에 권위를 획득했다는 것이다. 즉 성문서의 책들은 기원전 5세기 이후 이스라엘 공동체에서 중요한 책이 되고 권위를 갖게 되었다. 따라서 성문서는 그 책들을 정경으로 받아들이고 권위 있다고 생각한 유배 이후 시대 공동체의 눈을 통해 고찰해야 한다. 정경 접근은 다음과 같이 묻는다. 이 책들이 멸망 이후, 유배 이후의 시대에 중요했던 이유는 무엇인가? 이스라엘 민족이 인정한 이 책들을 민족의 역사적 사건에 대한 반응으로 이해할 수 있을까?

성문서의 일부는 유배 이전 시대에 유래했음에도 그것들이 유배 이후에 채택되고 중요하게 여겨졌다는 사실에서 우리는 무엇을 알아낼 수 있을까? 이 책들이 작성되고 최종 편집된 환경과 시기와 무관하게 이 책들이 유배 이후의 공동체에서 이스라엘의 비극적인 역사를 들여다보는 프리즘으로 기능하게 된 연유는 무엇일까?

구약성경의 세번째 부분에 있는 많은 책들이 기원전 5세기 이후 이스라엘의 역사적 사건들이 제기한 여러 문제—고통과 악의 문제, 고통과 민족의 끊어진 소망 속에서도 야훼에 대한 믿음을 지킬 수 있는가의 문제, 신의 섭리 안에서의 비유대 민족들의 역할 문제—를 탐색하고 있는 것은 결코 우연이 아니다. 이 책의 마지막 장들에서 우리는 이 주제들을 살펴볼 것이다.

전도서

잠언에 나타나는 전통적인 종교적 경건함과 신명기적 학파에게 아주 중요한 신의 공평한 보상 및 응징 체계에 대한 확고한 믿음이 욥기에서만 도전받는 것이 아니다. 전도서도 이에 도전한다. 전도서는 머리말과 맺음말에는 3인칭이 쓰이고 나머지는 일인칭으로 기록된다. 머리말은 "다윗의 아들 예루살렘 왕 전도자의 말씀이라"(전 1:1)라고 쓰여 있다. 전도자의 히브리 말은 코헬레트kohelet로, 이 책의 그리스어 이름이 전도자를 의미하는 에클레지아스테스Ecclesiastes이다. 전승은 이 책이 지혜로웠다고 알려진 다윗의 아들 솔로몬의 것으로 전하지만 이는 허구이다. 이 책의 언어적·문학적 특징은 솔로몬 이후 시대인 기원전 4세기경을 보여주고 있고, 주제는 그리스풍의 책들을 연상시킨다. 전도서는 한 개인의 사색과 묵상으로 제시되지만, '민족 문집'인 구약성경에 포함됨으로써 (이스라엘 역사에 대한 언급이 전혀 없음에도) 이스라엘 역사와 신을 이해하고자 하는 이스라엘 민족에게 새로운 개념적 도구를 제공했다.

전도서에서 신은 이스라엘 사람들이 부르는 고유한 이름인 야훼가 아니라 일반적인 이름인 엘로힘으로 지칭된다. 이 책에 두드러지는 어조는 소외된 냉소주의와 피곤한 우울감이다. 책 내내 반복되는 주제는 인간 노력의 허무함이다. 모든 것이 허무하고 모든 것이 헛되다.

> 전도자가 이르되 헛되고 헛되며 헛되고 헛되니 모든 것이 헛되도다
> 해 아래에서 수고하는 모든 수고가 사람에게 무엇이 유익한가
> 한 세대는 가고 한 세대는 오되 땅은 영원히 있도다⋯⋯
> 이미 있던 것이 후에 다시 있겠고 이미 한 일을 후에 다시 할지라 해 아래에는 새 것이 없나니(전 1:2~4, 9)

자연 세계의 끝없이 반복되는 순환—해와 달이 떠오르고 지고, 바닷물이 들어오고 나가고—에 대한 사색은 영원한 것은 아무것도 없고 모든 것은 잠깐이라는 결론에 이른다. 우리는 전도서에서 직선적인 시간관념이나 학자들이 옳게든 틀리게든 구약성경과 결부하는 역사의 진보라는 개념을 찾을 수 없다. 오히려 신화와 연관 있는 순환적 시간관념을 찾을 수 있다. 또한 인간 세계의 끝없이 반복되는 순환—태

어나고 죽고, 허물고 세우고, 울고 웃고, 사랑하고 미워하고, 죽이고 치료하는—도 있다. 이 책에서 가장 유명한(또 가장 자주 오해되는) 구절 중 하나에서 전도자는 무엇인가를 변경하거나 성취하려는 인간의 노력은 아무런 의미가 없다는 결론과 함께 모든 것에는 기한이나 때가 있다는 생각을 표현한다.

> 범사에 기한이 있고 천하 만사가 다 때가 있나니
>
> 날 때가 있고 죽을 때가 있으며 심을 때가 있고 심은 것을 뽑을 때가 있으며
>
> 죽일 때가 있고 치료할 때가 있으며 헐 때가 있고 세울 때가 있으며
>
> 울 때가 있고 웃을 때가 있으며 슬퍼할 때가 있고 춤출 때가 있으며
>
> 돌을 던져버릴 때가 있고 돌을 거둘 때가 있으며 안을 때가 있고 안는 일을 멀리할 때가 있으며
>
> 찾을 때가 있고 잃을 때가 있으며 지킬 때가 있고 버릴 때가 있으며
>
> 찢을 때가 있고 꿰맬 때가 있으며 잠잠할 때가 있고 말할 때가 있으며
>
> 사랑할 때가 있고 미워할 때가 있으며 전쟁할 때가 있고 평화할 때가 있느니라(전 3 : 1~8)

> 일하는 자가 그의 수고로 말미암아 무슨 이익이 있으랴
>
> 하나님이 인생들에게 노고를 주사 애쓰게 하신 것을 내가 보았노라
>
> 하나님이 모든 것을 지으시되 때를 따라 아름답게 하셨고(전 3 : 9~11)

이 구절의 주요 주제는 모든 것은 끝없는 순환 속에서 생겨나고 돌아간다는 것이고, 우리는 우리의 노력으로 그 어떠한 것도 더할 수 없다는 것이다.

전도자는 덧없는 것이 아니라 영원한 것을 찾기 위해 모든 노력을 다했다고 말한다. 육체의 즐거움은 만족스럽지 않고 순간적이다. 부는 걱정을 가져온다. 지혜가 권력보다 낫지만 지식조차 큰 고통을 가져온다.

내가 다시 지혜를 알고자 하며 미친 것들과 미련한 것들을 알고자 하여 마음을 썼으나 이것도 바람을 잡으려는 것인 줄을 깨달았도다

지혜가 많으면 번뇌도 많으니 지식을 더하는 자는 근심을 더하느니라
(전 1:17~18)

지혜가 무지보다는 낫다고 인정하더라도, 우리는 결국 죽음이 모든 것을 없애버린다는 사실에 여전히 직면해야 한다. 죽음은 모두를 평등하게 하는 위대한 작용이다.

내가 보니 지혜가 우매보다 뛰어남이 빛이 어둠보다 뛰어남 같도다

지혜자는 그의 눈이 그의 머리 속에 있고 우매자는 어둠 속에 다니지만 그들 모두가 당하는 일이 모두 같으리라는 것을 나도 깨달아 알았도다

내가 내 마음속으로 이르기를 우매자가 당한 것을 나도 당하리니 내게 지혜가 있었다 한들 내게 무슨 유익이 있으리요 하였도다. 이에 내가 내

마음속으로 이르기를 이것도 헛되도다 하였도다(전 2:13~15)

전도서는 욥기보다 훨씬 더 노골적으로 신의 섭리와 인과응보적 정의의 원칙을 공격한다. 보상이나 징벌에 원칙은 없다. 그뿐 아니라 죄없는 사람들이 고통받을 때 악한 사람들은 번창한다. 신명기적 역사가에게 아주 중요했던 지연되는 징벌의 원칙조차 공평한 것이 아니라고 정면에서 공격받는다.

이것도 헛되도다
악한 일에 관한 징벌이 속히 실행되지 아니하므로 인생들이 악을 행하는 데에 마음이 담대하도다
죄인은 백 번이나 악을 행하고도 장수하거니와 또한 내가 아노니 하나님을 경외하여 그를 경외하는 자들은 잘 될 것이요……
세상에서 행해지는 헛된 일이 있나니 곧 악인들의 행위에 따라 벌을 받는 의인들도 있고 의인들의 행위에 따라 상을 받는 악인들도 있다는 것이라 내가 이르노니 이것도 헛되도다(전 8:10~12, 14)

이보다 더 유명한 구절로는,

내가 다시 해 아래에서 보니 빠른 경주자들이라고 선착하는 것이 아니며 용사들이라고 전쟁에 승리하는 것이 아니며 지혜자들이라고 음식물을 얻는 것도 아니며 명철자들이라고 재물을 얻는 것도 아니며 지식인들이라고

은총을 입는 것이 아니니 이는 시기와 기회는 그들 모두에게 임함이니라

분명히 사람은 자기의 시기도 알지 못하나니 물고기들이 재난의 그물에 걸리고 새들이 올무에 걸림같이 인생들도 재앙의 날이 그들에게 홀연히 임하면 거기에 걸리느니라(전 9:11~12)

결국 전도자에게 삶을 완전히 무의미하게 만드는 것은 죽음이라는 변하지 않는 사실, 바로 현대 실존주의 철학의 출발점이다. 죽음이 핵심이고, 전도자는 사후 세계에 대한 어떠한 개념도 거부한다.

모든 사람에게 임하는 그 모든 것이 일반이라 의인과 악인, 선한 자와 깨끗한 자와 깨끗하지 아니한 자, 제사를 드리는 자와 제사를 드리지 아니하는 자에게 일어나는 일들이 모두 일반이니 선인과 죄인, 맹세하는 자와 맹세하기를 무서워하는 자가 일반이로다

모든 사람의 결국은 일반이라 이것은 해 아래에서 행해지는 모든 일 중의 악한 것이니……

모든 산 자들 중에 들어 있는 자에게는 누구나 소망이 있음은 산 개가 죽은 사자보다 낫기 때문이니라

산 자들은 죽을 줄을 알되 죽은 자들은 아무것도 모르며 그들이 다시는 상을 받지 못하는 것은 그들의 이름이 잊어버린 바 됨이니라

그들의 사랑과 미움과 시기도 없어진 지 오래이니 해 아래에서 행하는 모든 일 중에서 그들에게 돌아갈 몫은 영원히 없느니라(전 9:2~6)

이 모든 절망과 냉소주의에도 불구하고, 전도서에는 긍정적인 말이 있다. 비록 삶에 목적과 의미가 없다 하더라도 전도서의 기록자가 허무주의나 자살을 권하는 것은 아니다. 실은 그는 아주 반대되는 것을 권고하고 있다. 모든 삶에는 행복의 순간이 있고, 우리는 할 수 있을 때 그것을 붙잡아야 한다고 말이다.

> 너는 가서 기쁨으로 네 음식물을 먹고 즐거운 마음으로 네 포도주를 마실지어다 이는 하나님이 네가 하는 일들을 벌써 기쁘게 받으셨음이니라
> 네 의복을 항상 희게 하며 네 머리에 향 기름을 그치지 아니하도록 할지니라
> 네 헛된 평생의 모든 날 곧 하나님이 해 아래에서 네게 주신 모든 헛된 날에 네가 사랑하는 아내와 함께 즐겁게 살지어다 그것이 네가 평생에 해 아래에서 수고하고 얻은 네 몫이니라
> 네 손이 일을 얻는 대로 힘을 다하여 할지어다 네가 장차 들어갈 스올에는[1] 일도 없고 계획도 없고 지식도 없고 지혜도 없음이니라(전 9:7~10)

마찬가지로,

> 사람이 하나님께서 그에게 주신 바 그 일평생에 먹고 마시며 해 아래에서 하는 모든 수고 중에서 낙을 보는 것이 선하고 아름다움을 내가 보았나니 그것이 그의 몫이로다(전 5:18)

또는,

사람들이 사는 동안에 기뻐하며 선을 행하는 것보다 더 나은 것이 없는 줄을 내가 알았고

사람마다 먹고 마시는 것과 수고함으로 낙을 누리는 그것이 하나님의 선물인 줄도 또한 알았도다(전 3:12~13)[2]

우리는 스스로를 속여선 안 된다. 거대한 계획도 없고, 우리의 노동에 절대적 가치나 의미는 없으며, 우리가 나중을 위해 노력해야 할 사후 세계도 없다(여기서 전도자가 반대하는 것은, 그리스 사상의 영향하에 있던 헬레니즘 시대 유대인의 글에서 발견되는 사후의 보상이나 징벌에 대한 믿음일 것이다). 그렇지만 누구든지 행복과 사랑을 누릴 수 있고 그것으로 만족해야 한다. 그보다 더 많은 것을 좇는 것은 사람을 힘들고 고통스럽게 만드는 바람을 좇는 것과 같다. 사람은 죽음의 실체를 인정해야 하고, 자기가 가진 짧은 시간에 할 수 있는 것을 누려야 한다. 사실 삶을 가치 있게 만드는 것이 바로 죽음이라는 현실이다. 사람에겐 단 한 번의 짧은 기회가 있으므로 할 수 있는 것은 온 힘을 다해 해야 한다. 행동할 기회가 끊임없이 있는 영원하고 끝없는 삶에서는 어떤 단 한 번의 행위가 아무 의미가 없을 것이다. 죽음이라는 사실과 죽음이 정하는 한계를 생각하건대 삶의 평범한 활동과 노력이 주는 기쁨을 누리는 것은 무의미하지 않고 그것이야말로 의미 있는 것이다.

전도서는 기존의 생각을 뒤집는 책이 아니라면 적어도 특이한 책이

고, 이 책을 구약성경에 포함하는 것은 분명 논란의 대상이었다. 이 책의 논쟁적인 성격은 마지막 부분에 나타나는 편집자의 경건한 후기에서 발견된다.

지혜자들의 말씀들은 찌르는 채찍들 같고 회중의 스승들의 말씀들은 잘 박힌 못 같으니 다 한 목자가 주신 바이니라

내 아들아 또 이것들로부터 경계를 받으라 많은 책들을 짓는 것은 끝이 없고 많이 공부하는 것은 몸을 피곤하게 하느니라

일의 결국을 다 들었으니 하나님을 경외하고 그의 명령들을 지킬지어다 이것이 모든 사람의 본분이니라

하나님은 모든 행위와 모든 은밀한 일을 선악 간에 심판하시리라(전 12:11~14)

하나님은 선한 사람들에게 보상하고 악한 사람들을 응징하므로 하나님을 두려워하고 그의 명령에 순종하라는 것은 사실 전도서의 메시지가 아니다. 이 구절은 전도서의 취지가 신경쓰였던 후대의 편집자가 작성했을 가능성이 아주 크다. 즉 이 한 권의 책에는 이 세상에 존재하는 괴로움과 고통, 불의에 대한 두 가지 반응이 나란히 들어 있고 이스라엘 민족의 비극을 해석하는 두 가지 방식이 함께 제공되고 있다. 하나는 신의 섭리와 정의를 주장하고 믿음을 갖고 그의 명령에 순종할 것을 촉구한다. 다른 하나는 이 세상에 정의와 섭리는 없다고 주장하고 삶의 의미의 원천인 존재의 소박한 기쁨을 가르친다. 히브리

성경의 풍요로움은 이처럼 극단적으로 다른 관점들을 나란히 놓는 데 서 온다.

시편

시편은 구약성경의 종교적 서정시의 중요한 모음집으로, 신이나 신앙 공동체, 제사 또는 의식의 행위자가 직접적으로 거명되는 150개의 시 또는 의식을 위한 암송문으로 이루어져 있다. 히브리 성경의 70인역에서 시편의 제목은 그리스어 살모이psalmoi에서 온 '테힐림Tehillim(찬송)'으로, 살티리온psalterion이라는 현악기 반주에 맞춰부르는 종교적 노래를 의미한다. 시편은 유배 이후 시대에 한 권의 책으로 수집되었을 가능성이 크지만 그중 많은 부분, 특히 성전에서 일하던 전문 음악가들의 것으로 판단되는 부분들은 성전에서 사용되었던 것으로 짐작되고 그 시대가 유배 이전의 초기 시대까지 거슬러올라간다. 성전 음악가들이 시편에 들어 있는 음악과 예배에 관한 메모를 작성한 것으로 보이지만, 현대 학자들은 그러한 표시를 대체로 해독하지 못한다. 일부 표제와 메모는 음악 반주의 곡조 또는 현악기나 피리 같은 악기의 종류를 나타내는 것으로 보인다.

시편에 있는 대부분의 글은 작성된 시기와 배경에 관한 정보를 거의 주지 않는다. 몇몇 글은 분명히 왕의 대관식에서 사용하기 위해 작성되었기 때문에, 아마도 다윗 왕조의 왕들이 예루살렘을 통치할 때 기록되었을 것이다. 예를 들어 시편 45편은 왕이 이방의 신부와 결혼하는 것을 기념하기 위해 쓰인 사랑의 노래로, 그 신부에게 말하고 있다.

딸이여 듣고 보고 귀를 기울일지어다 네 백성과 네 아버지의 집을 잊어버릴지어다

그리하면 왕이 네 아름다움을 사모하실지라 그는 네 주인이시니 너는 그를 경배할지어다

두로의 딸은 예물을 드리고 백성 중 부한 자도 네 얼굴 보기를 원하리로다

왕의 딸은 궁중에서 모든 영화를 누리니 그의 옷은 금으로 수 놓았도다

수 놓은 옷을 입은 그는 왕께로 인도함을 받으며 시종하는 친구 처녀들도 왕께로 이끌려 갈 것이라

그들은 기쁨과 즐거움으로 인도함을 받고 왕궁에 들어가리로다

왕의 아들들은 왕의 조상들을 계승할 것이라 왕이 그들로 온 세계의 군왕을 삼으리로다

내가 왕의 이름을 만세에 기억하게 하리니 그러므로 만민이 왕을 영원히 찬송하리로다(시 45:10~17)

학자들은 시편을 다섯 권의 모음집 또는 책으로 분류하고, 각 모음집에는 송영이 들어 있다(제1권＝1편~41편, 제2권＝42편~72편, 제3권＝73편~89편, 제4권＝90편~106편, 제5권＝107편~150편). 아마도 이 중 제5권이 맨 마지막에 그 형태가 확정되었을 것이다. 사해 문서에서 발견되는 제5권의 사본이 원문의 변동성을 암시하는 큰 차이를 보여주고 있기 때문이다. 제2권은 "이새의 아들 다윗의 기도가 끝나니라"(72:20)라는 후기로 마무리된다. 이 때문에 한때 다윗의 시편은 72편

에서 끝나는 것으로 생각되었다. 제1권에 있는 대부분의 시편은 "다윗의/다윗에게"라는 문구의 머리말이 달려 있다.[3] 오래된 제1 성전 시대의 책인 제1권을 중심으로 다른 시편들이 묶였다. 예를 들어 시편 120편에서 134편은 '성전에 올라가는 노래'라는 제목을 가지고 있는데, 이 시편들이 순례하는 절기 동안 예루살렘으로 올라가는 순례자들에 의해 불려졌음을 나타낸다. 그렇지만 전승은 시편 전체를 다윗왕의 책으로 전한다. 이 전승은 150개의 시편 중 73개가 다윗의/다윗에 대한/다윗에게 주는 시라고 분명히 기록하고 있고, 또 신명기적 이야기에서 다윗이 음악적 재능을 가진 사람이라고 기록하고 있다는 사실에서 비롯되었다. 그러나 표제는 모두 나중에 첨가된 것이고, 시편은 일반적으로 다윗 왕실의 후원을 받은 시였기 때문에 다윗의 것으로 되었을 것이다. 구약성경 자체가 일부 시편에 대해 다른 저자를 언급하고 있다. 시편 72편은 솔로몬의 것으로 되어 있다. 시편 90편은 모세의 것으로, 다른 것들은 아삽과 제사장 가문의 조상인 고라의 아들들의 것으로 되어 있다. 일부 시편은 확실히 유배 이후의 것으로, 가령 74편은 성전의 파괴를 애통해한다. 137편은 "우리가 바벨론의 여러 강변 거기에 앉아서 시온을 기억하며 울었도다"라고 적는다. 이처럼 시편 전체는 이스라엘 역사에서 나왔던 종교적 표현을 수세기에 걸쳐 묶은 하나의 선집이다. 종교적 전승과 달리 시편 전부를 다윗이 쓰지 않았다.

어떤 시편들은 공동체의 예배를 위한 것으로 보이고 다른 것들은 개인적 예배를 위한 것으로 보이지만, 고대 이스라엘에서 그 둘의 차이가 늘 분명한 것은 아니었다. 사람들은 단독적인 개인으로서가 아니라 언약으로 묶인 더 광범위한 공동체의 일원으로서 성전에서 신에게 기도를 드렸다. 시편 34편 3절은 "나와 함께 여호와를 광대하시다 하며 함께 그의 이름을 높이세"라고 쓰고 있다.

시편은 양식 비평의 방법을 통해 연구되어왔다. 이 분야의 선구자는 헤르만 군켈이었고, 그의 연구는 지그문트 모빙켈에 의해 더욱 발전했다.[4] 양식 비평가들은 시편을 양식 또는 문학 장르에 따라 분류한 다음 이러한 문학적 형태를 종교적 상황 안에 갖다 놓으려고 시도한다. 군켈과 모빙켈은 양식적 특징과 주제상 특징에 근거하여 구분될 수 있는 시편의 많은 장르를 찾아냈다. 다음은 이 장르의 여러 예인데 편의상 더 큰 범위들로 분류한 것이다(많은 시편들이 혼합된 장르를 가지고 있다는 것을 주목해야 한다).

(1) 찬양, 감사, 믿음에 관한 찬송(시편 8, 19, 23, 24, 46, 103, 104, 114, 115, 118, 131, 136, 139, 150)

이것은 시편에서 가장 큰 범주에 속한다. 많은 글이 야훼의 영광과 지혜, 능력을 찬양한다. 다음과 같은 창조에 대한 찬송이 그 예이다.

여호와 우리 주여 주의 이름이 온 땅에 어찌 그리 아름다운지요 주의 영광이 하늘을 덮었나이다……
주의 손가락으로 만드신 주의 하늘과 주께서 베풀어 두신 달과 별들을

내가 보오니

사람이 무엇이기에 주께서 그를 생각하시며 인자가 무엇이기에 주께서 그를 돌보시나이까

그를 하나님보다 조금 못하게 하시고 영화와 존귀로 관을 씌우셨나이다

주의 손으로 만드신 것을 다스리게 하시고 만물을 그의 발 아래 두셨으니

곧 모든 소와 양과 들짐승이며

공중의 새와 바다의 물고기와 바닷길에 다니는 것이니이다.

여호와 우리 주여 주의 이름이 온 땅에 어찌 그리 아름다운지요(시 8:1, 3~9)

아주 짧은 117편은 단 두 개의 절 안에 찬양 또는 감사의 노래가 가지는 전형적인 양식적 요소가 모두 들어 있다. 예배를 시작하는 부름(A)이 있고, 예배의 이유를 설명하는 구절(B)이 있으며, 찬양의 반복 또는 새로운 부름(A')이 있다.

(A) 너희 모든 나라들아 여호와를 찬양하며

너희 모든 백성들아 그를 찬송할지어다

(B) 우리에게 향하신 여호와의 인자하심이 크시고 여호와의 진실하심이 영원함이로다

(A') 할렐루야(시 117:1~2)

야훼의 행동을 기억하는 방법으로 그를 찬송하는 대표적인 예인

136편은 야훼의 위대한 행동(창조, 출애굽, 약속의 땅 정복)을 열거하면서 "그 인자하심이 영원함이로다"는 문구로 그것을 강조한다. 다른 시편들에서도 창조자로서(104편) 또는 법 제정자로서 야훼를 찬양한다. 이 범주에 속하는 시편의 눈에 띄는 특징은 왕, 방패, 요새, 피난처, 바위, 은신처 등 신을 묘사하는 데 사용된 다양한 비유이다.

믿음에 관한 전형적인 시편은 23편이다. 여기서는 무서운 골짜기를 통과하며 곧은 길로 인도하는 야훼를 묘사하기 위해 목자의 비유를 사용한다. 시인의 믿음은 적들이 가까이 있을 때에도 유지되는 깊은 평온함의 감각을 조성한다.

> 여호와는 나의 목자시니 내게 부족함이 없으리로다
> 그가 나를 푸른 풀밭에 누이시며 쉴 만한 물 가로 인도하시는도다
> 내 영혼을 소생시키시고 자기 이름을 위하여 의의 길로 인도하시는도다
> 내가 사망의 음침한 골짜기로 다닐지라도 해를 두려워하지 않을 것은 주께서 나와 함께 하심이라 주의 지팡이와 막대기가 나를 안위하시나이다
> 주께서 내 원수의 목전에서 내게 상을 차려주시고 기름을 내 머리에 부으셨으니 내 잔이 넘치나이다
> 내 평생에 선하심과 인자하심이 반드시 나를 따르리니 내가 여호와의 집에 영원히 살리로다(시 23:1~6)

짧은 시편 131편은 훨씬 더 큰 평온함을 표현하기 위해 어머니와 아이의 모습을 상기시킨다.

여호와여 내 마음이 교만하지 아니하고 내 눈이 오만하지 아니하오며 내가 큰 일과 감당하지 못할 놀라운 일을 하려고 힘쓰지 아니하나이다

실로 내가 내 영혼으로 고요하고 평온하게 하기를 젖 뗀 아이가 그의 어머니 품에 있음 같게 하였나니 내 영혼이 젖 뗀 아이와 같도다

이스라엘아 지금부터 영원까지 여호와를 바랄지어다(시 131:1~3)

이러한 시편들은 구약성경에서 야훼에 대한 믿음과 확신 또는 소박한 신뢰를 가장 개인적으로 표현하고 있다.

(2) 왕좌에 앉음(예를 들어 시편 93, 96, 97, 98, 99), 왕의 시편 또는 메시아적 시편(예를 들어 시편 2, 21, 45, 72, 110)

왕좌에 앉음 또는 왕권에 대한 시편은 야훼를 하늘의 주권적 통치자로 또는 이방 민족들의 주권자로 찬양한다. 야훼에 대한 이러한 묘사에서는 고대 근동 지방의 신화에 있는 신들과 관련된 말과 주제를 사용하는데, 특히 폭풍우의 신 바알과 관련이 있다. 어떤 시편은 창조주와 왕인 야훼의 중요한 역할로 바다 괴물을 물리치는 것을 언급한다(74편). 다른 시편에서는 고대 근동 지방의 전투적인 창조 이야기를 그 신화적 요소를 제거한 상태로 사용한다. 29편에서 야훼는 물 위에서 우렛소리를 내고 홍수 때 좌정하는 모습으로 신들의 모임에서 찬양받는다. 마찬가지로 93편은 바다를 신의 적대자가 아닌 자연의 실체로 묘사한다.

여호와께서 다스리시니 스스로 권위를 입으셨도다 여호와께서 능력의 옷을 입으시며 띠를 띠셨으므로 세계도 견고히 서서 흔들리지 아니하는도다

주의 보좌는 예로부터 견고히 섰으며 주는 영원부터 계셨나이다

여호와여 큰 물이 소리를 높였고 큰 물이 그 소리를 높였으니 큰 물이 그 물결을 높이나이다

높이 계신 여호와의 능력은 많은 물 소리와 바다의 큰 파도보다 크니이다

여호와여 주의 증거들이 매우 확실하고 거룩함이 주의 집에 합당하니 여호와는 영원무궁하시리이다(시 93:1~5)

왕의 시편은 야훼를 기름 부음 받은 왕으로 찬양한다. 일부 학자들은 이러한 시편이 대관식에서 낭송되었다고 생각한다.

여호와께서 내 주에게 말씀하시기를 내가 네 원수들로 네 발판이 되게 하기까지 너는 내 오른쪽에 앉아 있으라 하셨도다

여호와께서 시온에서부터 주의 권능의 규를 내보내시리니 주는 원수들 중에서 다스리소서

주의 권능의 날에 주의 백성이 거룩한 옷을 입고 즐거이 헌신하니 새벽 이슬 같은 주의 청년들이 주께 나오는도다

여호와는 맹세하고 변하지 아니하시리라 이르시기를 너는 멜기세덱의 서열을 따라 영원한 제사장이라 하셨도다

주의 오른쪽에 계신 주께서 그의 노하시는 날에 왕들을 쳐서 깨뜨리실 것이라(시 110:1~5)

모든 왕의 시편이 일차적으로 군사적 성취에만 관심이 있는 것은 아니다. 어떤 시편은 훌륭한 청지기의 사명을 감당하기 위해 필요한 다른 자질들을 왕에게 베풀어줄 것을 바란다.

하나님이여 주의 판단력을 왕에게 주시고 주의 공의를 왕의 아들에게 주소서
그가 주의 백성을 공의로 재판하며 주의 가난한 자를 정의로 재판하리니……
그가 가난한 백성의 억울함을 풀어주며 궁핍한 자의 자손을 구원하며 압박하는 자를 꺾으리로다……
그는 벤 풀 위에 내리는 비같이, 땅을 적시는 소낙비같이 내리리니
그의 날에 의인이 흥왕하여 평강의 풍성함이 달이 다할 때까지 이르리로다(시 72:1~2, 4, 6~7)

(3) 슬픔, 탄원, 그리고 은혜의 시편(예를 들어 시편 13, 22, 44, 55, 74, 78, 79, 80, 105, 106)

애통해하는 노래는 공동체 공동의 탄원으로서 복수형으로 읽힐 수도 있고 또는 개인적으로 읽힐 수도 있다. 개인적인 애가는 신을 부르

거나 찬양하는 것으로 시작하기도 하지만 일부는 곧바로 고통과 위기—흔히 비유적으로 표현된다—로부터의 구원 및 적에 대한 복수를 간절히 탄원한다. 시편 기자는 자기의 불만을 표현한 뒤 보통 야훼에 대한 믿음을 고백하고, 도움이나 용서를 구하고, 이윽고 야훼를 또다시 찬양하겠다는 맹세와 함께 글을 맺는다. 때때로 우리는 신의 응답을 확인한다. 시편 13편은 이러한 특징을 많이 가지고 있다.

여호와여 어느 때까지니이까 나를 영원히 잊으시나이까 주의 얼굴을 나에게서 어느 때까지 숨기시겠나이까

나의 영혼이 번민하고 종일토록 마음에 근심하기를 어느 때까지 하오며 내 원수가 나를 치며 자랑하기를 어느 때까지 하리이까

여호와 내 하나님이여 나를 생각하사 응답하시고 나의 눈을 밝히소서 두렵건대 내가 사망의 잠을 잘까 하오며

두렵건대 나의 원수가 이르기를 내가 그를 이겼다 할까 하오며 내가 흔들릴 때에 나의 대적들이 기뻐할까 하나이다

나는 오직 주의 사랑을 의지하였사오니 나의 마음은 주의 구원을 기뻐하리이다

내가 여호와를 찬송하리니 이는 주께서 내게 은덕을 베푸심이로다(시 13:1~6)

시편 55편은 정직하지 못한 친구의 배반에서 구원해줄 것을 요청한다.

나를 책망하는 자는 원수가 아니라 원수일진대 내가 참았으리라 나를 대하여 자기를 높이는 자는 나를 미워하는 자가 아니라 미워하는 자일진대 내가 그를 피하여 숨었으리라

그는 곧 너로다 나의 동료, 나의 친구요 나의 가까운 친우로다

우리가 같이 재미있게 의논하며 무리와 함께 하여 하나님의 집 안에서 다녔도다

사망이 갑자기 그들에게 임하여 산 채로 스올에 내려갈지어다 이는 악독이 그들의 거처에 있고 그들 가운데에 있음이로다……

그는 손을 들어 자기와 화목한 자를 치고 그의 언약을 배반하였도다

그의 입은 우유 기름보다 미끄러우나 그의 마음은 전쟁이요 그의 말은 기름보다 유하나 실상은 뽑힌 칼이로다

네 짐을 여호와께 맡기라 그가 너를 붙드시고 의인의 요동함을 영원히 허락하지 아니하시리로다(시 55:12~15, 20~22)

어떤 애가는 개인적인 죄의 용서를 구한다. 밧세바와의 부정한 관계에 대한 선지자 나단의 책망 이후에 다윗이 쓴 것으로 전해지는 51편은 구약성경의 시에 전형적으로 나타나는 대구법의 매력적인 사례이다.

하나님이여 주의 인자를 따라 내게 은혜를 베푸시며 주의 많은 긍휼을 따라 내 죄악을 지워주소서

나의 죄악을 말갛게 씻으시며 나의 죄를 깨끗이 제하소서

무릇 나는 내 죄과를 아오니 내 죄가 항상 내 앞에 있나이다

내가 주께만 범죄하여 주의 목전에 악을 행하였사오니 주께서 말씀하실 때에 의로우시다 하고 주께서 심판하실 때에 순전하시다 하리이다……

하나님이여 내 속에 정한 마음을 창조하시고 내 안에 정직한 영을 새롭게 하소서

나를 주 앞에서 쫓아내지 마시며 주의 성령을 내게서 거두지 마소서

주의 구원의 즐거움을 내게 회복시켜 주시고 자원하는 심령을 주사 나를 붙드소서(시 51:1~4, 10~12)

공동체 애가는 이스라엘의 불행을 슬퍼하고 압제자들에 대한 야훼의 복수를 촉구하면서 신에게 그와 이스라엘의 역사적 관계와 언약의 책임을 상기시킨다. 74편이 바로 그러한 시편이다. 비극에 대한 반응인 이 시편은 신이 이스라엘에 대한 책임을 잊었다는 절망감과 당혹감, 심지어 분노까지도 표현하고 있다.

하나님이여 주께서 어찌하여 우리를 영원히 버리시나이까 어찌하여 주께서 기르시는 양을 향하여 진노의 연기를 뿜으시나이까

옛적부터 얻으시고 속량하사 주의 기업의 지파로 삼으신 주의 회중을 기억하시며 주께서 계시던 시온산도 생각하소서

영구히 파멸된 곳을 향하여 주의 발을 옮겨 놓으소서 원수가 성소에서 모든 악을 행하였나이다

주의 대적이 주의 회중 가운데에서 떠들며 자기들의 깃발을 세워 표적

으로 삼았으니

그들은 마치 도끼를 들어 삼림을 베는 사람 같으니이다

이제 그들이 도끼와 철퇴로 성소의 모든 조각품을 쳐서 부수고

주의 성소를 불사르며 주의 이름이 계신 곳을 더럽혀 땅에 엎었나이다

그들이 마음속으로 이르기를 우리가 그들을 진멸하자 하고 이 땅에 있
는 하나님의 모든 회당을 불살랐나이다

우리의 표적은 보이지 아니하며 선지자도 더이상 없으며 이런 일이 얼
마나 오랠는지 우리 중에 아는 자도 없나이다

하나님이여 대적이 언제까지 비방하겠으며 원수가 주의 이름을 영원히
능욕하리이까

주께서 어찌하여 주의 손 곧 주의 오른손을 거두시나이까 주의 품에서
손을 빼내시어 그들을 멸하소서……

주의 멧비둘기의 생명을 들짐승에게 주지 마시며 주의 가난한 자의 목
숨을 영원히 잊지 마소서

그 언약을 눈여겨보소서……

하나님이여 일어나 주의 원통함을 푸시고(시 74:1~11, 19~20, 22)

시편 기자는 당혹해한다. 왜 이런 일이 벌어졌는가? 왜 신은 행동하
지 않는가? 이 시편에는 이스라엘의 죄에 대한 언급이 없고, 또 멸망이
단지 죄에 대한 징벌이라는 표현도 없다. 44편은 여기서 더 나아가 전
통적인 신명기적 관점을 명백하게 부정한다. 이 시편은 이스라엘 백성
은 죄를 짓지 않았고 믿음을 잃지 않았다고 단호하게 말한다. 그래서

야훼의 방치를 이해할 수 없는 것으로 묘사하고, 신실한 이스라엘을 위해 아무 행동을 하지 않는 데 대해 야훼를 비난한다.

우리가 종일 하나님을 자랑하였나이다 우리는 하나님의 이름에 영원히 감사하리이다

그러나 이제는 주께서 우리를 버려 욕을 당하게 하시고 우리 군대와 함께 나아가지 아니하시나이다……

주께서 우리를 잡아먹힐 양처럼 그들에게 넘겨주시고 여러 민족 중에 우리를 흩으셨나이다

주께서 주의 백성을 헐값으로 파심이여 그들을 판 값으로 이익을 얻지 못하셨나이다……

이 모든 일이 우리에게 임하였으나 우리가 주를 잊지 아니하며 주의 언약을 어기지 아니하였나이다

우리의 마음은 위축되지 아니하고 우리 걸음도 주의 길을 떠나지 아니하였으나

주께서 우리를 승냥이의 처소에 밀어넣으시고 우리를 사망의 그늘로 덮으셨나이다

우리가 우리 하나님의 이름을 잊어버렸거나 우리 손을 이방 신에게 향하여 폈더면

하나님이 이를 알아내지 아니하셨으리이까 무릇 주는 마음의 비밀을 아시나이다

우리가 종일 주를 위하여 죽임을 당하게 되며 도살할 양같이 여김을 받

았나이다

　주여 깨소서 어찌하여 주무시나이까 일어나시고 우리를 영원히 버리지
마소서

　어찌하여 주의 얼굴을 가리시고 우리의 고난과 압제를 잊으시나이까

　우리 영혼은 진토 속에 파묻히고 우리 몸은 땅에 붙었나이다

　일어나 우리를 도우소서 주의 인자하심으로 말미암아 우리를 구원하소
서(시 44:8~9, 11~12, 17~26)

　이 시편은 선지서들이 이스라엘에 대해 수사적으로 격렬하게 표현
한 혐의를 노골적으로 부인한다. 이 시편 기자는 우리가 다른 길로 가
지 않았고 주의 길을 떠나지 않았노라고 항변한다. 할 일이 있는데도
신이 잠자고 있다고 비난하는 이 놀라운 결백 주장은 욥을 연상시키
고, 또한 멸망과 유배에 관한 사뭇 다른 관점을 보여준다. 이스라엘의
죄보다도 신이 행동하지 않음을 강조하는 것이다.

　그러나 우리는 74편, 44편을 78편, 106편과 대조해볼 수 있다.
78편과 106편은 이스라엘 역사에서 활동하는 신을 찬양하는 찬송의
범주에 속한다. 이 두 시편 모두가 신명기적 태도를 취하여 창조부터
출애굽을 거쳐 약속의 땅 정복에 이르는 이스라엘 역사를 재현한다.
이 시편들은 이스라엘이 신으로부터 받은 엄청난 은혜와 이스라엘의
끊임없는 불신앙에 대한 신의 인내를 강조한다.

　옛적에 하나님이 애굽 땅 소안 들에서 기이한 일을 그들의 조상들의 목

전에서 행하셨으되

그가 바다를 갈라 물을 무더기같이 서게 하시고 그들을 지나가게 하셨으며

낮에는 구름으로, 밤에는 불빛으로 인도하셨으며

광야에서 반석을 쪼개시고 매우 깊은 곳에서 나오는 물처럼 흡족하게 마시게 하셨으며

또 바위에서 시내를 내사 물이 강같이 흐르게 하셨으나

그들은 계속해서 하나님께 범죄하여 메마른 땅에서 지존자를 배반하였도다

그들이 그들의 탐욕대로 음식을 구하여 그들의 심중에 하나님을 시험하였으며

그뿐 아니라 하나님을 대적하여 말하기를 하나님이 광야에서 식탁을 베푸실 수 있으랴

보라 그가 반석을 쳐서 물을 내시니 시내가 넘쳤으나 그가 능히 떡도 주시며 자기 백성을 위하여 고기도 예비하시랴 하였도다 (시 78:12~20)

야훼의 신실한 행동과 이스라엘의 믿음 없는 반응은 역사를 회고하는 시편 106편에도 비슷하게 나타난다. 신명기적 문헌에서처럼 시편 78편과 106편에서 우리는 이스라엘의 비극적 종말을 설명하려는 분명한 시도를 볼 수 있고, 여기서 시편 기자는 이스라엘에 책임을 돌리고 신을 어떤 식으로든 정당화한다.

(4) 축복과 저주의 시편 (예를 들어 시편 1, 109, 137)

이 시편들은 의로운 사람들—이스라엘 민족 또는 이스라엘 민족 안에 있는 의로운 사람들—에게는 축복을 베풀고 악한 사람들—적대적인 민족들 또는 이스라엘과 이방 민족 안에 있는 악한 사람들—은 응징하고 고통 받게 해달라고 신을 부른다. 이 시편에 있는 격렬한 분노는 충격적일 때도 있다. 예를 들어 137편은 아름다운 예루살렘을 파괴한 바벨론 사람들에 대해 다음과 같이 복수를 요청한다.

멸망할 딸 바벨론아 네가 우리에게 행한 대로 네게 갚는 자가 복이 있으리로다
네 어린 것들을 바위에 메어치는 자는 복이 있으리로다(시 137:8~9)

109편에는 고통의 긴 목록이 나온다. 시편 기자는 악하고 정직하지 않은 적들을 야훼가 징벌해주기를 원한다.

그의 연수를 짧게 하시며 그의 직분을 타인이 빼앗게 하시며
그의 자녀는 고아가 되고 그의 아내는 과부가 되며
그의 자녀들은 유리하며 구걸하고 그들의 황폐한 집을 떠나 빌어먹게 하소서……
또 저주하기를 옷 입듯 하더니 저주가 물같이 그의 몸 속으로 들어가며 기름같이 그의 뼈 속으로 들어갔나이다

저주가 그에게는 입는 옷 같고 항상 띠는 띠와 같게 하소서

이는 나의 대적들이 곧 내 영혼을 대적하여 악담하는 자들이 여호와께

받는 보응이니이다(시 109:8~10, 18~20)

(5) 지혜, 묵상, 교훈의 시편(예를 들어 시편 32, 37, 49, 52, 73, 90, 112, 119, 128)

지혜의 시편은 그 성격이 잠언과 거의 같고, 사색하고 묵상하는 분위기가 있으며, '~하는 사람은 복이 있도다/ ~하는 사람마다 복이 있도다'라는 고정된 문구로 시작한다. 예를 들어 128편은 다음과 같다.

여호와를 경외하며 그의 길을 걷는 자마다 복이 있도다.

네가 네 손이 수고한 대로 먹을 것이라 네가 복되고 형통하리로다

네 집 안방에 있는 네 아내는 결실한 포도나무 같으며 네 식탁에 둘러앉

은 자식들은 어린 감람나무 같으리로다

여호와를 경외하는 자는 이같이 복을 얻으리로다(시 128:1~4)

많은 시편은 성전의 예배를 전제하고 있고, 예배에서의 낭송을 시사하는 교창(반복과 답창) 성격까지 가지고 있다. 그러나 다른 것들은 개인적으로 토라를 묵상하고 토라를 기뻐하는 상황을 그린다(예를 들어 시편 1, 19, 119). 그중 하나인 119편은 가장 긴 시편으로, 여덟 행씩 동일한 첫 글자를 쓰고 그 순서가 히브리어 알파벳순으로 진행된다.

이 시편은 토라를 연구와 신앙심의 대상으로 표현한다. 토라 연구는 사람을 지혜롭게 하고 행복하게 한다.

> 여호와의 율법은 완전하여 영혼을 소성시키며 여호와의 증거는 확실하여 우둔한 자를 지혜롭게 하며
> 여호와의 교훈은 정직하여 마음을 기쁘게 하고 여호와의 계명은 순결하여 눈을 밝게 하시도다
> 여호와를 경외하는 도는 정결하여 영원까지 이르고 여호와의 법도 진실하여 다 의로우니
> 금 곧 많은 순금보다 더 사모할 것이며 꿀과 송이꿀보다 더 달도다(시 19:7~10)

토라의 높임은 제2 성전 시대 후반에 나타난 변화를 반영한다. 이 시기에 토라는 더 큰 중요성을 띠게 되고 그것을 탐구하는 일이 일종의 숭배가 된다.

시편을 분류하는 데는 여러 방법이 있지만, 많은 개별 시편들이 서로 다른 장르에 속하는 구절들을 한데 결합한다. 예를 들어 22편은 "내 하나님이여 내 하나님이여 어찌 나를 버리셨나이까"라는 애통해하는 구절로 시작하지만, 그 뒤는 찬양의 노래와 확신에 찬 승리에 대한 찬송으로 바뀐다. 최소한 어떤 시편 하나(68편)는 아예 분류가 불가능하다.

이렇게 간략하게 시편을 살펴보면 이 책이 종교적 통찰력과 고대

이스라엘의 믿음의 축소판임이 분명해진다. 아주 많은 시편들에 특정한 역사적 사실이 없다는 점에서 시편은 서구 문명에서 개인적인 영성을 제공하는 아주 중요한 원천이 되었다. 일부 시편은 대략 3000년 전에 작성되었음에도 현대의 많은 독자들에게도 영감을 주고 공감을 끌어내며 스스로의 부족함을 고백할 기회를 제공한다. 시편은 선한 의도를 선포하고, 불행에 대해 불평하며, 불법에 항의하고, 도움을 요청하며, 신의 섭리에 대한 믿음을 확고히 해주고, 찬양, 기쁨, 창조 세계의 경이로움에 대한 감정을 표현한다. 그리고 신의 무한함 앞에 인간의 유한함을 반추하게 한다.

아가

히브리 성경에서 그 안에 포함되어 있다는 사실 자체로 많은 독자에게 놀라움을 주는 책이 아가라는 시이다. 아가는 육체적 열정과 인간의 성을 표현하는 아름답고 성적인 사랑 노래이다. 아가를 솔로몬이 썼다고 말하는 도입부는 후대에 만들어진 것이다. 이 육감적인 사랑 노래는 아마 유배 이후 시대에 쓰였을 것이고, 솔로몬이 저자로 언급되는 것은 그가 3000개의 잠언과 1005편의 노래를 말했다고 하는 열왕기상 4장 32절의 표현에서 비롯되었을 것이다. 이 시의 화자는 번갈아 바뀌지만 여자로 제일 많이 나오고, 때로는 사랑하는 사람에게, 때로는 예루살렘의 딸들에게 말한다. 화자가 남자일 때도 있다. 솔로몬은 이 시에 여섯 번 언급되긴 하나 화자는 아닌 것으로 보인다.

이 책의 배경은 목가적이다. 서로 사랑하는 두 사람이 자연의 아름다움을 통해서, 또 그 아름다움 가운데서 자신들의 열정을 표현한다. 이때 자주 언급되는 것이 정원, 포도원, 열매, 꽃, 향수, 비둘기, 염소 떼, 털 깎인 암양이다. 사랑하는 사람의 육체적인 아름다움에 대한 생생한 묘사가 있으며 어떤 구절은 아주 성애적이다. 이 시는 여자의 성애적 느낌을 표현한다는 점에서 독특하다.

> 내가 잘지라도 마음은 깨었는데 나의 사랑하는 자의 소리가 들리는구나 문을 두드려 이르기를 나의 누이, 나의 사랑, 나의 비둘기, 나의 완전한 자야 문을 열어다오 내 머리에는 이슬이, 내 머리털에는 밤이슬이 가득하였다 하는구나
>
> 내가 옷을 벗었으니 어찌 다시 입겠으며 내가 발을 씻었으니 어찌 다시 더럽히랴마는
>
> 내 사랑하는 자가 문틈으로 손을 들이밀매 내 마음이 움직여서
>
> 일어나 내 사랑하는 자를 위하여 문을 열 때 몰약이 내 손에서, 몰약의 즙이 내 손가락에서 문빗장에 떨어지는구나
>
> 내가 내 사랑하는 자를 위하여 문을 열었으나 그는 벌써 물러갔네(아 5:2~6)[5]

우리는 정경 비평이라는 접근법을 통해 왜 이런 세속적인 시가 유배 이후 시대에 구약성경에 편입되었는지 물을 수 있다. 그것을 성경에 포함시킨 사람들의 의도는 무엇이었을까? 실패해도 지칠 줄 모르고 사랑하는 사람을 찾는 화자의 모습에 유배 이후 시대 이스라엘의

경험이 얼마간 담겨 있다고 생각했을까? 이 시를 처음으로 정경의 일부로 받아들였던 공동체에서는 이 시를 어떻게 받아들이고 읽었을까? 아무리 끊임없이 찾아도 사랑하는 사람을 찾을 수 없을 때에도 결코 꺼지지 않는 열정적인 사랑의 모습에서 영감을 얻었을까?

여러 종교 지도자들은 오랫동안 이 열정적인 사랑의 솔직한 묘사가 과도하다고 생각했고, 이 책의 노골적인 내용—신에 대한 언급이 없을뿐더러 원래 세속적인 시라는 것이 분명하다—은 다르게 해석되었다. 기독교인들은 그리스도가 자신의 신부—영적 교회—를 향한 사랑을 표현한 것으로 이 노래를 비유적으로 사용했다. 유대교 전통에서는 이 책을 야훼의 선택받은 민족인 이스라엘에 대한 그의 사랑을 표현한 것으로 읽는다.

고대 랍비들은 아가가 정경에 포함되어야 하는지를 두고 논쟁했다고 전해진다. 포함에 찬성하고 논쟁에서 이긴 랍비 아키바는 이렇게 선언했다. "이를테면 세계는 아가가 주어졌을 바로 그날에 창조되었을 뿐이다. 왜? 모든 글이 거룩하지만, 아가는 거룩한 것 중에 거룩하기 때문이다."[6]

22

성전 복원: 에스라, 느헤미야, 룻

읽기: 에스라 1~10장, 느헤미야 10장, 13장

페르시아 시대

기원전 539년 바벨론은 고레스가 통치하는 페르시아에 의해 멸망당했다. 고레스는 이집트부터 소아시아와 동부 이란에 걸쳐 고대 근동 지방 역사상 가장 큰 제국을 수립했다. 다른 고대 제국들과 달리 페르시아 제국은 정복당한 민족들에게 문화적·종교적 독립성을 허용하는 정책을 폈다.

고고학자들이 발견한 그 유명한 고레스의 원통은 쐐기문자로 쓰인 글로 덮인 약 23센티미터 높이의 불에 구운 진흙 원통이다. 이 유물은 고레스가 바벨론의 신 마르두크의 지시에 따라 바벨론을 정복했다는 이야기와 바벨론에 있던 포로들로 하여금 고향으로 돌아가 성전을 재건축하도록 허락한 고레스의 정책에 대해 알려준다. 이 글은 구약성경의 책 에스라, 느헤미야, 역대기에 기록된 내용과 일치하는데, 성경에는 538년 고레스가 유배되었던 유대 사람들에게 예루살렘으로 돌아가 성전을 재건축하는 것을 허용했다고 기록되어 있다. 이 사건은 많은 유대 사람들의 마음에 희망의 불씨를 붙였다. 역대하는 유대인들이 고향 땅으로 돌아와 성전을 건축하는 것을 허락하는 고레스의 칙령으로 끝난다.

바사의 고레스 왕 원년에 여호와께서 예레미야의 입으로 하신 말씀을 이루시려고 여호와께서 바사의 고레스 왕의 마음을 감동시키시매 그가 온 나라에 공포도 하고 조서도 내려 이르되
바사 왕 고레스가 이같이 말하노니 하늘의 신 여호와께서 세상 만국을 내게 주셨고 나에게 명령하여 유다 예루살렘에 성전을 건축하라 하셨나니 너희 중에 그의 백성된 자는 다 올라갈지어다 너희 하나님 여호와께서 함께 하시기를 원하노라 하였더라(대하 36:22~23)[1]

고레스 왕의 칙령은 바벨론 유배가 70년간 지속되리라고 예언했던 선지자 예레미야의 말을 성취한 것으로 묘사된다. 597년 첫번째 그룹의 추방부터 538년의 귀환까지가 60년이고, 586년 제1 성전의 파괴부터 521~515년의 제2 성전 건축까지가 대략 70년이다. 어느 쪽이든 역대기 기록자의 눈에는 예레미야의 예언의 성취로 여겨질 만했다.
에스라는 이 칙령에 대해 더 자세히 기술하고 있는데, 각지의 종교적 제사를 허용하고 심지어 권장까지 한 페르시아 통치자의 정책과 내

용이 일치한다.

　　너희 중에 그의 백성 된 자는 다 유다 예루살렘으로 올라가서 이스라엘
의 하나님 여호와의 성전을 건축하라 그는 예루살렘에 계신 하나님이시라
　　그 남아 있는 백성이 어느 곳에 머물러 살든지 그곳 사람들이 마땅히 은
과 금과 그 밖의 물건과 짐승으로 도와주고 그 외에도 예루살렘에 세울 하
나님의 성전을 위하여 예물을 기쁘게 드릴지니라 하였더라(스 1:3~4)

　　유배되었던 사람들은 이제 페르시아의 한 지방―예후드―이 된
고향으로 돌아갔고 어느 정도의 자결권도 가졌다.
　　유대 역사의 각 시대는 바로 이 사건들을 중심으로 구분된다. 가령
기원전 586년부터 530년대까지가 유배 시대로, P 문서와 D 문서가 이
시기에 그 최종 형태에 이르렀다는 데 대부분의 학자들이 동의한다. 유
배에서 돌아온 이후의 시기는 회복의 시대, 페르시아 시대, 또는 제2 성
전이 521~515년경 완성되었다는 사실에서 제2 성전 시대의 시작으로
알려져 있다(참고로 제1 성전 시대는 솔로몬 시대인 950년경부터 586년
까지이다).

에스라-느헤미야

　　에스라와 느헤미야(흔히 에스라-느헤미야로 결합된다)에는 기원전
6세기 말부터 5세기에 이루어진 바벨론 유배자들의 귀환 내력이 들어
있다. 에스라와 느헤미야는 중세기까지 히브리 성경에서 하나의 책으

로 여겨졌다.[2] 오래전부터 학자들은 에스라-느헤미야가 이 책과 공통점이 많은 역대 상하를 포함하는 더 큰 역사책의 후반부였을 것으로 생각했다. 그런데 최근 들어 신학적 생각과 언어 사용상의 차이를 근거로, 이 글들이 같은 저자에 의해 기록했다는 주장에 이의가 제기되었다. 어쨌든 에스라와 느헤미야는 여러 다양한 문서와 자료(가령 느헤미야에는 느헤미야의 일인칭 회고록이 들어 있는 것으로 보인다)를 사용한다. 에스라-느헤미야에 기록된 사건들로는 포로들의 첫 귀환, 성전 재건축, 에스라의 활동, 느헤미야의 활동이 있다. 아마도 네 권의 책이 기원전 4세기 후반, 유대가 거대한 페르시아 제국의 한 지방이었던 시점에 편집되었을 것이다(일부 학자들은 더 나중의 시간을 제시한다).

에스라와 느헤미야는 귀환과 복원에 관해 서로 상충되는 정보를 제시하고 있고, 그로 인해 이런저런 사건들이 벌어진 시기에 관한 우리의 지식은 그리 정확하지 않다. 누가 제일 먼저 돌아와 예루살렘을 재건축하는 데 도움을 주었는지, 제사장이고 서기관이었던 에스라인지 아니면 페르시아가 임명한 유대 총독 느헤미야인지도 명확하지 않다. 역대기의 저자는 여러 사건들의 연대를 페르시아 왕 아닥사스다의 통치 시기에 따라 정하지만, 5~4세기에는 아닥사스다라는 이름을 가진 왕이 둘 있었다. 따라서 학자들은 이 시기에 있었던 사건들의 순서에 대해 의견이 일치하지 않는다. 이어지는 논의에서는 얼마간은 임의적인 방식을 취하여 느헤미야의 활동을 먼저 살피고 이어 에스라의 활동을 핀다. 또 사건들이 연대순으로 나타나지 않기 때문에 에스라와 느헤미야에 있는 정보를 기록된 순서에 관계없이 가져온다.

에스라는 고레스의 칙령과 함께 시작하여 538년 이후 유대로 돌아온 유배자들의 긴 명단을 제시한다. 포로들은 세스바살의 지휘하에 돌아왔고, 그중에는 제사장 예수아와 다윗 왕실 여호야긴 왕의 손자인 스룹바벨이 있었다. 여호야긴은 597년에 유배당한 뒤 바벨론에서 가택 구금되었다가 풀려났다. 이제 그의 손자—다윗의 혈통—가 예루살렘으로 돌아오고 있었다. 에스라 3장은 다시 세운 제단에 바쳐진 제물을 묘사하고 기원전 521년경 성전 재건축이 시작된 사건을 서술한다.

건축자가 여호와의 성전의 기초를 놓을 때에 제사장들은 예복을 입고 나팔을 들고 아삽 자손 레위 사람들은 제금을 들고 서서 이스라엘 왕 다윗의 규례대로 여호와를 찬송하되

찬양으로 화답하며 여호와께 감사하여 이르되 주는 지극히 선하시므로 그의 인자하심이 이스라엘에게 영원하시도다 하니 모든 백성이 여호와의 성전 기초가 놓임을 보고 여호와를 찬송하며 큰 소리로 즐거이 부르며

제사장들과 레위 사람들과 나이 많은 족장들은 첫 성전을 보았으므로 이제 이 성전의 기초가 놓임을 보고 대성통곡하였으나 여러 사람은 기쁨으로 크게 함성을 지르니

백성이 크게 외치는 소리가 멀리 들리므로 즐거이 부르는 소리와 통곡하는 소리를 백성들이 분간하지 못하였더라(스 3:10~13)

솔로몬 성전의 화려함을 기억하는 나이 든 세대는 눈물을 흘린 반면 젊은 사람들은 새 성전의 건립에 기뻐하며 소리쳤다.

건축은 "유다와 베냐민의 대적"으로 불리는 주변 여러 민족들과의 반목으로 인해 순탄하게 진행되지 않는다. 에스라 4~6장에서 사마리아 사람들이 재건축에 도움을 주겠다고 제안하지만 거절당한다. 그러자 사마리아 사람들은 반역 가능성이 있는 성을 재건설하는 것은 좋은 생각이 아니라고 페르시아를 설득하고, 페르시아는 건축 중단을 명령한다. 두 선지자―학개와 스가랴―는 건축을 계속할 것을 촉구한다. 페르시아 관리가 건축에 반대하자 유대인들은 페르시아의 새 황제 다리오에게 청원한다. 그들은 황제에게 고레스의 공인에 관한 궁정 기록을 찾아보기를 요청한다. 고레스의 조서가 발견되자 다리오는 그 내용을 실행하는 데 동의하는 것은 물론 재건축과 제물 구입에 필요한 자금을 제공하겠다고 한 약속도 지킨다. 성전은 기원전 515년 헌당되고, 유월절 의식이 성소에서 거행된다.

또다른 사회적 갈등도 있다. 특히 유대에 남았던 사람들과 그 수는 적지만 왕의 지원을 받게 된 귀환 포로들 사이에 마찰이 있다. 자칭 "사로잡혔던 자들의 자손들"은 그 지역에 있었던 사람들을 "그 땅 백성"이라고 불렀는데, 유대 사람인 그들의 신분을 헐뜯고 폄하하는 말이다. 곧 살펴보겠지만, 유대인 정체성에 대한 근본적으로 다른 관점들이 바로 이 시기에 나타나게 된다.

에스라와 느헤미야에서 그다음에 언급되는 사건들은 대체로 기원전 5세기 중엽의 일로 여겨진다. 페르시아의 유대인 신하였던 느헤미야는 수사 궁정에서 아닥사스다 1세의 술 관원으로 일했는데, 직책상 그는 아마 내시였을 것이다. 느헤미야는 5세기 중반 느헤미야가 예루살렘에 있는 자기 민족의 처참한 상황에 대한 보고를 듣고 슬퍼하는 모습으로 시작한다. 그는 예루살렘에 가서 성을 다시 짓게 해달라고 황제에게 울며 요청한다. 느헤미야는 예루살렘에 가서(일부 학자들은 그가 445년에 도착했다고 말한다) 성의 재건축 사업을 맡는다. 그는 반대에 부딪힌다. 한편으로는 내부에서 여선지자인 노아댜가 주도하는 반대가 있었고, 다른 한편으로는 외부에서 예루살렘 성의 방어벽 재건축을 페르시아의 통치에 맞서는 것으로 이해한 주변 족속들(사마리아 사람, 암몬 사람, 일부 아라비아 사람들)의 반대가 있었다. 그러나 느헤미야는 일꾼들을 무장시켜 적의 공격에 대항하면서 일을 계속 진행하고, 성벽은 빠르게 완성된다. 이 축성은 예루살렘을 다시 중요한 도시로 세우는 데 도움이 된다. 이윽고 느헤미야는 페르시아가 통치하는 유대의 총독에 임명된다. 그는 가난한 사람들의 상황을 개선하기 위해 경제와 사회 분야의 개혁을 실시하고 공공질서를 확립하기 위해 노력한다. 느헤미야의 총독직은 에스라와 느헤미야에 언급된 에스라의 임무와도 어느 정도 겹친다고 볼 수 있지만 이에 대해서는 학자마자 견해가 다르다.

에스라 7장 6절에서 소개되는 바벨론의 유대인 에스라는 제사장 가문 출신에 모세의 율법에 정통한 서기관이다. 10절에서 에스라는 그 스스로 야훼의 율법을 연구하여 지키고 이스라엘에게 율례와 규례를 가르치기로 결심한다. 에스라는 7장 12~26절에 나오는 조서의 내용대로 아닥사스다 황제에게 권한을 위임받아 예루살렘에 가서 성전 건축을 감독하고 유대 지방에서 모세의 율법이 어떻게 시행되고 있는지 조사한다. 그는 사회 질서와 도덕 질서를 집행하는 서기관과 재판관을 임명하는 책임도 맡는다. 이는 분명히 페르시아 황제의 정책—지방 종교를 관리하기 위해 왕실 신하에게 권한을 위임하는 정책—이었고 에스라의 임무는 이런 면에서 이해되어야 한다.[3]

> 너는 네 손에 있는 네 하나님의 율법을 따라 유대와 예루살렘의 형편을 살피기 위하여 왕과 일곱 자문관의 보냄을 받았으니……
>
> 에스라여 너는 네 손에 있는 네 하나님의 지혜를 따라 네 하나님의 율법을 아는 자를 법관과 재판관을 삼아 강 건너편 모든 백성을 재판하게 하고 그중 알지 못하는 자는 너희가 가르치라
>
> 무릇 네 하나님의 명령과 왕의 명령을 준행하지 아니하는 자는 속히 그 죄를 정하여 혹 죽이거나 귀양 보내거나 가산을 몰수하거나 옥에 가둘지니라 하였더라(스 7:14, 25~26)

에스라는 또 성전에 은과 금 같은 보물을 가져가도록 명을 받는다. 에스라는 회복된 사회에서 유대인의 생활을 관리, 통합하기 위해 모세의 토라 사본을 함께 가져가고(그것이 정확히 무엇이었을 것인지에 관해서는 뒤에서 검토할 것이다) 에스라와 느헤미야는 힘을 합쳐 이스라엘의 재건을 이룬다. 에스라의 개혁은 유대인의 종교적 정체성을 강화하고, 그들의 사기를 북돋우고, 야훼 숭배의 쇠퇴를 막는 데 목표를 두었다. 그가 시행한 가장 중요한 두 가지 조치는 이방인과의 결혼 금지와 언약의 회복이다.

이방 사람과의 파혼/분리주의

에스라는 많은 귀환자들이 이교도의 관행을 따르는 이방 여자들과 결혼한 것을 알고 괴로워했다. 에스라 9장과 10장은 이 흐름을 되돌리려는 그의 노력을 묘사한다. 그는 야훼에게 율법을 위반한 사람들을 용서해달라고 간청하고, 대규모 집회에서 그들에게 이방 배우자와 이혼하라고 촉구한다.

사실 이것은 모세의 율법이 아니다. 외국인과의 결혼을 전면 금지하는 것이 에스라 입장에서는 커다란 혁신이었고, 앞으로 살펴보겠지만 이 혁신은 널리 받아들여지지 않았다. 당시 이방 민족과의 결혼이 흔하고 평범한 일이었다는 사실은 그런 결혼을 한 사람들을 식별해서 그들의 배우자와 아이들을 내보내는 데 7개월이 걸렸다는 데서 알 수 있다. 이방 민족과의 결혼을 언약 위반으로 보지 않는 사람들 중에는 심지어 제사장들도 있었기 때문에(스 10:18~19) 이는 에스라가 오랫동안 용인되던 전통에서 벗어나려 했음을 보여주는 추가적인 증표이다.

에스라가 야훼 앞에 드리는 기도의 글은 이스라엘의 비극적 역사에 대한 에스라의 해석을 흥미롭게 보여주고, 이스라엘 민족이 겪은 비극에 대한 또하나의 반응을 이야기한다.

우리 조상들의 때로부터 오늘까지 우리의 죄가 심하매 우리의 죄악으로 말미암아 우리와 우리 왕들과 우리 제사장들을 여러 나라 왕들의 손에 넘기사 칼에 죽으며 사로잡히며 노략을 당하며 얼굴을 부끄럽게 하심이 오늘날과 같으니이다 이제 우리 하나님 여호와께서 우리에게 잠시 동안 은혜를 베푸사 얼마를 남겨두어 피하게 하신 우리를 그 거룩한 처소에 박힌 못과 같게 하시고 우리 하나님이 우리 눈을 밝히사 우리가 종노릇 하는 중에서 조금 소생하게 하셨나이다……

우리 하나님이여 이렇게 하신 후에도 우리가 주의 계명을 저버렸사오니 이제 무슨 말씀을 하오리이까

전에 주께서 주의 종 선지자들에게 명령하여 이르시되 너희가 가서 얻으려 하는 땅은 더러운 땅이니 이는 이방 백성들이 더럽고 가증한 일을 행하여 이 끝에서 저 끝까지 그 더러움으로 채웠음이라

그런즉 너희 여자들을 그들의 아들들에게 주지 말고 그들의 딸들을 너희 아들들을 위하여 데려오지 말며 그들을 위하여 평화와 행복을 영원히 구하지 말라 그리하면 너희가 왕성하여 그 땅의 아름다운 것을 먹으며 그 땅을 자손에게 물려주어 영원한 유산으로 물려주게 되리라 하셨나이다

우리의 악한 행실과 큰 죄로 말미암아 이 모든 일을 당하였사오나 우리 하나님이 우리 죄악보다 형벌을 가볍게 하시고 이만큼 백성을 남겨주셨사오니

우리가 어찌 다시 주의 계명을 거역하고 이 가증한 백성들과 통혼하오리이까 그리하면 주께서 어찌 우리를 멸하시고 남아 피할 자가 없도록 진노하시지 아니하시리이까(스 9:7~8, 10~14)

에스라는 이스라엘이 비극적인 운명을 겪게 된 이유가 그들의 죄 때문이었다는 신명기적 관점을 따른다. 게다가 이스라엘은 마땅히 받아

야 할 벌을 충분히 다 받지도 않았다. 또한 에스라는 신명기적 선지자들과 마찬가지로 언약은 폐기되지 않았고 남은 자는 구원받고 회복되었다고 주장한다. 그러나 에스라가 다른 점은 이스라엘이 벌받은 이유가 된 죄에 대한 인식이다. 즉 이스라엘의 죄는 "그 지방 사람들"—분명히 이방 사람들을 가리키지만, 유배 기간 동안 유대에 남아 주변 민족들의 언어와 관습을 채택했던 유대 사람들을 지칭할 가능성도 있다(뒤에 나올 설명 참조)—과의 결혼을 통해 '거룩한 씨'를 '천한 씨'와 섞은 것이었다. 역사의 교훈을 보더라도 이방 사람들과의 결혼은 이스라엘 사람들로 하여금 이방 신들을 숭배하게 하고 가증한 관행을 행하게 함으로써 이스라엘을 또 한번 큰 위험에 빠뜨리고 있었다. 그리고 이번에 야훼는 자비롭지 않을 것이기에 남은 자조차 구원받지 못할 것이라고 에스라는 말한다.

에스라는 이방 사람과의 결혼에 대한 모세의 금지를 광범위하게 해석한다.[4] 토라는 가나안 원주민 족속들과의 결혼을 금지하는데(출 23:27~33, 신 7:1~5), 이 금지의 근거는 가나안 사람들이 이스라엘 사람들을 가증한 이교도의 관행, 아동 제물 등에 빠뜨릴 것이기 때문이었다(종교적-도덕적 근거). 신명기 23장 4~8절은 역사적인 이유에서 일부 이방인들과의 결혼을 금지하고, 특히 약속의 땅으로 이동하는 중에 이스라엘 사람들을 매정하게 대했던 암몬 사람들, 모압 사람들과의 결혼을 금지했다. 이집트 사람들과는 세 세대가 지난 뒤부터 결혼이 금지되지 않았고, 이방 민족 배우자가 야훼의 언약 공동체에 들어오고 이스라엘 배우자에게 다른 신들을 섬기게 하지 않는 한 다른 여러 이방 족속(예를 들어 페니키아 사람들, 미디안 사람들, 이스마엘 사람들)과의 결혼은 금지되지 않는다. 실제로 유배 이전과 이후에도 이방 사람들의 동화가 (심지어 이스라엘 사람을 타락시키지 않는다는 조건을 만족하지 않는 경우까지도) 일반적으로 받아들여졌다는 충분한 증거가 있다. 이방 민족 사람들은 이스라엘 사람들과 결혼하여 이스라엘 공동체에 동화되었다(모세 자신이 미디안 여자, 구스 여자와 결혼했다). 이스라엘의 왕들은 이방 여자들과 자주 결혼했고 그 사이에서 난 자식은 유대인 신분을 그대로 가져 아무 문제 없이 왕위를 계승했는데, 이는 이스라엘의 정체성이 원래 부계로 이어졌다는 사실을 보여준다. 그러나 에스라는 이스라엘의 정체성이 희석되면 언약에 대한 책임도 약화될 것이라는 두려움 때문에 이방 민족의 영향을 제한하려고 한다. 질투하는 야훼와 그의 분노를 염려한 에스라는 모세의 특정한 결혼 금지를 확대 해석하여 모든 이방 민족들과의 결혼을 보편적으로 금지한다.

그러나 오래된 도덕적-종교적 근거로는 이방 민족과의 결혼에 대한 보편적인 금지를 뒷받침할 수 없었다. 음란과 우상 숭배를 포기한다면 이방 민족 누구라도 결혼을 통해 언약의 공동체 안에 들어올 수 있고 이스라엘 사람이라는 신분을 획득할 수 있었기 때문에, 도덕적-종교적 근거는 이스라엘 사람과 이방 민족 사이에 침투 가능한 경계를 만들어냈다. 이방 사람과의 결혼에 대한 보편적 금지를 뒷받침하려면 이스라엘 사람들과 이방 민족 사이에 침투할 수 없는 경계를 세울 수 있는 새로운 근거가 필요했다. 에스라가 제공한 그 근거가 바로 '거룩한 씨'이다.

에스라는 모든 이스라엘 사람은 거룩한 씨이고 이방 민족과의 결혼은 거룩한 씨와 천한 씨의 금지된 혼합을 만들어내고 그것은 희생 제물을 통한 속죄가 필요한 신성모독이라고(스 9:4, 10:2, 6, 10) 주장함으로써 이방 사람과의 결혼에 대한 보편적 금지를 합리화했다. 도덕적-종교적 근거를 '거룩한 씨' 근거로 대체함으로써 에스라는 이방 사람과의 결혼에 대한 보편적 금지를 구상할 수 있었을 뿐 아니라(심지어 상대가 도덕적으로 의롭고 야훼를 섬기는 이방 사람이라도 천한 씨이기 때문에 금지된다), 이스라엘 사람의 신분을 부모 양쪽의 신분에 따라 정할 수 있게 했다. 이스라엘 사람이라는 신분을 입증하려면 양친이 모두 '거룩한 씨'여야만 하는 것이다.

아마도 에스라는 이방 사람과의 결혼 문제와 신명기에 나오는 거룩함을 나란히 놓음으로써 이 새로운 근거를 생각해냈을 것이다(에스라가 현재 우리가 가지고 있는 신명기를 가졌다고 가정한다면 말이다). 신명기 7장 2~5절은 가나안 사람들과의 결혼을 금지하고 곧바로 다음과 같은 서술이 이어진다.

너는 여호와 네 하나님의 성민이라 네 하나님 여호와께서 지상 만민 중에서 너를 자기 기업의 백성으로 택하셨나니(신 7:6)

이 절을 바로 앞 2~5절에 있는 결혼 금지에 대한 근거인 것으로 이해한다면, 가나안 사람과의 결혼이 금지된 것은 이스라엘 사람은 (야훼에게 바쳐진) 거룩한 사람들이고 이방 사람들은 그렇지 않기 때문이라는 결론, 그리고 이방 사람과의 결혼은 이스라엘의 거룩한 씨에 대한 모독임이 틀림없다는 결론을 내릴 수 있을 것이다.

신명기 23장 2~5절에 기술된 야훼의 총회에 입장을 금지하는 것역시 느헤미야 13장1절, 3절~5절, 7절~9절에서 증명되듯이 성소에이방인이 물리적으로 들어가는 것을 금지하는 것으로 해석되었다.

그날 모세의 책을 낭독하여 백성에게 들렸는데 그 책에 기록하기를 암몬 사람과 모압 사람은 영원히 하나님의 총회에 들어오지 못하리니……

백성이 이 율법을 듣고 곧 섞인 무리를 이스라엘 가운데에서 모두 분리하였느니라

이전에 우리 하나님의 전의 방을 맡은 제사장 엘리아십이 도비야와 연락이 있었으므로

도비야를 위하여 한 큰 방을 만들었으니 그 방은 원래 소제물과 유향과 그릇과 또 레위 사람들과 노래하는 자들과 문지기들에게 십일조로 주는 곡물과 새 포도주와 기름과 또 제사장들에게 주는 거제물을 두는 곳이라……

예루살렘에 이르러서야 엘리아십이 도비야를 위하여 하나님의 전 뜰에방을 만든 악한 일을 안지라

내가 심히 근심하여 도비야의 세간을 그 방 밖으로 다 내어던지고

명령하여 그 방을 정결하게 하고 하나님의 전의 그릇과 소제물과 유향을 다시 그리로 들여놓았느니라(느 13:1, 3~5, 7~9)

이 구절에 따르면, 원래 암몬 사람들이었으나 저명한 유대인들과 결혼으로 결합하고 영향력을 행사한 도비야 가족이 성소 안의 창고에 접근할 수 있었다. 느헤미야는 이 위법한 일을 알고 분노한다. 그는 그들을 밖으로 내쫓고 그 방들을 정화했다.

이와 비슷하게 느헤미야는 신명기 23장 1절을 자신과 같은 내시들이 성소에 들어가는 것을 금지하는 말로 해석한다. 일부 학자들은 이 해석이 그가 자기의 적을 피하기 위해 성소로 도망치지 않겠다고 한 말을 설명한다고 본다(느 6:11~13).

언약의 회복

에스라의 가장 중요한 공적 활동—모세의 토라를 대중을 위해 장시간 낭독하고, 이어 모세의 언약을 회복시킨 활동—은 느헤미야 8장에 나와 있다.

이스라엘 자손이 자기들의 성읍에 거주하였더니 일곱째 달에 이르러 모든 백성이 일제히 수문 앞 광장에 모여 학사 에스라에게 여호와께서 이스라엘에게 명령하신 모세의 율법책을 가져오기를 청하매

일곱째 달 초하루에 제사장 에스라가 율법책을 가지고 회중 앞 곧 남자나 여자나 알아들을 만한 모든 사람 앞에 이르러

수문 앞 광장에서 새벽부터 정오까지 남자나 여자나 알아들을 만한 모든 사람 앞에서 읽으매 뭇 백성이 그 율법책에 귀를 기울였는데

그때에 학사 에스라가 특별히 지은 나무 강단에 서고……

에스라가 모든 백성 위에 서서 그들 목전에 책을 펴니 책을 펼 때에 모든 백성이 일어서니라

에스라가 위대하신 하나님 여호와를 송축하매 모든 백성이 손을 들고 아멘 아멘 하고 응답하고 몸을 굽혀 얼굴을 땅에 대고 여호와께 경배하니라……

레위 사람들은 백성이 제자리에 서 있는 동안 그들에게 율법을 깨닫게 하였는데

하나님의 율법책을 낭독하고 그 뜻을 해석하여 백성에게 그 낭독하는 것을 다 깨닫게 하니(느 8:1~8)

이 구절을 보면 여기 모인 사람들은 전통적인 히브리 성경을 더이상 알아듣지 못했던 것 같다. 에스라와 그를 돕는 사람들이 히브리 성경을 페르시아 제국의 공용어인 아람어로 번역해야 했고 낭독한 원문의 의미를 이해시켜야 했다. 에스라가 사람들에게 정확히 무엇을 낭독했는지는 알 수 없다. 에스라에 D 문서와 P 문서 모두가 강하게 반영되어 있다는 점에서, 기본적으로 우리가 현재 가지고 있는 형태의 오경이었을 것이다. 어쨌든 이 토라가 그때 이후 유대 사회의 기반이 되고 기준이 되었다.

몇 주 후 절기를 기념하는 때에 또 한번 대중에게 율법을 가르치고 이스라엘 역사를 낭독하는 모임이 있었고 여기서 이스라엘이 야훼에 대해 지켜야 하는 언약의 책임이 특별히 강조되었다. 이스라엘 역사에 대한 이 낭독은 느헤미야 9장에서 나오고, 이스라엘 민족이 직면했

던 비극에 대한 그 해석은 에스라 9장에 나오는 기도와 일치한다. 즉 야훼가 이스라엘에게 허락하지 않은 것이 없는데도 이스라엘은 야훼에게 거역했고 반항했으며 언약으로 돌아오라고 촉구하는 선지자들을 죽였다. 야훼는 이스라엘의 죄를 최대한 오래 참았지만 결국 벌을 내릴 수밖에 없었다. 그렇지만 야훼는 자비롭게도 이스라엘을 완전히 버리지 않았다. 레위 사람들과 지도자들은 야훼를 직접 거명하면서 말한다. "그러나 우리가 당한 모든 일에 주는 공의로우시니 우리는 악을 행하였사오나 주께서는 진실하게 행하셨음이니이다"(느 9:33). 신명기적 역사가와 마찬가지로 느헤미야는 야훼를 완전히 정당화하고 이스라엘에게 닥쳤던 그 모든 것에 대해 그들 자신을 탓한다.

이 모든 것은 사람들로 하여금 언약을 재확인하고 다시 그 의무를 지키게 하기 위한 서곡일 뿐이다. 느헤미야 10~13장은 이를 아주 상세하게 기록하고 있다. 10장 첫머리에서 맹약이 맺어지고, 이어 모든 관리들, 레위인들, 제사장들, 백성의 우두머리들의 목록이 나오며, 그들은 다른 나머지 모든 사람들과 함께 다음과 같이 선언한다.

다 그들의 형제 귀족들을 따라 저주로 맹세하기를 우리가 하나님의 종 모세를 통하여 주신 하나님의 율법을 따라 우리 주 여호와의 모든 계명과 규례와 율례를 지켜 행하여

우리의 딸들을 이 땅 백성에게 주지 아니하고 우리의 아들들을 위하여 그들의 딸들을 데려오지 아니하며(느 10:29~30)

이 뒤에는 사람들이 다짐하는 의무 목록이 나온다. 가령 안식일과 안식년을 지키고 성전에 물자를 공급하고 성전을 지키겠다는 내용이 여기에 들어 있다. 이 목록의 최상단에는 이방 사람과의 결혼에 대한 금지와 안식일 준수가 있다. 바로 이 두 항목이 에스라와 느헤미야가 열정적으로 추진하고 시행한 회복된 언약의 가장 중요한 내용이다. 느헤미야 13장은 느헤미야가 기울인 노력의 결과로 사람들이 이 맹세에 따라 행동하고 있음을 보여준다. 그는 예루살렘을 열심히 돌아다니면서 안식일에 하는 일을 중지시키고 개개인에게 이방 아내들을 버리라고 설득한다. 이렇게 해서 동족결혼(실행까지는 하지 않더라도), 안식일 준수, 할례의 이미지는 고대 세계 유대인 남성들의 가장 중요한 특징으로 나타나게 된다.

에스라와 느헤미야의 개혁은 이스라엘의 역사적 사건에 대한 직접적인 반응으로 생각할 수 있다. 과거에 한 번 일어난 일이 다시 발생하게 해서는 안 된다는 반응이다. 이스라엘의 비극적 역사는 동일한 비극의 반복을 피하는 데 필요한 변화를 만들라고 사람들에게 요구하는 경고의 이야기로 읽어야 하는 것이다. 이스라엘이 다시는 멸망당하지 않도록 보장하는 방법은 딱 하나이다. 이스라엘이 과거에 지키지 못했던 언약에 따라 살아가는 것이다. 이스라엘은 다시 한번 언약을 중요하게 여겨야 하고, 야훼가 불신과 배반을 틀림없이 응징한다는 것을 역사가 보여주었기 때문에, 이번에는 오직 야훼만을 믿어야 한다. 이스라엘은 그 주변 민족들의 믿음과 관행으로 타락해서는 안 되며, 엄격한 분리주의 정책을 통해 우상에 대한 욕구를 고쳐야만 한다.

다른 목소리들: 이사야 56장

　구약성경에서 페르시아 황제의 지원을 받는 것으로 묘사되는 에스라와 느헤미야는 유대인 공동체의 생존 여부가 달린 위태로운 시기에 공동체의 민족적·종교적 정체성을 만들어내고 보존하려고 애썼다. 토라는 에스라의 가르침을 통해 이스라엘에서 공식적이고 권위 있는 규범이 되었으나 유일하고 일률적인 일단의 관행과 믿음이 되지는 않았다. 토라를 공동체의 규범으로 인정한다는 것은 관행과 믿음이 성경의 의미와 일치하는 한도 안에서 그것들을 인정한다는 뜻이었다. 그러나 성경의 해석은 극적으로 다양했다. 페르시아와 헬레니즘 시대에 광범위하게 분화된 여러 유대인 집단은 각자의 특정한 관행과 믿음을 구약성경이 보증한다고 주장하게 되었다. 그러므로 에스라와 느헤미야는 하나의 글을 중심으로 귀환 공동체를 통합시켰다고 할 수 있지만, 그 글에 대한 공통적인 해석을 중심으로 이스라엘 사람들을 통합시키지 못했다.

　이처럼 통합이 결여되었다는 사실은 에스라-느헤미야의 분리주의에 반대를 표현하는 유배 이후 시대의 다른 글들에 나타난다. 예를 들어 느헤미야는 신명기 23장을 모든 이방인들과 내시들이 성소에 들어가는 것을 금지한다는 뜻으로 이해하지만(에스겔 44장 6~14절에서도 지지하는 생각이다) 제3 이사야의 다음 구절은 그와 다른 생각을 보여준다.

　여호와께 연합한 이방인은 말하기를 여호와께서 나를 그의 백성 중에

서 반드시 갈라내시리라 하지 말며 고자도 말하기를 나는 마른 나무라 하지 말라

여호와께서 이와 같이 말씀하시기를 나의 안식일을 지키며 내가 기뻐하는 일을 선택하며 나의 언약을 굳게 잡는 고자들에게는

내가 내 집에서, 내 성 안에서 아들이나 딸보다 나은 기념물과 이름을 그들에게 주며 영원한 이름을 주어 끊어지지 아니하게 할 것이며

또 여호와와 연합하여 그를 섬기며 여호와의 이름을 사랑하며 그의 종이 되며 안식일을 지켜 더럽히지 아니하며 나의 언약을 굳게 지키는 이방인마다

내가 곧 그들을 나의 성산으로 인도하여 기도하는 내 집에서 그들을 기쁘게 할 것이며 그들의 번제와 희생을 나의 제단에서 기꺼이 받게 되리니 이는 내 집은 만민이 기도하는 집이라 일컬음이 될 것임이라(사 56:3~7)

대부분의 학자들이 유배 이후 시대의 것으로 생각하는 이 구절은 개방성과 포용이라는 주제를 말하고, 자진해서 야훼를 믿게 된 이방인과 내시들에게 그들도 거룩한 성전에서 환영받을 것이며 심지어 야훼를 위해 일할 수 있다고 확실하게 말한다. 유대인 정체성과 관련해서, 순수 혈통에 대한 주장은 유대인의 정체성을 후대에 전달하는 규범이 되지는 못했다. 이방 사람들은 여전히 이스라엘 공동체의 규범을 이스라엘 민족의 신분을 획득할 수 있었다. 유대인 정체성을 혈통과 연결하는 에스라의 생각을 거부하고, 이방인과의 결혼과 동화에 대한 에스라의 반대를 가장 강력하게 거부하는 내용은 작은 책 룻기에서 찾아볼

수 있다.

룻기

룻기는 사사 시대를 배경으로 하지만 이 책이 기록된 시기는—유배 이전인지 이후인지는 확실하지 않으나—사사 시대 이후였다. 정경 비평은 이 책의 기원보다는 다음과 같은 질문에 초점을 맞춘다. 이 책이 정경으로 채택되었을 때, 그것은 제2 성전 시대에 어떤 역할을 했을까? 에스라와 느헤미야의 영향에 익숙했던 당시 사람들에게 어떻게 공감을 끌어냈을까? 고상하게 행동하며 자진해서 이스라엘 공동체에 들어온 한 이방 여자에 관한 이 짧은 이야기는(이 책 내내 룻의 이방인 신분이 강조된다) 이방 사람들에 대한 부정적인 견해, 이방 사람과의 결혼 금지, 유배 이후 시대에 에스라와 느헤미야에 의해 전파되었던 이스라엘 사람의 정체성에 대한 순수 혈통 규정에 대해 날카로운 반대 의견을 견지했다.

이야기의 줄거리는 다음과 같다. 유대 지방에 흉년이 들자 베들레헴 사람 엘리멜렉과 그의 아내 나오미, 그들의 두 아들은 유대를 떠나 모압 지방에 정착한다. 두 아들은 모압 여자들과 결혼하는데, 한 사람의 이름은 오르바이고, 다른 한 사람의 이름이 룻이다. 이러한 이야기의 도입부가 5세기 말 내지 4세기에 이 글을 읽는 유대 대중들에게 어떤 감정을 불러일으켰을지 상상해보자. 모압이라는 족속은 오래전부터 이미 존재하지 않았고, 구약성경의 전승은 이스라엘 민족이 가나안으로 가는 길에 그들을 형편없이 대우하여 증오의 대상이 된 모압 사람들과의 결혼을 금지했다(신 23장). 또 구약성경의 전승은 모압 사람들이 소돔 멸망 이후 롯과 그의 딸이 근친상간한 후손이라고 비하한다(창 19:30~38). 그런데도 이 이야기는 한 베들레헴 가족이 모압으로 이동했고 그 아들들이 모압 아내를 얻었다는 사실을 전하면서 시작한다. 이것을 읽거나 듣는 유대 사람은 충격을 받거나 적어도 놀랐을 것이다.

요약해서 말하면, 엘리멜렉과 그의 두 아들—말론(질병)과 기룐(죽음)이라는 적절한 이름이 붙었다—은 죽는다. 과부가 된 이스라엘 사람 나오미에겐 남은 혈육이 없고 오직 모압 사람인 두 며느리뿐이다. 나오미는 가난한 과부라 그들을 부양할 수 없고 그들에게 줄 수 있는 아들도 없기 때문에, 그들 아버지의 고향으로 돌아가라고 눈물을 흘리며 말한다. 그들은 나오미에게 아무런 법적 책임이나 의무가 없는 것이 확실하다.

나오미가 이르되 내 딸들아 돌아가라 너희가 어찌 나와 함께 가려느냐 내 태중에 너희의 남편 될 아들들이 아직 있느냐

내 딸들아 되돌아 가라 나는 늙었으니 남편을 두지 못할지라 가령 내가 소망이 있다고 말한다든지 오늘 밤에 남편을 두어 아들들을 낳는다 하더라도

너희가 어찌 그들이 자라기를 기다리겠으며 어찌 남편 없이 지내겠다고 결심하겠느냐 내 딸들아 그렇지 아니하니라 여호와의 손이 나를 치셨으므로 나는 너희로 말미암아 더욱 마음이 아프도다 하매

그들이 소리를 높여 다시 울더니 오르바는 그의 시어머니에게 입 맞추되 룻은 그를 붙좇았더라

나오미가 또 이르되 보라 네 동서는 그의 백성과 그의 신들에게로 돌아가나니 너도 너의 동서를 따라 돌아가라 하니

룻이 이르되 내게 어머니를 떠나며 어머니를 따르지 말고 돌아가라 강권하지 마옵소서 어머니께서 가시는 곳에 나도 가고 어머니께서 머무시는 곳에서 나도 머물겠나이다 어머니의 백성이 나의 백성이 되고 어머니의 하나님이 나의 하나님이 되시리니

어머니께서 죽으시는 곳에서 나도 죽어 거기 묻힐 것이라 만일 내가 죽는 일 외에 어머니를 떠나면 여호와께서 내게 벌을 내리시고 더 내리시기를 원하나이다 하는지라

나오미가 룻이 자기와 함께 가기로 굳게 결심함을 보고 그에게 말하기를 그치니라 이에 그 두 사람이 베들레헴까지 갔더라(룻 1:11~19)

이에 룻은 확고한 신념을 가지고 시어머니의 민족에 합류한다. 유대로 돌아온 룻은 밭에서 추수하는 사람들 뒤로 떨어진 이삭을 주워 시어머니와 자기의 생계를 잇는다. 오경의 율법에 따르면, 일하는 사람들은 가난한 사람들이 주울 수 있도록 손에서 떨어진 이삭을 남겨 놓아야 한다. 룻은 재력가인 나오미의 친척 보아스라는 사람의 밭에서 이삭을 줍는다. 룻은 부지런하여 곧 보아스의 주목을 받는다. 보아스는 룻이 나오미를 위해 한 모든 일을 알게 되고, 룻이 어떻게 고향과 가족을 떠나 그녀가 알지 못했던 민족에게 오게 되었는지 들었기 때문

에, 거친 일꾼들 가운데서 그녀의 안전을 지키고 물을 제공하는 등 그녀에게 친절하게 대한다. 그는 룻을 위해 복을 빈다.

> 여호와께서 네가 행한 일에 보답하시기를 원하며 이스라엘의 하나님 여호와께서 그의 날개 아래에 보호를 받으러 온 네게 온전한 상 주시기를 원하노라 하는지라(룻 2:12)

보아스는 룻과 식사를 같이 하고 또 룻이 줍는 이삭에 더하여 추수한 곡식을 주는 등 점점 더 관대해진다.

나오미는 룻이 필요 이상으로 많은 이삭을 줍는 데 흐뭇해하지만, 보아스가 룻에게 친절하고 관대하게 대했다는 사실에 훨씬 더 기뻐하는데, 이는 나오미가 말하듯이 보아스가 그들을 되살 수 있는 친척 중 한 사람이기 때문이다. 되사는 사람(히브리어로 고엘)이란 어떤 사람의 가까운 친척으로 그에게 일정한 법적 책임을 가진 사람이다. 되사는 사람의 책임으로는 가난 때문에 모르는 사람에게 팔려간 친척이나 재산을 되사오고, 아이 없이 사망한 친척의 과부와 결혼하여 사망한 사람에게 자손을 낳아주고, 피를 되사는 사람의 경우엔 살해당한 친척의 피에 대해 복수하는 것 등이 있다. 보아스는 먼 친척이긴 하나 나오미는 그가 그들의 가난과 과부 룻의 처지를 한번에 해결할 수 있는 사람이라고 믿는다. 3장에서 나오미는 보아스가 타작 마당에서 보리를 까불 때 룻에게 그를 찾아가라고 재촉한다. 룻은 목욕을 하고, 기름을 바르고, 옷을 차려입고, 밤에 타작 마당으로 간다. 나오미는 룻이 보아스를 유혹하도록 계획하는 것처럼 보인다. 나오미는 룻에게 보아스가 먹고 마시기를 마칠 때까지 나타나지 말라고 지시한다. 보아스가 눕자, 룻은 그에게 접근하여 그의 발을 노출시키고—당연히 완곡한 성적인 표현이다—눕는다.[5] 룻이 무엇을 할지는 그가 말할 것이다. 룻은 시어머니가 지시한 대로 행했다.

보아스가 먹고 마시고 마음이 즐거워 가서 곡식 단 더미의 끝에 눕는지라 룻이 가만히 가서 그의 발치 이불을 들고 거기 누웠더라

밤중에 그가 놀라 몸을 돌이켜 본즉 한 여인이 자기 발치에 누워 있는지라

이르되 네가 누구냐 하니 대답하되 나는 당신의 여종 룻이오니 당신의 옷자락을 펴 당신의 여종을 덮으소서 이는 당신이 기업을 무를 자가 됨이니이다 하니

그가 이르되 내 딸아 여호와께서 네게 복 주시기를 원하노라 네가 가난하건 부하건 젊은 자를 따르지 아니하였으니 네가 베푼 인애가 처음보다 나중이 더하도다

그리고 이제 내 딸아 두려워하지 말라 내가 네 말대로 네게 다 행하리라 네가 현숙한 여자인 줄을 나의 성읍 백성이 다 아느니라(룻 3:7~11)

롯은 보아스에게 자신을 되사는 사람이 되어주고 보호와 결혼의 정식 행위로써 자신에게 그의 옷을 덮어주라고 요청한다. 보아스는 자기가 그녀를 되사겠다고 약속하지만, 그보다 더 가까운 친척이 있기 때

문에 그 사람에게 우선권이 있다고 말한다(3:12). 보아스는 아침에 이 문제를 법적으로 해결하려 하고—밤사이에 무슨 일이 있었는지 우리는 알 수 없다—실제로 4장에는 다른 친척이 룻에 대한 책임과 권리를 포기하고 보아스가 룻과 결혼할 수 있게 되는 법적 절차가 나온다. 그러나 이 이야기 전체의 핵심 구절은 아직 나오지 않았다.

이에 보아스가 룻을 맞이하여 아내로 삼고 그에게 들어갔더니 여호와께서 그에게 임신하게 하시므로 그가 아들을 낳은지라 여인들이 나오미에게 이르되 찬송할지로다 여호와께서 오늘 네게 기업 무를 자가 없게 하지 아니하셨도다 이 아이의 이름이 이스라엘 중에 유명하게 되기를 원하노라

이는 네 생명의 회복자이며 네 노년의 봉양자라 곧 너를 사랑하며 일곱 아들보다 귀한 네 며느리가 낳은 자로다 하니라

나오미가 아기를 받아 품에 품고 그의 양육자가 되니

그의 이웃 여인들이 그에게 이름을 지어 주되 나오미에게 아들이 태어났다 하여 그의 이름을 오벳이라 하였는데 그는 다윗의 아버지인 이새의 아버지였더라(룻 4:13~17)

이스라엘을 다스렸던 야훼의 기름 부은 왕 다윗, 야훼가 다윗의 집이 영원히 다스릴 것이라고 언약을 맺었던 그 다윗, 마지막 시대를 다스릴 메시아적 왕이 나오게 될 그 혈통의 다윗이 우상을 숭배하는 지방 출신의 이방 여자인 모압 여자의 직계손(증손자)이라고 기록되어 있는 것이다. 이 짧고 감동적인 이야기는 이방 사람과 결혼을 금지하

는 것이 이스라엘의 신에 대한 믿음을 확실히 지키는 유일한 수단이라고 한 에스라의 주장에 반대하는 일련의 생각을 보여준다. 모압 사람인 룻은 가증스러운 이방의 관습에 대해 죄가 없을 뿐만 아니라, 야훼가 선택한 왕의 조상이다. 언약 공동체의 구성원들을 서로 결합시켜주고 그들을 야훼와 결합시키는 변치 않는 사랑과 충성(헤세드)의 귀감으로 룻을 알고 있는 모든 사람들은 룻을 칭송한다. 모압 사람 룻은 아무런 법적 책임이나 도덕적 책임이 없음에도 나이 든 과부의 곁을 지켰고 언약 공동체 안으로 받아들여졌다.

결론

이스라엘 공동체에서 이방인을 배제하려는 에스라의 논쟁적인 노력에도 불구하고, 에스라의 개혁은 결코 사회 전체의 규범이 결코 되지 못했다. 유배 이후 시대의 랍비적 유대교는 에스라의 거룩한 씨 개념 또는 유대인 정체성에 대한 순수 혈통에 대한 정의를 결코 채택하지 않았고, 이스라엘의 신을 받아들인 이방 출신 사람들이 언약의 공동체 안으로 동화(결국 개종)되고 이스라엘 사람과 결혼하는 것을 계속 허용했다. 에스라의 극단적인 생각은 일부 종파들에 의해 받아들여졌고(쿰란에서 발견된 글들이 에스라의 배타주의를 옹호한다) 초기 기독교인들이 믿는 사람과 믿지 않는 사람 사이의 결혼을 금지하게 되는 데도 얼마간 영향을 미쳤다.[6] 그러나 오늘날에 이르기까지 유대교의 개종 기념식에서 중요하게 다루는 책은 바로 룻기이다.

23

유배 이후의 선지자들과 종말론의 등장

이스라엘의 문학적 선지자들은 이스라엘 땅에서 영광스럽게 회복될 남은 자들에 대해 말했다. 그러나 돌아온 포로들은 너무나 고난스러운 삶을 살아야 했다. 가난이라는 현실, 성전 재건축의 어려움, 주변 민족들뿐만 아니라 남아 있던 유대인들의 적대감, 다윗 혈통의 왕이 지배하는 정치적 독립의 부재, 이 모든 것이 과거 선지자들이 말한 영광스러운 왕국의 회복과는 거리가 멀었다. 유배 이후 시대의 이러한 민족의 절망을 다루기 위해 새로운 선지자들이 일어났다.

학개와 스가랴

짧은 책 학개에는 유대 총독 스룹바벨에게 말한 선지자 학개의 예언이 들어 있다. 기원전 520년 학개는 이스라엘 민족의 어려움, 반복되는 흉작과 기근은 아직 성전이 완성되지 않은 데 대한 야훼의 노여움 때문이라고 선포했다(1:2~11). 스룹바벨은 수긍했고, 사람들은 다시 열심히 성전을 지었다(1:14~15). 학개는 소박하게 재건축된 이 건물에 곧 모든 민족으로부터 보물이 흘러들어와 가득차게 되리라고 약속했다(2:6~9). 과거 선지자들이 했던 회복의 약속이 이제 곧 이루어질 것이었다.

학개는 재건축된 성전을 고대했을 뿐 아니라 다윗 혈통의 왕이 다스리는 유다의 재건을 고대했다. 또 다윗의 후손인 스룹바벨이 야훼의 메시아 또는 지명받은 왕이 되리라는 희망을 품었다(2:20~23). 이러한 희망은 동시대의 선지자인 스가랴의 글에서 한층 더 강력하게 타오른다. 스가랴 1~8장에는 역사적 인물 스가랴가 기원전 520년경부터 한 예언이 있다(학자들이 제2 스가랴라고 언급하는 9~14장은 종말론적 경향을 가진 후대의 기록자 또는 학파의 난해한 글이다. 이것은 뒤에서 논의할 것이다).

스가랴는 기원전 520년 전후로 약 2년 동안 예언했다. 1~8장에서 그 역시 성전 재건축을 촉구한다. 앞의 여섯 장에는 천사나 신의 사자가 보여주는 여덟 개의 복잡하고 상징적인 환상(이 방식의 계시는 묵시문학에서 한층 더 발전한다)이 들어 있다. 이 환상들은 일종의 왕-제사장 양두정치로 지배하게 될 총독 스룹바벨와 대제사장 예수아에 대한 희망에 관해 초점을 맞춘다. 그러나 어느 시점엔가 페르시아가 스룹바벨을 쫓아냈고(아마 그가 메시아적 희망을 불러일으켰기 때문이었을 것이다) 스가랴의 예언은 예수아만을 언급하는 쪽으로 조정되었다. 특히 일부 학자들은 원문의 불규칙성을 들어 6장 9~15절은 원래 스룹바벨과 예수아 두 사람 모두, 또는 둘 중 한 사람을 지칭했으나, 이제는 이

새의 줄기에서 난 싹 또는 가지(이새가 다윗의 아버지였으므로 다윗 혈통의 왕)로서 성소를 재건축하고 왕의 휘장을 달게 될 예수아를 묘사한다고 추측한다(슥 6:13). 이처럼 대제사장을 높이는 것은 회복 시대 유대 사회의 전반적인 특색이다.

7장과 8장은 사람들이 악하고 불의한 길에서 돌아온다면 예루살렘과 유다의 집에 좋은 일이 있을 것이라는 야훼의 약속을 선포한다. 스가랴는 세계의 모든 나라가 예루살렘에 있는 야훼를 열심으로 찾기 위해 올 것이며 야훼의 은혜를 구하기 위해 그들이 올 영광스러운 날을 기대하며 말한다(8:22). 스가랴는 완전히 회복된 미래에 있을 신의 섭리 속에 모든 민족들을 위한 자리가 있다고 생각한다.

> 만군의 여호와가 이와 같이 말하노라 그날에는 말이 다른 이방 백성 열 명이 유다 사람 하나의 옷자락을 잡을 것이라 곧 잡고 말하기를 하나님이 너희와 함께 하심을 들었나니 우리가 너희와 함께 가려 하노라 하리라 하시니라(슥 8:23)

종말론적 전환: 제3 이사야

이스라엘 선지서의 마지막 흐름은 유배 이후 시대의 유대인들이 품었던 실망과 환멸을 하나의 일관된 메시지로 다루고 있다. 즉 과거의 선지자들이 약속했던, 회복된 남은 자들을 위한 미래의 영광은 모두 사실이나, 그들이 약속했던 그 미래가 지금은 아니다. 예루살렘과 메시아적 통치자의 영광은 종말—마지막 날—에야 회복될 것이다. 암울한 현재를 견디도록 공동체를 떠받쳐야 할 이 희망은 종말론적 희망, 그 마지막 날에 모든 것이 제자리를 찾으리라는 희망이다.

제3 이사야(이사야 56~66장)의 많은 부분은 유배 이후 시대 유대에서의 비참한 삶과 현실을 묘사한다. 이 글을 쓴 무명의 선지자는 돌아온 포로들의 부족함을 비난하는 데 더해 종말론(마지막 날들에 대한 설명)을 제기한다. 이 종말론은 과거의 선지자들 말한 미래의 시온의 영광에 대한 설명과 다르다. 과거의 선지자들은 대체로 역사상의 어느 시점에서 유다가 다시 번영하리라고 선포했다. 이와 달리 제3 이사야 같은 종말론적인 글은 역사상의 시간 그 너머에 있는 "새 하늘과 새 땅"의 시간을 바라보면서 그때에야 유다의 죄가 용서되고 그 땅이 평화와 번영과 장수함으로 복받아 지상의 낙원이 되리라고 말한다.

보라 내가 새 하늘과 새 땅을 창조하나니 이전 것은 기억되거나 마음에 생각나지 아니할 것이라

너희는 내가 창조하는 것으로 말미암아 영원히 기뻐하며 즐거워할지니라 보라 내가 예루살렘을 즐거운 성으로 창조하며 그 백성을 기쁨으로 삼고

내가 예루살렘을 즐거워하며 나의 백성을 기뻐하리니 우는 소리와 부르짖는 소리가 그 가운데에서 다시는 들리지 아니할 것이며

거기는 날 수가 많지 못하여 죽는 어린이와 수한이 차지 못한 노인이 다시는 없을 것이라 곧 백 세에 죽는 자를 젊은이라 하겠고 백 세가 못되어 죽는 자는 저주 받은 자이리라……

이는 내 백성의 수한이 나무의 수한과 같겠고 내가 택한 자가 그 손으로

일한 것을 길이 누릴 것이며

그들의 수고가 헛되지 않겠고 그들이 생산한 것이 재난을 당하지 아니하리니 그들은 여호와의 복된 자의 자손이요 그들의 후손도 그들과 같을 것임이라

그들이 부르기 전에 내가 응답하겠고 그들이 말을 마치기 전에 내가 들을 것이며

이리와 어린 양이 함께 먹을 것이며 사자가 소처럼 짚을 먹을 것이며 뱀은 흙을 양식으로 삼을 것이니 나의 성산에서는 해함도 없겠고 상함도 없으리라 여호와께서 말씀하시니라(사 65:17~20, 22~25)

제3 이사야는 지구상에 나타날 새로운 어떤 것을 상상한다. 예루살렘이 고통과 슬픔이 없는 기쁨과 즐거움의 땅으로 재창조되는 것이다. 에덴의 저주는 뒤바뀌게 될 것이다. 노역과 고생의 짧은 삶 대신 사람들은 늘어난 수명과 생산적인 노동의 축복과 행복한 가족을 누리게 될 것이다. 포식자와 먹이 사이의 적대감이 사라져 늑대와 사자가 원래의 초식 상태로 돌아가고, 뱀은 더이상 인간의 발꿈치를 물지 않을 것이다. 원래의 에덴과 이 미래의 에덴 사이에 있었던 수많은 나날의 고통은 "마음에 생각나지 아니할 것"이다.

그러나 유배 이후 시대의 모든 종말론이 이러한 평온한 에덴에 대한 꿈으로 채워져 있는 것은 아니다. 묵시적 경향이 있는 종말론은 대단원의 마지막이 될 무서운 때를 이야기한다.

묵시적 장르: 스가랴와 요엘

구약성경에서 묵시 문학으로 알려진 책은 다니엘이 유일하다. 묵시apocalypse의 그리스어 어원 아포칼립시스apocalypsis는 '드러내다'라는 뜻이다. 묵시는 다가올 것들을 드러내는 것이고, 일반적으로 역사적 시간의 끝과 새로운 세계 질서의 시작을 예측하기 때문에 종말론에 관심을 갖는다. 그러나 묵시 문학이 종말론에 관심을 갖는다고 해서 모든 종말론이 묵시적인 것은 아니다. 성경 안팎의 묵시 문학에는 다음과 같은 차별되는 특징이 있다.

1. 익명성: 묵시적인 글은 대부분 과거의 중요한 인물이 쓴 것으로 기록된다.

2. 간접적인 계시: 계시는 환상이나 꿈에 나타나는 하늘의 사자 또는 천사를 통해 중재된다.

3. 상징주의: 묵시적인 글은 매우 상징적이고, 보통 이방 민족을 묘사하는 데 동물과 괴물의 기이하고 비현실적인 이미지를 사용한다. 이러한 환상은 체계적인 연대기로 조직되어 역사의 진행—과거, 현재, 미래—을 나타낸다. 환상의 암호화된 형식은 해석이 필요한데, 흔히 신의 사자에 의해 해석된다.

4. 재앙: 묵시적인 글은 임박한 종말을 알리는 일련의 재앙을 예측한다. 흔히 바다 괴물들과 싸우는 고대의 이야기들과 같은 고대 신화의 소재들이 미래의 재앙을 묘사하는 데 사용된다.

5. 이원론: 묵시적인 글은 인간을 서로 배타적인 두 집단으로 나눈다. 아

주 적은 소수의 의로운 사람들과 압도적으로 다수인 악한 사람들이다. 공적인 최후의 심판에서 의로운 사람들은 구원받고, 악한 사람들은 멸망당한다. 이런 관점에서 묵시적인 글들은 빛과 어둠, 선과 악, 삶과 죽음이 대립하는 페르시아의 이원론적 사상에서 영향을 받은 것으로 보인다.

6. 왕인 신: 일반적으로 묵시적인 글에 신은 모든 역사를 완전히 끝내고 그로써 자신의 주권을 입증하고 악한 사람들을 단번에 물리치는 보좌에 앉은 왕으로 나타난다.

7. 신화적 요소: 묵시적인 글은 흔히 신화적 소재와 이미지를 가지고 있다. 특히 최후의 전쟁을 묘사하는 데 신이 원시적인 혼돈의 세력과 싸우는 주제를 갖고 있다.

8. 심판과 사후 세계: 일반적으로 묵시적인 글은 개인에 대한 사후 심판과 그에 따른 영생이나 징벌을 묘사한다. 이러한 사후 세계 관념은 히브리 성경에서 아주 나중에 나온 묵시적인 다니엘 이전에는 찾아볼 수 없다. 이 생각은 사해 문서와 신약성경의 글에 아주 큰 영향을 미친다. 개인의 영생 또는 죽은 자들의 보편적 부활에 대한 믿음은 정의가 이루어질 수 없는 곳으로서의 현세에 대한 부정적인 생각에서 나온다. 묵시 문학의 저자들은 그들이 살아가는 세계를 고찰한 결과 보상과 징벌이 지금의 삶에서는 결코 이루어지지 않기 때문에 사후에 이루어지리라고 생각했다. 이는 인간의 삶이 현세로 제한되어 있고 인간의 근본적인 관심은 현생의 도덕이지 다른 삶의 영생이 아니라는 히브리 성경의 전반적인 믿음과 분명히 다르다.

9. 절망과 희망: 묵시 문학은 절망과 희망의 문학이라고 말할 수 있다. 묵시 문학이 절망 또는 비관주의의 문학인 이유는 그 기본적인 전제가 이

세상은 의인들에게 어떠한 약속도 지키지 않는다는 것이기 때문이다. 묵시 문학이 희망 또는 낙관주의의 문학인 이유는 신이 인간 역사에 개입하여 의로운 사람들을 구원하고 악한 사람들을 응징하여 모든 것을 제자리로 돌려놓으리라고 단언하기 때문이다. 이처럼 묵시 문학은 이스라엘 역사의 비극적인 사건과 위기, 실망에 대한 또하나의 반응이다.

묵시적인 구절들은 유배 이후 시대에 쓰인 히브리 성경의 몇몇 책에 다양한 길이로 나타난다. 제2 스가랴(9~14장)는 대략 5세기나 그 이후의 다양한 예언을 모은 책으로, 여기에 기이한 환상과 예언이 들어 있다. 그러한 구절의 의미가 다 이해 가능한 것은 아니지만, 그 초점은 야훼의 날, 예루살렘의 회복, 평화롭게 다스릴 겸손한 새 왕의 출현이다. 14장은 역사의 종말을 불러올 세계적인 전쟁의 환상이다. 야훼는 여러 민족들을 예루살렘으로 데려올 것이고, 그들이 예루살렘을 약탈하고 거기 사는 거의 모든 사람들을 죽일 것이다. 그러나 마지막 순간에 야훼가 개입하여 이스라엘을 위해 싸우고 이스라엘의 적들에게 복수할 것이다. 이 전쟁에 이어 야훼는 세상을 낙원으로 바꿀 것이다. 이스라엘의 적들은 서로에게 분노할 것이나 살아남은 민족들은 다른 모든 성보다 높아진 예루살렘으로 순례를 와서 성전에서 경배할 것이다. 야훼가 세상을 통치할 것이다.

아마도 가장 나중에 쓰인 선지서일 짧은 책 요엘에도 묵시적인 글이 들어 있다. 요엘은 두 부분으로 나눌 수 있다. 1장 2절~2장 27절이 묘사하는 군사적 침략은 메뚜기떼로 상징되고 야훼의 날에 앞서 있게 될 신의 응징으로 해석된다. 3장은 무시무시한 마지막 날에 관한 묵시적인 표현이 들어 있다.

> 내가 이적을 하늘과 땅에 베풀리니 곧 피와 불과 연기 기둥이라
> 여호와의 크고 두려운 날이 이르기 전에 해가 어두워지고 달이 핏빛같
> 이 변하려니와(욜 2:30~31)

그러나 의인들은 살아남을 것이다.

> 누구든지 여호와의 이름을 부르는 자는 구원을 얻으리니 이는 나 여호
> 와의 말대로 시온산과 예루살렘에서 피할 자가 있을 것임이요 남은 자 중
> 에 나 여호와의 부름을 받을 자가 있을 것임이니라(욜 2:32)

3장에서 야훼의 날은 모든 민족에 대한 최후의 심판의 날이고 새로운 시대(이 개념은 후에 다니엘 및 성경 밖의 묵시적인 글들에서 자세히 설명된다)를 알리는 날이다. 이 심판 날에 야훼는 모든 사악한 민족들을 심판의 골짜기(여호사밧 골짜기)로 소환할 것이다. 여기서 선과 악 사이의 최후의 전쟁이 벌어지고, 그후에 야훼의 사람들은 축복을 받고 야훼의 거룩한 성은 두 번 다시 모욕을 당하지 않을 것이다.

> 보라 그날 곧 내가 유다와 예루살렘 가운데에서 사로잡힌 자를 돌아오
> 게 할 그때에

내가 만국을 모아 데리고 여호사밧 골짜기에 내려가서 내 백성 곧 내 기업인 이스라엘을 위하여 거기에서 그들을 심문하리니 이는 그들이 이스라엘을 나라들 가운데에 흩어버리고 나의 땅을 나누었음이며(욜 3:1~2)

민족들은 일어나서 여호사밧 골짜기로 올라올지어다 내가 거기에 앉아서 사면의 민족들을 다 심판하리로다

너희는 낫을 쓰라 곡식이 익었도다 와서 밟을지어다 포도주 틀이 가득히 차고 포도주 독이 넘치니 그들의 악이 큼이로다……

그러나 여호와께서 그의 백성의 피난처, 이스라엘 자손의 산성이 되시리로다…… 예루살렘이 거룩하리니 다시는 이방 사람이 그 가운데로 통행하지 못하리로다

그날에 산들이 단 포도주를 떨어뜨릴 것이며 작은 산들이 젖을 흘릴 것이며 유다 모든 시내가 물을 흘릴 것이며 여호와의 성전에서 샘이 흘러 나와서 싯딤 골짜기에 대리라……

유다는 영원히 있겠고 예루살렘은 대대로 있으리라(욜 3:12~13, 16~18, 20)

요엘에 나타나는 종말론적인 특색은 (1) 야훼의 임박한 진노를 암시하는 일련의 재앙 (2) 야훼가 이스라엘의 적을 상대하여 승리하는 우주적인 전쟁 (3)모든 민족에 대한 최후의 심판 (4) 야훼의 사람들, 성, 땅에 대한 축복 (5) 야훼의 계속되는 보호와 임재가 있는 새로운 현실 등이다.

요엘에서 발견되듯이 고전적인 예언과 묵시적인 종말론 사이에는 중대한 차이가 있다. 둘 다 최후의 것들 또는 마지막 때에 관해 말하지만, 고전적인 선지자들은 대체로 인간의 역사가 끝나리라고 예측하지 않았다. 그들은 이스라엘의 반항이 끝나고 이스라엘이 야훼의 기름 부음 받은 완벽한 왕의 통치를 받을 것만 예측했다. 묵시적 상상에서는 현재의 역사가 끝나고 새로운 시대, 새로운 세계 질서가 시작된다. 현시대와 다가올 시대는 근본적으로 다르다. 현시대는 악의 세력이 지배하고 있다(구약성경 이후의 묵시적인 글들과 신약성경에서 이 세력은 신의 최대의 적이 되는 사탄이다). 다가올 시대에는 그 모든 악이 없고 도덕적 부패와 죽음도 없을 것이다. 그러나 야훼 자신이 개입하여 현시대를 멈추고 새로운 세계 질서를 시작해야만 한다.

다니엘

다니엘의 두번째 부분은 구약성경에서 유일하게 완전히 묵시적인 글이다. 이 책의 첫 여섯 장은 영웅 소설이라고 부를 만한 내용으로, 24장에서 논의할 에스더와 마찬가지로 이방 나라의 왕궁에서 활동하던 한 유대인이 재앙에서 구출된 이야기를 전한다. 다니엘에는 느부갓네살 왕, 벨사살(왕으로 잘못 기록되어 있다), 다리오 왕, 페르시아의 고레스 왕 밑에 있던 다니엘의 모험적인 행동이 기록되어 있다. 여기에는 역사적 오류가 아주 많다. 100년이 넘는 연대가 단축되어 있고, 벨사살은 왕이 아니라 바벨론 왕자였고, 그를 패배시킨 것은 다리오가 아니라 고레스였다. 이러한 오류는 이 책이 바벨론과 초기 페르시아

시대에 대한 분명한 역사 지식이 없었던 후대(아마 기원전 3세기 말경)에 기록되었다는 증거이다. 완전히 묵시 장르에 속하는 7~12장은 유대인들이 시리아 왕 안티오쿠스 4세 에피파네스에게 극심한 핍박을 받고 있었을 때인 기원전 167년과 164년 사이에 기록된 것으로 보인다(따라서 다니엘이 히브리 성경에서 가장 나중에 기록된 책이다). 저자는 이야기와 환상을 통해 당시의 역사적 사건과 인물들을 언급하면서도 그것들이 아주 먼 옛날에 속하는 것처럼 위장한다.

1~6장에서 다니엘은 바벨론 유배중에 우상 숭배자들 사이에서 살아가는 성실한 유대인으로 묘사된다. 그는 다른 어떤 신에게도 절하지 않고, 음식법을 지키고, 예루살렘을 향해 기도한다. 그는 어느 정도 중요한 직책을 맡고 있고, 꿈을 해석하고 미래를 예측하는 능력이 있으며, 비록 혹독하게 시험당하지만 그를 두 번 이상 위험에서 기적적으로 구출하는 야훼에 대해 계속 믿음을 지킨다.

이 책의 첫 부분에 나타나는 두 가지 중요한 주제는 느부갓네살의 꿈에 대한 다니엘의 해석과 자기 신에 대한 다니엘의 충성이다. 2장에서 느부갓네살은 꿈에서 머리는 금이고 가슴과 팔은 은이고 배와 넓적다리는 놋이고 다리는 쇠이고 발은 쇠와 진흙을 섞은 것인 거대한 상을 본다. 사람이 손대지 않은 큰 돌이 하늘에서 날아와 상의 진흙 발을 친다. 상이 부서지고, 날아온 돌은 온 세계를 가득 채우는 산이 된다. 다니엘은 그 꿈에서 역사적 상징을 읽어낸다. 각각의 금속은 고대 근동 지방을 다스린 왕국들을 의미한다. 다니엘은 오직 금만을 명쾌하게 해독하는데, 그것은 바벨론이다. 그렇다면 우리는 은은 메데이고, 놋은 페르시아, 쇠는 332년 알렉산더의 통치하에 고대 근동 지방을 정복하여 고대 근동 역사의 헬라 시대를 열었던 마케도니아의 그리스라고 추측할 수 있다. 알렉산더 사후에 그의 제국은 좀더 작은 왕국들—프톨레미 왕조가 통치하는 이집트와 셀레쿠스 왕조가 통치하는 시리아—로 분할되었고, 이들은 유대를 포함해서 그들 사이에 있는 지역을 지배하려고 다투었다. 따라서 꿈속의 상에서 쇠와 진흙이 섞인 발은 알렉산더의 제국의 뒤를 이은 이집트와 시리아의 헬라 왕국을 의미한다. 하늘에서 날아온 돌은 이런 악한 왕국들을 파괴하고 이 세계를 영원히 채울 하늘에 있는 신의 미래 왕국을 의미한다.

3장에는 다니엘의 세 친구가 거대한 금 신상에 절하기를 거부하여 맹렬히 타는 풀무불에 던져지는 이야기가 나온다. 그들이 조금도 상하지 않고 나오자, 왕은 당연히 감명받고 이스라엘의 신을 인정한다. 4장에서 다니엘은 또다른 꿈을 해석하면서 느부갓네살이 일곱 번 쓰러지고 그의 총명과 왕좌를 잃은 뒤에야 하늘의 신이 모든 인간의 권력과 신의 권력의 근원임을 깨달을 것이라고 말한다. 그 모든 사건이 일어나자—느부갓네살은 광기에 사로잡히고 사회에서 쫓겨난다—그는 다니엘이 만국의 왕으로 선포한 하늘의 신을 찬양한다. 6장에서 다니엘의 적들은 메대 왕 다리오가 왕 이외에 다른 어떤 사람에게 기도하는 것을 금지하는 조서를 내리도록 일을 꾸민다. 다니엘은 이 조서를 위반하고 체포되어 사자 굴에 던져지지만 다치지 않고 나온다. 그 결과 다리오는 "살아 계시는 하나님"의 주권을 인정하고 나라의 모든 사람에게 다니엘의 신을 숭배할 것을 명령한다.

바벨론 왕, 메대 왕, 페르시아 왕이 그들 가운데 포로로 살고 있는 유대인들의 신을 인정하거나 채택했다는 이런 이야기에서 역사적으로 취할 것은 당연히 없다. 이런 이야기들은 야훼의 민족을 모욕했던 잔혹하고 불경스러운 왕들이 야훼에게 겸손을 배우고 이스라엘의 신을 우주의 창조자 신으로 인정하고 찬양하게 될 수도 있다는 희망 또는 환상에 목소리를 부여했다. 또한 이런 이야기들은 디아스포라의 삶에 대한 본보기를 제공한다. 유대인들은 이방 세계에서도 살 수 있지만(다니엘은 심지어 왕궁에서 높은 자리에 오른다) 그들의 신과 율법을 잊어서는 절대 안 된다.

다니엘의 후반부(7~12장)는 시점이 3인칭에서 1인칭으로 전환되고, 완전히 묵시적인 성격을 띤다. 다니엘은 일련의 환상과 꿈을 보고 천사의 해석을 듣는데, 이는 묵시 문학의 전형적인 특징이다. 이 환상들은 기원전 6세기에서 2세기까지의 근동 지방 역사를 개괄한다. 7장 역시 왕국의 승계—바벨론, 메대, 페르시아, 마케도니아 제국—를 이야기하는데, 이번에는 그 나라들을 짐승(사자, 곰, 날개 달린 표범, 괴물)으로 나타낸다. 괴물의 뿔은 이집트 프톨레미 왕조와 시리아의 셀레쿠스 왕조를 나타내고, 오만한 작은 뿔은 시리아의 왕 안티오쿠스 에피파네스 본인이다. 두번째 환상에서는 "항상 계신 이"(하얀 옷을 입고 하얀 머리털이 있고 불타오르는 전차의 보좌에 앉아 있는 신)가 "인자 같은 이"에게 영광과 왕권을 수여하고, 이 인물이 영원한 왕국을 수립해서 그 앞에 있던 야만적인 왕국들을 대체한다. 그는 성도들(충성스러운 유대인)을 공격하여 그들의 율법을 바꾸고 그들의 종교를 파괴하려 하는

(2세기 안티오쿠스 에피파네스가 유대인들에 가한 핍박을 가리킨다) 작은 뿔(안티오쿠스)을 제압한다.

8장에서는 사람과 비슷한 천사 가브리엘이 또하나의 환상을 설명한다. 가브리엘은 나중에 또 나타나서 다니엘에게 마지막 날에 대해 자세히 알려주고, 천사 미가엘이 그를 도와 페르시아와 그리스에 맞서 싸우리라고 말한다(10:20~21).

8장에 있는 또다른 환상에서 안티오쿠스를 의미하는 뿔은 영화로운 땅(이스라엘)으로 이동하여 하늘 군대의 주재를 대적하고 매일 계속되어온 제사를 없애버린다(이는 안티오쿠스가 예루살렘 성전에서 희생 제사를 중지시킨 사실을 가리킨다). 9장도 "멸망의 가증한 것"의 설치에 대해 묘사한다(예루살렘 성전의 제단에 세워진 이교도의 제단과 성소에 세워진 제우스 신상을 의미한다). 이처럼 저자는 안전상의 이유에서 안티오쿠스의 통치하의 여러 가지 핍박을 흐릿한 형태로 제시한다.

9장에는 구원에 대한 감동적인 기도도 있다. 천사 가브리엘은 끝이 가까이 왔고, 그 사실은 예루살렘이 70년간 황폐하리라고 한 예레미야의 예언에도 나와 있다고 말하면서 다니엘을 안심시킨다. 물론 예레미야는 6세기 초에 예언했고, 다니엘은 수백 년 후인 기원전 160년대에 쓰였다. 다니엘 9장은 모든 것이 이루어지기 전에 지나갈 예레미야의 70년을 "해의 일흔 이레", 즉 490년으로 해석함으로써 예레미야의 예언을 되살린다. 그 마지막 이레, 즉 마지막 7년이 안티오쿠스 에피파네스의 통치 기간이었다.[1] 즉 이 기록자는 그가 마지막 날인 일흔 이레의 마지막 이레의 최후의 순간에 살고 있음을 인정했는데, 이는 묵시 문학에서 아주 전형적인 것이다. 때가 가까이 왔다. 이스라엘의 신은 곧 강력한 행동을 통해 승리할 것이고 메시아의 시대를 열어 민족의 그 길었던, 오랫동안 지속된 황폐한 시간을 끝낼 것이다.

묵시 문학은 역사를 결정된 것으로 본다. 역사는 정해진 대로 펼쳐 져야 하는 폐쇄된 드라마이고, 인간이 해야 할 일은 믿음을 가지고 기 다리는 것뿐이다. 신의 왕국은 오직 신의 힘에 의해서 올 것이나, 먼저 큰 고통―메시아의 시대를 여는 출산의 고통―의 시간이 지나가야 한다. 믿음의 사람들, 그 이름이 신의 책에 기록된 사람들은 구원받을 것이다. 12장은 시리아의 핍박으로 죽은 사람들을 위한 보상으로서 죽 은 사람들의 부활을 상상하는데, 이는 이 세상을 망치는 불의의 문제 를 다루려는 분명한 시도다. 이 구절은 구약성경에서 죽음 이후의 개 인적인 삶이라는 개념을 명백하게 옹호하는 유일한 대목으로, 이 문제 에 관해 모호한 태도나 침묵을 취하는 이스라엘의 오래된 전승과 단절 된 생각을 보여준다. 모든 유대인이 이 생각을 받아들이진 않았지만, 이 새로운 생각은 종말론적 사고에서 큰 영향을 받은 기독교의 출현에 중요한 역할을 하게 되고, 또 기독교를 통해 서구 문명에 지대한 영향 을 끼치게 된다.

다니엘은 특정한 역사적 상황에 대한 반응, 즉 기원전 2세기의 핍 박과 순교에 대한 반응이다. 이 새로운 종류의 위기는 새로운 종류의 반응을 낳았다. 과거 722년과 586년 사이의 위기는 죄와 불신에 대한 징벌로 설명될 수 있었다. 그러나 이제 2세기의 유대인들은 믿음이 없 어서가 아니라 믿음이 있기 때문에 죽임당하고 있었다. 그들이 안티오쿠스의 조서를 따르기를 거부하고 자신들의 율법과 언약을 위반하기를 거부하기 때문에 죽임당하고 있었다. 순교라는 새로운 현상은 새로운 반응을 요구했고, 이에 다니엘은 완전히 묵시적인 반응을 제공한다. 그는 계속 믿음을 지키고 기다리라고 촉구한다. 모든 것은 하늘의 신에 의해서, 그러나 역사적 시간 속에서가 아니라 역사의 끝에 가서 생명과 믿음이 죽음과 악을 이기는 대단원의 승리 속에서 바로잡힐 것이다. 그리고 곧 그렇게 될 것이다. 다니엘은 역사에 대한 신의 확고한 지배를 강조하고, 그럼으로써 믿음으로 인해 수모와 고문, 죽음까지 당하고 있는 충성스러운 유대인들을 고무한다.

지금까지 우리는 이스라엘 역사의 숙명적인 사건들에 대한 에스라와 느헤미야의 열성적인 반응을 살펴보았다. 두 선지자는 이스라엘이 그들의 신과 언약을 다시 따르기 위한 첫걸음은 이방 사람들과의 친밀한 이성 관계를 중단하고 그들의 가증스러운 관행에서 벗어나는 것이라고 믿었다. 우리는 제3 이사야와 룻기에서 이방 사람들을 공동체와 야훼의 성소에 통합하는 아주 다른 견해를 살펴보았다. 또한 우리는 현재의 절망과 미래의 희망을 표현하고 이스라엘을 핍박하는 악한 대적들에 대해 신이 계획한 대로 대단원의 승리를 거두게 되는, 나중에 출현한 묵시 문학을 살펴보았다. 이 책의 마지막 장에서 우리는 히브리 성경에서 이스라엘과 여러 민족들의 문제에 다르게 접근하는 두 권의 책을 검토할 것이다.

24

이스라엘과 이방 민족들: 에스더와 요나

읽기: 에스더, 요나

에스더

묵시 문학은 의로운 이스라엘과 악한 민족들에 대해 정의를 실현하는 방법으로 야훼의 극적인 역사 종결을 바탕으로 한다. 에스더는 이러한 묵시 문학에 대한 흥미로운 대조이다. 이 짧은 이야기는 기원전 5세기 아하수에로(크세르크세스, 486~465년) 통치하의 페르시아를 배경으로 하지만 작성 연대는 4세기로 짐작된다. 다니엘과 마찬가지로 에스더는 이방의 왕궁에 있는 유대인이 등장하는 영웅적인 이야기이다. 페르시아에 있는 유대인들은 인종 청소의 협박을 받고, 신의 개입이 아니라 그들 자신의 노력으로 구원받는다. 사실 이 책은 신을 한 번도 언급하지 않는다.

이야기는 페르시아 왕 아하수에로의 대궐 문에 앉아 있는 경건한 유대인 모르드개와 모르드개가 입양한 그의 아름다운 조카 에스더를 중심을 전개된다. 이 이야기에는 재미있는 역설이 많다. 왕후 와스디가 왕후의 관을—아마 아무것도 입지 않고 왕후의 관만 쓰고—쓰고 남자 신하들 앞에 나오기를 거절하여 왕에게 이혼당하자 에스더의 대단한 아름다움이 왕에게 전해지고 그녀는 왕비가 된다. 모르드개는 에스더에게 안전을 위해 그녀의 유대인 신분을 비밀에 부치라고 조언한다.

에스더가 자기의 민족과 종족을 말하지 아니하니 이는 모르드개가 명령하여 말하지 말라 하였음이라

모르드개가 날마다 후궁 뜰 앞으로 왕래하며 에스더의 안부와 어떻게 될지를 알고자 하였더라(에 2:10~11)

얼마 후 왕은 아각 사람 하만을 최고 관리에 임명하고, 왕이 명령했던 대로 대궐 문에 있는 모든 사람이 하만에게 무릎을 꿇는다. 그러나 모르드개는 꿇지 않는다. 그는 매일 거절하다가 결국 이 문제가 하만에게 보고된다.

날마다 권하되 모르드개가 듣지 아니하고 자기는 유다인임을 알렸더니 그들이 모르드개의 일이 어찌 되나 보고자 하여 하만에게 전하였더라

하만이 모르드개가 무릎을 꿇지도 아니하고 절하지도 아니함을 보고 매우 노하더니

그들이 모르드개의 민족을 하만에게 알리므로 하만이 모르드개만 죽이

는 것이 부족하다고 생각하고 아하수에로의 온 나라에 있는 유대인 곧 모르드개의 민족을 다 멸하고자 하더라(에 3:4~6)

하만은 제비(부림purim)를 뽑아 대학살의 날을 정한 뒤 왕국에 있는 유대인들을 죽일 수 있게 허락해주는 데 대한 답례로 왕에게 상당한 뇌물을 제공한다.

하만이 아하수에로 왕에게 아뢰되 한 민족이 왕의 나라 각 지방 백성 중에 흩어져 거하는데 그 법률이 만민의 것과 달라서 왕의 법률을 지키지 아니하오니 용납하는 것이 왕에게 무익하니이다

왕이 옳게 여기시거든 조서를 내려 그들을 진멸하소서 내가 은 일만 달란트를 왕의 일을 맡은 자의 손에 맡겨 왕의 금고에 드리리이다 하니

왕이 반지를 손에서 빼어 유다인의 대적 곧 아각 사람 함므다다의 아들 하만에게 주며

이르되 그 은을 네게 주고 그 백성도 그리하노니 너의 소견에 좋을 대로 행하라 하더라(에 3:8~11)

아달월 13일 하루에 남녀노소를 막론하고 모든 유대인들을 죽이고 도륙하고 진멸하라는 조서가 모든 지방에 배포된다. 모든 곳의 유대인들이 굵은 베옷을 입고 재에 앉아 금식하고 울고 한탄한다. 에스더는 이 소동에 대해 알아보려고 모르드개에게 사람을 보낸다. 모르드개는 에스더에게 조서에 대해 알리고, 왕에게 나아가서 유대인들을 구해달

라고 간청할 것을 촉구한다. 부름을 받지 않고 왕 앞에 나아가면 죽음의 형벌을 받으므로 에스더는 머뭇거린다. 모르드개는 다음과 같은 메시지로 대답한다.

너는 왕궁에 있으니 모든 유다인 중에 홀로 목숨을 건지리라 생각하지 말라

이 때에 네가 만일 잠잠하여 말이 없으면 유다인은 다른 데로 말미암아 놓임과 구원을 얻으려니와 너와 네 아버지 집은 멸망하리라 네가 왕후의 자리를 얻은 것이 이 때를 위함이 아닌지 누가 알겠느냐 하니

에스더가 모르드개에게 회답하여 이르되

당신은 가서 수산에 있는 유다인을 다 모으고 나를 위하여 금식하되 밤낮 삼 일을 먹지도 말고 마시지도 마소서 나도 나의 시녀와 더불어 이렇게 금식한 후에 규례를 어기고 왕에게 나아가리니 죽으면 죽으리이다 하니라 (에 4:13~16)

에스더는 긴장 속에서 왕에게 접근한다. 왕은 그녀가 들어오는 것을 허락하고 무슨 요구든 들어주겠다고 말한다. 에스더는 왕과 하만에게 자신이 준비하는 잔치에 참석해달라고 요청한다. 에스더가 베푼 잔치에서 왕은 에스더가 원하는 어떠한 요구라도 허락할 것이라고 말한다. 에스더의 요구는 자기 백성에 대한 충정을 보여준다.

왕이 좋게 여기시면 내 소청대로 내 생명을 내게 주시고 내 요구대로 내

민족을 내게 주소서

나와 내 민족이 팔려서 죽임과 도륙함과 진멸함을 당하게 되었나이다 만일 우리가 노비로 팔렸더라면 내가 잠잠하였으리이다 그래도 대적이 왕의 손해를 보충하지 못하였으리이다 하니

아하수에로 왕이 왕후 에스더에게 말하여 이르되 감히 이런 일을 심중에 품은 자가 누구며 그가 어디 있느냐 하니

에스더가 이르되 대적과 원수는 이 악한 하만이니이다 하니 하만이 왕과 왕후 앞에서 두려워하거늘(에 7:3~6)

에스더는 대담하게 왕에게 자기의 신분을 밝히고, "우리"와 "나와 내 민족" 같은 말로써 결속을 표현한다. 다음 장면은 한 편의 희극과도 같다. 왕은 분노하여 방을 나가고 하만은 왕비가 앉은 걸상에 엎드려 목숨을 살려달라고 간청한다. 방으로 돌아온 왕은 아주 의심스러운 자세를 취한 하만을 발견하고 "저가 궁중 내 앞에서 왕후를 강간까지 하고자 하는가"라고 말한다. 원래 하만이 모르드개를 매달려고 했던 기둥에 하만을 매달라는 왕의 명령은 아이러니한 반전이다. 그러나 왕의 조서는 철회될 수 없기 때문에 유대인들은 여전히 위험에 빠져 있다. 그 해결책으로 아하수에로는 두번째 조서를 통해 유대인들이 무장하여 스스로 방어하도록 한다. 이 이야기의 많은 반전 중 또하나의 반전에서 유대인들은 그들을 죽이려 했던 사람들을 죽임으로써 예정된 패배의 날이 승리의 날이 된다.

유대인들은 이 승리를 오늘날까지 부림절로 기념한다. 페르시아 제

국의 화려한 왕궁을 배경으로 하는 멜로드라마 같은 이야기와 거기에서 벌어지는 정치적 음모가 축제와도 같이 시끌벅적하게 각색되어 매년 재현된다. 탈무드에 따르면 부림절에 하만과 모르드개를 구분할 수 없을 정도로 술에 취하는 것은 일종의 미츠바mitzvah다(계명이나 선한 행동). 그러나 이 이야기에는 그런 연극적인 것 너머에 중요하고 눈에 띄는 주제가 있다. 첫째, 에스더에서 유대인의 정체성은 인종적인 요소가 그 종교적인 요소보다 전면에 부각된다. 그 설명은 완전히 세속적이다. 유대인은 하나의 인종 집단으로 묘사된다. 예루살렘을 향해 매일 기도하고 음식법을 지키는 다니엘과 다르게 에스더는 이방 환경에 완전히 동화되어 있다. 둘째, 이 이야기에는 아주 인간적이고 반목시적인 메시지가 있다. 이 이야기는 유대인들이 압도적인 반유대 공격 앞에서 살아남으려면 결속과 영웅적 저항이 필요하다는 신념을 표현한다. 다니엘과 아주 다른 책인 에스더에 따르면, 이스라엘의 역사에서 배워야 하는 교훈은 순교가 아니라 저항이고, 신의 개입이라는 수동적인 희망이 아니라 행동과 자립이다.

요나

에스더가 야훼가 개입하여 이스라엘의 대적을 섬멸하는 유배 이후 시대의 종말론에 대한 하나의 대안을 제시하는 책이라면, 요나는 또다른 대안을 제시한다. 열왕기하 14장 25절에서 아밋대의 아들 요나는 선지자로 인식되기 때문에, 요나는 구약성경의 선지서들 중 하나다. 그러나 요나는 여러 측면에서 다른 선지서들과 아주 다르다. 첫째, 이 책은 예언 모음집이 아니라 요나라는 이름의 주저하는 선지자에 관한 희극적인 이야기이다. 둘째, 요나는 이스라엘 백성이 아니라 앗수르의 수도 니느웨에 있는 사람들에게 메시지를 전달하라는 임무를 받는다.

이 책은 신의 자비에 대한 이스라엘 사람들의 개념을 가장 명확하게 전달한다. 첫 장에서 요나는 야훼의 부름을 받는다. 야훼는 그에게 엄청나게 악한 니느웨로 가서 야훼의 심판을 선포하라고 지시한다.

여호와의 말씀이 아밋대의 아들 요나에게 임하니라 이르시되

너는 일어나 저 큰 성읍 니느웨로 가서 그것을 향하여 외치라 그 악독이 내 앞에 상달되었음이니라 하시니라

그러나 요나가 여호와의 얼굴을 피하려고 일어나 다시스로 도망하려 하여 욥바로 내려갔더니 마침 다시스로 가는 배를 만난지라 여호와의 얼굴을 피하여 그들과 함께 다시스로 가려고 뱃삯을 주고 배에 올랐더라(욘 1:1~3)

이 짧은 책에 여러 번 나타나는 희극적 기법 중 하나로 요나는 돌연히 방향을 바꿔 그 당시 알려진 세계에서 가장 멀리 떨어진 지중해의 반대쪽 끝에 있는 스페인으로 항해한다. 그러나 요나는 당연히 야훼로부터 벗어날 수 없다. 야훼는 배를 파괴할 만한 폭풍우를 보낸다. 이방 사람들은 자기들의 신에게 기도한 다음 결국 이 배에 위험을 초래한 사람을 찾아내려고 제비를 뽑는다. 요나가 뽑힌다. 요나는 자신이 (그가 이제야 깨달은 대로) 육지와 바다를 만든 야훼라는 이름의 신을 섬

기는 히브리 사람이라고 고백하고, 뱃사람들은 이 이야기를 듣고 심히 두려워한다. 요나는 또 자신이 지금 야훼의 임무로부터 도망하고 있다고 덧붙이면서 그의 도망이 무서운 폭풍의 원인임을 암시한다. 요나는 자신을 바다에 던져 배를 구하라고 제안하지만, 뱃사람들은 (품위 있게도) 그것을 최후의 수단으로 생각하고 배를 육지에 대려고 힘써 노를 젓는다. 이것이 불가능함을 깨달은 그들은 결국 절망 속에서 야훼의 이름을 부르면서 죄 없는 사람을 죽이는 것을 용서해달라고 기도한다. 그들이 요나를 바다로 던지자 바다가 잠잠해진다. 기록자는 그들이 야훼를 두려워하여 제물을 드리고 서원을 했다고 기록한다.

그 사이 야훼는 거대한 물고기를 준비하여 요나를 삼키게 하고, 요나의 생명은 그렇게 보존된다.

2장에서 요나는 물고기 배 속에서 야훼에게 기도한다. 이 기도 또는 시는 이 맥락에 완전히 어울린다고 볼 수 없다. 4절에 그렇게 서술되어 있지만, 신이 요나를 쫓아낸 적이 없고 요나가 성전을 갈망하고 있다고 볼 수 있는 증거도 없다. 이 시는 아마도 후대의 기록자가 삽입했을 것이고, 이것을 삽입한 이유는(관련어 연결) 요나가 물고기의 '뱃속'에 있다는 말이 스올의 '뱃속'에서 야훼에게 부르짖는 것과 연결되기 때문이었을 것이다. 야훼는 기도에 대한 응답으로 물고기에게 요나를 육지에 토해내라고 명령한다.

3장은 요나의 두번째 기회에 대해 말한다. 야훼는 그를 다시 부르는데, 첫번째 부름에 대한 반응과 대조적으로 요나는 바로 니느웨로 간다. 그는 40 안에 니느웨가 멸망당하리라는 야훼의 메시지를 선포한다. 그런 다음 충격적인 글이 나온다.

> 니느웨 사람들이 하나님을 믿고 금식을 선포하고 높고 낮은 자를 막론하고 굵은 베 옷을 입은지라
>
> 그 일이 니느웨 왕에게 들리매 왕이 보좌에서 일어나 왕복을 벗고 굵은 베 옷을 입고 재 위에 앉으니라
>
> 왕과 그의 대신들이 조서를 내려 니느웨에 선포하여 이르되 사람이나 짐승이나 소떼나 양떼나 아무것도 입에 대지 말지니 곧 먹지도 말 것이요 물도 마시지 말 것이며
>
> 사람이든지 짐승이든지 다 굵은 베 옷을 입을 것이요 힘써 하나님께 부르짖을 것이며 각기 악한 길과 손으로 행한 강포에서 떠날 것이라
>
> 하나님이 뜻을 돌이키시고 그 진노를 그치사 우리가 멸망하지 않게 하시리라 그렇지 않을 줄을 누가 알겠느냐 한지라
>
> 하나님이 그들이 행한 것 곧 그 악한 길에서 돌이켜 떠난 것을 보시고 하나님이 뜻을 돌이키사 그들에게 내리리라고 말씀하신 재앙을 내리지 아니하시니라(욘 3:5~10)

우상을 숭배하는 니느웨가 하나님(엘로힘)을 믿는다고 기록된다. 여기서 기록자는 더 확실하게 이스라엘적인 이름인 야훼가 아니라 총칭적인 이름 엘로힘을 사용한다. 여기서 니느웨 사람들에게 요구되는 것은 야훼를 인정하고 숭배하는 것이라기보다 더 넓은 의미에서 신을 두려워하는 마음과 도덕적 개혁일 것이다. 니느웨 사람들은 신 앞에서

자신들을 낮추면서 신의 자비를 바란다. 또하나의 희극적 기법으로 기록자는 심지어 짐승들도 굵은 베옷을 입고 금식하고 신에게 부르짖는다고 말한다. 가장 중요한 사람부터 가장 하찮은 사람까지 니느웨에 있는 모든 사람이 악한 길에서 돌아서고, 야훼의 자비를 입는다.

이 이야기의 놀랄 만한 역설은 이 주저하는 선지자가 최소의 노력으로 최대의 결과를 끌어낸다는 데 있다. 1장에서 그는 자기를 바다에 던지라고 한 것 외에는 뱃사람들을 설득하려고 어떠한 노력도 하지 않는데도 그와 대화하고 난 후 뱃사람들은 야훼를 두려워하고 제물을 바치고 서원을 한다. 마찬가지로 니느웨에 도착한 요나는 단지 몇 마디 말만 하는데(글자 그대로 "사십 일이 지나면 니느웨가 무너지리라") 그 응답으로 소떼까지 하늘을 향해 울부짖는다. 요나는 사람들을 비난하지 않고, 야훼나 신의 능력에 관해서는 한마디도 하지 않고, 사람들에게 회개하고 구원받으라고 촉구하지도 않는다. 이스라엘의 전통적인 선지자들은 사람들을 비난하면서 야훼가 분노한 원인을 열거하고 회개를 통해 용서받아야 한다는 확실한 해법을 보여주었던 반면에 요나는 니느웨 사람들이 처한 상황에 대해 그 어떤 지시나 조언이나 위로나 깨달음도 제공하지 않는다. 자기들이 죄에서 돌아서면 신이 그의 분노에서 돌아설지도 모른다고 추측한 사람은 니느웨의 왕이었다. 그래서 모든 니느웨 사람—그리고 그들의 모든 가축—이 회개하는 것이다. 요나는 실패할 수 없는 사람처럼 보인다. 그는 자신의 뜻과 무관하게, 아니 오히려 자신의 뜻과는 반대로 이방 사람들인 뱃사람들로 하여금 야훼를 숭배하게 하는 데 성공하고 악한 니느웨 사람들의 도덕적 개혁을 촉발시킨다. 그렇게 적은 말로 그렇게 강력한 결과를 가져올 수 만 있다면 이사야와 예레미야, 에스겔은 어떤 대가든 치렀을 것이다.

앗수르 사람들은 멸망을 면한다. 그리고 요나는 격노한다.

> 요나가 매우 싫어하고 성내며
>
> 여호와께 기도하여 이르되 여호와여 내가 고국에 있을 때에 이러하겠다고 말씀하지 아니하였나이까 그러므로 내가 빨리 다시스로 도망하였사오니 주께서는 은혜로우시며 자비로우시며 노하기를 더디하시며 인애가 크시사 뜻을 돌이켜 재앙을 내리지 아니하시는 하나님이신 줄을 내가 알았음이니이다
>
> 여호와여 원하건대 이제 내 생명을 거두어 가소서 사는 것보다 죽는 것이 내게 나음이니이다 하니
>
> 여호와께서 이르시되 네가 성내는 것이 옳으냐 하시니라(4:1~4)

요나는 대답하지 않는다. 그는 화가 나서 성을 떠난다. 그의 불만은 두 가지로 보인다. 당신이 악한 사람을 응징하고자 하시면 그냥 그들을 응징하시고, 그들을 살려줄 생각이시면 살려주면 된다. 메시지와 예언으로 내 시간을 허비하지 말라는 것이다. 그런데 요나에게 이보다 더 큰 문제는 악한 사람들이 벌을 받지 않는다는 사실인 것 같다. 그는 앗수르 사람들이 마땅히 받아야 할 벌을 받지 않는 데 분개한다. 그는 결국 일이 이렇게 될 것을 처음부터 알았고, 헛고생이 될 것을 알았기

에 그 일을 거절했던 것이다.

요나의 불만을 표시하는 단어는 면밀하게 선택된다. 요나의 야훼에 대한 묘사와 출애굽기 34장 6~7절에 있는 모세의 야훼에 대한 묘사를 비교해보면, 우리는 요나가 무엇을 생략하고 있는지 알 수 있다. 모세는 다음과 같이 선언했다.

여호와라 여호와라 자비롭고 은혜롭고 노하기를 더디하고 인자와 진실이 많은 하나님(엘)이라

인자를 천대까지 베풀며 악과 과실과 죄를 용서하리라 그러나 벌을 면제하지는 아니하고 아버지의 악행을 자손 삼사 대까지 보응하리라

요나가 말하는 신의 속성은 두 가지 측면에서 모세가 말하는 것과 다르다. 첫째, 요나는 "진실"을 생략한다.[1] 둘째, 모세는 신의 자비가 악인에 대한 징벌을 완전히가 아니라 일시적으로만 무효화하는 것으로 설명하는 반면 요나는 신이 악을 용서하고 징벌을 완전히 면제해주는 것으로 묘사한다. 이 두 가지 차이는 서로 연결되어 있다. 요나 입장에서 야훼가 악을 완전히 용서하는 것은 일종의 기만이고 진실에 대한 무관심이다. 만일 야훼가 정의의 요구와 언약에 명시된 사항을 충실히 지킬 생각이라면, 그는 모든 악을 용서하지 않을 것이고 참된 정의가 요구하는 대로 보상하고 응징할 것이다. 그래서 요나의 불만은 야훼의 자비가 그의 진실과 정의를 왜곡한다는 데 있다. 왜냐하면 어떤 것들은 용서되어서는 안 되기 때문이다. 사람들은 자신의 악한 행위에

대해 책임을 져야 하기 때문이다. 어떻게 야훼가 정의를 실행하지 않을 수 있는가?

요나가 자신이 지은 초막에 앉아 있을 때, 야훼는 잎이 무성한 식물을 그의 머리 위로 자라게 하여 그림자를 제공하고 불편함을 덜어준다. 요나는 이 식물로부터 마지막 교훈을 얻는다.

요나가 박넝쿨로 말미암아 크게 기뻐하였더니

하나님이 벌레를 예비하사 이튿날 새벽에 그 박넝쿨을 갉아먹게 하시매 시드니라

해가 뜰 때에 하나님이 뜨거운 동풍을 예비하셨고 해는 요나의 머리에 쪼이매 요나가 혼미하여 스스로 죽기를 구하여 이르되 사는 것보다 죽는 것이 내게 나으니이다 하니라

하나님이 요나에게 이르시되 네가 이 박넝쿨로 말미암아 성내는 것이 어찌 옳으냐 하시니 그가 대답하되 내가 성내어 죽기까지 할지라도 옳으니이다 하니라

여호와께서 이르시되 네가 수고도 아니하였고 재배도 아니하였고 하룻밤에 났다가 하룻밤에 말라 버린 이 박넝쿨을 아꼈거든

하물며 이 큰 성읍 니느웨에는 좌우를 분변하지 못하는 자가 십이만 여 명이요 가축도 많이 있나니 내가 어찌 아끼지 아니하겠느냐 하시니라 (4:6~11)

야훼가 어떻게 자비롭지 않을 수 있겠는가? 그것은 가장 악한 사람

들조차도 그의 피조물이며 귀중한 이스라엘보다 덜 중요하지 않기 때문이다. 그들이 겸손으로 야훼에게 돌아오기만 한다면, 그는 과거의 잘못을 잊고 자비를 베풀고 용서할 것이다. 악한 사람들에 대한 응징을 바라는 것은 오직 인간들뿐이고, 야훼는 그들의 개심과 회심을 고대한다. 이 짧은 책은 야훼의 정의 대 야훼의 자비라는 문제를 다룬다. 요나는 신의 정의를 옹호하고, 죄는 응징되어야 한다고 믿는다. 그는 야훼의 용서에 분노한다. 그러나 요나는 마음의 변화로도 자비를 얻을 수 있음을 깨닫고 선지자의 참된 역할은 사람들을 개심시키고 회개하게 하고 돌아오게 하는 것임을 배운다.

요나의 연대는 확실히 정할 수 없다. 대부분의 학자들은 더 보편적인 범위의 책들이 나중의 고전적인 선지서들에서 영향을 받았다는 (불확실한) 생각 등에서 요나의 연대를 페르시아 시대로 추정한다. 반면 일부 학자는 이 이야기가 기본적으로 오래되었다고 주장한다. 첫째, 이 책에 나오는 니느웨는 거대 왕국의 수도가 아니다. 그 통치자는 세계를 정복한 앗수르의 왕이 아니라 니느웨라는 성읍의 왕이고, 니느웨의 죄는 이스라엘을 탄압하거나 노예로 삼은 죄가 아니라 그 주민들의 폭력이라는 점에서 이 이야기의 연대를 기원전 722년 이전으로 정할 수 있을 것이다. 니느웨는 또다른 소돔이고, 그래서 이 이야기는 토라의 전통을 따르고 있다. 다시 말해 야훼는 이방 민족들을 우상 숭배가 아니라 부도덕한 행위에 대해 처벌한다. 다른 민족들은 유일신 신앙을 받아들일 의무는 없지만 노아의 언약에 따라 기본적인 도덕법은 지켜야 하는 것이다.

페르시아 시대에서 유래되었을 가능성은 있지만, 완전히 확실한 것은 아니다. 그렇지만 정경 접근에서는 이 책이 유배 이후 시대에 어떻게 받아들여졌을지를 짐작해볼 수 있다. 한 선지자가 니느웨—증오의 대상인 앗수르 제국의 수도, 722년 이스라엘의 북왕국을 멸망시켜 열 지파를 영원히 흩어지게 하고, 그후 예루살렘을 공격하여 유다로부터 조공을 받았던 사람들의 본거지—로 보내진다는 발상부터가 놀라웠을 것이다. 그렇다면 궁극적으로 이 책은 유배 이후 시대 유다에 있던 이스라엘의 대적들이 멸망당하는 환상을 즐기던 종말론적 열풍과는 아주 다른 사상이 존재했음을 보여준다고 할 수 있다. 종말론에 대한 열정은 요엘에서 찾을 수 있고, 후에 다니엘과 구약성경 이후의 묵시 문학에서 나타나게 되는데, 가장 눈에 띄는 것이 기독교의 계시록이다. 요나서에서 보편적인 신은 그의 모든 피조물의 개심과 회심을 원하고, 이스라엘 선지자는 다른 이방 민족들에게—심지어 야훼의 선택받은 민족을 모욕하고 경멸했던 민족조차—신의 용서의 메시지를 전달하기 위해 부름을 받는다는 것을 이스라엘에게 상기시켰다. 저자가 의도했든 의도하지 않았든—우리는 그 여부 또한 알 수 없지만—이 짧고 희극적인 이야기는 이스라엘이 여러 민족들을 비추는 빛이라는 유배 이후 시대 이스라엘의 정서를 조성했다.

나가며

히브리 성경의 글은 한 지방의 신을 섬겼던 이스라엘 조상 개인들의 이야기에서 최초로 시작하여 역사에 의해 강제로 자기들만의 영역과 자기들만의 관심 그 너머를 바라보게 되었던 한 민족으로서 성숙될 때까지 이스라엘의 긴 여정을 이야기한다. 이스라엘 민족은 높힘을 받아 그들이 정말 생각할 수 있었던 것보다 훨씬 더 중요한 민족이 되었다. 그들은 그들의 신과 싸우고 논쟁했고 자기들의 인간적인 약함과 부족함에 대해 그들 스스로를 비판하고 동시에 자기 자신들을 세상을 향한 야훼의 종들로서 생각하게 되었다.

또다른 관점에서 보면, 구약성경은 엄청난 고난 속에서 구약성경의 신인 야훼와 한 민족의 언약 관계를 유지시키려고 몸부림쳤던 여러 저자들이 기록한 책들의 모음집으로 볼 수 있다. 선은 잘되어야 하고 악은 망해야 한다는 종교적-도덕적 이상과 현실 사이의 괴리는 구약성경의 기록자들을 사로잡았던 고통스럽고 또 이해할 수 없는 문제였다

(카우프만). 악의 존재, 의인이 당하는 고통, 야훼의 선택받은 사람들의 패배, 이 모든 것은 야훼가 세상의 주권을 가지고 있고, 야훼는 본질적으로 선하고 정의로우며, 그의 섭리적인 통치는 창조 세계 전체를 포괄한다는 일부 기본적인 유일신 사상과 근본적으로 양립될 수 없어 보인다. 악과 고통에 직면할 때, 어떻게 그런 신에 대한 믿음을 유지할 수 있겠는가?

모든 고대 문화들이 악의 문제로 고민했지만, 이스라엘은 그것에 대해 특별히 날카로움을 가졌다. 다른 고대 근동 지방의 글에서 도덕적 질서의 존재에 관해 의심하는 글들이 있지만, 도덕적 질서의 부재와 악의 문제를 신의 본질과 종교적 믿음의 근거에 연결시키는 것은 이스라엘에서만 찾아볼 수 있다(카우프만). 이교도는 원초적인 악마나 악신의 존재를 사실로 받아들이기 때문에, 악과 고통의 존재로 인해 선한 신들이 의문시되지 않는다. 구약성경에서 시작되는 후대의 종교 체계는 세상의 악을 설명하기 위해 마귀나 악마를 상정한다. 터무니없고 절망적일 수 있는 부당한 고통은 인간의 처지에 관심이 없는 악신이나 악마의 질투 또는 변덕으로 적어도 설명될 수 있을 것이다. 그러나 구약성경에서는 별도의 악한 신은 없다. 따라서 부당한 고통과 횡행하는 악은 신 그 자신의 선함과 공평함에 대해 의문을 제기하게 한다. 구약성경의 사람들에게 야훼의 정의로움에 믿음을 갖는 것 이외에 악과 고통을 피할 수 있는 다른 어떤 방법이 없는 것이다. 그렇기 때문에 이스라엘의 신정론은 그것에 걸린 것이 너무 크기 때문에 비애의 감정으로 가득차 있다. 만일 누군가가 세상은 본질적으로 도덕적이다

나가며

라는 믿음을 잃게 된다면, 그는 자기 신을 잃거나 우리가 욥기에서 보았듯이, 적어도 분명한 도덕적 기준에 따라 세상을 지배하는 신을 잃게 되는 것이기 때문이다.

구약성경의 기록자들은 이 문제를 철학자나 신학자처럼 접근하지 않는다. 철학자에게 신정론은 무엇보다 논리적인 문제 즉, 모순이고(의롭고 선한 신이 어떻게 악과 고통이 존재하도록 허용하는가?), 다른 어떤 논리적 문제와 같이 그것은 체계적인 논쟁의 세심한 구성을 통해 가장 잘 해결될 수 있을 것이다. 그러나 이것은 구약성경의 기록자들의 접근 방법이 아니다. 그들에게 문제는 철학적인 것이 아니고, 개인적이고, 심리적이고, 영적이다. 가장 심각한 문제는 다음과 같은 것이다. 민족의 비극과 개인의 고통에 직면할 때, 이스라엘의 신에 대한 약속을 어떻게 유지할 수 있을 것인가? 예측할 수 없는 고통과 혼돈이 들이닥쳤다는 것을 알고 또 어느 순간에라도 또다시 그것이 닥칠 수 있다는 것을 알고도 이 신을 받아들이고, 믿고, 사랑할 수 있는 힘을 어떻게 가질 수 있는가?

다양한 시대에 있었던 다양한 기록자들은 악과 고통 가운데 믿음을 지키는 문제를 이해하려는 이스라엘의 몸부림에 그들의 목소리를 더한다. 이 기록자들의 목표는 신정론의 철학적 문제를 해결해서 모든 충격에서도 야훼와의 관계를 유지할 수 있게 하고, 믿음 있는 사람들이 겪는 악과 고통에도 불구하고 야훼의 언약을 지키는 것이 삶의 확실한 방편이라고 말하려는 것이 아니다. 구약성경은 이런 문제에 어떻게 대응해야 하는지 단 하나의 사례만 제공하는 것이 아니다. 개인적이고 살아 있는 신과의 역동적인 관계는(철학자들의 정적인 신이 아니라) 너무 복잡해서 단 하나의 일차원적인 신학으로 파악될 수 없다. 조직신학은 민족과 개인의 삶의 다채로운 경험을 정당하게 평가할 수 없을 것이다. 따라서 다양한 방법이 제시되는데, 모든 것이 서로 일관적이지 않지만, 사회의 특정 부분을 각각 다루고, 특정 시대에 있었던 특정 문제를 각기 다룬다. 각각은 야훼와의 지속되는 관계가 도전받는 상황에서 야훼에 대한 이스라엘의 그 관계를 유지하려는 시도이다. 구약성경의 기록자들은 많은 개인들과 전체 이스라엘 민족이 야훼와의 언약적 관계를 어떤 식으로든 이해하려 했던 여러 방법을 보여주기 위해 이야기를 말하고 또 역사를 해석한다. 다중적인 사례들, 야훼에 대한 다중적인 이미지, 그와 이스라엘의 관계에 대한 다중적인 이미지 등 여러 가지 여지가 있지만, 구약성경을 읽는 현대의 독자로서 우리는 불협화음이 있는 이 고대 선집의 다양한 목소리에 경탄을 금할 수 없다.

후대에 이 모음집을 정경화했던 랍비들이 마치 전도자의 말에서—하늘 아래 모든 것에는 각각의 목적에 따라 기한과 때가 있다—진리를 보았던 것처럼, 구약성경은 한 민족으로서, 또 인간으로서 고대 이스라엘 사람들이 직면했던 이 근본적인 문제들을 아주 다르게 접근하는 여러 책들을 포함하고 있다. 기원전 586년 이후 신명기적 역사가는 이스라엘이 고통을 당했었던 것은 야훼의 약속이 참된 것이 아니었기 때문이 아니라, 이스라엘이 믿지 않았기 때문이라고 주장함으로써 멸망했던 다른 민족들의 종교의 전철을 밟지 않도록 하면서 야훼 신앙을 지켰다. 비록 성소와 선택받은 성과 왕이 멸망되었다 하더라도, 이 것은 이스라엘 민족이 그들의 신에 대한 믿음을 계속 지킬 수 있도록 해주었다. 선지자들은 언약의 도덕적 측면과 사회적 측면을 강조했는 데, 그러한 것이 없이 제물을 바치는 모든 예배는 저주받은 것이 되었 고, 그 때문에 부지중에 디아스포라와 후대의 유대교에서 제물 없이 예배하는 길이 열리게 되었다. 시편은 개인적인 절망감 때문에 갈등 하고 있거나 또는 믿음과 기쁨이 차고 넘치는 예배자의 심오한 감정 을 표현하고 있다. 욥기는 우리가 부당한 고통에 대해 느끼는 분노를 표출하고, 반면에 전도서는 인간의 모든 애씀의 허무함에 대한 위로 로써 실존주의적인 즐거움과 세상사를 가르친다. 에스라와 느헤미야 는 결속을 강화하라고 이스라엘에 촉구하면서 동화라는 아주 현실적 인 문제를 다룬다. 반면에 요나와 룻기는 유대의 신의 보편적 섭리가 있음을 유대인들에게 상기시킨다. 에스더와 다니엘은 완전히 다른 방 식으로 핍박과 대량 학살의 위협에 놓인 유대인들을 격려한다. 하나 는 자립과 결속에 대한 호소이고, 다른 것은 종말에 신의 개입을 약속 한다.

이 책들은 서로 모순되는가? 사람이 오늘은 행복하지만 어제는 괴 로웠다고 말할 때, 스스로 모순되게 말하는 것과 마찬가지일 것이다. 이 책들은 끊임없이 변했던 이스라엘 민족 역사의 긴 여정의 서로 다 른 여러 현실, 순간, 경험을 담아내고 있다. 이스라엘의 신과 이스라엘 의 관계는 언제나 역동적이고 복잡했다. 과거 이 각각의 책은 때와 목 적이 각각 있었다. 또한 구약성경의 수많은 독자들이 오랜 세월을 지나며 발견했던 것처럼, 이 책들은 어느 시대이건 변화하는 순간에 가르침과 영감을 계속해서 제공할 것이다.

주

들어가며

1. 창세기, 출애굽기, 레위기, 민수기, 신명기, 여호수아, 사사기, 사무엘 상하, 열왕기 상하, 이사야, 예레미야, 에스겔, 12서(호세아, 요엘, 아모스, 오바댜, 요나, 미가, 나훔, 하박국, 스바냐, 학개, 스가랴, 말라기), 시편, 욥기, 잠언, 룻기, 아가, 전도서, 예레미야 애가, 에스더, 다니엘, 에스라-느헤미야, 역대 상하.

2. 1장에서 설명하겠지만, 해당 강의와 이 책의 제목에는 '구약성경'이라는 용어가 꼭 들어 맞지 않는다. 책의 주제가 유대교와 기독교 양쪽에 공통된 책들의 모음집인 성경이기 때문에, 이 책의 제목에는 중립적인 용어인 (구약이라는 단어가 빠진) '성경'을 사용했다(한국어판에서는 '구약'을 사용했다—역주). 24장으로 구성된 이 책은 온라인 과정의 24장과 거의 일치한다. 구약성경의 모든 책을 같은 깊이로 다루진 않고, 몇몇 짧은 선지서와 역대 상하는 요점만 다룬다.

3. 이 번역본은 현재 Adele Berlin, Marc Zvi Brettler, Michael Fishbane이 편집한 *The Jewish Study Bible*, 이하 *JSB* (New York: Oxford University Press, 2004)에 들어 있다.

4. 같은 이유로 나는 이스라엘의 신을 언급할 때, 대문자를 사용하지 않는다.

5. 이것은 맥락상 엘로힘이라는 단어가 신 또는 하나님을 뜻할 때는 적용되지 않는다.

6. 예를 들어, 586 B.C.E.과 586 B.C.는 모두 기원전 586년이다.

1 고대 이스라엘의 유산

1. 앞에서 설명했듯이 '이스라엘'과 '이스라엘 사람'이 이스라엘 인종 집단의 구성원에 대한 좀더 일반적인 명칭이라면 '유대 사람'은 남부 유다 왕국 또는 후대의 페르시아의 속주 예후드(기원전 536~332년) 출신과 이후의 그리스 로마의 유대 지방 출신을 가리킨다. 722년 북왕국 이스라엘의 멸망과 함께 남은 이스라엘 사람들은 유대인들뿐이었기 때문에 '이스라엘 사람'과 '유대 사람'은 어느 정도 호환될 수 있는 이름이 되었다(과거 멸망당한 이스라엘 왕국의 사람들을 분명하게 언급하는 경우는 제외). 구약성경의 후기 시대에 '예후디'(유대인. 흔히 Jew로 번역되지만 Judean이 더 적절하다)라는 명칭은 예후드/유대에 사는 사람을 가리킨다. 예후디 또는 유대 사람이라는 명칭이 예후드/유대 지방의 거주민이 아니라 유대교 전승을 지키는 사람을 가리키는 것으로 이해되었던 것은 수세기 후의 일이다.

2. 이 표현이 고대의 종교적 개념을 얼마나 적절하게 설명하고 있는지에 대해서는 논쟁이 상당하다. 그렇지만 우리의 탐구를 시작하는 데 있어서는 이것이 유용한 입장이 될 수 있다. 일부 구약성경 기록자들이 (타당하게든 아니든) 이러한 입장에 반대하기 때문이다. 또한 이 입장은 현대의 많은 구약성경 연구자들에게도 (맞게든 틀리게든) 큰 영향을 끼쳤다.

3. 성경The Bible은 그리스어 타 비블리아ta biblia에서 왔으며 이 단어는 문자적으로 '책들the books'로 번역되는 복수형이다.

4. 그러나 출애굽기 31장 18절은 언약의 돌판을 신이 쓴 것으로 묘사한다. 출애굽기 34장 1절과 신명기 10장 12절도 참조.

5. 토라라는 명칭이 오경(모세 오경) 같은 것을 분명히 가리키게 된 때는 기원전 5세기에 이르러서였다. 오경에서 토라는 창세기부터 신명기까지의 책 전부가 아니라 특정한 규칙이나 가르침을 의미한다.

6. 측정용 막대기 또는 자를 의미하는 그리스어 카논kanon에서 온 '정경화canonization'는 어떤 저작을 권위 있는 글들의 목록 또는 경전에 포함시키는 과정을 말한다. 정경은 종교 공동체마다 다르다.

7. 숫자 24는 사무엘 상하를 한 권으로, 열왕기 상하를 한 권으로, 역대 상하를 한 권으로, 12권의 소선지서를 한 권으로, 에스라와 느헤미야를 한 권으로 계산한 숫자로, 이것이 고대의 관행이었다.

8. 사해 근처 쿰란에 있던 정착지는 수도 생활을 하는 종파의 근거지였다는 오래된 가설에 대해 고고학자 Yitzhak Magan과 Yuval Peleg가 이의를 제기했다. Magan과 Peleg은 쿰란이 도자기 공장 자리였고 그곳에서 있었던 활동과 근처 동굴에서 발견된 문서 사이에 근본적인 연관성은 전혀 없다고 주장했다.

2 구약성경의 유일신 이해하기

1. Yehezkel Kaufmann, *The Religion of Israel*, Moshe Greenberg 번역 (New York: Schocken Books, 1972), 22쪽. 뒤이어 나오는 카우프만의 생각은 주로 *The Religion of Israel*, 21~121쪽에서 가져온 것들이다.

2. Yehezkel Kaufmann, "The Genesis of Israel," *Great Ages and Ideas of the Jewish People*, Leo W. Schwarz 편집 (New York: Modern Library, 1956), 3~29, 12~13쪽.

3. Stephen A. Geller, "The Religion of the Bible," *The Jewish Study Bible*, Adele

Berlin · Marc Zvi Brettler 편집 (New York: Oxford University Press, 2004), 2021~2040쪽.

4. 여기서 나는 Victor H. Matthews, Don C. Benjamin의 *Old Testament Parallels: Laws and Stories from the Ancient Near East* 제2판 (New York: Paulist Press, 1997), 7~8쪽에 있는 비교적 이해하기 쉬운 번역과 표현을 인용한다. 전문 번역에 관심 있는 독자들은 James B. Pritchard의 *Ancient Near Eastern Texts Relating to the Old Testament*, 이하 *ANET* 제2판 (Princeton, NJ: Princeton University Press, 1955), 6쪽을 참조.

5. 이 또한 *Old Testament Parallels*, 4~5쪽에 있는 이해하기 쉬운 번역과 표현을 인용한 것이다. 전문 번역에 관심 있는 독자는 Pritchard, *ANET*, 4~5쪽을 참조.

3 천지창조 이야기: 창세기 1~3장

1. Nahum Sarna, *Understanding Genesis* (New York: Schocken Books, 1966). 이 장에서는 Michael Coogan의 여러 책들, 특히 *The Old Testament: A History and Literary Introduction to the Hebrew Scriptures* (New York: Oxford University Press, 2006)를 참조했다.

2. Pritchard, "The Creation Epic," *ANET*, 60~71쪽, E.A. Speiser 번역. 이 뒤에 나오는 모든 '에누마 엘리쉬'의 인용은 같은 번역에서 가져온다.

3. 여기서 우리는 첫번째 창조 이야기에 초점을 맞춘다. 창세기 2장 4절~3장에 나오는 두번째 창조 이야기는 완전한 유일신 신앙과 잘 맞지 않는 요소들을 많이 가지고 있다.

4. Jacob Milgrom, "Leviticus 1–16: A New Translation with Introduction and Commentary," *The Anchor Bible Dictionary*, 이하 *ABD*, Vol.1, David Noel Freedman 편집 (New York: Doubleday, 1992), 705쪽에 따른 헤이스 번역.

5. 헤이스의 번역.

6. 많은 독자들이 이 나무를 '지식의 나무the tree of knowledge'로 잘못 알고 일반적인 의미의 지혜를 주는 나무로 추측한다. 사실은 '선과 악의 지식을 알게 하는 나무'이고, 앞으로 논의하겠지만 이 나무는 인간의 첫 남자와 여자가 자신에게 도덕적 자유(선한 행위나 악한 행위를 알고 선택할 수 있는 능력)가 있음을 깨닫는 원인이 된다.

4 중복과 상충

1. 예를 들어 창세기 1장에서 엘로힘은 흙으로 만든 사람—남자와 여자 모두—을 포함하는 모든 종을 단번에 창조하는 반면 창세기 2장에서 야훼는 남자 인간 한 사람을 먼저 창조하고 나중에 가서야 여자 인간을 창조한다. 첫번째 이야기에서는 인간이 마지막 피조물이나 두번째 이야기에서는 인간이 동물보다 먼저 창조된다.

2. '길가메쉬 서사시'의 모든 번역은 Pritchard, *ANET*, 72~99쪽의 번역에서 가져온다.

3. 첫번째 창조 이야기와 달리 두번째 창조 이야기는 신을 '야훼'로 지칭한다. 이스라엘 신의 명칭과 이 책에서 그 이름들을 사용하는 원칙에 대한 설명은 '들어가며'를 참조.

4. 이 사탄에 대해서는 20장에서 더 자세하게 논의한다.

5. 후대의 구약성경의 전승과 종교적 전승은 아담을 고유명사로 이해한다.

6. 이 여자는 추방당한 후 마침내 이브라는 이름을 얻는다.

7. 그러나 사르나는 *Understanding Genesis*, 28쪽에서 이러한 해석에 이의를 제기하고, 구약성경 전반에 농업을 폄하한다는 내용의 증거가 없다고 주장한다.

8. 이것은 야훼가 그의 마음을 바꾸지 않고 그의 계획을 변경하지 않는다고 말하는 것이 아니다. 그는 종종 예측할 수 없는 인간의 행동에 대응할 때는 그렇게 한다. 나아가 인간들을 멸망시키겠다는 결정도 애초에 인간들의 예상치 못한 악을 마주한 야훼가 그들을 창조한 것 자체를 후회하며 내놓은 반응이었다. 이러한 초반의 이야기들에서 야훼는 후대 서구 신학이 만들어낸 '하나님'의 속성인 예지와 불변성을 가지지 않은 것으로 묘사된다.

9. 보편적인 야훼 숭배는 구약성경의 다른 글들에 나타나며, 이에 대해서는 앞으로 살펴볼 것이다.

10. Milgrom, "Leviticus 1 - 16," 705쪽에 따른 헤이스의 번역.

5 근현대의 구약성경 비평 연구

1. 나중에 *Prolegomena of the History of Israel*로 출간되었다.

2. 앞에서 언급했듯이 후대 서구 신학이 만들어낸 '하나님'과의 혼선을 피하기 위해 이 책에서는 이 번역을 피하고 원어인 '엘로힘' 또는 단순히 '신' 또는 '이스라엘의 신'이라는 용어를 사용한다.

3. 문학 비평에 관한 읽기 쉬운 소개와 설명으로 Norman C. Habel의 *Literary Criticism of the Old Testament* (Philadelphia: Fortress Press, 1971)를 참조. 벨하우젠과 많은 문서 비평의 기독교 중심적 편견을 비판하는 대중적이고 훌륭한 설명은 Richard Friedman의 *Who Wrote the Bible* (New York: Summit, 1987)을 참조.

4. 기원전 6세기 또는 그보다 좀더 나중에 최종 편집 과정에서 유래했을 가능성이 있는 P 문서의 글(오경에서 이야기들 사이의 전환을 가능케 하는 족보, 전체 오경을 시작하고 끝맺는 창세기 1장과 신명기 34장 등 틀을 잡는 글)과 제1 성전 시대의 제사장 사회에서 나온 레위기 와 민수기에 있는 제사와 의식의 글들은 반드시 구분되어야 한다.

5. Marc Zvi Brettler, *How to Read the Bible* (Philadelphia: Jewish Publication Society, 2005), 21쪽.

6 이스라엘 조상들 이야기: 창세기 12~36장

1. 이 이름에 대한 간략한 설명은 7장을 참조.

2. 같은 소식에 대한 아브라함의 반응을 묘사하는 창세기 17장 17절에도 같은 동사가 사용 된다. 그 역시 사라가 아이를 낳는다는 생각이 터무니없다고 비웃는다. 히브리 어근 s.h.q.는 흔 히 '웃다laugh'로 번역되지만, 영어에서 이 단어는 긍정적인 어감을 갖고 있기 때문에 부족한 번역이다. 이 히브리 단어는 상황에 따라 경멸하는 어감과 조롱하는 어감을 갖고 있다. 이 단어 는 다음 맥락에서 언급된다. (1) 조롱하고 비웃는 웃음(에스라 23:32) (2) 농담하는 웃음(창세 기 19:14) (3) 희롱하는 웃음(창세기 39:17) (4) 외설적이고 성적인 행위(창세기 26:8) (5) 누 군가를 놀리는 웃음(사사기 16:25) (6) 공격적이고 심지어 폭력적인 대화(사무엘하 2:14). 히 브리 어근 s.h.q.는 오직 기쁨에 대한 분명한 표시가 있을 때 또는 기쁨을 분명하게 시사하는 맥 락에서만 긍정적인 어감의 '웃음'을 뜻한다. 가령 기록자가 큰 행복에 젖어 꿈꾸는 듯한 상태를 상상하는 시편 126편 2절, 이 단어가 기쁨의 유의어로 쓰인 전도서 2장 2절에서 그러하고, 아 마 욥기 8장 21절(여기서는 이 단어가 승리를 의미하기 때문에 약간 조롱하는 웃음이다)도 그 러하다.

3. 사라가 자기 자리를 빼앗기는 것에 대한 두려움은 기록자가 이스마엘을 미사헥 mesaheq(이삭의 이름에 대한 이 언어유희는 '이삭 하기'라는 뜻으로 그가 이삭의 역할을 하거 나 빼앗을 것을 의미한다고 볼 수 있다)이라고 교묘하게 묘사하는 데서 발견할 수 있다.

4. New York: Basic Books, 1985, 2011.

5. Erich Auerbach의 *Mimesis: The Representation of Reality in Western Literature*, Willard

R. Trask 번역 (Princeton, NJ: Princeton University Press, 1968)에 있는 창세기 22장 연구는 호메로스의 자유롭고 완전히 전경화된 문체와 구약성경 기록자의 간결하고 과묵한 문체를 비교한다.

6. 이삭을 바치라고 명령하는 신은 엘로힘으로 언급된다(1절, 8~9절). 반면에 아브라함이 멈추라는 소리를 듣고 그의 즉각적인 순종에 대해 칭찬을 듣는 이야기의 두번째 부분에는 야훼의 이름이 사용된다(11절, 14절과 그 뒤).

7. James Kugel, *How to Read the Bible* (New York: Free Press, 2008), 131쪽과 Jon D. Levenson, *The Death and Resurrection of the Beloved Son* (New Haven, CT: Yale University Press, 1993), 5쪽을 참조.

8. 에돔 사람은 형 에서의 자손이고, 이스라엘은 동생 야곱의 후손이다. 역사적으로 이스라엘 민족과 에돔 민족은 서로 적이었고, 에돔은 다윗이 통치할 때 이스라엘에 잠시 복속되었다.

9. 그렇다 하더라도, 우리가 보았듯이, 신의 계획을 신실하게 성취하는 사람으로 아브라함을 특징짓는 것은 철저히 조사한다면 사실이 아닐 수도 있다.

10. Coogan, *The Old Testament*, 72쪽.

7 애굽에서의 이스라엘: 모세 그리고 야훼 신앙의 시작

1. Nahum Sarna, *Exploring Exodus: The Heritage of Biblical Israel* (New York: Schocken Books, 1986), 8쪽. 이 장과 다음 장의 논의는 사르나에게서 많이 가져온다.

2. Matthew와 Benjamin, *Old Testament Parallels*, 91~93쪽에 있는 번역과 표현을 인용. 전체 번역에 관심 있는 독자들은 Pritchard, *ANET*, 376쪽을 참조.

3. Pritchard, *ANET*, 119쪽의 사르곤 전설, 기원전 2000년 이전(23세기).

4. 혹은 이 진술은 원인적인 것일 수 있다. 즉, "모든 원인의 원인이 되는 자."

5. 이 이야기는 그 기원을 알 수 없었던 야훼라는 이름에 대한 사후적인 기원 설명일 가능성이 있다.

6. Coogan, *The Old Testament*, 82쪽.

7. 신의 명칭과 가나안 신들에 관해 이 뒤에 나오는 정보는 Coogan, *The Old Testament*, 81~82쪽에서 찾을 수 있다.

8. Mark S. Smith, *The Early History of God: Yahweh and the Other Deities in Ancient*

Israel, 제2판 (Grand Rapids, MI: William B. Eerdmans, 2002), 7쪽.

8 애굽에서 시내로

1. John Collins, *Introduction to the Hebrew Bible with CD-ROM* (Minneapolis, MN: Augsburg Fortress, 2004), 115~119쪽.

2. 이스라엘의 유일신 신앙 때문에 야훼는 이전의 신을 타도한 새로운 신으로 기록되지 않는다. 그는 새로운 이름을 가진 동일한 신으로 기록된다. 여기서부터 엘은 야훼라는 이름으로 알려진다.

3. Jon Levenson, *Sinai and Zion: An Entry into the Jewish Bible* (San Francisco, CA: Harper, 1985), Introduction.

4. Sarna, *Exploring Exodus*, 136~137쪽과 Coogan, *The Old Testament*, 110쪽도 참조. 모두 G. E. Mendenhall의 연구를 이용한다.

9 율법

1. 이 주제는 구약성경 안에서 논란이 없는 것은 아니다. 출애굽기 20장 1~18절에 따르면, 이스라엘 민족은 십계명 전부를 듣고 두려움에 휩싸인다. 그들은 모세에게 매개자의 역할을 맡아 자신들에게 야훼의 말씀을 전해달라고 청한다. 목숨을 잃을까봐 두려워해서다. 이스라엘 민족 전체를 향해 정확히 십계명만을 언급하는 야훼의 계시는 신명기 5장에서 반복된다. 그러나 신명기 5장 5절은 사람들의 엄청난 두려움 때문에 십계명에 대해서마저 모세가 매개자 역할을 했음을 시사한다.

2. 이 계명의 개수는 유대교와 기독교가 다르게 세고, 기독교 내에서도 교파에 따라 다르게 센다. 표 4 참조.

3. Brettler, *How the Read the Bible*, 66쪽.

4. 이 모음집들의 모든 번역은 Martha T. Roth, *Law Collections from Mesopotamia and Asia Minor*, 제2판 (Atlanta, GA: Society of Biblical Literature, 1997)에서 가져온다.

5. Moshe Greenberg, "Some Postulates of Biblical Criminal Law," *Yehezkel Kaufmann Jubilee Volume* (Jerusalem: Magnes Press, 1960). Judah Goldin 편집, *The Jewish Expression* (New Haven, CT: Yale University Press, 1976)에 전재. Bernard Jackson은 "Reflection of

Biblical Criminal Law," *Essays on Jewish and Comparative Legal History* (Leiden: Brill, 1975) 25~63쪽에서 이 글을 비판했다. 그는 법전의 기초가 되는 공리들을 식별하려는 시도 자체에 이의를 제기한다. 이에 그린버그는 "More Relflections on Biblical Criminal Law," *Studies in Bible, Scripta Hierosolymitana* 31, S. Japhet 편집 (Jerusalem: Magnes, 1986) 1~48쪽에서 이러한 비판에 답한다.

6. Nahum Sarna, *Exploring Exodus*, 158~189쪽에서도 많은 정보를 가져온다.

7. 이 고대 근동의 법전은 사람을 언급할 때 세 가지 명칭을 사용하는데, *Awilum, mushkenum, wardum*이다. Wardum은 분명히 노예이고, 또 그렇게 번역된다. Awilum은 두 가지 방식으로 사용된다. 그것은 해당 법 조항의 대상자로서 일반적인 불특정의 사람에 대한 용어이기 때문에, 로스는 "사람"으로 번역한다(이 글에서 인용되었듯이). 그러나 그 용어가 *mushkenum*이나 *wardum*에 대비되어 사용될 때, 그것은 최고 특권층의 일원을 가리키고, *mushkenum*은 *awilum*보다 사회적으로 더 낮은 계층의 사람을 가리킨다. 로스는 *mushkenum*을 평민으로 번역하고, 이 경우 *awilum*을 번역하지 않고 그대로 둔다. 로스의 책 8쪽 그리고 용어해설 268쪽과 271쪽을 참조. 또한 Sarna, *Exploring Exodus*, 166쪽 참조.

8. 구약성경의 형법과 상해법에서 자유인들에 대한 사회 계층의 구분은 고려되지 않지만, 노예 제도는 사회 제도로 인정된다. 노예들은 자유인들처럼 동일한 보호와 권리가 주어지지 않는다. 노예 제도는 이 책 11장에서 더 자세하게 논의된다.

9. 시민은 자유민인 남자 가장을 지칭하고 노예는 제외된다는 것을 기억해야 한다. 반면에 대인 상해법은 법이 적용되는 영역 안에 있는 거주하는 외래인을 포함한다. 여자들도 대인 상해법과 살인법에서 소유물이라기보다는 한 개인으로써 여겨졌던 암시가 있다(출 24:17~32 참조, 여기서 들이받는 소에 관한 법에서 남자와 여자를 동등하게 취급한다. 또 레위기 24장 17~22절은 죽음과 상해 관련 추정컨대 남성과 여성에 관계없이 "사람"으로 언급한다).

10. 여러 노예법의 비교는 이 책 11장에서 다룬다.

11. 그러한 처벌은 "대신 받는 형벌"로써 아류 문서에서 흔히 언급되지만(Greeberg, "Some Postulates," 29쪽; Sarna, *Exploring Exodus*, 176쪽), 실제로 적용되는 원칙은 대체의 원칙이 아니기 때문에, 이것이 정확한 것은 아니다. 그보다 이러한 경우들은 남자 가장이 법적 행위자 또는 법적 대상이라고 추정하는 것이다. 그가 또 동등한 신분의 다른 법적 행위자에게 (또다른 남자 가장) 끼친 손해는 그것과 똑같이 처벌되어야 하는 것이다(탈리온 원칙). 따라서 법적 행위자가 또다른 법적 행위자의 딸이나 아들을 죽였다면, 그 역시 똑같이 처벌을 받아야 하기 때문에, 그의 딸이나 아들은 죽임을 당해햐 하는 것이다. 이 같은 경우 미성년자는 개별적인 법적 행위자가 아니라, 아버지의 "소유"로 여겨지지 않는다. 중기 앗수르 법전에서 마찬가지로 강간당한 아내도 법적 행위자로 여겨지지 않기 때문에, 그 범죄는 그 남편에 대해 저질러진 것이 된

다. 강간범은 그가 저질렀던 것과 똑같이 피해를 당해야 한다. 그는 아내를 강간함으로써 남자에게 해를 끼쳤기 때문에, 그와 동등한 처벌은 그의 아내가 강간당하는 처벌을 받아야 하는 것이다. 인간의 정의를 집행하는데 있어 구약성경의 법은 이러한 모든 처벌을 부정한다. 그렇지만 신의 정의는 다르게 작동한다. 야훼는 토라에 있는 책에서 집단적으로, 또 세대를 아우르면서 처벌한다. Greenberg, 29~30쪽 참조.

10 제사장적 유산: 제사 의식과 희생 제물, 정결과 거룩

1. Jonathan Klawans, *Impurity and Sin in Ancient Israel* (New York: Oxford University Press, 2000). 또한 *JSB*에 있는 클로완스의 탁월하고 읽기 쉬운 요약인 "Concepts of Purity in the Bible"을 참조.

2. Klawans, "Concepts," 2041~2047쪽.

3. Jonathan Klawans, *Purity, Sacrifice and the Temple: Symbolism and Supersessionism in the Study of Ancient Judaism* (New York: Oxford University Press, 2006), 58쪽.

4. Klawans, *Purity*, 68쪽.

5. Klawans, *Purity*, 72~73쪽.

6. Jacob Milgrom, *Studies in Cultic Theology and Terminology* (Leiden: Brill, 1983), 75~84쪽에 있는 "Israel's Sanctuary: The Priestly 'Picture of Dorian Gray.'"

7. Milgrom, "Israel's Sanctuary," 82쪽.

8. Jacob Milgrom, "Leviticus 1~16," 704~741쪽.

9. 히브리어 타메이tame의 번역으로 "더럽다"보다 "부정하다"가 더 정확한 표현이다.

10. 종교에 관한 벨하우젠의 관점에 대해, *Semeia* 25 (1982): 61~73쪽에 있는 Patrick D. Miller Jr., "Wellhausen and the History of Istraelite Religion"을 참조.

11 모압 평지에서: 신명기와 모세

1. 신명기라는 이름은 "부차적인 법"이라는 의미이고, 이 책인 출애굽기 19~23장에 있는 명령과 법의 많은 부분을 반복한다는 사실을 반영한다. 오경에 있는 다양한 법전 사이의 관계는 아래에서 논의된다.

2. *ADB*, 168~183, 169쪽에 있는 Moshe Weinfeld, "Deuteronomy, Book of."

3. *JSB*, 356~362, 359쪽에 있는 Bernard Levinson, "Introduction to Deuteronomy."

4. Levinson, "Introduction to Deuteronomy," 359쪽 참조. "약속의 땅을 소유하는 것이 언약에 핵심적인 것으로 남았었다면, 이스라엘 종교는 무너졌을 것이다. 따라서 토라의 성취는 유한한 소유물을 획득하는 것이 아니라 언약법의 요구 사항을 지키는 것으로 편집상 재조정된다."

5. Weinfeld, "Deuteronomy, Book of," 168쪽.

6. Weinfeld, "Deuteronomy, Book of," 169쪽. 이스라엘 문화의 다방면을 변화시키는 급격한 개혁 문서로써 신명기를 훌륭하게 해설하는 Levinson, *Deuteronomy and Hermeneutics of Legal Innovation* (New York: Oxford University Press, 1997) 참조.

7. Levinson, "Introduction to Deutronomy," 350쪽과 추가로 Levinson, *Deutronomy*, 1장 (특히) 참조.

8. Weinfeld, *ADB*, 170쪽.

9. Levinson, "Introduction to Deuteronomy," 358쪽과 Coogan, *Old Testament*, 181쪽.

10. Coogan, *Old Testament*, 176쪽.

11. Coogan, *Old Testament*, 176쪽.

12. Coogan, *Old Testament*, 177쪽.

13. Coogan, *Old Testament*, 170쪽.

12 신명기적 역사서 I: 여호수아

1. 요나서는 예외인데, 요나라는 이름의 선지자에 관한 짧은 이야기다.

2. 유사한 글에 대한 예로써 신 11:24와 수 1:3, 그리고 신 4:39와 수 2:11을 비교.

3. *The Deuteronomistic History* (*JSOT* 증보판), J. Doull 번역 (Sheffield, England: Sheffield Academic Press, 1981)에서 노트는 그의 생각을 설명한다.

4. 구약성경의 이스라엘 밖에 있는 헤렘에 대한 훌륭한 사례는 1868년 고고학자들이 발견한 모압 석비에서 찾을 수 있다. 그 돌에 세겨진 글에서 기원전 9세기 모압의 왕 메사는 수천 명의 이스라엘 사람들은 그의 신 아스타-그모스에게 바쳤다고(즉, 살육) 자랑한다. 이러한 글

의 과장된 특성은 아래 주해 8번을 참조.

5. 약속의 땅을 분배받았던 12지파는 창세기 29~30장의 출생 이야기와 창세기 49장에서 야곱이 임종시 말했던 축복에서 열거된 야곱의 열두 명의 아들과―레아에서 여섯 아들, 첩인 빌하와 실바에서 네 아들, 라헬에서 두 아들(요셉과 베냐민)―꼭 일치하지 않는다. 민수기 26장과 여호수아 13~20장에 따르면, 요셉의 두 아들을 통해 두 지파―에브라임과 므낫세―가 나온다. 그러나 땅의 분배 숫자는 그대로 12인데, 레위 지파는 땅이 할당되지 않기 때문이다. 제사장 계층으로서 그들은 제사의 (제물) 부수입, 십일조, 기타 기부로 생계를 지원받는다.

6. 이스라엘의 출현에 대한 세 가지 모델에 (이주, 정복, 반란 모델) 대한 자세한 설명은 Norman Gottwald, *The Tribes of Yahweh: A Sociology of the Religion of Liberated Israel, 1250-1050 BCE* (Sheffield, England: Sheffield Academic Press, 1999), 191~236쪽 참조.

7. Coogan, *Old Testament*, 220~224쪽에 있는 이스라엘의 출현에 대한 설명 참조.

8. 완전한 진멸에 대한 이 주장은 과장이다. 기원전 9세기 모압 왕 메사의 명문과 비교할 수 있는데, 그것은 다음과 같이 자랑한다. "그리고 [신] 그모스가 나에게 말했다. '가서 이스라엘로부터 느보산을 취하라.' 그래서 나는 밤중에 가서 동틀때부터 낮까지 그들과 싸워 그것을 취하고 남녀노소와 여종들 7000명 모두를 살육하고 그 진멸한 것을 [신] 아스타-그모스에게 바쳤다." 이스라엘에 대한 완벽한 승리와 완전한 진멸에 대한 메사 왕의 선언은 과장이다. 그리고 그 모든 가능성에서 여호수아의 저자도 똑같이 허풍을 말하고 있는 것이다. 과장에도 불구하고, 비록 현대의 전쟁 참사도 그것에 못지 않게 참혹하고 잔인하지만, 이것은 그 효과에서 현대 독자들에게 충격을 줄여주지 않는다. 이 명문에 대한 원문 전체는 Pritchard, *ANET*, 320~321쪽을 참조.

9. 족장들이 엄격히 말해 야훼를 믿는 사람들이 아니었다는 사실을 명백하게 언급하는 것은 주목할 만하다.

13 신명기적 역사서 II: 사사, 선지자, 왕

1. 흔히 "사사 judge"라고 번역되는 히브리 단어는 쇼프팀*shofetim*인데, 영어로 chieftain(수령, 족장)으로 번역될 수 있다. 이 번역은 *shofetim*의 우선적인 활동이 사법적이라기보다는 군사적이었다는 것을 반영한다.

2. Coogan, *Old Testament*, 278쪽.

3. 사무엘하에서 그러한 전승은 없다. 사무엘하 7장 1~7절에서 다윗은 언약궤를 보관할 성전을 짓기 원한다고 표현하지만, 야훼는 불필요한 것으로 그런 생각을 일축하고, 그 대신 다윗

을 위한 집을(즉, 왕조) 만들어 줄 것을 약속한다.

4. Kugel, *How to Read the Bible* (New York: Free Press, 2007), 482~484쪽.

14 유다 왕국과 이스라엘 왕국

1. 이러한 주장은 Jon D. Levenson, *Sinai and Zion: An Entry into the Jewish Bible* (San Francisco, CA: Harper, 1985)에서 논의된다.

2. Moshe Weinfeld, "The Convemant of Grant in the Old Testament and in the Ancient Near East," *Journal of the American Oriental Society* 90 (1970): 184~203쪽.

3. Levenson, *Sinai and Zion*, 187~206쪽.

4. 반면에 신명기적 역사가가 이스라엘 민족의 멸망을 이스라엘 왕들의 탓으로 돌리려고 하기 때문에, 솔로몬을 규정짓는 중요한 요소는 그가 율법을 범했다는 것이다. 따라서 솔로몬의 명성을 구체적으로 손상시키는 구절이 있다고 해서 그것이 꼭 더 오래된 자료라는 표시는 아니다.

5. Pritchard, *ANET*, 320쪽. 메사는 열왕기하 3장 1~8절, 24~27절에서 언급되는데, 오므리의 손자 여호람과 전쟁을 했다고 기록된다.

6. 두 개의 번역 모두 Pritchard, *ANET*, 284쪽에서 가져온다.

7. "유대 사람"에 대한 번역은 Pritchard, *ANET*, 287~288쪽에 있는 "Jew"보다는 "Judean"이 더 정확한 번역이다.

8. Pritchard, *ANET*, 287~288쪽.

9. Levinson, "Deuteronomy," *JSB*, 357~358쪽. 신명기의 법적 핵심 내용은 과거 북왕국에서 작성되었다고 생각된다. 722년 북왕국이 멸망하면서 그 문서는 예루살렘으로 피신했던 제사장들이 가져왔을 것이고, 622년 발견될 때까지 여기서 보관되어 있었을 것이다. 요시야는 622년 철저한 개혁을 추진했고 히스기야가 미진했던 부분에서 성공을 거두었다. 그는 이교도의 제사를 몰아내었고, 산당들을 파괴했고, 모든 제사를 예루살렘 성전으로 중앙화하면서 제사장들을 예루살렘으로 불러들였다. 요시야는 이스라엘 민족의 장로들을 소집하여, 그들에게 토라를 낭독하였고, 야훼의 언약을 갱신하였다.

15 이스라엘의 예언

1. Sarna, *Exploring Exodus*, 49쪽.

2. 더 자세한 내용은 이 책 6장을 참조.

3. Yehezkel Kaufmann, *The Religion of Israel*, Moshe Greeberg 번역 (New York: Schocken Books, 1972), 214쪽. 더 자세한 내용은 카우프만의 책 Part III에 있는 선지자들의 메시지에 대한 설명을 참조.

16 역사적 사건에 대한 선지자들의 반응: 전형적인 예 아모스

1. Yehezkel Kaufmann, *The Religion of Israel*, Moshe Greeberg 번역 (New York: Schocken Books, 1972), 347쪽.

2. 고고학자들은 실제로 고대 사마리아 지역에서 상아로 만든 침상을 발견했다.

3. 측정 단위.

4. Kaufmann, *The Religion of Israel*, 345쪽.

5. Kaufmann, *The Religion of Israel*. 367쪽.

6. Kaufmann, *The Religion of Israel*, 365쪽.

17 앗수르 위기에 관한 예언: 호세아와 이사야 1서

1. 여기에는 언어유희가 있다. "Ishi(남편)"과 "Baali(바알)"은 원래 둘 다 남편을 지칭한다고 볼 수 있는데, 후자는 신 바알과 분명히 관련되어 있다. 이 예언은 이스라엘이 바알과의 관계에서 벗어났다는 의미에서 야훼를 남편으로 부르게 될 때를 예측하고 있다.

2. 이런 인식은 히브리어 "젊은 여자"에 대한 "처녀"를 의미하는 그리스어 번역 파르테노스 *parthenos*에 근거를 둔다. 그러나 히브리 원문은 처녀를 의미하지 않고, 이 구절은 처녀 출생을 가리키지 않는다.

3. 이 구절은 단어 교차에(chiasm, 그리스 문자 chi, 또는 "X"를 닮은 역순을 나타내는 문학적 패턴)에 대한 한 사례를 갖고 있다. 즉, 마음, 귀, 눈이 역순으로 반복된다(abc - cba).

18 유대의 선지자들: 미가, 스바냐, 나훔, 하박국, 예레미야

1. 헤이스의 번역(한글 개역개정 — 역주).

2. 고고학자들은 1975년과 1996년 예레미야의 대필자인 네리야의 아들 바룩의 도장인 두 개의 인장을 찾아냈다. 그 인장에는 "네리야의 아들 서기관 바룩의 것"이라는 글이 새겨져 있다.

19 성전 파괴에 대한 반응: 에스겔과 제2, 제3 이사야

1. 이러한 생각은 이스라엘에만 있는 것이 아니다. 모압 석비의 명문에서 그모스는 자기의 성읍이 이스라엘의 오므리에게 패배당하게 함으로써 그 성읍을 응징한다고 기록되어 있다. Pritchard, *ANET*, 320쪽 참조.

2. 선지자들의 일부 가장 생생하고 괴이한 환상과 활동은 선지자에게 "야훼의 손이 임했다"라는 선언과 함께 시작된다. 예를 들어, 겔 1:3, 3:14~15, 22~24, 8:1~2, 33:21~23, 37:1~2, 40:1~4, 다른 선지자들의 예는 왕상 18:4, 왕하 3:15, 렘 15:17이다. J. J. M. 로버츠에 따르면, 아카드, 가나안, 이집트 문헌에 있는 여러 유사한 글들의 근거를 예시하면서, "야훼의 손이 임했다"라는 문구를 선지자들이 사용하는 것에 대한 의미를 이해하는 것은 이 표현이 나타내는 선지자가 갖는 현상과 어떤 병적인 특성의 증상과의 유사성에 달려 있다고 말한다. Roberts, "The Hand of Yahweh," *Vetus Testamentum* 21, no. 2 (1972): 244~251쪽, 251쪽을 참조. 재판 J. J. M. Roberts, *The Bible and the Ancient Near East: Collected Essays* (Winona Lake, IN: Eisenbrauns, 2002), 95~101쪽 참조.

3. "나 네 하나님 여호와는 질투하는 하나님인즉 나를 미워하는 자의 죄를 갚되 아버지로부터 아들에게로 삼사 대까지 이르게 하거니와 나를 사랑하고 내 계명을 지키는 자에게는 천 대까지 은혜를 베푸느니라."

4. 계명을 지킬 것을 다시 말하는 신명기 7장 10절에서 이런 생각을 부정하고 야훼는 죄인을 당장 응징한다고 말한다.

5. 최근에 발견되었던 사해문서 가운데 있는 이사야는 40장에서 새로운 단락을 시작하는데, 많은 학자들은 그것을 1~39장과 그후의 장들에 대한 별개의 유래를 암시하는 것으로 해석한다.

6. 예를 들어, 마태복음 8장 17절, 누가복음 22장 28절, 사도행전 8장 32~35절, 로마서 10장 16절, 베드로전서 2장 21절~5장.

7. 다른 말로 하면, 야훼는 이제 다윗에게 약속했던 언약과 충절을 이스라엘로 옮긴다.

20 성전 파괴에 대한 반응: 예레미야 애가, 잠언, 욥기

1. 성읍이 황폐해진 것에 대해 그 성읍의 수호 여신이 읊는 메소포타미아 성읍 애가 또는 비가가 수메르, 우르, 니푸르, 에리두, 우룩 지방에 있다.

2. 지혜의 글이 이 책들에 한정되는 것은 아니다. 토라와 선지서에서 우리는 개별적인 잠언과 지혜의 말을 찾을 수 있는데, 이스라엘에 있었던 이 장르의 고대성을 잘 보여준다. 제2 성전 시대에까지 올라가는 구약성경에 없는 이스라엘 지혜서의 사례 또한 있는데, 주로 그리스어로 보존되었던 솔로몬의 지혜서와 집회서가(혹은 벤 시라) 그것이다.

3. 학자들은 이스라엘 문헌의 보편적이고 인간적인 특색이 후대의 것임을 나타내는 증표로써 생각하는데, 보편주의를 "도덕의 진전"으로 생각하고 따라서 그들은 고전적인 선지자들과 유배의 경험에 영향을 받아 그런 방향으로 이스라엘을 성숙 단계로 접어들게 했다고 추정한다. 이런 관점은 보편주의적 생각을 선호하는 현대적 성향을 반영한다. 개인적인 도덕과 보편적인 도덕 둘 다 고대의 뿌리를 갖고 있기 때문에, 이런 관점을 그 문헌들의 연대를 정하는 기준으로 삼는 것은 좀 곤란하다.

4. 특히 기원전 2000년 이전 이집트의 "Teaching of Amenemopet"와 (Pritchard, ANET, 421~424쪽) 바벨론의 "Council of Wisdom"을 (Pritchard, *ANET*, 426~427쪽) 비교.

5. 욥기에 있는 이 두 개의 문학적 단원은 신을 지칭할 때 서로 다른 용어를 사용하는데, 다양한 출처 자료를 보여준다. 이야기 틀을 제공하는 산문은 가끔 엘로힘을 사용하면서 대부분 야훼의 네 개의 자음을 사용한다. 반면 긴 시적 대화는 오직 엘/엘로아 형식을 사용한다.

6. 역대상 21장 1절에 있는 이 용어는 정관사가 없지만, 비교적 후대에 나왔던 이 용어까지도 대부분의 학자들은 헬레니즘의 유대 문헌과 기독교 문헌의 "악마"가 아니라 인간을 고발하는 자를 가리키는 것으로 이해한다.

7. 이 히브리 구절은 "야훼를 저주한다"라고 기록하는 것을 피하기 위해 "야훼를 찬송한다"라고 완곡하게 기록한다. 이것의 번역은 서로 다른데, 어떤 것은 완곡 어법을 되풀이하고, 반면 다른 것은 "야훼를 저주한다"의 의도된 느낌을 주는 것도 있다.

8. 이 장에서 욥기의 번역은 여러 개의 번역본을 사용한다. Robert Alter와 Frank Kermode 가 편집한 *The Literary Guide to the Bible* (Cambridge, MA: Belknap Press of Harvard University Press, 1987), 283~304쪽에 있는 Moshe Greenberg, "Job", Edwin A. Good, *In Turns of Tempest: A Reading of Job, with a Translation* (Standford, CA: Stanford University Press, 1990), 49~173쪽, 그리고 *JPS* 번역본. 모든 번역은 신을 야훼, 엘로힘, 엘, 또는 엘로아로서 원문이 지칭하는 것에 따라 조정된다.

9. Edwin Good, *In Turns of Tempest*. 이 장에서 제공되는 해석은 굿의 것을 밀접하게 따르

고 있고, 모시 그린버그의 "Job"으로부터도 깊이 영향을 받는다.

10. Y. Kaufmann, *The Religion of Israel*, 335쪽.

11. Moshe Greenberg, "Job", 295쪽.

12. 그것은 우리가 보았듯이 엘과 바알과 같은 신의 특징을 많이 공유했던 이스라엘-유대 종교의 신이 아니라, 구약성경에 있는 유일신화하려는 출처 문서에 있는 신이다.

21 정경 비평: 전도서, 시편, 아가

1. 스올은 지하에 있는 어두운 곳인데, 죽은 자들의 그림자가 있는 곳이다. 고대 이스라엘에 있었던 개념이다. 그러나 스올은 사후 공평한 보상과 징벌에 대한 개념과 아무런 관련이 없다.

2. 또한 2장 24~25절, 8장 15절을 참조.

3. 이런 히브리어의 전치사는 많은 애매모호함이 있는데, "다윗을 위한" "다윗에게" 또는 "다윗의"를 의미할 수 있다.

4. Hermann Gunkel과 Joachim Begrich, *Introduction to the Psalm: The Genres of the Religious Lyrics of Israel*, James D. Nogalski 번역 (Macon, GA: Mercer University Press, 1998) 참조. 그리고 Sigmund Mowinckel, *The Psalm in Israel's Worship* (Nashville, TN: Abingdon Press, 1962) 참조.

5. C. E. Walsh, *Exquisite Desire: Religion, the Erotic and the Song of Songs* (Minneapolis, MN: Fortress Press, 2000), 111~112쪽 참조. Michael Coogan, *The Old Testament* 496쪽 참조.

6. Mishna Yadayim 3:5.

22 성전 복원: 에스라, 느헤미야, 룻

1. 역대 상하는 바벨론 유배까지 이스라엘 역사에 대한 두번째 내력을 (실제로 역대상은 아담부터 시작한다) 제공하는데, 사무엘과 열왕기에 있는 내용의 많은 것을 반복하지만, 제사장적인 편견과 이스라엘 왕들에 대한 부정적인 면을 드러내었던 일부 글들은 삭제된다(예를 들어, 다윗과 밧세바의 이야기). 역대기 저자는 예루살렘을 종교적 중심지로 확립하고, 성전을 건축하는 것을 계획하고, 성전 음악을 체계화하는 다윗의 역할보다 그의 정치적 재능에 덜 관

심을 갖는다.

2. 마소라 사본은 에스라와 느헤미야를 한 권의 묶여진 책으로 제시하지만, 주제와 언어에서 차이가 있기 때문에, 이 책들은 원래 별개의 책이다.

3. Victor H. Matthews, *A Brief History of Ancient Israel* (Louisville, KY: Westminster John Knox Press, 2002), 117~119쪽 참조.

4. 에스라가 오늘날 우리가 갖고 있는 그 토라를 가졌었는지 분명하지 않지만, 그가 금지했던 것들이 일부 오경의 구절들과 아주 일치하기 (또 오경의 구절에 대한 창의적인 해석) 때문에, 우리의 것과 아주 유사했을 것으로 보인다. 반면에 중대한 차이점과 확장된 면도 있다. 에스라는 단지 더 오래된 관례적인 전승을 그대로 전달하고 있거나 변형된 형태로 (더 가능성이 있다) 전달하고 있는 가능성이 있다.

5. 성기의 완곡한 표현으로써 "발"에 대해 이사야 7장 20절 참조. "눕는다" 또한 성교에 대한 완곡한 표현일 것이다.

6. Christine Hayes, *Gentile Impurities and Jewish Identities: Intermarriage and Conversion for the Bible to the Talmud* (New York: Oxford University Press, 2002) 4장과 5장 참조.

23 유배 이후의 선지자들과 종말론의 등장

1. 이 계산은 다니엘서의 저자가 예레미야 이후의 시간 경과에 대한 정확한 의식이 없었기 때문에, 완벽한 것은 아니지만, 근접한 것이었다.

24 이스라엘과 이방 민족들: 에스더와 요나

1. 요나의 이름에 언어유희가 있다. 아밋대는 히브리어 에밋*emet*(진실)과 같은 어근에서 온 것이다. 따라서 아밋대의 아들은 진실의 수호자이고, 진실성이 없고 공평을 실행하지 않는 야훼를 비판한다.

옮긴이의 말

약 5년 전 우연히 예일대학 온라인 오픈 코스에서 신약성경과 구약성경에 대한 강의를 접하게 되었는데, 성경을 신앙에 근거한 전통적이고 신학적인 의미의 경전으로 접근하는 것이 아니라, 역사에 존재했던 일종의 고대 문헌으로써 접근하는 학문적인 분석에 큰 흥미를 느꼈다. 특히 구약(히브리)성경에 있는 24권의 책을 그것이 각각 기록되었던 그 당시의 독특한 역사적 배경과 문화적 배경에 대한 이해를 바탕으로 다양한 비평 방법을 사용하여 분석하고 해석하는 접근 방식에 많은 공감을 하게 되었다.

이 책에서도 설명되고 있지만, 성경 학자들은 성경에 기록된 내용을 비평하는 방법으로 역사비평, 문서비평, 문학비평, 문화비평, 편집비평, 전승비평, 양식비평, 정경비평 등 다양한 방법을 사용하고 있다.

성경을 분석하는 세속적이고 학문적인 방법론이 이처럼 다양한 것은 성경이 그만큼 복잡하고 엄청난 다양성을 가지고 있기 때문이

옮긴이의 말

645

다. 기본적으로 구약성경이 수천 년 전에 기록된 고대 문서이고, 거의 1000년의 시간에 걸쳐 다양한 저자들과 편집자들에 의해 기록되었으며, 시대의 상황에 따라 서로 다른 다양한 필요와 목적을 가지고 기록되었기 때문이다.

그 기록의 필요와 목적에 원인을 제공했던 개인과 민족 그리고 국가에서 벌어졌던 수많은 크고 작은 사건들은 현대를 살아가는 개인의 삶뿐 아니라 사회와 국가에서 똑같이 반복되고 있기 때문에, 성경의 기록자들이 제시하는 지혜와 경륜과 통찰력은 지금도 깊은 공감을 주며 강력한 설득력을 갖고 있다고 생각한다.

이 놀라운 다양성과 함께 성경에는 또다른 놀라운 점이 있다. 그것은 그 기록의 솔직함이다. 구약성경은 기독교와 유대교의 경전임에도 불구하고 등장인물들의 삶의 영역에서 일어났던 어둡고 부정적인, 인간적인 측면들을 가감 없이 처절하게 그대로 드러내고 있다. 후대의 편집자들이나 필경사들조차 그들의 목적과 필요에도 불구하고 기록으로 내려왔든 구전으로 내려왔든 그러한 전승들을 그대로 기록했던 것에 놀라지 않을 수 없다.

이 책은 이러한 성경 기록의 다양성과 솔직함이 필연적으로 야기시키는 모순과 상충되는 측면을 여러 비평 방법을 통해 분석하고 있다. 또한 구약성경의 기록 과정에서 영향을 주었던 고대 근동 문명과의 연관성을 조명하고 있다.

기독교 신학은 구약성경의 이 엄청난 다양성 가운데서 인류를 죄에서 구원하게 될 메시아를 최종 목적지로 보여주는 완벽한 통일성을 제

시한다. 이것을 믿는 신앙인들에게 성경을 '비평'한다는 것은 상상할
수 없는 것일 수 있다. 그렇지만 성경 구절을 극단적으로 주관화하고
또는 일반화하여 해석하는 일부 사람들과 신앙 공동체가 과거에 있었
고 현재도 있음을 부인할 수 없다.

이 책은 구약성경을 해석함에 있어서 시대착오를 줄이고 객관적 균
형감을 갖게 하고 아전인수의 지나친 자의적 해석을 경계하며 절제하
게 하는 지식을 제공하고 있다고 생각한다.

신앙의 여부에 관계없이 이 책을 읽는 모든 독자들이 서구 문명의
원천이 되었던 구약성경에 대한 학문적 연구로부터 얼마간의 지식을
얻는다면 더 바랄 것이 없다.

2022년 6월

김성웅

찾아보기

J 문서 105~110, 116, 120, 165~166,
168, 178, 186, 190~191, 290, 302,
353, 437
P 문서 106, 108~110, 112~113, 116,
168, 178, 183, 186, 190~191, 211,
243~245, 251~252, 259, 266~267,
284~285, 287, 297, 302, 408, 565,
578, 632

지은이 **크리스틴 헤이스 Christine Hayes**
미국 예일대학 종교학과 교수. 특히 유대 고대 문헌 연구의 권위자다. 프린스턴대학에서 3년 동안 히브리학과 조교수로 재직했고, 1996년부터 예일대학에서 종교학을 가르치기 시작했다. 현재 유대학회의 부회장이며, 예일대학 종교학과 대학원 학장으로 재직중이다. 유대교 고전과 고대 중근동 연구에 관한 책들을 출간하며 활발한 저술활동을 하고 있다.

옮긴이 **김성웅**
성균관대학에서 전자공학을 공부했다. 중국과 인도, 태국에서 30여 년 동안 거주했다. 성경을 신앙의 관점이 아니라 학문적 관점으로 해석하는 『구약 읽기』의 탁월함에 흥미를 느껴 번역하게 되었다. 인도 10년 거주 경험으로 샤시 타루르의 『암흑의 시대An Era of Darkness』(2017)를 번역 출판했으며, 현재 번역가로 활발하게 활동중이다.

오픈예일코스
구약 읽기

초판 인쇄 2022년 7월 8일
초판 발행 2022년 7월 22일

지은이 크리스틴 헤이스 | 옮긴이 김성웅
책임편집 이경록 | 편집 오윤성 김영옥
디자인 김현우 이원경 | 저작권 박지영 형소진 이영은 김하림
마케팅 정민호 이숙재 박치우 한민아 이민경 박지영 안남영 김수현 정경주
브랜딩 함유지 함근아 김희숙 박민재 박진희 정승민
제작 강신은 김동욱 임현식 | 제작처 영신사

펴낸곳 (주)문학동네 | 펴낸이 김소영
출판등록 1993년 10월 22일 제2003-000045호
주소 10881 경기도 파주시 회동길 210
전자우편 editor@munhak.com | 대표전화 031) 955-8888 | 팩스 031) 955-8855
문의전화 031) 955-2689(마케팅) 031) 955-3572(편집)
문학동네카페 http://cafe.naver.com/mhdn
인스타그램 @munhakdongne | 트위터 @munhakdongne
북클럽문학동네 http://bookclubmunhak.com

ISBN 978-89-546-8772-0 04230
      978-89-546-4397-9 (세트)

잘못된 책은 구입하신 서점에서 교환해드립니다.
기타 교환 문의 031) 955-2661, 3580

www.munhak.com